Werner Schmidt (Hrsg.)
unter Mitarbeit von
Renate Zimmer
Klaus Völker

Zweiter Deutscher Kinder- und Jugendsportbericht

Der vorliegende *Zweite Deutsche Kinder- und Jugendsportbericht* entstand auf Anregung und mit Fördermitteln der

Alfried Krupp von Bohlen und Halbach-Stiftung

Gesamtleitung: Prof. Dr. Werner Schmidt
Redaktion: Dr. Jessica Süßenbach, Katrin Eppinger & Bettina Fichtel
unter Mitarbeit von
Carolin John, Florian Erdmann,
Ellen Köttelwesch, Merlina Küll, Kathrin Höfken,
Gabriele Flecken, Georg Sohl, Dr. Achim Knollenberg
Alle Universität Duisburg-Essen, Campus Essen

Zweiter Deutscher Kinder- und Jugendsportbericht

Schwerpunkt: Kindheit

Herausgegeben von
Werner Schmidt

unter Mitarbeit von
Renate Zimmer und
Klaus Völker

hofmann.

Bibliografische Information der Deutschen Nationalbibliothek

Die Deutsche Nationalbibliothek verzeichnet diese Publikation in der Deutschen Nationalbibliografie; detaillierte bibliografische Daten sind im Internet über http://dnb.d-nb.de abrufbar.

Bestellnummer 8580

© 2008 by Hofmann-Verlag, 73614 Schorndorf

www.hofmann-verlag.de

Alle Rechte vorbehalten. Ohne ausdrückliche Genehmigung des Verlags ist es nicht gestattet, die Schrift oder Teile daraus auf fototechnischem Wege zu vervielfältigen. Dieses Verbot – ausgenommen die in §§ 53, 54 URG genannten Sonderfälle – erstreckt sich auch auf die Vervielfältigung für Zwecke der Unterrichtsgestaltung. Dies gilt insbesondere für Übersetzungen, Vervielfältigungen, Mikroverfilmungen und die Einspeicherung und Verarbeitung in elektronischen Systemen.

Druck: buch bücher dd ag, Birkach

Printed in Germany · ISBN 978-3-7780-8580-6

Inhaltsverzeichnis

Zweiter Deutscher Kinder- und Jugendsportbericht
Schwerpunkt: Kindheit
Anlass, Ziele und Aufbau 15

I Sozialstrukturelle Bedingungen des Aufwachsens 19

1 Bewegung, Spiel und Sport im Kontext von Bildung 21

1.1	Einleitung	21
1.2	Grundlegendes Bildungsverständnis	23
1.3	Bildungsdimensionen und Bildungsziele	28
1.4	Orte der Bildung	33
1.5	Bildungsmodalitäten	36
1.6	Bildung im Lebenslauf	39

2 Sozialstrukturelle Ungleichheiten in Gesundheit und Bildung – Chancen des Sports 43

2.1	Einleitung	43
2.2	Soziale Ungleichheiten	43
2.3	Besonderheiten städtischer Ballungsräume	45
2.4	Das Selektions-Schwellenkonzept	47
2.5	Kinderkulturelle Praxen	54
2.6	Chancen des Sports für eine gelingende Entwicklung	58
2.7	Zusammenfassung	61

3 Mädchen und Jungen im Sport 63

3.1	Einleitung	63
3.2	Entwicklung von Mädchen und Jungen im Sport	64
3.3	Sportengagement von Mädchen und Jungen	70
3.4	Differenzielle Aspekte	78
3.5	Resümee und Ausblick	80

| II | **Zum Gesundheits- und Motorikstatus von Kindern** | 85 |

4 Wie Bewegung und Sport zur Gesundheit beitragen – Tracking-Pfade von Bewegung und Sport zur Gesundheit 89

    4.1 Einleitung 89
    4.2 Zum allgemeinen Forschungsstand 90
    4.3 Tracking-Pfad I 94
    4.4 Tracking-Pfade II-IV 100
    4.5 Zusammenfassung 105

5 Risikofaktor Adipositas 107

    5.1 Einleitung 107
    5.2 Definitionen, Epidemiologie und Trends 107
    5.3 Ursachen und Determinanten von Übergewicht und Adipositas 110
    5.4 Folgen von Übergewicht und Adipositas 111
    5.5 Prävention von Übergewicht im Kindesalter 112
    5.6 Zusammenfassung und Ausblick 113

6 Zum komplexen Ursachengeflecht von Übergewicht und Adipositas im Kindes- und Jugendalter 115

    6.1 Einleitung 115
    6.2 Zusammenhänge zwischen energiebilanzrelevanten Verhaltensweisen und dem Körperstatus 116
    6.3 Der Einfluss adipogener Umweltbedingungen auf den Körperstatus 122
    6.4 Zusammenfassung 124

7 Gesundheitszustand von Kindern und Jugendlichen: Ausgewählte Ergebnisse des Nationalen Kinder- und Jugendgesundheitssurveys (KiGGS) 125

    7.1 Einleitung/Problemaufriss 125
    7.2 Ergebnisse 126
    7.3 Zusammenfassung 135

Inhaltsverzeichnis 7

8 Motorische Leistungsfähigkeit von Kindern 137

    8.1   Gliederung und Fragestellungen 137
    8.2   Systematisierung und Erfassung motorischer Fähigkeiten 137
    8.3   Literaturreview – Fortschreibung des Ersten Deutschen Kinder- und Jugendsportberichtes 141
    8.4   Beschreibung des bundesweiten Motorik-Moduls 145
    8.5   Ergebnisse zur motorischen Leistungsfähigkeit bei MoMo 152
    8.6   Fazit und künftige Forschungsaufgaben 156

9 Zusammenhänge zwischen körperlich-sportlicher Aktivität und Gesundheit von Kindern 159

    9.1   Einleitung 159
    9.2   Zusammenhänge zwischen Aktivität und Gesundheit im Kindesalter – theoretische Zugänge 160
    9.3   Körperlich-sportliche Aktivität und Gesundheit im Kindesalter – Forschungsstand 161
    9.4   KiGGS-MoMo-Studie 169
    9.5   Zusammenfassung 174

10 Sportengagements und sportmotorische Aktivität von Kindern 177

    10.1   Einleitung 177
    10.2   Motorik-Modul (MoMo) 178
    10.3   Gesamtbetrachtung der körperlichen Aktivität 188
    10.4   Zusammenfassung und Perspektiven 190

11 Sportengagement, Persönlichkeit und Selbstkonzeptentwicklung im Kindesalter 193

    11.1   Eingrenzungen und Ausgrenzungen 193
    11.2   Zum Verständnis von Entwicklung und Persönlichkeit 194
    11.3   Was wir wissen – zum Forschungsstand 198
    11.4   Was wir noch nicht wissen, aber wissen sollten 206

III Zur Bedeutung von Bewegung im Rahmen frühkindlicher Bildungsprozesse — 209

12 Bildung durch Bewegung in der frühen Kindheit — 211

- 12.1 Einleitung — 211
- 12.2 Bildung von Anfang an – Bedeutung der frühen Kindheit — 211
- 12.3 Sinnliche Erfahrungen als Ausgangspunkt für Bildungsprozesse — 219
- 12.4 Gemeinsamer Rahmen der Länder für die frühe Bildung in Kindereinrichtungen — 222
- 12.5 Bewegung als ein zentraler Bildungsbereich in den Bildungsvereinbarungen der Bundesländer — 225
- 12.6 Projekte und Initiativen zur frühkindlichen Bewegungsförderung — 230
- 12.7 Ausblick: Was ist zu tun? — 235

13 Effekte motorischer Förderung im Kindergartenalter — 237

- 13.1 Einleitung: Bewegungsmangel als Herausforderung — 237
- 13.2 Experimentelle Effekte von Bewegungsförderung auf die motorische Leistungsfähigkeit — 238
- 13.3 Das Zusammenspiel von Fähigkeiten der Persönlichkeit — 245
- 13.4 Effekte von Bewegungsprogrammen im Lichte von Erfahrungsberichten — 250
- 13.5 Zusammenfassung und Diskussion — 253

14 Sprache und Bewegung — 255

- 14.1 Einleitung — 255
- 14.2 Expressive und instrumentelle Funktion von Sprache und Bewegung — 255
- 14.3 Ebenen des Spracherwerbs — 256
- 14.4 Spracherwerb und Bewegungsentwicklung — 262
- 14.5 Untersuchung zum Zusammenhang der Bewegungs- und Sprachentwicklung von Kindern — 264
- 14.6 Untersuchung zur Wirksamkeit einer bewegungsorientierten Sprachförderung — 266
- 14.7 Fazit: Sprachförderung braucht Bewegung! — 274

Inhaltsverzeichnis

IV Zur Bedeutung von Bewegung, Spiel und Sport im Grundschulalter — 277

15 Quantitative Schulsportforschung – Die Grundschule im Fokus der „SPRINT-Studie" — 279

15.1 Vorbemerkung – Eingrenzungen und Ausgrenzungen — 279
15.2 Theoretisches Rahmenkonzept, Anlage und Design der „SPRINT-Studie" — 280
15.3 Ergebnisse — 281
15.4 Zusammenfassung — 293
15.5 Was wir noch nicht wissen, aber wissen sollten — 294

16 Der Beitrag von Bewegung, Spiel und Sport zur Schul(sport)entwicklung in der Grundschule — 297

16.1 Einleitung — 297
16.2 Woran erkennt man „gute" Schulen? — 298
16.3 Qualität von Schule und Unterricht – das Qualitätsmodell als Analyse-Instrument — 300
16.4 Die Situation des Grundschulsports — 301
16.5 Eine idealtypische Grundschule mit sportivem Klima – Gelingende Interaktion zwischen Ergebnis, Struktur und Prozess — 311
16.6 Zentrale Befunde und Ausblick — 315

17 Die Ganztagsschule: neues Lernen in der Schule für Kopf und Körper, mit Bewegung und Verstand — 319

17.1 Hintergründe — 319
17.2 Bewegung, Spiel und Sport an Offenen Ganztagsschulen: Das Beispiel NRW — 321
17.3 Alte Ängste und Befürchtungen der Sportfachverbände — 322
17.4 Neue Chancen und Erwartungen der Sportfachverbände — 325
17.5 Empirische Befunde und Pilotstudien zu den Bewegungs-, Spiel- und Sportangeboten im Offenen Ganztag — 326
17.6 Schulkonzepte für den Ganztag und didaktische Ansätze für die Angebote mit Bewegung, Spiel und Sport — 327

	17.7	Das integrative Konzept: Ein kommunales Netzwerk für gesundes Lernen	331
	17.8	Qualitätsmerkmale der Bewegungs-, Spiel- und Sportangebote in Offenen Ganztagsschulen	332
	17.9	Ausblick	334

18 Bewegte Grundschule 337

	18.1	Einleitung	337
	18.2	Leitidee der „Bewegten Schule"	337
	18.3	Argumente für eine „Bewegte Schule"	338
	18.4	Elemente einer „Bewegten Schule"	341
	18.5	Projekte und Studien zur „Bewegten Schule"	342
	18.6	Länderspezifische Initiativen zur „Bewegten Schule"	350
	18.7	Ausblick: Was ist zu tun?	358

19 Inklusiver Schulsport – Zum gemeinsamen Unterricht von Kindern mit und ohne Behinderungen in der Grundschule 361

	19.1	Einleitung	361
	19.2	Begriffsklärung	361
	19.3	Aktuelle Entwicklungen im Schulsport der Grundschule	365
	19.4	Ausblick	369

V Sportengagements in unterschiedlichen Settings 371

20 Zur Bedeutung des Sportvereins im Kindesalter 373

	20.1	Einleitung	373
	20.2	Der Sportverein: Soziokulturelles Erkennungszeichen der Präadoleszenz	373
	20.3	Kindersport: Biographische Bildung am Nachmittag	377
	20.4	Zur Attraktivität des Sportvereins aus Kindersicht	380
	20.5	Sportartpräferenzen: Ausdifferenzierung und Konzentration	383
	20.6	Sportvereinskarrieren von Kindern	385
	20.7	Empirisch nachweisbare Effekte aktiver Sportteilnahme	387
	20.8	Zusammenfassung und Ausblick	389

21 Bewegungsräume und informelle Bewegungs-, Spiel- und Sportaktivitäten der Kinder — 391

- 21.1 Einleitung — 391
- 21.2 Veränderungen in der Lebens- und Bewegungswelt von Kindern — 392
- 21.3 Datengrundlage und methodische Einschränkungen — 394
- 21.4 Informelle Bewegungs-, Spiel und Sportaktivitäten von Kindern — 396
- 21.5 Räumliche Gegebenheiten für informelle Bewegungs-, Spiel- und Sportaktivitäten — 399
- 21.6 Zusammenfassung und Ausblick — 407

22 Leistungssport im Kindes- und Jugendalter — 409

- 22.1 Einleitung — 409
- 22.2 Grundsätze der „Produktion" von Leistungen im Nachwuchsleistungssport — 410
- 22.3 Problemstellung — 413
- 22.4 Methode — 414
- 22.5 Empirische Forschungs- und Befundlage — 415
- 22.6 Kritik der Talentauslese — 424
- 22.7 Diskussion — 425

23 Bewegung, Spiel und Sport der Kinder im internationalen Vergleich — 427

- 23.1 Einleitung — 427
- 23.2 Was kann dieser Bericht leisten und was kann er nicht leisten? — 428
- 23.3 Ein gemeinsamer Bedeutungskern – Der Mehrwert von Bewegung, Spiel und Sport für die Kinder — 430
- 23.4 Organisationsformen und die Praxis von Bewegung, Spiel und Sport der Kinder in den untersuchten Ländern — 431
- 23.5 Bewegung, Spiel und Sport der Kinder und deren kognitive Entwicklung — 447
- 23.6 Fazit — 450

24 Soziale Initiativen und Projekte des organisierten Sports 453

24.1 Einleitung 453
24.2 Problemaufriss: Kinder als Zielgruppe sozialer Projekte 453
24.3 Statistische Erhebungen 455
24.4 Soziale Projekte und Initiativen – ein Überblick 457
24.5 Ausblick 465

Zweiter Deutscher Kinder- und Jugendsportbericht Schwerpunkt: Kindheit Zusammenfassung, Forschungsdesiderate und Handlungsempfehlungen 467

Literaturverzeichnis 477

Stichwortverzeichnis 517

Autorenverzeichnis 520

Der vorliegende *Zweite Deutsche Kinder- und Jugendsportbericht*
entstand auf Anregung und mit finanzieller Unterstützung der
Alfried Krupp von Bohlen und Halbach-Stiftung.

Herausgeberin und Herausgeber sowie Autorinnen und Autoren
möchten der Stiftung, insbesondere dem Vorsitzenden
des Kuratoriums, Herrn Prof. Dr. h.c. mult. Berthold Beitz,
für dieses Engagement herzlich danken. Ohne die Initiative der
Alfried Krupp von Bohlen und Halbach-Stiftung wäre der
Zweite Deutsche Kinder- und Jugendsportbericht nicht entstanden.

Zweiter Deutscher Kinder- und Jugendsportbericht
Schwerpunkt: Kindheit
Anlass, Ziele und Aufbau

Das Bild unserer Kinder, ihrer Aktivitäten, Einstellungen und Verhaltensweisen wird – über individuelle Erfahrungen und Aushandlungsprozesse in der Familie hinaus – von drei unterschiedlichen Quellen nachhaltig geprägt und beeinflusst:

- von der öffentlichen Diskussion,
- von Entwicklungen in der Wissenschaft und
- vor allem von politischen Maßnahmen.

Seit Erscheinen des *Ersten Deutschen Kinder- und Jugendsportberichts* im Jahr 2003 ist die Diskussion um die demographische Entwicklung und die damit verbundenen Lebensformen mit und von Kindern sowie Kinderbetreuungseinrichtungen in den Mittelpunkt des öffentlichen Interesses gerückt. Hatte der erste Bericht noch vorsichtig von der jungen Generation als demographischer Minderheit gesprochen, so zeigt der etwas härtere Blick auf die Zahlen, dass die Geburtenzahl sich innerhalb von 20 Jahren (1988-2008) um fast 30 % reduziert hat. Dieser quantitative Verlust wäre ohne Berücksichtigung des neuen Staatsangehörigkeitsrechts noch höher, da seit dem Jahr 2000 Kinder ausländischer Eltern die deutsche Staatsangehörigkeit erwerben, wenn ein Elternteil seit mindestens acht Jahren rechtmäßig in Deutschland lebt. Darüber hinaus haben Boos-Nünning und Karakaşoğlu (2003) im Migrationsteil des *Ersten Deutschen Kinder- und Jugendsportberichts* bereits festgestellt, dass die ausländische Bevölkerung wesentlich jünger ist und ausländische Frauen eine wesentlich höhere Fertilitätsrate besitzen, so dass der Anteil der jungen Menschen mit Migrationshintergrund weiter steigen wird.

1   Gesellschaftspolitische Rahmenbedingungen

Die politischen Parteien haben auf den dramatischen Geburtenrückgang und seine mittelfristigen Folgen in den letzten Jahren mit vielfältigen Maßnahmen reagiert, seien es steuerliche Entlastungen, die Erhöhung des Kindergeldes, finanzielle Anreize für die Erziehung im ersten Lebensjahr oder gar umfassendere infrastrukturelle Maßnahmen (Kinderkrippe, Kindergarten und Kinderbetreuung).
Trotz dieser vielfältigen Gegensteuerungsmaßnahmen hält der *Zwölfte Kinder- und Jugendbericht* (vgl. BMFSFJ, 2005b) nüchtern fest, dass unser Land im Hinblick auf Bildung zu sehr auf die Institution Halbtagsschule und bezüglich der Erziehung zu

sehr auf die „Hausfrauenehe" und das typische „Ernährermodell" („male breadwinner") gesetzt habe.
In der öffentlichen Diskussion befinden sich folglich klassische Familien- und Schulmodelle in der Kritik.

> Familie kann aber auch in den entscheidenden Jahren des Heranwachsens bei den Kindern zu einer lebenslangen Hypothek werden. Die Familie schwankt insofern zwischen den beiden Polen ‚alles ist möglich' und ‚nichts ist sicher' – deshalb kann familiale Erziehung auch ‚schief gehen' (BMFSFJ, 2005b, S. 547).

Sicher sind allenfalls die Fakten dieses allgemeinen Berichtes:

- Danach hat sich der Anteil ehelich geborener Kinder im Westen auf 77,4 % und im Osten gar auf 46,4 % (!) reduziert.
- Kinder unter vier Jahren von Alleinerziehenden weisen eine außerordentlich hohe Armutsquote von 62 % auf (Durchschnitt: 16 %).
- Zu den weiteren finanziellen Risikogruppen zählen Paare mit drei und mehr Kindern sowie kinderreiche Familien mit Migrationshintergrund.

Insgesamt ist seit den 1990er-Jahren ein konstanter Anstieg der relativen Kinderarmut zu konstatieren, so dass heute im Westen ein Viertel aller Kinder und im Osten sogar ein Drittel aller Kinder als „relativ arm" bezeichnet werden.

Aber auch der zweite Ort der Entwicklungsförderung, die Schule, findet sich als Ergebnis internationaler Vergleichsstudien in einer Rückzugsposition. Die Daten zeigen, dass die deutsche Schule über die unbefriedigenden schulischen Leistungen aller Schüler hinaus vor allem die damit verbundene soziale Frage, d. h. die Überwindung der herkunftsbedingten Unterschiede im deutschen Bildungssystem nicht wirklich gelöst hat.

Die Befunde sind offenkundig (vgl. BMFSFJ, 2005b):

- 10 % aller Schülerinnen und Schüler und gar 33 % mit Migrationshintergrund verlassen die Schule ohne Abschluss.
- Der Zeitpunkt der Einschulung bzw. die Rückstellung wird weitgehend von elterlichen Ressourcen geprägt.
- Die frühe Schulformwahl nach der vierten Klasse erweist sich ebenso als schwere Hypothek, wie die Tatsache, dass bei den Schullaufbahnwechslern die Absteiger mit 77 % deutlich dominieren.
- Kein anderes Land weist eine derartig hohe „Sitzenbleiberquote" auf (ein Viertel aller 15-jährigen Schülerinnen und Schüler), begleitet von der höchsten Fehlallokationsquote (25 %) aller Industrieländer. Nicht vergessen werden dürfen die kurz- und mittelfristigen Folgen. Schlechte Zensuren, schulisches

Anlass, Ziele und Aufbau 17

Scheitern oder gar fehlende Abschlüsse beeinflussen die psychosoziale Entwicklung von Kindern negativ, reduzieren ihre Lebenszufriedenheit und erhöhen psychosomatische Belastungssymptome.

Die festgestellte Krise der Institutionen Familie und Schule hat deshalb die Autoren des *Zwölften Kinder- und Jugendberichtes* veranlasst, einen erweiterten Bildungs- und Lernbegriff als Ausgangspunkt für innovative individuelle Entwicklungsförderungen anzusehen, d. h.:

- Bildungs- und Lernprozesse finden danach an vielen Orten statt – über Familie und Schule hinaus – besonders am Nachmittag an sogenannten Bildungsorten oder in informellen Lernwelten,
- die frühkindliche Entwicklung als entscheidenden Bildungsimpuls zu behandeln.

Der erweiterte konzeptionelle Rahmen erfasst demgemäß unterschiedliche Früh- und Förderangebote sowie formelle und informelle Angebotsstrukturen. Dieses erweiterte Entwicklungsverständnis ist ebenso innovativ wie gedanklich nachvollziehbar.

2 Mangelnde Berücksichtigung von Bewegung und Sport

Dem bewegungs- und sportorientierten Leser fällt auf, dass weder der theoretische Rahmen noch die empirische Präsentation des *Zwölften Kinder- und Jugendberichtes* die psychomotorische Frühförderung, die informellen Bewegungs-, Spiel- und Sportangebote und erst recht nicht den Sportverein erfassen. Darüber hinaus berücksichtigt der obige Bericht nicht, dass 63 % aller Nachmittagstermine von Kindern im Alter von vier bis zwölf Jahren allein auf den Sport entfallen.

Unser Ergebnis dürfte den informierten Leser nicht überraschen, hatten doch Zinnecker und Silbereisen in ihrem repräsentativen *Deutschland-Kinder-Survey* bereits 1996 sportbezogene Hobbies und aktives Sporttreiben als das wesentliche Erkennungszeichen der Kindheit identifiziert. In der wissenschaftlichen Diskussion haben neuerdings die deutschlandweit durchgeführten Studien:

- *SPRINT-Studie* (Sportunterricht in Deutschland),
- *KiGGS-Studie* (Kinder- und Jugendgesundheitssurvey) und
- *MoMo-Studie* (Motorik-Modul)

diese nicht nachvollziehbare Unkenntnis der Bedeutung von Bewegung und Sport für die kindliche Entwicklung relativiert.

3   Konsequenzen für den Zweiten Deutschen Kinder- und Jugendsportbericht

Aufbau und Inhalt des vorliegenden Berichtes versuchen deshalb, die Bedeutung von Bewegung und Sport im Hinblick auf die individuelle Entwicklung zu beschreiben und im Hinblick auf mögliche (positive) Effekte zu analysieren.

Teil I (*Sozialstrukturelle Bedingungen des Aufwachsens*) erörtert die Bedeutung von Bewegungsimpulsen und setzt sich kritisch mit einem funktionalen Bildungsverständnis in der Nachfolge der *PISA*-Ergebnisse auseinander. Des Weiteren werden soziale Ungleichheiten in Gesundheit und Bildung sowie die Chance des Sports als Entwicklungsimpuls für alle – Jungen und Mädchen, Kinder unterschiedlicher Ethnie und mit unterschiedlicher Bildungsbiographie – veranschaulicht.

Teil II (*Zum Gesundheits- und Motorikstatus von Kindern*) analysiert in acht Kapiteln ausführlich die langfristige Bedeutung körperlicher Aktivität und die des intensiven sportiven Engagements im Hinblick auf Gesundheit und Selbstkonzept. Neuere *KiGGS*- und *MoMo*-Befunde werden ebenso ausführlich präsentiert wie Ergebnisse und Probleme von Übergewicht, Adipositas und Medienkonsum.

Teil III (*Zur Bedeutung von Bewegung im Rahmen frühkindlicher Bildungsprozesse*) analysiert die Bedeutung des Bereiches Körper und Bewegung in Bildungsplänen und stellt positive Effekte von Bewegungskindergärten und bewegter Sprachförderprogramme dar.

Teil IV (*Zur Bedeutung von Bewegung, Spiel und Sport im Grundschulalter*) stellt in Anlehnung an die *SPRINT-Studie* die zentrale Rolle des Faches Sport für das individuelle Wohlbefinden und die Lebenszufriedenheit von Grundschulkindern ebenso dar, wie Effekte der Bewegten Grundschule und Hoffnungen an das Projekt Ganztagsschule.

Teil V (*Sportengagements in unterschiedlichen Settings*) beschreibt die herausragende Rolle des Sports im Verein und in informellen Kontexten, zwingt zum Nachdenken über die Talentauslese und den modernen Kinderleistungssport, entbehrt nicht eines Blickes über den Zaun (internationale Vergleiche) und veranschaulicht abschließend soziale Initiativen der Sportjugenden für Kinder.

Der *Zweite Deutsche Kinder- und Jugendsportbericht* mit dem Schwerpunkt „Kindheit" wendet sich an alle, die das Kinderwohl im Auge haben. Der Bericht will einen Beitrag dazu leisten, dass sportlichen Aktivitäten in der Öffentlichkeit, bei politischen Maßnahmen oder in der sozialwissenschaftlichen Diskussion die Bedeutung zugemessen wird, die der *Sport* in der subjektiven Wahrnehmung und Einschätzung unserer Kinder bereits seit langem besitzt.

Werner Schmidt

I Sozialstrukturelle Bedingungen des Aufwachsens

Heim erörtert in seinem einführenden Beitrag (vgl. Kap. 1) die besondere Rolle von Bewegung, Spiel und Sport im Kontext von Bildung. In Anlehnung an den *Zwölften Kinder- und Jugendbericht* der Bundesregierung (vgl. BMFSFJ, 2005b) plädiert er für ein erweitertes Verständnis des individuellen Bildungsgeschehens, das keinerlei zeitlichen, sozialen und räumlichen Begrenzungen unterliegt.

Heim richtet sich damit gegen ein Bildungskonzept, das sich weder auf die Institutionen (z. B. Schule und Familie) noch auf eine formale Auslegung des Bildungsgedankens (Schulleistungsstudien, z. B. *PISA* und/oder *IGLU*) reduzieren lässt. Geleitet von empirischen Befunden, wonach Bewegungsaktivitäten in der Kindheit eine herausragende Rolle einnehmen, diskutiert er (gegenüber der Nicht-Berücksichtigung sportiver Elemente im *Zwölften Kinder- und Jugendbericht*) erweiterte Bildungspotenziale. Diese umfassen:

- die sinnlichen, emotionalen, ästhetischen, sozialen, moralischen und vor allem die körperlichen und
- sogenannte vorsprachliche Bildungsvorgänge, also vor allem körper- und bewegungsbezogene Bildungsvorgänge im frühen Kindesalter.

Heim analysiert also hinsichtlich der Entwicklung personaler Kompetenzen die besondere Rolle der spezifischen Bildungsorte (z. B. Bewegungskindergarten, Schulsport) und Lernwelten (z. B. Sportverein, informelles Sporttreiben; vgl. Kap. 1: Abb. 1.2).

Während sich der Beitrag im *Ersten Deutschen Kinder- und Jugendsportbericht* mit Fragen sozialer Ungleichheit innerhalb des Sportsystems (vgl. Thiel & Cachay, 2003, S. 275-295) beschäftigte, analysiert der folgende Beitrag (vgl. Kap. 2) allgemeine sozialstrukturelle Ungleichheiten beim Zugang zu kollektiven Gütern der Gesellschaft (Gesundheit, Bildung) und diskutiert die kompensierende Rolle des Kindersports.

Sozialberichtsdaten und empirische Analysen kindlicher Lebens- und Bewegungswelten zeigen gleichermaßen, dass Kinder aus sogenannten „Risikogruppen" (Einwandererfamilien, Arbeitslosenhaushalte, Alleinerziehende und kinderreiche Familien) und/oder aus „belasteten Großstadt-Quartieren" von Geburt an strukturell gravierende Benachteiligungen (vgl. Kap. 2.4: das Selektions-Schwellenkonzept) im Hinblick auf den Gesundheitsstatus und die Bildungsteilhabe besitzen. Im Gegensatz dazu gelingt es im Freizeitbereich allein dem informellen und institutionalisierten Sport, besonders viele dieser benachteiligten Kinder an sich zu binden. Unter bestimmten Voraussetzungen (soziale Akzeptanz, Einbindung in eine Gruppe, Trainer-Akzeptanz und positive Gruppenatmosphäre) eröffnet dieses im Sport individuell erlebte Wohlbefinden die Chance, andere Problembelastungen abzupuffern und einen kompensierenden Beitrag zur individuellen Entwicklungsförderung zu leisten.

Bewegung, Spiel und Sport sind für Mädchen und Jungen im Kindesalter gleichermaßen zentrale Erlebnis- und Lernfelder (vgl. Kap. 3). Da geschlechtertheoretisch fundierte Studien kindlichen Sportengagements weitgehend fehlen, beschränkt sich die geschlechterbezogene Kindheitsforschung auf die Darstellung von Differenzbefunden. Differenzielle Angebote auf den Mittelwertvergleich zu reduzieren, entlarvt jedoch die Naivität dieses Vorgehens. Theoretisch lassen sich im Vor- und Grundschulalter ebenso keine biologisch determinierten Unterschiede feststellen, wie sich empirisch kaum Unterschiede hinsichtlich der Interessen und Bedürfnisse im Sportunterricht und Sportverein diagnostizieren lassen. Andererseits wirken Geschlechterverhältnisse bereits auf vielfältige Weise in das Eltern-Kind-Turnen hinein. Kinder nehmen primär folglich das auf, was ihrer Geschlechterkategorie zu entsprechen scheint, so dass partiell die soziale Konstruktion von Geschlecht schon in vorschulischen Handlungsfeldern beginnt. Hinsichtlich weiterer Ursachenforschungen für geschlechterungleiche Partizipation im Sport scheint es in Zukunft inhaltlich sinnvoll zu sein, sich dem komplexen Geflecht von individueller Identitätsarbeit, gesellschaftlichen Geschlechterverhältnissen, strukturellen Rahmenbedingungen des Sports und sozialen Interaktionsformen zu öffnen.

Werner Schmidt

1 Bewegung, Spiel und Sport im Kontext von Bildung

1.1 Einleitung

Bildung ist ein Begriff, der in der öffentlichen Debatte seit wenigen Jahren enorme Konjunktur hat. Unschwer sind als wesentliche Auslöser die Ergebnisse der einschlägigen internationalen Schulleistungsuntersuchungen auszumachen, die unter den Kürzeln *PISA, TIMSS* oder *IGLU* allseits oder teilweise bekannt sind. In erstaunlicher Parallelität zur Diagnose einer deutschen „Bildungskatastrophe", mit der Georg Picht im Jahr 1964 Politik, Wissenschaft und Öffentlichkeit in Aufruhr versetzte, scheint auch heute die Zukunft der Gesellschaft in Frage gestellt, weil Deutschland den Anschluss im internationalen wissenschaftlichen und ökonomischen Wettbewerb zu verlieren droht.

Ein näherer Blick auf die Diskussion zeigt jedoch rasch, dass nicht nur die Relevanz der Bildungsfrage in den letzten Jahren enorm gestiegen ist, sondern auch, dass das Verständnis und die Konzeptualisierung von Bildung neue Akzentuierungen erfahren haben. Die Schulleistungsstudien – und in deren Kielwasser auch die einschlägige Diskussion zu Bildungsstandards – favorisieren ein funktional-pragmatisches Bildungskonzept (vgl. Messner, 2003), das über die Schule hinaus mittlerweile bis in den Kindergarten vorgedrungen ist. Dieses Bildungsverständnis konkretisiert sich in der Messung basaler Fähigkeiten wie der Lesekompetenz, der mathematischen und der naturwissenschaftlichen Grundbildung. Unstrittig ist, dass diese Kompetenzen für ein befriedigendes Leben in modernen Gesellschaften unabdingbar sind. Oder dass sie, in der Sprache der Bildungstheorie formuliert, unerlässliche Kulturwerkzeuge darstellen, ohne deren Beherrschung das Ziel, sich zur modernen Welt und zu sich selbst ins rechte Verhältnis zu setzen, also Weltaneignung und Weltorientierung zu stiften, wohl kaum erreicht werden kann. Aber ein solch funktionales Bildungsverständnis darf nicht mit Bildung insgesamt verwechselt werden. Allein die Konzentration auf die Fähigkeiten, also eine formale Auslegung des Bildungsgedankens, unterschlägt seine materiale Komponente, also das kulturell relevante Wissen. Zudem blendet es eine Reihe von Aspekten, wie etwa körperlich-sinnliche, ästhetische, soziale, politische sowie kritisch-reflexive Momente aus, die bislang als essentiell für moderne Bildung gelten. Ferner wird im gewählten funktional-pragmatischen Zugang die erzieherische Funktion der Schule vernachlässigt (vgl. ebd., S. 408 f.): Vor allem soziale und politische Dimensionen von Bildung lassen sich nicht allein in Fachinhalten abbilden. Sie nehmen vielmehr erst dann Gestalt an, wenn Schule und Unterricht auch zu einem sozialen und kulturellen Raum, vielleicht einem „Haus des Lernens", im Leben und Erleben der Schüler werden.

Die fachwissenschaftliche Debatte zu Qualität und Bildungsstandards des Sportunterrichts hat rasch gezeigt, dass ein funktionales Bildungsverständnis auch für die Domäne von Bewegung, Spiel und Sport höchst problematisch ist (vgl. z. B. Schierz & Thiele, 2005). Daher soll in diesem *Zweiten Deutschen Kinder- und Jugendsportbericht* ein umfassenderes Bildungsverständnis skizziert werden, das den Differenzierungen und Nuancierungen des bildungswissenschaftlichen Forschungsstandes gebührend Rechnung trägt und auch die Bildung im Zusammenhang von Bewegung, Spiel und Sport zu strukturieren vermag. Den Ausgangspunkt finden die Überlegungen im Bildungsmodell des *Zwölften Kinder- und Jugendberichts*, das in einem eigenen Zugang für den Bereich von Bewegung, Spiel und Sport ausgelegt wird.

Das hier zugrunde gelegte Bildungskonzept gewinnt sein Fundament aus einer Analyse der Bedingungen des Aufwachsens in der modernen Gesellschaft (vgl. BMFSFJ, 2005a). Demnach ist das traditionelle Modell, in dem der geschlechtstypisch organisierten Familie die Aufgabe der kindlichen Betreuung, Versorgung und Erziehung zufiel und in dem die hierauf aufbauende Halbtagsschule für die Bildung der Kinder zuständig war, im Zuge gravierender gesellschaftlicher Wandlungsprozesse zunehmend brüchig geworden: Neuartige Formen familiärer Konstellationen und kommunikativer Beziehungsmuster, gewandelte Erziehungsvorstellungen sowie gewachsene Anforderungen an Flexibilität und Mobilität im Beruf stellen das Gelingen von Betreuung und Erziehung zunehmend infrage. Und auch die Schule wird angesichts der im internationalen Vergleich unbefriedigenden Leistungen der Schüler und ihrer enormen Abhängigkeit von der sozialen Herkunft dem Anspruch nicht mehr gerecht, angemessene Bildung für alle Heranwachsenden zu vermitteln.

Zudem diagnostiziert der Bericht ein konzeptionelles und organisatorisches Defizit im Zusammenspiel von Betreuung, Erziehung und Bildung, die in unangemessener Weise als zwar unterscheidbare, aber eben nicht konstitutiv aufeinander bezogene Facetten des Aufwachsens erscheinen:

> Es hat geradezu den Anschein, als würde in Deutschland bislang Betreuung, Erziehung und Bildung doch eher im Nacheinander als eine aufsteigende Abfolge im kindlichen Lebenslauf konzipiert und organisiert, also fälschlicherweise
> – *Betreuung* und Pflege als besondere Aufgabe und Herausforderung in der frühkindlichen, besonders in der vorsprachlichen Phase;
> – *Erziehung* als Einübung von Regeln und Verhaltensweisen in der Kleinkindphase, insbesondere im Vorschulalter sowie
> – *Bildung* als spezifische Herausforderung und Aufgabe der Schule bzw. ab dem Schulalter verstanden (BMFSFJ, 2005a, S. 48).

1.2 Grundlegendes Bildungsverständnis

Vor diesem Hintergrund plädiert man für eine Perspektive auf Bildung, die ihren Ausgangspunkt vom „Bildungsgeschehen im Lebenslauf von Kindern und Jugendlichen" (BMFSFJ, 2005a, S. 81) nimmt. Ein Bildungskonzept also, das sich nicht auf die Institutionen des Bildungs- und Erziehungssystems beschränkt, sondern das den inneren Zusammenhang zwischen Bildung, Betreuung und Erziehung betont, dabei der Bildung aber eine herausragende Rolle zuschreibt (vgl. ebd., S. 49). Bildungsprozesse spielen sich nach dieser Auffassung daher nicht nur in dafür vorgesehenen Räumen und Organisationen, zu bestimmten Zeiten und in Abschnitten sowie im Zusammenhang eigens entwickelter Methoden und Verfahren ab, sondern unterliegen keinerlei zeitlicher, sozialer und räumlicher Begrenzungen. Sie sind in die Lebenszusammenhänge und Lebenswelten eingebunden:

> Bildung im Kindes- und Jugendalter kann in ihren heutigen Formen nur angemessen erfasst werden, wenn die Vielfalt der Bildungsorte und Lernwelten, deren Zusammenspiel, deren wechselseitige Interferenz und Interdependenz, aber auch deren wechselseitige Abschottungen wahrgenommen werden (BMFSFJ, 2005a, S. 81).

Damit verbunden lässt sich Bildung im Lebenslauf dann sowohl in ihrer schrittweisen zeitlichen (diachronen) Abfolge als auch in ihrem gleichzeitigen (synchronen) Nebeneinander von Lebens- und Lernwelten konzipieren. Diese Vorstellung kann auch für den Bereich von Bewegung, Spiel und Sport Geltung beanspruchen und fruchtbar (gemacht) werden. Denn auf der einen Seite entfalten sich körper- und bewegungsbezogene Bildungsprozesse in differenzierter Weise im Lebenslauf: Etwa im Hinblick auf die (alterstypische) Entwicklung verschiedener motorischer und Wahrnehmungsfähigkeiten sowie der Variation von Motivkomplexen körperlich-sportlicher Aktivitäten[1] oder im Zusammenhang mit den verschiedenen institutionalisierten Abschnitten des Schulsports in der Bildungskarriere wie Grundschule, Sekundarstufe I und II. Auf der anderen Seite sind gerade Bewegungs-, Spiel- und Sportaktivitäten wesentliche, wenn nicht gar dominante Formen der Freizeitkultur

---

[1] Wenngleich belastbare empirische (Längsschnitt-)Analysen des sich verändernden Sportengagements im Lebenslauf nur in Ansätzen zur Verfügung stehen, deuten vorliegende Befunde darauf hin, dass nicht nur die Umfänge sportlicher Aktivität variieren, sondern auch die mit ihnen verbundenen Motive (vgl. Breuer & Wicker, 2007): Während im Jugendalter eher leistungsorientierte Motivationen im Zusammenhang mit dem Wettkampfsport hohe Wertschätzung genießen, treten im Verlauf des Erwachsenenalters fitness- und gesundheitsorientierte Zugänge immer stärker in den Mittelpunkt. Veränderungen in der Akzentsetzung lassen sich auch in der Spanne des Aufwachsens beobachten: Im Kindesalter besitzt das Anschlussmotiv hohe Bedeutung für den Eintritt in den Sportverein (vgl. Brinkhoff & Sack, 1999, S. 102 f.), im Jugendalter tritt beim Vereinsengagement offensichtlich überwiegend eine leistungs- und wettkampforientierte Komponente hinzu (vgl. Kurz, Sack & Brinkhoff, 1996, S. 106-108).

von Heranwachsenden.[2] Ob im Verein, in der Familie oder informell im Rahmen kinder- und jugendkultureller Szenen betrieben, gehören Bewegungs- und Sportaktivitäten in der Regel zum Alltag von Heranwachsenden (vgl. Kap. 20). Sie stellen eigene Bildungsgelegenheiten dar, die in unterschiedlichem Bezug untereinander sowie zum institutionalisierten Schulsport oder zu Bewegungsangeboten im Kindergarten stehen, sich wechselseitig beeinflussen, unterstützen, aber auch stören können.

Im Anschluss an die bildungstheoretische Debatte in der Moderne wird von einer zweifachen Dimension von Bildung ausgegangen, die sich einerseits auf das Individuum und andererseits auf die Gesellschaft erstreckt (vgl. BMFSFJ, 2005a, S. 83). Damit beinhaltet der Bildungsbegriff ebenso (normative) Vorstellungen von der Gesellschaft und ihren Wandlungen wie auch vom Menschen und seiner individuellen Entwicklung. Bildung zielt in diesem Verständnis und in Anlehnung an Tenorth (1994) sowohl auf die Selbstkonstitution des Individuums als auch auf die Konstitution der Gesellschaft. Bildung hat daher auf der einen Seite die Funktion der gesellschaftlichen Reproduktion, dient also der Tradierung und Weiterentwicklung des kulturellen Erbes wie auch der Herstellung und Gewährleistung der gesellschaftlichen und intergenerativen Ordnung. Diese gesellschaftliche Aufgabe von Bildung kann allerdings – und das ist der besondere Kerngedanke der bildungstheoretischen Diskussion in Deutschland seit mehr als zwei Jahrhunderten – allein auf dem Wege der Bildung des einzelnen Menschen erreicht werden:[3] Bildung wird seit Humboldt ausgelegt

> als eine individuelle Höherentwicklung des Menschen, die zur eigenen Vervollkommnung strebt und damit zugleich einen Beitrag leistet zur Verbesserung der Gesellschaft und zur allmählichen Überwindung der vorgefundenen kritisierten gesellschaftlichen und politischen Verhältnisse (Rauschenbach, Leu, Lingenauber, Mack, Schilling, Schneider & Züchner, 2004, S. 21).

Hiermit ist einerseits die Erwartung verknüpft, dass jeder Mensch fähig werde, an Kultur und Gesellschaft kompetent teilzunehmen und teilzuhaben und andererseits, dass die individuelle Bildung zugleich einen Beitrag zur Kultivierung und Zivilisierung der Gesellschaft darstellt (vgl. Tenorth, 1994, S. 46). Bildung ist daher in zweifacher Hinsicht zu verstehen: einerseits als Prozess und andererseits als normatives Ziel dieses Prozesses, der prinzipiell unabschließbar und offen ist, also lebenslange Bedeutung besitzt.

---

2 So konstatiert z. B. Zinnecker (1989, S. 136) bereits für die 1980er-Jahre, dass sportliche Aktivitäten zu einer „jugendspezifischen Altersnorm" avanciert sind. Mittlerweile hat die Dominanz von Bewegungs- und Sportaktivitäten gegenüber anderen Freizeitpraktiken bereits das mittlere Kindesalter erreicht (vgl. Schmidt, 1998, S. 115-145; Zinnecker, 1990a).

3 Diese besondere Pointe übersieht z. B. Seewald (2008, S. 158) in seiner Kritik am Bildungsparadigma, dem er ein „Individualisierungs-Problem" attestiert.

Zudem betont dieses an Humboldt anschließende Verständnis die Entwicklung einer Person in einem weit umfassenden Sinne: „Alle Kräfte des Menschen sollen […] in einem ausgewogenen Verhältnis zueinander gebildet werden" (BMFSFJ, 2005a, S. 83). Jede Einseitigkeit soll demnach vermieden und eine „proportionierliche Bildung der Kräfte zu einem Ganzen" angestrebt werden.

Es geht also darum, nicht nur ausgewählte Bereiche der (kindlichen) Anlagen und Kräfte – etwa die geistigen oder intellektuellen – anzuregen, sondern alle Potenziale, d. h. auch die sinnlichen, emotionalen, ästhetischen, sozialen, moralischen und eben auch die körperlichen zu erschließen. Daher sind auch Bewegung, Spiel und Sport zum Ziel- und Gegenstandsbereich von Bildungsprozessen zu zählen.

Damit ist zugleich auf die gesellschaftliche Seite von Bildung verwiesen. Die Aufgabe gesellschaftlicher Reproduktion lässt sich zunächst in Richtung des gesellschaftlichen Phänomens Sport bestimmen: Wie andere gesellschaftliche Bereiche ist auch der Sport darauf angewiesen, Menschen für eine aktive Teilnahme, z. B. in Gestalt der Mitgliedschaft in einem Sportverein, zu gewinnen. Vor dem Hintergrund der vielfach dominierenden Ausrichtung des organisierten Sports auf leistungs- und wettkampforientierte Formen tritt in dieser Auslegung einerseits die Nachwuchs- und Talentförderung in den Blickpunkt von Bildungsprozessen (vgl. Heim, 2002a). Angesichts der Ausdifferenzierung des Sports, die sich in neuartigen Formen von Bewegungsaktivitäten und zugleich in einer größeren Breite von Motivkomplexen erstreckt, kann andererseits die Anregung zu einem bewegungsaktiven Lebensstil über die gesamte Lebensspanne als Beitrag zur gesellschaftlichen Reproduktion des Sports verstanden werden. Zudem ist die Teilhabe am Sport keineswegs mehr auf eine aktive Teilnahme[4] beschränkt: Die offensichtliche Attraktivität punktueller sportlicher Großereignisse wie Welt- und Europameisterschaften oder Olympische Spiele, aber auch die kontinuierliche mediale Präsentation des in Wettkampf-Ligen organisierten Spitzensports machen darauf aufmerksam, dass mittlerweile auch der (passive) Konsum von (Leistungs-)Sport eine nicht zu unterschätzende Form der Teilhabe am Sport darstellt und daher zum Gegenstand von Bildungsprozessen avancieren könnte. Mit Blick auf die leistungssportlich orientierte Nachwuchs- und Talentförderung (vgl. Kap. 22) und der damit verbundenen Wertschätzung von leistungsaffinen Dispositions- und Wertmustern, aber auch von Imperativen der Sportmoral wie dem Fair-Play-Gedanken zielt Bildung in ihrer gesellschaftlichen Funktion auch auf die Tradierung des (bewegungs-)kulturellen Erbes ab. Zu dieser (Bildungs-)Aufgabe wären dann allerdings auch jene Varianten der Bewegungskultur zu zählen, die angesichts der Dominanz des Sports historisch mittlerweile in den Hintergrund getreten sind, etwa die Tradition des Turnens oder der Gymnastik.

---

4   Unter aktiver Teilnahme wären nicht nur unmittelbar sportliche Aktivitäten zu verstehen, sondern auch das Engagement als Übungsleiter, Trainer, Schiedsrichter usw.

Da die Tradierung des kulturellen Erbes vor dem Hintergrund der gesellschaftlichen Reproduktion immer auch mit seiner Weiterentwicklung verbunden ist, beinhaltet der Bildungsbegriff in diesem Verständnis ferner gleichfalls die Diskussion um normative Vorstellungen von Bewegung, Spiel und Sport sowie ihrer Wandlungen. Zu den bildungstheoretisch relevanten Aspekten im Zusammenhang mit der Kindheit gehören daher etwa Fragen nach der Verantwortbarkeit des leistungssportlichen Engagements in diesem Lebensalter[5] und – falls diese positiv ausfallen – nach den strukturellen Rahmenbedingungen, der inhaltlichen und methodischen Ausrichtung usw.

Die Dimension der gesellschaftlichen Reproduktion im Bildungsbegriff gewinnt ihre Bedeutung nicht nur im Hinblick auf das Teilsystem des Sports, sondern auch und vor allem im Hinblick auf die gesamte Gesellschaft. Dieser Aspekt korrespondiert mit einem funktionalen Bildungsverständnis, wie es zuvor skizziert wurde. Bildung in diesem Sinne meint daher die Vermittlung wie den Erwerb der basalen Kompetenzen, die für eine befriedigende Teilhabe an der Gesellschaft, insbesondere der Existenzsicherung notwendig sind. In diesem Zusammenhang besitzen auch körperlich-motorische Kompetenzen eine Bedeutung und sind daher für Bildungsprozesse relevant. Allerdings kann man vor dem Hintergrund der Einsichten im Zusammenhang mit der curriculum-theoretischen Diskussion zum Sportunterricht der 1970er-Jahre (vgl. Kurz, 1993) kaum davon ausgehen, dass sportmotorische Fähigkeiten und Fertigkeiten nennenswerte Beiträge für die Teilhabe in der Berufs- und Arbeitswelt oder anderen gesellschaftlichen Bereichen abseits des Sports erbringen.[6] Bildungsrelevant sind im hier favorisierten Bildungsverständnis generelle körperlich-motorische Kompetenzen, die über den Sport im engeren Sinne hinaus weisen. Denn befriedigende gesellschaftliche Teilhabe wird in vielen Bereichen auch durch körperliche Fähigkeiten ermöglicht oder zumindest erweitert. So verlangt die (ökonomische) Existenzsicherung auch in modernen (Wissens-)Gesellschaften in der Regel elementare motorische Kompetenzen, um die Anforderungen der Arbeitswelt erfüllen zu können. Kompetenzen allerdings, die nur in Ausnahmefällen nicht in Bildungsprozessen der Familie oder des nahen sozialen Umfeldes erworben werden können und deshalb institutionalisierter Bildung bedürfen.[7] In den Horizont von Bildung kommen in modernen Gesellschaften vielmehr Kompetenzen im Hinblick auf den generellen Umgang mit dem eigenen Körper: In dem Maße, wie

---

5 Ein differenzierter Überblick über die entsprechende sportpädagogische Debatte findet sich bei Heim (2002b, S. 16-54).
6 Im Hinblick auf Kompetenzen, die im Sport jenseits des Motorischen ausgebildet werden können (z. B. Sozialkompetenz), mag dies anders beurteilt werden.
7 Eine solche Ausnahme stellt wohl mittlerweile die Fähigkeit dar, sicher Schwimmen zu können: Nach Befunden von Kurz und Fritz (2006) kann ein Fünftel der 11-Jährigen nicht einmal 25 Meter schwimmen und mehr als ein Drittel nicht im Wasser gleiten.

in Gesellschaftsformationen die Ambivalenzen einerseits der Körperdistanzierung und andererseits der Körperaufwertung (vgl. Bette, 2005) zunehmen, werden hier spezifische Bildungsprozesse notwendig. Körper- und Schönheitsideale, Bewegungs-, Ernährungs- und Gesundheitspraktiken sowie körperliche Elemente des Lebensstils und Strategien zur Kompensation beruflich induzierter Belastungsmuster mithilfe von Körper und Bewegung stellen mittlerweile eine Herausforderung für den Einzelnen dar, die ohne umfassende Bildung kaum noch zu bewältigen ist.

Bildung kann daher – und damit ist auf die individuelle Seite verwiesen – nur auf dem Wege der Entwicklungsförderung des einzelnen Menschen auch im Bereich von Bewegung, Spiel und Sport erfolgen. Bildung in Bewegung, Spiel und Sport erstreckt sich somit zunächst auf die individuelle Förderung der körperlich-motorischen Kompetenzen, beinhaltet aber ebenfalls die Entfaltung von intellektuellen, emotionalen und sozialen Fähigkeiten, um Bewegung und Sport auch deutend, interpretativ und reflektierend anzueignen.

Charakteristisch für das hier zugrunde gelegte Konzept von Bildung ist ferner die Vorstellung von einem aktiven Prozess, in dem sich der Einzelne eigenständig und selbsttätig bildet. Dieser Prozess kann sich allerdings nur in der Auseinandersetzung des Individuums mit der sozialen, kulturellen und natürlichen Umwelt einstellen, so dass Bildung entsprechend stimulierende (Bildungs-)Gelegenheiten voraussetzt. Im Hinblick auf die soziale Umwelt kann Bildung vor dem Hintergrund der Selbsttätigkeit nur als Prozess der Ko-Konstruktion verstanden werden. Auch Kinder entwickeln und überprüfen ihre individuellen Deutungen und Konzepte der Welt im Austausch mit anderen und entwickeln so tragfähige Konzepte und Weltbilder. Bildung auch im Hinblick auf Bewegung, Spiel und Sport ist daher – gerade im Kindesalter – Selbst-Bildung im Rahmen sozialer Ko-Konstruktion.

Daher bezeichnet Bildung auf der Seite des Subjekts „den für den Menschen charakteristischen Prozess der Aneignung von Welt und der Entwicklung der Person in dieser Aneignung" (Thiersch, 2004, S. 239). Die Aneignung von Welt ist dabei ein aktiver und subjektiver Prozess, bei dem das (zunächst) Fremde in Eigenes verwandelt wird. Aneignung verlangt Auswahl, Gestaltung, Deutung und Interpretation, bedeutet also, sich selbsttätig in ein Verhältnis zur Welt zu setzen: zu Dingen, Personen und Phänomenen. Dies betrifft nicht nur die äußere Welt, sondern auch die innere Welt: also Deutungen und Bedeutungen, Phantasien und Repräsentationen. Grundsätzlich, insbesondere aber im Kindesalter, bedarf es dabei sozialer Unterstützung und Anregung, verlässlicher Beziehungen und Austausch mit Erwachsenen wie Altersgenossen. Dies gilt auch für Bewegung, Spiel und Sport.

Das hier zugrunde gelegte (offene) Bildungsverständnis hebt sich damit auf der einen Seite von Vorstellungen ab, „in denen Bildung als ein eindimensionales Instrument zur Belehrung und zur Sicherung von Herrschaftswissen instrumentalisiert wird" (BMFSFJ, 2005a, S. 83). Auf der anderen Seite ist es gerade nicht auf die funktionale Einbindung des Einzelnen in die Gesellschaft zu reduzieren „oder als einseitige Zurichtung der Individuen" (ebd., S. 83 f.) zu verstehen. Vielmehr akzentuiert dieses Grundverständnis den Anspruch, den einzelnen Menschen zu befähigen, sich den Ansprüchen und Zumutungen der Gesellschaft zu widersetzen, die die individuelle Entfaltung beschränken.

Daher widerspricht diese Vorstellung vehement Positionen einer einseitigen Ausrichtung der Bildungsprozesse auf die Anforderungen der zukünftigen Existenzsicherung, also der Berufs- und Arbeitswelt, ebenso wie der Reduktion auf Aspekte der kognitiven Entwicklung, auf schulisches Lernen, auf Wissen oder grundlegende Kulturtechniken. Richtig verstanden, erfordert Bildung im Kontext von Bewegung, Spiel und Sport daher, das Individuum zu befähigen, sich auch durchaus kritisch mit den dominanten Mustern des (Leistungs-)Sports auseinanderzusetzen, dessen Erwartungen anzunehmen oder sich ihnen zu entziehen, sich den Ansprüchen und Zumutungen von Körper- und Schönheitsidealen reflektiert zu stellen oder auch zu widersetzen.

Da in diesem umfassenden Verständnis von Bildung gesellschaftliche und individuelle Perspektiven miteinander verflochten sind, ermöglicht es die Frage von Bildung mit denen nach der Betreuung und der Erziehung der Heranwachsenden inner- und außerhalb der dafür im eigentlichen Sinne vorgesehenen Institutionen zu behandeln.

1.3 Bildungsdimensionen und Bildungsziele

Einen wesentlichen Gewinn bietet diese Konzeption aber auch, weil man weniger versucht, normativ aufgeladene Bildungsziele mit emphatischem Anspruch zu formulieren, sondern sich bemüht, den Bildungsbegriff auch sozialwissenschaftlich zu konkretisieren (vgl. BMFSFJ, 2005a, S. 84-89). Ausgehend vom Gedanken der Lebensbewältigung und basierend auf sozialwissenschaftlich-empirisch fundierten Konzepten[8] werden Dimensionen der Weltaneignung identifiziert, die auf individueller Ebene mit dem Erwerb und der Entwicklung von Kompetenzen korrespondieren (vgl. ebd., S. 84 ff.). In loser Anlehnung an Habermas (1981) werden vier Dimensionen des Weltbezugs vorgeschlagen (vgl. BMFSFJ, 2005a, S. 85):

– Unter dem *kulturwissenschaftlichen Weltbezug* werden die Aneignungen der kulturellen Welt verstanden, „die sich auf das ‚kulturelle Erbe', auf die gat-

---

8 Hierzu wird auf „Lebensbereiche, Entwicklungsanforderungen, Bewältigungsaufgaben, Gesellungsformen und Handlungsformen" (BMFSFJ, 2005a, S. 85) verwiesen, die gegenüber „normativ oder ideologisch vordefinierte(n) Verhaltens-, Denk- und Handlungsmustern" (ebd., S. 85) abgegrenzt werden.

tungsgeschichtlich-symbolischen Errungenschaften und Überlieferungen beziehen" und vor allem symbol- und sprachgebunden sind.
- Unter dem *naturwissenschaftlichen Weltbezug* werden Aneignungsprozesse zusammengefasst, die sich auf die „äußere Welt der Natur und der von Menschenhand geschaffenen Dinge, des gesellschaftlich Produzierten, beziehen".
- Bei dem *sozialwissenschaftlichen Weltbezug* geht es um Aneignungen, die im Zusammenhang mit der sozialen Ordnung der Gesellschaft, insbesondere den „Regeln des kommunikativen Umgangs, der zwischenmenschlichen Verhältnisse und der politischen Gestaltung des Gemeinwesens" stehen.
- Zum *humanwissenschaftlichen Weltbezug* gehören die Bezüge zur subjektiven Welt, „die sich auf die eigene Person, sowohl auf die eigene ‚Innenwelt' als auch auf die eigenen ‚Körperwelten' beziehen" (BMFSFJ, 2005a, S. 85).

Da das Ziel von Bildung darin besteht, in der aktiven Auseinandersetzung mit und in diesen Dimensionen des Weltbezugs die Fähigkeit(en) zu entwickeln, „in einer gegebenen komplexen Umwelt, kognitiv, physisch und psychisch eigenständig aktiv handeln zu können, aber auch [...] sich mit anderen auseinanderzusetzen, sich auf diese zu beziehen und sich mit ihnen zu verständigen" (BMFSFJ, 2005a, S. 84), bedarf das Individuum unterschiedlicher Kompetenzen. Im Hinblick auf das Ziel individueller Eigenständigkeit kann dies zunächst allgemein als Fähigkeit zur Selbstregulation formuliert werden. Etwas näher lassen sich aus den vier Dimensionen des Weltbezugs weitere Kompetenzbereiche ableiten, ohne auf einen abgeschlossenen Kanon zurückzugreifen. So gelingt es unter Berücksichtigung von Fähigkeiten (formale Bildung) und von inhaltlichen Dimensionen (materiale Bildung) vier grundlegende Leitkompetenzen zu identifizieren:

- *kulturelle Kompetenzen* im Sinne der sprachlich-symbolischen Fähigkeit, das akkumulierte kulturelle Wissen, das ‚kulturelle Erbe' anzueignen, die Welt mittels Sprache sinnhaft zu erschließen, zu deuten, zu verstehen, sich in ihr zu bewegen;
- *instrumentelle Kompetenzen* im Sinne einer objektbezogenen Fähigkeit, die naturwissenschaftlich erschlossene Welt der Natur und der Materie sowie die technisch hergestellte Welt der Waren, Produkte und Werkzeuge in ihren inneren Zusammenhängen zu erklären, mit ihr umzugehen und sich in der äußeren Welt der Natur und der stofflichen Dinge zu bewegen;
- *soziale Kompetenzen* im Sinne einer intersubjektiv kommunikativen Fähigkeit, die soziale Außenwelt wahrzunehmen, sich mit anderen handelnd auseinander zu setzen und an der sozialen Welt teilzuhaben sowie an der Gestaltung des Gemeinwesens mitzuwirken;
- *personale Kompetenzen* im Sinne einer ästhetisch-expressiven Fähigkeit, eine eigene Persönlichkeit zu entwickeln, sich als Person einzubringen, mit sich und seiner mentalen und emotionalen Innenwelt umzugehen, sich selbst als Eigenheit wahrzunehmen und mit seiner Körperlichkeit, seiner Emotionalität und seiner Gedanken- und Gefühlswelt umzugehen (BMFSFJ, 2005a, S. 87; Hervorhebungen von R. H.).

Mit dieser Systematik liegt zunächst ein allgemeiner Ordnungsrahmen vor, der allerdings im Hinblick auf spezifische Handlungsbereiche und -vollzüge, wie etwa Bewegung, Spiel und Sport, weiter zu konkretisieren ist.[9] Eine solche Differenzierung muss vor dem Hintergrund der hier vorgelegten Konzeption in zwei Richtungen erfolgen: auf der einen Seite im Hinblick auf die Weltbezüge und auf der anderen Seite im Hinblick auf die basalen Leitkompetenzen.

Die vier Weltbezüge können grundsätzlich auch für den Bereich von Bewegung, Spiel und Sport Geltung beanspruchen: Aneignungsprozesse in diesem Zusammenhang verweisen zunächst explizit auf den *humanwissenschaftlichen Weltbezug*, also die Auseinandersetzung mit dem eigenen Körper, seinen Wahrnehmungs-, Empfindungs- und Bewegungspotenzialen sowie den damit verbundenen kognitiven, sozialen und emotionalen Erfahrungen und Reflexionen. Darüber hinaus ist aber auch der *kulturwissenschaftliche Weltbezug* angesprochen, wenn man an die Aneignung des bewegungskulturellen Erbes, etwa in Gestalt von Bewegungs- und Sportspielen, der Sportarten sowie des Tanzes, denkt. Freilich gilt es in diesem Zusammenhang zu berücksichtigen, dass die kulturelle Welt von Bewegung, Spiel und Sport nicht in den Medien von Wort, Schrift oder Bild erzeugt und tradiert,[10] sondern in situativen Darstellungen hervorgebracht wird, die an Körper und Bewegung gebunden sind und sich als „kulturelle Aufführungen" verstehen lassen (Alkemeyer, 2001, S. 1). Unter einem *naturwissenschaftlichen Weltbezug* geraten Bewegung und Sport ebenfalls in den Blick, weil elementare Erfahrungen im Umgang mit der physikalischen Welt – zu denken wäre etwa an das Erleben von Gewicht und Schwerkraft, Geschwindigkeit und Beschleunigung – oder der Biologie des Körpers (z. B. Atmung, Herzschlag, Temperaturregulation) zunächst mit dem und am eigenen Leib oder in Manipulationen von Objekten gesammelt werden. Zudem werden Training und Optimierung der sportlichen Leistung, aber auch präventive, therapeutische und rehabilitative Formen von Bewegung mittlerweile wesentlich von naturwissenschaftlichen Erkenntnissen, zumindest von der Logik von naturwissenschaftlicher Rationalität gespeist. *Sozialwissenschaftliche Weltbezüge* schließlich sind in der Regel unabdingbar, weil Spiel und Sport zumeist regelhaften Charakter tragen und gelingende Interaktionen im Horizont von Kooperation, Assoziation und Konkurrenz (vgl. Kurz, 1977, S. 79-83) voraussetzen.

---

[9] Jüngst hat Tenorth (2008) im Zusammenhang mit dem Sportunterricht die Frage aufgeworfen, ob eine „spezifische Modalität der Welterschließung" identifiziert werden kann, die über die vier hier skizzierten hinausgeht und einen eigenen, durch andere Modi nicht ersetzbaren Weltzugang darstellt. Hierzu liegen zwar erste Entwürfe (vgl. z. B. Franke, 2007) vor, bedürfen aber einer weiteren systematischen Ausarbeitung und Prüfung.

[10] Dies schließt nicht aus, dass Bewegung, Spiel und Sport zum Gegenstand von Berichten, Erzählungen, Kommentaren oder Anweisungen in Wort, Schrift oder Bild werden können (vgl. Bette, 1990).

Auch mit Bewegung, Spiel und Sport verbundene Kompetenzbündel lassen sich benennen. Allerdings ist der kompetenztheoretische Zugang in der Sportwissenschaft bislang nicht systematisch aufgegriffen worden, so dass hier zunächst lediglich erste Annäherungen vorgestellt werden können. Zu den *personalen Kompetenzen* gehören sicherlich motorische und sportliche Fähigkeiten wie Fertigkeiten, aber auch Potenzen der körpergebundenen Selbsterfahrung und Expressivität, der körperlichen Grenzerfahrung und des Umgangs mit dem eigenen Körper und der Gesundheit. Im Hinblick auf *soziale Kompetenzen* sind Fähigkeiten im Zusammenhang mit Regeln, unterschiedlichen Rollen, dem Umgang mit Gefühlen und Unterschieden sowie der Konfliktbewältigung zu betonen. *Instrumentelle Kompetenzen* lassen sich etwa in Richtung der Beherrschung und des Verstehens von Fortbewegung, Gleichgewicht und der Manipulation von Bewegungs-, Spiel- und Sportgeräten, aber auch zentraler biologischer Mechanismen des menschlichen Körpers sowie der Gesundheit identifizieren. *Kulturelle Kompetenzen* schließlich lassen sich vor allem im Zusammenhang mit ästhetisch-expressiven Momenten von Bewegung und Sport (z. B. Tanz) ausmachen. Angesichts gesellschaftlicher Wandlungsprozesse, in deren Rahmen die Widersprüchlichkeit zwischen der schwindenden Bedeutung des Körpers in der Berufs- und Arbeitswelt einerseits und der kulturellen Aufwertung von Körperpräsentation und -praktiken andererseits zugenommen hat, gewinnen zudem über den Sport hinausweisende Kompetenzen an Bedeutung: Kulturelle Muster im Umgang mit dem Körper, Schönheits- und Körperideale, Bewegungs-, Ernährungs- und Gesundheitspraktiken sowie körperlichen Elementen des Lebensstils bedürfen mittlerweile tiefergehender Verstehens- und Reflexionskompetenzen, die in alltagsweltlichen Kontexten nur noch unter Schwierigkeiten erworben werden können.[11] Besondere Bedeutung erfährt dieses Kompetenzbündel im Zusammenhang mit Migration und ihren Folgen (vgl. Kap. 2), weil kulturelle Fremdheit sich gerade auch an Bewegungs- und Körpermodellen entzündet. Kultur- und zum Teil religionsfundierte Körper- und Bewegungsmuster weisen etwa auf die Notwendigkeit des Verstehens von und der Auseinandersetzung mit fremden Mustern hin, erfordern aber auch Auswahl- und Gestaltungskompetenzen im Hinblick auf präferierte Formen von Bewegung und Sport.

Jeder Weltbezug kann in dem hier zugrunde gelegten Verständnis nur mit Hilfe kognitiver, ethisch-moralischer, sozialer und emotionaler – sowie in vielen Bereichen auch motorischer – Aneignungsprozesse vom Individuum hergestellt werden, setzt also die Entwicklung entsprechender Kompetenzen voraus und forciert sie. Zudem erfordern alle Weltbezüge Kompetenzbündel, die sowohl Komponenten des Wis-

---

[11] Im Hinblick auf den Umgang mit Übergewicht sei hier auf die Argumentation von Kirk (2006) hingewiesen, der die öffentliche Diskussion hierzu in Australien, Großbritannien und den Vereinigten Staaten zum Anlass nimmt, eine kritische Sportpädagogik einzufordern.

sens als auch des Könnens enthalten – Aneignungsprozesse erfolgen nicht nur wissensbasiert, sondern auch handlungsorientiert (vgl. Abb. 1.1).

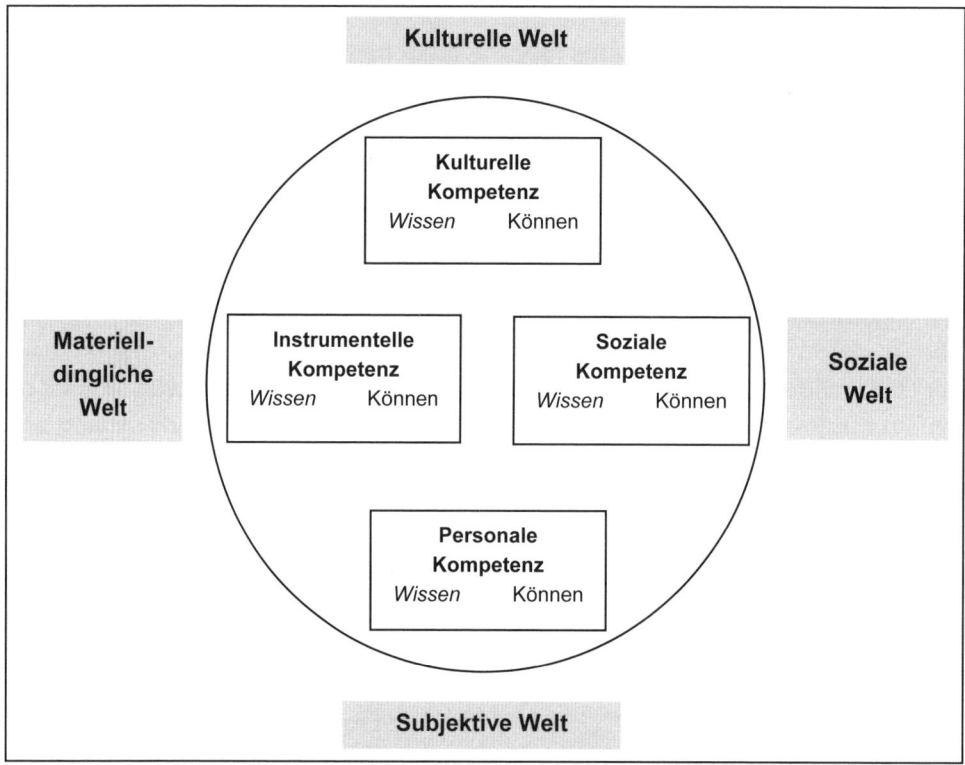

Abb. 1.1. *Modell der Weltbezüge und Kompetenzen (BMFSFJ, 2005a, S. 88)*

Es wäre also ein grundlegendes Missverständnis, die kulturellen und instrumentellen Kompetenzen bzw. den kultur- und naturwissenschaftlichen Weltbezug vorrangig in Richtung von Wissensdimensionen auszulegen oder die Aneignungsprozesse auf die sozial- und humanwissenschaftlichen Weltbezüge bzw. die sozialen und personalen Kompetenzen auf Handlungsdimensionen zu reduzieren.

Personale Kompetenzen sind demnach nicht nur geeignet, die subjektive Welt zu erschließen, sondern kanalisieren auch Zugänge zu kulturellen, sozialen oder materiell-dinglichen Welten. Und neben personalen Kompetenzen werden für Aneignungsprozesse der subjektiven Welt nicht selten auch soziale und kulturelle sowie instrumentelle Kompetenzen benötigt und können sich wiederum auch in diesem Weltbezug entwickeln.

1.4 Orte der Bildung[12]

Das Grundverständnis, Bildung als einen Prozess der Selbstkonstitution des Individuums über die gesamte Lebensspanne zu konzipieren, besitzt nicht nur Relevanz für die Bildungsdimensionen und -ziele, sondern insbesondere für die Frage nach den Räumen, in denen Bildung ermöglicht und gefördert wird (vgl. BMFSFJ, 2005a, S. 89-94). Bildungsprozesse können sich nach diesem Modell prinzipiell an vielen verschiedenen Orten sowohl der institutionalisierten als auch der alltäglichen Lebenswelten vollziehen. Systematisieren lässt sich diese Vielfalt im Hinblick auf den Umfang räumlich-zeitlicher Verbindlichkeiten und Strukturen sowie des Bildungsauftrags. Als *Bildungsorte* werden „lokalisierbare, abgrenzbare und einigermaßen stabile Angebotsstrukturen mit einem expliziten oder zumindest impliziten Bildungsauftrag" (ebd., S. 91) verstanden. Zu ihnen zählen die *klassischen Institutionen* des Kindergartens, der Schule und der Kinder- und Jugendhilfe, aber auch Angebote der Tagespflege für Kinder, des Schulhorts oder der Jugendarbeit (ebd., S. 165). Demgegenüber sind *Lernwelten* zeitlich und räumlich nicht eingrenzbar, zeichnen sich durch einen niedrigen Grad an Standardisierung aus und verfolgen keinen Bildungsauftrag. Sie sind also sehr viel fragiler als Bildungsorte und in ihnen stellen sich Bildungsprozesse potenziell eher nebenher ein, weil sie in der Regel funktional auf andere gesellschaftliche Aufgaben bezogen sind. Zu nennen wären insbesondere die Medien und die Gleichaltrigen-Gruppen. Aber auch kommerzielle Anbieter von Eltern-Kind-Programmen, der musikalischen, gestalterischen oder sprachlichen Frühförderung, der Nachhilfe, der Bewegungsförderung (z. B. Schwimm-, Reit- oder Ballettschulen) sowie gemeinnützige Angebote von Sportvereinen und Kirchen gehören heutzutage ebenso zu den Lernwelten wie Museen, Ausstellungen oder Kino, Konzerte, Theater- und Zirkusaufführungen sowie Sportveranstaltungen.

Zwischen den Bildungsorten und Lernwelten ist die Familie zu lokalisieren. Obwohl sie wegen ihrer zentralen Bedeutung für Bildungsprozesse von Heranwachsenden die Wirkung eines Bildungsortes entfaltet, stellt sie mittlerweile wegen der räumlich-zeitlich diffusen Grenzen und ihrer nicht zentral auf Bildung bezogenen Funktion einen Sonderfall dar. Sie weist jedoch klare, bisweilen komplexe, Strukturen und Ordnungsmuster auf, so dass sie systematisch nicht einer Lernwelt entspricht. Um der häufig unterschätzten Bedeutung der Familie für die Bildung von Kindern und Jugendlichen Rechnung zu tragen, wird sie daher als *Bildungswelt* bezeichnet. Im Hinblick auf Bildungsleistungen werden an die Familie auf der einen Seite weitaus weniger Erwartungen herangetragen als etwa an die Schule, auf der anderen Seite kann Erstere aber in wesentlichem Umfang Bildung ermöglichen und fördern.

---

[12] Die unzureichende Berücksichtigung von Bewegung, Spiel und Sport im *Zwölften Kinder- und Jugendbericht* (vgl. BMFSFJ, 2005a) erfährt im Folgenden eine eigene erweiterte Deutung.

Bewegung, Spiel und Sport lassen sich an allen drei Orten der Bildung identifizieren. Im Hinblick auf die *Bildungsorte* stellt der schulische Sportunterricht – oder in historischer Perspektive auch seine Vorläufer der philanthropischen Gymnastik, des Turnunterrichts, der Leibesübungen oder -erziehung – traditionell den zentralen Ort körperlicher Bildung dar. Mittlerweile haben aber Bewegung, Spiel und Sport auch zunehmend in Kindergärten und Kindertagesstätten an Bedeutung gewonnen, so dass auch sie zu den relevanten Bildungsorten in diesem Zusammenhang zu zählen sind. Dies gilt nicht nur für jene Einrichtungen, die sich explizit als „Bewegungs-" oder „Sport-Kindergärten" begreifen, sondern, zumindest auf der programmatischen Ebene, für alle Kindergärten. Denn die mittlerweile für alle Bundesländer vorliegenden Orientierungs-, Bildungs- oder Rahmenpläne, Bildungsprogramme oder -empfehlungen enthalten in unterschiedlichen quantitativen und qualitativen Akzentuierungen Hinweise zu Körper, Bewegung und Gesundheit (vgl. Kap. 12; Zimmer, 2007c). Wenn auch nicht im Zentrum, so stehen Bewegungsaktivitäten und Sport ferner in vielen Einrichtungen der Kinder- und Jugendhilfe auf dem Programm (vgl. Hammer, 2007). Während Bewegung und Sport im Schulhort der DDR zum etablierten Aufgabenbereich zählten (vgl. Hinsching, 1997), scheinen sie gegenwärtig nur noch vereinzelt oder nicht systematisch an diesem Bildungsort Berücksichtigung zu finden.[13] Dies gilt wohl auch für die Tagespflege, in deren Zusammenhang Bewegung und Sport bis heute weder in der Sport- noch der Erziehungswissenschaft diskutiert werden.

Unter den *Lernwelten* ist an erster Stelle der Sportverein zu nennen, der vom Großteil der Heranwachsenden über substanzielle Zeiträume hinweg aufgesucht wird, so dass mittlerweile vom alterstypischen Muster der Vereinskindheit (vgl. Fuhs, 1996; Schmidt, 1998, S. 120-145) gesprochen werden kann. Der Sportverein verfolgt in der Regel explizit keine Bildungsziele, wenngleich die Verbände nicht selten programmatisch positive Wirkungen sportlicher Aktivität auf die Entwicklung von Heranwachsenden reklamieren. Empirische Befunde zur Bildung in dieser Lernwelt liegen allerdings bislang nicht vor;[14] und es sollte auch nicht vergessen werden, dass die Attraktivität des Sportvereins vielleicht gerade darin begründet ist, dass er den Heranwachsenden als pädagogisch unverdächtiger Ort gilt. Im Kontext von Bildung kommen dabei nicht nur die eigene sportliche Aktivität der Heranwachsenden und deren Umfeld in Betracht, sondern auch ehrenamtliche Tätigkeiten als Übungsleiter, Trainer oder Jugendvertreter. Wenig Beachtung in der empirischen For-

---

13 Jedenfalls wird diese Einschätzung durch Recherchen in den einschlägigen Datenbanken nahe gelegt.
14 Aus dem Blickwinkel des Sozialisationsparadigmas haben verschiedene Studien den Sportverein und seine Wirkungen intensiv in den Blick genommen (vgl. z. B. Kurz et al., 1996; Brettschneider & Bräutigam, 1990).

schung hat ebenfalls der außerunterrichtliche Schulsport erfahren, der zwar in der Schule verankert, aber dennoch zu den Lernwelten zu zählen ist. Gleiches gilt für kommerzielle Angebote, deren Erforschung im Hinblick auf Bildungsprozesse bis heute rudimentär ist. Intensivere Berücksichtigung verdienen ferner kinder- und jugendkulturelle Gruppen, Geflechte[15] und Szenen mit Körper-, Bewegungs- und Sportbezug. Denn aus der empirischen Forschung ist bekannt, dass Mädchen und Jungen in einem fortwährenden Aushandlungsprozess ihre soziale, moralische und kognitive Entwicklung in solchen Kontexten erarbeiten (vgl. Kap. 3; Heim, 2002a). Da nicht nur positiv belegte Interaktionen wie etwa das Trösten und Helfen eine wichtige Bedeutung für die Bildung des Kindes haben, sondern auch solche mit vermeintlich negativer Konnotation wie das Raufen, Streiten und aggressives Entgleisen, wäre auch in diesem Zusammenhang nach der Rolle von Bewegung, Spiel und Sport zu fragen. Und schließlich liegt es nahe, besondere Bildungspotenziale von peer-kulturellen Aktivitäten auch in Richtung von motorischen Kompetenzen und ihrer Entwicklung zu vermuten. Denn die Teilhabe an sportiven Szenen hängt in der Regel wesentlich vom motorischen Können ab.

Medien schließlich stellen Lernwelten eigener Art auch im Zusammenhang mit Bewegung, Spiel und Sport dar. Medien sind dabei im Hinblick auf diese Domäne weitaus seltener Gegenstand von Lernprozessen in Bildungsorten wie der Schule als in anderen Kontexten wie dem sprachlich-literarischen oder politisch-sozialen Unterricht. Vor allem die mediale Rezeption von Körper, Bewegung und Sport dürfte aber wichtige Beiträge zur Aneignung, Auseinandersetzung, Geschmacksbildung und geselligen Kommunikation bieten, ohne dass dies bislang für Heranwachsende empirisch fundiert werden konnte.

In der *Bildungswelt* der Familie fangen Bewegung und Spiel, nicht selten auch der Sport an. Unstrittig ist, dass in der Familie zentrale Weichenstellungen im Hinblick auf Einstellungen, Denkmuster, Wertorientierungen und Handlungsweisen erfolgen. Ob dies auch im Zusammenhang mit Körper, Bewegung und Sport gilt, kann plausibel angenommen, aber bis jetzt empirisch nicht systematisch belegt werden.[16]

Da am Beispiel des Hochleistungssports verschiedentlich gezeigt werden konnte (vgl. z. B. Bona, 2001; Weber, 2003), welch hohen Stellenwert die Familie für das Sportengagement besitzt, dürfte ihre Bedeutung für Bildungsprozesse auch in anderen sportiven Settings nicht zu unterschätzen sein. Besondere Beachtung verdienen in diesem Zusammenhang nicht nur die Eltern, sondern auch die Geschwister.

---

15 Der Begriff des „Geflechts" wird hier von Krappmann und Oswald (1995) entlehnt; er bezeichnet zeitlich relativ stabile Gruppierungsmuster, die einen gemeinsamen Bezug, aber unterschiedliche und wechselnde Beziehungsintensitäten, also keine dauerhafte interne Struktur aufweisen.

16 Aus sozialisationstheoretischer Perspektive liegen hierzu erste Hinweise vor (vgl. z. B. Baur, 1985).

1.5 Bildungsmodalitäten

Für eine Systematisierung und Differenzierung besitzen nicht nur die Orte der Bildung einen wichtigen Stellenwert, sondern auch die unterschiedlichen Formen oder Modalitäten (vgl. BMFSFJ, 2005a, S. 94-97). Während die Frage nach den Orten der Bildung eine institutionen- oder lebensweltbezogene Perspektive und die nach den Bildungsprozessen eine subjektbezogene akzentuiert, verknüpft der Zugang über die idealtypischen Modalitäten von Bildung beide Perspektiven. Die Unterscheidung erfolgt somit in zwei Dimensionen: informelle und formelle Bildungsprozesse einerseits und formale und non-formale Bildungssettings andererseits.[17]

Zunächst lassen sich aus der Perspektive des diachronen Bildungsgeschehens *formelle* und *informelle* Bildungsprozesse unterscheiden. Zu den informellen Bildungsprozessen gehören vor allem jene Formen des Lernens, die sich nicht im Rahmen des primären Zielhorizonts von Bildungsinstitutionen und ihrer Angebote abspielen. Es kann sich dabei um bewusste wie unbewusste Lernprozesse handeln, ist aber im Gegensatz zum formellen Bildungsgeschehen zumeist von den individuellen Interessen der Akteure aus gesteuert. In der Regel ist es ferner „ungeplant, beiläufig, implizit, unbeabsichtigt, jedenfalls nicht institutionell organisiert, d. h. ein (freiwilliges) Selbstlernen in unmittelbaren Zusammenhängen des Lebens und des Handelns" (Rauschenbach et al., 2004, S. 29). Nach Dohmen (2001, S. 23) ist entscheidend,

> dass es beim informellen Lernen im allgemeinen nicht das primäre Ziel ist, etwas bestimmtes zu lernen, sondern mit Hilfe des Lernens eine andere Absicht besser zu verwirklichen, d. h. dass das informelle Lernen sich meist im Zusammenhang mit anderen Tätigkeiten und anderen Zielsetzungen als sinnvolle und notwendige Hilfe zum besseren Zurechtkommen in der Umwelt ergibt.

Ob diese Einschätzung in ihrer Ausschließlichkeit auch für alle Bildungsprozesse im Kontext von Bewegung, Spiel und Sport gilt, dürfte zu bezweifeln sein. Denn zumindest motorische Lernprozesse werden von Heranwachsenden häufig mehr oder weniger gezielt verfolgt, wie etwa Friedrich (2004) am Beispiel des Skateboardens zeigen konnte. Andere Studien weisen allerdings ebenso darauf hin, dass das motorische Können einen integrativen Bestandteil des entsprechenden jugendkulturellen Lebensstils bildet (vgl. Schwier, 1996), also durchaus nicht das primär verfolgte Ziel darstellen mag.

---

[17] Es sei darauf hingewiesen, dass diese zweidimensionale Differenzierung von der – vor allem international – gebräuchlichen Systematisierung verschiedener Grundformen des Lernens abweicht, die lediglich „formal-learning", „non-formal-learning" und „informal-learning" unterscheidet (vgl. Dohmen, 2001). Da insbesondere die Definitionen des „informal-learnings" zum Teil deutlich variieren, bietet die hier referierte Konzeption einen deutlichen heuristischen Gewinn.

Informelle Bildungsprozesse ergeben sich vorrangig in lebensweltlichen Zusammenhängen wie etwa der Gleichaltrigen- oder Nachbarschaftsgruppe von Heranwachsenden, wobei Bewegungsaktivitäten zumindest in der Kindheit eine herausragende Rolle darstellen (vgl. Kap. 21). Da sie sich im Rahmen der sozialen Umwelt(en) von Kindern und Jugendlichen einstellen, können informelle Bildungsprozesse aber auch innerhalb von Bildungsorten zustande kommen, erstrecken sich aber auf jene Lern- und Bildungsprozesse, die außerhalb der jeweils fokussierten Zielperspektiven des Bildungsorts liegen. So entfalten sich im Zusammenhang von Freundschaftsgeflechten informelle Bildungsprozesse nicht selten sowohl beim (Bewegungs-)Spiel im Kindergarten als auch im Kontext des Sportunterrichts oder im Übungsbetrieb des Sportvereins. Als Beispiele können etwa mehr oder weniger typische Handlungsmuster bei der Spiel-, Partner- oder Mannschaftswahl gelten, die u. a. soziale Bildungsprozesse der Aushandlung, Abgrenzung oder Integration erfordern und anstoßen (können).

Hinsichtlich des Erfolges von Bildung ist bei der Differenzierung von formellen und informellen Bildungsprozessen aus der Sicht der beteiligten Akteure daher die Frage wesentlich, ob ein Bildungsgeschehen erfolgreich initiiert und nicht, ob es explizit und gut geplant wurde:

> Selbst wenn jemand etwas ganz zufällig, nebenher und ohne Absicht Dritter gelernt hat, es sich mithin um einen informellen Bildungsprozess handelt, kann dieser in manchen Fällen im Ergebnis genauso ‚erfolgreich' sein wie ein geplantes Seminar, ein gut vorbereiteter Unterricht (BMFSFJ, 2005a, S. 96).

Die hier vorgelegte Bildungskonzeption fokussiert daher – ähnlich wie im Paradigmenwechsel von der Input- zur Output-Steuerung des deutschen Bildungswesens im Zuge der Debatte um die Ergebnisse der ersten *PISA-Studie* – weniger die Qualität und den Umfang der Bildungsabsichten, sondern vielmehr die tatsächlichen Bildungsergebnisse. Zudem wendet sich dieses Konzept von der Akzentuierung der normativ geprägten Soll-Werte ab und betont die erreichten Leistungen und Wirkungen, also die Ist-Werte.

Im Hinblick auf die Bildungsorte werden *formale* und *non-formale* Bildungssettings unterschieden. Vor dem Hintergrund des Formalisierungsgrades des geplanten Bildungsarrangements zählen vor allem die Institutionen zu den formalen Bildungsorten, die sowohl ausdrücklich Bildungsaufgaben thematisieren, also dezidiert Bildungsziele ihrer Klienten verfolgen als auch Bildungsprozesse nach fixierten Regeln und rechtlichen Vorgaben organisieren und strukturieren. Den Prototyp eines formalen Bildungssettings stellt die Schule dar (zur Rolle des Sportunterrichts vgl. Kap. 15 und 16): In ihr ist der Formalisierungsgrad mit der Schulpflicht, der hierarchischen Struktur, dem in der Regel streng organisierten und reglementierten Tagesablauf, der Verbindlichkeit der Lehrpläne, den Verfahren der Leistungsbeurteilung und der Vergabe von Zertifikaten mit weit reichender biografischer Relevanz sehr hoch. Formale Bildungssettings zeichnen sich also durch ihren Pflichtcharakter und vergleichsweise geringe individuelle Gestaltungspotenziale aus.

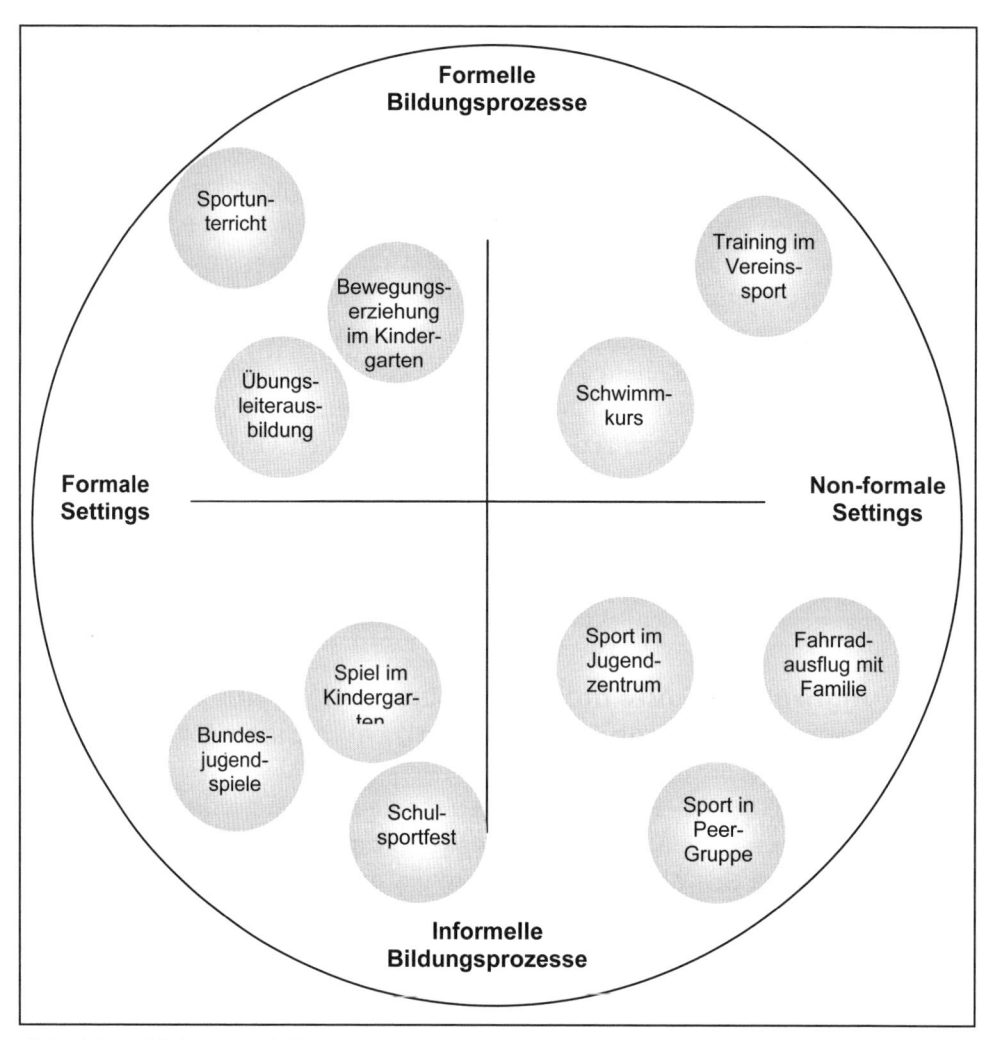

Abb. 1.2. Bildungsmodalitäten im Zusammenhang mit Bewegung, Spiel und Sport (schematisch, modifiziert nach BMFSFJ, 2005a, S. 97)[18]

Demgegenüber stellen *non-formale Bildungsorte* „strukturierte und rechtlich geregelte Institutionen dar, deren Nutzung und Inanspruchnahme freiwillig geschieht

---

[18] Während der *Zwölfte Kinder- und Jugendbericht* (vgl. BMFSFJ, 2005a) den Bereich Bewegung, Spiel und Sport so gut wie nicht berücksichtigt, stellt die Abbildung 1.2 eine eigene Deutung möglicher Bildungsmodalitäten im Kontext von Bewegung, Spiel und Sport dar.

und die durch ein hohes Maß an individuellen Gestaltungsmöglichkeiten gekennzeichnet sind" (Rauschenbach et al., 2004, S. 32). Bildungssettings mit nonformalem Charakter verfolgen nicht vorrangig oder ausschließlich Bildungsziele, weisen also kein explizit bildungsorientiertes Selbstverständnis auf, können aber als wichtige Vermittlungsinstanzen vor allem der politischen, der sozialen und der Persönlichkeitsbildung gelten. So können im Sportverein neben körperlich-motorischen Kompetenzen eben auch Erfahrungen mit Entscheidungsprozessen in sozialen und leistungsthematischen Situationen gesammelt werden.

Bildung erfolgt in formalen wie non-formalen Settings nicht nur aus Sicht der Lehrenden intentional und zielgerichtet, sondern auch aus der Perspektive der Lernenden. Allerdings sind die Modalitäten in Bildungsprozessen und Bildungsorten lediglich im Sinne idealtypischer Unterscheidungen zu verstehen. So dürften sowohl zwischen formellen und informellen Bildungsprozessen fließende Übergänge bestehen als auch zwischen formalen und non-formalen Bildungsorten. Hierzu bietet Abbildung 1.2 eine eigene exemplarische Übersicht, in der ausgewählte Bildungsmodalitäten im Zusammenhang mit Bewegung, Spiel und Sport von Heranwachsenden verortet sind.

1.6   Bildung im Lebenslauf

Das hier skizzierte Bildungsverständnis nimmt seinen Ausgang vom Bildungsgeschehen im Lebenslauf, wie oben beschrieben. Daher bedarf die subjektgebundene Seite von Bildung einer näheren Betrachtung der diachronen Dimension von Bildung, die die schrittweise Abfolge von Bildungsprozessen in Bildungsorten und Lernwelten berücksichtigt (vgl. BMFSFJ, 2005a, S. 97 f.). Es ist davon auszugehen, dass Bildungsprozesse in frühen Abschnitten der Lebensspanne ebenso kumulieren wie in der späteren Biografie von Kindern und Jugendlichen. Sie weisen in den verschiedenen Lebensphasen andere Formen und unterschiedliche Verläufe auf, bauen im günstigen Fall aufeinander auf, verstärken einander und führen zu einem höheren Entwicklungsniveau. Daher bedürfen Bildungsprozesse in der frühen Kindheit (vgl. Teil III) anderer Anregungen und Unterstützung als im Schulkind- (vgl. Teil IV) oder Jugendalter. Insbesondere von den formalen Bildungsorten, aber auch von den Lernwelten wird deshalb ein altersgemäßes Arrangement der Bildungsprozesse erwartet und eingefordert. Mit Blick auf den Sportunterricht lässt sich etwa ein Trend in der Fachdiskussion erkennen, der erst in der weiterführenden Schule eine Thematisierung des Sports im Sinne der normierten Sportarten vorsieht, während der Grundschulunterricht in Richtung einer allgemeinen Bewegungsbildung verstanden wird. Im Hinblick auf das Angebot im Sportverein wird in der Regel erwartet, dass im Kindesalter eine Vielfalt des lustvollen Spielens und Bewegens dominiert, während ein leistungsorientiertes Training erst gegen Ende der Kindheit und in der Jugend einsetzen soll.

Besondere Beachtung verdient unter der Perspektive des Lebenslaufs das (frühe) Kindesalter. Denn es gibt wohl keinen Abschnitt des Lebenslaufs, in dem sich der einzelne Mensch so rasch, so vielfältig und so umfassend entwickelt, wie in der Kindheit. Charakteristisch für diese Phase ist zudem, dass sich in ihr die grundlegenden sprachlichen und symbolischen Kompetenzen erst entwickeln. Daher kommt vorsprachlichen, also vor allem körper- und bewegungsbezogenen Bildungsvorgängen eine ebenso wichtige Bedeutung zu (vgl. Kap. 14; Schäfer, 2005) wie der sprachlichen Bildung und dem Aufbau von Symbolsystemen. Da Kinder hauptsächlich über den handelnden Umgang mit Personen, Dingen und Situationen lernen, sind gerade in den ersten Lebensjahren vielfältige Möglichkeiten zum Bewegen, Fühlen und Tasten, Riechen und Schmecken, Sehen und Hören eine entscheidende Voraussetzung für erfolgreiche Bildungsprozesse: Bildung ist demnach Erkenntnistätigkeit mit allen Sinnen.

Bewegung ist ferner ein fundamentales Bedürfnis von Heranwachsenden, insbesondere auch von Kindern. Die Bewegung ist dabei nicht nur Selbstzweck, sondern in ihr drückt sich das elementare Verlangen aus, sich mit der Welt auseinander zu setzen, sich zu bilden. Kinder lernen daher nicht nur die Bewegungen selbst, das Sitzen, Greifen, Krabbeln, Laufen, Hüpfen und Springen, Rollen, Fangen und Werfen, Hängen, Schaukeln und Stützen, Balancieren und Klettern. Sie lernen gleichzeitig mit und durch die unterschiedlichen Bewegungen die Welt, sich selbst und andere kennen und einschätzen. Die Bewegung ist nicht nur Gegenstand der kindlichen Aktivität, sondern das Kind entwickelt „über das Medium Bewegung ein spezifisches Verhältnis zu sich selbst, seinem Körper und seiner materiellen und sozialen Umwelt" (Schmidt, 1998, S. 162). Dieser eingängige, aber gleichwohl recht abstrakte Sachverhalt lässt sich an einem Beispiel erläutern:

> Das Kind, das im Schaukeln materiale Erfahrungen sucht, begnügt sich ja nicht allein damit zu schaukeln, denn dies wäre bereits mit dem ersten Pendeln gegeben. Es beginnt vielmehr bald mit den Orten und Zeitpunkten des Abstoßens am Boden zu experimentieren, es variiert den Zeitpunkt und die Stärke der Rücklage des Oberkörpers, es verändert Griffhöhe der Hände am Seil, oder es verlangsamt sein Pendeln durch Gegenschwünge als Folge einer spannungslosen Körperhaltung (Scherler, 1975, S. 141).

In diesem Sinne heißt Bildung, das Prinzip des Schaukelns zu erfahren und zu erkennen. Zudem ermöglichen Bewegungen erste Schritte der Unabhängigkeit: Entscheidungen, zu gehen oder zu bleiben, Objekte zu halten oder fallen zu lassen, körperliche Nähe zu suchen oder zu vermeiden, können als elementare Formen autonomen Handelns verstanden werden. Insbesondere Bewegungserfahrungen eröffnen daher im Kindesalter eigene, unaustauschbare Bildungsprozesse. Bewegung besitzt deshalb in dieser Alterssequenz einen besonderen, eigenen, ursprünglichen Wert im Bildungsprozess.

Bewegung hat aber nicht nur einen eigenen ursprünglichen Wert für die kindliche Bildung. Sondern neuere Forschungsergebnisse belegen recht eindeutig, dass intensivierte Bewegungsangebote auch andere Kompetenzbereiche im Kindesalter unterstützen können (hinsichtlich möglicher Effekte vgl. Kap. 13; im Überblick Heim & Stucke, 2003). Allerdings ist bislang in der Forschung noch nicht in wünschenswerter Klarheit deutlich geworden, welche Bewegungsaktivitäten in welchem Umfang, in welcher Häufigkeit und mit welcher Intensität anzubieten sind, um positive Wirkungen auf den kindlichen Bildungsprozess zu entfalten. Insgesamt finden sich in diesem Zusammenhang lediglich Hinweise, dass ein abwechslungsreiches, vielseitiges, die Neugier der Kinder aktivierendes und am entdeckenden Lernen orientiertes Bewegungsangebot günstigere Effekte zeigt als herkömmliche sportmotorische Übungen.

Besondere Erwähnung verdient in diesem Zusammenhang auch die theoretische Grundlage, auf der positive Bildungswirkungen angenommen (und erforscht) werden können. Bislang wird etwa in Bezug auf die kognitive Entwicklung in der Sport- und Kindergartenpädagogik zumeist auf die Einsichten Piagets und die Bedeutung der sensumotorischen Phase für das gesamte Leben zurückgegriffen,[19] die ihren Niederschlag gerne in dem Satz finden, dass das Be-Greifen des vorherigen Greifens bedürfe. Neuere Forschungsergebnisse der Entwicklungspsychologie (vgl. im Überblick Siegler, DeLoache & Eisenberg, 2005, S. 177-237) belegen aber, dass Piaget, bei aller Faszination seines Ansatzes und seiner Methoden, die kognitiven Kompetenzen im frühen Kindesalter unterschätzt hat und dass bereits Säuglinge über kognitive Konzepte und Theorien ihrer Alltagswelt verfügen. Die Zusammenhänge zwischen körperlich-motorischen Bildungsprozessen und anderen Kompetenzen sind daher in Zukunft weitaus intensiver zu erforschen, um belastbare pädagogische Konsequenzen ziehen zu können.

Während so der Beitrag von Bewegung, Spiel und Sport für die individuelle Seite der Bildung skizziert werden kann, ist auch die gesellschaftliche zu bedenken. Im Hinblick auf die Bildung im Kindesalter bedeutet dies, einerseits die Teilhabe an den Kinderkulturen zu ermöglichen, andererseits die zukünftige Teilhabe am Leben der Erwachsenen nicht aus dem Blick zu verlieren. Bildung im Kindesalter muss beides leisten: Gegenwarts- und Zukunftsorientierung. Gegenwartsorientierung findet ihren Niederschlag in dem Bemühen, die Kinder mit ihrem Körper und seiner Entwicklung, mit altersgerechten Fragen ihrer Gesundheit vertraut zu machen (vgl. Teil II) sowie die Fähigkeiten und Fertigkeiten für eine aktive Teilnahme an den Ak-

---

19 So stellt jüngst Seewald (2008, S. 160) fest, dass die „fundierenden frühen Strukturen" der Entwicklung in die folgenden komplexeren Strukturen eingehen und „weiterhin deren Basis absichern".

tivitäten der Kindergemeinschaft (etwa den Bewegungsspielen) zu fördern. Die Zukunftsorientierung verweist zum einen auf Körper- und Gesundheitsthemen, die im Jugend- und Erwachsenenalter Bedeutung erlangen (vgl. Kap. 4). Zum anderen legt sie nahe, Kinder so zu fördern, dass sie später am Sport der Jugendlichen und Erwachsenen individuell befriedigend teilnehmen können.

Rüdiger Heim

2 Sozialstrukturelle Ungleichheiten in Gesundheit und Bildung – Chancen des Sports

2.1 Einleitung

Ziel der folgenden Ausführungen ist es, auf der Grundlage von nationalen (vgl. Hurrelmann, Klocke, Melzer & Ravens-Sieberer, 2003) und internationalen Studien (vgl. Currie, Roberts, Morgan, Smith, Settertobulte, Samdal & Barnekow Rasmussen, 2004) sowie regionalen Sozialberichtsdaten (Ballungsräume und ländliche Gebiete; vgl. Altgeld & Hofrichter, 2000; Ellsäßer, Böhm, Kuhn, Lüdecke & Rojas, 2002; Windorfer & Bruns-Philipps, 2002; Zimmermann, Korte & Freigang, 2000) und eigenen Untersuchungen (vgl. Schmidt, 2006c) die reale Lebens- und Bewegungswelt von Kindern zu beschreiben.

All diese Analysen zeigen übereinstimmend, dass Kinder aus sogenannten Risikogruppen (Einwandererfamilien, Arbeitslosenhaushalte, Alleinerziehende und Kinderreiche Familien; vgl. Altgeld & Hofrichter, 2000, S. 16) und/oder „belasteten Stadtvierteln" von Geburt an strukturell gravierende Benachteiligungen im Hinblick auf den Gesundheitsstatus und die Bildungsteilhabe besitzen.

Im Gegensatz dazu scheint es allein dem informellen und institutionalisierten Sport zu gelingen, besonders viele Kinder aus diesen prekären Verhältnissen an sich zu binden.

Vor dem Hintergrund dieser allgemeinen sozialen Ungleichheiten stellt sich die Frage, welchen kompensierenden Beitrag sportliche Aktivitäten von früher Kindheit an zur individuellen Entwicklungsförderung, zum physischen, psychischen und sozialen Wohlbefinden sowie zur sozialen Integration leisten können.

2.2 Soziale Ungleichheiten

> Soziale Ungleichheit liegt überall dort vor, wo die Möglichkeiten des Zugangs zu allgemein verfügbaren und erstrebenswerten sozialen Gütern und/oder sozialen Positionen, die mit ungleichen Macht- und/oder Interaktionsmöglichkeiten ausgestattet sind, dauerhaft Einschränkungen erfahren und dadurch die Lebenschancen der betreffenden Individuen beeinträchtigt bzw. begünstigt werden (Kreckel, 1992, S. 17).

Kreckel differenziert hinsichtlich der ungleichen Verteilung von Gütern zwischen einer

- Reichtums-Dimension (z. B. Einkommen, Beruf, Wohnumfeld, Macht und Prestige; vgl. Hradil, 2001, S. 31) und einer

- Wissens-Dimension (z. B. Bildung, Kulturteilhabe, Freizeitbedingungen).

Sein Begriff der „strukturierten sozialen Ungleichheit" meint „langfristig wirksame, die Lebenschancen ganzer Generationen prägende Ungleichheitsverhältnisse" (Kreckel, 1992, S. 19), empirisch nachgewiesen

- durch die Reproduktion der Bildungsarmut von Generation zu Generation (Vater ohne Bildungsabschluss → 54 % der Töchter ohne Bildungsabschluss; vgl. Löw, 2003, S 67),
- durch den Besuch weiterführender Schulen, der primär durch die soziale Herkunft und nicht durch die Leistung determiniert wird (vgl. Baumert & Schümer, 2001, S. 356; Löw, 2003, S. 68),
- durch die doppelt so hohe Quote von Migrantenkindern ohne Hauptschulabschluss gegenüber deutschen Kindern (vgl. Bellenberg, Böttcher & Klemm, 2001, S. 93-126).

Im Sinne transaktionaler/interaktionstheoretischer und sozialisationstheoretischer Entwicklungsmodelle scheint eine Analyse dieser (eingeschränkten) individuellen Entwicklung dann sinnvoll zu sein, wenn Institutionalisierungsprozesse auf der einen Seite und Unterstützungspotenziale der nahen Umwelt auf der anderen Seite aufeinander bezogen werden, um Ursachen langfristig prägender Ungleichheiten identifizieren zu können.

Gesellschaftliche Rahmenbedingungen
Wohnumfeld, Gesundheit, Bildung
Ethnie, Geschlecht
Kulturelle Normen und Werte

Person
Fähigkeiten
⟷
Umwelt
Entwicklungsangebote

Mögliche Unterstützungspotenziale
Familie
Institutionen (Kindergarten, Schule)
Freunde, Freizeit (soziale Beziehungen)
Sportteilnahme (institutionell, informell)

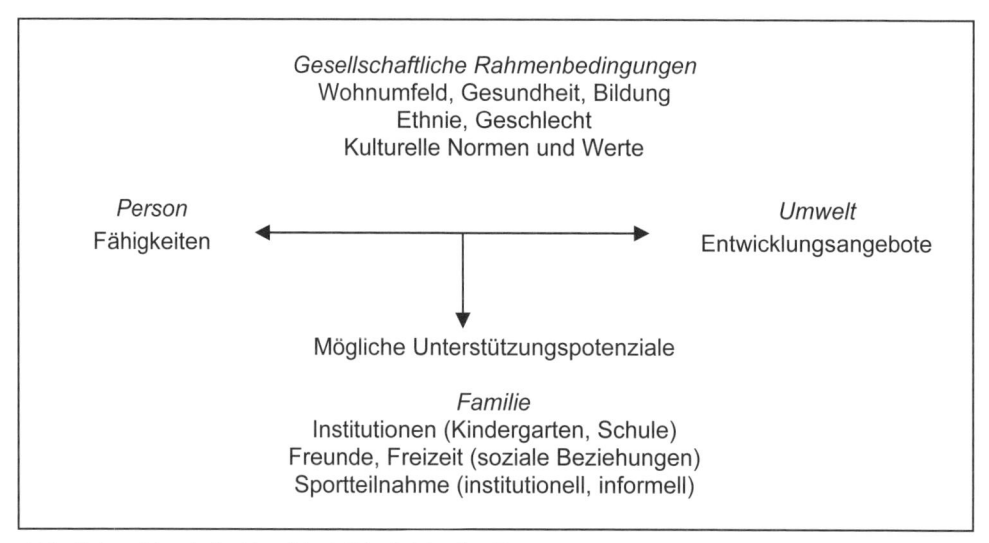

Abb. 2.1. Vereinfachtes Modell individueller Entwicklung

Mit anderen Worten: Diese ungleichen Lebenschancen können sozial oder wirtschaftlich bedingt sein, von individuellen Merkmalen (z. B. ethnische Zugehörigkeit,

Geschlecht) abhängig sein oder auf kulturelle Zusammenhänge (Normen und Werte im Herkunftsland, Sprache) zurückgeführt werden. Diese unterschiedlich strukturierten Lebenschancen besitzen einen starken Einfluss auf die individuelle Entwicklung eines jeden Kindes. Sie sind für die Lebens- und Bildungschancen genauso relevant wie die angeborenen Fähigkeiten.

Ob ein Kind seine genetisch determinierten Begabungen entwickeln kann, hängt stark davon ab, wie diese in seiner nahen Umwelt (z. B. Familie, Institutionen, Freunde) wahrgenommen und gefördert werden (vgl. Abb. 2.1; Schmidt & Eichhorn, 2007, S. 9).

Hinsichtlich dieser interaktiven Person-Umwelt-Beziehungen kann als gesichert angesehen werden (vgl. Schmidt, 2006a, 2006b, 2006c, 2006d),

- dass individuelle Kompetenzen der Eltern ebenso wichtige protektive Faktoren für die Entwicklung sind, wie die Qualität und Intensität ihrer Unterstützungsleistungen die Entwicklung des Ichs und des Vertrauens zu sich und anderen fördert,
- dass der langfristige Kindergartenbesuch soziale und kognitive Leistungen positiv beeinflusst,
- dass die Wahrnehmung und Bewertung der Schule mit der schulischen Leistungsfähigkeit korreliert, d. h. die subjektive Problembelastung besonders bei schwächeren Schülern hoch ist und das Selbstkonzept negativ beeinflusst,
- dass Akzeptanz unter Gleichaltrigen und stabile Freundschaften das Selbstwertgefühl positiv beeinflussen und schulische Defizite kompensieren können,
- dass im Sinne Krappmanns (1998) die eigenständige Sozialwelt am Nachmittag einerseits ein zentraler Ort der Entwicklung von Autonomie und Kompetenz ist,
- dass diese Sozialwelt andererseits durch informelle und institutionalisierte Sporttermine geprägt wird (vgl. Zinnecker & Silbereisen, 1998; Schmidt, 1998).

2.3 Besonderheiten städtischer Ballungsräume

Bereits die sozialökologische Stadtforschung Anfang des 20. Jahrhunderts (vgl. Park, Burgess & McKenzie, 1925, zitiert nach Löw, 2003, S. 122) betonte die Tatsache, dass man in der Gesellschaft nicht nur zusammen, sondern gleichzeitig getrennt lebt. Mit anderen Worten: Gleichheit im Stadtviertel und Differenz in der Stadt. Löw (2003, S. 123) geht davon aus, dass einzelne Subgruppen je nach Ethnizität und Schichtzugehörigkeit in sich homogene Gemeinschaften im Viertel aufbauen. „Segregation als die Konzentration einzelner Gruppen in spezifischen Stadtvierteln".

Gogolin und Krüger-Potratz (2006) betonen die Tatsache, dass es primär Stadtquartiere sind, in denen sich Zuwanderer einer gemeinsamen Herkunft konzentrieren. „Fast 60 % der Ausländer- und Migrantenkinder in der BRD wohnen in Großstädten mit mehr als 500.000 Einwohnern und weitere 27 % in Städten zwischen 100.000 und 500.000 Einwohnern" (Schmidt & Eichhorn, 2007, S. 12).

Zusammenfassend lässt sich feststellen, dass die Heterogenität großstädtischer Ballungsräume begleitet wird von einer gleichzeitigen Homogenisierung in den Stadtteilen, d. h. einer kleinräumigen Polarisierung sozialer Lagen und einer wachsenden Spaltung (vgl. Schmidt, 2006c, S. 32-38). Stadtsoziologen (vgl. Strohmeier, 2003; Zimmermann et al., 2000; Schubert, 2000) identifizieren dort mittels Cluster-Analysen vollkommen unterschiedliche Sozialraumtypen:

- Junge Stadtteile im Umland (= positiver sozialer Rang, gute Wohnqualität und Infrastruktur) weisen danach eine hohe Erwerbsquote und relativ große Familienhaushalte auf.
- Die problembeladenen Cluster erfassen Wohnquartiere mit niedriger Wohnqualität, überdurchschnittlichem Ausländer- und Migrationsanteil, einfachen Schulabschlüssen, überdurchschnittlichen Arbeitslosenzahlen (auch bei Jugendlichen) und einer niedrigen Erwerbsbeteiligung.

Schubert (2000) führt die Risiken sozialräumlicher Spaltung zwischen diesen Stadtteilen auf folgende Faktoren zurück:

- ökonomische Ungleichheit nach Einkommen, Eigentum und Arbeitsmarktposition,
- soziale Unterschiede nach Bildung, Gesundheit, sozialer Teilhabe und Wohnumfeld,
- kulturelle Unterschiede nach Ethnizität und normativen Orientierungen.

2.3.1 Kinderspezifische Besonderheiten

Das Ausmaß der Ungleichverteilung und die damit verbundenen unterschiedlichen Entwicklungschancen bei Kindern werden erst deutlich, wenn man – wie die Hamburger Stadtforscher (vgl. Zimmermann et al., 2000, S. 109-125) – in einem Extremgruppenvergleich jeweils Stadtteile mit besonders guter und Stadtteile mit besonders schlechter sozialer Lage ihrer Bevölkerung (vgl. z. B. Schubert, 2000: Hannover; Strohmeier, 2003: Ruhrgebiet) vergleicht.

Die Benachteiligung großer Kindergruppen drückt sich darin aus,

- dass zwei Drittel der Großstadtkinder eher in den problembelasteten Stadtteilen leben,

- dass z. B. Hamburger Neugeborene belasteter Stadtteile ein doppelt so hohes Risiko an allen Infektionskrankheiten besitzen (vgl. Zimmermann et al., 2000, S. 116),
- dass die Sozialhilfeabhängigkeit je nach Stadtteil bei Kindern zwischen 0 bis 3 % sowie 30 bis 40 % schwankt (vgl. Strohmeier, 2003),
- dass das Sozialhilferisiko im Alter von null bis drei Jahren am höchsten ist,
- dass die relative Armut in den Stadtstaaten jedes vierte Kind unter sieben Jahren und jedes fünfte Kind unter 15 Jahren betrifft (in einem zeitlichen Längsschnitt seit 1993!),
- dass langfristig sozialhilfebedürftige Jugendliche zu 20 % ohne Schulabschluss bleiben (Durchschnittswert für alle Jugendlichen: 3,2 %),
- dass laut *KiGGS* (vgl. Schenk, Ellert & Neuhauser, 2007, S. 597 f.) hier doppelt so viele Kinder nur eine Hauptschule besuchen und die Arbeitslosenquote dreimal höher als in normalen Stadtteilen ist.

Der folgende regionale Vergleich zeigt, dass in allen drei untersuchten städtischen Ballungsräumen (Ruhrgebiet, Hamburg, Hannover) vergleichbare Bildungsdefizite zulasten problematisierter Stadtteile deutlich werden (vgl. Schmidt, 2006c; Schubert, 2000; Zimmermann et al., 2000).

Tab. 2.1. *Bildungsdefizite im regionalen Vergleich (vgl. Schmidt, 2006c; Schubert, 2000; Zimmermann et al., 2000)*

	Gymnasialbesuch		
	Hamburg	Hannover	Ruhrgebiet
gute soziale Lage	63 %	61 %	51,3 %
schlechte soziale Lage	20 %	< 20 %	22,3 %
Ausländer/Migrantenkinder	12 %	< 15 %	20,5 %

Zwischenfazit

Unsere sozialstrukturellen und sozialräumlichen Analysen unterstreichen, dass je nach sozialer Lage/Ethnizität/Armutsbetroffenheit starke Benachteiligungen für relativ große Kindergruppen existieren, die sowohl im Gesundheits- und Bildungsbereich als auch bei der generellen Lebenslage zum Ausdruck kommen.

2.4 Das Selektions-Schwellenkonzept

Das Wohlbefinden von Kindern wird jedoch nicht nur durch die Einkommenssituation, die soziale Schicht, die Ethnizität und das Wohnumfeld (vgl. Altgeld & Hofrichter, 2000; Schubert, 2000; Zimmermann et al., 2000) beeinflusst. Noch bedeutsamer wird die Qualität der Entwicklungsimpulse vonseiten der Eltern (vgl. Kreppner, 1998, S. 321-324; Hurrelmann et al., 2003; Pedersen, Granado Alcón & Rodriguez, 2004, S. 173-177; Settertobulte & Gaspar de Matos, 2004, S. 178-183) eingeschätzt. Neuere medizinische Befunde seit den 1990er-Jahren (vgl. Ellsäßer et al., 2002; Schenk et al., 2007, S. 590-599; Lange, Kamtsiuris, Lange, Schaffrath Rosario, Stolzenbeg & Lampert, 2007, S. 578-589) sprechen von einer Tendenz zu einer sozialen Polarisierung, einer zunehmenden Entwicklungsschere zwischen guten und schlechten Unterstützungsleistungen vonseiten der Eltern (vgl. Schmidt, 1996b).

Unser folgendes *Selektions-Schwellenkonzept* (vgl. Schmidt, 2006c, 2006d; Schmidt & Eichhorn, 2007) will aufzeigen, dass diese Kindergruppen von Geburt an geringere sozialstrukturelle Unterstützungsleistungen erhalten, die ihren Niederschlag in motorischen, sprachlichen und intellektuellen Entwicklungsrückständen, psychosozialen Gesundheitsbeeinträchtigungen und – durch schulisch schlechtere Leistungen bedingt – geringeren Selbstkonzeptwerten finden (vgl. Hurrelmann et al., 2003; Pedersen et al., 2004, S. 173-177; Settertobulte & Gaspar de Matos, 2004, S. 178-183; Ravens-Sieberer, Kökönyei & Thomas, 2004, S. 184-195; Schmidt, 2006c; Schmidt & Eichhorn, 2007; Lange et al., 2007, S. 578-589).

2.4.1 Unterschiedliches Gesundheitsverhalten in der pränatalen Phase

Zimmermann et al. (2000, S. 115-119) weisen empirisch nach, dass starkes Rauchen und höherer Alkoholkonsum bei Müttern aus sogenannten Risikogruppen (Alleinerziehende, Arbeitslose, Kinderreiche) die Behandlungsfälle wegen Infektionen in der Schwangerschaft um ein Vielfaches erhöhen.

„Zwei Drittel (67 %) der Säuglinge aus sozial benachteiligten Stadtteilen werden bereits im vierten Monat nicht mehr voll gestillt" (Zimmermann et al., 2000, S. 119), was u. a. auch eine höhere Rate an Infektionskrankheiten (vgl. Windorfer & Bruns-Philipps, 2002, S. 263) zur Folge habe.

2.4.2 Unterschiedliche Vorsorgeleistungen

„Vor 100 Jahren war für jeden offenkundig, dass die Zugehörigkeit zu unteren sozialen Schichten in hohem Ausmaß Krankheiten oder frühen Tod nach sich zogen" (Stadt Essen, 2003b, S. 126: Essener Kinderbericht). Heute jedoch determinieren Krankenversicherungen für Alle, kostenlose Vorsorgeuntersuchungen und Impfungen den formalen Rahmen, um „ererbte Disparitäten" zu verhindern.

Die Führung eines Vorsorgeheftes (U1-U9) schwankt jedoch auch heute noch zwischen deutschen und ausländischen Kindern, je nach Region zwischen 91 % und 28 % (Ruhrgebiet; vgl. Stadt Essen, 2003b, S. 129), 30,3 % und 77 % (Hamburg;

Das Selektions-Schwellenkonzept 49

vgl. Zimmermann et al., 2000, S. 116) oder gar 91,3 % und 19,3 % (Niedersachsen; vgl. Windorfer & Bruns-Philipps, 2002, S. 259). Mit anderen Worten: Bei bestimmten problembelasteten Gruppen wissen wir bei (sieben) acht von zehn Kindern nichts über den individuellen Gesundheitszustand bis zur Einschulung.

2.4.3 Unterschiedlicher Kindergartenbesuch

Unwidersprochen ist die Tatsache, dass der Kindergartenbesuch sowohl eine fördernde Wirkung auf spätere Schulleistungen ausübt, als auch soziale Handlungsqualifikationen für Peer-Interaktionen vermittelt (vgl. Schmidt, 2003a, 2006a).
Trotz eines Rechtsanspruches beträgt die Versorgungsquote im Westen und Norden jedoch nur 85 %. Darüber hinaus weisen diverse problembelastete Stadtteile eine wohnortnahe Unterversorgung ebenso auf wie Kinder aus sogenannten Risikogruppen zeitlich eine wesentlich kürzere Verweildauer besitzen (vgl. Stadt Essen, 2003b, S. 107 u. S. 133).

2.4.4 Unterschiedliche Rückstellungen bei Schuleingangsuntersuchungen

Die bisher beschriebenen Schwellenunterschiede bergen nicht nur die erhöhte Gefahr nicht erkannter Entwicklungsdefizite in sich, sondern scheinen auch den erfolgreichen Start in die Schullaufbahn negativ zu beeinflussen.

Tab. 2.2. Einstellungsuntersuchung und Rückstellungsquote (vgl. Schmidt, 2006c)

	Rückstellung	
	Kleinfamilie	Großfamilie
Deutsche Kinder	3 %	
Türkische Kinder	12 %	16 %
Kinder sonst. Europa	13 %	17 %
Kinder, außereuropäisch	15 %	25 %

„Die Herkunft von Kindern und diverse Risikofaktoren (Mehrkindfamilie, Migrationshintergrund) erweisen sich bei der Einschulung und intellektuellen Entwicklungsüberprüfung als größte Selektionshürde" (Stadt Essen, 2003b, S. 178; vgl. Hurrelmann et al., 2003; Ellsäßer et al., 2002, S. 252: Land Brandenburg).

2.4.5 Motorische Störungen – Unterschiede

Motorische Entwicklungs- und Koordinationsvorgänge sind

- einerseits reifungs- und altersabhängig (z. B. Gehen und Laufen),
- andererseits umwelt- und übungsabhängig (vgl. Schmidt, 2006b, S. 145 ff.).

Der Mensch lernt (motorisch) in seiner aktiven Auseinandersetzung mit der Umwelt. Zur Entwicklung seiner psychomotorischen Leistungsfähigkeit braucht er deshalb vielseitige Lernangebote aus seiner Umwelt und eine aktive Auseinandersetzung mit ihr (Martin, Carl & Lehnertz, 1991, S. 50).

Dementsprechend überprüfen Schuleingangsuntersuchungen die Koordinationsfähigkeit. Im zeithistorischen Trend lässt sich – in repräsentativen regionalen Stichproben – eine starke Zunahme der Koordinationsstörungen beobachten.

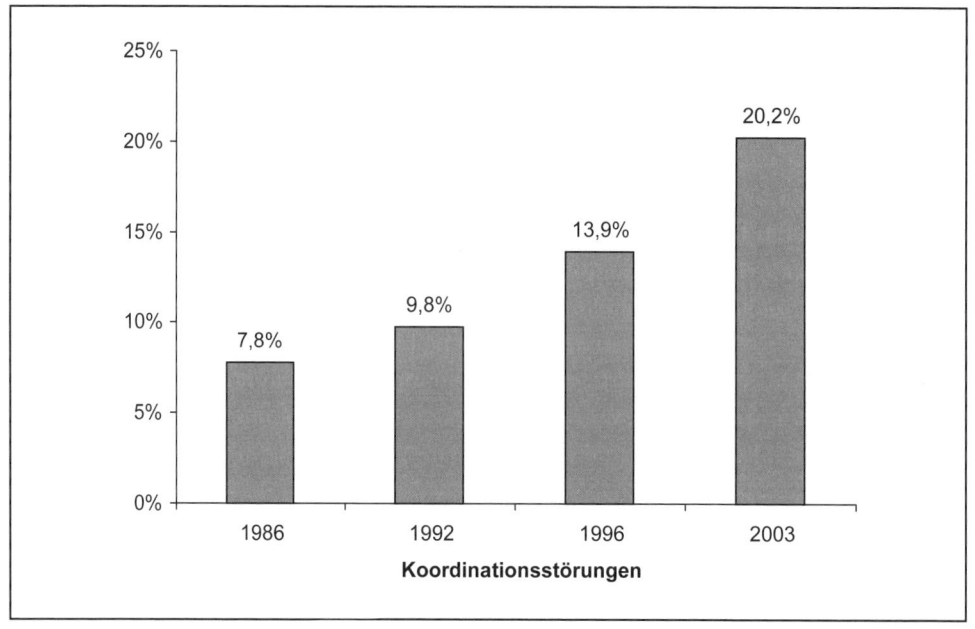

Abb. 2.2. Koordinationsstörungen von Schulanfängern im Ruhrgebiet (vgl. Schmidt, 2003a, 2006a; n = 5.000-6.000)

Vergleichbare Entwicklungstrends liegen für Niedersachsen (vgl. Altgeld & Hofrichter, 2000, S. 17) und Brandenburg (vgl. Ellsäßer et al., 2002, S. 252) vor, wobei ein negatives Wohnumfeld und/oder die Zugehörigkeit zu einer niedrigen Sozialschicht die Zahlen verdoppeln.

Noch erschreckender sind die Zahlen jener Kinder, die bei vorliegenden motorischen Störungen eine Therapie erhalten.

Es zeigt sich, dass deutsche Kinder die niedrigste Rate motorischer Störungen (20,2 %) aufweisen, aber am häufigsten Therapien (16,4 %) erhalten. Kinder außereuropäischer Abstammung weisen am häufigsten Störungen auf (27,4 %), sind aber am seltensten (0,8 %) in Behandlung (Stadt Essen, 2003b, S. 128).

2.4.6 Sprachliche Kompetenz – Unterschiede

Sprache ist eine Schlüsselkompetenz, die für das Aufwachsen von Kindern eine elementare Bedeutung hat. Über Sprache sind Kommunikation und Partizipation möglich. Gleichzeitig stellen gute Kenntnisse der deutschen Sprache eine wesentliche Voraussetzung für ein erfolgreiches Durchlaufen der Bildungssysteme dar (Stadt Essen, 2003b, S. 96).

Tab. 2.3. Einschätzung der Sprachkompetenz (vgl. Stadt Essen, 2003b, S. 97)

	Deutsche Kinder	Kinder mit Migrationshintergrund
gut	74 %	41 %
mittelmäßig (geht so)	18 %	32 %
schlecht	8 %	27 %

Differenziertere Untersuchungen von Kinderärzten und Logopäden geben gleichzeitig Auskunft über die Art nicht regelgerechter Sprachentwicklung.

Tab. 2.4. Nicht regelgerechte Sprachentwicklung (vgl. Schmidt, 2006c, S. 42)

	Deutsche Kinder		Kinder mit Migrationshintergrund	
Testauffälligkeit	30 %		67 %	
	Auffällig	Behandlung notwendig	Auffällig	Behandlung notwendig
Artikulation	11 %	3 %	50 %	24 %
Dysgrammatismus	24 %	5 %	52 %	39 %
Sprachverständnis	1 %		24 %	9 %

Das Fazit der Experten lautet: „Die Einschulung erweist sich als große Selektionshürde" (Stadt Essen, 2003b, S. 178). Mit anderen Worten: Schlechte Sprachkompetenz reduziert die schulischen Entwicklungsprognosen.

2.4.7 Unterschiedlicher Gesundheitszustand

„Gesundheit ist dann gegeben, wenn ein Kind körperlich, biologisch, physiologisch, nervlich und seelisch in Balance mit den Innen- und Außenanforderungen ist" (Bründel & Hurrelmann, 1996, S. 256).
Alle empirischen Untersuchungen (vgl. Schubert, 2000; Zimmermann et al., 2000; Windorfer & Bruns-Philipps, 2002; Ellsäßer et al., 2002; Hurrelmann et al., 2003; Stadt Essen, 2003a, 2003b; Schmidt, 2006c; Holstein, Parry-Langdon, Zambon, Currie & Roberts, 2004, S. 165-172; Pedersen et al., 2004, S. 173-177; Settertobulte & Gaspar de Matos, 2004, S. 178-183) zeigen insgesamt, dass sozial benach-

teiligte Kinder von ihren Eltern schlechter (gesundheitlich) versorgt werden und folglich über geringere Bewältigungsressourcen verfügen.
Sie sind einerseits überproportional häufiger von gesundheitlichen Problemen (z. B. Sehstörung, Hörstörung, Übergewicht, Adipositas, Zahngesundheit, psychosoziale Gesundheit, Ernährungsverhalten, Stress, geringeres Selbstkonzept) betroffen und erfahren andererseits eine unzureichende therapeutische Versorgung.
Niedrige soziale Schicht der Eltern, geringes Einkommen und Ethnizität können in diesem Sinne „als Kanalisation von Unterversorgungslagen" angesehen werden (vgl. Hurrelmann & Bründel, 2003, S. 104).
„In unteren Schichten sind Gedanken und Gewohnheiten, die nicht gesundheitsförderlich sind, weit verbreitet. Die Gefahr des Risikoverhaltens wird nicht einmal erkannt" (Stadt Essen, 2003b, S. 21).

2.4.8 Schulische Übergänge

Die bei den Schuleingangsuntersuchungen diagnostizierten sozialstrukturellen Ungleichheiten potenzieren sich im Laufe der Schulkarriere.
Loewe und Fall (2003, S. 11) sprechen vom sogenannten Grundschul-Abitur.

> Der Übergang von der Grundschule auf die weiterführenden Schulen gilt deshalb als das entscheidende Nadelöhr für die Verteilung der Bildungschancen. [...] So hat in Bayern ein Kind aus der Oberschicht eine fast 10,5 mal höhere Chance zum Gymnasialbesuch als ein Facharbeiterkind.

Für den Regionalverband Ruhr gilt, dass Kinder aus den privilegierten Stadtteilen zu 63 % auf das Gymnasium (Durchschnitt: 36 %) wechseln.
Die beiden folgenden repräsentativen Untersuchungen (vgl. Schmidt, 2006c; Schmidt & Eichhorn, 2007; *KiGGS*: Schenk et al., 2007, S. 590-599) zeigen, dass Kinder mit Migrationshintergrund dreimal häufiger die Hauptschule besuchen, wohingegen sich die Gymnasialquote im Vergleich zu Kindern deutscher Herkunft um die Hälfte/ein Drittel reduziert.

Tab. 2.5. Schulische Übergänge (Klasse 5; Angaben in Prozent; vgl. Schmidt, 2006c; Schenk et al., 2007)

	Schmidt (2006)		KiGGS (2007)	
	Deutsche	Nicht-Deutsche	Migranten	Nicht-Migranten
Hauptschule	9,8	29,4	32,7	14,4
Realschule	28,5	24,9	22,7	30,6
Gesamtschule	20,3	33,4	k. A.	k. A.
Gymnasium	40,7	12,3	23,0	41,9

Berücksichtigt man zusätzlich die Sonderschule für Lernbehinderte (Förderschule), werden die Bildungsdefizite noch deutlicher. Durchschnittlich von 3 bis 4 % eines Altersjahrgangs besucht, steigt der Anteil bei Kindern aus der Türkei (13,2 %), Ex-Jugoslawien (32,3 %) und dem Libanon (38,7 %) so dramatisch an, dass eine spätere Integration in den ersten Arbeitsmarkt kaum möglich erscheint, da 84 % der Schüler dieses Schultyps die Schule ohne Abschluss verlassen (vgl. Stadt Essen, 2003b, S. 122).

2.4.9 Schulbildung und Sozialhilfebetroffenheit

> Bildung, so der Leiter des Büros Stadtentwicklung, müsse der politische Schwerpunkt der nächsten 10, 20 Jahre sein. Davon hänge letztlich das Wohl der Stadt ab. Die Quote der Menschen ohne Schulabschluss müsse sinken (Westdeutsche Allgemeine Zeitung [WAZ], 31.12.2004).

Diese Aussage entspricht dem Credo, dass jede Gesellschaft darauf angewiesen ist, dass ihre nachwachsende Generation mit den wichtigsten Daseins- und Bildungskompetenzen (mit „Humanvermögen") ausgestattet werde und dass der Nachwuchs motiviert werde, diese Gesellschaft einmal fortzusetzen (vgl. BMFSFJ, 1995).

Die folgenden Daten der sozialhilfebeziehenden Jugendlichen (vgl. Strohmeier, 2000, S. 15; Schmidt, 2006c, 2006d) bezüglich ihres Schulabschlusses lassen ihre Perspektivlosigkeit erahnen (vgl. Tab. 2.6).

Tab. 2.6. *Sozialhilfebeziehende und Schulabschluss (vgl. Schmidt, 2006c, S. 37)*

	Sozialhilfebeziehende Schulabschluss (Strohmeier, 2000)	Gesamtbevölkerung KVR Schulabschluss (Schmidt, 2006c)
ohne Schulabschluss	19,8 %	3,2 %
Hauptschulabschluss	53,8 %	12,0 %
Realschulabschluss	16,1 %	29,0 %
Hochschulreife	4,6 %	37,0 %

Mit anderen Worten: Während jeder fünfte Heranwachsende in der Sozialhilfe über keinen Schulabschluss verfügt, ist es in der altersgleichen Gesamtbevölkerung nur etwa jeder 30.!

2.4.10 Schulabschlüsse (Abitur)

„In den wichtigsten Industriestaaten nimmt heute durchschnittlich fast jeder zweite Schulabgänger im Laufe seines Lebens ein Studium auf" (Loewe & Fall, 2003, S. 10).

In Deutschland erreichen insgesamt 31 % der Einheimischen die Hochschulreife. Der differenziertere Blick auf den Migrationshintergrund/die ausländische Nationalität zeigt, wie unterschiedlich das Humankapital verteilt ist (vgl. Abb. 2.3).

Schulabgänger mit Hochschulreife

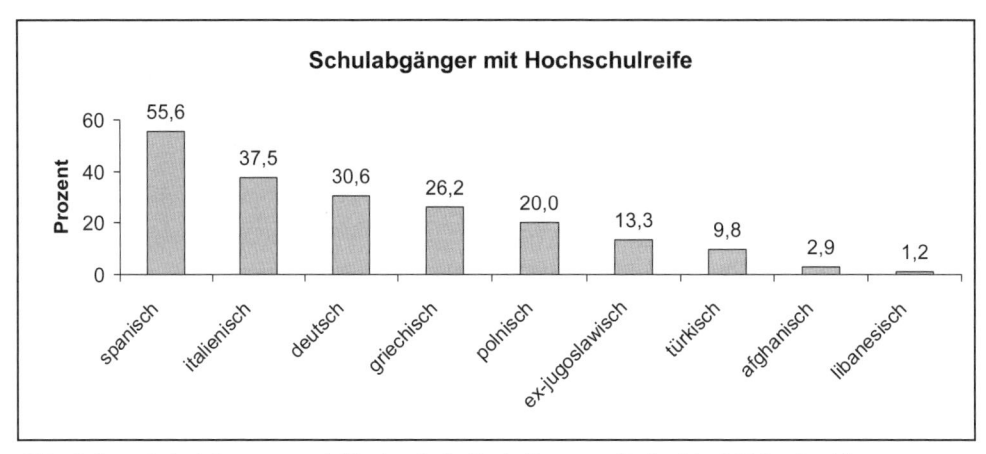

Nationalität	Prozent
spanisch	55,6
italienisch	37,5
deutsch	30,6
griechisch	26,2
polnisch	20,0
ex-jugoslawisch	13,3
türkisch	9,8
afghanisch	2,9
libanesisch	1,2

Abb. 2.3. *Schulabgänger mit Hochschulreife in Prozent (Schmidt, 2006c, S. 44)*

Fazit

Das von uns entwickelte *Selektions-Schwellenkonzept* (vgl. Schmidt, 2006c) verdeutlicht, wie unterschiedlich und sozial selektiv das Unterstützungspotenzial von Geburt an sich auf unterschiedliche Kindergruppen auswirkt.

Gegenüber idealtypischen (produktiv realitätsverarbeitend) theoretischen Annahmen (vgl. Hurrelmann, 1986, 1998) scheinen sich in der realen Lebenswelt diverse Risikofaktoren für eine gelingende Entwicklung (z. B. Gesundheit, Sprache, Motorik, akademische Bildung, Selbstkonzept) im Kontext divergierender elterlicher Unterstützungspotenziale und sozialräumlicher Lebenslagen zu potenzieren.

2.5 Kinderkulturelle Praxen

Unter Kinderkultureller Praxis verstehen wir alle Aktivitäten und Handlungen, mit denen Kinder in Interaktionen mit Gleichaltrigen, sei es nachmittags im informellen und/oder institutionellen Kontext, sich ihre Lebens- und Bewegungswelt aneignen. Gerade dort wo – nicht wie in der Schule – Kinder eigene Entscheidungen für Aktivitäten fällen, eigene Vorlieben und einen eigenen Geschmack entwickeln, einen Freundes- und Bekanntenkreis ausbilden (immer unabhängiger vom Elternhaus), lassen sich diverse Entwicklungsprozesse unter Gleichaltrigen besonders gut beschreiben und analysieren (vgl. Krappmann, 1998, S. 355-376).

2.5.1 Informelle Aktivitäten

„Aktivitäten, die man draußen ausüben kann, machen 75 % der Nennungen (= ideale Freizeit) aus" (Does & Motz, 1979, S. 117). „80,1 % der Jungen und 78,6 % der Mädchen wollen die Freizeit im Kreise ihrer Freunde/Freundinnen draußen verbringen, die sich zu 60,1 % aus Kindern ihrer Klasse bzw. Schule rekrutieren" (Deutsches Jugendinstitut [DJI], 1992, S. 105). „76,8 % unserer Befragten geben auch heute noch an, am liebsten draußen zu spielen" (Schmidt, 2006c, S. 65). Zwei Drittel aller Mädchen und Jungen bestätigen heute (vgl. Schmidt, 2002, 2003a) den generationsübergreifenden Trend, diesen Tätigkeiten am liebsten im Kreise ihrer Freundinnen und Freunde nachzukommen. Hinsichtlich der Art der Tätigkeiten gibt es einen weiteren eindeutigen Trend: Vielfältige sportive Tätigkeiten (Fußball und Basketball, Ballspiele, weitere Mannschaftssportarten, Fahrrad fahren, Inlineskaten/Skateboard, Joggen, Reiten, Schwimmen; vgl. Schmidt, 2006c, S. 67 f.: Tab. 25-28) dominieren bei 80 bis 90 % aller Kinder, unabhängig von Geschlecht, Ethnie und sozialer Herkunft, informelle Nachmittagsaktivitäten. Darüber hinaus werden Formen wie „Unterhalten, Quatschen, Rumhängen" in diese Bewegungsaktivitäten integriert.

Dieses Empathie-Stadium der 11- bis 13-Jährigen, ihre Fähigkeit zum Perspektivwechsel, diese neue Ausrichtung auf die anderen (Ko-Konstruktion) charakterisiert nach Krappmann (1998, S. 362-367) jenes Stadium des „zwischenmenschlichen Selbst", in dem das Selbst nicht mehr den Schutz von Autoritäten benötigt, sondern sich auf die Kooperation in wechselseitige, persönliche Beziehungen mit Gleichaltrigen verlässt, mit der Chance, Erwartungen, Regeln oder Verpflichtungen auszuhandeln, die zu einer qualifizierten Freundschaft gehören.

2.5.2 Institutionelle Aktivitäten

„Wenn über den Wandel von Kindheit diskutiert wird, stehen immer wieder die Veränderungen in der Terminkultur zur Debatte" (Fuhs, 1996, S. 130).

Tab. 2.7. *Feste Termine in der Woche (Angaben in Prozent; vgl. DJI, 1992; Büchner, Fuhs & Krüger, 1996; Schmidt, 2002, 2006c, S. 72)*

Anzahl Termine	DJI (West) (1992)	Büchner et al. (1996)	Schmidt (2002)	Schmidt (2006)
1	32	17,1	16,3	12,6
2	27	24,9	33,9	25,3
3	15	17,9	25,0	18,2
4	6	15,8	12,4	8,9
5 und mehr	2	18,8	11,6	8,2

Sind solche festen Termine am Nachmittag einmal installiert, werden sie zu einem Fixpunkt des individuellen Freizeitplans. Sozialwissenschaftliche Analysen (vgl. Zinnecker, 1990a; DJI, 1992; Büchner et al., 1996; Zinnecker & Silbereisen, 1998) interpretieren diesen Trend als „Schaffung kinderkulturellen Kapitals", weil hier soziale und intellektuelle Ressourcen erworben werden, von denen sich Eltern einen zusätzlichen Qualifikationserwerb für zukünftige Lebens- und Berufschancen versprechen.

Welche Angebote werden von unseren Kindern (n = 2.006, 10-14 Jahre; vgl. Schmidt, 2006c, S. 71-73) wahrgenommen? 62,9 % aller festen Termine am Nachmittag entfallen auf den Sport, 80 % bezeichnen diese Aktivität als ihren Lieblingstermin. 63,4 % aller Jungen und 69,3 % aller Mädchen wollen hier mit ihren Freundinnen und Freunden zusammen sein, weitere 45 % (zwei Nennungen möglich) wollen hier andere kennenlernen, gefolgt von dem Wunsch „viel zu lernen" (27 %).

> Jenseits von Schule und Familie eröffnet die Teilhabe am Sport soziale Anschluss- und kulturelle Teilhabechancen. Kinder erlernen nicht nur die ‚notwendigen Körpertechniken', sondern erschließen sich Handlungskompetenzen, die den kindlichen Erfahrungsraum erweitern und als wesentliches biographisches Lernfeld anzusehen sind (Büchner, 2001, S. 895).

Behnken und Zinnecker (2001b, S. 19) gestehen den Kindern heutzutage zu, dass sie hier früh „die Rolle von (aktiven) biographischen Akteuren" übernehmen.

2.5.3 Die herausragende Rolle des Sports für *alle*

Die implizit enthaltenen Aussagen zur herausragenden Rolle des Sports bei informellen und institutionellen Tätigkeiten sollen nun ergänzt werden um die grundsätzliche Frage, welche Klientel der Sport erfasst, hatten unsere allgemeinen Analysen (vgl. Kap. 2.3 und 2.4) doch in anderen Bereichen (Gesundheit und Bildung) gravierende Ungleichheiten offenbart.

Unsere neueren Untersuchungsergebnisse (vgl. Schmidt, 2006c) zur jetzigen Sportvereinsmitgliedschaft (55,5 %) und zur ehemaligen Sportvereinsmitgliedschaft (32,0 %) verdeutlichen, dass der Sportverein in der Kindheitsphase eine Rekrutierungsquote von 87,5 % erreicht (vgl. Brinkhoff & Sack, 1999: 73 %). Gleichfalls erhöht hat sich die Häufigkeit des Sporttreibens pro Woche im Verein, da etwa 60 % zwei- bis viermal in der Woche diesen Terminen nachgehen.

Neben der zunehmenden Bedeutung des Sportvereins für Mädchen (40,5 % Vereinsmitglieder) und der konstant hohen Jungenrate (59,5 % Vereinsmitglieder) ist weiterhin zu konstatieren, dass die Sportvereinsmitglieder immer jünger werden und ihre Vereinskarriere heute bereits mit vier bis sechs Jahren beginnt (1950-1960: Vereinseintritt mit 11-12 Jahren). Für das Kindesalter von vier bis zwölf Jah-

Kinderkulturelle Praxen 57

ren lässt sich also feststellen, dass der Sportverein heute die unangefochtene Nr. 1 der außerschulischen Kinder- und Jugendarbeit ist.

Hatten Brinkhoff und Sack (1999) in ihrer repräsentativen NRW-Untersuchung aus dem Jahre 1992 noch ausgeführt, dass bei keiner anderen Sportgelegenheit die soziale Selektionsschwelle so hoch wie im Sportverein sei, können wir heute (2006) konstatieren, dass sich soziale Disparitäten abschwächen.

Tab. 2.8. Jetzige und ehemalige Sportvereinsmitgliedschaften und Schulkarrieren (n = 1.931, vgl. Schmidt, 2006c, S. 109)

	Hauptschule	Gesamtschule	Realschule	Gymnasium
Rekrutierungsquote	79,5 %	79,0 %	89,5 %	92,0 %

„Sport für Alle" scheint also zunehmend Realität zu werden. Eine ruhrgebietsspezifische Besonderheit scheint zusätzlich das Faktum zu sein, dass der Sportverein immer mehr Kinder aus sogenannten Risikogruppen (vgl. Kap. 2.4: Alleinerziehende, Kinderreiche, Kinderreiche mit Migrationshintergrund) an sich bindet:

Tab. 2.9. Vereinsmitgliedschaft und Risikogruppen (Angaben in Prozent; vgl. Schmidt, 2006d, S. 34)

	♂	♀		♂	♀		♂	♀
Elternfamilie	58,9	45,2	Allein-erziehende	54,0	37,9			
Deutsche	56,8	49,5	Ausländer/ Migration	61,6	26,3	Türkische Kinder	76,6	22,0
Einzelkind	59,3	46,2	Kleinfamilie (2-3 Kinder)	59,5	50,2	Großfamilie (4 u. mehr Kinder)	49,4	26,0

- Kinder von Alleinerziehenden, die (vgl. Kap. 2.4) zu 67 % von Sozialhilfe betroffen sind, sind im Sportverein kaum unterrepräsentiert.
- Die höchste Vereinsquote weisen ausländische Kinder/Kinder mit Migrationshintergrund/türkische Kinder bei den Jungen auf, allerdings beschränkt auf die Sportarten Fußball und Kampfsport.
- Ausländische Mädchen/türkische Mädchen weisen die geringste Vereinsquote auf. Vergleicht man ihre Bindungsquote jedoch mit der Untersuchung aus dem Jahre 1992 (vgl. Brinkhoff & Sack, 1999; Mädchen: 3,3-9,2 %), so ergeben sich auch bei ihnen die positivsten dynamischen Veränderungen.

Fazit

Im zeithistorischen Trend (1992-2006) nimmt die Sportvereinsmitgliedschaft im Kindesalter weiter zu. Dies gilt besonders für jene Risikogruppen (Alleinerziehende, Kinderreiche, kinderreiche Familien mit Migrationshintergrund), die in anderen Bereichen (vgl. Kap. 2.2 und 2.4) von Geburt an gravierende soziale Benachteiligungen aufweisen.

2.6 Chancen des Sports für eine gelingende Entwicklung

Worin liegt die besondere Attraktivität von Sport und Sportverein für Kinder?
79,8 % der Kinder gefällt es im Verein (5er-Skalierung) sehr gut oder ziemlich gut, unabhängig vom Geschlecht (vgl. Schmidt, 2006c, S. 112) oder von der Ethnie (vgl. Schmidt, 2006d, S. 34). Schon beim Vereinseintritt determinieren soziale Einflüsse (wegen der Freunde/Bekannten) und zwischenmenschliche Beziehungen (positive Atmosphäre in der Gruppe) die subjektive Entscheidungsfindung (vgl. Schmidt, 2006c, S. 113; Kurz & Sonneck, 1996, S. 132).

71,9 % unserer Gesamtstichprobe (vgl. Schmidt, 2006c, S. 113; Kurz & Sonneck, 1996, S. 158: 81 %) beurteilen den Trainer als sehr gut bzw. ziemlich gut, wobei die Mehrzahl der Zustimmungsgründe (54,2 %) auf die positive Einschätzung seiner zwischenmenschlichen Kompetenz entfallen. Wie in anderen sozialpsychologischen Untersuchungen (vgl. Ulich, 1998, 2001) umschreiben die wahrgenommenen Kategorien *nett, fürsorglich, gerecht* und *kooperativ* wesentliche Faktoren der Gruppenzufriedenheit mit dem Lehrer-/Trainerverhalten.

Hinsichtlich der Bindung an einen Verein bzw. der Zufriedenheit mit einer Mannschaft/Gruppe dominieren bei Kindern zwei vergleichbare Motivbündel: 72,4 % betonen die positive Stimmung (gute Atmosphäre, Freude, Spaß) und 66,2 % das positive Gefühl, zu einer Mannschaft/Gruppe zu gehören, sich sozial akzeptiert und integriert zu fühlen, wiederum unabhängig von Geschlecht, Ethnie und sozialer Herkunft (vgl. Schmidt, 2006c, S. 115; Schmidt, 2006d, S. 64 f.).

Generell ist davon auszugehen, dass bei Kindern die subjektive positive Wahrnehmung des Klimas, der Gruppenatmosphäre und der positiven Beziehungen ihre Zufriedenheit (vgl. Ulich, 2001, S. 73; Ulich, 1998, S. 383) determiniert bzw. erhöht.

Gleichfalls kann nicht geleugnet werden, dass die subjektive Befindlichkeit der Probanden auch ein Indiz für ihre Einsatz- und Leistungsbereitschaft, ihre generelle Motivation zum Sport ist, die sich letztlich darin ausdrückt, dass Probanden ihr *Wohlbefinden im Sport* (Jungen: MW = 3,72; Mädchen: MW = 3,62; Skalierung 1-4) gegenüber anderen Feldern (MW = 2,70) besonders positiv einschätzen. Mit anderen Worten der Sozialwissenschaftler Zinnecker und Strzoda (1996): Die Ausnahmestellung des Sports im Hinblick auf Teilhabe, Motivation und Befindlichkeit ist unumstritten.

Über die Komponente *Zugehörigkeit* hinaus lassen sich geschlechtsspezifische Unterschiede feststellen: Bei den Mädchen dominieren eindeutig weitere soziale Einflüsse (gute Stimmung, etwas für die Gruppe tun, sich wie in einer Familie fühlen; vgl. Berndt & Menze, 1996, S. 415), wohingegen die Jungen darüber hinaus die Leistungskomponente (wie ein Leistungssportler trainieren; vgl. Schmidt, 2006c, S. 115; sich als Könner erfahren, interessante Wettkämpfe; vgl. Berndt & Menze, 1996, S. 415) stärker betonen.

Betrachtet man diese Befunde auf der Hintergrundfolie entwicklungstheoretischer Modelle, werden *soziale Anerkennung* und *Zugehörigkeit* als zentrale Bestimmungsmerkmale einer gelungenen Identitätskonstruktion angesehen. Soziale Anerkennung gebe dem Subjekt jenes Gefühl von Zugehörigkeit und Basissicherheit. Bestätigung durch andere (soziale Validierung) tangiere das Selbstwertgefühl und sei eng mit dem Selbstbewusstsein verknüpft (vgl. Keupp & Höfer, 1998; Keupp, Ahbe, Gmür, Höfer, Kraus, Mitzscherlich & Straus, 1999; Süßenbach, 2004). In diesem Verständnis wird auch der Körper zu einem Ort, an dem sich die basalen Wünsche nach Anerkennung und Zugehörigkeit verorten lassen. Soziale Anerkennung wird in diesem Kontext auch über die Einschätzung der körperlichen Leistungsfähigkeit, eigenen Begabungseinschätzungen und subjektiven Befindlichkeits- und Gesundheitseinschätzungen erworben.

Darüber hinaus darf nicht die Chance des Sports übersehen werden, den individuellen Umgang mit Leistung und Erfolg in der Gemeinschaft zu erproben. Alle Probanden fühlen sich erfolgreich, wenn sie merken, dass sie neue Fertigkeiten erlernt haben. Die eindeutigsten Erfolgserlebnisse verspüren Mädchen, wenn sie ihr Bestes geben, etwas Lernen, was Spaß macht, wofür sie in der Gruppe viel geübt haben (vgl. Süßenbach, 2004, S. 110).

Bei den Jungen überwiegt darüber hinaus die Tendenz, das Gefühl zu haben, leistungsmäßig herauszuragen, die meisten Tore/Punkte zu erzielen und/oder zu den besten Spielern zu gehören. Diese Aspekte lassen sich verstärkt bei Jungen mit Migrationshintergrund feststellen. Verständlich angesichts der Tatsache, dass andere Erprobungsfelder (vgl. Kap. 2.3 und 2.4, z. B. Schule) ihnen diese positiven Rückmeldungen in Form von anerkannter Zugehörigkeit und Akzeptanz seltener zu offerieren scheinen.

Zwischenfazit: Chancen und Risiken

Grundsätzlich steigen die Chancen für eine gelingende Entwicklung im Kindersport in dem Maße, in dem neben fundamentalen Handlungskompetenzen (sportspezifische Fähigkeiten und Fertigkeiten) personale (Zufriedenheit, Wohlbefinden) und soziale (Anerkennung und Zugehörigkeit) Ressourcen als verfügbar eingeschätzt werden. Idealtypisch für eine positive Entwicklung „im und durch Kindersport" sind danach folgende Merkmale:

- Kinder finden Anerkennung in für sie subjektiv bedeutsamen Rollen (z. B. als anerkannte(r) und erfolgreiche(r) Sportlerin/Sportler).
- Kinder sind langfristig in soziale Netzwerke (Peers, positive Beziehungen, Freundschaften) eingebunden und haben das Gefühl, zwischenmenschlich akzeptiert zu werden.

2.6.1 Mögliche Einschränkungen

Trotz unserer bisher positiven Einschätzung des Sports, gehen wir nicht davon aus, dass sportliche Aktivität per se, also quasi automatisch, zu positiven Effekten führt (vgl. Brettschneider & Kleine, 2002, S. 16 u. S. 40).

Zu hoher Leistungs- und Konkurrenzdruck, die Überbetonung des Wettkampf- und Meisterschaftscharakters, negatives Klima im Verein und/oder in der Mannschaft sowie fehlende zwischenmenschliche Akzeptanz verschiedener (z. B. leistungsschwacher Kinder, Außenseiter, Minoritätengruppen) Kinder bzw. Kindergruppen beeinflussen dagegen die individuelle Entwicklung eher negativ (vgl. Schmidt, 1998, 2002).

Mit unseren Worten: Nur unter der Voraussetzung der Trainer-Akzeptanz (Trainer fördert zwischenmenschliche Kontakte und soziale Beziehungen), positiver Gruppenatmosphäre (gegenseitige Akzeptanz unabhängig von Leistung, Geschlecht und sozialer Schicht) und Gruppenintegration („ich gehöre als aktiver und anerkannter Teil zu dieser Gruppe/Mannschaft") finden sich verstärkt im Kindesalter (4-12 Jahre) Hinweise auf positive Zusammenhänge zwischen Sportaktivität (im Verein) und individuellem Wohlbefinden.

Eine weitergehende Kritik an „formelhaften Glaubensbekenntnissen" (positive Effekte des Sports; vgl. Brettschneider & Kleine, 2002, S. 16) geht davon aus, dass es nicht notwendigerweise der Sport sei, der positive Wirkungen auf die Entwicklung ausübe. Ebenso plausibel sei die Annahme, dass junge Menschen mit positiven Eigenschaften (z. B. hohe Leistungsmotivation, hohe schulische Bildung, sehr positives Selbstkonzept) vermehrt im Sport anzutreffen seien.

Denkbar schon, aber eher realitätsfern, da gerade unsere problembelasteten Kinder, die in anderen Kontexten (z. B. Schule) häufig negative Erfahrungen machen, speziell beim Sporttreiben, durch individuelle Erfolgserlebnisse und Gefühle sozialer Zugehörigkeit und Anerkennung, eine von ihnen erlebte Unterstützung individueller und sozialer Ressourcen erfahren, die sie als selbstwertstützend interpretieren.

Mit anderen Worten: Die gelingende Sportteilhabe kann im Kindesalter (bei Risikogruppen) wahrgenommene Belastungen in anderen Bereichen abmildern.

2.7 Zusammenfassung

Wir haben gezeigt, dass Kinder aus sogenannten Risikogruppen von Geburt an strukturell gravierende Benachteiligungen im Gesundheits- und Bildungsbereich erfahren. Wir haben ausführlich diskutiert, ob und inwieweit die Teilhabe am Sport diverse Problembelastungen abpuffern kann. Unsere Analysen und die Diskussion weiterer Befunde sprechen dafür, dass verstärkt im Kindesalter sportliche Aktivitäten – unter der Voraussetzung von Zugehörigkeit, Anerkennung, Zufriedenheit und Wohlbefinden in der Gruppe – andere Belastungen kompensieren können. Für Mädchen und Jungen finden sich profunde Hinweise auf eine gelingende Entwicklung bzw. eine kompensatorische Funktion durch den Sport.

Werner Schmidt

3 Mädchen und Jungen im Sport

3.1 Einleitung

Mädchen und Jungen im Sport werden meist als Verschiedene inszeniert. So beschreibt bspw. Cratty (1979, S. 216): „Das Sportverhalten der Jungen weist mehr Körpereinsatz auf als das der Mädchen" – oder: „Das Wurfverhalten von Jungen ist stärker ausgeprägt, doch Mädchen führen bei genauigkeitsbezogenen Bewegungsaufgaben." Auch fast 20 Jahre später resümiert Faulstich-Wieland (1995, S. 157), bei Jungen sei der Körpereinsatz bzw. der motorische Beanspruchungsgrad höher als bei Mädchen. Die Sozialisationsforschung hat eine Vielzahl an geschlechterdifferenzierten Befunden hervorgebracht, die zeigen, welches Verhalten „typisch" für Mädchen, welches „typisch" für Jungen zu sein scheint. In der Kindheitsforschung wird Geschlecht allerdings primär auf der Phänomenebene oder durch die Darstellung geschlechtervergleichender Befunde thematisiert. Rendtorff (2003, S. 138) bewertet den dichotomisierenden Blick als eine „Perspektivenbeschränkung von weit reichendem Ausmaß". Dieser Zugang erhelle nicht die Hintergründe der Unterschiede, und er verstelle die Sicht auf Ähnlichkeiten und individuelle Potentiale jenseits geschlechtsbezogener Zuschreibungen. Durch die kategoriale Datenerhebung und die „plausible" dichotomisierende Auswertung quantitativer wie qualitativer Daten werden Geschlechterdifferenzen immer wieder neu bestätigt. Empirische (Re-)Konstruktionen von Geschlecht bergen so die Gefahr, geschlechtstypischen Erscheinungen den Charakter von Unveränderbarkeit, Natürlichkeit und Wesenhaftigkeit zu verleihen.

Im folgenden Beitrag wird versucht, den Forschungsstand zu Mädchen und Jungen im Sport darzustellen und zugleich Differenzbefunde als Verhältnisbestimmung und Produkt sozialer Konstruktionen zu thematisieren. Wichtig für die angemessene Einschätzung von geschlechtsbezogenen Forschungsergebnissen sind dementsprechend folgende theoretische und methodologische Anmerkungen: Die sportwissenschaftliche Geschlechterforschung war in ihren Anfängen vor allem eine Mädchen- und Frauenforschung, die von emanzipatorischen Bestrebungen getragen wurde. Hartmann-Tews (2003) bilanziert drei zentrale Zugänge: Auf der Basis sozialisationstheoretischer Ansätze wurden in den 1970er- und 1980er-Jahren lebensweltliche *Defizite* von Sportlerinnen untersucht. Dabei konnten zahlreiche Befunde hinsichtlich der Benachteiligung, Ausgrenzung und Einschränkung von Mädchen und Frauen in verschiedenen sportlichen Feldern aufgedeckt werden (vgl. Kröner, 1976; Pfister, 1983; zsfd. Gieß-Stüber & Henkel, 1997). In einer zweiten Phase rückten stärker die *Differenzen* zwischen den Geschlechtern in den Fokus der Frauenforschung. Häufig wurde das „Anders-Sein" der Mädchen und Frauen thematisiert. Es ging darum, „durch qualitative Rekonstruktionen von Biographien eine Wiederentdeckung, Neubestimmung und Wertschätzung von Weiblichkeit sowie den Stärken und verborgenen Potentialen von Frauen zu erwirken" (Hartmann-Tews, 2003, S. 16). In den 1990er-Jahren trat die Vorstellung in den Vordergrund, dass *Männlichkeit* und *Weiblichkeit* nicht im Unterschied, sondern in Relation zueinander zu untersuchen seien. Auf der Basis sozialkonstruktivistischer Ansätze kam die Herstellung von Geschlecht, das „doing gender", in den Blick. Forschungsfragen richten sich seitdem vor allem darauf, wie Mädchen und Jungen im körperbezogenen System des Sports, in dem Geschlechterunterschiede leicht als *natürlich* erscheinen, zu Verschiedenen gemacht werden.

Die neue Perspektive markiert die Wende von der Frauen- zur Geschlechterforschung. Damit wurde sichtbar, dass Jungen unter einer geschlechtsbezogenen Sozialisation und dem damit verbundenen „Zwang zur Männlichkeit" ebenso leiden, wie sie von der strukturellen Bevorzugung profitieren können (Neuber, 2006b, S. 126). Die neue Aufmerksamkeit führte – analog zu Entwicklungen in der frühen Mädchen- und Frauenforschung – zunächst zu pädagogischen Projekten einer „reflektierten Jungenarbeit" und zielte auf die Stärkung von Sensibilität und Nachdenklichkeit, auf ein verändertes Verständnis vom eigenen Körper oder auf den Umgang mit Aggression und Gewalt (vgl. Schmerbitz & Seidensticker, 1997). Die sportwissenschaftliche *Jungenforschung* tritt zu Beginn des 21. Jahrhunderts in Erscheinung. In Abgrenzung zu defizitorientierten Konzepten werden individuelle Bedürfnisse und Stärken von Jungen thematisiert, etwa in Bezug auf sportbezogene Männlichkeitsentwürfe (vgl. Richartz, 2000) oder das Leisten im Sport (vgl. Neuber, 2003). Fast durchgängig wird dabei auf identitätstheoretische Zugänge gesetzt, da sie „individuelle Anstrengungen zur Generierung subjektiver Kohärenz fokussier[en], ohne die sozialen Bedingungen der Moderne zu vernachlässigen" (Neuber, 2006b, S. 126). Gleichwohl geht es in der jungenbezogenen Geschlechterforschung darum, Potentiale der Jungen im Sport in der *Differenz* zu Mädchen aufzuzeigen. Sozialkonstruktivistische Zugänge sind in diesem Feld bislang kaum zu verzeichnen.

3.2 Entwicklung von Mädchen und Jungen im Sport

Moderne Entwicklungskonzepte gehen von einem komplexen Interaktionsgefüge zwischen Subjekt- und Umweltfaktoren aus. Psychologische, soziologische und pädagogische Entwicklungstheorien setzen dabei gleichermaßen die aktive Rolle des Individuums als *Gestalter(in) der eigenen Entwicklung* voraus. Als integrative Idee hat sich das Konzept der *Entwicklungsaufgaben* durchgesetzt, das die spezifischen

Anforderungen kennzeichnet, die ein Individuum im Spannungsfeld von psychophysischen Voraussetzungen, soziokulturellen Anforderungen und individuellen Zielsetzungen und Werten im Übergang vom einen zum nächsten Lebensabschnitt bewältigen muss (vgl. zsfd. Neuber, 2007b, S. 36-59). Auch für das Kindesalter werden diverse Entwicklungsaufgaben definiert, z. B. „Erlernen körperlicher Geschicklichkeit", „Lernen, mit Altersgenossen zurecht zu kommen" oder „Erreichen persönlicher Unabhängigkeit" (Dreher & Dreher, 1985, S. 59). Als geschlechtsbezogene Entwicklungsaufgabe wird das „Erlernen eines angemessenen männlichen oder weiblichen sozialen Rollenverhaltens" betrachtet (Oerter & Dreher, 2002, S. 270). Dies spiegelt sich z. B. in Befunden von Baur (1990, S. 126) wider:

> Jungen eignen sich über raum- und materialexplorierende Tätigkeiten in der frühen Kindheit und über körperbetonte und sportive Aktivitäten im Vorschulalter und in der mittleren Kindheit ihre Umwelt ‚ausgreifend' an. Sie erwerben dabei in vielen Fällen zugleich ein umfangreiches Repertoire an alltäglichen motorischen und sportlichen Fertigkeiten und entsprechende physische Leistungsfähigkeiten. [...] Mädchen dagegen bevorzugen eher ‚ruhigere' Tätigkeiten, die mit weniger intensivem und rauem Körpereinsatz verbunden sind. Sie gehen weniger risikobereit und eher schonend mit ihrem Körper um.

Derartige Verhaltensunterschiede bestätigen auch angloamerikanische Studien. Im Vergleich zu Mädchen setzen sich Jungen danach in ihren Gruppen häufiger „in Szene",

> bevorzugen risikoreichere Unternehmungen und wilde Balgereien, neigen in höherem Maße zu direkter Konfrontation und zeigen häufiger als Mädchen Dominanzverhalten; ihnen ist es wichtig, von ihren Peers nicht als ‚Schwächling' angesehen zu werden (Maccoby, 2000, S. 354).

Befunde zu geschlechtstypischem Verhalten im Sport – die über die Variabilität individuellen Verhaltens keine Prognose erlauben – korrespondieren, auch nach Jahrzehnten einer dynamischen Entwicklung der Geschlechterverhältnisse, mit tradierten sozialen Rollenbildern. Selten sind empirische Studien angemessen geschlechtertheoretisch fundiert und methodologisch hinreichend reflektiert.

3.2.1 Motorische Entwicklung

Die motorische Leistungsfähigkeit im Kindesalter ist bis dato umfassend untersucht worden. Allerdings liegen kaum theoretisch begründete Befunde zu geschlechtsbezogenen Unterschieden bzw. Unterscheidungen vor. Eine Analyse der Literatur zur frühkindlichen Motorikentwicklung zeigt, dass die Mehrzahl der Veröffentlichungen nicht geschlechterdifferenzierend argumentiert. Dies gilt sowohl für einschlägige entwicklungspsychologische Untersuchungen (vgl. z. B. Piaget & Inhelder, 1972) als auch für sportwissenschaftliche Studien (vgl. z. B. Zimmer, 1981). Während in Längsschnittstudien kaum Geschlechterunterschiede festgestellt wurden (vgl. Dordel, 2000; Ahnert & Schneider, 2007), stellt sich die Befundlage in Bezug auf Querschnittuntersuchungen uneinheitlich dar. So untersuchte Kretschmer (2004) konditionelle Fähigkeiten (Aktionsschnelligkeit, allgemeine aerobe Ausdauer, Schnellkraft) sowie koordinative Fähigkeiten (Präzision mit und ohne Zeitdruck) bei Viertklässler(inne)n. Neben dem Alter wird dabei dem Geschlecht ein zentraler Einfluss auf die motorische Leistungsfähigkeit zugeschrieben, wobei Jungen signifikant bessere Ergebnisse erzielen als Mädchen ($p < 0,01$). Bös (2006) konstatiert für die Altersgruppe der 6- bis 17-Jährigen Unterschiede beim Rumpfbeugen (ca. 3 cm) zugunsten der Mädchen sowie bei Sit-Ups zugunsten der Jungen (ca. 12 %). In einer Studie zu motorischen Basisqualifikationen (MOBAQ) von Fünftklässler(inne)n befassen sich Kurz und Fritz (2007) mit Fähigkeiten, die zur kulturellen Teilhabe im Sport erforderlich sind. Die Ergebnisse zur Förderbedürftigkeit im Sinne fehlender Basisqualifikationen zeigen teilweise deutliche Geschlechtsunterschiede. So werden im Bereich Ballspiele 36 % der Mädchen, aber nur 12 % der Jungen als förderbedürftig eingeschätzt. Im Bereich Rhythmisches Bewegen sind es dagegen 24 % der Mädchen und 53 % der Jungen.

Ahnert und Schneider (2007) kommen ebenfalls zu Geschlechterunterschieden im Querschnitt. Im Alter von sechs Jahren erzielen die untersuchten Mädchen bei koordinativen Aufgaben unter Zeitdruck und feinmotorischen Aufgaben bessere Ergebnisse als die Jungen ($p < 0,001$). Die Jungen zeigen dagegen im Zielwurf deutlich bessere Leistungen (vgl. ebd., S. 16). Studien, die die Weitwurffähigkeit untersuchen, bestätigen die Überlegenheit von Jungen bei Wurfaufgaben. Im Gegensatz zu fast allen anderen motorischen Tests kommt es hier nur zu einer vergleichsweise geringen Überschneidungsmenge zwischen den Ergebnissen von Mädchen und Jungen (vgl. Thomas & French, 1985, zitiert nach Alfermann, 1996). Geese (1992) untersuchte in einem interdisziplinären Experiment systematisch die Wurfweite, Wurfpräzision und Bewegungsausführung bei 4- bis 5-jährigen Kindern. Jungen und Mädchen unterscheiden sich danach weder in den konstitutionell-physischen noch in den psychomotorischen Voraussetzungen, aber signifikant in der Qualität der Wurftechnik und Wurfleistung. Somit scheinen genetische Einflüsse auf dieses Bewegungsverhalten plausibel. Auch Alfermann (1996) hält genetische Gründe aufgrund des großen Unterschieds in der Wurffähigkeit für möglich. Welche biologischen Faktoren für die bessere Weitwurfleistung der Jungen verantwortlich sein sollen, bleibt indes ungeklärt. Als gesicherter biologischer Wirkmechanismus gilt lediglich der Einfluss von Androgenen, denen Mädchen und Jungen bereits im Mutterleib unterschiedlich ausgesetzt sind. Diese sollen in erster Linie Auswirkungen auf das Verhalten haben und so die größere Unternehmungslust und Aggressivität von Jungen mit bedingen (vgl. Schultheis & Fuhr, 2006, S. 54-58).

Um einschätzen zu können, ob geschlechtsbezogene Befunde zur motorischen Entwicklung biologisch oder sozial bedingt sind, sollten auch „no-difference" Befunde Beachtung finden. So untersuchte Valkanover (2003) Zusammenhänge zwischen Motorik/Körpererfahrung und Geschlecht im Kindergarten. Im Rahmen der komplexen Studie zeigten Mädchen im Vergleich zu Jungen keine bedeutsamen Unterschiede bezüglich ihrer motorischen Fähigkeiten. Mädchen wurden aber im Vergleich zu Jungen von anderen Kindern als weniger sportlich wahrgenommen und beurteilten ihren Körper tendenziell kritischer. Dordel (2000) kommt bei 7- bis 11-jährigen Kindern in Bezug auf den Körperkoordinationstest (KTK) in keiner der getesteten Teilfähigkeiten zu signifikanten Geschlechterunterschieden. Alfermann (1995) zitiert eine Metaanalyse von Thomas und French (1985), in die 30.000 Proband(inn)en im Alter von 3 bis 20 Jahren eingegangen sind. In 19 von 20 motorischen Testverfahren konnten dabei keine signifikanten Unterschiede zwischen Mädchen und Jungen festgestellt werden.

Insgesamt lässt sich die uneinheitliche Befundlage nicht zweifelsfrei erklären, zumal die vorliegenden Untersuchungen kaum geschlechtertheoretisch begründet sind. Als weitgehend sicher gilt, dass im Vor- und Grundschulalter kaum biologisch determinierte Unterschiede in der motorischen Leistungsfähigkeit von Mädchen und Jungen bestehen. Vorhandene Unterschiede, etwa in Bezug auf feinmotorische Aufgaben und „rhythmisches Bewegen" zugunsten der Mädchen bzw. Wurffähigkeit und Ballspiele zugunsten der Jungen, sind danach vor allem sozialisationsbedingt zu erklären. Ganz offensichtlich spielen bereits im Kindesalter soziale Konstruktionen von „weiblichem" und „männlichem" Sport eine so zentrale Rolle, dass sie Auswirkungen auf Teilbereiche der motorischen Leistungsfähigkeit von Mädchen und Jungen haben. Neue Forschungsarbeiten weisen darauf hin, dass das Geschlecht allein sportliche Fähigkeiten und Interessen nicht erklären kann. Einflüsse ergeben sich vielmehr auch durch das soziale Milieu, den ethnischen Hintergrund oder andere biographische Aspekte (vgl. Frohn, 2007). Intersektionalitätstheoretische Ansätze, die soziale Ungleichheit vor dem Hintergrund des Zusammenwirkens unterschiedlicher Faktoren in den Blick nehmen, versprechen hier eine Annäherung an die Komplexität der Zusammenhänge.

3.2.2 Psychische Entwicklung

Der Entwicklung des Selbstbildes wird in der sportwissenschaftlichen Kindheitsforschung eine zentrale Bedeutung beigemessen. Durch die Erfahrungen, „die das Kind mit seinem Körper macht, entwickelt sich ein Bild von den eigenen Fähigkeiten, es erhält eine Vorstellung von seinem *Selbst*" (Zimmer, 2004, S. 27). Gleichwohl sind empirische Befunde zur psychischen Entwicklung im Vor- und Grundschulalter ausgesprochen rar. Liegen in der sportwissenschaftlichen *Jugendfor-*

schung zahlreiche Befunde zur Entwicklung des Selbstkonzepts vor (vgl. Kap. 11; z. B. Deutscher Sportbund [DSB], 2006), beschränken sich die Beiträge zur Kindheit auf einige wenige Untersuchungen. Dies ist nicht zuletzt auch auf die methodischen Herausforderungen zurückzuführen. Sozialwissenschaftliche Methoden können nicht einfach auf die Kindheitsforschung übertragen werden. Bestimmte Verfahren kommen an ihre Grenzen: Fragebogenuntersuchungen können erst im lese- und schreibfähigen Alter beantwortet werden; Interviews zur Rekonstruktion von kindlichen Selbst- und Weltsichten setzen ausreichende Verbalisierungsfähigkeit voraus. Heim und Stucke (2006, S. 139) bilanzieren angesichts der dürftigen empirischen Befundlage: „Inwieweit körperliche Aktivität sich langfristig auf die verschiedenen Facetten des Selbstkonzepts des heranwachsenden Kindes auswirkt, kann somit nicht abschließend beurteilt werden".

Ebenso wie im Bereich der motorischen Entwicklung kann auch für die psychische Entwicklung im Vor- und Grundschulalter eine weitgehende „Geschlechtsblindheit" festgestellt werden. Sowohl entwicklungspsychologische Studien (vgl. z. B. Haußer & Kreuzer, 1994) als auch sportwissenschaftliche Untersuchungen (vgl. z. B. Kim, 1995) trennen häufig nicht einmal auf der deskriptiven Ebene zwischen den Geschlechtern.

Ausnahmen sind im Kontext der Leistungsmotivforschung zu finden. Gerade sportliche Leistungen können Quellen sozialer Anerkennung und damit Grundlage eines positiven Selbstkonzepts sein. Ob eine Leistung anerkannt wird und welche selbstbezogenen Konsequenzen ausgelöst werden, hängt von dem Maßstab ab, an dem sie gemessen wird. Besonders im Wettkampfsport dominiert der soziale Vergleich. Für Mädchen liegt ein zentrales Dilemma in der Tendenz, dass ihre Leistungen mit denen von Jungen verglichen und abgewertet werden. Mit Bezug auf eine Reihe empirischer Untersuchungen bilanziert Gieß-Stüber (2000), dass Mädchen – zumindest im Jugendalter – häufig durch ein negatives Selbstkonzept und Furcht vor Zurückweisung in der Entwicklung individueller Potentiale eingeschränkt werden. Im Training, das an männlichen Wertvorstellungen orientiert ist, entwickeln sich bei Mädchen selbstwertabträgliche Attribuierungsmuster, die in der Tendenz zu einer Unterschätzung der eigenen Fähigkeiten führen, was mit entsprechenden motivationalen Einbußen verbunden ist. Analog sind – mittelfristig ebenfalls selbstwertschädliche – *Überschätzungstendenzen* bei Jungen anzunehmen (vgl. Neuber, 2003). In beiden Fällen passen gezeigtes Verhalten und explizierte Ursachenerklärungen in stereotype Geschlechtervorstellungen und tragen zur Tradierung der Geschlechterverhältnisse bei. Die Entwicklung eines realistischen *Anspruchsniveaus*, angemessener *Attribuierungsstrategien* sowie flexibler *Bezugsnormorientierungen* ist damit als ein zentrales Ziel des Sportunterrichts anzustreben (vgl. Erdmann, 1993).

Hinweise zur Entwicklung des kindlichen Selbst können auch der sportbezogenen *Talentforschung* entnommen werden. Im Rahmen der *Paderborner Talentstudie* (vgl. Brettschneider & Gerlach, 2004) liegen Daten für das dritte und vierte Schuljahr vor. Um einen Bezug zur motorischen Leistungsfähigkeit herzustellen, teilen sie die Population in drei Gruppen ein: Die leistungsstärksten 20 % bilden die *Talentgruppe*, die leistungsschwächsten 20 % die *Kompensationsgruppe*. Alle weiteren Kinder werden der *Kontrollgruppe* zugeordnet. Im Bereich des *Schulischen Selbstkonzepts* unterscheiden sich die drei Gruppen zwar signifikant, eine Abhängigkeit vom Geschlecht ist aber nicht zu erkennen. Das *Sportbezogene Selbstkonzept* weist sowohl für die Gruppenzugehörigkeit als auch für das Geschlecht hochsignifikante Unterschiede auf. Die Mädchen schätzen sich hier deutlich schlechter ein als die Jungen, unabhängig davon zu welcher Leistungsgruppe sie gehören. Das *Soziale Selbstkonzept zu den Eltern* unterscheidet sich nur bezogen auf das Geschlecht. In diesem Fall zeigen die Mädchen positivere Werte, unabhängig von der Gruppenzugehörigkeit. Das *Soziale Selbstkonzept in der Schulklasse* zeigt wieder signifikante Unterschiede zwischen den Leistungsgruppen, verfehlt jedoch ein ausreichendes Signifikanzniveau für Geschlechtsunterschiede ($p = 0{,}051$). Zusätzlich wurden *Depressivität*, *Lebensfreude* und *Selbstwertgefühl* überprüft. Die Talente sind demzufolge weniger depressiv, zeigen mehr Lebensfreude und verfügen über ein höheres Selbstwertgefühl. Bezogen auf das Geschlecht erreicht jedoch nur das Selbstwertgefühl der Jungen ein sicheres Signifikanzniveau ($p = 0{,}002$).

Geschlechterdifferenzierende Befunde zum Selbstbild von Kindern liefert auch die bewegungsbezogene *Kreativitätsforschung*. In einem Unterrichtsversuch zur Kreativen Bewegungserziehung untersucht Neuber (2000) Facetten der Koordinations-, der Kreativitäts- und der Identitätsentwicklung von Kindern im dritten und vierten Schuljahr. In dem Versuchs-Kontrollgruppen-Design ($n = 261$) schätzen sich die Mädchen in Bezug auf alle Bereiche der Identität (Selbstkonzept, Selbstwertgefühl, Kontrollüberzeugung) zunächst signifikant schlechter ein als die Jungen. Allerdings verbessern sich die Mädchen der Versuchsklassen im Verlauf der Intervention tendenziell sowohl gegenüber den Jungen der Versuchsklassen ($p < 0{,}10$) als auch gegenüber den Mädchen der Kontrollklassen ($p < 0{,}05$). Offenbar finden die Mädchen in diesem Kontext ein Bewegungsfeld vor, das es ihnen ermöglicht, ihre Leistungen unabhängig von Geschlechtsrollenklischees zu erbringen, was für einen geschlechtssensiblen Sportunterricht spricht. Mit Blick auf alternative Männlichkeitsentwürfe ist ein solches Erfahrungsfeld auch für Jungen entwicklungsbedeutsam. Insgesamt bieten sportliche Settings günstige Voraussetzungen für die Beeinflussung des Selbstbildes von Kindern (vgl. Kap. 20). Gerade frühe situative Selbstwahrnehmungen bilden eine Basis zur Einordnung und Bewertung weiterer Lebenserfahrung: „Je biographisch weiter diese Erfahrungen zurückliegen, desto rudimentärer und basaler werden sie" (Keupp, Ahbe, Gmür, Höfer, Kraus, Mitzscherlich & Straus, 1999, S. 228). Im Hinblick auf die Identitätsförderung der Mädchen und Jungen im Sport sind die folgenden Fragen interessant: Auf welches Kind wird wie reagiert? Welches Kind erfährt für welches Tun Aufmerksamkeit in Form von Lob oder Tadel?

3.3 Sportengagement von Mädchen und Jungen

Die Vielfalt kindlichen Sportengagements zeigt sich insbesondere in den unterschiedlichen Kontexten, in denen es stattfindet. Hierfür hat sich der Begriff des sozialen *Settings* etabliert, der sich u. a. durch die Faktoren Ort, Zeit, Aktivität, Teilnehmer(innen) und Rolle charakterisieren lässt. Besonders das Rollenverständnis der Beteiligten hat maßgeblichen Einfluss darauf, mit welchen Erwartungen – und ggf. Befürchtungen – Kinder an den Sport herangehen (vgl. Bronfenbrenner, 1981, S. 95-115). In diesem Sinne kommt dem sozialen Raum, in dem Bewegung, Spiel und Sport für und mit Mädchen und Jungen inszeniert werden, aus Geschlechterperspektive eine zentrale Bedeutung zu. Allerdings sind geschlechtertheoretisch eingebundene Forschungsarbeiten zum Bewegungsverhalten von Kindern auch in diesem Feld selten. Im Folgenden werden daher ausgewählte Untersuchungen zu Settings kindlichen Sportengagements vorgestellt und auf ihre Geschlechterrelevanz hin überprüft.

3.3.1 Elternhaus, Eltern-Kind-Turnen und Kindergarten

Die vorschulische Entwicklung von Mädchen und Jungen wird in aller Regel zunächst von den Eltern bestimmt. Sie erschließen Kindern zentrale Handlungssysteme. Dazu gehört auch das Feld von Bewegung, Spiel und Sport. In Abhängigkeit von den Anregungen – oder deren Ausbleiben! – entwickeln Kinder in Umfang und Niveau unterschiedliche (sport-)motorische Kompetenzen (vgl. Baur, 1989, S. 126 f.). Georg, Hasenberg und Zinnecker (1996) untersuchten die familiäre Weitergabe der Sportkultur an die Kinder. Die Ergebnisse lassen sich dahingehend zusammenfassen, dass die Orientierung zum Sport meist durch den gleichgeschlechtlichen Elternteil vermittelt wird. Bei den Töchtern beeinflusst in dieser Studie ausschließlich das Modell der Mutter das sportliche Verhalten. Mit zunehmendem Alter werden jedoch weitere Sozialisationsinstanzen wirksam. So besuchen Mädchen und Jungen in der Regel ab dem dritten Lebensjahr einen Kindergarten, der damit die erste Bildungsinstitution im Leben der Kinder darstellt (vgl. Zimmer, 2004). Etwa zeitgleich nehmen Familien Eltern-Kind-Angebote der Turn- und Sportvereine zur Bewegungsförderung wahr (vgl. Kapitel 3.3.3).

Mit dem Anliegen, Geschlechterkonstruktionen in der frühkindlichen Bewegungsförderung aufzudecken, wurde ein Forschungsprojekt im Setting Eltern-Kind-Turnen durchgeführt (vgl. Gieß-Stüber, Voss & Petry, 2003). Das Forschungsprojekt basierte auf sozialkonstruktivistischen Theorieansätzen. Das Untersuchungsdesign umfasste quantitative und qualitative Teilstudien und führte zu der Erkenntnis, dass gesellschaftliche Geschlechterverhältnisse auf vielfältige Weise in das Eltern-Kind-Turnen hineinwirken. So betrug der Anteil der begleitenden Mütter in den untersuchten Kursen 96 %; Übungsleiter erlebten die Kinder in 10 % der Kurse. Wie die Sozialisationsinstanzen Kindergarten und Grundschule stabilisiert also auch das Eltern-Kind-Turnen eine Weltsicht, in der die zentralen Bezugspersonen der Kinder Frauen sind. Da Frauen gesellschaftlich in Abgrenzung zu Männern definiert werden, gerät die Geschlechtsidentifikation der Jungen auch in diesem Feld in eine „doppelte Negation" (Hagemann-White, 1984, S. 92). Positive Identifikationsmöglichkeiten fehlen den Jungen im Eltern-Kind-Turnen weitgehend.

Die Ergebnisse der Elternbefragung signalisieren den Wunsch, die für das Geschlecht des eigenen Kindes antizipierten „Defizite" (Sozialverhalten bei Jungen, Ehrgeiz bei Mädchen) auszugleichen. Das Alltagswissen über vermeintlich typische Unterschiede zwischen Mädchen und Jungen korrespondiert also nicht mit emanzipatorischen Erziehungsidealen der Eltern. Gleichzeitig zeigen Interaktionsanalysen der Übungskurse, dass traditionelle Rollenbilder in entscheidenden Situationen, wie etwa im Zusammenhang von Helfen, Loben und Anleiten, handlungsleitend sind. Im Sinne Hirschauers (1994) erfolgen in den 18 untersuchten Kursen Zuschreibungen und Darstellungen von Geschlecht über semiotische Verweisungszusammenhänge im Sinne von „kulturellen Ressourcen" (z. B. Namen, Kleidung, Schmuck, aber auch Sportarten und -geräte). Ob die Mädchen im Kinderturnen in rosa T-Shirts, Leggings und Schläppchen gekleidet sind, während die Jungen zur Trainingshose ein Trikot und feste Sportschuhe tragen, ist nicht allein eine ästhetische Frage. Mädchen und Jungen lernen implizit, Bewegung und Sport mit unterschiedlichen Funktionalitäten zu verbinden.

Darüber hinaus wurde in der genannten Studie in einem qualitativen Experiment ein Arrangement mit ausgewählten Spielmaterialien angeboten: Tücher und Stofftiere wurden dabei weit häufiger von Mädchen angenommen, während Bälle, Rollbretter und Stäbe für Jungen attraktiver wirkten. Auffällig war zudem die Art und Weise der Nutzung z. B. des Tuches: Diese bestand bei den Jungen zumeist nur in einem flüchtigen Kontakt. Die Mädchen dagegen hängten die Tücher auf eine Leine, wickelten Stofftiere ein und deckten diese zu, nutzten Tücher als Schleier, Rock oder Schal. Eindeutig sexuierte Objekte und Situationen scheinen die Darstellung von Geschlecht danach schon bei Kindern im Vorschulalter zu aktualisieren. Die erkannte Kategorie wird aufgegriffen und im Spiel erprobt. Nach Keupp und Höfer

(1997) wird Identitätsarbeit durch das Bemühen gesteuert, Erfahrungen und Informationen sowie Wahrnehmungen und Eindrücke kohärent und damit für das Individuum verstehbar zu verbinden. Demnach nehmen die Kinder primär das auf, was ihrer Geschlechterkategorie zu entsprechen scheint. Durch typisierte Angebote, Erwartungen und Bewertungen werden Geschlechterbilder so immer wieder bekräftigt. Um geschlechtsübergreifendes Verhalten zu fördern, müssten Betreuungspersonen das situationale Setting reflektiert arrangieren.

3.3.2 Schulsport

Der Schulsport gehört für die meisten Schüler(innen) zu den Lieblingsfächern in der Schule (vgl. Kap. 15 und 16). Je nach Studie geben bis zu 59 % der Mädchen und bis zu 70 % der Jungen Sport als Lieblingsfach an (vgl. z. B. Strzoda & Zinnecker, 1996; Wydra, 2001; Schmidt, 2006c). Gleichwohl wird angenommen, dass der Sportunterricht vor allem den sportbezogenen Interessen der Jungen entgegenkommt. So seien die Mädchen mit den Inhalten des Sportunterrichts, vor allem mit der Vielfalt der Angebote, weniger zufrieden als die Jungen (vgl. Baur, Burrmann & Krysmanski, 2002, S. 87). Hartmann-Tews und Luetkens (2006, S. 301) bilanzieren entsprechend, „dass der Schulsport für Jungen mehr Entwicklungsoptionen bereit hält als für Mädchen bzw., dass die Jungen den Schulsport in stärkerem Maße als die Mädchen in einem positiven Sinne nutzen". Diese allgemeine Feststellung lässt sich allerdings für das Grundschulalter nicht bestätigen: In der vierten Klasse schätzen Mädchen und Jungen die Bedeutung des Sportunterrichts gleichermaßen hoch ein; und sie unterscheiden sich weder in ihrem Wohlbefinden noch im Hinblick auf die wahrgenommenen Ziele des Sportunterrichts (vgl. Schmidt, 2006c, S. 89-98). Auch im Hinblick auf die Sportnote unterscheiden sich Viertklässler(innen) nicht signifikant: Mädchen erhalten im Schnitt die Note 2,06 und Jungen die Note 1,99 (vgl. Gerlach, Kussin, Brandl-Bredenbeck & Brettschneider, 2006, S. 129).

Unterschiede sind eher bezüglich der schulsportlichen Bedürfnisse der Grundschüler(innen) festzustellen. Kuhn, Medick und Dudek (2000) haben Dritt- bis Sechstklässler(innen) nach den für sie relevanten Sinnperspektiven im Schulsport gefragt. Die Befunde deuten darauf hin, dass Jungen primär die Sinnperspektiven *Spiel/Spielen* und *Wettkampf* anregend finden, während Mädchen *Geselligkeit/Gemeinschaft* sowie *Ausdruck/Gestaltung* bevorzugen. Diese Tendenzen decken sich mit Befunden zum Jugendalter (vgl. Neuber, 2007b, S. 190-196). Weitergehende Analysen belegen aber, dass sich die zensurbezogen besseren Sportschüler(innen) eher an der Sinnperspektive *Wettkampf* orientieren und die schlechteren an der Perspektive *Geselligkeit/Gestaltung* (vgl. Kuhn, 2007b). Auch dieser Befund spiegelt sich in Studien zum Jugendalter wider, nach denen breitensportlich orientierte Jugendliche eher soziale Kontakte und Ausgleich und wettkampfsportlich orientierte Jugendliche eher sportliche Erfolge suchen (vgl. Neuber, 2007b, S. 192 f.). Das Geschlecht kann also nicht als alleinige Variable zur Erklärung von Unterschieden herangezogen werden. Zumindest das Alter der Schüler(innen) und ihr persönliches Sportengagement spielen neben dem Geschlecht eine wichtige Rolle bei der Einschätzung des Sportunterrichts.

Gleichwohl berührt die Frage nach den unterschiedlichen Voraussetzungen und Bedürfnissen von Mädchen und Jungen die Frage der Inszenierung des Sportunterrichts. Nach Jahrzehnten der Geschlechtertrennung wird die Koedukation im Schulsport seit Mitte der 1970er-Jahre intensiv und anhaltend diskutiert (vgl. Kugelmann, 1997, 2001). In dieser Debatte werden zwei Argumentationsmuster verhandelt: Die Relevanz der gemischtgeschlechtlichen Interaktion, der Auflösung der Geschlechtergrenzen und der Umsetzung sozialer Ziele wird der leistungsbezogenen bzw. der optimalen motorischen Förderung entgegengestellt (vgl. Alfermann, 1992). Da sich der Grundschulsport primär an sozialen Zielen orientiert, wird er – meist unhinterfragt – koedukativ inszeniert (vgl. Frohn, 2004). Für die Sekundarstufen ist der Umgang mit Mädchen und Jungen im Schulsport dagegen differenzierter betrachtet worden (vgl. Gramespacher, 2007, S. 55-78). Um den Vor- und Nachteilen heterogener und homogener Lerngruppen im Sportunterricht gerecht zu werden, können beide Organisationsformen kombiniert werden. So kann – auch im Sinne *reflexiver Koedukation* – zeitweise (in gewissen Jahrgangsstufen) oder teilweise (in einzelnen Unterrichtsstunden) getrennt oder gemeinsam unterrichtet werden. Letzteres wurde erfolgreich in einem Unterrichtsversuch mit 13-jährigen Schülerinnen erprobt (vgl. Gieß-Stüber, 1993). In dieser Interventionsstudie wurden Mädchen, die bislang im Schulsport koedukativ unterrichtet wurden, teilweise getrennt bzw. gemeinsam unterrichtet. Nach der Intervention gaben die Mädchen signifikant häufiger als vor der Intervention an, nicht anzunehmen, dass Mädchen nichts voneinander lernen können; und es traf signifikant seltener für sie zu, dass der Schulsport mit Jungen mehr Spaß mache. Offenbar zeigt es im Schulsport Wirkung, wenn mit der Kategorie *Geschlecht* bewusst umgegangen wird.

3.3.3 Sportverein

Der Sportverein ist der mit Abstand größte Träger außerschulischer Freizeitangebote für Kinder (vgl. Kap. 20). Vereinskarrieren beginnen häufig schon im Vorschulalter. 23 % der Mädchen und 24,8 % der Jungen im Alter von bis zu sechs Jahren sind nach offiziellen Angaben Mitglied in einem Sportverein (vgl. Deutscher Olympischer Sportbund [DOSB], 2007). Das Gros der Kinder dürfte am Eltern-Kind-Turnen teilnehmen; hier sind auch die mit Abstand größten Absolutzahlen zu finden (Mitglieder: Mädchen ca. 350.000; Jungen ca. 295.000). Im Grundschulalter nehmen die Beteiligungsquoten der Kinder im Vereinssport deutlich zu, wobei hier schon ein Übergewicht der Jungen festzustellen ist. Laut der Bestandserhebung des DOSB (2007) waren 60,2 % der Mädchen und 79 % der Jungen zwischen 7 und 14 Jahren Mitglied in einem Sportverein. Dieses Geschlechterverhältnis bestätigt sich in den meisten Studien zum Kindesalter, auch wenn die Bindungsraten insgesamt weniger hoch ausfallen als in der offiziellen Statistik. So stellen Hasenberg und Zinnecker (1999) für 10- bis 13-jährige Heranwachsende Beteiligungen von 43,3 % für Mädchen und 53,3 % für Jungen in Westdeutschland fest. Brinkhoff und Sack (1999, S. 97) kommen auf 41,4 % Mädchen und 58,6 % Jungen in den Klassen drei und fünf. Schmidt (2006c, S. 106) konstatiert im *Kindersport-Sozialbericht des Ruhrgebiets* für elfjährige Mädchen 47,5 % Vereinsmitgliedschaften und 61,9 % für Jungen.

Die zentralen Einstiegssportarten der Mädchen (vgl. Kap. 10) sind Turnen (30 %), Schwimmen (19 %) und Reiten (10 %), Jungen beginnen ihre Sportvereinskarrieren mit Fußball (46 %), Schwimmen (11 %), Turnen und Kampfsport (je 7 %; vgl. Menze-Sonneck, 2002). Während die Jungen ihren Sportartenpräferenzen im weiteren Altersverlauf häufig treu bleiben – Sportspiele (70,5 %) und Kampfsportarten (17,9 %) als „Übergangsphänomen" –, entwickeln sich die Mädchen vielseitig: Neben Reiten (22,3 %), Tanzen (14,9 %) und Schwimmen (12,6 %), kommt auch Sportspielen (z. B. Fußball: 14,9 %) und Kampfsportarten (12,3 %) zunehmend Bedeutung zu (vgl. Schmidt, 2006c, S. 117 f.). Mädchen sind damit zwar die „moderneren (Vereins-)Sportlerinnen" (Berndt & Menze, 1996), aber auch die unbeständigeren. Mädchentypische Einstiegssportarten aus dem Vorschulalter erreichen bereits im Alter von 12 bis 14 Jahren Drop-Out-Raten von bis zu 90 % (vgl. Schmidt, 2006b, S. 117). Im Jugendalter geht die Schere zwischen sportvereinsaktiven Jungen und sportvereinsabstinenten Mädchen noch weiter auseinander (vgl. Brettschneider & Kleine, 2002, S. 87 f.). Offenbar spiegeln die unterschiedlichen Bindungsraten und Sportartenpräferenzen der Mädchen und Jungen im Sportverein tradierte Rollenbilder.

Erklärungsansätze für das unterschiedliche Bindungsverhalten können zunächst auf der Angebotsebene gesucht werden. So ist ein häufig angeführter Grund für die Unterrepräsentanz der Mädchen „die Orientierung der Vereine an traditionellen Sportkonzepten [...], die regelmäßiges Training, Leistung und Wettkampf in den Vordergrund stellen" und die Mädchen damit nicht angemessen ansprechen (Hartmann-Tews & Luetkens, 2006, S. 302). Auch die mangelnde Unterstützung durch ihr soziales Umfeld, insbesondere durch die Mütter, dient als Argument für die hohen Fluktuationsraten bei Mädchen: „Am Vorbild der Mütter lernen Mädchen schließlich auch einen spezifisch weiblichen Umgang mit dem Körper und mit dem sozial-räumlichen Umfeld" (Pfister, 1994, S. 84). Diese Erklärungsansätze betreffen aber nicht die Mädchen, die sich als Sportlerinnen verstehen. Eine zunehmende Erweiterung von Optionen ist u. a. erkennbar in der zunehmenden Zuwendung von Mädchen zu vermeintlichen „Jungensportarten" wie z. B. Fußball oder Kampfsport. Auch das vergleichsweise einseitige Engagement von Jungen im Bereich der Sportspiele wird nur unzureichend mit bedürfnisorientierten Angeboten für das männliche Geschlecht erklärt.

Gieß-Stüber (2000) zeigt bezüglich der Bindung und des Drop-Out von Mädchen im Tennis, dass die Ursachen für geschlechterungleiche Partizipation im Sport in einer kaum verallgemeinerbaren Verwobenheit von individueller Identitätsarbeit, gesellschaftlichen Geschlechterverhältnissen, Rahmenbedingungen und Strukturen des Sports sowie in sozialen Verhaltens- und Interaktionsmustern begründet sind. Der differenzierte Blick auf die Problemlage lässt erkennen, dass die zahlenmäßige Ungleichheit von weiblichen und männlichen Mitgliedern in Tennisvereinen zu einer geringen Auswahl potenzieller Spielpartnerinnen führt. Aus demselben Grunde sind die Trainingsgruppen und Wettkampfteams alters- und leistungsheterogen zusammengesetzt, so dass sowohl die sportliche Entwicklung beeinträchtigt werden kann als auch die Wahrscheinlichkeit freundschaftlicher Beziehungen. Die Mehrzahl der Interviewpartnerinnen beschreibt ihre Trainer als desinteressiert wirkend, das Training als langweilig und als ihren Bedürfnissen nicht entsprechend. Ein geschlechtstypisches Konfliktpotential scheint im Umgang mit Konkurrenzsituationen auf. Sozialisationstheoretische Befunde zeigen, dass Mädchen eher beziehungs- als konkurrenzorientiert erzogen werden. Werte und Normen vor allem des Wettkampfsports widersprechen also in Teilen den Anforderungen, die außerhalb des Sports an Mädchen herangetragen werden. So entsteht ein Konflikt zwischen zwei als verbindlich verinnerlichten Wertmustern, die motivational in einen Zielkonflikt zwischen Anschluss und Erfolg münden (vgl. Gieß-Stüber, 1999b). Das resultierende Verhalten erscheint bisweilen uneindeutig und besonders für solche männlichen Trainer oder Funktionäre wohl nicht immer nachvollziehbar, für die sich Training, Wettkampfsport und Konkurrenzverhalten bruchlos in die Identitätsentwicklung als Mann einfügen konnte.

Während Mädchen jedoch auch im organisierten Sport auf flexible Identitätsangebote zurückgreifen können, können sich Jungen „sehr viel weniger [...] von traditionellen Mustern befreien und bisherige Privilegien des anderen Geschlechts in Anspruch nehmen" (Gieß-Stüber, 1999a, S. 176). Flexible Entwürfe von Weiblichkeit und rigide Vorstellungen von Männlichkeit spiegeln sich so auch im Sportverein wider (vgl. Neuber, 2006b). Ansätze mädchenparteilicher Arbeit im Sportverein sollten darum zunehmend durch jungenparteiliche Angebote ergänzt werden (vgl. Combrink & Marienfeld, 2006).

3.3.4 Kommerzielle Angebote

Die Kommerzialisierung des Sports hat längst das Kindesalter erreicht: Bereits 1996 stellen Brinkhoff und Sack (S. 50) fest, dass „das *Kind als Kunde* auch im Sport längst Wirklichkeit geworden ist". Mädchen aller Altersgruppen (8 bis 19 Jahre) nutzen nach dieser Studie häufiger das Angebot kommerzieller Sportanbieter als Jungen. Besonders auffällig sind die Unterschiede bei den 8-Jährigen: 27 % der Mädchen, aber nur 12 % der Jungen geben an, in kommerziellen Einrichtungen Sport zu treiben. Der geringste Unterschied zwischen den Geschlechtern ist bei den 10-Jährigen zu verzeichnen (30 % Mädchen; 27 % Jungen). Auch Schmidt (2002, S. 95) bestätigt den Trend zur Kommerzialisierung des Sports im Kindesalter; allerdings kommt er nur auf 18 % der Mädchen und 10 % der Jungen, die private Sportangebote nutzen. Die unterschiedlichen Nutzungsintensitäten der Mädchen und Jungen decken sich mit Befunden zum Jugendalter, nach denen sich der Trend zeigt, dass kommerzielle Sportanbieter „höher in der Gunst der Mädchen stehen als bei ihren männlichen Altersgenossen" (Hartmann-Tews & Luetkens, 2006, S. 303). Als Begründung für die unterschiedlichen Beteiligungsraten von Mädchen und Jungen dient oftmals das vielseitige Angebotsrepertoire der kommerziellen Einrichtungen, das Mädchen attraktiver erscheine als Jungen.

Dieser Argumentation folgen Kosinski und Schubert (1989), die die Vermarktungsstrategie kommerzieller Sportanbieter als bedürfnisorientierte Nischenpolitik beschreiben, die besonders Frauen und Anfänger ansprechen soll. Auch Merziger und Baur (2007, S. 319) weisen darauf hin, dass kommerzielle Sportangebote eher ‚weiblichen' Bedürfnissen entsprechen (Spaß, Geselligkeit, Wohlbefinden, Körpererfahrung, Gesundheit versus systematisches Training, Leistungsbereitschaft, Konkurrenzorientierung). Allerdings beziehen sich die vorliegenden Studien weder auf das Kindesalter noch argumentieren sie explizit geschlechtertheoretisch. Zudem werden die Angebote meist traditionell erfasst, z. B. „Tanz", „Ballett", „Gymnastik" und „Reiten" für Mädchen sowie „Fitness" und „Kraftsport" für Jungen (Brinkhoff & Sack, 1996). Daten zu kommerziellen Schwimmschulen fehlen ebenso wie Befunde zu Reiterhöfen, Tanzschulen und Kampfsportschulen für Kinder im Vor- und Grundschulalter. Zudem ist der Trend zu offenen Bewegungsangeboten im Kindesalter, der sich beispielsweise in Indoor-Spielhallen, Kletter- und Soccer-Hallen oder Freizeitbädern äußert, bislang kaum untersucht worden. Auch neuere Trends, z. B. in Bezug auf Angebote für adipöse Kinder, kommerzielle Fußballakademien und Soccer-Camps, sind bisher nicht erfasst worden. Schließlich wären auch Angebote, die Geschlechterstereotype überschreiben, wie Boxkurse für Mädchen oder Breakdance-Kurse für Jungen, interessant, zumal hier Nischen jenseits gängiger Geschlechtsrollenklischees zu finden sind.

3.3.5 Selbstorganisierter Sport und freies Bewegungsspiel im öffentlichen Raum

Die Urbanisierung des öffentlichen Raumes im 20. Jahrhundert brachte eine Entwicklung der „Verhäuslichung" der Kindheit (Zinnecker, 1990b). Gleichwohl sind mit *Mobilität* und *Offenheit* mindestens zwei Funktionen des öffentlichen Raums für Kinder attraktiv (vgl. Zinnecker, 2001c, S. 82-89). Daher nutzen Mädchen und Jungen Straßen und Plätze, trotz aller urbanen Bedrohlichkeit, nach wie vor regelmäßig als Bewegungsraum (vgl. Podlich & Kleine, 2003). Ein Großteil der sportlichen Aktivitäten – bis zu 65 % – finden dabei abseits der für Sport und Bewegung definierten Räume und Flächen statt (vgl. Eckl, Gieß-Stüber & Wetterich, 2005, S. 87). Bei der spiel- und sportbezogenen Nutzung des öffentlichen Raumes zeigt sich seit dem 19. Jahrhundert folgendes Muster: Jungen bewegen sich eher großräumig, nutzen Fußball- und Bolzplätze und fahren mit dem Fahrrad auf der Straße; Mädchen nehmen eher wenig Raum ein, sind örtlich gebunden, und nutzen kultivierte (Spiel-) Räume (vgl. z. B. Nissen, 1992, S. 146). So beobachtete Pfister (1991) auf Berliner Spielplätzen, dass sich Mädchen beim Fußball- und Basketballspiel nur mit 1,6 % bzw. 4,9 % beteiligen. Höhere Partizipationsraten fanden sich beim Tischtennis (23,7 %) wie auch beim Reckturnen, Federball und beim Seilspringen (hier ohne Prozentangabe).

Auch das Alter der Heranwachsenden scheint einen Einfluss auf die Nutzung öffentlicher Räume zu haben. Nissen (1992) stellt fest, dass bis zu einem Alter von neun Jahren Mädchen und Jungen etwa gleich häufig Spielplätze besuchen. Ab dem zehnten Lebensjahr verschiebt sich das Verhältnis. Mit zwölf Jahren gaben 58 % der Jungen und 40 % der Mädchen an, oft bzw. manchmal einen Spielplatz zu besuchen. Die Daten einer ethnologischen Studie zum Verhalten 10- bis 12-jähriger Kinder auf der Straße zeigen, dass Jungen mit dem öffentlichen Raum in der Regel kreativ und selbst gesteuert umgehen. Die Straßenszene ist als „soziale Form in die kommunikative Praxis der Jungengesellschaften eingefügt" (Rusch & Thiemann, 2003, S. 19). Das könnte die Distanzierung vieler Jungen zu geschlossenen, mithin sozial kontrollierten Räumen, erklären. Raumerkundung ist für Jungen offensichtlich eher Selbstzweck, Mädchen entdecken den öffentlichen Raum eher auf bestimmten, zielgerichteten Wegen (vgl. Pfister, 1991, S. 171). Schließlich dürfen sich Mädchen und Jungen nur dann im öffentlichen Raum bewegen, wenn es ihre erwachsenen Bezugspersonen nicht verbieten. Kinder erhalten wegen fehlender Kontrollmöglichkeit umso eher ein Verbot, je jünger sie sind, je eher sie aus unteren sozialen Schichten stammen, je urbaner die Umwelt ist – und Mädchen erhalten mit 37 % mehr Verbote als Jungen mit 24 % (vgl. Nissen, 1992, S. 153 f.).

Im öffentlichen Raum herrschen zwischen Mädchen und Jungen eigene Regeln. Während eine organisierte sportliche Betätigung zivile Formen der Konfliktaustragung sichert, sind Konfrontationen im öffentlichen Raum nicht selten von Verdrängung geprägt, da „es gerade dann, wenn institutionelle Wege des Erwerbs von Zugehörigkeit fehlen, zu vergleichsweise harten, impliziten Formen des Ein- und Ausschlusses kommen kann" (Alkemeyer, 2003, S. 311). So wird in einschlägigen Analysen häufig folgendes Fazit gezogen:

> Mädchen nutzen – egal ob Schulhof, Spielplatz oder Parkanlagen – eher die Randbereiche, die große Mitte dient – sofern möglich – bewegungsintensiven Spielen und das heißt im Allgemeinen, dass Jungen dort spielen, z. B. bolzen. Mädchen lassen sich auch eher verdrängen und räumen den Platz für Jungen (Hottenträger, 2001, S. 34).

Inwieweit diese Analysen auch für das Grundschulalter zutreffen, bleibt noch zu klären. Vor dem Hintergrund sich wandelnder Geschlechterverhältnisse ist zudem interessant, ob sportspielbegeisterte Mädchen inzwischen auch öffentliche Flächen erobern (vgl. Kap. 21). Umgekehrt bleibt zu untersuchen, wie sich diejenigen Jungen Räume aneignen, die nicht Fußball spielen. Schulhöfe als pädagogisch inszenierte Sozialräume bieten die Möglichkeit, differenziert mit Bewegungsräumen umzugehen. Unter der Voraussetzung, dass Schulleitung und Lehrkräfte geschlechtssensibel agieren, haben alle Schüler(innen) die Chance, sich auf dem Schulhof raumgreifend zu bewegen (vgl. Diketmüller, Berghold, Förster, Frommhund, Witzeling & Studer, 2007).

3.4 Differenzielle Aspekte

Für Mädchen und Jungen gehören Bewegung, Spiel und Sport in allen untersuchten Settings zu den häufigsten und wichtigsten Tätigkeiten. Auch wenn in Bezug auf Beteiligungsraten und Vorlieben nach wie vor geschlechtstypische Unterschiede festgestellt werden können, bieten sportliche und spielerische Bewegungsaktivitäten ein hochinteressantes Feld – und zwar sowohl für geschlechtsbezogene Forschung als auch für geschlechtsbezogene Intervention. Dies wurde aber bislang nur ansatzweise genutzt. Das hohe Maß an Identifikation und Begeisterung, das Mädchen wie Jungen dem Sport entgegenbringen, garantiert sowohl die Authentizität und die Validität von Forschungsergebnissen als auch die Wirksamkeit entsprechender Handlungsprogramme. Voraussetzung für ein erfolgreiches Vorgehen in dieser Richtung ist allerdings ein geschlechtertheoretisch begründetes Vorgehen, das über den Vergleich von Mittelwerten hinausgeht und das den Blick auch auf Einzelfälle richtet. Im Folgenden werden drei Forschungs- und Handlungsfelder skizziert, die unter einer geschlechtsbezogenen Perspektive zum Sport mit Kindern erfolgversprechend erscheinen. Weitere Felder, wie der Umgang mit Leistung und Erfolg (vgl. Gieß-Stüber, 1992; Neuber, 2003) oder Wagnis und Risiko (vgl. Rose,

1993; Gebken & Pott-Klindworth, 1997) sind bereits in Ansätzen geschlechtsbezogen bearbeitet worden.

3.4.1 Aggression und Gewalt

Der Sport gilt als ein Feld, das ohne ein gewisses Maß an Aggressivität nicht auskommt. Insbesondere Ballsportarten bedürfen einer hohen Einsatzbereitschaft, die eine Gefährdung der Mitspieler(innen) letztlich nicht ausschließen kann. Gemeinhin werden Aggression und Gewaltbereitschaft als männliche Phänomene gedeutet (vgl. Deegener, 2002). Herkömmliche Interpretationen gehen davon aus, dass offen-aggressives Verhalten für Jungen von großer Bedeutung ist, um die Dominanz in ihrer Gruppe herzustellen. Mädchen hingegen zeigten sich in ihren intimeren, dyadisch angelegten Beziehungen eher relational aggressiv (vgl. Scheithauer, 2003, S. 127 f.). Studien mit Bewegungsbezug kommen hier zu differenzierteren Ergebnissen. Jungen im Grundschulalter schildern z. B. häufig Aktivitäten, „wie raufen, boxen, ‚schlägern', ‚wrestling', die auf vollem Körpereinsatz beruhen und bei denen sie auch einmal blaue Flecke in Kauf nehmen, nicht jedoch heftige Schläge und Ernstkämpfe" (Strobel-Eisele & Noack, 2006, S. 115). Diese ‚Spaßkämpfe' dienen offensichtlich aber weniger der Konstruktion von männlicher Dominanz, als vielmehr der Erfahrung von Unabhängigkeit und Selbstwirksamkeit. Bilanzierend stellen die Autorinnen fest, dass dieses Verhalten „eine wichtige Basis für die Entwicklung von Selbstbewusstsein darstellt und ein positives Konzept für kindliche Entwicklungsphasen ist" (ebd., S. 120). Vor dem Hintergrund zunehmenden Interesses von Mädchen an Ball- und Kampfsportarten ist zu fragen, inwiefern die körperbetonte Auseinandersetzung auch für sie entwicklungsbedeutsam ist oder sein kann.

3.4.2 Kooperation und Freundschaft

Kooperationsfähigkeit und enge Beziehungen werden traditionell als weibliche Domänen betrachtet. Während Jungen nach dieser Lesart konkurrenzorientiert und hierarchisch denken und handeln, pflegen Mädchen soziale Interaktionsstile und Freundschaften. Empirisch lässt sich diese These tendenziell bestätigen: Zwei Drittel der 10- bis 12- jährigen Mädchen geben an, eine „beste Freundin" zu haben, mit der sie z. B. lachen und Geheimnisse teilen können. Bei den Jungen sind es dagegen nur 40 % (vgl. Zinnecker, Behnken, Maschke & Stecher, 2002, S. 59). Andere Studien kommen zwar nicht zu solch großen Geschlechterdifferenzen (vgl. z. B. Breidenstein & Kelle, 1998), insgesamt hält sich die Vorstellung von den kooperierenden Mädchen und den konkurrierenden Jungen aber hartnäckig.

Studien, die sportliche Settings einbeziehen, können auch hier zu einem differenzierten Bild beitragen. In einer Untersuchung zu Jungenfreundschaften in der Adoleszenz kommt Jösting (2005, S. 129 u. S. 203) zu Ergebnissen, die sowohl auf eine Verfestigung hegemonialer Männlichkeit als auch auf eine auffallend „große emotionale Nähe" hindeuten. Insgesamt spricht sie dem Sport als „Dimension männlicher Praxis und Orientierung" (Jösting, 2005, S. 241) eine besondere Bedeutung für Jungenfreundschaften zu. Auch Seiffge-Krenke und Seiffge (2005) weisen auf die identitätsstiftende Bedeutung des Sports für Jungen im Sinne „geteilter Aktivität" hin. Andererseits scheinen Freundschaft und Konkurrenz im Leistungssport bei Mädchen nicht immer vereinbar zu sein (vgl. Gieß-Stüber, 1997). Trotz der hohen Relevanz von Bewegung, Spiel und Sport stehen Studien zu Mädchen- und Jungenfreundschaften im Grundschulalter bislang noch aus.

3.4.3 Ausdruck und Präsentation

Gängige Vorstellungen vom Jungensport gehen von einem hohen Maß an wettkampfsportlichem Engagement aus. Ästhetische oder gestalterische Aspekte scheinen dagegen keine Bedeutung zu haben – im Gegenteil: Um sportlichen Erfolg zu erreichen, werden

> Körperbewegungen und -haltungen instrumentalisiert, zergliedert und formalisiert. Die Funktion des Körpers besteht nicht darin, sich über ihn auszudrücken, sondern ihn so zu ertüchtigen, dass er für sportliche Zwecke optimal belastbar ist (Schmerbitz & Seidensticker, 1997, S. 30).

Auch im Alltagshandeln scheinen die Befunde auf eine monofunktionale Ausrichtung männlicher Körperpraktiken hinzudeuten. Im Gegensatz zu Mädchen, die unterschiedliche Perspektiven einnehmen können, orientieren sich Jungen ausschließlich an einem „kontrollierten, auf Autonomie und Männlichkeit ausgerichteten Körperstil" (Tervooren, 2006, S. 227). Ein differenzierter Blick auf den Sport zeigt alternative Lesarten. So eröffnet beispielsweise die hohe emotionale Bedeutsamkeit von Sieg und Niederlage gerade auch Jungen die Chance für authentisches Verhalten. Voraussetzung dafür ist allerdings ein reflexiver Umgang mit Erfolgs- und Misserfolgserlebnissen (vgl. Grabs, Kringe & Neuber, 2005). Körperliche Inszenierungen, etwa Kleidungsstile, sprechen zudem dafür, dass der Sport in hohem Maße zur Präsentation der eigenen Person genutzt und keineswegs nur instrumentell verstanden wird. Entsprechende Untersuchungen stehen aber bisher noch aus.

3.5 Resümee und Ausblick

Bewegung, Spiel und Sport sind zentrale Erlebnis- und Lernfelder für Mädchen und Jungen im Kindesalter. Gleichwohl können kaum geschlechtertheoretisch begründete Aussagen zum Sport in dieser Lebensphase getroffen werden, weil es – von wenigen Ausnahmen abgesehen – bislang keine entsprechenden sportwissenschaftlichen Studien gibt. Eine Übertragung von Befunden vorhandener Jugendstudien verbietet sich. Vorliegende Differenzbefunde müssen bezüglich ihrer Validität kritisch gelesen werden, da es den Studien häufig an einer differenzierten theoretischen Hypothesenbildung mangelt. Beiläufig berichtete Geschlechtereffekte bergen die Gefahr einer „plausiblen" Fortschreibung gängiger Geschlechterstereotype. Bei dem Versuch, die vorliegende Befundlage zu strukturieren, zeigte sich, dass zahlreiche Differenzbefunde bezüglich der Entwicklung und des Verhaltens von Mädchen und Jungen nicht nachvollziehbar erklärt werden. Offenbar beginnt die Konstruktion von Geschlecht bereits im frühen Kindesalter. Für diese Altersgruppe fehlt bisher eine systematische Aufarbeitung des „doing gender" im Sport. Auch für das Grundschulalter liegen bislang nur wenige Studien vor. Aktuelle Entwicklungen aus der Kindheitsforschung (vgl. z. B. Heinzel, 2000) geben eine Basis für empirische Studien, die die Bewegungs- und Sportwelt von Mädchen und Jungen jenseits kategorialer Zuschreibungen thematisieren. Jungen erscheinen in der Sportwissenschaft noch weitgehend als vermeintlich homogene Gruppe von Sozialisationsgewinnern, so dass die Befundlage immer noch auf Differenzen zwischen den Geschlechtern abhebt, während geschlechtertheoretische Überlegungen inzwischen auf Ansätze verweisen, die mehr als eine Kategorie sozialer Ungleichheit aufgreifen. Differenzierte Untersuchungen, die den aktuellen sozialwissenschaftlichen Forschungsstand aufnehmen, stehen noch aus. Ebenfalls mangelt es noch an solchen Studien, die sportbezogene Handlungsfelder, etwa den Leistungssport, verschiedene Sportarten oder bestimmte Verhaltensweisen, wie z. B. der Umgang mit Aggression und Gewalt, Kooperation und Freundschaft oder Ausdruck und Präsentation, thematisieren. Insgesamt ist es sehr problematisch, Differenzen zwischen Mädchen und Jungen zu berichten, ohne den genauen Kontext, denkbare Ursachen und die Tatsache, dass binnengeschlechtliche Unterschiede oft stärker ausfallen als zwischengeschlechtliche, in den Blick zu nehmen – entsprechend kritisch ist die folgende Zusammenfassung zu lesen.

Was wir wissen

* Mädchen und Jungen eignen sich Materialien und Räume unterschiedlich an (vgl. Kap. 21). Während sich Mädchen tendenziell kleinräumiger und ruhiger bewegen, bevorzugen Jungen ein raumgreifendes und lautes Verhalten. Das Bewegungsverhalten ist dabei Voraussetzung und Ausdruck kindlicher Sozialisationsprozesse zugleich.
* Die motorische Entwicklung von Mädchen und Jungen im Kindesalter (vgl. Kap. 8) unterscheidet sich im Wesentlichen nicht. Vorhandene Ausnahmen, etwa in Bezug auf feinmotorische Aufgaben und *rhythmisches Bewegen* zugunsten der Mädchen oder Wurffähigkeiten und *Ballspiele* zugunsten der Jungen, sind vor allem sozialisationsbedingt zu erklären.

* Die psychische Entwicklung von Mädchen und Jungen verläuft im Kindesalter weitgehend identisch. Allerdings können traditionell männlich besetzte Bewegungsfelder, wie der Wettkampfsport, zu einer Fehleinschätzung eigener Fähigkeiten führen. Mädchen neigen in diesem Fall tendenziell zur Unterschätzung, Jungen hingegen zur Überschätzung.
* Die soziale Konstruktion von Geschlecht setzt bereits in vorschulischen Handlungsfeldern ein. Neben entsprechenden Einflüssen des Elternhauses können geschlechtsstereotype Verhaltensmuster im Eltern-Kind-Turnen sowohl auf Seiten der Kinder als auch auf Seiten der erwachsenen Betreuungspersonen nachgewiesen werden.
* Der Sportunterricht ist für Mädchen und Jungen das beliebteste Fach in der Schule (vgl. Kap. 15 und 16). Unterschiedliche Bewegungsvorlieben bestehen im Hinblick auf die Orientierung an geselligen Aktivitäten (Mädchen) und wettkampfbezogenen Aktivitäten (Jungen). Allgemeine Einschätzungen über den Sportunterricht und die Sportnoten unterscheiden sich bei Kindern aber nur marginal.
* Der Sportverein ist für Mädchen und Jungen im Kindesalter gleichermaßen interessant (vgl. Kap. 20). Ab dem Grundschulalter sind allerdings mehr Jungen Mitglied eines Vereins. Während sich Mädchen im Grundschulalter vergleichsweise vielseitig orientieren (Turnen, Reiten, Tanzen, Ballsportarten, Kampfsport), konzentrieren sich Jungen nach wie vor mehrheitlich auf Ball- und Kampfsportarten.
* Kommerzielle Sportangebote werden von Mädchen und Jungen im Kindesalter vielseitig genutzt. Während Mädchen primär auf Reiterhöfen und in Ballettschulen anzutreffen sind, dürften sich Jungen eher für Kampfsportschulen und Fußballakademien interessieren. Insgesamt werden kommerzielle Angebote offensichtlich häufiger von Mädchen genutzt.
* Mädchen und Jungen im Kindesalter bewegen sich gleichermaßen in öffentlichen Räumen. Jungen aus mittleren sozialen Schichten scheinen aber selbstbewusster und raumgreifender mit den öffentlichen Bewegungsräumen umzugehen als Mädchen aus unteren sozialen Schichten.
* Bewegung, Spiel und Sport bieten Mädchen und Jungen sowohl traditionelle, geschlechtsstereotpye als auch alternative, geschlechtsstereotyp-überschreitende Identifikationsmöglichkeiten. Differenzierte Studien mit einem Bewegungsfokus verweisen wiederholt auf eine Annäherung der Geschlechterbilder.

Was wir nicht wissen

* Bewegungsbezogene Verhaltensweisen von Mädchen und Jungen sind tendenziell unterschiedlich. Zur Perspektive von Mädchen liegen mittlerweile Studien vor, zu den sportbezogenen Bedürfnissen und zum Bewegungserleben von Jungen gibt es bislang keine Untersuchungen.
* Die motorische Entwicklung von Mädchen und Jungen im Kindesalter verläuft nahezu gleich. Unterschiede werden bislang primär sozialisationsbedingt erklärt. Welche Einflüsse hier genau wirken und ob gegebenenfalls auch biologische Faktoren eine Rolle spielen, ist bislang ungeklärt.
* Die psychische Entwicklung von Mädchen und Jungen im Kindesalter verläuft ebenfalls weitgehend identisch. Wie jedoch geschlechtsstereotype Muster in traditionell männlich geprägten Sportsettings durchbrochen werden können, ist bislang nur ansatzweise untersucht worden. Geschlechtssensible Interventionen wären für Mädchen wie Jungen interessant.
* Geschlechtertheoretisch eingebettete Studien sind in allen Feldern kindlichen Sportengagements selten. Besonders wenig wissen wir über kommerzielle Sportangebote und selbstorganisiertes Sporttreiben der Kinder. Hier wären Feldstudien ebenso sinnvoll wie Interventionsstudien in pädagogisch strukturierten Settings.
* Von besonderem Interesse sind leistungssportliche Settings, die traditionell männlich besetzt sind. Über die Entwicklung der Geschlechtsidentität von Mädchen und Jungen im Kindesalter wissen wir ebenso wenig wie über die soziale Konstruktion von Geschlecht in diesem Handlungsfeld.
* Bewegung, Spiel und Sport bieten spezifische Möglichkeiten für die Überschreitung gängiger Geschlechterstereotypen. Das betrifft etwa den Umgang mit Aggression und Gewalt, Kooperation und Freundschaft oder Ausdruck und Präsentation. Entsprechende Untersuchungen liegen bislang jedoch noch nicht vor.

Petra Gieß-Stüber, Nils Neuber, Elke Gramespacher & Sebastian Salomon

II Zum Gesundheits- und Motorikstatus von Kindern

Unser Gesundheitskapitel skizziert den ersten bundesweiten repräsentativen *Kinder- und Jugendgesundheitssurvey* (*KiGGS*; vgl. Kap. 7), bevor es sich ausführlich der *MoMo*-Teilstichprobe und ihren Befunden zur motorischen Leistungsfähigkeit (vgl. Kap. 8), sportmotorischen Aktivität (vgl. Kap. 10) und Zusammenhängen zwischen Sport und Gesundheit (vgl. Kap. 9) zuwendet.

Deren moderate empirische Befunde – speziell für das Kindesalter – werden relativiert durch sogenannte Tracking-Befunde, also den vorausschauenden Blick – von der Kindheit aus auf das Jugend- und Erwachsenenalter (vgl. Kap. 4). Die medizinischen Befunde unterstreichen eindeutig die risikominimierende Funktion, die eine körperliche Aktivität in der Kindheit für die Zukunft besitzt.

Die Kapitel 5 und 6 widmen sich in differenzierter Form neueren Gesundheitsproblemen in Folge von Inaktivität (d. h. Übergewicht und Adipositas) sowie ihren komplexen Zusammenhängen und Folgen. Anschließend schätzen Gerlach und Brettschneider (vgl. Kap. 11) die empirischen Befunde im Quer- und Längsschnitt zum Selbstkonzept, d. h. Effekte im und durch Sport, insgesamt positiv ein.

Im Einzelnen:

In Folge einer verbesserten Gesundheitsvorsorge sind Infektionskrankheiten stark rückläufig, wohingegen psychosozial vermittelte Gesundheitszustände und chronische Beeinträchtigungen zunehmen (vgl. Kap. 7). Die repräsentativen *KiGGS*-Befunde kennzeichnen das Kindesalter insgesamt aber als eine relativ gesunde Altersgruppe (Elterneinschätzung: 93 %).

Während die Prävalenz chronischer Erkrankungen (unter 5 %) relativ gering ist, nimmt der spezielle Versorgungsbedarf ebenso zu wie Verletzungen und Unfälle vom Kleinkindalter an.

Psychische Auffälligkeiten (z. B. Depressionen, Ängste, Störungen des Sozialverhaltens) scheinen aufgrund gestiegener Leistungserwartungen zuzunehmen.

Die Autoren ermitteln als besonderes Problem die Gesundheitsbeeinträchtigung von Kindern aus Elternkreisen mit niedrigerem Sozialstatus und/oder Migrationshintergrund (vgl. Kap. 2), was auch in besonderer Weise für Übergewicht und Adipositas zutrifft (vgl. Kap. 5 und 6).

Im Mittelpunkt der folgenden drei Kapitel (vgl. Kap. 8, 9 und 10) stehen die Beschreibung der motorischen Leistungsfähigkeit von Kindern im Alter von sechs bis zehn Jahren, ihrer sportmotorischen Aktivitäten und ihres Gesundheitszustandes anhand der ersten deutschlandweiten repräsentativen Untersuchung (*MoMo*: Gesamtstichprobe 4-17 Jahre; n = 4.529 Mädchen und Jungen).

In Fortführung des *Ersten Deutschen Kinder- und Jugendsportberichtes* (vgl. Bös, 2003) bestätigen die Autoren (vgl. Kap. 8.3) anhand von 51 Studien aus den Jahren 2002 bis 2006 den festgestellten Rückgang der motorischen Leistungsfähigkeit, wobei der Rückgang im Grundschulalter geringer als im Jugendalter ausfällt. Die Autoren sehen die Ursachen im zunehmend inaktiven Lebensstil von Mädchen und Jungen nach der Pubertät.

Die Ergebnisse der motorischen Testbatterie (*MoMo*; vgl. Kap. 8.5) verdeutlichen einen *absoluten* Leistungszuwachs zwischen sechs und zehn Jahren aufgrund konstitutioneller Effekte, wohingegen die körpergewichtsbezogene *relative* Leistungsfähigkeit stagniert. Diese Erkenntnisse überraschen, gilt doch dieser Lebensabschnitt geradezu als „das goldene Lernalter". Folglich wäre der Interpretation der Autoren zuzustimmen, dass sich die kindliche Motorik nicht so weiterentwickelt, wie dies bei einer optimalen motorischen Förderung der Fall sein könnte.

Die *MoMo*-Daten (vgl. Kap. 10) bestätigen einerseits die hohe Faszination körperlich-sportlicher Aktivitäten (vgl. Kap. 20 und 21) im Kindesalter und unterstützen andererseits den Prozess „vom spielenden zum sportiven Kind".

Während mit Schuleintritt das freie Spielen abnimmt, erreicht die Mitgliedsquote im Sportverein bereits mit sieben Jahren (!) den höchsten Stand. Alltagsaktivitäten scheinen beim Übergang zur weiterführenden Schule abzunehmen. Gleichzeitig öffnet sich die Schere im Hinblick auf Sportaktivitäten. Ab zehn Jahren steigern die einen Kinder Umfang und Intensität, während die anderen stetig inaktiver werden.

Insgesamt verweisen die *MoMo*-Daten auf die Tatsache, dass Kinder – auf den ersten Blick – eine vergleichsweise gesunde Altersgruppe darstellen.

Dieser Ausgangsbefund bestimmt die Argumentation von Sygusch et al. (vgl. Kap. 9), so dass ihre hoch aktiven Kinder, beschränkt auf das Kindesalter und empirisch nachweisbar, nur „etwas gesünder" als weniger aktive Kinder sind und Zusammenhänge innerhalb physischer Ressourcen einerseits und psychosozialer Ressourcen andererseits zwar vorhanden sind, aber nur auf geringem Niveau.

Die vorliegenden Befunde stärken jedoch generell die Annahme, dass durch sportliche Aktivität im Kindesalter physische und psychische Gesundheitsressourcen aufgebaut werden, die der Vorbeugung bzw. Bewältigung von Belastungssymptomen dienen. Sygusch et al. stellen abschließend fest, dass „ältere" Stichproben generell wesentlich deutlichere Zusammenhänge zwischen Aktivität und Gesundheitsvariablen aufweisen.

Der Blick auf die Zukunft, d. h. vom Kindesalter in die Jugend und in das Erwachsenenalter, das sogenannte *Tracking* (vgl. Kap. 4), knüpft an diese Argumentation an und bestätigt in allen Befunden diese Risikominimierung durch körperliches Aktiv-Sein.

Kapitel 4 bezieht sich auf die somatische Gesundheit und legt damit einen engeren *medizinischen* Gesundheitsbegriff zugrunde. Hiervon ausgehend beleuchtet Völker die Bedeutung von Alltagsbewegungen („Physical Activity") und Fitness („Physical Fitness") in der Kindheit (und Jugend) in Bezug auf die spätere Lebensphase.
Die Ergebnisse sind eindeutig:
Bereits im Kindesalter ist inaktives Verhalten voraussagbarer und stabiler zu konstatieren als aktives Verhalten. Das Tracking zeigt eine hohe Wahrscheinlichkeit auf, dass unfitte Kinder auch unfitte Jugendliche und Erwachsene werden.
Die Vorhersagen aktiven Verhaltens sind moderater, gleichwohl gilt, dass

- „Physical Activity" auf niedrigem Niveau und „Physical Fitness" etwas stärker bis ins Erwachsenenalter trackt,
- mittlere und hohe Niveaus von „Physical Activity" und „Physical Fitness" durchgehend verbunden sind mit einem niedrigen Risiko von vielfältigen gesundheitlichen Folgeerscheinungen.

Die medizinischen Befunde unterstreichen eindrücklich die hohe Bedeutung von „Physical Activity" und „Physical Fitness" im Kindesalter als risikomindernde Gesundheitsgrößen für die Zukunft.

Landsberg et al. (vgl. Kap. 5) und Bünemann (vgl. Kap. 6) sehen im Folgenden in Übergewicht und Adipositas wegen der hohen Prävalenz, Morbidität und Mortalität eine der wichtigsten gesundheitspolitischen Herausforderungen unserer Zeit.
Besonders besorgniserregend sind die Längsschnittdaten, da übergewichtige Kinder im Alter von sechs Jahren dies mit hoher Wahrscheinlichkeit auch mit zehn Jahren (80 %) sind und bei adipösen Kindern sich bereits Risikofaktoren wie erhöhter Blutdruck, erhöhte/erniedrigte Blutlipidwerte und Störungen des Glukosestoffwechsels feststellen lassen (vgl. Kap. 5). Besonders gefährdet scheinen Kinder mit einem niedrigen sozioökonomischen Status und/oder Kinder mit Migrationshintergrund zu sein (vgl. Kap. 2 und 7).
Während die Daten zum Ernährungszustand indifferent sind (möglicherweise aufgrund von Selbstberichtsdaten), kommt den Daten des familiären Kontextes (z. B. Körperstatus und Sozialstatus der Eltern, Vorbildfunktion, fehlende emotionale Unterstützung) eine hohe prädiktive (vorhersagende) Bedeutung für Übergewicht und Adipositas zu. Problematisch scheint auch der extensive Medienkonsum bei den Jüngsten (unter 10 Jahren) zu sein. Andererseits kann als gesichert angesehen werden, dass körperlich-sportliche Aktivität vor der Entwicklung von Übergewicht und Adipositas schützt.

Besonders interessant sind die Befunde zur Selbstkonzeptentwicklung:
Ohne Frage sehen auch Gerlach und Brettschneider (vgl. Kap. 11) in der Phase der Kindheit die Zeit des mit Abstand größten sportlichen Engagements (vgl. Kap. 2, 3, 10 und 20). Die zentrale Frage, ob Sport als Motor der Persönlichkeitsentwicklung einzuordnen ist, beantworten sie deshalb mit einem dezenten Optimismus.
Ihren Daten zufolge verfügen Talente über ein höheres soziales Selbstkonzept. Aber vor allem leistungsschwächere Mädchen und Jungen profitieren von sportlichen Aktivitäten im Hinblick auf ein positives Selbstwertgefühl. Im Längsschnitt scheint intensives sportliches Engagement zu einer Stärkung des Selbstkonzepts zu führen.

Werner Schmidt

4 Wie Bewegung und Sport zur Gesundheit beitragen – Tracking-Pfade von Bewegung und Sport zur Gesundheit

4.1 Einleitung

Im *Ersten Deutschen Kinder- und Jugendsportbericht* aus dem Jahre 2003 (vgl. Schmidt, Hartmann-Tews & Brettschneider, 2003a) untersuchten Sygusch, Brehm und Ungerer-Röhrich den Zusammenhang zwischen Gesundheit und körperlicher Aktivität bei Kindern und Jugendlichen. Ausgehend von einem umfassenden Gesundheitsbegriff stellten sie nach umfassender Analyse der deutschsprachigen Studienlage im Wesentlichen fest:

- Sportlich aktive Jugendliche sind gesünder als nicht aktive, insbesondere in den Bereichen Fitness, gesundheitliches Wohlbefinden und sozialer Rückhalt, mit Abstrichen auch bei einigen körperlichen Beschwerden. Dagegen erleiden Aktive häufiger Unfälle. Keine bedeutsamen Unterschiede zeigten sich dagegen beim Body-Mass-Index (BMI) und im Gesamtausmaß psychosomatischer und chronischer Beschwerden.
- Eine lückenhafte bis fehlende Erkenntnislage wurde für den möglichen Einfluss des Sportes bei gezielter Differenzierung der körperlichen und sportlichen Aktivität ebenso konstatiert wie für den Zusammenhang zwischen sportlicher Aktivität und medizinischen Parametern in dieser Altersphase.
- Darüber hinaus wurde mangelndes Wissen über den Zusammenhang zwischen dem alltäglichen Bewegungsumfeld (z. B. im Wohnbereich), der körperlichen Alltagsaktivität (Spielen, Fahrradfahren etc.) und verschiedenen Gesundheitsparametern beklagt.

Die folgende Analyse will versuchen, einige der als defizitär beschriebenen Erkenntnisfelder stärker zu erhellen, möchte aber darüber hinaus vor allem die Bedeutung von Alltagsbewegung und Fitness in Kindheit und Jugend nicht nur für die Gesundheit[1] der entsprechenden Altersklasse, sondern auch für die spätere Lebensspanne bis ins Erwachsenenalter beleuchten. Dabei wird im Gegensatz zur

---

[1] Wenn in den folgenden Ausführungen von Gesundheit gesprochen wird, so sei darauf hingewiesen, dass hierbei im Wesentlichen die somatische Gesundheit/Morbidität als engerer Gesundheitsbegriff gemeint ist. Dies soll nicht verstanden werden als Ablehnung eines erweiterten umfassenden Gesundheitsbegriffs, wie er vielen Ausführungen dieses Buches zugrunde liegt, sondern wegen der sonst nicht darstellbaren Komplexität als Fokussierung auf diesen Teilaspekt der Gesundheit.

Analyse des *Ersten Deutschen Kinder- und Jugendsportberichts* überwiegend auf internationale Literatur zurückgegriffen.

4.2 Zum allgemeinen Forschungsstand

Die Arteriosklerose und ihre Folgeerkrankungen sind die quantitativ bedeutsamsten Zivilisationserkrankungen und stellen nach wie vor 50 % der Todesursachen in hochentwickelten Industrieländern dar. Unter den vielfältigen Risikofaktoren für kardiovaskuläre Erkrankungen haben sich als modifizierbare Risikofaktoren unangemessene diätetische Gewohnheiten und exzessive Adipositas sowie die körperliche Inaktivität und die geringe kardiopulmonale Fitness herausgestellt (vgl. Boreham et al., 2004a[2]). Die letzten beiden Faktoren sollen im Weiteren erörtert werden.

Die Bedeutung von Bewegung und Sport für die Gesundheit im Erwachsenenalter ist heute unstrittig und vielfach belegt. Dies gilt insbesondere im Bereich der Herz-Kreislauf-Gesundheit sowohl für die körperliche Aktivität „Physical Activity" (PA) direkt – ausgedrückt in kcal oder „metabolic equivalents" (MET)[3] – wie auch indirekt für das „Endprodukt" körperlicher Aktivität, die körperliche Fitness „Physical Fitness" (PF) – ausgedrückt als VO_2max oder Laufleistung etwa in einem Cooper-Test. Exemplarisch sei hier nur auf die wegweisenden Untersuchungen von Paffenbarger et al. (1986) und Blair et al. (1989, 1995) verwiesen. Mittleres bis hohes Niveau von PA und PF sind konsistent assoziiert mit einem niedrigen Risiko von vielen gesundheitlichen Folgeerscheinungen, wie z. B. kardiovaskulären Erkrankungen (vgl. Blair et al., 1989; Lakka et al., 1994; Carnethon et al., 2003; Carnethon et al., 2005), metabolischem Syndrom (vgl. LaMonte et al., 2005; Laaksonen et al., 2002; Ekelund et al., 2005), Diabetes Typ 2 (vgl. Lynch et al., 1996; Hu et al., 2001; Bassuk & Manson, 2005) und der Sterblichkeit von Erwachsenen insgesamt (vgl. Paffenbarger et al., 1986; Laukkanen et al., 2001).

Obwohl die Manifestation der bedeutsamen chronischen Erkrankungen des Herz-Kreislauf- und Stoffwechselsystems wie auch des Bewegungsapparates im Erwachsenenalter liegt, setzt sich die Erkenntnis durch, dass die Wurzeln und der Beginn dieser Krankheitsentwicklung häufig, meistens zwar weitgehend inapparent, in der Kindheit und Jugend liegen. Was Erwachsene in ihrer Kindheit und Jugend gemacht haben, kann Muster für lange Phasen des Erwachsenenalters sein. Viele Lebensstilsetzungen wie auch das, was das hier fokussierte Bewegungsverhalten betrifft, erfolgen während des Heranwachsens in der Kindheit und Jugend. Daher ist die Forderung nach möglichst frühzeitiger Prävention durch gezielte körperliche Ak-

---

[2] In diesem Kapitel wird aus Gründen der besseren Lesbarkeit jeweils nur der erste Autor der aufgeführten Publikation genannt.

[3] 1 MET = 1 kcal pro Stunde und pro Kilogramm Körpergewicht = 1 kcal/h/kg

tivität allgegenwärtig und erfasst schon das Kindergarten-, Vorschul- und Schulalter. Das adäquate oder gar optimale Ausmaß der körperlichen Aktivität für spätere Effekte auf die Gesundheit ist aber weiterhin unklar. Die Guidelines für körperliche Aktivität weisen verlässliche Evidenz für das Erwachsenenalter auf, für das Kindes- und Jugendalter sind sie aus wissenschaftlicher Perspektive weniger klar (vgl. Twisk, 2001).

Wenn Gesundheitsförderung in jungen Jahren irgendeine Hoffnung auf Erfolg haben soll, muss unterstellt werden, dass physiologische und verhaltensbedingte Faktoren, die sich in jungen Jahren zeigen, ins Erwachsenenalter übertragen werden (vgl. Boreham et al., 2004a). Forschungsansätze, vor allem epidemiologische Forschungen der letzten Jahre, haben versucht, nicht nur diesen Prozess aufzuhellen, sondern auch statistisch zu quantifizieren. In der wissenschaftlichen Diskussion erfolgt dies unter dem Begriff *Tracking*.

- Tracking bezeichnet die Aufrechterhaltung eines relativen Rangplatzes eines Ausprägungsmerkmales in einer alters- und geschlechtsspezifischen Gruppe, wobei Messungen im Zeitverlauf einem Muster zu folgen scheinen, so dass initiale Messungen das spätere Niveau des Ausprägungsmerkmales beim selben Individuum vorhersagen können (vgl. Malina, 1996).
- Tracking ist das Beibehalten einer relativen Position in einer Gruppe über die Zeit (vgl. Marshall et al., 1998).
- Die Beziehung zwischen der relativen Position im Rahmen einer Initialmessung und der späteren Position im Zeitverlauf kann durch eine Tracking-Korrelation ausgedrückt werden. Empfehlungen für die Interpretation von Tracking-Korrelationen lauten: < 0,3 = gering; 0,3 bis 0,6 = moderat; > 0,6 = hoch.

Der Gesundheitsgewinn („health benefit") körperlicher Aktivität (PA) und/oder körperlicher Fitness (PF) seien anhand des folgenden Tracking-Modells diskutiert, das in Anlehnung an ein Modell von Hallal et al. (2006) entwickelt wurde.

Die Abbildung 4.1 zeigt ein konzeptionelles Modell, wie PA und PF in der Kindheit und Jugend Einfluss auf die Gesundheit/Morbidität im Erwachsenenalter nehmen können. Dabei sind direkte Tracking-Pfade (I-III) von indirekten Tracking-Pfaden (IV-V) zu unterscheiden. Die Evidenz dieser Pfade (I-III) soll im Folgenden diskutiert werden. Die Tracking-Pfade IV bis VI werden nur angerissen bzw. liegen bei Tracking-Pfad VI außerhalb des Rahmens dieser Erörterung.

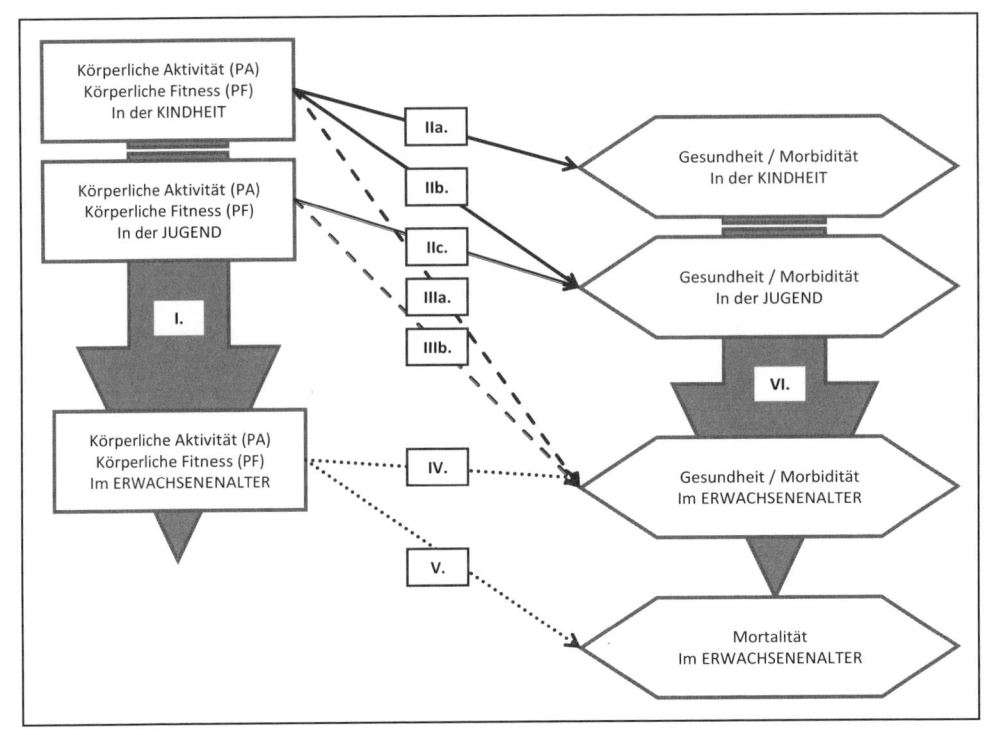

Abb. 4.1. Tracking-Pfade für körperliche Aktivität – körperliche Fitness zur Gesundheit – Morbidität von der Kindheit bis ins Erwachsenenalter

4.2.1 Allgemeine methodische Vorbemerkungen

Schon in der Einführung wurden für das Begriffspaar Bewegung und Sport die Begriffe körperliche Aktivität (PA) und körperliche Fitness (PF) eingeführt, wie sie in der internationalen Literatur Verwendung finden. PA wird verstanden als die Gesamtheit aller Körperbewegungen, während PF als das Resultat der intensiveren Bewegungen begriffen werden muss, also nicht die Gesamtheit aller Körperbewegungen repräsentiert.

Die Gesamtheit aller Körperbewegungen (z. B. der Gesamtbetrag an PA) und die Muster der Aktivität (z. B. Zeit, die ruhend verbracht wird oder Aktivitäten mit variierender Intensität oder ausgeprägte Perioden von Aktivität) sind separate Dimensionen der Aktivität und mögen auf unterschiedlichen Wegen mit den Risikofaktoren interagieren (vgl. Ekelund et al., 2007).

PF kann betrachtet werden als ein integrativer Parameter, der eine Vielzahl der Körperfunktionen (skeletto-muskulär, kardiorespiratorisch, hämatozirkulatorisch, psychoneurologisch und endokrin-metabolisch) erfasst, die involviert sind in die Durchführung alltäglicher körperlicher Aktivität und/oder körperlichen Trainings. Aus diesem Grund wird PF als einer der wichtigsten Gesundheitsmarker angesehen und auch als Prädiktor für Morbidität und Mortalität bei kardiovaskulären Erkrankungen und bei anderen Krankheitsbildern. Körperliche Fitness ist zum Teil genetisch determiniert, aber sie kann auch entscheidend beeinflusst werden durch umgebungsbedingte Faktoren. Körperliches Training ist eine der wichtigsten Determinanten (vgl. Ortega et al., 2008).

PA ist demnach eine Verhaltensweise, die mehr verbunden erscheint mit dynamischen und willentlichen Faktoren als das eher biologische Attribut PF, das mit stabileren Attributen, wie etwa dem Genotyp, verbunden ist (vgl. Janz et al., 2000).

Die Beobachtung, dass PA und PF über eine gewisse Zeitperiode vergleichbar stabil sind, scheint plausibel, da beide Parameter physiologisch gesehen eng verlinkt sind. Es wurde gelegentlich vermutet, dass PF ein stabilerer Parameter mit höheren Tracking-Koeffizienten über die Zeit ist als PA. Niedrigere Tracking-Koeffizienten für PA können aber auch der Ausdruck der Schwierigkeit sein, sie in größeren epidemiologischen Studien valide zu erfassen (vgl. Twisk et al., 2000; McMurray et al., 2003). Im Gegensatz dazu ist die Erfassung von PF relativ gut möglich, und es stehen valide Instrumente zur Verfügung.

Neue methodische Möglichkeiten, die PA nicht nur über Fragebögen, sondern auch direkt über Pedometrie oder Accelerometrie zu messen, haben sich als valide und reliable Instrumente der Darstellung auch der kindlichen PA erwiesen (vgl. Puyau et al., 2004; Trost et al., 1998). Die differentere Aufzeichnung der PA erlaubt auch eine intensitäts- und zeitbezogene Unterteilung der PA. Aktivitätslevels(-niveaus) werden unterschieden durch Anwendung der altersspezifischen Energieverbrauchsformel von Freedson et al. (1998) in: *moderate* PA (3-6 MET) und *vigorous* PA (> 6 MET). Die Summe aus *moderate und vigorous PA* (> 3 MET) wird als neue PA-Variable eingeführt (MVPA).

Die meisten Daten über PA und PF stammen aus Querschnittsuntersuchungen. Obwohl einige Studien eine beachtliche Stichprobengröße aufweisen und es erlauben, generalisierende Aussagen zu machen, bleiben Unsicherheiten bei den Schlussfolgerungen und was die Beschreibung der Veränderungen betrifft. Dies gilt besonders dann, wenn die Querschnitte im selben Jahr an verschiedenen Altersgruppen erhoben wurden. So können zeitliche und geschlechtsspezifische Variablen, wie etwa die Beobachtung, dass Jungen ihre PA- und PF-Muster eher zu etablieren scheinen als Mädchen (vgl. Janz et al., 2000), bei Querschnittsbetrachtungen übersehen werden.

Es gibt nur eine begrenzte Zahl an Daten von Untersuchern, die Gruppen im Sinne von Longitudinalstudien beobachtet haben, also von der Kindheit über die Jugend bis ins Erwachsenenalter. Nur longitudinale Daten erlauben es, Individuen „sauber zu tracken", das heißt, die Veränderung ihrer Aktivitätsgewohnheiten zu beobachten und die individuelle Tendenz zu determinieren, ihren individuellen Rangplatz in der Gruppe über die Zeit zu behalten (vgl. Malina, 2001a).

4.3 Tracking-Pfad I

4.3.1 Tracking körperliche Fitness (PF)

Untersuchungen, die das Tracking der PF betrachten, liegen sowohl für den Lebensspannenabschnitt von der Kindheit bis zur Jugend wie auch für den Lebensspannenabschnitt von der Jugend bis zum Erwachsenenalter vor.

Kindheit – Jugend

Der am häufigsten analysierte Tracking-Parameter ist die kardiopulmonale Leistungsfähigkeit, gemessen mit der VO_2max, oder Leistungsparametern in Ausdauertests. Janz und Mahoney (1997) fanden für die maximale Sauerstoffaufnahme und die 1-Meilen-Laufzeit bei einem Ausgangsalter von sieben bis zwölf Jahren ein 3-Jahres-Tracking von 0,70 bis 0,75. Malina (1996) untersuchte komplexere Faktoren der PF (Kraft, Flexibilität, motorische Leistungsfähigkeit, aerobe Leistung) unter Leistungs- und Gesundheitsgesichtspunkten und stellt allgemein fest, dass alle PF-Faktoren signifikant durch Kindheit und Jugend „tracken", aber nur auf niedrigem bis moderatem Niveau korrelieren. Die *Leuven Groth Study* (vgl. Maia et al., 2001; Maia et al., 1998) zeigte Korrelationen für die VO_2max von 0,78 bis 0,86 für den Zeitraum vom 12. bis zum 18. Lebensjahr. Die amerikanische *Muscatine Study* untersuchte 126 Kinder beiderlei Geschlechts mit einem Ausgangsalter von 10,8 Jahren für die Jungen und 10,3 Jahren für die Mädchen. Das Follow-up betrug fünf Jahre. Die Ausgangsleistung, gemessen mit der VO_2max, war geringer als bei den europäischen Kindern. Als Ursachen hierfür wurden genetische und Lifestyle-Differenzen angenommen (vgl. Krahenbuhl et al., 1985; Rowland, 1996). Die relative VO_2max blieb bei Jungen relativ konstant, während sie bei den Mädchen abnahm. Die Längsschnittdaten belegen ein moderates Tracking (0,70-0,75) während der Adoleszenz, ähnlich wie in europäischen Reports (vgl. Kemper et al., 1990; Malina, 1996; Raitakari et al., 1994; Van Mechelen & Kemper, 1995). Die Größenordnung des Trackings zeigt eine signifikante Wahrscheinlichkeit, dass unfitte Kinder unfitte Jugendliche werden. Bei Jungen „trackt" ein relativ hohes Fitnessniveau besser als ein niedriges.

In einer Substudie der *European Youth Heart Study* wurden sozioökonomische Einflüsse auf das Tracking der PF untersucht. Das Tracking von PF von der Kindheit (8-10 Jahre) bis ins Jugendalter (14-16 Jahre) ist nicht beeinflusst vom sozioökonomischen Status, jedoch entwickeln sich soziale Ungleichheiten in der absoluten Prävalenz von niedriger PF in dieser Zeitperiode bzw. sind schon präsent. Im Alter von acht bis zehn Jahren ist eine geringe PF in der Gruppe mit einem höheren sozioökonomischen Status weniger vertreten. Bezüglich des Übergewichts entwickelt sich ein sozialer Gradient zwischen dem 8. und 16. Lebensjahr mit einer höheren Inzidenz von Übergewicht in der Gruppe mit einem niedrigen sozioökonomischen Status (vgl. Kristensen et al., 2006).

Jugend – Erwachsenenalter
Die *Leuven Longitudinal Study on Lifestyle, Fitness and Health* (vgl. Lefevre et al., 2000) betrachtet als einfache Tracking-Variable die Teilnahme am Sport zwischen dem 18. und 30. Lebensjahr. Die Teilnahme in den unterschiedlichen Lebensabschnitten korrelierte mit r = 0,37 (Pearson-Korrelation), berechnet nach einem komplexeren Rechenmodel mit r = 0,53. Die Substudie *Leuven Growth Study of Flemish Girls* (vgl. Matton et al., 2006) betrachtet 138 Mädchen im Alter zwischen 16,6 und 40,5 Jahren und stellt fest, dass anthropometrische und PF-Charakteristika von der Jugend bis ins Erwachsenenalter stabil „tracken". Der Tracking-Koeffizient war hoch für die Flexibilität (r = 0,68-0,82) und niedrig bis moderat für die anderen Fitnessfaktoren (r = 0,22-0,69). Die Teilnahme am Sport war für die Mädchen keine stabile Charakteristik (r = 0,14-0,20). Für Malina (1996) zeigt die Spanne von der Jugend bis ins Erwachsenenalter einige höhere Interaktionen im Tracking im Vergleich zur Kinder-Jugendalter-Spanne und dies speziell für Flexibilität, statische Kraft und Kraft. Die *Amsterdam Growth and Health Study* (AGAHLS; vgl. Kemper et al., 2001a) liefert Daten von 400 Jungen und Mädchen mit einem Ausgangsalter von 13 Jahren über einen Beobachtungszeitraum von 20 Jahren. Von den neun eingesetzten Fitnesstests zeigten nur der 12-Minuten-Lauf und die maximale aerobe Leistungsfähigkeit einen signifikanten (p < 0,05) prädiktiven Einfluss auf die PA im Erwachsenenalter. Das Ausmaß des Trackings für PF, abgeschätzt anhand des Stabilitätskoeffizienten, variierte zwischen 0,8 „plate tapping" und 0,38 (Standhochsprung und max. aerobe Leistungsfähigkeit). PA zeigte weniger stabile Koeffizienten (0,35-0,29). Die Beziehung zwischen PA und PF wurde über den 20-Jahres-Zeitraum betrachtet. Alle Fitnesstests weisen einen positiven und statistisch signifikanten Regressionskoeffizienten mit der PA auf, aber die erklärende Varianz ist weniger als 1 %, nur bei der aeroben Leistungsfähigkeit beträgt sie 1,8 %. PF in der Jugend ist also nur schwach mit PA im Erwachsenenalter verbunden. PF hat eine höhere Stabilität (vgl. ebd.).

4.3.2 Tracking körperliche Aktivität (PA)

Auf die messmethodischen Schwierigkeiten, PA in größeren Bevölkerungsgruppen adäquat zu erfassen, wurde bereits eingegangen. Die meisten Daten liegen von Fragebogenerhebungen vor, nur wenige, meist neueren Datums, nutzen direkte

Messmethoden, und auch hier gibt es unterschiedliche Verfahren und keine allgemein verbindlichen Standards.

Bei dem Vergleich der Studien untereinander gilt es zu beachten, dass die Tracking-Effekte sehr von der Länge der Beobachtung abhängen. Je kürzer die Zeit im Follow-up, umso höher der Tracking-Koeffizient. Malina (2001b) berichtete in einem Review, dass die Inter-Alters-Korrelationen in der Adoleszenz bei drei Jahren Zeitspanne moderat bis gut waren, während bei einer Zeitspanne von fünf bis sechs Jahren die Korrelationen deutlich geringer waren. Die meisten Tracking-Studien mit etwa 6-jähriger Follow-up-Zeitspanne weisen Stabilitätskoeffizienten unter 0,31 auf (vgl. Raitakari et al., 1994; Janz et al., 2000; Fortier et al., 2001; McMurray et al., 2003; Anderssen et al., 2005). Die bereinigten Stabilitätskoeffizienten der *European Youth Heart Study* (EYHS) erreichten Koeffizienten, die sonst nur für PF beschrieben werden (vgl. Janz et al., 2000; McMurray et al., 2003; Kristensen et al., 2006).

Trotz dieser methodischen Vielfalt in den Erhebungsmethoden sei der Versuch gemacht, das Tracking der PA in unterschiedlichen Lebensspannen zu beleuchten.

Kindheit – Jugend

Die *Young Finns Study* (vgl. Telama et al., 1996) zeigte beim 3-Jahres-Vergleich der PA Niveaus zwischen dem 9. bis 12. und dem 12. bis 15. Lebensjahr eine Korrelation von 0,4 bis 0,5. Die amerikanische *Muscatine Study* (126 Kinder beiderlei Geschlechts mit einem Ausgangsalter von 10,8 Jahren für die Jungen und 10,3 Jahren für die Mädchen, Beobachtungszeitraum fünf Jahre) erbrachte für das Tracking im Geschlechtervergleich intensitätsabhängig unterschiedliche Tendenzen. Jungen steigern ihren Anteil an selbst berichteter intensiverer PA bis zum 14. Lebensjahr, während dies bei Mädchen weitgehend gleich bleibt oder gar abnimmt (vgl. Janz et al., 2000). Dies war konkordant mit Daten des *Youth Risk Behavior Survey* (vgl. Kann et al., 1998). Intensivere PA „trackte" genau so stark wie PF. Die *European Youth Heart Study* untersuchte das Tracking von PA gemessen mit Accelerometern zwischen den Altersstufen acht bis zehn Jahre und 14 bis 16 Jahre. Es ergaben sich erhebliche Unterschiede im Stabilitätskoeffizienten. Für die Rohdaten von 0,18 bis 0,19 und die statistisch bereinigten Daten Stabilitätskoeffizienten von 0,53 bis 0,48. PA scheint also moderat von der Kindheit zur Jugend zu „tracken" (vgl. Kristensen et al., 2008).

Jugend – Erwachsenenalter

Die *EAT II* ist eine 5-Jahres-Längsschnittstudie mit zwei parallel betrachteten Alterskohorten, die es erlaubt, longitudinale Schlüsse vom frühen Adoleszentenalter (Ausgangsalter: 12,8 Jahre; n = 806) zum mittleren zu ziehen und von der mittleren (Ausgangsalter: 15,8 Jahre; n = 1.710) zur späten Adoleszenz. Die Summe aus *moderate* und *vigorous PA* (MVPA) von Mädchen nimmt deutlich ab, von 5,9 auf 4,9 h/Woche (Kohorte 1) bzw. von 5,1 auf 3,5 h/Woche (Kohorte 2). Die Freizeit-Computernutzung stieg vor allem bei Jungen von 11,4 auf 15,2 h/Woche bzw. 10,4 auf 14,2 h/Woche (vgl. Nelson et al., 2006). Nach Malina (1996) „trackt" die PA im Jugendalter auf niedrigem bis moderatem Niveau bis ins Erwachsenenalter durch verschiedene Altersabschnitte im Erwachsenenalter hindurch. Das *Youth Hearts Project, Northern Ireland* (vgl. Boreham et al., 2004a) beschreibt Tracking für biologische und verhaltensbedingte Risikofaktoren für kardiovaskuläre Erkrankungen (CVD) von der Adoleszenz (15 Jahre) bis zum jungen Erwachsenenalter (22 Jahre) bei 245 Jungen und 231 Mädchen. Die Autoren fanden geringes Tracking für Fitness (PF) für beide Geschlechter, geringes Tracking für körperliche Aktivität (PA) bei Mädchen, jedoch moderates Tracking bei Jungen. Als Erklärung wurde angegeben, dass der größte Teil der Aktivität in der Adoleszenz organisiert und durch die Schule beeinflusst wird, im Erwachsenenalter hingegen Aktivität eher eine Sache der freien Wahl ist. Die *Young Finns Study* (n = 1.563) zeigte auf, dass ein hohes Ausmaß an PA im Alter von 9 bis 18 Jahren 21 Jahre später einen signifikanten Vorhersagewert für die PA im Erwachsenenalter darstellt, mit Korrelationskoeffizienten für Männer von r = 0,33 bis 0,44, für Frauen von r = 0,14 bis 0,26. Persistierende PA (definiert als Rangplatz im oberen Aktivitätsdrittel bei drei der im Abstand von drei Jahren erfolgenden Nachuntersuchungen) heben die Chance, dass ein Individuum im Erwachsenenalter aktiv bleibt, deutlich an. Odds ratio (OR) für drei Jahre beträgt für kontinuierlich aktive gegen dauerhaft inaktive Männer 4,3 bis 7,1 und für Frauen 2,9 bis 5,6. Für sechs Jahre persistierende Aktivität beträgt die OR für Männer gar 8,7 bis 10,8, für Frauen 5,9 bis 9,4 (vgl. Telama et al., 2005). In der *Amsterdam Growth and Health Study* (vgl. Kemper et al., 2001a) lag der Tracking-Koeffizient für PA mit 0,35 über einen Beobachtungszeitraum vom 13. bis 33. Lebensjahr in ähnlicher Größenordnung.

Ein Review der Veröffentlichungen zum Tracking der PA der Jahre 2000 bis 2004 (13 Studien; vgl. Hallal et al., 2006) brachte folgende Ergebnisse: Die Literatur zeigte einen konsistenten Einfluss der PA während der Jugend auf die PA im Erwachsenenalter. Die Größenordnung ist jedoch nur moderat. Die PA der Erwachsenen ist ein komplexes Phänomen, das nicht nur durch die PA-Aktivität im Adoleszentenalter beeinflusst wird, sondern auch durch soziodemographische, umweltbedingte sowie persönliche Verhaltensvariablen.

Methodische Probleme, die sich in retrospektiver (vgl. Alfano et al., 2002; Hirvensalo et al., 2000; Kraut et al., 2003) Überschätzung der Jugendlichen-Aktivität äußern, sind nicht auszuschließen, obwohl prospektive Studien zu ähnlichen Ergebnissen führten.

Statistische Herangehensweisen können die Ergebnisse beeinflussen. Fünf Studien, die die PA als dichotome Variable auffassten (vgl. Boreham et al., 2004a; Gordon-Larson et al., 2004; Hirvensalo et al., 2000; Kraut et al., 2003; Tammelin et al., 2003), zeigten größere Tracking-Effekte als die acht Studien (vgl. Alfano et al., 2002; Beunen et al., 2004; Beunen et al., 2001; Campbell et al., 2001; De Bourdeaudhuij et al., 2002; Kemper et al., 2001a; Kemper et al., 2001b; Trudeau et al., 2004), die kontinuierliche Indizes benutzten.

Zusammenfassend legt die Literatur nahe, dass die PA in der Jugend einen entscheidenden Beitrag zum Niveau der PA im Erwachsenenalter leistet. Die Studien erlauben jedoch keinen Schluss darauf, wie hoch das Ausmaß der körperlichen Aktivität in der Jugend sein muss, um einen aktiven Lebensstil im Erwachsenenalter zu bedingen.

Auf eine Studie, die ein besonderes Schlaglicht auf das Setting Schule wirft, sei wegen der Aktualität der Diskussion in diesem Kontext besonders eingegangen. Im Rahmen des *Australian Health and Fitness Survey* wurden 1985 insgesamt 109 Schulen aufgefordert, das Ausmaß des obligatorischen Schulsports zu melden. Das Aktivitätsniveau wurde klassifiziert in

- niedrig: weniger als 110 min/Woche für die Primarstufe bzw. weniger als 150 min/Woche für die Sekundarstufe;
- mittel: 110-150 min/Woche für die Primarstufe, 150-189 min/Woche für die Sekundarstufe;
- hoch: mehr als 150 min/Woche für die Primarstufe, mehr als 190 min/Woche für die Sekundarstufe.

Des Weiteren wurden insgesamt 6.412 Kinder bezüglich ihrer obligatorischen Schul-PA und freien, nicht organisierten Aktivität befragt. Zusätzlich erfolgten anthropometrische Leistungsmessungen. 2004 konnten nach 20 Jahren 2.346 Kinder nachuntersucht werden. Das Ausmaß der obligatorischen PA aus den Reports der Schulen hatte keine Assoziation zur PA, PF oder zum Übergewicht im Erwachsenenalter. Setting-Strategien, die nur an der Zahl der Unterrichtsstunden zur Förderung der PA ansetzen, scheinen nicht suffizient genug zu sein, um PA und PF wie auch die Prävalenz von Übergewicht zu beeinflussen (vgl. Cleland et al., 2008).

4.3.3 Tracking körperliche Inaktivität

Bisher wurde das Tracking der PA immer als positives Summenspiel diskutiert. Die Bandbreite der alltäglichen PA bringt es mit sich, diesen Aspekt auch unter negativer Perspektive bis zum Nullsummenspiel zu diskutieren.

In der *Iowa Bone Development Study* wurden 379 Kinder, Ausgangsalter 5,6 Jahre und 8,6 Jahre beim Follow-up, untersucht. Schon im Kindesalter war inaktives Verhalten voraussagbarer und stabiler (r = 0,37-0,52) als aktives Verhalten (r = 0,18-0,39; vgl. Janz et al., 2005). Auch Malina (1996) interpretiert seine Daten in dem Sinne, dass Inaktivität besser zu „tracken" scheint als Aktivität (19 in 1). Die *Cardiovascular Risk in Young Finns Study* (Eingangsalter: 12, 15 und 18 Jahre, 6 Jahre Follow-up) zeigte für körperliche Inaktivität bessere Tracking-Resultate als für PA. 57 % derer, die zu Beginn einen inaktiven Lebensstil führten, waren inaktiv beim 6-Jahres-Follow-up (bei den Hochaktiven waren es nur 44 %). Frühe Gewöhnung an einen inaktiven Lebensstil scheint einen stärker modifizierenden Effekt auf das spätere Aktivitätsmuster zu haben als die Gewöhnung an ein hohes Aktivitätsniveau (vgl. Raitakari et al., 1994). Die *Leuven Growth Study of Flemish Girls* (vgl. Matton et al., 2006; 138 Mädchen, Beobachtungszeitraum: Alter von 16,6 bis 40,5 Jahre) zeigt, dass weniger Aktivität besser zu „tracken" scheint als höhere Aktivität. 62 % der weniger Aktiven bleiben weniger aktiv, lediglich 54 % der Aktiven bleiben aktiv. Von 17-jährigen inaktiven flämischen Jungen bleiben im Alter von 30 Jahren 78 % inaktiv, während nur 38 % zur moderat aktiven Gruppe und 34 % zur aktiven Gruppe im Alter von 30 Jahren zählen (vgl. Vanreusel et al., 1997).

Auch die *Amsterdam Growth and Health Study* (AGAHLS; 400 Jungen und Mädchen, Beobachtungszeitraum beginnend mit dem 13. Lebensjahr über 20 Jahre) zeigt ähnliche Ergebnisse. 42 % der 13 bis 17 Jahre alten Mädchen in der niedrigsten Gruppe für körperliche Aktivität, unterhalb der 25. Perzentile, verbleiben in der gleichen Risikogruppe im Alter von 27 Jahren (vgl. Twisk et al., 2002a).

Bei den Daten aus dem *Baltimore Schuldistrict* fand sich eine Beziehung zwischen dem PF-Test-Score bei den Jugendlichen und dem PA-Muster bei den jungen Männern und zwar besonders für die Betrachtung unter negativer Perspektive. Die Tests, die die Ausdauerleistungsfähigkeit (548,6-Meter-Lauf) und die Rumpfkraft (max. Zahl von Sit-ups) messen, haben die engste Beziehung zur körperlichen Inaktivität. Der Ausdauertest war der aussagekräftigste. Niedrige „Scores" (unter 20 %) bei 10-jährigen Jungen hatten einen genauso großen Vorhersagewert wie bei 17- bis 18-jährigen (vgl. Dennison et al., 1988).
Viele Lifestyle-Gewohnheiten werden während der Kindheit und Jugend etabliert, körperliche Aktivität und Trainingsgewohnheiten mögen ebenso in diesen formativen Jahren geprägt werden. Die Identifikation der Kinder mit hohem Risiko, inaktive Erwachsene zu werden, würde es erlauben, zielgerichtete Interventionsprogramme für diese Kinder zu implementieren (vgl. Dennison et al., 1988).

Negative Tracking-Effekte von erzwungener PA in der Kindheit und Jugend
Kinder und Jugendliche, die in ihrer Entwicklung zur PA gezwungen wurden, werden nicht selten im Erwachsenenalter inaktiv (vgl. Taylor et al., 1999).

4.4 Tracking-Pfade II-IV

4.4.1 Cross Tracking körperliche Fitness – körperliche Aktivität zu Gesundheit – Morbidität

Die kausale Beziehung zwischen PF/PA und dem Auftreten von z. B. kardiovaskulären Erkrankungen wurde für Erwachsene etabliert (vgl. Blair et al., 1995; Blair et al., 1989). Für Kinder und Jugendliche ist wenig bekannt, wie gut PF und PA ins Jugend- und Erwachsenenalter „tracken" (vgl. Kemper et al., 1990; Malina, 1996; Pate et al., 1996).

Der Versuch, die Beziehung von PF und PA zur Gesundheit bzw. Morbidität im Kindes- und Jugendalter mittels statistischer Verfahren zu quantifizieren, krankt an der Schwierigkeit, Gesundheit bzw. Morbidität in jungen Jahren adäquat zu erfassen. Morbidität wird zumeist erst relativ spät in der Lebensspanne zu einem klar quantifizierbaren Phänomen. Selbst der Atem der bisher längsten vorliegenden Longitudinalstudien ist noch zu kurz, um bis in die Lebensabschnitte hinein zu reichen, die repräsentative Morbiditätszahlen zu liefern vermögen. Die Forschung in diesem Feld ist daher nach wie vor auf Querschnittsuntersuchungen angewiesen oder muss sich bei Längsschnittbetrachtungen häufig mit Risikoindikatoren und bestenfalls Risikofaktoren begnügen, mit all ihren Unsicherheiten, was Vorhersagewert und Repräsentativität betrifft.

Kindheit – Kindheit

Es ist bekanntermaßen schwierig, eine Beziehung zwischen kindlicher PF und PA und Morbidität herzustellen, da die Kindheit eine der stabilsten gesundheitlichen Phasen ist und sich durch eine geringe Inzidenz von Erkrankungen auszeichnet.

Der dänische Zweig der *European Youth Heart Study* (EYHS) konnte anhand der Daten von 589 Kindern im Alter von acht bis zehn Jahren nachweisen, dass das gesamte Ausmaß körperlicher Aktivität (PA), gemessen mit Accelerometern, verbunden ist mit einem geclusterten metabolischen Risiko und dass diese Beziehung von der Gesamtzeit des Fernsehkonsums und anderen Einflussfaktoren unabhängig ist (vgl. Ekelund et al., 2006). Auch die PF war mit dem geclusterten metabolischen Risiko verbunden (vgl. Anderssen et al., 2007). Die Autoren der *Schweizer-KISS-Studie* interpretieren ihre Daten dahingehend, dass eine Verminderung der PF bei Schulkindern, unabhängig von BMI, Alter und Geschlecht, mit einer Erhöhung der kardiovaskulären Risikofaktoren verbunden ist (vgl. Kriemler et al., 2007). Die spanische *AVENA Study* (vgl. Ortega et al., 2005; Ortega et al., 2008) stellt auch für eine Subkohorte 9-jähriger Kinder fest, dass ein hohes Niveau kardiorespiratorischer Fitness mit einem gesünderen kardiovaskulären Profil assoziiert ist.

Kindheit – Jugend

Die *Muscatine Study* erklärt anhand der Daten von 124 gesunden Kindern mit einem Einstiegsalter von 10,5 Jahren und einem Follow-up von fünf Jahren das Ausmaß des Trackings durch die Beschreibung der erklärenden Varianz für ausgewählte Fitnessfaktoren. Veränderungen der Muskelkraft erklären 5 % der 5-Jahres-Variabilität beim systolischen Blutdruck, Veränderungen der PF erklären 11 % der 5-Jahres-Variabilität des „high-density-lipoprotein" (HDL)/Gesamtcholesterin-Quotienten und 5 % der „low-density-lipoprotein" (LDL)-Variabilität. Veränderungen der PF und der Kraft erklären 15 % der 5-Jahres-Variabilität der Adipositas und 15 % des Ausmaßes der abdominalen Fetteinlagerung (vgl. Janz et al., 2002).

Die *European Youth Heart Study* (EYHS; vgl. Ekelund et al., 2007) ist eine zweiarmige Querschnittsstudie, die die Natur und das Ausmaß personeller, umgebungsbedingter und lebensstilverursachter Faktoren auf die CVD-Risikofaktoren bei europäischen Kindern untersucht. Eingeschlossen sind 1.092 Kinder zwischen neun und zehn Jahren (Jungen: n = 544, Mädchen: n = 548) und 829 Jugendliche im Alter von 15 bis 16 Jahren (Jungen: n = 367, Mädchen: n = 462). Die PA wurde mittels Accelerometrie, die PF mittels eines Ergometertests und die gesundheitsbezogenen Parameter klinisch bzw. laborchemisch erhoben. Untersuchte Regionen waren Odense in Dänemark, Tartu in Estland und die portugiesische Insel Madeira.

PA und PF sind bei Kindern unabhängig voneinander signifikant verbunden mit Gesundheitsindikatoren wie Insulin-Resistenz, Hyperglykämie, Hyperlipidämie und einem geclusterten metabolischen Risiko. Die Beziehung ist unabhängig von Körperfettmasse und anderen möglichen Einflussfaktoren. Die Beziehung zwischen PF und geclustertem metabolischen Risiko ist partiell beeinflusst durch Übergewicht. Hingegen ist die Beziehung zwischen PA und geclustertem metabolischen Risiko unabhängig vom Übergewicht. PF ist zwar hoch signifikant jedoch nur schwach ($r = 0,14$, $p < 0,0001$) mit der PA korreliert. Die mit Accelerometern gemessene totale PA hat keinen unabhängigen Effekt auf metabolische Risikofaktoren bei Kindern und Jugendlichen. PF ist stärker korreliert zum metabolischen Risiko als PA (vgl. Rizzo et al., 2007). Vigorous PA hat hingegen eine stärkere Assoziation zum metabolischen Risiko „Score" und deutet auf den günstigen Effekt höherer PA auf das metabolische Risiko hin (vgl. ebd.). PF und PA scheinen demnach das metabolische Risiko auf unterschiedlichen Wegen zu beeinflussen.

Diese Erkenntnis kann Bedeutung für „Public-Health"-Implikationen besitzen, denn wenn man den totalen Betrag von PA erhöht, ergeben sich positive Effekte, unabhängig vom Niveau der PF und dem Körperfettstatus. Erhöhung der PA durch Spiele, aktive Fortbewegung (Fahrrad), Freizeitaktivität und Teilnahme am Sport kann sich nachweislich positiv auf das metabolische Risikoprofil auswirken. Es dürfte leichter sein, Kinder zur Teilnahme an PA zu ermutigen, die nicht notwendigerweise anstrengend ist und einen höheren Grad von Erschöpfung nach sich zieht, als es zum Erreichen von Trainingseffekten für die PF notwendig ist. Die Resultate sind nicht durch das Geschlecht oder die Studienlokalisation beeinflusst, scheinen also für einen großen Teil der europäischen Kinder generalisierbar zu sein.

Jugend – Jugend
Twisk stellt in einer Metaanalyse 2001 fest, dass jugendliche PA einen Einfluss auf das Morbiditätsrisiko von Jugendlichen zu haben scheint. Die Kurzzeit-Einflüsse wurden von ihm in drei Haupteffekten zusammengefasst:

- Es besteht kein konsistenter Effekt auf Blutlipide, Blutdruck und Zuckerspiegel.
- Es findet sich eine positive Relation zum HDL-C und zur kardiorespiratorischen Fitness und eine negative zur Fettleibigkeit.
- Eine Steigerung der Knochenmasse, des Selbstbewusstseins und eine Senkung des Stresslevels sind feststellbar.

Ein Update dieser Metaanalyse liefern einige weitere Studien, die positive Effekte der PA in der Jugend zeigten, so auf den systolischen wie diastolischen Blutdruck und die Reduzierung der Fettmasse (vgl. McMurray et al., 2002). In einer prospektiven Studie konnte der Sport den Schutz gegen eine geringe Knochenmasse um den Faktor sieben erhöhen (vgl. Ford et al., 2004).
Festzustellen bleibt, dass, selbst wenn PA in der Jugend die Morbidität in der gleichen Altersspanne nicht beeinflusst, doch ein Einfluss auf die Morbidität im Erwachsenenalter möglich ist.

Jugend – Erwachsenenalter
Der Tracking-Pfad von der Jugend bis zum Erwachsenenalter ist derjenige, der am besten durch Longitudinalstudien belegt ist (vgl. Twisk et al., 2002b). Vier der sechs Longitudinalstudien analysieren Daten der PA und PF in der Jugend unter dem Aspekt der Prädiktion von CVD-Risikofaktoren im Erwachsenenalter:

- The *Amsterdam Growth and Health Study*: Beobachtungsdauer: 20 Jahre; 8 Messzeitpunkte; Altersspanne: 13. bis 32. Lebensjahr; 212 Männer, 241 Frauen;
- The *Leuwen Longitudinal Study on Lifestyle, Fitness and Health*: Beobachtungsdauer: 27 Jahre, 9 Wiederholungsmessungen; Altersspanne: 13. Lebensjahr + 27 Jahre; 166 belgische Jungen;
- The *Northern Ireland Young Hearts Project*: Beobachtungsdauer: 9 Jahre; Altersspanne in zwei Kohorten 12. bzw. 15. Lebensjahr + 9 Jahre; 226 Schüler und 193 Schülerinnen;

– The *Danish Youth and Sports Study*: Beobachtungsdauer: 8 Jahre; 2 Wiederholungsuntersuchungen, Altersspanne 15. bis 19. Lebensjahr + 8 Jahre; 88 Männer und 117 Frauen.

The Amsterdam Growth and Health Study (AGAHLS; vgl. Twisk et al., 2002a)
Nur zwei Fitnessparameter, VO_2max und der maximale Leistungsanstieg, zeigten eine Korrelation zum CVD-Risiko. Es bestand eine inverse Korrelation zu Hautfaltendicke, Hüftumfang und Serum-Cholesterin. Für PA fand sich keine Korrelation zu einem gesunden CVD-Risiko-Profil. Jedoch besteht eine inverse Korrelation zwischen dem Ausmaß der Abnahme des Aktivitätsniveaus und dem HDL-Spiegel. Die Probanden mit dem steilsten Abstieg im Aktivitätsniveau zwischen dem 13. und 32. Lebensjahr hatten den niedrigsten HDL-Spiegel.

The Leuven Longitudinal Study on Lifestyle, Fitness and Health
Für das retrospektiv erfragte Sportniveau im Alter von 13 bis 18 Jahren fanden sich keine Korrelationen zu kardiovaskulären Risikofaktoren im Alter von 40 Jahren (vgl. Lefevre et al., 2002). Tägliche PA bzw. Inaktivität über einen längeren Zeitraum im Erwachsenenalter zeigte hingegen eine schwache Korrelation zu kardiovaskulären Risikofaktoren im Alter von 40 Jahren, wie dem prozentualen Fettanteil, dem Hüftumfang und der VO_2max. Die Korrelationskoeffizienten variierten zwischen 0,28 und 0,63 (vgl. ebd.).

The Northern Ireland Youth Hearts Project (vgl. Boreham et al., 2004b)
PF und sportbezogene PA in der Jugend waren invers mit der arteriellen Wandsteifigkeit assoziiert. Die Assoziationen waren stark vermittelt durch PF, während PA die Beziehung nicht wesentlich beeinflusste. Arterielle Wandsteifigkeit scheint nur dann beeinflussbar, wenn die körperliche Fitness als Zielperspektive mit angestrebt wird.

Danish Youth and Sports Study
Die Beziehung zwischen PF und PA in der Adoleszenz und dem Niveau von CVD-Risikofaktoren im Erwachsenenalter war generell gering. Es fand sich eine gute Korrelation zwischen dem Ausmaß der Veränderung der PF, besonders der VO_2max, und den CVD-Risikofaktoren, besonders bei den Männern. Bei Frauen erbrachte die Größenordnung der Veränderungen von PF und PA nur geringe Korrelationen zum CVD-Risiko, während die direkten Korrelationen besser ausfielen als bei den Männern. Das Ausmaß der Veränderungen des PF-Niveaus, speziell der aeroben Leistungsfähigkeit, scheint ein besserer Prädiktor für CVD zu sein als die Absolutwerte (vgl. Hasselstrom et al., 2002).

Die Beziehung zwischen einem Expositionsfaktor wie PF und dem CVD-Risiko ist stärker, wenn die Risikofaktoren geclustert werden, dies gilt vor allem im Vergleich zu einem einzelnen Risikofaktor. Die Wahrscheinlichkeit (OR) dafür, dass „ein Fall" auch „ein Fall" bei der zweiten Prüfung nach acht Jahren sein könnte, betrug 6,0. Die Zahl der Risikofaktoren im Eingangsalter korrelierte positiv mit der Zahl der Risikofaktoren bei der zweiten Prüfung r = 0,42 (p < 0,001; vgl. Andersen et al., 2004).

Ein *systematischer Review* aus dem Jahre 2006 fasst Studien der Jahre 2000 bis 2004 zusammen (vgl. Hallal et al., 2006). Es gibt nur eine begrenzte Zahl von Studien, die die direkte Beziehung zwischen PA in der Jugend und dem gesundheitlichen Status (Morbidity) im Erwachsenenalter untersuchten.

Twisk vertrat in einem früheren Review aus dem Jahre 2001 die Auffassung, dass die einzige klassische und vielleicht die einzig wahre Tracking-Studie die *Harvard-Alumni-Studie* von Paffenbarger et al. aus dem Jahre 1986 sei. Pfaffenbarger fand keine Beziehung zwischen der PA in der Jugend und der Inzidenz von kardiovaskulären Erkrankungen im Erwachsenenalter. Daraus wurde geschlossen, dass der PA-Ertrag schnell verloren geht. Früher Aktive scheinen das gleiche Risiko aufzuweisen wie konstant Inaktive.

Andere Studien zeigen jedoch mehr positive Evidenz für langfristigen Nutzen von PA in der Jugend im Hinblick auf den Gesundheitszustand des Erwachsenen.

Okasha et al. (2003) zogen aus 16 *Case-Control-Studien* den Schluss, dass PA in der Jugend das Brustkrebsrisiko senkt, obwohl eine Aussage darüber, ab welchem Umfang der körperlichen Aktivität dieser Effekt zu beobachten war, nicht getroffen werden konnte.

Karlsson schloss in einem aktuellen Review (2004), dass PA im Jugendalter das Frakturrisiko im Alter positiv beeinflusst, der Evidenzgrad dieser Aussage ist begrenzt. Khan et al. (2000) betonten die vitale Rolle der Adoleszenten-PA für die Knochendichte („peak bone mass"), dieser Benefit sei bis ins Erwachsenenalter zu verfolgen. Das American College of Sports Medicine stellt in diesem Zusammenhang in einem Statement fest: Es gibt eine gewisse Evidenz, dass in der Kindheit durch Bewegung induzierte Erfolge bezogen auf die Knochenmasse langfristige Auswirkungen auf die Knochengesundheit des Erwachsenen haben.

Bezogen auf Risikofaktoren für kardiovaskuläre Erkrankungen fanden drei prospektive Studien (vgl. Boreham et al., 2002; Hasselstrom et al., 2002; Lefevre et al., 2002) keinen Zusammenhang zwischen PA im Jugendalter und Risikofaktoren im Erwachsenenalter. Es finden sich keine Langzeit-Ergebnisse mit positivem Effekt der PA in der Jugend auf die kardiovaskuläre Morbidität. Es sei noch einmal auf das methodische Problem der Erfassung der PA hingewiesen.

Eine *irische Studie*, die für PA keine Beziehung fand, konnte in der gleichen Studie für PF erfolgreiche Veränderungen gesundheitsrelevanter Risikoindikatoren erfassen.

Eine prospektive Geburts-Kohorten-Studie (vgl. Hancox et al., 2004) fand, dass Inaktivität in Kindheit und Jugend mit einem höheren BMI sowie anderen Risikoindikatoren im Erwachsenenalter assoziiert ist.

Zusammenfassend weist die Literatur auf einen positiven Langzeit-Effekt von jugendlicher körperlicher Aktivität auf die Knochenmasse hin. Für Brustkrebs sind die meisten Studien positiv. Bezogen auf die Risikofaktoren der kardiovaskulären Erkrankungen sind die Befunde negativ. Inaktivität in der Kindheit und Jugend, ebenso wie geringe PF in der Jugend sind dagegen beide mit negativen gesundheitlichen Folgen im Erwachsenenalter verbunden.

Der momentane Erkenntnisstand legt den Schluss nahe, dass PA und PF in der Jugend nicht alle positiven Effekte zu erfüllen vermögen, die man ihnen in den früheren Jahren zugeschrieben hatte. Die eindeutigen Vorteile rechtfertigen jedoch die konsequente Promotion der PA und PF im Kindes- und Jugendalter, besonders aus dem Blickwinkel „public health". Gesundheitliche Effekte haben typischerweise lange Induktionsperioden, und demnach können die Effekte von PA und PF auf die Gesundheit erst nach Jahren oder Jahrzehnten sicht- und messbar werden.

4.5 Zusammenfassung

Die Bedeutung von Bewegung und Sport für die Gesundheit im Erwachsenenalter ist unstrittig und vielfach belegt. Obwohl die Kindheit und Jugend Zeiträume weitgehend stabiler Gesundheit sind, setzt sich die Erkenntnis durch, dass die Wurzeln vieler Zivilisationserkrankungen in der Kindheit, vor allem in den in dieser Zeit erworbenen Verhaltensmustern, zu suchen sind. Die Forderung nach frühzeitiger Prävention durch Bewegung und Sport sind allgegenwärtig, die Frage nach der adäquaten Dosis ist jedoch weiterhin wissenschaftlich unklar.

Forschungsansätze, vor allem der epidemiologischen Forschung, versuchen, den Prozess der Übertragung von physiologischen und verhaltensbedingten Faktoren von jungen Jahren ins Erwachsenenalter und seine Auswirkungen auf die Gesundheit aufzuhellen und zu quantifizieren. Der Terminus für diese Betrachtungsweise lautet *Tracking*. In dem komplexen Gefüge sind direkte von indirekten Tracking-Pfaden zu unterscheiden.

Das Begriffspaar Bewegung und Sport wird in Angleichung an die angloamerikanische Literatur durch die Begriffe körperliche Aktivität (PA) und körperliche Fitness (PF) ersetzt. PA steht für die Gesamtheit aller Körperbewegungen, während PF für den „Endpunkt" der körperlichen, zumeist intensiveren Aktivität steht. PA kann über Fragebögen erfasst werden oder über die in den letzten Jahren zunehmend mehr verfügbaren Geräte zur Bewegungsaufnahme. Zur Ermittlung der PF steht eine Vielzahl von validen Instrumentarien zur Verfügung.

* *Tracking körperliche Fitness (PF)*: Die körperliche Fitness „trackt" auf moderatem Niveau von der Kindheit ins Jugendalter, wobei die Wahrscheinlichkeit bei den Extremen, nämlich dass unfitte Kinder unfit und sehr fitte Kinder sehr fit bleiben, am größten ist. Das Ausmaß des Trackings von der Jugend ins Erwachsenenalter ist noch geringer und differiert zudem zwischen unterschiedlichen Fitness-Charakteristika (wie Beweglichkeit und Ausdauer) erheblich.
* *Tracking körperliche Aktivität (PA)*: Trotz der methodologischen Schwierigkeiten der Erfassung von PA, kann von einem moderaten Tracking der PA von der Kindheit bis ins Jugendalter ausgegangen werden. Beim Tracking von der Jugend bis ins Erwachsenenalter ist zwar ein konsistenter, jedoch relativ schwacher Effekt zu beobachten.
* *Tracking körperliche Inaktivität*: Die Befunde der Literatur legen nahe, dass geringe körperliche Aktivität oder gar Inaktivität besser zu „tracken" scheint als hohe körperliche Aktivität.
* *Cross Tracking körperliche Fitness – körperliche Aktivität zu Gesundheit – Morbidität*: Trotz der methodischen Schwierigkeiten, Gesundheit adäquat zu erfassen, sprechen einige Befunde dafür, dass es eine direkte Beziehung zwischen der Ausprägung von PA und PF und Gesundheitsparametern in der Kindheit gibt. Die Tracking-Stärke von PA und PF zur Gesundheit von der Kindheit zur Jugend ist zwar signifikant, bewegt sich jedoch auf recht niedrigem Niveau. Jugendliche PA und PF weisen positive Langzeiteffekte für einige Gesundheitsparameter im Erwachsenenalter auf, wie z. B. für Knochendichte und die Vermeidung von Brustkrebs. Bezogen auf die Risikofaktoren der kardiovaskulären Erkrankungen sind die Befunde eher ernüchternd. Inaktivität in Kindheit und Jugend ist hingegen deutlich mit negativen gesundheitlichen Folgen im Erwachsenenalter verbunden.

Der momentane Erkenntnisstand legt den Schluss nahe, dass PA und PF in der Kindheit und Jugend im Erwachsenenalter nicht alle positiven Effekte zu erfüllen vermögen, die man ihnen gerne zuschreiben möchte und zugeschrieben hat. Die Tendenzen, die allerdings auch derzeit schon aus der Datenlage ersichtlich sind, rechtfertigen jedoch eine konsequente Förderung der PA und PF im Kindes- und Jugendalter.

Klaus Völker

5 Risikofaktor Adipositas

5.1 Einleitung

Übergewicht und Adipositas sind heute nicht nur im Erwachsenenalter häufig. Inzwischen sind auch viele Kinder betroffen. In den letzten Jahrzehnten ist die Prävalenz von Übergewicht bei Kindern in nahezu allen europäischen Ländern stark angestiegen (vgl. Jackson-Leach & Lobstein, 2006; Kurth & Schaffrath Rosario, 2007). Aufgrund von Extrapolierungen kann aus den vorliegenden Daten ein Trend für die Zukunft berechnet werden. Bei einem linearen Anstieg werden im Jahr 2010 etwa 26,7 Millionen Schulkinder (36,7 %) übergewichtig sein, davon 6,4 Millionen (8,8 %) adipös. Bis zu diesem Zeitpunkt steigt die Prävalenz mit einer Rate von etwa 1,3 Millionen pro Jahr weiter an (vgl. Jackson-Leach & Lobstein, 2006).

Aufgrund ihrer hohen Prävalenz, Morbidität und Mortalität ist die Adipositas eine der wichtigsten gesellschaftlichen und gesundheitspolitischen Herausforderungen unserer Zeit. Experten und Verantwortliche sprechen inzwischen von einer weltweiten „Adipositaskrise". Sie erfordert wirksame Maßnahmen der Prävention und Gesundheitsförderung.

5.2 Definitionen, Epidemiologie und Trends

Ein hohes Körpergewicht ist heute die häufigste ernährungsabhängige Gesundheitsstörung bei Kindern. Zur Definition von Übergewicht und Adipositas fehlen jedoch einheitliche Kriterien. Der Body-Mass-Index (BMI = Körpergewicht/Körpergröße^2 [kg/m^2]) ist ein akzeptables Maß für die Körperfettmasse und er ist einfach messbar. Der BMI ist aber nur ein indirektes Maß der Fettmasse, er beschreibt auch nicht die Körperfettverteilung. Das gesundheitliche Risiko wird somit nicht ausreichend charakterisiert (vgl. Seidell, 1999; Lobstein, Baur & Uauy, 2004). Für die Beurteilung des Risikos werden deshalb neben dem BMI noch andere Charakteristika des Ernährungszustandes (z. B. der Taillenumfang) verwendet (vgl. Plachta-Danielzik, Landsberg, Johannsen, Lange & Müller, 2008).

Die Grenzwerte (sog. Cutoffs) zur Festlegung von Übergewicht (BMI ≥ 25 kg/m^2) und Adipositas (BMI ≥ 30 kg/m^2) bei Erwachsenen beruhen auf der Assoziation des BMI zu seiner Komorbidität (vgl. Weltgesundheitsorganisation [WHO], 2000). Diese Cutoffs können jedoch nicht ohne Weiteres auf das Kindesalter übertragen werden, da der BMI physiologischen Veränderungen unterliegt, die in den alters- und geschlechtsabhängigen Veränderungen von Größe, Gewicht, Fettmasse und Fettverteilung begründet sind. Daher empfiehlt die Arbeitsgemeinschaft Adipositas im Kindes- und Jugendalter (AGA, 2006) die Verwendung alters- und geschlechtsspezifischer deutscher Referenzdaten (vgl. auch Kromeyer-Hauschild et al.[1], 2001). Diese Referenzwerte berücksichtigen jedoch nicht – wie die Grenzwerte für Erwachsene – das gesundheitliche Risiko bzw. die Komorbidität von Übergewicht und Adipositas. Neben den deutschen BMI-Perzentilen gibt es internationale Cutoffs für Kinder, die von der International Obesity Task Force (IOTF) zum Zwecke der Vereinheitlichung und des internationalen Vergleichs erstellt worden sind (vgl. Cole, Bellizzi, Flegal & Dietz, 2000). Diese IOTF-Referenzwerte stehen in Beziehung zum gesundheitlichen Risiko von Übergewicht und Adipositas. Ihre Verwendung wird von der AGA dennoch nur für den Vergleich von Prävalenzraten zwischen den Ländern empfohlen (vgl. AGA, 2006).

Tab. 5.1. Häufigkeit von Übergewicht und Adipositas nach Altersgruppen und Geschlecht im Kinder- und Jugendgesundheitssurvey (vgl. Kurth & Schaffrath Rosario, 2007) und in der Kieler Adipositas-Präventionsstudie (vgl. Landsberg, 2007) (Erläuterungen: P90, P97: alters- und geschlechtsspezifische Perzentilen nach Kromeyer-Hauschild et al., 2001; 95 %-KI: 95 %-Konfidenzintervall)

	Anzahl	Übergewicht (≥ P90-< P97) in % (95 %-KI)	Adipositas (≥ P97) in % (95 %-KI)
KiGGS: 3-6 Jahre			
Jungen	1934	6,4 (5,2-7,9)	2,5 (1,8-3,4)
Mädchen	1902	6,0 (5,1-7,1)	3,3 (2,4-4,5)
Gesamt	3836	6,2 (5,4-7,1)	2,9 (2,3-3,6)
KOPS: 5-6 Jahre			
Jungen	2437	6,4 (5,4-7,4)	6,0 (5,1-6,9)
Mädchen	2442	7,7 (6,6-8,8)	5,5 (4,6-6,4)
Gesamt	4879	7,0 (6,3-7,7)	5,7 (5,0-6,4)
KiGGS: 7-10 Jahre			
Jungen	2119	8,9 (7,6-10,4)	7,0 (5,8-8,3)
Mädchen	2012	9,0 (7,6-10,7)	5,7 (4,7-6,9)
Gesamt	4131	9,0 (8,0-10,0)	6,4 (5,6-7,3)
KOPS: 7-10 Jahre			
Jungen	2109	11,7 (10,3-13,1)	6,0 (5,0-7,0)
Mädchen	2156	10,9 (9,6-12,2)	6,1 (5,1-7,1)
Gesamt	4265	11,3 (10,3-12,3)	6,1 (5,4-6,8)

---

1 Vgl. auch Kromeyer-Hauschild, Wabitsch, Kunze, Geller, Geiß, Hesse, von Hippel, Jaeger, Johnsen, Korte, Menner, Müller, Müller, Niemann-Pilatus, Remer, Schaefer, Wittchen, Zabransky, Zellner, Ziegler und Hebebrand (2001).

In Deutschland gibt es aktuelle und repräsentative Daten bezüglich der Prävalenz von Übergewicht und Adipositas bei Kindern. Nach dem *Kinder- und Jugendgesundheitssurvey (KiGGS)* des Robert Koch-Instituts sind heute 6,2 % der 3- bis 6-jährigen Kinder übergewichtig, 2,9 % sind adipös (vgl. auch Tab. 5.1; Kurth & Schaffrath Rosario, 2007). Bei den 7- bis 10-jährigen Kindern liegt die Prävalenz von Übergewicht bei 9,0 %, die Prävalenz von Adipositas bei 6,4 %. Bezogen auf die deutschen Referenzwerte aus den 1990er-Jahren (vgl. Kromeyer-Hauschild et al., 2001) ist die Prävalenz von Übergewicht und Adipositas bei Kindern zwischen sieben und zehn Jahren angestiegen.

Ältere Kinder sind häufiger von Übergewicht und Adipositas betroffen als jüngere. Geschlechtsspezifische Unterschiede finden sich nicht (vgl. Kurth & Schaffrath Rosario, 2007).

Diese Daten stimmen mit den Ergebnissen anderer, zeitgleich durchgeführter Studien überein. Im Rahmen der *Kieler Adipositas-Präventionsstudie* (KOPS) wurde der BMI von insgesamt 9.144 Kindern im Alter zwischen fünf und zehn Jahren erfasst (vgl. Danielzik, Pust, Landsberg & Müller, 2005). Die Prävalenz von Übergewicht beträgt im Alter von fünf bis sechs Jahren 7,0 %, im Alter von sieben bis zehn Jahren 11,3 % (vgl. auch Tab. 5.1). 5,8 % bzw. 6,3 % der Kinder sind adipös.

Neben den Ergebnissen der Querschnittuntersuchungen fehlen aber in Deutschland weitgehend Daten aus Längsschnittuntersuchungen. Aus KOPS liegen longitudinale Daten von 1.764 Kindern vor (vgl. Plachta-Danielzik, Pust, Asbeck, Czerwinski-Mast, Langnäse, Fischer, Bosy-Westphal, Kriwy & Müller, 2007). Aus den 4-Jahres-Veränderungen errechnen sich die Persistenz, Remission und Inzidenz von Übergewicht. Die Persistenz von Übergewicht ist hoch: 79,1 % der Kinder, die im Alter von sechs Jahren übergewichtig waren, bleiben bis zum Alter von zehn Jahren übergewichtig. Nur 20,9 % der übergewichtigen Kinder werden über einen Zeitraum von vier Jahren normalgewichtig (= Remission). 10,8 % der im Alter von sechs Jahren normalgewichtigen Kinder werden innerhalb von vier Jahren übergewichtig. Der Vergleich zur Gesamtzahl der Übergewichtigen zeigt an, dass es auch in Zukunft zu einer weiteren Zunahme von übergewichtigen und adipösen Erwachsenen kommen wird.

Bei Erwachsenen und auch bei Kindern besteht eine inverse Beziehung zwischen Übergewicht und sozialem Status (vgl. Sobal & Stunkard, 1989; Langnäse, Mast & Müller, 2002; Kurth & Schaffrath Rosario, 2007; Shrewsbury & Wardle, 2008). Kinder aus Familien mit einem niedrigen sozioökonomischen Status („*socio-economic status*", SES) sind häufiger übergewichtig als Kinder aus sozial besser gestellten Familien. Diese Unterschiede werden z. B. durch einen schlechteren Zugang zu Ressourcen wie Bildung und Gesundheit erklärt. Sozial unterschiedlich determinierte Verhaltensmuster (= Lebensstil) erklären aber die sozialen Unterschiede bezüglich des Übergewichts nur anteilig. Der soziale Effekt ist bei Mädchen stärker ausgeprägt als bei Jungen (vgl. Danielzik, Czerwinski-Mast, Langnäse, Dilba & Müller, 2004; Richter, 2005).

Im Vergleich verschiedener Sozialgruppen haben Migranten ein besonders hohes Risiko für Übergewicht. Migranten leben mehrheitlich unter schlechteren sozialen und ökonomischen Bedingungen (vgl. BMGS, 2005). Aufgrund schlechterer Bildung und Ausbildung sind Erwerbslosigkeit und die Inanspruchnahme von Sozialleistungen in ausländischen Familien häufiger als in Familien deutscher Herkunft. Zusätzlich gibt es kulturell begründete Unterschiede im Lebensstil, die für das höhere Übergewichtsrisiko einiger Minderheiten verantwortlich gemacht werden können (vgl. Gordon-Larsen, Adair & Popkin, 2003).

Übergewicht ist nicht allein ein physiologisches Problem der Energiebilanz, sondern auch ein gesellschaftliches und somit ein „Public-Health"-Problem. Dies wird deutlich durch die hohe Prävalenz, die zunehmende Verbreitung, die hohe Komorbidität, die durch Adipositas verursachte Verkürzung der Lebenserwartung, die sozialen Auswirkungen, die hohen durch Therapien und Ausfallzeiten entstehenden Kosten, die begrenzten Therapiemöglichkeiten und die inzwischen öffentliche und auch politische Aufmerksamkeit, die das Problem erfährt (vgl. Must, Jacques, Dallal, Bajema & Dietz, 1992; Dietz, 1998; Kurth & Schaffrath Rosario, 2007).

5.3 Ursachen und Determinanten von Übergewicht und Adipositas

Trotz der Schwere und den Auswirkungen des Problems sowie auch intensiver Forschungsaktivitäten sind die Ursachen der weltweiten „Übergewichtsepidemie" noch nicht vollständig geklärt. Übergewicht entsteht, wenn die Energieaufnahme den Energieverbrauch übersteigt. Übergewicht ist das Ergebnis einer langfristig positiven Energiebilanz. Es ist daher naheliegend, kalorienreiche Ernährung (zu hoher Verzehr von energiedichten Lebensmitteln, wie z. B. Fastfood) sowie einen sitzenden Lebensstil (mit hoher Inaktivität bei gleichzeitig geringer körperlicher Aktivität) für die Entstehung von Übergewicht verantwortlich zu machen. Diese vermuteten Zusammenhänge können aber in wissenschaftlichen Studien nicht immer eindeutig belegt werden. In der Aufklärung der interindividuellen Varianz des Körpergewichts spielen Verhaltensvariablen wie Ernährung und körperliche Aktivität eine eher untergeordnete Rolle. Demgegenüber wiegen der gesellschaftliche Kontext und biologische Faktoren schwerer: Ein niedriger SES und das Übergewicht der Eltern sind die entscheidenden Determinanten des Übergewichts von Kindern (vgl. Langnäse et al., 2002; Langnäse, Mast, Danielzik, Spethmann & Müller, 2003; Danielzik et al., 2004; Lamerz, Kuepper-Nybelen, Wehle, Bruning, Trost-Brinkhues, Brenner, Hebebrand & Herpertz-Dahlmann, 2005). Weiterhin haben das Geburtsgewicht und Stillen eine für die Gewichtsentwicklung nachhaltige Bedeutung. Die Ergebnisse sprechen dafür, die nahe liegenden Ursachen (Ernährung, Aktivität, Inaktivität) in ihren Kontext (SES, Geschlecht, Umwelt) zu bringen, um ein besseres Verständnis des Problems zu ermöglichen.

Die Diskussion von Determinanten und Kontexten macht deutlich: Der Kampf gegen das Übergewicht ist eine gesellschaftliche Aufgabe, deren Ursachen nicht ausschließlich auf der individuellen Ebene zu bekämpfen sind.

5.4 Folgen von Übergewicht und Adipositas

Übergewicht und Adipositas sind langfristige Risiken für die Gesundheit und können schwerwiegende Erkrankungen zur Folge haben (vgl. Dietz, 1998; Reilly, 2005). Kardiovaskuläre Risikofaktoren, die im Erwachsenenalter mit Übergewicht assoziiert sind, sind häufig auch schon bei übergewichtigen bzw. adipösen Kindern zu beobachten: erhöhter Blutdruck und erhöhte bzw. erniedrigte Blutlipidwerte (vgl. auch Tab. 5.2) sowie Störungen des Glucosestoffwechsels. In Europa haben etwa 20 % der adipösen Kinder eine kardiovaskuläre Erkrankung (vgl. Lobstein & Jackson-Leach, 2006).

Tab. 5.2. Kardiovaskuläre Risikofaktoren nach BMI-Kategorien bei 10-jährigen Kindern der Kieler Adipositas-Präventionsstudie
(Erläuterungen: P90, P97: alters- und geschlechtsspezifische Perzentilen nach Kromeyer-Hauschild et al. (2001); IQR: Interquartilabstand; HDL: High Density Lipoprotein; LDL: Low Density Lipoprotein; n.s.: nicht signifikant; [1]Kruskal-Wallis-Test)

	Normalgewicht (<P90) Median (IQR)	Übergewicht (≥P90-<P97) Median (IQR)	Adipositas (≥P97) Median (IQR)	p^1
Systolischer Blutdruck [mm/Hg]	105 (98-110)	110 (104-120)	118 (110-120)	< 0,001
Diastolischer Blutdruck [mm/Hg]	60 (50-68)	63 (50-73)	68 (55-80)	< 0,001
Gesamtcholesterin [mg/dl]	169 (150-195)	169 (148-190)	169 (149-197)	n.s.
HDL-Cholesterin [mg/dl]	57 (49-65)	51 (42-60)	49 (43-58)	< 0,001
LDL-Cholesterin [mg/dl]	97 (76-119)	95 (77-114)	96 (81-116)	n.s.
Triglyzeride [mg/dl]	81 (53-115)	98 (62-160)	125 (72-173)	< 0,001

Neben der körperlichen Morbidität leiden viele übergewichtige Kinder unter ihrem Gewichtsstatus und der selbst wahrgenommenen Unattraktivität. Übergewichtige Kinder werden regelrecht stigmatisiert. Somit kann Übergewicht durchaus auch psychische Störungen und psychosoziale Auffälligkeiten mit sich bringen (vgl. Warschburger, 2006).

Übergewicht und Adipositas sind bei Kindern nachhaltig: Der Großteil adipöser Kinder, besonders der adipösen Jugendlichen, bleibt bis in das Erwachsenenalter adipös (vgl. Singh, Mulder, Twisk, van Mechelen & Chinapaw, 2008). Daher ist bei übergewichtigen und adipösen Kindern mit nachhaltigen gesundheitlichen Auswirkungen zu rechnen.

5.5 Prävention von Übergewicht im Kindesalter

Aufgrund der zunehmenden Verbreitung und der Persistenz von Übergewicht und Adipositas sowie deren Folgeerkrankungen sind Maßnahmen der frühzeitigen Gesundheitsförderung und primäre Prävention notwendig. Ein hohes Potential wird der Gesundheitsförderung in Schulen und Kindertagesstätten, als eine Maßnahme der universellen Prävention, zugesprochen. Dort kann die Gesundheit einer großen Zahl von Kindern innerhalb bestehender institutioneller Strukturen beeinflusst werden. Wissenschaftlich dokumentierte Erfolge solcher Programme sind aber selten (vgl. Lobstein et al., 2004; Summerbell, Waters, Edmunds, Kelly, Brown & Campbell, 2005). Gesundheitsförderung in Schulen und Kindertagesstätten hatte positive Effekte auf Wissen und Verhalten (z. B. Lebensstil und Ernährung), die Auswirkungen auf das Körpergewicht bzw. die Prävalenz von Übergewicht von Kindern waren und sind aber nur gering. Nur sehr wenige Studien haben einen positiven Effekt auf die Gewichtsentwicklung der Kinder gezeigt (vgl. ebd.). Zusammenfassend gilt: Frühe Maßnahmen der Gesundheitsförderung können das Problem *Übergewicht* nicht lösen.

5.5.1 Beispiel: Die Kieler Adipositas-Präventionsstudie

Im Rahmen der *Kieler Adipositas-Präventionsstudie* werden seit 1996 die wichtigsten Einflussfaktoren des Übergewichts bei Kindern sowie mögliche Strategien zur Prävention in Schulen und Familien untersucht (vgl. Müller, Asbeck, Mast, Langnäse & Grund, 2001). Zwischen 1996 und 2001 nahmen 780 Kinder der ersten Klassenstufe in 14 Interventionsschulen der Stadt Kiel an einem 6-stündigen Ernährungsunterricht teil. Die Botschaften des Programms waren, neben dem täglichen Verzehr von Obst und Gemüse und der Reduktion von Fett in der Ernährung, auch die Empfehlungen von mindestens einer Stunde körperlicher Aktivität und maximal einer Stunde Fernsehen und Computerspielen pro Tag (vgl. Plachta-Danielzik et al.,

2007). Im Anschluss an jede Unterrichtseinheit wurde eine „aktive Pause" von 20 Minuten auf dem Schulhof durchgeführt. Die Gesamtkosten der Intervention betrugen 20,59 € pro Kind. Vier Jahre nach der Maßnahme konnten 345 Kinder (44,2 %) nachuntersucht werden.

Bei dieser Nachbeobachtung unterschieden sich die Interventionskinder hinsichtlich des mittleren BMI zwar nicht von den Nicht-Interventionskindern, jedoch zeigten sich geringe, aber positive Effekte auf die Prävalenz und die Inzidenz des Übergewichts. Allerdings waren diese Erfolge selektiv: Die deutlichsten Effekte fanden sich bei Kindern aus Familien mit hohem SES und bei Kindern normalgewichtiger Mütter. Außerdem schienen Mädchen eher von den Interventionen zu profitieren als Jungen (vgl. Plachta-Danielzik et al., 2007).

Aufgrund der Ergebnisse von KOPS ist für zukünftige Präventionsprogramme eine Stratifizierung der Maßnahmen im Hinblick auf das Geschlecht und den sozialen Hintergrund der teilnehmenden Kinder notwendig.

Das gesellschaftliche Problem *Übergewicht* bei Kindern kann durch die bisher verfolgten Ansätze und auch durch medizinische Maßnahmen allenfalls anteilig gelöst werden. Zur Lösung des Problems müssen alle Beteiligten (Experten, Politiker, Vertreter der verschiedenen Partner des Gesundheitswesens wie z. B. Versicherungen und Verantwortliche aus Industrie und Medien etc.) involviert werden. Für die Intervention sind neue Konzepte und eine neue Denkweise notwendig. Bisherige Maßnahmen der Verhaltensprävention (wie Ernährungs- und Gesundheitserziehung) müssen durch Maßnahmen der Verhältnisprävention gemäß der Europäischen Charta zur Bekämpfung der Adipositas der WHO ergänzt werden, die z. B. das Angebot von Lebensmitteln, das Bildungswesen, Freizeitangebote, Transportsysteme, die Gestaltung öffentlicher Räume und die Nutzung von Sportstätten und andere Bereiche unserer Gesellschaft betreffen (vgl. WHO European Minsteries Conference on Counteracting Obesity, 2006).

5.6 Zusammenfassung und Ausblick

Die Prävalenz, Persistenz und Inzidenz von Übergewicht und Adipositas bei Kindern ist heute hoch, die spontane Remission ist gering. Auch für die Zukunft ist mit einem weiteren Anstieg der Prävalenz von Übergewicht zu rechnen. Übergewichtige Kinder werden häufig übergewichtige Erwachsene. Risikofaktoren und von Übergewicht abhängige Erkrankungen sind heute auch bei Kindern offensichtlich. Daraus entstehen eine enorme gesundheitliche Last für die Betroffenen sowie auch hohe finanzielle Belastungen für unser Gesundheitswesen. Maßnahmen der Gesundheitsförderung und Prävention sind daher unbedingt notwendig. Die Ergebnisse wissenschaftlich dokumentierter Studien zur Gesundheitsförderung in Schulen und Kindertagesstätten zeigen jedoch nicht den gewünschten Erfolg. Ausgehend von den wichtigen Determinanten des Übergewichts (wie sozioökonomischer Status) ergeben sich heute neue und in die gesellschaftlichen Verhältnisse mit einzubeziehende Präventionsstrategien. Da es sich nicht alleine um ein individuelles, sondern auch um ein gesellschaftliches Problem handelt, sind individuelle und auch medizinische Lösungen (z. B. Lebensstilprogramme) nicht ausreichend. Maßnahmen, die ausschließlich an den persönlichen Lebensstil und das Verhalten gerichtet sind, können dem endemischen Auftreten von Übergewicht offensichtlich nicht wirksam begegnen. Politische und soziale Strategien sowie Maßnahmen der Verhältnisprävention sind Alternativen. Diese sollten zukünftig gemäß der Europäischen Charta zur Bekämpfung der Adipositas der WHO umgesetzt werden.

Beate Landsberg, Sandra Plachta-Danielzik & Manfred J. Müller

6 Zum komplexen Ursachengeflecht von Übergewicht und Adipositas im Kindes- und Jugendalter

6.1 Einleitung

In der gesundheitlichen Diskussion erfahren in jüngster Zeit die steigenden Übergewichts- und Adipositasprävalenzen im Heranwachsendenalter besonderes Augenmerk. Sowohl im nationalen als auch im internationalen Diskurs wird ihrer Verbreitung ein epidemischer Charakter beigemessen (vgl. z. B. Brettschneider & Naul, 2004; Hebebrand, Dabrock, Lingenfelder, Mand, Rief & Voit, 2004; Wang & Lobstein, 2006). Während derzeit kontrovers diskutiert wird, ob Übergewicht und Adipositas ein eigenständiges Krankheitsbild darstellen (vgl. Böhler, 2005; Hebebrand et al., 2004), ist die mit dieser Entwicklung verbundene Besorgnis auf die Manifestation kurz- und langfristiger Begleiterkrankungen (vgl. Kap. 5) zurückzuführen.

Eine Erklärung für diese Entwicklung erscheint auf den ersten Blick einfach: Die Zahl der Heranwachsenden mit einer *chronisch positiven Energiebilanz* steigt zusehend. Diese entsteht, wenn die Energiezufuhr den Energieverbrauch über längere Zeiträume übersteigt. Die Folge ist eine Speicherung der überschüssigen Energie, die zu einer Zunahme des Körpergewichts führt.

Die Komplexität des Ursachengeflechts von Übergewicht und Adipositas wird deutlich, wenn alle Faktoren Berücksichtigung finden, die an der Energiebilanz beteiligt sind. Die Gene determinieren in hohem Maße die an der Energiebilanz beteiligten homöostatischen Mechanismen des Stoffwechsels. Ihnen kommt im komplexen Ursachengeflecht die Bedeutung einer festen Größe zu. Den epidemischen Anstieg der Prävalenzraten von Übergewicht und Adipositas können sie jedoch nicht erklären, da eine substanzielle Veränderung des menschlichen Genpools innerhalb weniger Jahrzehnte und vornehmlich in den Industrienationen unwahrscheinlich ist.

Auf der Grundlage der Gene können jedoch andere Faktoren ihre Wirkung entfalten. Zu nennen sind die energiebilanzrelevanten Verhaltensweisen: körperliche (In-)Aktivität und Ernährung. Ihnen wird eine zentrale Rolle im Ursachengeflecht von Übergewicht und Adipositas zugeschrieben. Des Weiteren existiert eine Vielzahl von Umwelteinflüssen, die direkte und indirekte Auswirkungen auf das Verhalten eines Individuums haben, mitunter auf dessen Stoffwechsel einwirken und auf diesen Wegen den Körperstatus eines Individuums beeinflussen. Diese Adipositas induzierenden (= adipogenen) Umweltbedingungen (vgl. Heseker, 2005) werden im

Folgenden einer näheren Betrachtung hinsichtlich ihres komplexen-multifaktoriellen-Ursachengeflechts unterzogen.

6.2 Zusammenhänge zwischen energiebilanzrelevanten Verhaltensweisen und dem Körperstatus

Energiebilanzrelevante Verhaltensweisen nehmen in der Übergewichtsdiskussion eine zentrale Stellung ein. Auf der Seite der Energieaufnahme richtet sich der Fokus insbesondere auf das Ernährungsverhalten. Auf der Seite der Energieabgabe rückt zum einen die körperlich-sportliche Aktivität in den Mittelpunkt. Zum anderen steht auf der Seite der Energieabgabe aber auch die körperliche Inaktivität. Sie wird vielfach mit Medien wie Fernsehen, Computer und Spielkonsole in Verbindung gebracht.

6.2.1 „Körperstatus" = „Ernährungszustand"?

Der häufig synonym für den Körperstatus verwendete Begriff *Ernährungszustand* deutet an, dass das Ernährungsverhalten einen maßgeblichen Einfluss auf den Körperstatus besitzt. Der Begriff *Ernährungszustand* impliziert eine monokausale Bedeutung der Ernährung für den Körperstatus. Diesem Aspekt wird im Folgenden nachgegangen.

Im Hinblick auf die Energiebilanz ist im engen Verständnis nur die Gesamtenergieaufnahme von Relevanz. Diese ist aber nur mittels sehr aufwendiger Erhebungsmethoden zu bestimmen. Studien zu Zusammenhängen der Gesamtenergieaufnahme mit dem Körperstatus liegen kaum vor. Darüber hinaus ist die Gesamtenergieaufnahme maßgeblich von den verzehrten Lebensmitteln abhängig, die ihrerseits entscheidend mit dem Mahlzeitenmuster in Beziehung stehen. Die Befundlage zu Zusammenhängen dieser Ernährungsmerkmale mit dem Körperstatus ist gering.

Untersuchungen zu Zusammenhängen zwischen Mahlzeiten und Übergewicht konzentrieren sich weitgehend auf das Frühstück als die erste und wichtigste Mahlzeit des Tages. Rampersaud, Pereira, Girard, Adams und Metzl (2005) haben die existierenden Untersuchungen zum Frühstücksverhalten in einem Review zusammengetragen. Die Beziehung zwischen Frühstücksverzehr und Körperstatus ist diesem Review zufolge nicht eindeutig belegt. In einigen Querschnittstudien war das Körpergewicht bzw. der Body-Mass-Index (BMI) bei Frühstücksverzichtern höher als bei denjenigen Heranwachsenden, die regelmäßig vor der Schule zu Hause frühstücken. Eine Erklärung scheint auf den ersten Blick der häufigere Konsum von Snacks bei den Frühstücksverzichtern zu sein. Allerdings geht mit dem Auslassen des Frühstücks vielfach ein Auslassen weiterer zentraler Mahlzeiten wie Mittag- oder Abendessen einher. Insgesamt haben Frühstücksverzichter der Mehrheit der von Rampersaud et al. (2005) zusammengetragenen Studien zufolge tendenziell eine niedrigere tägliche Gesamtenergieaufnahme als diejenigen, die morgens nicht mit leerem Magen aus dem Haus gehen. Als Konfundierungsfaktoren für diesen – auf den ersten Blick widersprüchlich wirkenden – Zusammenhang sind Diätverhalten und Aktivitätslevel zu nennen. Der Verzicht auf die erste Mahlzeit des Tages ist bei älteren Heranwachsenden und insbesondere bei weiblichen Jugendlichen beispielsweise eine favorisierte Methode, um Gewicht zu verlieren. Ebenso besitzt das niedrigere Aktivitätslevel, das bei Frühstücksverzicht gehäuft zu beobachten ist, einen Einfluss auf die Energiebilanz. Einen letzten Erklärungsansatz stellt in Anlehnung an Rampersaud et al. (2005) das sogenannte „Underreporting" dar. Dieses umschreibt eine bewusst fälschliche Darstellung der Ernährungsgewohnheiten. Übergewichtige Heranwachsende bedienen sich dieses „Underreporting" häufiger als ihre normalgewichtigen Peers.

Hinsichtlich der Zusammenhänge zwischen Lebensmittelverzehr und Körperstatus liegen in Deutschland drei Studien vor, die Aussagen zu dieser Fragestellung zulassen. Sowohl die *DONALD-Studie* in Dortmund als auch die *KOPS-Studie* in Kiel kommen zu dem Ergebnis, dass keine systematischen Unterschiede im Lebensmittelverzehr zwischen normal- und übergewichtigen Heranwachsenden existieren (vgl. Kersting, 2005; Müller, 2000). Eine – für das Kreisgebiet Paderborn repräsentative – Querschnittstudie kommt bei der Kontrolle der soziostrukturellen Merkmale, des Mahlzeitenmusters, der Mediennutzung und der sportlichen Aktivität zu einem erwartungswidrigen Ergebnis. Diejenigen Heranwachsenden, die einen höheren BMI[1] aufweisen, haben dieser Studie zufolge eine bessere Lebensmittelauswahl als ihre Counterparts, die keine Probleme mit der Figur haben. Dies gilt bei Jugendlichen in deutlicherer Form als bei Kindern (vgl. Bünemann, 2008). Das schon beim Frühstücksverzehr geschilderte „Underreporting" könnte diesen erwartungswidrigen Zusammenhang erklären. Ebenso ist denkbar, dass sich die Betroffenen ihres Körperstatus bewusst sind und darauf mit einer Verbesserung ihres Ernährungsverhaltens reagieren. Da es sich um Querschnittdaten handelt, die keine kausalen Aussagen erlauben, kommt dieser Erklärungsversuch jedoch nicht über eine spekulative Ebene hinaus.

Für Übergewicht wird jedoch oft nicht der generelle Lebensmittelverzehr verantwortlich gemacht. Vielmehr stehen einzelne Lebensmittel am Pranger, die durch einen hohen glykämischen Index oder eine hohe Energiedichte charakterisiert sind. Die meisten Studien konnten diesbezüglich zu Zusammenhängen zwischen Softdrinks und Übergewicht ausfindig gemacht werden. Gleichwohl ist die Befundlage uneinheitlich. Im US-amerikanischen Raum fanden zwei Studien positive Zusammen-

---

1 Es handelt sich um den mittels LMS-Methode (vgl. Cole, 1990) z-standardisierten BMI (SDS-BMI).

hänge zwischen Softdrink-Konsum und Übergewicht (vgl. Phillips, Bandini, Naumova, Cyr, Colclough, Dietz & Must, 2004; Troiano, Briefel, Carroll & Bialostosky, 2000). Eine weitere konnte hingegen keine signifikanten Zusammenhänge ausmachen (vgl. Forshee, Anderson & Storey, 2004). In deutschen Studien unterscheidet sich der Softdrink-Konsum Übergewichtiger nicht von dem ihrer normalgewichtigen Peers (vgl. Bünemann, 2008; Koletzko, Toschke & von Kries, 2004; Müller, 2000).

Wie bereits erwähnt, interessiert bezüglich der Energiebilanz streng genommen nur die Gesamtenergieaufnahme. Studien zu Zusammenhängen dieser mit dem Körperstatus existieren jedoch kaum. Aus diesem Grund wird an dieser Stelle auf Brettschneider und Naul (2004) Bezug genommen, die europäische Untersuchungen zusammengetragen haben, die Vergleiche zwischen Empfehlungen zur Energieaufnahme und tatsächlichen Ist-Werten angestellt hatten.

Demnach liegen in mehreren Ländern Daten zur Gesamtenergieaufnahme vor. In Spanien und Großbritannien entsprechen sie den nationalen Richtwerten. In Tschechien, der Slowakei, der Schweiz und in Deutschland unterschreiten sie sogar die jeweiligen nationalen Empfehlungen. Es existiert im europäischen Raum keine Studie, die belegt, dass die Gesamtenergieaufnahme oberhalb der jeweiligen nationalen Empfehlungen liegt. Veränderungen der Gesamtenergiezufuhr wurden auch in der *DONALD-Studie* über einen Zeitraum von 15 Jahren nicht verzeichnet. Dies gilt sowohl für das Gesamtkollektiv als auch für die Gruppe der adipösen Heranwachsenden. In einem niederländischen Sample verringerte sich die Gesamtenergieaufnahme innerhalb eines Zeitraums von zehn Jahren um 8 % bei den männlichen und um 6 % bei den weiblichen Studienteilnehmerinnen (vgl. Health Council of the Netherlands. Committee on Trends in food consumption, 2002). Derzeit scheint es keine Studie zu geben, die eine Zunahme der Gesamtenergieaufnahme belegt.

6.2.2 „Faule Kinder" = „Dicke Kinder"?

Im Anschluss an die Darstellung von Zusammenhängen zwischen einzelnen Facetten des Ernährungsverhaltens mit dem Körperstatus widmet sich dieser Abschnitt der anderen Seite der Energiebilanz: den Zusammenhängen zwischen der körperlich-sportlichen Aktivität und dem Körperstatus.

Das Ausmaß der körperlich-sportlichen Aktivität deutscher Heranwachsender ist gesundheitlichen Empfehlungen folgend zu niedrig und hat im Verlauf der letzten Jahre abgenommen (vgl. Kap. 8 und 10; Bünemann, 2008). Es liegt somit nahe, dass ein Zusammenhang zwischen dem Rückgang der körperlich-sportlichen Aktivität und den zunehmenden Übergewichtsprävalenzen besteht. Aktuelle Daten deuten jedoch darauf hin, dass der nahe liegende Zusammenhang nicht gegeben ist (vgl. Bünemann, 2008). Und auch Hebebrand und Bös (2005) zufolge existiert keine eindeutige Befundlage hinsichtlich der Bedeutung der körperlich-sportlichen Aktivität für die Entwicklung von Übergewicht und Adipositas in der heranwachsenden Bevölkerung.

Auf Basis eines im Jahr 2005 veröffentlichten Reviews ziehen Must und Tybor das Fazit, dass die Befundlage – wenngleich nur schwach aber konsistent – die erwartete, inverse Beziehung zwischen körperlich-sportlicher Aktivität und Adipositas in allen Altersgruppen mit Ausnahme der Jüngsten belegt. Must und Tybors (2005) Review liegen vier Studien im Querschnittdesign zugrunde, in denen übergewichtige Heranwachsende ein geringeres Maß körperlich-sportlicher Aktivität hatten als ihre normalgewichtigen Altersgenossen. In zwei Querschnittstudien konnten keine Zusammenhänge nachgewiesen werden. In einer weiteren Studie waren die adipösen Jugendlichen aktiver als die normalgewichtigen. Zwei weitere Querschnittstudien fanden darüber hinaus geschlechtsspezifische Unterschiede hinsichtlich der Fragestellung. In einer Studie stand ausschließlich der BMI der weiblichen Studienteilnehmer negativ mit ihrer körperlich-sport-lichen Aktivität in Zusammenhang. Bei den Jungen waren in dieser Studie keine Assoziationen zu verzeichnen. Die andere Studie gelangte zu dem entgegengesetzten Ergebnis, demzufolge die Fettmasse der männlichen Teilnehmer höher war, je niedriger ihr körperlich-sportliches Aktivitätslevel ausfiel. In diesem Fall waren keine Zusammenhänge bei den Mädchen zu verzeichnen. Allen Querschnittstudien gemein ist, dass ihnen keine Aussagen bezüglich der Ursachen und Wirkungen zu entnehmen sind. Ebenso wie eine geringe körperlich-sportliche Aktivität ein Grund für die Entstehung von Übergewicht und Adipositas sein kann, ist denkbar, dass Übergewicht oder Adipositas dazu führt, dass das Ausmaß der körperlich-sportlichen Aktivität reduziert wird.

Kausal eindeutig sind demgegenüber Ergebnisse aus Studien mit längsschnittlichem Design. 17 Untersuchungen dieser Art haben Must und Tybor (2005) zusammengetragen. In vier dieser Studien konnten eindeutige Effekte von körperlich-sportlicher Aktivität auf den Körperstatus nachgewiesen werden. Aktivere Heranwachsende werden demnach seltener übergewichtig oder adipös als inaktivere. Sieben Untersuchungen gelangten zu dem Ergebnis, dass keine kausalen Beziehungen zwischen körperlich-sportlicher Aktivität und dem Körperstatus existieren. Uneindeutige Ergebnisse resultierten in fünf Studien. In einer dieser fünf Studien war die körperlich-sportliche Aktivität beispielsweise mit einer niedrigeren Adipositasprävalenz zu einem späteren Messzeitpunkt assoziiert, wenn es sich um ursprünglich normalgewichtige Personen handelte. Handelte es sich hingegen um eine Gruppe ursprünglich Übergewichtiger, war die körperlich-sportliche Aktivität mit einer höheren Adipositasprävalenz zum späteren Messzeitpunkt verbunden.

Diese detaillierte Betrachtung des Reviews führt zu der Auffassung, dass das Fazit von Must und Tybor (2005) vorsichtig gewertet werden sollte. Vielmehr erscheint die konservativere Einschätzung von Hebebrand und Bös (2005) angemessen zu sein. Mit Bezug auf Goran und Treuth (2001) gelangen sie zu der Ansicht, dass sich generell Hinweise dafür finden lassen, dass körperlich-sportliche Aktivität vor der Entstehung von Übergewicht und Adipositas schützt.

6.2.3 „Generation @" = „Generation f@t"?

Auf der Seite der Energieabgabe steht nicht nur die körperlich-sportliche Aktivität. Auch die körperliche Inaktivität ist dort zu verorten. In der Übergewichtsdiskussion werden von den körperlich inaktiven Verhaltensweisen insbesondere die Beschäftigungen mit den Medien Fernseher, Computer und Spielkonsole für den Anstieg der Prävalenzraten verantwortlich gemacht (vgl. Bünemann, 2005).

Zwei Annahmen liegen dem Vorwurf zugrunde, die Medien trügen Verantwortung für die epidemische Zunahme der Übergewichtsprävalenzen innerhalb der jungen Generation (vgl. Bünemann, 2005, S. 365; in Anlehnung an Biddle, Gorely, Marshall, Murdey & Cameron, 2003):

1. Die erste Annahme besagt: Medienkonsum, vor allem in Form von extensiver Fernsehnutzung, verdrängt körperliche Aktivität → fehlende körperliche Aktivität führt zu einer positiven Energiebilanz → eine andauernde positive Energiebilanz führt zu einer Zunahme des Körpergewichts.
2. Die zweite Annahme entspringt folgendem Gedankengang: Trinken von zuckerreichen Getränken und Essen von energiedichten Snacks begleiten den Medienkonsum → die erhöhte Energieaufnahme bewirkt eine positive Energiebilanz → eine andauernde positive Energiebilanz bedingt eine Zunahme des Körpergewichts.

Verdrängt Medienkonsum die körperlich-sportliche Aktivität?
Einige Studien haben sich mit der Frage befasst, ob die Nutzung von Medien die körperlich-sportliche Aktivität verdrängt. Sowohl im quer- als auch längsschnittlichen Design liegen Untersuchungen vor, repräsentative Daten existieren allerdings nicht. Die Forschergruppe um Biddle hat im Jahr 2004 eine Meta-Analyse durchgeführt und den Forschungsstand zusammengetragen (vgl. Biddle, Gorely & Stensel, 2004; Gorely, Marshall & Biddle, 2004; Marshall, Biddle, Gorely, Cameron & Murdey, 2004). Sie kommen anhand ihrer Analysen zu dem Resultat, dass die Verdrängungshypothese, die besagt, dass Fernsehen ebenso wie Computer und Spielkonsole die körperlich-sportliche Aktivität aus dem Alltag der Heranwachsenden verdrängen, unwahrscheinlich ist. Die Assoziation zwischen körperlich-sportlicher Aktivität und Mediennutzung sehen Gorely et al. (2004) am besten mit dem Faktor Null umschreiben. In diese Befundlage reihen sich die Ergebnisse der Pa-

derborner Untersuchung ein. Weder zwischen Fernsehkonsum und sportlicher Aktivität noch zwischen Computernutzung und sportlicher Aktivität oder Spielkonsolennutzung und sportlicher Aktivität sind bei Paderborner Kindern und Jugendlichen Zusammenhänge zu verzeichnen (vgl. Bünemann, 2008). Für brandenburgische Heranwachsende gelangte Burrmann (2005e) zu ähnlichen Resultaten. Auch in ihrem Datensatz ist keine Verbindung zwischen der Häufigkeit der Mediennutzung und dem sportlichen Engagement der Heranwachsenden nachzuweisen.

Ein statistisch bedeutsamer Zusammenhang existiert lediglich zwischen der Beteiligung am Sport und der Nutzung von Computern. Diejenigen, die sportlich sehr aktiv sind, sind dies ebenso vermehrt auch am Computer.

Führt Medienkonsum zu einem erhöhten Körperfettanteil?
Gorely et al. (2004) verweisen auf Studien, die demonstrieren, dass Fernsehkonsum mit einer Erhöhung des Verzehrs von Zwischenmahlzeiten einhergeht. Van den Bulck (2000) konnte aufzeigen, dass das Fernsehen direkt vom Konsum zuckerhaltiger Getränke und energiedichter Snacks begleitet wird. Zudem ist neben dieser gesteigerten Energieaufnahme nachgewiesen, dass – verglichen mit einer „normalen" Ruhesituation – der körperliche Ruheumsatz während des Fernsehens herabgesetzt ist (vgl. Klesges, Shelton & Klesges, 1993). Der erste Schritt der zweiten Annahme scheint somit bestätigt. Dennoch kommt die Forschergruppe um Biddle, die sich in ihrer Meta-Analyse auch dieser zweiten Fragestellung gewidmet hat, zu dem Resultat, dass keine praktisch bedeutsame Verbindung zwischen der Mediennutzung und dem prozentualen Körperfettanteil im Kindes- und Jugendalter besteht (vgl. Gorely et al., 2004; Marshall et al., 2004).

Auch Must und Tybor (2005) haben sich in ihrem Review mit dem Einfluss der Mediennutzung auf den Körperfettanteil beschäftigt. Die Befunde der berücksichtigten Querschnittstudien decken sich weitgehend mit denen von Marshall et al. (2004). Aufgrund der in ihrem Review einbezogenen Längsschnittstudien kommen Must und Tybor (2005) allerdings zu differenzierteren und abweichenden Ergebnissen. Eine zweifelsfreie Beziehung zwischen Mediennutzung und der Entstehung von Übergewicht und Adipositas ist bei älteren Heranwachsenden demnach nicht vorhanden. In den jüngeren Altersgruppen bis zum Alter von zehn Jahren deutet die Datenlage hingegen darauf hin, dass der Medienkonsum (vornehmlich das Fernsehen) eindeutig einen Einfluss auf die Entwicklung von Übergewicht und Adipositas hat. Die für den Kreis Paderborn aktuell vorliegenden Querschnittsdaten unterstreichen diese Vermutung (vgl. Bünemann, 2008).

6.3 Der Einfluss adipogener Umweltbedingungen auf den Körperstatus

Neben den energiebilanzrelevanten Verhaltensweisen finden in der Übergewichtsdiskussion auch die folgenden drei adipogenen Umweltfaktoren Beachtung.

6.3.1 Die soziale Umwelt

Die Familie bildet im Heranwachsendenalter die unmittelbarste Umwelt. Hierzu liegen auch die meisten Studien vor. Vier intrafamiliäre Risikofaktoren sind zu nennen: das *Rauchen der Mutter während der Schwangerschaft*, das *Nicht-Stillen des Kindes*, die – über die exogene Kalorienzufuhr beeinflusste – *Gewichtszunahme im ersten Lebensjahr* und die *Schlafdauer des Kindes*. Allen vier Faktoren wird ein Zusammenhang mit späterem Übergewicht attestiert. Ihre genauen Wirkmechanismen sind allerdings ungeklärt.

Des Weiteren sind im familiären Kontext Risikofaktoren zu verzeichnen, deren Einfluss sich auf den Körperstatus des Kindes vermutlich über eine Prägung des kindlichen Verhaltens manifestiert. Die *Familienstruktur* (z. B. Familiengröße, Anzahl an Geschwistern, das Aufwachsen bei einem alleinerziehenden Elternteil) ist an dieser Stelle zu nennen, die die Bildung kindlicher Verhaltensmuster beeinflussen und darüber zur Entstehung von Übergewicht und Adipositas beim Kind beitragen könnte. Hierzu liegen allerdings nur wenige Ergebnisse vor, die zudem inkonsistent sind (vgl. Parsons, Power, Logan & Summerbell, 1999).

Auch fehlende Unterstützung seitens seiner Eltern könnte den Körperstatus eines Kindes beeinflussen, indem es beim Kind energiebilanzabträgliche Verhaltensweisen hervorruft. Dänische Wissenschaftler fanden in einer Längsschnittstudie heraus, dass Kinder, die von ihren Eltern vernachlässigt wurden, bedeutend häufiger übergewichtig waren als behütete Kinder (vgl. Lissau & Sörensen, 1994).

Ebenso verhält es sich mit dem Wissen über die Mediatoren, die einen Zusammenhang zwischen den genannten Faktoren und dem Körperstatus der Heranwachsenden erklären könnten. An der Annahme festhaltend, dass diesen Faktoren vor allem über eine Prägung des kindlichen Verhaltens Bedeutung zukommen könnte, wird ein weiterer – das kindliche Verhalten nachweislich prägender – familiärer Risikofaktor genannt: die *Vorbildwirkung der Eltern*. Ernährungsgewohnheiten bilden sich danach im familiären Kontext heraus. Untersuchungen belegen, dass große Ähnlichkeiten zwischen elterlichem und kindlichem Ernährungsverhalten bestehen (vgl. Davidson & Birch, 2001).

Auch körperlich-sportliche Aktivitäts- sowie mediale Beschäftigungsmuster werden intrafamiliär weitergegeben. Graf, Koch, Dordel, Coburger, Christ, Lehmacher, Platen, Bjarnason-Wehrens, Tokarski und Predel (2003) fanden in einer Studie heraus, dass Kinder aktiver Eltern häufiger aktiv waren als ihre Peers, deren Eltern inaktiv waren. Zu ähnlichen Befunden kommen Forschergruppen im internationalen Raum (vgl. Davidson & Birch, 2001). Für die Nutzung von Medien werden ebenso die Eltern als Haupteinflussquellen genannt. Wenngleich bezüglich dieser Fragestellung weniger Untersuchungen existieren, scheint die Befundlage einheitlich zu sein (vgl. ebd.).

Bei den zuvor genannten familiären Risikofaktoren erscheint eine direkte Wirkung auf das Verhalten oder den Stoffwechsel des Kindes plausibel. Ihnen kann somit potenziell ätiologische Bedeutung zugesprochen werden. Darüber hinaus existiert ein weiterer Risikofaktor, dem weniger eine Wirkungsweise als vielmehr eine prädiktive Bedeutsamkeit beigemessen werden muss: der *Körperstatus der Eltern*. Dieser steht in nahezu allen Quer- und Längsschnittstudien mit dem Körperstatus der Kinder in Beziehung (vgl. von Kries, 2005). Zuletzt ist seine prädiktive Bedeutsamkeit im bundesweit angelegten *Kinder- und Jugendgesundheitssurvey* bewiesen worden (vgl. Schaffrath Rosario & Kurth, 2006).

6.3.2 Soziostrukturelle Bedingungen

Das Ausmaß körperlich-sportlicher Aktivität scheint mit der *Verfügbarkeit von Freizeiteinrichtungen, Parks sowie Geh- und Radwegen* zusammenzuhängen (vgl. French, Story & Jeffery, 2001). Der *Lebensmittelwerbung* ist mehrfach ein negativer Einfluss auf das Ernährungsverhalten nachgewiesen worden (vgl. Heseker, 2005). Darüber hinaus sind Auswirkungen auf Energieaufnahme und -abgabe von den strukturellen Rahmenbedingungen der Schulen denkbar. Das *Kiosk- und Kantinenangebot* könnte Einfluss auf das Ernährungsverhalten eines Heranwachsenden nehmen, ebenso wie der *Sportunterricht* sowie die *Verfügbarkeit von Spielflächen auf Schulhöfen* strukturelle Merkmale darstellen, die die körperlich-sportliche Aktivität von Heranwachsenden mitprägen könnten (vgl. Davidson & Birch, 2001).

Vergleichbar mit der rudimentären Erforschung der Risikofaktoren im sozialen Umfeld sind auch diese auf gesellschaftlicher Ebene vorkommenden Mechanismen mit wenigen Ausnahmen unzureichend untersucht. Darüber hinaus ist ausschließlich die Einflussnahme auf Verhaltensweisen geprüft worden. Der über diese Mediatoren potenziell wirkende Einfluss auf den Körperstatus steht noch aus. Eine Ausnahme stellt eine Studie von Timperio, Salmon, Telford und Crawford (2005) dar. Die Autoren haben sich in ihrer Untersuchung der Frage gewidmet, ob die *Verkehrssicherheit in der Wohngegend* den Körperstatus determiniert. Es konnte nachgewiesen werden, dass mit der elterlichen Wahrnehmung hoher Verkehrsdichte und mit steigender Sorge seitens der Eltern bezüglich der Verkehrssicherheit in der Wohngegend die Kinder häufiger übergewichtig oder adipös waren.

Als Letztes seien die soziostrukturellen Faktoren *sozioökonomischer Status* und *Bildungsniveau* genannt. Bezüglich dieser Differenzierungskriterien ist eine Polarisierung innerhalb der Gruppe der Heranwachsenden zu verzeichnen, der zufolge sich auf der Seite des energiebilanzabträglichen Verhaltens überzufällig häufig Kinder und Jugendliche aus sozial schwächeren Schichten und mit niedrigerem Bildungsniveau befinden. Heranwachsende, die einen höheren Schulabschluss anstreben sowie Kinder und Jugendliche aus sozial privilegierteren Schichten sind hingegen vermehrt auf der „Sonnenseite" dieses Vergleichs zu finden.

Während die Bedeutung gesellschaftlicher und soziostruktureller Faktoren für den Körperstatus über eine Verhaltensprägung bislang nur randständig erforscht ist, sind Zusammenhänge zwischen soziostrukturellen Merkmalen und dem Körperstatus der Heranwachsenden – ohne das Wissen über die Wirkungspfade – vielfach belegt worden. Kinder und Jugendliche aus sozial schwächeren Schichten, mit niedrigerem Bildungsniveau und einem Migrationshintergrund sind demnach häufiger von Übergewicht und Adipositas betroffen als ihre Counterparts (vgl. z. B. Schaffrath Rosario & Kurth, 2006).

6.4 Zusammenfassung

Die Datenlage zu Zusammenhängen zwischen energiebilanzrelevanten Verhaltensweisen und dem Körperstatus (vgl. Kap. 6.2) ist indifferent. Ursachen könnten in der ausschließlichen Suche nach bivariaten Zusammenhängen oder monokausalen Einflüssen liegen. Desgleichen legt die Fragebogenmethode Einflüsse des „Underreporting" (bei Übergewichtigen) nahe. Hinsichtlich des Medieneinflusses (vgl. Kap. 6.2.3) ist davon auszugehen, dass bei den Jüngsten (bis 10 Jahre) extensiver Medienkonsum (vor allem fernsehen) eindeutig einen Einfluss auf die Entwicklung von Übergewicht und Adipositas hat.

Eindeutiger sind die Befunde zu adipogenen Umweltbedingungen (vgl. Kap. 6.3). Hinsichtlich des familiären Kontextes sind diesbezüglich das Rauchen der Mutter während der Schwangerschaft, das Nicht-Stillen des Kindes, die Gewichtszunahme im ersten Lebensjahr und die Schlafdauer des Kindes zu nennen. Ebenso besitzen der Körperstatus der Eltern, ihre Vorbildfunktion und fehlende emotionale Unterstützung prädiktive Bedeutung. Darüber hinaus sind Kinder und Jugendliche aus sozial schwächeren Schichten, mit niedrigerem Bildungsniveau und einem Migrationshintergrund häufiger von Übergewicht und Adipositas betroffen, obwohl die Ursachenforschung erst am Anfang steht. Als gesichert ist anzusehen, dass körperlich-sportliche Aktivität vor der Entwicklung von Übergewicht und Adipositas schützt.

Andrea Bünemann

7 Gesundheitszustand von Kindern und Jugendlichen: Ausgewählte Ergebnisse des Nationalen Kinder- und Jugendgesundheitssurveys (KiGGS)

7.1 Einleitung/Problemaufriss

Kinder und Jugendliche in Deutschland und in anderen westlichen Ländern stellen bei einer zunächst undifferenzierten Betrachtungsweise und im globalen Vergleich eine weitgehend gesunde Bevölkerungsgruppe dar (vgl. Kap. 9). Dazu beigetragen haben vorrangig die Zurückdrängung von Infektionskrankheiten und eine insgesamt verbesserte Gesundheitsversorgung.

Seit Mitte der 1990er-Jahre mehren sich jedoch Hinweise von Ärzten und Gesundheitswissenschaftlern, dass gesundheitliche Störungen und gesundheitsschädigende Verhaltensweisen im Kindes- und Jugendalter zunehmen. Nationale und internationale Studien beobachten Trends, die insgesamt eine Verschlechterung des Gesundheitszustandes bei einer hohen Problemlage, insbesondere hinsichtlich psychosozial vermittelter Gesundheitsstörungen, vermuten lassen. In der Fachliteratur wird bereits von einer „new morbidity" gesprochen, die sich sowohl in einer Zunahme chronischer gesundheitlicher Beeinträchtigungen niederschlägt als auch in einer Verschiebung von den somatischen hin zu den psychischen Störungen (vgl. Robert Koch-Institut [RKI], 2004).

Zwischen 1960 und 1980 hat sich beispielsweise in den USA nach Ergebnissen des *National Health Interview Surveys* die Zahl der Kinder und Jugendlichen unter 18 Jahren mit chronischen Krankheiten und Behinderungen verdoppelt und auch weiter in den 1990er-Jahren zugenommen (vgl. Newacheck, Budetti & McManus, 1984; Newacheck & Halfon, 2000). Kenntnisse aus nationalen, regional begrenzten Einzelstudien in Deutschland führten zu Annahmen und Schätzungen von Prävalenzen chronischer Krankheiten bei Kindern und Jugendlichen für Deutschland, die jedoch einer validen und repräsentativen Datengrundlage entbehren (vgl. RKI, 2004).

Diese Defizite hinsichtlich der Datenlage und der Gesundheitsberichterstattung konnten nun mit dem vom Robert Koch-Institut durchgeführten *Kinder- und Jugendgesundheitssurvey (KiGGS)* überwunden werden. Mit der epidemiologischen Studie liegt erstmals eine bundesweit repräsentative, umfassende Datengrundlage vor, die die Gesundheit und die gesundheitlichen Probleme der jungen Generation in vielen relevanten Dimensionen einschätzen kann. Zugleich sind Aussagen zu gesundheitsfördernden, protektiven Einflüssen einerseits und spezifischen gesundheitlichen Risikofaktoren andererseits möglich.

KiGGS hat über ein weites Themenspektrum Daten von rund 18.000 Kindern und Jugendlichen im Alter von 0 bis 17 Jahren mittels standardisierter Methoden im gesamten Bundesgebiet erfasst (vgl. Kurth, 2007). Die Studie ermöglicht eine Verknüpfung vielfältiger Informationen sowohl aus der Befragung der Probanden (Kinder/Jugendliche und/oder deren Eltern) als auch aus den Ergebnissen einer ärztlichen Untersuchung. Umfang und Ziehung der *KiGGS*-Stichprobe waren zudem so ausgelegt, dass diese nicht nur für Deutschland insgesamt, sondern auch für Ost- und Westdeutschland getrennt repräsentativ ist (vgl. Kamtsiuris, Lange & Schaffrath Rosario, 2007a).

Angaben der Eltern zu ihrer Schulbildung, ihrer beruflichen Qualifikation, ihrer beruflichen Stellung und zum Haushaltsnettoeinkommen dienten als Berechnungsgrundlage eines Sozialstatus-Indexes mit dem eine Zuordnung zu drei Statusgruppen *niedriger Sozialstatus*, *mittlerer Sozialstatus*, *hoher Sozialstatus* möglich wurde und Auswertungen hinsichtlich eines Zusammenhangs zwischen der sozialen Lage und Gesundheit vorgenommen werden kann.

Zudem ist es im *Kinder- und Jugendgesundheitssurvey* erstmalig gelungen, Personen mit Migrationshintergrund entsprechend ihrem Anteil in der Bevölkerung an einem bundesweiten Gesundheitssurvey in Deutschland zu beteiligen. Aus der Datenanalyse lassen sich Empfehlungen ableiten, in welchen Problemfeldern und bei welchen Bevölkerungsgruppen Präventionsmaßnahmen vordringlich angestoßen werden sollten.

Im Folgenden werden Ergebnisse des *Nationalen Kinder- und Jugendgesundheitssurveys* zu ausgewählten Problemen der gesundheitlichen Lage und des Gesundheitsverhaltens geschlechtsspezifisch dargestellt, mit besonderem Fokus auf die Altersgruppe der 3- bis 10-Jährigen.

7.2 Ergebnisse

7.2.1 Allgemeiner Gesundheitszustand

Der Gesundheitszustand der Kinder und Jugendlichen in Deutschland wird von ihren Eltern zu 39,2 % als sehr gut und zu 54,1 % als gut eingeschätzt. Damit wird der Gesundheitszustand bei den meisten Probanden (93,3 %) durch die Eltern positiv beurteilt. Nur bei 6,8 % der Kinder und Jugendlichen wird er als mittelmäßig, schlecht oder sehr schlecht eingeschätzt (vgl. Lange, Kamtsiuris, Lange, Schaffrath Rosario, Stolzenberg & Lampert, 2007). Die Selbsteinschätzung des Gesundheitszustandes, hier anhand der elterlichen Bewertung, ist ein wichtiger Gesundheitsindikator zur Messung der subjektiven Gesundheit. Dabei ist jedoch zu beachten, dass die Unterschiede in Bezug auf die elterliche Charakterisierung nicht unbedingt auf die Selbsteinschätzung der Kinder und Jugendlichen zu übertragen sind.

Für die Altersgruppe der 3- bis 10-jährigen Kinder stellt sich der allgemeine subjektive Gesundheitszustand entsprechend Tabelle 7.1 dar.

Tab. 7.1. Allgemeiner subjektiver Gesundheitszustand der Probanden nach dem Alter
(Elterneinschätzung; vgl. Lange et al., 2007)
(Anmerkungen: KiGGS-Elternfragebogen/Kurzfragebogen für Ausländer; alle Prozentangaben gewichtet)

		Gesundheitszustand nach Elterneinschätzung				
		sehr gut	gut	mittel-mäßig	schlecht	sehr schlecht
		in %	in %	in %	in %	in %
Gesamt	3-6 Jahre	41,3	52,0	6,2	0,4	0,1
	7-10 Jahre	40,3	54,1	5,4	0,2	0,0
Jungen	3-6 Jahre	44,3	50,1	5,1	0,3	0,2
	7-10 Jahre	42,6	51,7	5,4	0,3	0,0
Mädchen	3-6 Jahre	38,5	53,8	7,1	0,4	0,1
	7-10 Jahre	38,1	56,3	5,4	0,1	0,1

7.2.2 Chronische Erkrankungen

Repräsentative Daten liegen zu einem breiten Spektrum von akuten und chronischen Erkrankungen vor. Tabelle 7.2 zeigt die Lebenszeitprävalenzen der häufigsten chronischen Erkrankungen 3- bis 10-jähriger Kinder.

Besondere Bedeutung kommt dabei den allergischen Erkrankungen zu, mit den drei atopischen Krankheitsbildern Heuschnupfen, atopisches Ekzem (Neurodermitis) und Asthma bronchiale/obstruktive Bronchitis. Sie sind das häufigste Gesundheitsproblem im Kindes- und Jugendalter und können für betroffene Kinder und deren Familien zu erheblichen Beeinträchtigungen im alltäglichen Leben führen. Herzkreislauf- und Stoffwechselerkrankungen stellen in den Altersklassen bis zum 10. Lebensjahr nur einen kleinen Anteil des Krankheitsspektrums, gleiches gilt für endokrine Erkrankungen.

Auch die strukturellen Störungen des Bewegungsapparates, wie etwa die Skoliose, sind relativ selten. Erstaunlich hoch ist der Anteil an Krampfanfällen und epileptischen Anfällen, er erreicht durchaus eine Größenordnung wie das Asthma.

Tab. 7.2. Die häufigsten chronischen Erkrankungen 3- bis 10-jähriger Kinder (vgl. Kamtsiuris, Atzpodien, Ellert, Schlack & Schlaud, 2007b)

	Gesamt		Jungen		Mädchen	
	3-6 Jahre	7-10 Jahre	3-6 Jahre	7-10 Jahre	3-6 Jahre	7-10 Jahre
	in %	in %	in %	in %	in %	in %
Heuschnupfen	4,9	10,5	6,6	12,3	3,2	8,7
Neurodermitis	13,3	15,1	13,2	15,3	13,5	14,8
Asthma	2,7	4,7	3,6	5,6	1,8	3,7
Obstrukt. Bronchitis	16,3	14,6	19,9	17,1	12,7	12,0
Herzkrankheit	2,7	2,3	2,3	2,1	3,1	2,5
Blutarmut, Anämie	2,2	2,4	2,3	2,3	2,1	2,6
Krampf-/Epilept. Anfall	3,5	4,3	3,6	4,8	3,5	3,7
Schilddrüsenkrankheit	0,4	0,9	0,5	0,7	0,2	1,0
Diabetes mellitus	0,05	0,19	0,11	0,19	–	0,18
Skoliose	1,5	3,3	1,8	3,2	1,2	3,4
Migräne	0,2	1,5	0,1	1,6	0,4	1,4

7.2.3 Übergewicht/Adipositas

Einen weiteren wesentlichen „public health" relevanten Gesundheitsaspekt stellt die Verbreitung von Übergewicht und Adipositas bei Kindern und Jugendlichen in Deutschland dar. Übergewicht ist langfristig ein Risiko für die Gesundheit und kann schwerwiegende Krankheiten wie Diabetes, Bluthochdruck, Störungen des Fettstoffwechsels und Erkrankungen des Muskel- und Skelettsystems zur Folge haben (vgl. Kap. 5). Die Daten der Reihenuntersuchungen des Öffentlichen Gesundheitsdienstes deuten für verschiedene Bundesländer auf ein Anwachsen des Problems hin. Die Ergebnisse von KiGGS bestätigen den vermuteten angestiegenen Anteil übergewichtiger und adipöser Kinder in allen Altersgruppen und in ganz Deutschland. Allerdings können extreme Aussagen wie die, dass jeder dritte Jugendliche und jeder fünfte Schulanfänger übergewichtig sind, nicht bestätigt werden.

Der sozioökonomische Status stellt sich zunehmend als eine Variable von erheblichem Einfluss dar. Ein erhöhtes Risiko ist für Jugendliche aus Familien mit niedrigem Sozialstatus und Kinder mit Migrationshintergrund zu verzeichnen. Insgesamt sind 15 % der Kinder und Jugendlichen von 3 bis 17 Jahren übergewichtig und 6,3 % leiden unter Adipositas. Hochgerechnet auf Deutschland, entspricht dies ei-

Ergebnisse

ner Zahl von etwa 1,9 Millionen übergewichtigen Kindern und Jugendlichen, davon etwa 800.000 Adipösen (vgl. Kurth & Schaffrath Rosario, 2007). Die BMI-Kategorisierungen der *KiGGS*-Messungen, vorgenommen nach Kromeyer-Hauschild et al. (2001)[1], sind in Tabelle 7.3 zusammengefasst. Der Anteil der Übergewichtigen beträgt bei den 3- bis 6-Jährigen bereits 9 % und steigt auf über 15 % bei den 7- bis 10-Jährigen.

Tab. 7.3. BMI kategorisiert nach Altersgruppen und Geschlecht (vgl. Kurth & Schaffrath Rosario, 2007)
(Anmerkungen: P3, P10, P90, P97: geschlechts- und altersspezifische Perzentile nach Kromeyer-Hauschild et al. [2001]; alle Prozentangaben gewichtet)

	Stark unter Normalgewicht (< P3) in %	Unter Normalgewicht (P3 bis < P10) in %	Normalgewichtig in %	Übergewichtig, nicht adipös (> P90 bis P97) in %	Adipös (> P97) in %
3-6 Jahre					
Gesamt	1,4	3,8	85,6	6,2	2,9
Jungen	1,3	4,0	85,8	6,4	2,5
Mädchen	1,5	3,6	85,5	6,0	3,3
7-10 Jahre					
Gesamt	1,9	5,9	76,9	9,0	6,4
Jungen	2,0	5,1	77,0	8,9	7,0
Mädchen	1,8	6,7	76,8	9,0	5,7

Bei der Betrachtung von Körpergewichtsveränderungen in der Gesellschaft ist der ausschließliche Blick auf die Mittelwerte nicht geeignet, den Kontext ausreichend zu erhellen. Es muss das gesamte Gewichtsspektrum betrachtet werden. Zur Operationalisierung der Betrachtung hat es sich bewährt, das Spektrum in hundert Teile, Perzentile genannt, zu gliedern. Von besonderem Interesse sind dabei die Veränderungen im unteren und oberen Randbereich des Spektrums. Dabei werden die ersten drei Perzentile (< P3: Stark unter Normalgewicht) und die letzten drei Perzentile (> P97: Adipös) sowie der Bereich zwischen der dritten und zehnten Perzen-

---

[1] Vgl. Kromeyer-Hauschild, Wabitsch, Kunze, Geller, Geiß, Hesse, von Hippel, Jaeger, Johnsen, Korte, Menner, Müller, Müller, Niemann-Pilatus, Remer, Schaefer, Wittchen, Zabransky, Zellner, Ziegler und Hebebrand (2001).

tile (P3 bis < P10: Unter Normalgewicht) und der 90. bis 97. Perzentile (> P90 bis P97: Übergewichtig, nicht adipös) besonders in den Fokus genommen.

Eine Gegenüberstellung der Verteilung der BMI-Werte im *KiGGS* gegenüber den Referenzdaten aus den Jahren 1985 bis 1999 (vgl. Kromeyer-Hauschild et al., 2001) zeigt, dass sich insbesondere die oberen Perzentile im Verlaufe der Zeit weiter nach oben verschoben haben. Aber auch bei den unteren Perzentilen ist eine leichte Verschiebung des BMI nach oben zu erkennen, d. h. auch die normalgewichtigen Kinder haben heute einen etwas höheren BMI als früher (vgl. Kurth & Schaffrath Rosario, 2007).

7.2.4 Spezieller Versorgungsbedarf

Ergänzend zu chronischen Gesundheitsstörungen wurden erstmals im *Kinder- und Jugendgesundheitssurvey* auch die Prävalenz und Charakteristika von Kindern und Jugendlichen mit speziellem Versorgungsbedarf[2] erfasst. Damit kann der Versorgungsbedarf bei chronischen Gesundheitsproblemen nicht nur über die Erfassung spezifischer medizinischer Diagnosen eingeschätzt werden, sondern auch über den Bedarf oder die Inanspruchnahme von Leistungen des Gesundheitssystems sowie über die Beobachtung funktioneller Beeinträchtigungen. Auswertungen der *KiGGS*-Daten belegen einen speziellen Versorgungsbedarf bei insgesamt 14 % der Kinder und Jugendlichen. Die Prävalenz von speziellem Versorgungsbedarf nimmt mit dem Alter der Kinder deutlich zu. Insbesondere im Alter zwischen drei und zehn Jahren liegt er bei den Jungen nahezu doppelt so hoch wie bei den Mädchen (vgl. Tab. 7.4).

Tab. 7.4. Prävalenz von Kindern und Jugendlichen mit speziellem Versorgungsbedarf nach Alter (vgl. Scheidt-Nave, Ellert, Thyen & Schlaud, 2007)

	Jungen in %	Mädchen in %	Gesamt in %
3-6 Jahre	14,4	7,9	11,2
7-10 Jahre	21,7	11,4	16,7

Während der Versorgungsbedarf bei den Mädchen über alle Altersgruppen hinweg kontinuierlich zunimmt, steigt er bei den Jungen bis zum Alter von zehn Jahren an und geht danach schrittweise zurück (vgl. Scheidt-Nave et al., 2007). Die im *KiGGS*

---

[2] Kinder und Jugendliche mit einem spezifischen Versorgungsbedarf sind solche, die eine chronische körperliche, entwicklungsbedingte, verhaltensbedingte oder emotionale Störung aufweisen, die Gesundheits- und andere assoziierte Leistungen von einer Art und einem Umfang erfordern, dass es das Maß gesunder Normalkinder überschreitet (Definition des CSHCN Screeners; vgl. Bethell, Read, Stein, Blumberg, Wells & Newacheck, 2002).

Ergebnisse

beobachtete Gesamtprävalenz von speziellem Versorgungsbedarf bei Kindern und Jugendlichen in Deutschland (14 %) liegt etwas über der in der im US-amerikanischen *National Survey of Children with Special Health Care Needs* ermittelten von 12,8 % (vgl. Van Dyck, Kogan, McPherson, Weissman & Newacheck, 2004). Übereinstimmend mit den *KiGGS*-Ergebnissen war die Prävalenz von Versorgungsbedarf für Schulkinder und Jugendliche mindestens doppelt so hoch als bei Kleinkindern.

7.2.5 Verletzungen und Unfälle

Eine wichtige Einflussgröße auf das Morbiditätsgeschehen im Kindes- und Jugendalter stellen, aufgrund ihrer Häufigkeit, Verletzungen und Unfälle dar. Sie gehören zu den Gesundheitsproblemen, für die ein erhebliches Vermeidbarkeitspotenzial angenommen wird. Die Datenlage zu in Folge von Unfällen verletzten Kindern in Deutschland ist lückenhaft und konnte mit der *KiGGS-Studie* verbessert werden. Abbildung 7.1 zeigt die Jahresprävalenzen von Verletzungen durch Unfälle und durch Gewalt bei Kindern und Jugendlichen.

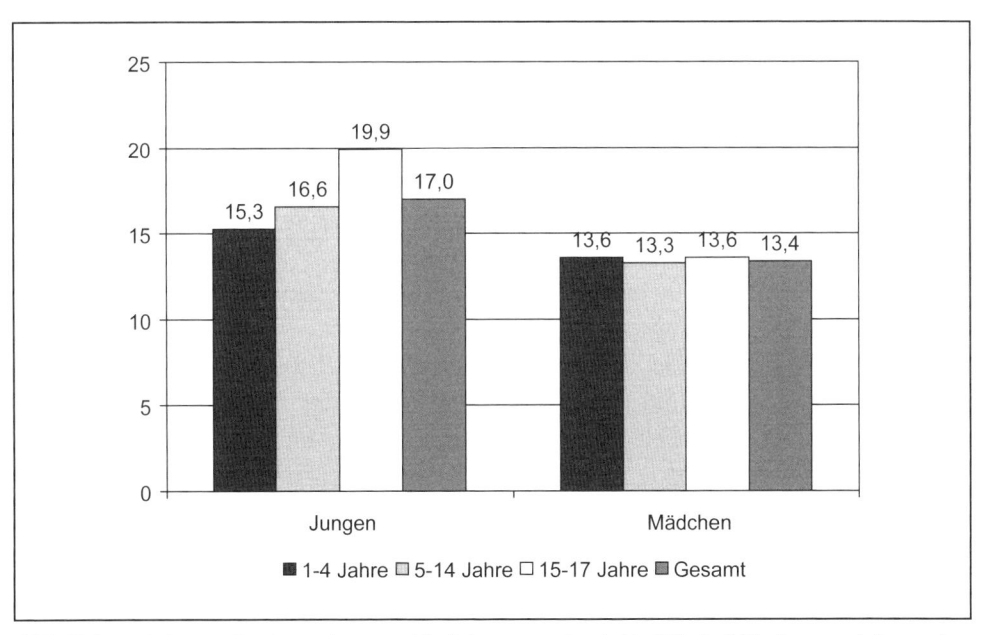

Abb. 7.1. Jahresprävalenzraten von Verletzungen durch Unfälle bei Kindern und Jugendlichen (1-17 Jahre) nach Geschlecht und Altersgruppen (n = 16.327; vgl. Kahl, Dortschy & Ellsäßer, 2007)

Die bekannten Geschlechtsunterschiede – Jungen verletzen sich häufiger als Mädchen – konnten auch für *KiGGS* in allen Altersgruppen nachgewiesen werden. Obwohl die Ursachen für die geschlechtsspezifischen Unfallmechanismen nach der internationalen Literatur nach wie vor unklar sind, wurden auch Hypothesen aufgestellt (vgl. Laflamme, 1998). Unter anderem werden unterschiedliche, angeborene motorische Fähigkeiten diskutiert, aber auch das Verhalten, das wiederum von den Sozialisationsbedingungen abhängt, d. h. von der unterschiedlichen Risikobereitschaft.

Viele Unfälle im Kindes- und Jugendalter lassen sich auf den altersbedingten Entwicklungsstand der Heranwachsenden zurückführen. Der motorische Status, etwa ein für eine Gefahrensituation inadäquater Koordinations- oder Kraftstatus ist hier ebenso anzuführen wie fehlendes Kontroll- und Einschätzungsvermögen. Weitere Ursachen können die Persönlichkeitsstruktur des Kindes, eine unsichere Umgebung, aber auch soziale Faktoren sein.

Mit *KiGGS* konnte festgestellt werden, dass Kinder aus Familien mit niedrigem Sozialstatus häufiger im Straßenverkehr verunglücken als Kinder aus Familien mit hohem Sozialstatus. Auch belegen die Ergebnisse eine signifikant niedrigere Helmtragequote bei einem niedrigeren Sozialstatus und bei Migranten sowie in der Region Ost. Diese Angaben sind erweiterbar um Angaben zu Merkmalen des Unfallgeschehens wie Unfallort, Unfallmechanismus, Verletzungsfolgen und ambulante und stationäre Behandlung (vgl. Kahl et al., 2007).

7.2.6 Psychosoziale Störungen

Mit dem Wandel des Krankheitsspektrums ist bei Kindern und Jugendlichen seit einigen Jahren auch eine Zunahme von psychischen und psychosomatischen Störungen zu beobachten (vgl. Hurrelmann, 2002b; Petermann, Döpfner, Lehmkuhl & Scheithauer, 2000). Diese Beobachtungen gründeten sich bislang jedoch auf methodisch nicht vergleichbare und nicht repräsentative Studien.

Mit *KiGGS* wurde eine repräsentative Datenbasis auch zur psychischen Gesundheit von Kindern und Jugendlichen geschaffen. Es liegen Ergebnisse vor zu psychischen- und Verhaltensauffälligkeiten, zur Prävalenz der Aufmerksamkeitsdefizit-Hyperaktivitätsstörung (ADHS), zu Risiken und Ressourcen für die psychische Entwicklung von Kindern und Jugendlichen, zu Essstörungen und auch zur gesundheitsbezogenen Lebensqualität von Kindern und Jugendlichen in Deutschland (vgl. Hölling, Erhart, Ravens-Sieberer & Schlack, 2007; Ravens-Sieberer, Ellert & Erhart, 2007a; Schlack, Hölling, Kurth & Huss, 2007; Erhart, Hölling, Bettge, Ravens-Sieberer & Schlack, 2007; Hölling & Schlack, 2007; Ravens-Sieberer, Wille, Bettge & Erhart, 2007b).

Hinweise auf psychische Auffälligkeiten und Stärken wurden in *KiGGS* mit dem „Strengths and Difficulties Questionnaire" (SDQ) erfasst (vgl. Goodman, 1997). Der bereits mehrfach psychometrisch getestete und validierte SDQ erfragt psychische Schwächen und Stärken in den Bereichen *Emotionale Probleme, Hyperaktivitäts-*

probleme, *Verhaltensprobleme*, *Probleme mit Gleichaltrigen* und *Prosoziales Verhalten*, das im Gegensatz zu den vier erstgenannten Bereichen einen Stärkenbereich betrifft. Aus der Summe der Problemskalen konnte ein Gesamtproblemwert berechnet werden (vgl. Hölling et al., 2007). Für die 3- bis 10-jährigen Kinder stellt sich dieser entsprechend Tabelle 7.5 dar.

Tab. 7.5. Auswertung des Gesamtproblemwertes (vgl. Hölling et al., 2007) (Anmerkungen: SDQ-Elternbericht)

	Altersgruppen					
	3-6 Jahre			7-10 Jahre		
	Unauffällig in %	Grenzwertig in %	Auffällig in %	Unauffällig in %	Grenzwertig in %	Auffällig in %
Jungen	84,2	8,9	6,9	78,4	10,2	11,4
Mädchen	89,4	6,9	3,7	87,0	6,5	6,5

Bezüglich der Hinweise auf psychische Auffälligkeiten ergibt sich bei den befragten 7- bis 10-jährigen Kindern eine Auftretenshäufigkeit von 5,2 % für Depressionen, 9,3 % für Ängste, 3,5 % für ADHS und 7,9 % für Störungen des Sozialverhaltens (vgl. Ravens-Sieberer et al., 2007b). Dabei zeigt sich eine leicht höhere Auftretenswahrscheinlichkeit bei Jungen. Psychische- und Verhaltensauffälligkeiten werden zudem häufiger (überwiegend signifikant) bei Kindern aus Familien mit niedrigem sozialen Status angegeben und diagnostiziert als bei Kindern aus Familien mit mittlerem oder hohem Status.

7.2.7 Soziale Ungleichheiten

Bei der Darstellung des Gesundheitszustandes wurden von den im Rahmen des *KiGGS* benannten bzw. einheitlich konstruierten zentralen Differenzierungsmerkmalen nur die Merkmale Alter und Geschlecht stärker in den Fokus genommen.
Die anderen Merkmale Region (Ost/West), Migrationshintergrund und sozialer Status wurden nur punktuell als modifizierende Variablen angeführt. Da aber Gruppenunterschiede in diesen Bereichen wichtige Hinweise für die Identifikation von Problem- bzw. Risikogruppen sowie relevanter Lebensumfelder (Settings) liefern und damit Ansatzpunkte für die Konzeption von Interventions- und Präventionsmaßnahmen sind, sei in Tabelle 7.6 summarisch für Kinder und Jugendliche aller Altersklassen und bezogen auf den allgemeinen subjektiven Gesundheitsstatus auf diese Merkmale eingegangen.

Tab. 7.6. Allgemeiner subjektiver Gesundheitszustand der Probanden nach Region (Ost/West), Migrationshintergrund und Sozialstatus (Elterneinschätzung; vgl. Lange et al., 2007)
(Anmerkungen: KiGGS-Elternfragebogen/Kurzfragebogen für Ausländer; alle Prozentangaben gewichtet)

	Gesundheitszustand nach Elterneinschätzung				
	sehr gut	gut	mittelmäßig	schlecht	sehr schlecht
	in %	in %	in %	in %	in %
Region					
Ost	38,0	55,1	7,7	0,1	0,2
West	39,4	53,9	6,3	0,3	0,1
Migrationshintergrund					
Migrant	32,5	54,9	11,4	1,0	0,2
Nicht-Migrant	40,4	54,0	5,4	0,1	0,0
Sozialstatus					
Niedrig	32,4	58,3	8,6	0,5	0,2
Mittel	38,2	55,4	6,2	0,1	0,1
Hoch	47,6	48,1	4,2	0,2	

Dass bei Kindern und Jugendlichen in Ost und West von unterschiedlichen gesundheitlichen Situationen, vor allem für die unmittelbare Nachwendezeit auszugehen war, ist für Kolip, Nordlohne und Hurrelmann (1995) plausibel. Die beiden Staaten wiesen voneinander abweichende Sozialisationskontexte in Familie, Freizeit und Bildungseinrichtungen auf und unterschieden sich auch in den medizinischen Versorgungsstrukturen. Obwohl diese Argumente im engeren Sinne nur für die über 13-Jährigen gelten (alle unter 13-Jährigen sind nach der Wende geboren), dürften die Unterschiede auch auf die jüngeren Altersklassen ihre Auswirkungen haben. Die Kinder und Jugendlichen sind in der Obhut der Eltern, Lehrer und anderer Bezugspersonen aufgewachsen, die lange Zeit in unterschiedlichen Systemen gelebt haben. Sie dürften, vermittelt über Erziehungsstile und Vorbildrollen, gewachsene kulturelle und soziale Prägungen (Einstellungen, gesundheitsrelevante Verhaltensweisen) an die Kinder und Jugendlichen weitergegeben haben (vgl. Lange et al., 2007).

Ein eindeutiger Ost/West-Unterschied bei der elterlichen Einschätzung des allgemeinen Gesundheitszustandes der Kinder ist nicht festzustellen. Der Anteil derjenigen, die den Gesundheitszustand als *sehr gut* einstufen, nimmt in Ost wie West mit zunehmendem Alter ab. Abweichungen in den unterschiedlichen Altersklassen sind zwar vorhanden, folgen jedoch keinem eindeutigen Muster.

Zusammenfassung

Der Prozentsatz der Teilnehmer mit Migrationshintergrund am *KiGGS* betrug 17,1 % und entspricht damit nahezu dem 19 %-igen Anteil der Bevölkerung, wie er im Rahmen des Mikrozensus 2005 vom Statistischen Bundesamt erhoben wurde. Migranten sind eine sehr heterogene Gruppe. Sie unterscheiden sich in vielfältiger Weise bezogen auf das Einwanderungsmotiv, den kulturellen, sprachlichen und religiösen Hintergrund, den aufenthaltsrechtlichen Status und die aktuelle Lebenssituation sowie die Ethnizität (vgl. Schenk & Neuhauser, 2005). Der allgemeine Gesundheitszustand wird durch die Eltern bei Kindern mit Migrationshintergrund deutlich seltener als *sehr gut* eingestuft (32,9 %), als bei Kindern ohne Migrationshintergrund (40,4 %). 12,6 % der Eltern von Migrantenkindern stufen den Gesundheitszustand sogar als *mittelmäßig* bis *sehr schlecht* ein. Bei Nichtmigranten ist dies nur in 5,5 % der Fälle zu verzeichnen. Die Unterschiede in der Gesundheitsbeurteilung zwischen Migranten und Nichtmigranten werden allerdings mit zunehmendem Alter geringer. Sozioökonomische Merkmale wie Bildungszustand und Einkommen beeinflussen die Einschätzung des Gesundheitszustandes in allen Ländern der Europäischen Union (vgl. Hackauf & Winzen, 1999).

In der Elterneinschätzung der Gesundheit, sind bei Differenzierung nach Sozialstatus eindeutige Unterschiede zu beobachten. Eltern mit niedrigem Sozialstatus schätzen – über alle Altersjahrgänge hinweg – die Gesundheit ihrer Kinder deutlich seltener als *sehr gut* ein als Eltern mit mittlerem oder hohem Sozialstatus. Während 47,6 % der Eltern mit hohen sozialen Status die Gesundheit ihrer Kinder als *sehr gut* einstufen, sind es bei niedrigem Sozialstatus lediglich 32,4 %.

Die Datensammlung vom *KiGGS* bietet mit ihren vielfältigen wissenschaftlichen Auswertungsmöglichkeiten eine komplexe gesundheitspolitische Entscheidungsgrundlage. Weitergehende Fragen, die über die aktuelle Verteilung von Gesundheitsstörungen hinausgehen und auch kausale Erklärungen ermöglichen, sind allerdings nur durch wissenschaftliche Analysen mit Daten im Längsschnitt möglich. Ein Konzept für eine *KiGGS*-Kohorte wurde bereits erarbeitet und soll sich einordnen in ein umfassendes Gesundheitsmonitoring am RKI (vgl. Kurth, 2007; Kurth, Ziese & Tiemann, 2005).

7.3 Zusammenfassung

Der vom Robert Koch-Institut durchgeführte *Kinder- und Jugendgesundheitssurvey* liefert erstmalig bundesweit repräsentative, umfassende epidemiologische Daten, die die Gesundheit und die gesundheitsrelevanten Probleme der jungen Generation in vielen Dimensionen erfassen. Aus der Gesamtstichprobe von 18.000 Kindern und Jugendlichen werden nur die Altersklassen drei bis sechs Jahre und sieben bis zehn Jahre herausgegriffen und nach Geschlechtern differenziert betrachtet.

Die Beurteilung des Gesundheitszustandes der Kinder griff ausschließlich auf die subjektive Einschätzung der Eltern (Fremdeinschätzung) zurück.

* Der allgemeine Gesundheitszustand der Kinder wurde von den Eltern zu 93 % als sehr gut bis gut eingeschätzt.
* Die Prävalenz chronischer Erkrankungen ist in den Altersklassen relativ gering, zumeist deutlich unter dem 5 %-Niveau. Eine Ausnahme stellen die atopischen Erkrankungen dar, mit Prävalenzen von knapp 20 % bei der obstruktiven Bronchitis.
* Die *KiGGS*-Daten bestätigen den vermuteten Anstieg des Anteils übergewichtiger und adipöser Kinder. In den betrachteten Altersklassen liegt der Anteil mit knapp 10 % bei den 3- bis 6-Jährigen und gut 15 % bei den 7- bis 10-Jährigen unter den Extremangaben regional begrenzter, nicht repräsentativer Studien.
* Der Anteil der Kinder, die über das normale Maß hinaus Leistungen des Gesundheitssystems in Anspruch nehmen müssen, steigt von etwa 10 % in der Altersgruppe drei bis sechs Jahre auf gut 15 % in der Altersgruppe sieben bis zehn Jahre. Einem kontinuierlichen Anstieg bei den Mädchen steht, nach initialem Anstieg, ein stufenweiser Rückgang bei den Jungen gegenüber.
* Die wichtigsten Einflussgrößen auf das Morbiditätsgeschehen im Kindes- und Jugendalter sind Verletzungen und Unfälle. Während bei den Jungen die Prävalenz vom Kleinkindalter bis zum Jugendalter von 15 % auf 20 % ansteigt, ist die Rate bei den Mädchen mit 14 % über die Altersklassen recht konstant.
* Der Wandel des Krankheitsspektrums ist auch bei Kindern und Jugendlichen zu konstatieren. Es werden in zunehmendem Maße psychische und psychosomatische Störungen beobachtet. Der Gesamtproblemwert, als Summe verschiedener Auffälligkeiten, steigt von der Altersklasse drei bis sechs Jahre bis zur Altersklasse sieben bis zehn Jahre bei den Jungen von 15 % auf 21 %, bei den Mädchen von 10 % auf 13 %.
* Drei weitere zentrale Differenzierungsmerkmale sind als Einflussgrößen des Gesundheitszustandes zu beachten. Während das Merkmal Region (Ost/West) keinen eindeutigen Einfluss mehr aufzuweisen scheint, ist der Migrationshintergrund ein Faktor, der die Gesundheitsbeurteilung deutlich negativ beeinflusst. Gleiches gilt für den sozialen Status. Eltern mit niedrigem sozialen Status schätzen die Gesundheit ihrer Kinder deutlich negativer ein als Eltern mit mittlerem oder höherem Sozialstatus.

Kerstin Horch

8 Motorische Leistungsfähigkeit von Kindern

8.1 Gliederung und Fragestellungen

Im Mittelpunkt dieses Beitrages steht die Beschreibung der motorischen Leistungsfähigkeit einer deutschlandweiten, repräsentativen Studie (*Motorik-Modul* [*MoMo*]) von Kindern und Jugendlichen im Alter von 4 bis 17 Jahren, wobei hier nur die Teilstichprobe im Alter von sechs bis zehn Jahren betrachtet wird. MoMo wurde im Rahmen des bundesweiten *Kinder- und Jugendgesundheitssurveys (KiGGS)* durchgeführt (vgl. Kap. 7).

In Kapitel 8.2 wird eine Systematisierung motorischer Fähigkeiten vorangestellt. Diese bildet die Grundlage für die in den folgenden Abschnitten vorgestellten Literaturreviews (vgl. Kap. 8.3). Dabei wird der Beitrag von Bös (2003), im *Ersten Deutschen Kinder- und Jugendsportbericht*, für Kinder im Grundschulalter fortgeschrieben. Im vierten und fünften Unterkapitel wird das bundesweite *Motorik-Modul* thematisiert. Dabei wird zuerst die Methodik beschrieben (vgl. Kap. 8.4). Dieses Kapitel bildet gleichzeitig auch die Stichprobenbeschreibung für die Beiträge von Sygusch, Tittlbach, Brehm, Opper, Lampert und Bös (vgl. Kap. 9) sowie Woll, Jekauc, Mees und Bös (vgl. Kap. 10). In Kapitel 8.5 werden die *MoMo*-Ergebnisse dargestellt. Die Darstellung erfolgt tabellarisch und graphisch für Jungen und Mädchen der Altersgruppe sechs bis zehn Jahre. In Kapitel 8.6 werden zukünftige Forschungsauf-gaben formuliert.

Zusammenfassend werden vier Fragestellungen bearbeitet:

1. Was ist eine theoretisch begründete und praktikable Systematisierung für die Beschreibung und Erfassung motorischer Fähigkeiten? (vgl. Kap. 8.2)
2. Wie ist die Ausprägung ausgewählter motorischer Fähigkeiten im Kohortenvergleich (1965-2005) für Jungen und Mädchen im Grundschulalter? (vgl. Kap. 8.3)
3. Wie wurde *MoMo* durchgeführt und was sind die Ergebnisse zur motorischen Leistungsfähigkeit? (vgl. Kap. 8.4 und 8.5)
4. Was sind zukünftige Forschungsaufgaben? (vgl. Kap. 8.6)

8.2 Systematisierung und Erfassung motorischer Fähigkeiten

Die Testdiagnostik in der Sportwissenschaft basiert auf dem fähigkeitsorientierten Ansatz, wie er für die Sportwissenschaft von Gundlach (1968), Roth (1982), Bös und Mechling (1983) und anderen in der Tradition der Arbeiten in der Psychologie von Fleishman (1954) und Guilford (1957) begründet wurde. Fähigkeiten sind latente Konstrukte, die nicht direkt der Beobachtung zugänglich sind, sondern aus beobachtbaren Indikatoren erschlossen werden.

8.2.1 Differenzierung motorischer Fähigkeiten

Es gibt eine Vielzahl von historischen Arbeiten zur Differenzierung motorischer Fähigkeiten (vgl. Cratty, 1975; Fetz, 1965; Fleishman, 1954; Guilford, 1957; Gundlach, 1968; Roth, 1982; Bös & Mechling, 1983). Diese sind teils phänomenologisch, teils empirisch und teils theoretisch begründet. Alle Ansätze gehen dabei von der Vorstellung aus, dass die Motorik ein komplexes, mehrdimensionales Konstrukt ist, das mit einer Kenngröße nicht ausreichend beschrieben werden kann.

Differenzierungen von motorischen Fähigkeiten basieren zumeist auf der Annahme von sogenannten Grundeigenschaften (vgl. Fetz, 1965) oder Hauptbeanspruchungsformen (vgl. Hollmann & Hettinger, 1980). Wir unterscheiden auf einer ersten Ebene motorische Fähigkeiten nach den Polen Energie und Information in konditionelle (energetische) und koordinative (informationsorientierte) Fähigkeiten. Auf einer zweiten Ebene wird in die vielzitierten *motorischen Grundeigenschaften* Ausdauer, Kraft, Schnelligkeit, Koordination und Beweglichkeit aufgefächert (vgl. Martin, Carl & Lehnertz, 2001).

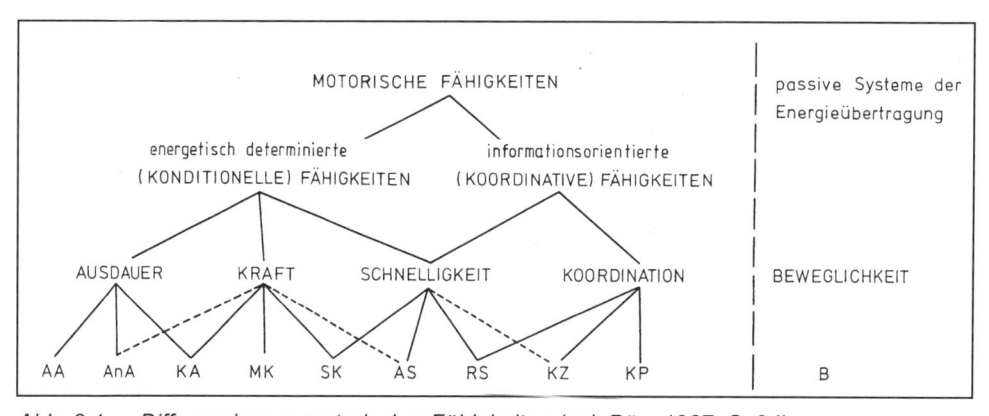

Abb. 8.1. Differenzierung motorischer Fähigkeiten (vgl. Bös, 1987, S. 94)

Die konditionellen Kraft- und Ausdauerfähigkeiten lassen sich auf der Basis von Dauer und Intensität der Belastung weiter differenzieren (vgl. Abb. 8.1, Ebene 3). Eine Unterscheidung von aerober (AA) und anaerober Ausdauer (AnA) sowie von Maximalkraft (MK), Schnellkraft (SK) und Kraftausdauer (KA) erscheint dabei notwendig und ausreichend. Die Schnelligkeit in ihrer sportspezifischen Ausprägung als Aktionsschnelligkeit (AS) lässt sich nicht eindeutig dem konditionellen oder koordinativen Fähigkeitsbereich zuordnen. Schnelle Bewegungen zeichnen sich gerade dadurch aus, dass bei ihnen eine optimale Verknüpfung des energetischen Potentials mit der Qualität sensorischer Regulationsprozesse besteht. Die Reaktionsschnelligkeit (RS) beinhaltet die Vorbereitungsphase, die Phase des Reizangebots und der Reizwahrnehmung, die Phase der Latenz sowie die Phase der effektiven Handlung. Die koordinativen Fähigkeiten als informationsorientierte Funktionspotenzen lassen sich nach der Art der sensorischen Regulation sowie in Abhängigkeit vom Anforderungsprofil der Bewegungshandlungen unterscheiden. Roth (1982, S. 53) differenziert in „koordinative Fähigkeiten zur genauen Kontrolle von Bewegungen (KP)" und „koordinative Fähigkeiten unter Zeitdruck (KZ)". Dabei ist die *Koordination bei Präzisionsaufgaben* eine gut abgrenzbare motorische Basisdimension (vgl. Bös & Mechling, 1983), während die *Koordination unter Zeitdruck* mit konditionellen Fähigkeiten (Schnellkraft, Aktionsschnelligkeit) korreliert. Bei der Beweglichkeit (B) besteht ebenfalls keine präzise Zuordnungsmöglichkeit zum konditionellen oder koordinativen Merkmalsbereich. Probleme resultieren vor allem aus der unterschiedlichen Umfangsbestimmung. Wir plädieren hier für eine enge Fassung des Begriffes *Beweglichkeit* als „Schwingungsweite der Gelenke" und verstehen Beweglichkeit nicht als Fähigkeit, sondern als eine weitgehend anatomisch determinierte personale Leistungsvoraussetzung der passiven Systeme der Energieübertragung (vgl. ebd.). Insgesamt wurden damit auf der dritten Einteilungsebene zehn motorische Beschreibungskategorien ausgewiesen.

Auf der Messebene werden diese zehn Beschreibungskategorien noch um die Konstitution ergänzt. Bös und Mechling (1983) rechnen die konstitutionellen Merkmale Größe, Gewicht und Body-Mass-Index (BMI) ebenfalls den passiven Systemen der Energieübertragung zu.

8.2.2 Erfassung motorischer Fähigkeiten durch motorische Tests

Testaufgaben zur Erfassung motorischer Fähigkeiten sollten drei Konstruktionsprinzipien aufweisen:

- Testaufgaben sollten nur das zu diagnostizierende Merkmal erfassen. Weitere interindividuell differenzierende Merkmale der Testleistung sollten durch die Art der Aufgabenstellung möglichst eliminiert werden.
- Testaufgaben sollten möglichst wenig übbar sein.
- Testaufgaben sollten von koordinativen Vorerfahrungen weitgehend unabhängig sein.

Diese Forderungen lassen sich nur bei Verwendung von einfachstrukturierten Aufgaben zur Messung von relativ isolierten motorischen Fähigkeiten realisieren (z. B. Standweitsprung zur Messung der Schnellkraft der unteren Extremitäten). Sportnahe Testaufgaben wie Hindernisläufe, Sprünge und Würfe sind dagegen komplexstrukturiert. Dies zeigt sich bei Faktorenanalysen, in denen solche Testaufgaben in der Regel Ladungen auf mehreren Faktoren aufweisen. Die Konstruktionsprinzipien für motorische Testaufgaben *Isolierung von Fähigkeiten*, *Unabhängigkeit von Vorerfahrungen* und *geringe Übbarkeit* lassen sich bei der Testung von allgemeinen konditionellen Fähigkeiten besser realisieren als bei der Testung koordinativer Fähigkeiten und spezieller (sportartspezifischer) Merkmalsbereiche.

Bei der Konstruktion von Testbatterien gilt es, auf der Aufgabenebene auch situations- und aufgabenspezifische Besonderheiten zu berücksichtigen.

8.2.3 Taxonomie von Testaufgaben

In seiner Taxonomie von Testaufgaben unterscheidet Bös (1987, S. 103) die drei Einteilungsdimensionen Fähigkeitsstruktur, Struktur der Handlungsumgebung und Aufgabenstruktur. Für die Differenzierung der motorischen Fähigkeiten wird die oben vorgestellte Systematisierung in zehn motorische Fähigkeiten übernommen. Bei der Differenzierung der Aufgabenstruktur orientieren wir uns an frühen Arbeiten von Gentile, Higgins, Miller und Rosen (1975) sowie Higgings (1977) und unterscheiden Lokomotionsbewegungen (Sprünge, Läufe und Gehen), Teilkörperbewegungen mit Ortsveränderung (differenziert nach obere Extremitäten, Rumpf, untere Extremitäten) und Tätigkeiten ohne Ortsveränderung (Haltungen, isometrische Muskelkontraktion). Damit lassen sich neun Aufgabenkategorien unterscheiden. Einen weiteren eigenständigen Bereich bilden Aufgaben, die die Feinmotorik erfassen. Auf eine zusätzliche Unterscheidungsmöglichkeit von Testaufgaben nach der Struktur der Handlungsumgebung (vgl. Gentile et al., 1975; Göhner, 1979; zsfd. Bös, 1987, S. 103) wird hier verzichtet. Aus Gründen der Vereinfachung und Praktikabilität wird eine zweidimensionale Klassifikation von Testaufgaben in Fähigkeitsstruktur und Aufgabenstruktur mit folgenden Spezifikationen vorgeschlagen. Auf der Fähigkeitsebene wird auf die anaerobe Ausdauer, die Aktionsschnelligkeit und die Maximalkraft verzichtet. Damit verbleiben sieben motorische Fähigkeiten. Auf der Ebene der Aufgabenstruktur werden zwei Arten von Lokomotionsbewegungen (Gehen, Sprünge), großmotorische Teilkörperbewegungen (obere Extremitäten, Rumpf, untere Extremitäten), feinmotorische Teilkörperbewegungen (Hand) sowie Körperhaltung unterschieden. Damit verbleiben auf der Ebene der Aufgabenstruktur sieben Kategorien, insgesamt also eine Matrix mit 49 Zellen, die in der hier vorgestellten Untersuchung (vgl. Kap. 8.4, Tab. 8.5) möglichst sparsam und gleichzeitig möglichst repräsentativ mit Testaufgaben gefüllt wird.

8.3 Literaturreview – Fortschreibung des Ersten Deutschen Kinder- und Jugendsportberichtes

Im *Ersten Deutschen Kinder- und Jugendsportbericht* (vgl. Bös, 2003) wurde für die Stichprobe der Kinder und Jugendlichen ein Literaturreview zur motorischen Leistungsfähigkeit durchgeführt. Das Review bezog sich einerseits auf die Methodik (publizierte Tests) und andererseits auf vorliegende Ergebnisse.

8.3.1 Übersicht zu publizierten Tests und Stand der empirischen Forschung

Beim Review im Jahre 2003 lag kein bundesweit standardisierter Motoriktest vor. Auch die vielfältigen internationalen Bemühungen wurden bisher nur unzureichend aufgegriffen und den deutschen Verhältnissen angepasst (vgl. zsfd. Bös, 2001, 2003). Die Lücke eines bundesweit standardisierten Verfahrens ist mit der *MoMo*-Testbatterie (vgl. Kap. 8.4) geschlossen worden. Im Nachgang gibt es von der Sportministerkonferenz, der Kultusministerkonferenz und der Deutschen Vereinigung für Sportwissenschaft (dvs) gemeinsame Anstrengungen, ein bundesweit einheitliches Testverfahren für Kinder und Jugendliche in Schule und Verein zu etablieren (vgl. Bös, Worth, Opper, Oberger, Romahn, Woll, Wagner & Jekauc, 2008; Hummel, 2008).

8.3.2 Säkulare Trends

Veränderungen der motorischen Leistungsfähigkeit wurden im *Ersten Deutschen Kinder- und Jugendsportbericht* in drei Schritten analysiert (vgl. Bös, 2003). Erstens zeigt ein querschnittlicher Vergleich von Testergebnissen mit publizierten Normwerten einen Rückgang der motorischen Leistungsfähigkeit. Dieser Trend wird zweitens bei der Betrachtung von Längsschnittstudien bestätigt und drittens resultiert aus der Analyse einer selbst aufgebauten Datenbank (vgl. Beck & Bös, 1995; Burghardt, 2003), dass die motorische Leistungsfähigkeit von Kindern und Jugendlichen im Alter von 6 bis 18 Jahren in den Jahren 1975 bis 2000 im Durchschnitt um etwa 10 % abgenommen hat.

8.3.3 Fortschreibung der Datenbank „Motorische Leistungsfähigkeit"[1]

In einem neuen Review wurde die Datenbank um 51 Studien aus den Jahren 2002 bis 2006 ergänzt (vgl. Wrobel, 2008). Die Untersuchungen beziehen sich auf etwa 10.000 Versuchspersonen, berücksichtigt wurden fünf motorische Testaufgaben: Ausdauerlauf (6-Minuten, 12-Minuten), 20-Meter-Lauf, Situps, Standweitsprung, Rumpfbeugen. Nachstehend werden für die Stichprobe der 6- bis 8- und 9- bis

---

1 Hier wird aus Gründen der Vergleichbarkeit auf die Daten der 6- bis 11-Jährigen Bezug genommen.

11-jährigen Jungen und Mädchen[2] die Tabellen aus dem *Ersten Deutschen Kinder- und Jugendsportbericht* um die Ergebnisse aus den Jahren 2003 bis 2006 ergänzt. Die Tabelle (vgl. Bös, 2003, S. 100 f.), die sich bisher auf Daten von 1996 bis 2002 bezog, wird aktualisiert. Ergänzend werden die alters- und geschlechtsspezifischen Mittelwerte graphisch dargestellt. Dabei wurden die Mittelwertsverläufe mittels Regressionsanalysen geglättet. In die Berechnungen der in Abbildung 8.2 dargestellten Regressionsgleichungen fließen so viele Messwerte ein, dass davon auszugehen ist, dass sich eventuelle Stichprobenfehler weitestgehend ausgleichen und die Ergebnisse damit eine hohe Aussagekraft besitzen.

Ergebnisse zum Kohortenvergleich von 1976 bis 2005
Die Kinder sind etwas größer (Jungen: 3 %, Mädchen: 2,8 %) und deutlich schwerer geworden (Jungen: 10,2 %, Mädchen: 11,3 %). Daraus resultiert, dass der BMI ebenfalls zugenommen hat (Jungen: 3,5 %, Mädchen: 5,2 %). Die motorische Leistungsfähigkeit hat abgenommen. Die Abnahme ist am stärksten beim Standweitsprung (Jungen: 5,6 %, Mädchen: 10,3 %), beim 6-Minuten-Lauf (Jungen: 8 %, Mädchen: 7,7 %) sowie in der Beweglichkeit[3] (Jungen: 3,5 cm entspricht 6,5 %, Mädchen: 3,8 cm entspricht 6,7 %).

Tab. 8.1. Mittelwerte der Konstitutionsmerkmale und motorischen Tests für 6- bis 11-Jährige

				Größe (cm)					
männl.	<76	76-85	86-95	96-05	weibl.	<76	76-85	86-95	96-05
6-8	124,89*	128,23*	127,13	128,12	6-8	123,71*	127,23*	125,77	126,73
9-11	139,26	140,36	141,80	144,73	9-11	139,05	139,90	140,95	144,29
	*6-Jährige fehlen					*6-Jährige fehlen			
				Gewicht (kg)					
männl.	<76	76-85	86-95	96-05	weibl.	<76	76-85	86-95	96-05
6-8	25,21*	27,25**	25,91	27,27	6-8	24,47*	23,86*	25,35	26,43
9-11	32,76	35,14	35,63	37,65	9-11	32,64	34,97	35,59	37,13
	*6-Jährige fehlen - **6- und 7-Jährige fehlen					*6-Jährige fehlen			
				BMI					
männl.	<76	76-85	86-95	96-05	weibl.	<76	76-85	86-95	96-05
6-8	16,16	16,57	16,03	16,61	6-8	15,99	14,74	16,03	16,46
9-11	16,89	17,84	17,72	17,97	9-11	16,88	17,87	17,91	17,83

---

2 Im *Ersten Deutschen Kinder- und Jugendsportbericht* (vgl. Bös, 2003) werden die Daten über den gesamten Kinder- und Jugendbereich (6-18 Jahre) dargestellt.
3 Die prozentuale Differenz bei der Beweglichkeit bezieht sich auf den Anteil der Differenz an der Standardabweichung, die bei normalverteilten Kurven – wie hier gegeben – 10 % entspricht.

20-m-Lauf (sec)									
männl.	<76	76-85	86-95	96-05	weibl.	<76	76-85	86-95	96-05
6-8		4,52	4,65	4,72	6-8		4,62	4,77	4,64
9-11	4,36	4,10	4,14	4,51	9-11	4,21	4,12	4,26	4,45
6-min-Lauf (m/s)									
männl.	<76	76-85	86-95	96-05	weibl.	<76	76-85	86-95	96-05
6-8		2,53	2,38	2,44	6-8		2,41	2,23	2,32
9-11	3,18	2,95	2,97	2,74	9-11		2,75	2,76	2,57
Situps (Anzahl in 30 sec)									
männl.	<76	76-85	86-95	96-05	weibl.	<76	76-85	86-95	96-05
6-8	9,52	15,41	12,37	13,86	6-8	9,70	14,04	12,44	12,55
9-11		19,19	17,44	20,02	9-11		17,19	16,08	18,40
Rumpfbeugen (cm)									
männl.	<76	76-85	86-95	96-05	weibl.	<76	76-85	86-95	96-05
6-8	1,46	0,68	-1,06	-1,82	6-8	3,32	3,35	2,24	1,05
9-11		0,49	1,38	-2,01	9-11		3,61	3,45	1,21
Standweitsprung (cm)									
männl.	<76	76-85	86-95	96-05	weibl.	<76	76-85	86-95	96-05
6-8	123,68	112,11	114,85	120,75	6-8	120,23*	105,43	109,14	112,11
9-11	162,26	148,09	143,86	148,48	9-11	154,24**	141,71	136,11	132,42
					*6-Jährige fehlen - **9-Jährige fehlen				

Bei den Situps sind die Kohorteneffekte der Leistungsverschlechterung gering (Jungen: 3,2 %, Mädchen: 1,4 %) und beim 20-Meter-Lauf haben sich die Leistungen der Mädchen und Jungen verschlechtert (Mädchen: 6,1 %, Jungen: 11,1 %).

Im Durchschnitt beträgt die Leistungsabnahme bei den Kindern von sechs bis elf Jahren 6,7 % und ist bei den Jungen etwas größer (6,9 %) als bei den Mädchen (6,4 %).

Im Vergleich mit der Darstellung im *Ersten Deutschen Kinder- und Jugendsportbericht* (vgl. Bös, 2003) fällt auf, dass diese Unterschiede im Grundschulbereich geringer sind als die berichteten Ergebnisse für den gesamten Kindes- und Jugendbereich. Für die Altersspanne von 6 bis 18 Jahren beträgt der durchschnittliche Leistungsverlust in den vergangenen drei Dekaden 8 %[4]. Die nunmehr vorgelegten Daten für die 6- bis 11-Jährigen zeigen Leistungsunterschiede gegenüber früheren Generationen vor allem im Jugendalter, der Leistungsverlust beträgt 12,5 %. Dies scheint darauf hinzuweisen, dass sich der körperlich und sportlich inaktive Lebensstil der Jugendlichen bereits auf die motorische Leistungsfähigkeit auswirkt.

---

[4] Im *Ersten Deutschen Kinder- und Jugendsportbericht* wurde eine Differenz von 10 % berichtet. Die nunmehr etwas geringere Differenz von 8 % sowie kleinere Abweichungen in den Zellenmittelwerten liegen in der Bereinigung von Stichprobenfehlern sowie der Hinzunahme neuer Studien begründet.

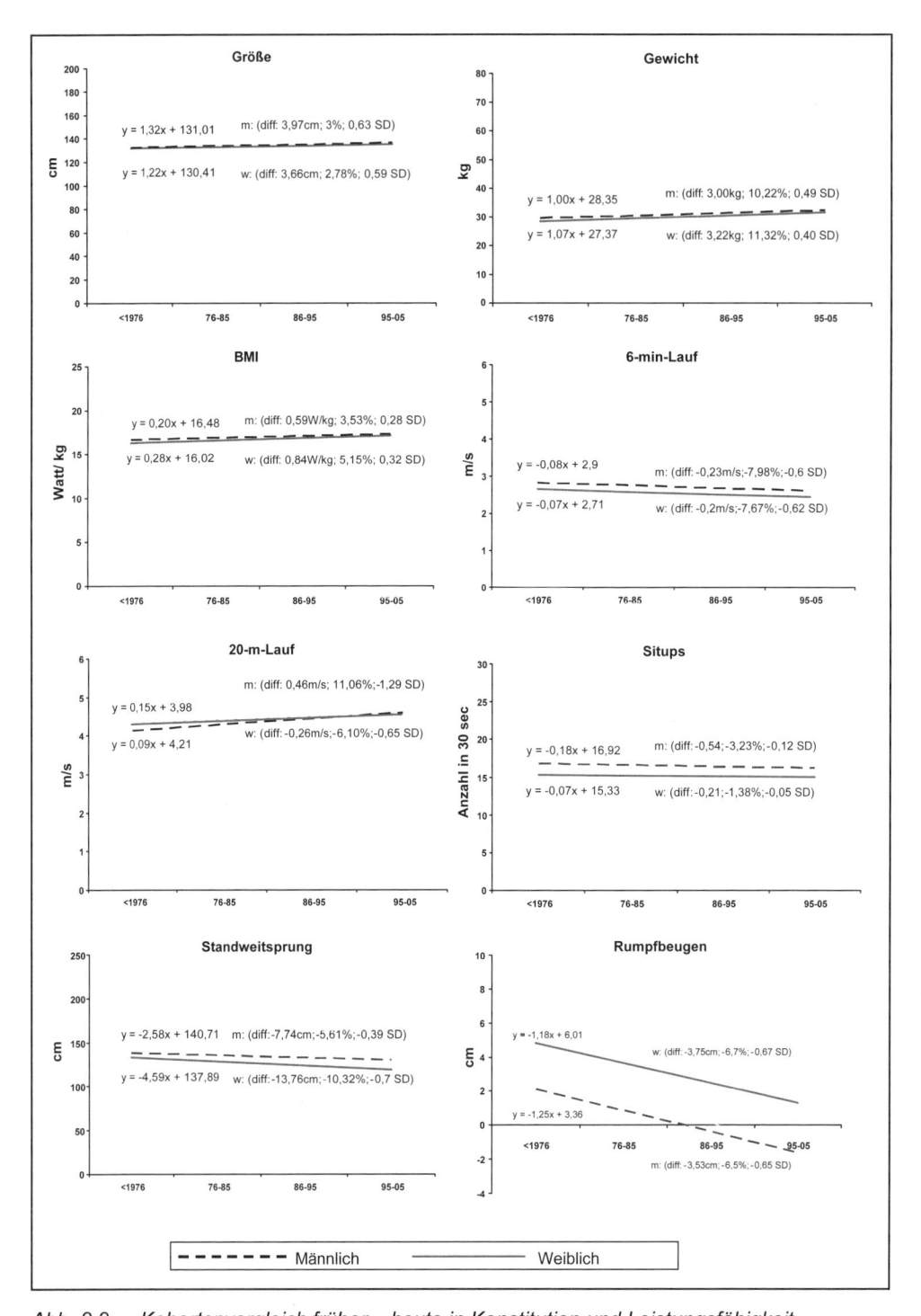

Abb. 8.2. Kohortenvergleich früher – heute in Konstitution und Leistungsfähigkeit

Kritisch ist gegenüber den hier berichteten Daten und Interpretationen einzuwenden, dass die Ergebnisse auf querschnittlichen Datenvergleichen aus nicht repräsentativen Stichproben basieren. Damit sind Stichprobenfehler nicht auszuschließen. Nicht zuletzt deshalb wird die Frage der Veränderung der motorischen Leistungsfähigkeit teils kontrovers diskutiert (vgl. Kretschmer & Wirszing, 2008).

Die Forschungslücke einer fehlenden „Baseline" wurde nunmehr mit dem bundesweiten *Motorik-Survey* (*MoMo*) geschlossen. Die Fortführung von *MoMo* wird künftig auch die Frage nach Leistungsveränderungen auf repräsentativer Basis klären.

8.4 Beschreibung des bundesweiten Motorik-Moduls

8.4.1 Untersuchungsstichprobe

Das *Motorik-Modul*[5] ist Teil des *Kinder- und Jugendgesundheitssurveys* des Robert Koch-Institutes Berlin (*KiGGS*: www.kiggs.de; vgl. Bös et al., 2008).

Die Gesamtstichprobe des *Motorik-Moduls* umfasst 4.529 Mädchen und Jungen von 4 bis 17 Jahren. Die Kinder und Jugendlichen wurden in der Zeit von Juni 2003 bis Juni 2006 in insgesamt 167 Orten in ganz Deutschland hinsichtlich ihrer motorischen Leistungsfähigkeit getestet und zu ihrer körperlich-sportlichen Aktivität befragt. Damit liegt erstmals eine bundesweit repräsentative Stichprobe zur Motorik und zum Sportverhalten von Kindern und Jugendlichen vor.

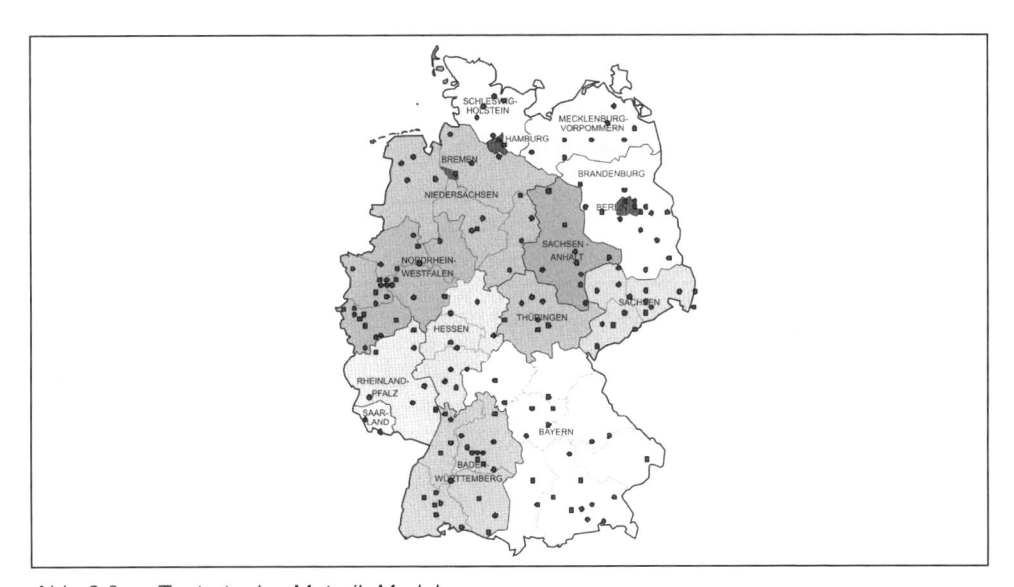

Abb. 8.3. Testorte des Motorik-Moduls

---

5 Das *Motorik-Modul* wird vom Bundesministerium für Familie, Senioren, Frauen und Jugend gefördert.

In diesem Beitrag geht es um die motorische Leistungsfähigkeit von Kindern im Alter zwischen sechs und zehn Jahren. Daher wird bei der folgenden Stichprobenbeschreibung nur auf diese Altersgruppe Bezug genommen. Die Beschreibung der Gesamtstichprobe des *Motorik-Moduls* (4-17 Jahre) findet sich bei Opper, Worth, Wagner und Bös (2007) sowie Bös et al. (2008).

Die repräsentative Stichprobenziehung erfolgte durch das Robert Koch-Institut nach Vorgaben des Zentrums für Umfragen, Methoden und Analysen (ZUMA) in Mannheim.

Nach Abschluss der Datenerhebung wurde die Stichprobe nach Alter, Geschlecht, Bevölkerungsdichte (Bundesland, Stadt, Land) und Migrationshintergrund gewichtet, um eine verbesserte Repräsentativität zu sichern. Die im Folgenden beschriebene Stichprobenverteilung nach Geschlecht sowie nach soziodemographischen Merkmalen spiegelt die Verteilung in Deutschland wider, so dass repräsentative Aussagen für die Kinder zwischen sechs und zehn Jahren getroffen werden können.

Tab. 8.2. Untersuchungsstichprobe nach Geschlecht

Alter in Jahren	Jungen		Mädchen		Gesamt	
	in %	n	in %	n	in %	n
6-10	51,4	785	48,6	742	100	1.527

Die Stichprobe der 6- bis 10-jährigen Kinder umfasst 1.527 Personen, 51,4 % (n = 785) Jungen und 48,6 % (n = 742) Mädchen. Das Alter wird nach dem aktuellen Alter zum Testzeitpunkt gebildet. Ein Kind gehört zu den 6-Jährigen, wenn es von 6,00 bis 6,99 Jahre alt ist.

Tab. 8.3. Untersuchungsstichprobe nach Sozialstatus und Migrationshintergrund (n = 1.527; Angaben in Prozent)

Alter in Jahren	Sozialstatus niedrig	Sozialstatus mittel	Sozialstatus hoch	Migrationshintergrund	kein Migrationshintergrund
6-10	24,7	46,7	28,6	14,0	86,0

Tab. 8.4. Wohnregion (n = 1.527; Angaben in Prozent)

Alter in Jahren	Bundesländer		Wohnort		
	neu	alt	Großstadt (> 100.000)	Mittel-/Kleinstadt (< 5.000 - 100.000)	Land (< 5.000)
6-10	10,7	89,3	25,3	57,5	17,2

Bei einer Betrachtung der *MoMo*-Stichprobe nach dem Sozialstatus zeigt sich, dass mit 46,7 % (n = 706) der Großteil der Kinder einem mittleren Sozialstatus angehört. 24,7 % (n = 372) der Heranwachsenden sind einem niedrigen und 28,6 % (n = 431) einem hohen Sozialstatus zuzuordnen. Hier zeigen sich weder Alters- noch Geschlechtsunterschiede. Einen Migrationshintergrund haben 14 % (n = 212) der Kinder. Auch hier ist die Geschlechterverteilung annähernd ausgeglichen. Hinsichtlich der Region ist festzustellen, dass mit 57,5 % (n = 878) die meisten Kinder einer mittelstädtischen Region bzw. einer Kleinstadt zuzuordnen sind. 25,3 % (n = 386) kommen aus einer Großstadt und 17,2 % (n = 263) leben auf dem Land. Die Kinder kommen zum Großteil (89,3 %, n = 1.363) aus den alten Bundesländern, 10,7 % (n = 164) der Probanden leben in den neuen Bundesländern (vgl. Tab. 8.4.; dazu auch Opper et al., 2007; Bös et al., 2008).

8.4.2 Methoden

Die motorische Leistungsfähigkeit der 6- bis 10-jährigen Kinder wurde auf Grundlage der Systematisierung motorischer Fähigkeiten nach Bös (2001) über ein Testprofil erfasst. Hierbei wurden die Basisfähigkeiten Ausdauer, Kraft, Koordination und Beweglichkeit bzw. die ihnen untergeordneten motorischen Beschreibungskategorien über elf (sport)motorische Tests abgebildet (vgl. Testmanual von Bös, Worth, Heel, Opper, Romahn, Tittlbach, Wank & Woll, 2004a).

Für die Konstruktion der *MoMo*-Testbatterie auf der Grundlage der in Tabelle 8.5 dargestellten Aufgabentaxonomie wurde eine Vielzahl von Testaufgaben gesichtet. Diese wurden 20 Testexperten mit der Bitte vorgelegt, die Testaufgaben hinsichtlich deren Aussagekraft und Akzeptanz zu beurteilen. Von 13 Experten lagen daraufhin Testbeurteilungen vor. Basierend auf diesen Beurteilungen wurden elf Testaufgaben zusammengestellt, die empirisch hinsichtlich ihrer Objektivität, Reliabilität, Akzeptanz und Durchführbarkeit überprüft wurden. *MoMo* wurde in Einzeltestung in kleinen Testräumen durchgeführt, weshalb auf sportnahe Testaufgaben (z. B. Läufe) verzichtet werden musste. Stattdessen wurden bei *MoMo* die Reaktionsschnelligkeit und die Feinmotorik mit berücksichtigt. Auf der Basis der repräsentativen *MoMo*-Stichprobe wurden alters- und geschlechtsspezifische Normwerte erstellt. Die elf Testaufgaben erfassen die motorischen Fähigkeitsbereiche aerobe Ausdauer, Kraftausdauer, Schnellkraft, Reaktionsschnelligkeit, Koordination bei Präzisionsaufgaben und Beweglichkeit. Die *MoMo*-Testbatterie erhebt den Anspruch, das komplexe Spektrum der motorischen Fähigkeiten weitgehend abzudecken (vgl. Bös et al., 2004a).

Tab. 8.5. Taxonomie von Testaufgaben nach Fähigkeiten und Aufgabenstruktur
(Anmerkung: AA = aerobe Ausdauer; KA = Kraftausdauer; SK = Schnellkraft; RS = Reaktionsschnelligkeit; KZ = Koordination unter Zeitdruck; KP = Koordination als Präzisionsaufgabe; B = Beweglichkeit)

Aufgabenstruktur		Motorische Fähigkeiten				Passive Systeme der Energieübertragung
		Ausdauer AA	Kraft KA SK	Schnelligkeit RS	Koordination KZ KP	Beweglichkeit B
Lokomotionsbewegungen	Gehen				Balancieren rückwärts (BAL)	
Lokomotionsbewegungen	Sprünge		Standweitsprung (SW) Messplatte (KMP)		Seitl. Hin- u. Herspringen (SHH)	
großmotorische Teilkörperbewegungen	Obere Extremitäten		Liegestütz (LS)			
großmotorische Teilkörperbewegungen	Rumpf					Rumpfbeugen (RB)
großmotorische Teilkörperbewegungen	Untere Extremitäten	Fahrrad-Ausdauertest (RAD)				
feinmotorische Teilkörperbewegungen	Hand			Reaktionstest (REAK)	MLS- Linien nachfahren (LIN) MLS- Stifte einstecken (STI)	
Haltung	Ganzkörper				Einbeinstand (EINB)	

In Tabelle 8.6 wird die Testdurchführung und Messwerterfassung der fünf Testaufgaben beschrieben, zu denen im vorliegenden Bericht auch Ergebnisse[6] dargestellt werden. Eine genaue Beschreibung aller elf Testaufgaben findet sich bei Bös et al. (2004a).

---

[6] Eine Darstellung aller elf Testaufgaben mit Ergebnissen würde den Rahmen dieses Beitrages sprengen. Es wird hierzu auf den Abschlussbericht (vgl. Bös et al., 2008) verwiesen.

Tab. 8.6. Testdurchführung und Messwerterfassung (vgl. Bös et al., 2004a)

Testitem	Testdurchführung	Messwerterfassung
Fahrrad-Ausdauertest	Beginn bei einer errechneten Eingangsbelastung von 0,5 Watt/kg Körpergewicht. Jede Belastungsstufe wird zwei Minuten gehalten -> Belastungssteigerung um 0,5 Watt/kg Körpergewicht. Testabbruch bei Belastungsherzfrequenz von 190 Schlägen/Minute über eine Mindestdauer von 15 sec bei den Kindern von 6 bis 10 Jahren. Testabbruch auch bei Erreichen der subjektiven Belastungsgrenze und wenn die Drehzahl für eine Mindestdauer von 20 sec unter 50 Umdrehungen fällt. Nach Testende noch 3 Minuten mit geringem Widerstand (ca. 20 Watt) weiterfahren.	Messwertaufnahme erfolgt über ein Computerprogramm. Erfasst werden: maximale Herzfrequenz bei Testabbruch, maximal erreichte Wattzahl je kg Körpergewicht, PWC 170, P/m max (W/Kg), Wattzahl (Last) und Puls pro Stufe, Testzeit bei Testabbruch (Gesamtdauer), Gewicht der Testperson.
Standweitsprung	Das Kind steht im parallelen Stand und mit gebeugten Beinen an der Absprunglinie. Schwung holen mit den Armen ist erlaubt. Der Absprung erfolgt beidbeinig und die Landung auf beiden Füßen. Bei der Landung darf nicht mit der Hand nach hinten gegriffen werden. Die Testperson hat 2 Versuche. Bei 2 ungültigen Versuchen bekommt die Testperson maximal 3 weitere Versuche. Bei 5 Fehlversuchen erfolgt Testabbruch.	Gemessen wird die Entfernung von der Absprunglinie bis zur Ferse des hinteren Fußes bei der Landung. Messwertaufnahme erfolgt in Zentimetern. Die bessere Weite aus den beiden Versuchen wird gewertet.
Seitliches Hin- und Herspringen	Mit beiden Beinen gleichzeitig so schnell wie möglich seitlich über die Mittellinie einer Teppichmatte hin- und herspringen. Es werden vor Testbeginn 5 Probesprünge gestattet. Die Testperson hat 2 Testversuche. Zwischen den Testversuchen liegt eine Pause von einer Minute. Für die Ausführung sind 15 Sekunden Zeit vorgesehen.	Gezählt wird die Anzahl der ausgeführten Sprünge von 2 gültigen Versuchen (hin zählt als 1, her als 2 usw.) von je 15 Sekunden Dauer. Nicht gezählt werden Sprünge, bei denen der Proband auf die Mittellinie tritt, eine Seitenlinie übertritt sowie Doppelhüpfer auf einer Seite oder Sprünge macht, die nicht beidbeinig durchgeführt wurden.

Testitem	Testdurchführung	Messwerterfassung
Balancieren rückwärts	Die Aufgabe besteht darin, in jeweils 2 gültigen Versuchen rückwärts über die einzelnen Balken mit unterschiedlicher Breite in folgender Reihenfolge zu balancieren: 6 cm breiter Balken, 4,5 cm breiter Balken und 3 cm breiter Balken. Der Testversuch beginnt stets vom Startbrett aus. Vor den beiden Testversuchen pro Balken wird jeweils ein Probeversuch vorwärts und rückwärts über die gesamte Balkenlänge durchgeführt. Pro Balken wird somit zur Leistungsmessung zweimal rückwärts balanciert.	Gezählt wird die Anzahl des Fußaufsetzens beim Rückwärtsgehen über den Balken. Das erste Fußaufsetzen wird noch nicht gewertet. Erst wenn der zweite Fuß das Startbrettchen verlässt und den Balken berührt, zählt der Testleiter laut die Punkte (Schritte). Gewertet wird die Anzahl der Schritte, bis ein Fuß den Boden berührt oder 8 Punkte erreicht sind. Sollte die Strecke mit weniger als 8 Schritten bewältigt werden, so sind 8 Punkte anzurechnen. Insgesamt werden 6 Versuche gewertet, maximal können 48 Punkte erreicht werden.
Rumpfbeugen	Die Versuchsperson steht auf einer Langbank oder einem angefertigten Holzkasten. Sie beugt den Oberkörper langsam nach vorne ab und die Hände werden parallel, entlang einer Zentimeterskala, möglichst weit nach unten geführt. Die Beine sind gestreckt. Die maximal erreichbare Dehnposition ist zwei Sekunden lang zu halten. Der Skalenwert wird an dem tiefsten Punkt, den die Fingerspitzen berühren, abgelesen. Die Versuchsperson hat zwei Versuche. Zwischen dem ersten und zweiten Versuch soll sich die Versuchsperson kurz aufrichten.	Der Testleiter notiert den erreichten Skalenwert (pro Versuch) der Testperson. Zu beachten ist, dass die Skala unter dem Solenniveau positiv und darüber negativ ist! Der bessere von beiden Versuchen wird gewertet.

Konstitution

Ergänzend zu den motorischen Tests werden die konstitutionellen Merkmale Größe, Gewicht und, daraus berechnet, der Body-Mass-Index erfasst.

Beurteilung der Testbatterie vor dem Hintergrund der Aufgabentaxonomie

Die Aufgabentaxonomie ist mit elf Aufgaben gefüllt, d. h. etliche Zellen der Matrix bleiben leer. Die vertikale Betrachtung nach Fähigkeiten und die horizontale Betrachtung nach Aufgabenstruktur zeigen jedoch, dass alle Zeilen (Merkmale der Aufgabenstruktur) und Spalten (Fähigkeiten) in der Testbatterie repräsentiert sind.

8.4.3 Dimensionsanalyse der Testbatterie

Die Dimensionalität der *MoMo*-Testbatterie wurde mittels konfirmatorischer Faktorenanalyse (AMOS 7.0) für die 6- bis 10-Jährigen getestet. Die konfirmatorische hat gegenüber der explorativen Faktorenanalyse den entscheidenden Vorteil, dass sie eine Aussage zur Modellgüte gestattet (vgl. Lämmle, Tittlbach & Bös, 2008).
Analog zur Systematisierung motorischer Fähigkeiten nach Bös (1987) wird bei der Dimensionalitätsüberprüfung die motorische Leistungsfähigkeit in fünf motorische Dimensionen aufgespaltet (Ausdauer, Kraft, Koordination unter Zeitdruck, Koordination bei Präzisionsaufgaben und Beweglichkeit), denen acht der elf Items der *MoMo*-Studie zugeordnet werden. Die Testaufgaben der Feinmotorik wurden in der Dimensionsanalyse nicht berücksichtigt, weil diese zu aufgabenspezifisch sind. Für eine ausführliche Darstellung des Modells (vgl. Abb. 8.4) siehe Lämmle, Tittlbach, Oberger, Worth und Bös (in review).
Die fünf Dimensionen der *Großmotorik* werden durch eine oder mehrere Testaufgaben repräsentiert: Ausdauer durch den Fahrradausdauertest, die Kraft durch die drei Indikatoren Kraftmessplatte, Standweitsprung und Liegestütz, Koordination unter Zeitdruck durch seitliches Hin- und Herspringen, Koordination bei Präzisionsaufgaben durch Einbeinstand und Balancieren rückwärts sowie Beweglichkeit durch Rumpfbeugen. Da Kraftmessplatte und Standweitsprung die gleiche Subdimension Schnellkraft repräsentieren, wurden diese beiden Items in der Analyse miteinander korreliert.

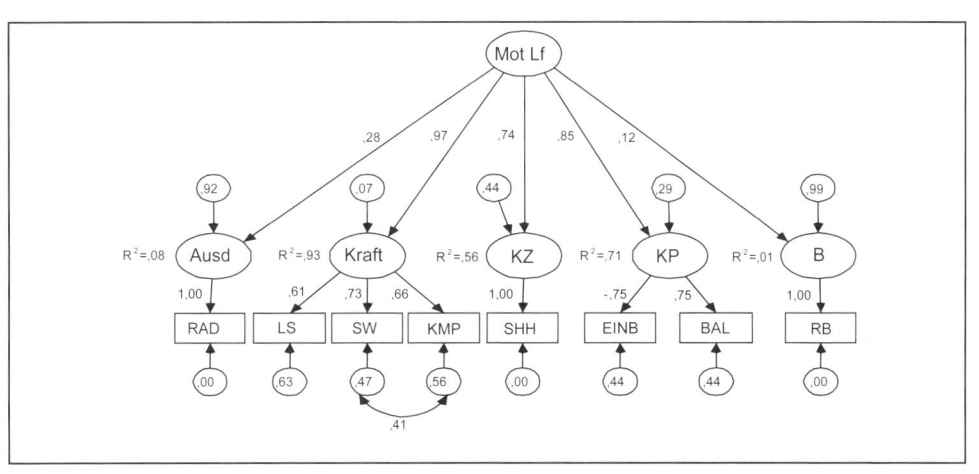

Abb. 8.4. Ergebnisse der Modellüberprüfung (Konfirmatorische Faktorenanalyse) (Anmerkung: RAD = Fahrradausdauertest; KMP = Kraftmessplatte; SW = Standweitsprung; LS = Liegestütz; SHH = Seitliches Hin- und Herspringen; EINB = Einbeinstand; BAL = Balancieren rückwärts; RB = Rumpfbeuge; Ausd = Ausdauer; Kraft = Kraft; KZ = Koordination unter Zeitdruck; KP = Koordination bei Präzisionsaufgaben; B = Beweglichkeit; Mot Lf = Motorische Leistungsfähigkeit)

Zusammenfassend ergibt sich folgende Bewertung der Dimensionsanalyse:

Statistische Bewertung der Dimensionsanalyse: Modell-Fit
Das Zwei-Ebenen-Modell weist insgesamt einen akzeptablen Modell-Fit auf (χ^2 [17] = 104.633, korrigierter p-Wert = .005, SRMR = .036, RMSEA = .066 (90 %- Konfidenzintervall: .054 - .079), CFI = .97).

Inhaltliche Bewertung der Dimensionsanalyse
Die fünf Dimensionen beschreiben – unter Berücksichtigung ihrer Anzahl von Testaufgaben – das Gesamtkonstrukt der motorischen Leistungsfähigkeit. Die höchsten Ladungen weisen Kraft (3 Items) und Koordination bei Präzisionsaufgaben (2 Items) auf. Koordination unter Zeitdruck, Ausdauer und Beweglichkeit werden nur durch jeweils ein Item repräsentiert und weisen dementsprechend niedrigere Ladungen auf dem Konstrukt motorischer Leistungsfähigkeit auf. Insbesondere die Beweglichkeit korreliert dabei nur sehr gering mit dem Gesamtkonstrukt und bestätigt die Annahme, dass es sich dabei um einen eigenständigen Bereich („passive Systeme der Energieübertragung") handelt.

Die Abbildung 8.4 verdeutlicht auch die Güte des Messmodells. In den Dimensionen Kraft und Koordination bei Präzisionsaufgaben (KP) korrelieren die einzelnen Items gut mit dem angenommenen Konstrukt, zusätzlich bestätigt sich die angenommene Korrelation zwischen den strukturgleichen Items Standweitsprung (SW) und Kraftmessplatte (KMP). Ausdauer (Ausd), Koordination unter Zeitdruck (KZ) und Beweglichkeit (B) sind jeweils nur durch ein Item repräsentiert, hier lässt sich das Messmodell nicht prüfen.

Insgesamt betrachtet bestätigen die Analysen zur konfirmatorischen Faktorenanalyse die Annahmen zur Dimensionalität der Motorik. Die Analyse bestätigt, dass es sich bei der motorischen Leistungsfähigkeit um ein komplexes Konstrukt handelt, das nicht über einen Gesamtwert hinreichend genau beschrieben werden kann. Eine Betrachtung auf der Dimensions- und Itemebene liefert wesentlich differenziertere Informationen.

8.5   Ergebnisse zur motorischen Leistungsfähigkeit bei MoMo

An dieser Stelle werden für die 6- bis 10-jährigen Jungen und Mädchen die Ergebnisse der fünf sportmotorischen Testaufgaben Fahrrad-Ausdauertest, Standweitsprung, seitliches Hin- und Herspringen, Balancieren rückwärts und Rumpfbeugen, differenziert nach Alter und Geschlecht graphisch und tabellarisch dargestellt. Verzichtet wird auf die Darstellung von Größe und Gewicht, da diese Befunde in anderen Abschnitten dieses Buches dargestellt werden (vgl. Abb. 8.2). Die Darstellung

Ergebnisse zur motorischen Leistungsfähigkeit bei MoMo 153

erfolgt dabei sowohl in den absolut gemessenen Testwerten als auch in körpergewichtsbezogenen relativen Ergebnissen. Dazu wurden die Testwerte durch das Körpergewicht dividiert.

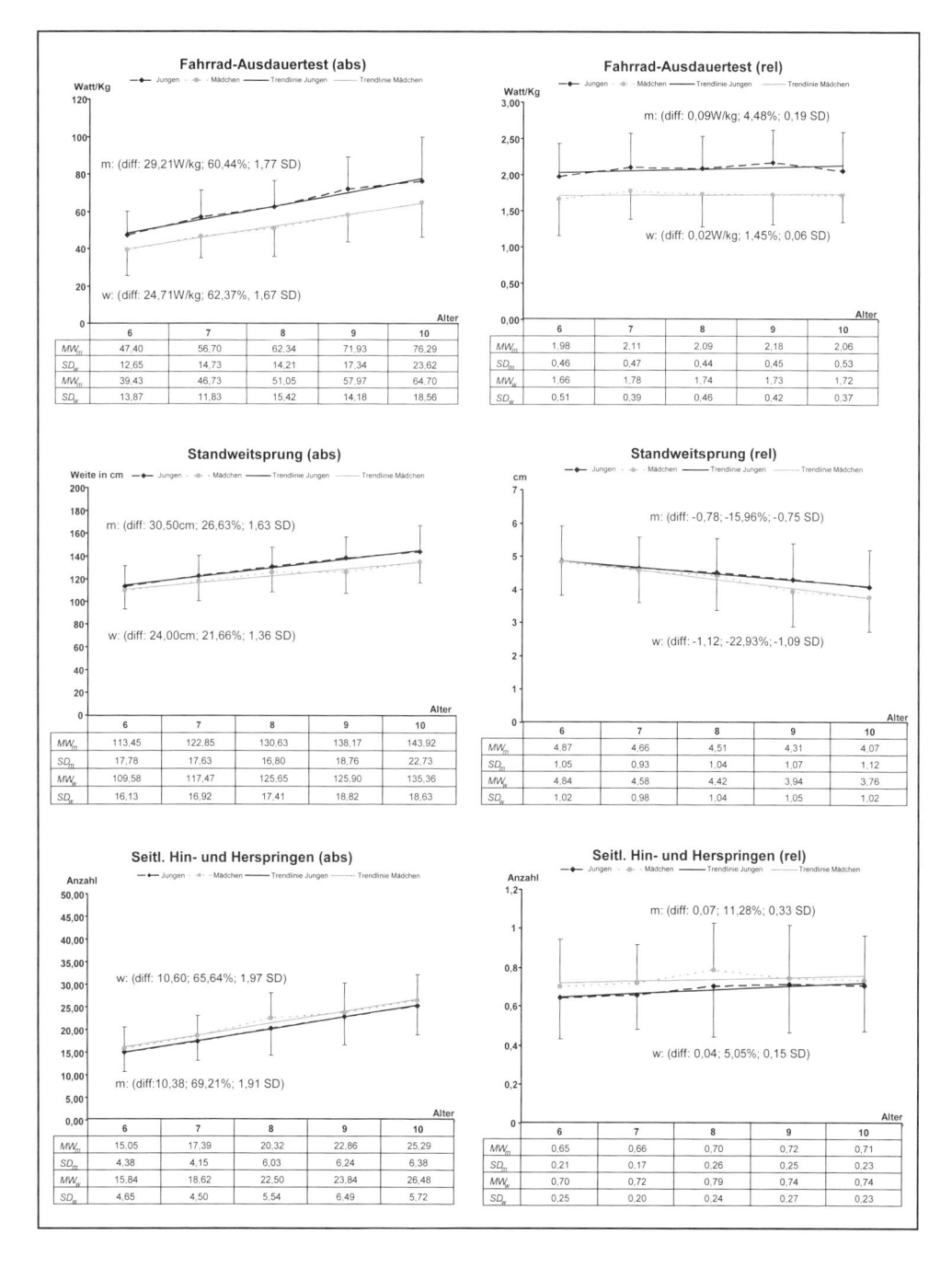

Fahrrad-Ausdauertest (abs)

m: (diff: 29,21W/kg; 60,44%; 1,77 SD)
w: (diff: 24,71W/kg; 62,37%, 1,67 SD)

Alter	6	7	8	9	10
MW_m	47,40	56,70	62,34	71,93	76,29
SD_m	12,65	14,73	14,21	17,34	23,62
MW_w	39,43	46,73	51,05	57,97	64,70
SD_w	13,87	11,83	15,42	14,18	18,56

Fahrrad-Ausdauertest (rel)

m: (diff: 0,09W/kg; 4,48%; 0,19 SD)
w: (diff: 0,02W/kg; 1,45%; 0,06 SD)

Alter	6	7	8	9	10
MW_m	1,98	2,11	2,09	2,18	2,06
SD_m	0,46	0,47	0,44	0,45	0,53
MW_w	1,66	1,78	1,74	1,73	1,72
SD_w	0,51	0,39	0,46	0,42	0,37

Standweitsprung (abs)

m: (diff: 30,50cm; 26,63%; 1,63 SD)
w: (diff: 24,00cm; 21,66%; 1,36 SD)

Alter	6	7	8	9	10
MW_m	113,45	122,85	130,63	138,17	143,92
SD_m	17,78	17,63	16,80	18,76	22,73
MW_w	109,58	117,47	125,65	125,90	135,36
SD_w	16,13	16,92	17,41	18,82	18,63

Standweitsprung (rel)

m: (diff: -0,78; -15,96%; -0,75 SD)
w: (diff: -1,12; -22,93%; -1,09 SD)

Alter	6	7	8	9	10
MW_m	4,87	4,66	4,51	4,31	4,07
SD_m	1,05	0,93	1,04	1,07	1,12
MW_w	4,84	4,58	4,42	3,94	3,76
SD_w	1,02	0,98	1,04	1,05	1,02

Seitl. Hin- und Herspringen (abs)

w: (diff: 10,60; 65,64%; 1,97 SD)
m: (diff:10,38; 69,21%; 1,91 SD)

Alter	6	7	8	9	10
MW_m	15,05	17,39	20,32	22,86	25,29
SD_m	4,38	4,15	6,03	6,24	6,38
MW_w	15,84	18,62	22,50	23,84	26,48
SD_w	4,65	4,50	5,54	6,49	5,72

Seitl. Hin- und Herspringen (rel)

m: (diff: 0,07; 11,28%; 0,33 SD)
w: (diff: 0,04; 5,05%; 0,15 SD)

Alter	6	7	8	9	10
MW_m	0,65	0,66	0,70	0,72	0,71
SD_m	0,21	0,17	0,26	0,25	0,23
MW_w	0,70	0,72	0,79	0,74	0,74
SD_w	0,25	0,20	0,24	0,27	0,23

Balancieren rückwärts (abs)

	6	7	8	9	10
MW_m	20,11	23,84	26,41	29,79	32,48
SD_m	8,54	9,12	8,53	9,47	9,91
MW_w	23,78	26,92	30,18	30,52	33,01
SD_w	10,09	9,69	8,27	10,43	8,09

w: (diff: 8,83; 36,08%; 0,95 SD)
m: (diff: 12,27; 60,19%; 1,35 SD)

Balancieren rückwärts (rel)

	6	7	8	9	10
MW_m	0,87	0,91	0,92	0,94	0,93
SD_m	0,4	0,37	0,35	0,37	0,37
MW_w	1,06	1,05	1,07	0,95	0,93
SD_w	0,51	0,42	0,38	0,39	0,34

w: (diff: -0,15; -13,68%; -0,36 SD)
m: (diff: 0,06; 6,57%; 0,16 SD)

Rumpfbeugen (abs)

	6	7	8	9	10
MW_m	-0,38	-2,11	-2,08	-3,25	-3,01
SD_m	5,94	6,30	6,26	6,95	7,95
MW_w	2,85	1,40	2,15	0,85	-0,69
SD_w	5,73	6,78	6,19	6,94	6,93

m: (diff: -2,56; -3,80%; -0,38 SD)
w: (diff: -3,05; -4,70%; -0,47 SD)

Rumpfbeugen (rel)

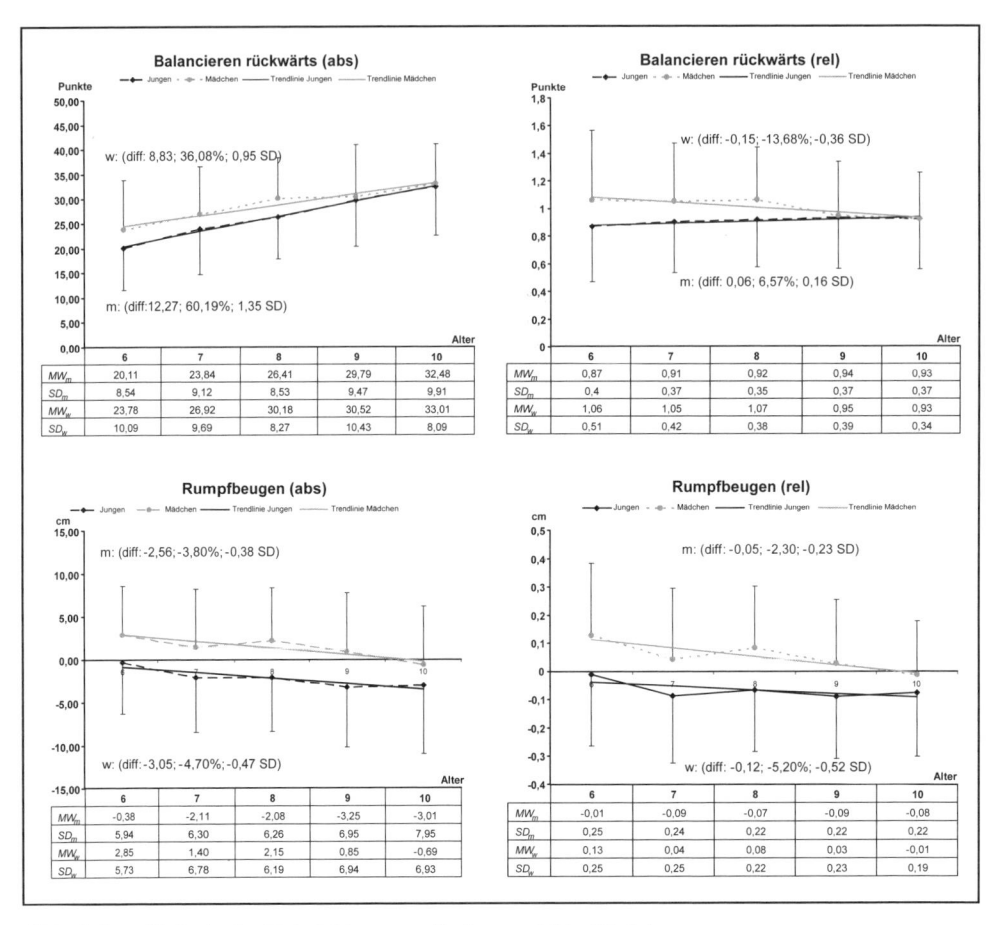

	6	7	8	9	10
MW_m	-0,01	-0,09	-0,07	-0,09	-0,08
SD_m	0,25	0,24	0,22	0,22	0,22
MW_w	0,13	0,04	0,08	0,03	-0,01
SD_w	0,25	0,25	0,22	0,23	0,19

m: (diff: -0,05; -2,30; -0,23 SD)
w: (diff: -0,12; -5,20%; -0,52 SD)

Abb. 8.5. Motorische Entwicklungsverläufe von 6 bis 10 Jahren

Betrachtet man die absoluten (abs) und relativen (rel) Entwicklungskurven so zeigt sich bei den absoluten Leistungsverläufen der erwartete Zuwachs im Altersverlauf von sechs bis zehn Jahren. Eine Ausnahme bildet die Beweglichkeit, die sich im Altersgang nicht verändert. Auch in anderer Hinsicht nimmt die Beweglichkeit eine Sonderrolle ein: durchgängig sind die Mädchen beweglicher als die Jungen.

Durchschnittlich nimmt bei den motorischen Fähigkeiten Ausdauer, Kraft und Koordination die Leistungsfähigkeit um über 50 % zu, was einem jährlichen Zuwachs von 13,5 % bei den Jungen und 11,6 % bei den Mädchen entspricht.

Es zeigen sich fähigkeitsbezogene Unterschiede. Beim Fahrrad-Ausdauertest ebenso wie beim seitlichen Hin- und Herspringen und beim rückwärts Balancieren liegt der jährliche Leistungszuwachs im zweistelligen Bereich, beim Standweitsprung beträgt er nur rund 6 %.

Die körpergewichtsbezogene relative Leistungsfähigkeit stagniert. Im Durchschnitt sehen wir sogar eine knappe Verschlechterung von durchschnittlich -3 % bei den Jungen und Mädchen im Alter von sechs bis zehn Jahren. Bei den Mädchen beträgt die Verschlechterung -7,5 %, bei den Jungen sieht man einen leichten Anstieg von 1,6 %.

Fähigkeitsbezogen ist der Leistungsverlust am deutlichsten beim Standweitsprung (Jungen: -16 %, Mädchen: -22,9 %), beim seitlichen Hin- und Herspringen kommt es zu einem relativen Leistungszuwachs vor allem bei den Jungen (11,3 %), 5,1 % Steigerung sind es bei den Mädchen. Bei den anderen Tests liegt die relative Leistungsfähigkeit der Kinder von sechs bis zehn Jahren bei +/- 3 %.

Bei der Beweglichkeit zeigen sich absolut und relativ betrachtet über die beobachtete Altersspanne gleiche Resultate. Die Leistungsfähigkeit nimmt um etwa 4 % ab.

Tab. 8.7. Zuwachs an Leistungsfähigkeit von 6 bis 10 Jahren
(durchschnittlich in Prozent bzw. Standardabweichungen pro Jahr)

Testaufgabe		absolut		relativ	
		in %	s	in %	s
Fahrrad-Ausdauertest	m	60,44	1,77	4,48	0,19
	w	62,37	1,67	1,45	0,06
Standweitsprung	m	26,63	1,63	-15,96	-0,75
	w	21,66	1,36	-22,93	-1,09
Seitliches Hin- und Herspringen	m	69,21	1,91	11,28	0,32
	w	65,64	1,97	5,05	0,15
Balancieren rückwärts	m	60,19	1,35	6,57	0,16
	w	36,08	0,95	-13,68	-0,36
Rumpfbeuge	m	-3,80	-0,38	-2,30	-0,23
	w	-4,70	-0,47	-5,20	-0,52
Gesamt (ohne Rumpfbeuge)	m	54,12	1,66	1,59	-0,02
	w	46,44	1,49	-7,53	-0,31

Versucht man eine zusammenfassende Betrachtung dieser Befunde so lässt sich feststellen, dass sich der Leistungszuwachs vor allem durch die konstitutionellen Veränderungen erklären lässt. Die Kinder nehmen von sechs bis zehn Jahren erheblich an Größe und Gewicht zu. Der Zuwachs der Körpergröße beträgt 19 %

(4,7 % pro Jahr), der Zuwachs des Körpergewichts 60 % (15 % pro Jahr). Damit einher geht eine Organentwicklung von kardiopulmonalem System, Skelettmuskulatur und neuronalem System.

Diese Entwicklungsprozesse erklären den absoluten Leistungszuwachs. Relativ zeigen sich keine Veränderungen, d. h. es scheint kaum Lern- und Trainingsanpassungen in diesem Altersbereich zu geben. Es scheint, dass sich die Motorik der Kinder im Grundschulalter nicht so weiterentwickelt, wie dies bei altersadäquater Förderung möglich wäre. Zum gleichen Fazit kommen Behringer, vom Heede und Mester (2008), die ebenfalls auf die Notwendigkeit zur Differenzierung von absoluten und relativen Leistungszuwächsen hinweisen. Die Autoren erklären ebenfalls den Leistungszuwachs primär mit dem „Wachstum und den biophysiologischen Veränderungen" (ebd., S. 17). Auch sie vermuten, dass der „präpuberale Organismus in der Lage ist, auf Trainingsreize biopositiv zu reagieren".

8.6 Fazit und künftige Forschungsaufgaben

Die motorische Leistungsfähigkeit hat in den vergangenen Jahrzehnten deutlich abgenommen (vgl. Kap. 8.3). Die Differenzierung nach Altersgruppen zeigt, dass die Abnahme im Kindesalter (5,5 %) deutlich geringer zu sein scheint als im Jugendalter (12,5 %).

Dennoch bleibt auch nach der Erweiterung des Literaturreviews bis 2006 nach wie vor eine gewisse Unsicherheit bei dieser Behauptung, da es sich bei den Vergleichen um unabhängige Stichproben handelt und Stichprobeneffekte nicht ausgeschlossen werden können. Immerhin weisen die vorgelegten Ergebnisse eine hohe Konsistenz auf und bestätigen erneut die Aussagen aus dem *Ersten Deutschen Kinder- und Jugendsportbericht* (vgl. Bös, 2003).

Mit dem *MoMo* (vgl. Kap. 8.4), das im Rahmen des bundesweiten Gesundheitssurveys (*KiGGS*) durchgeführt wurde, liegt nun erstmals eine repräsentative Untersuchung vor, die die Erstellung von Normwerten zur körperlichen Leistungsfähigkeit für Kinder und Jugendliche von 4 bis 17 Jahren gestattet. Diese Normwerte werden für elf Testaufgaben erstellt, die insgesamt das Spektrum motorischer Fähigkeiten gut abbilden (vgl. Kap. 8.2).

Die *MoMo*-Baseline basiert auf Daten, die von 2003 bis 2006 erhoben wurden. Die vorherigen Leistungsverluste gegenüber früheren Kindergenerationen in einer Größenordnung von 10 % sind in diesen Tabellen quasi eingearbeitet. Die Normen sollten daher nicht als Sollwerte aufgefasst werden. Das Leistungspotential von Kindern und Jugendlichen liegt sicherlich über den aktuell berichteten alters- und geschlechtsspezifischen Vergleichswerten.

Diese Behauptung lässt sich stützen durch die Betrachtung der Entwicklungskurven (vgl. Kap. 8.5). Diese zeigen einen deutlichen altersbezogenen Leistungsanstieg, für die Altersgruppe der 6- bis 10-Jährigen jedoch nur geringe geschlechtsspezifische Unterschiede.

Relativiert man die Testergebnisse auf das Körpergewicht, so zeigt sich dagegen eine Leistungsstagnation, d. h. Leistungsgewinne im Alter von sechs bis zehn Jahren lassen sich weniger mit einer Verbesserung und Anpassung motorischer Prozesse als vielmehr mit konstitutionellen Effekten erklären. Dieses Ergebnis überrascht, gilt dieser Lebensabschnitt doch als optimale Lern- und dynamische Entwicklungsphase.

Für die Zukunft stellen sich zwei zentrale Forschungsaufgaben. Aus grundlagenorientierter Perspektive interessiert erstens die Frage der motorischen Entwicklung im längsschnittlichen Vergleich. Hier gibt es bisher lediglich einzelne punktuelle Studien (vgl. dazu Bös, 2003). Mit der Fortsetzung des *Motorik-Moduls* im Längsschnitt wird diese Forschungslücke geschlossen.

Aus einer anwendungsorientierten Perspektive interessiert zweitens die routinemäßige Diagnose der motorischen Leistungsfähigkeit in den Settings Schule und Verein und die darauf aufbauende qualifizierte Beratung und Intervention. Im Auftrag der Sportministerkonferenz hat hier der Ad-hoc-Ausschuss *Motorische Tests der Deutschen Vereinigung für Sportwissenschaft* mit der Entwicklung des SMK-Tests die Voraussetzungen geschaffen, um diese Aufgabenstellung bearbeiten zu können. Der Test basiert auf der in Kapitel 8.2 dargestellten Systematisierung motorischer Fähigkeiten sowie auf den empirischen Befunden von *MoMo*. Für die Implementation in der Praxis bedarf es in der Zukunft der Kooperation von Sportministerkonferenz (SMK) und Kultusministerkonferenz (KMK). Voraussetzungen hierfür werden derzeit durch Modellversuche in den Ländern Nordrhein-Westfalen und Saarland geschaffen.

Klaus Bös, Jennifer Oberger, Lena Lämmle, Elke Opper, Natalie Romahn, Susanne Tittlbach, Matthias Wagner, Alexander Woll & Annette Worth

9 Zusammenhänge zwischen körperlich-sportlicher Aktivität und Gesundheit von Kindern

9.1 Einleitung

Die 2007 vorgelegten Befunde des ersten für Deutschland repräsentativen *Kinder- und Jugendgesundheitssurveys* (*KiGGS;* vgl. Kap. 7) differenzieren die in der öffentlichen Diskussion z. T. dramatisierten Zustände um Bewegungsmangel, motorische Defizite und Adipositas (vgl. Kap. 5, 6 und 8; Bundesgesundheitsblatt – Gesundheitsforschung – Gesundheitsschutz, 2007). Neben einer durchaus beeindruckenden und offenbar langsam steigenden Zahl Übergewichtiger finden sich auch in anderen Gesundheitsbereichen (z. B. Schmerzsymptome, Verhaltensauffälligkeiten) beachtliche Prävalenzen, so dass insgesamt etwa 15 % aller Untersuchten als Kinder und Jugendliche mit speziellem gesundheitlichem Versorgungsbedarf eingestuft werden (vgl. ebd.). Umgekehrt bedeutet dies aber auch, dass etwa 80 bis 85 % der Heranwachsenden einen insgesamt unbedenklichen Gesundheitsstatus aufweisen.

Zur Gesunderhaltung von Kindern wird körperlich-sportlicher Aktivität, sowohl im Bereich objektiver Parameter (u. a. Fitness, Risikofaktoren, Übergewicht) als auch im Bereich subjektiver Parameter (u. a. psychosoziale Ressourcen, Schmerzen), eine wichtige Rolle zugeschrieben. Obwohl Bewegung, Spiel und Sport, sowohl formell im Verein als auch informell mit Geschwistern, Eltern oder Freunden, keineswegs als intentionales Gesundheitsverhalten von Kindern, sondern vielmehr als altersgemäßes Freizeitverhalten aufgefasst werden muss, können solche Aktivitäten auch eine unterstützende Funktion zur Aufrechterhaltung und Förderung von Gesundheit einnehmen (vgl. im Überblick Biddle, Gorely & Stensel, 2004; Strong, Malina, Blimkie, Daniels, Dishman, Gutin, Hergenroeder, Must, Nixon, Pivarnik, Rowland, Trost & Trudeau, 2005; Sygusch, 2006).

Ziel des vorliegenden Beitrags ist es, Zusammenhänge zwischen körperlich-sportlicher Aktivität und ausgewählten, objektiven und subjektiven Gesundheitsparametern im Kindesalter zu identifizieren. Nach einer knappen theoretischen Einordnung (vgl. Kap. 9.2) erfolgt ein Überblick über den Forschungsstand (vgl. Kap. 9.3) sowie die Vorstellung ausgewählter Befunde aus der *KiGGS-MoMo-Studie*[1] (vgl. Kap. 9.4). Abschließend werden der Forschungsstand zusammengefasst und Perspektiven aufgezeigt (vgl. Kap. 9.5).

---

[1] Das *Motorik-Modul* (*MoMo*) ist ein ergänzendes Teilmodul der *KiGGS-Studie* (vgl. Kap. 9.3, 8 und 10). Im Folgenden wird dafür das Kürzel *KiGGS-MoMo-Studie* verwendet.

9.2 Zusammenhänge zwischen Aktivität und Gesundheit im Kindesalter – theoretische Zugänge

In der Gesundheitsdiskussion lassen sich gegenwärtig mindestens zwei große Argumentationslinien identifizieren, mit denen angenommene Gesundheitswirkungen körperlich-sportlicher Aktivität theoretisch begründet werden. (1) Sozialisationstheoretisch-gesundheitspsychologische Modellvorstellungen, zu denen Anforderungs-Ressourcen-Ansätze (vgl. z. B. Antonovsky, 1987; Becker, 2001) sowie Belastungs-Bewältigungs-Ansätze (vgl. Hurrelmann, 2000; Lazarus & Folkman, 1984) zählen. (2) Biomedizinische Modellvorstellungen, insbesondere das Risikofaktorenmodell (vgl. Schäfer & Blohmke, 1978) sowie das Modell der Beziehungen von Aktivität, Fitness und Gesundheit (vgl. Bouchard, Shepard, Stephens, Sutton & McPherson, 1990).

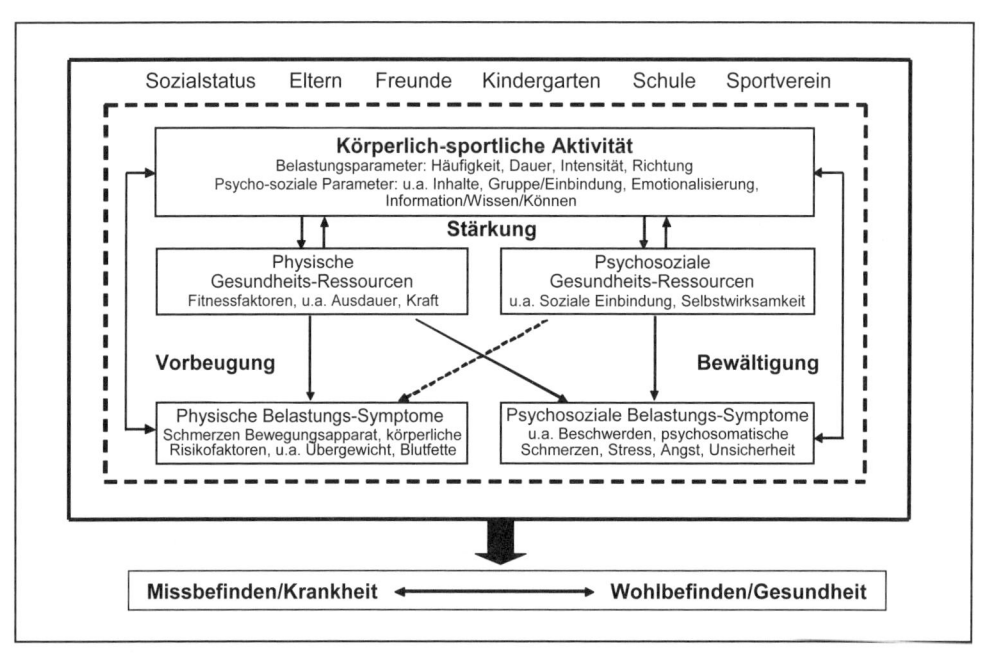

Abb. 9.1. Wirkungsannahmen von sportlicher Aktivität auf Gesundheit

Auf Basis dieser Modellvorstellungen lassen sich Wirkungsannahmen zu körperlich-sportlicher Aktivität und Gesundheit in einem heuristischen Modell zusammenfassen (vgl. Abb. 9.1). Danach leisten körperlich-sportliche Aktivitäten einen Beitrag zur Stärkung sowohl physischer (u. a. Ausdauer, Kraft) als auch psychosozialer Gesundheitsressourcen (u. a. sozialer Rückhalt, Selbstkonzept) und in der Folge zur Vorbeugung und Bewältigung von physischen Belastungssymptomen (u. a. Risikofaktoren wie Übergewicht) und psychosozialen Belastungssymptomen (u. a.

Beschwerden, Stress). Auf diese Weise wirken sportliche Aktivitäten indirekt auf Belastungssymptome. Daneben sind auch direkte Wirkungen denkbar, z. B. indem Sport vorhandene Belastungssymptome (z. B. Stress) abpuffert oder die Wahrnehmung von Symptomen (z. B. Beschwerden, Schmerzen) beeinflusst. Eingebunden sind diese Wirkungen in externe Bedingungen (Sozialstatus, Eltern, Schule, Sportverein etc.), die ihrerseits als Anforderungen und Ressourcen in das Wirkungsgefüge von Aktivität und Gesundheit eingreifen. Nach diesen Annahmen sind Gesundheit und Krankheit das Produkt einer Vielzahl denkbarer Wechselwirkungen von Aktivität, Anforderungen und Ressourcen sowie Belastungssymptomen. Sie werden als Gesamtmaß aufgefasst, das sich auf einem subjektiv wahrgenommenen Kontinuum (Gesundheit und Wohlbefinden auf der positiven Seite, Krankheit und Missbefinden auf der negativen Seite) bewegt.

Im folgenden Kapitel wird der Forschungsstand zu Zusammenhängen von körperlich-sportlicher Aktivität und den in diesem Modell aufgeführten Gesundheitsbereichen (physische und psychosoziale Gesundheitsressourcen, physische, psychosoziale und -somatische Belastungssymptome, allgemeiner Gesundheits- bzw. Krankheitsstatus) vorgestellt.

9.3 Körperlich-sportliche Aktivität und Gesundheit im Kindesalter – Forschungsstand

Zunächst werden schwerpunktmäßig deutsche Studien vorgestellt, in denen Zusammenhänge zwischen körperlich-sportlicher Aktivität und verschiedenen Gesundheitsparametern untersucht wurden. Ergänzt werden diese Ergebnisse durch internationale Befunde sowie durch Befunde ausgewählter Interventionsstudien.

Tabelle 9.1 umfasst die vorliegenden deutschen Studien zu Zusammenhängen von körperlich-sportlicher Aktivität und Gesundheit bei Kindern bis zum Alter von maximal zwölf Jahren (bzw. 6. Klasse).

Insgesamt hat sich der deutsche Forschungsstand seit dem Review aus dem vorangegangenen *Kinder- und Jugendsportbericht* 2003 (vgl. Sygusch, Brehm & Ungerer-Röhrich, 2003) positiv entwickelt. Lagen seinerzeit nur drei Studien mit Kinderstichproben vor (vgl. Tab. 9.1: Studien 1; 2; 3), so wurden seitdem vier weitere Studien mit Kinderstichproben durchgeführt.

Die vorliegenden Studien orientieren sich an unterschiedlichen theoretischen Modellvorstellungen. Einige (Studien 1; 4; 7) lehnen sich an sozialisationstheoretisch-gesundheitspsychologische Ansätze an. Im Vergleich zum Review 2003 erfolgt jedoch zunehmend eine Orientierung an biomedizinischen Ansätzen (Studien 2; 3; 5; 6; 7). Auf der Basis ihres theoretischen Zugangs erheben die aufgeführten Studien den Untersuchungsgegenstand *Gesundheit* in unterschiedlicher Gewichtung über medizinische Untersuchungen, motorische Tests, Selbstauskünfte bzw. Elternbefragungen. Entsprechend sind die erfassten Gesundheitsbereiche wenig einheitlich (vgl. Tab. 9.1). Ein deutlicher Untersuchungsschwerpunkt liegt seit dem letzten Review 2003 bei der motorischen Leistungsfähigkeit und beim Körpergewicht (Body-Mass-Index [BMI]), die seitdem in allen Studien[2] erhoben wurden. Hier spiegelt sich die in der öffentlichen Gesundheitsdiskussion ins Zentrum gerückte Ausrichtung auf „unfitte und übergewichtige" Kinder deutlich wider. Der bis zum Review 2003 durchaus noch breitere theoretische Zugang zur sportbezogenen Kinder- und Jugendgesundheitsforschung wird in der Sportwissenschaft in jüngerer Zeit offenbar wieder zunehmend auf biomedizinische Ansätze verengt.

Tab. 9.1. *Deutsche Studien zu verschiedenen Gesundheitsbereichen im Zusammenhang mit körperlich-sportlicher Aktivität bei Kindern*

Autor, Jahr & Titel	Methode & Stichprobe	erfasste Gesundheitsbereiche	tendenzielle Ergebnisse
(1) Brinkhoff & Sack (1999): Sport und Gesundheit im Kindesalter	Querschnitt (repräsentativ für NRW) Fragebogen n = 1.205 (50 % w) 8-11 Jahre	subjektiver Krank-/ Gesundheitszustand, chronische Krankheiten, psychosomatische Beschwerden, Selbstwertgefühl	kein Zusammenhang: Aktivität – chronische Erkrankungen, Beschwerden
(2) Grund, Dilba, Forberger, Krause, Siewers, Rieckert & Müller (2000): Aktivität, Fitness und Ernährungsstatus bei 5- bis 11-Järigen	Querschnitt (nicht repräsentativ) Fragebogen, mot. Tests, n = 88 (w: n = 39), 5-11 Jahre	mot. Leistungsfähigkeit (Kraft, Ausdauer) BMI	kein Zusammenhang: Aktivität – Ausdauer, Kraft, BMI Übergewichtige sind weniger leistungsfähig
(3) Bös, Opper & Woll (2002c): Fitness von Grundschulkindern	Querschnitt (repräsent. für alte/neue Bundesländer) Fragebogen, mot. Tests, n = 1.410 (48,6 % w), 6-10 Jahre	mot. Leistungsfähigkeit, BMI, psychosomat. Beschwerden	pos. Zusammenhang: SV-Status – Fitness kein Zusammenhang: SV-Status – BMI Fitness – Beschwerden. Übergewichtige sind weniger leistungsfähig

---

[2] Neben den aufgeführten Studien (vgl. Tab. 9.1) kommen weitere hinzu, die motorische Leistungsfähigkeit an umfangreichen Kinderstichproben erfasst haben, diese im Kontext körperlich-sportlicher Aktivität aber nur oberflächlich (vgl. z. B. Klaes, Cosler, Rommel & Zens, 2003 [WIAD II]; Wick, Ohlert, Höhnke, Wick, Bergmann & Golle, 2008) oder nicht gezielt (vgl. Kretschmer & Wirszing, 2007) analysiert haben.

Autor, Jahr & Titel	Methode & Stichprobe	erfasste Gesundheitsbereiche	tendenzielle Ergebnisse
(4) Brettschneider & Gerlach (2004): Sportliches Engagement und Entwicklung im Kindesalter	Längsschnitt, 2 MZP über 15 Monate (nicht repräsentativ) Fragebogen n = 1.079 (51,1% w) 3. Klasse (1. MZP)	BMI Selbstwertgefühl Depressivität psychosomatische Beschwerden psychosoziale Auffälligkeit	Querschnitt: pos. Zusammenhang: sportl. Leistungsfähigk. – psychos. Ressourcen, Beschwerden, Depressivität Längsschnitt: keine Zusammenhänge
(5) Klein (2006, 2008[3]): Teilstudie aus: Urhausen et al., 2004	Querschnitt (repräsent. für Saarland) Fragebogen, med. Untersuchung, mot. Tests n = 115 (w: n = 52) 6. Klasse	mot. Leistungsfähigkeit BMI Körperfettanteil Blutdruck Cholesterin Blutzucker	pos. Zusammenhang: Aktivität – Kondition, neg. Zusammenhang: Aktivität – Körperfett, Kondition – Körperfett, Cholesterin, kein Zusammenhang: Aktivität – Koordination, Risikofaktoren Übergewichtige sind weniger leistungsfähig
(6) Bös et al.[4] (2006) Gesundheit, motorische Leistungsfähigkeit und körperlich-sportliche Aktivität von Kindern und Jugendlichen in Luxemburg	Querschnitt (repräsent. für Luxemburg) Fragebogen, med. Untersuchung, mot. Tests, n = 384 (w: n = 185) 3. Klasse (MW = 9,4 Jahre)	mot. Leistungsfähigkeit, BMI, Blutdruck, subj. Gesundheitszustand, chronische Krankheiten, psychosomatische Beschwerden	pos. Zusammenhang: Aktivität – Ausdauer, Kraft kein Zusammenhang: Aktivität – Koordination, Beweglichkeit, BMI, Risikofaktoren, Beschwerden, allg. Gesundheitszustand Übergewichtige sind weniger leistungsfähig
(7) Robert-Koch-Institut Kinder- und Jugendgesundheitssurvey (KiGGS), Motorik-Modul (MoMo)[5]	Querschnitt (repräsent. für Deutschland) Fragebogen, med. Untersuchung mot. Tests, n = 1.988 (49,1 % w), 6-12 Jahre	mot. Leistungsfähigkeit, BMI, Hautfaltendicke, Blutdruck, Cholesterin, subj. Gesundheitszustand, Schmerzen, Krankheiten	Ergebnisse in Kapitel 9.4

---

[3] M. Klein hat zusätzlich zu seiner vorliegenden Arbeit (2006) auf persönliche Anfrage weitere Analysen (2008) der zugrunde liegenden Studie (vgl. Urhausen, Schwarz, Klein, Papathanassiou, Pitsch, Kindermann & Emrich, 2004) im Hinblick auf die Stichprobe „Kinder" vorgenommen.

[4] vgl. Bös, Brochmann, Eschette, Lämmle, Lanners, Oberger, Opper, Romahn, Schorn, Wagener, Wagner und Worth (2006).

[5] vgl. Bundesgesundheitsblatt – Gesundheitsforschung – Gesundheitsschutz (2007).

Im Review 2003 wurde ein Mangel an Studien beklagt, die medizinische Parameter im Zusammenhang mit körperlich-sportlicher Aktivität untersuchen. Seitdem wurden drei Studien (5; 6; 7) durchgeführt, die – im Zusammenhang mit sportlicher Aktivität – medizinische Untersuchungen, motorische Tests und Selbstauskünfte der Kinder bzw. ihrer Eltern (*KiGGS*) vereinen. Eine große Bedeutung muss an dieser Stelle dem *Kinder- und Jugendgesundheitssurvey* (*KiGGS*) zugeschrieben werden. Die *KiGGS-Studie* sowie ihre zusätzlichen Teilmodule (u. a. *Motorik-Modul* [*MoMo*], vgl. Kap. 8 und 10) basieren auf verschiedenen theoretischen Ansätzen, die in Kapitel 9.2 genannt wurden und in das skizzierte heuristische Wirkungsmodell (vgl. Abb. 9.1) eingeflossen sind. Zur Erfassung der Gesundheitsparameter integriert die *KiGGS-Studie* u. a. medizinische Untersuchungen, motorische Tests und Fragebogenuntersuchungen (vgl. Kap. 9.4). Mit diesem umfassenden theoretischen Zugang und Untersuchungsansatz hebt sie sich deutlich von allen anderen aufgeführten Studien (vgl. Tab. 9.1) ab.

Nicht verändert hat sich seit dem Review 2003 die Dominanz von Querschnittstudien, mit denen die Frage nach kausalen Wirkungsrichtungen (Ursache: Aktivität – Wirkung: Gesundheit?) nicht geklärt werden kann. Dazu notwendige Längsschnittstudien sind auch international nur spärlich vorhanden. Im vorliegenden Review liefert lediglich die Studie von Brettschneider und Gerlach (2004) Längsschnittdaten zu einzelnen subjektiven Parametern.

Zusätzlich liefern Interventionsstudien Hinweise darauf, ob und unter welchen Bedingungen körperlich-sportliche Aktivität Einfluss auf verschiedene Gesundheitsparameter haben kann. Zu den großen deutschen Interventionsstudien, die mittlerweile zahlreich insbesondere zur Adipositasprävention vorliegen, zählen z. B. *OBELDICKS* (vgl. Reinehr, Kersting, Wollenhaupt, Alexy, Kling, Ströbele & Andler, 2005), *CHILT III* (vgl. Graf, Kupfer, Kurth, Stützer, Koch, Jaeschke, Jouck, Lawrenz, Predel & Bjarnason-Wehrens, 2005) oder *FITOC* (vgl. Korsten-Reck, Kromeyer-Hauschild, Korsten, Rücker, Dickhut & Berg, 2006). Diese beziehen in Programm und Evaluation neben physischen zunehmend auch psychosoziale Gesundheitsressourcen ein.

Im Folgenden werden zentrale Befunde aus den vorliegenden Studien referiert. Die zentrale Frage lautet: Liegen Unterschiede in den erfassten Gesundheitsparametern zwischen sportlich aktiven und sportlich inaktiven Kindern vor?

9.3.1 Physische Gesundheitsressourcen: Motorische Leistungsfähigkeit (Fitness)

Kapitel 8 des vorliegenden *Kinder- und Jugendsportberichts* befasst sich umfassend mit der motorischen Leistungsfähigkeit von Kindern. Im Folgenden werden die relevanten Gesundheitsparameter (insbesondere Ausdauer und Kraft) im Zusammenhang mit sportlicher Aktivität von Kindern betrachtet. Die vorliegenden Studien ermitteln unterschiedliche Befunde.

Bös et al. (2002c) belegen an einer repräsentativen Stichprobe, dass Sportvereinsmitglieder bessere allgemeine Fitnesswerte erzielen als Nichtmitglieder. Die Leistungsfähigkeit der Kinder steigt zudem mit zunehmender Trainingshäufigkeit im Verein (vgl. ebd.). Einen Einfluss des Bewegungsumfeldes legt der Befund nahe, demzufolge Landkinder fitter sind als Stadtkinder. Allerdings unterscheiden sich Kinder, die angeben häufig draußen zu spielen, in ihrer körperlichen Leistungsfähigkeit nicht von den Kindern, die selten draußen spielen. Geschlechtseffekte blieben bei der Auswertung unberücksichtigt.

Im Gegensatz zu den genannten finden weitere Studien entsprechende Befunde lediglich bei den konditionellen Parametern Ausdauer und Kraft und z. T. nur bei Jungen. Klein (2006, 2008) identifiziert Zusammenhänge zwischen der wöchentlichen Sportzeit und konditionellen Fähigkeiten (u. a. 6-Minuten-Lauf, 20-Meter-Sprint, Klimmzughang). Das Ausmaß koordinativer Fähigkeiten (u.a. Einbeinstand, Zielwerfen) konnte durch die wöchentliche Sportzeit nicht erklärt werden. Bös et al. (2006) finden nur vereinzelt bedeutsame positive Zusammenhänge zwischen Aktivität und motorischer Leistungsfähigkeit. Lediglich bei vereinsaktiven Jungen korrelieren die Aktivitätszeit ($r = 0,23$) und die Häufigkeit der Wettkampfteilnahme ($r = 0,33$) mit dem Index Kondition (u. a. 6-Minuten-Lauf, Liegestütz, Standweitsprung). In den Fähigkeitsbereichen Koordination (u. a. Einbeinstand, Rückwärts balancieren) und Beweglichkeit (Rumpfbeugen) werden keine Zusammenhänge ermittelt. Bei den Mädchen zeigt sich kein Zusammenhang zwischen sportlicher Aktivität und motorischer Leistungsfähigkeit. Auch Grund et al. (2000) finden – weder bei Mädchen noch bei Jungen – bedeutsame Beziehungen zwischen dem Energieverbrauch durch sportliche Aktivität und Ausdauer- bzw. Kraftwerten.

Insgesamt liegen die zu erwartenden Unterschiede, nach denen Sportler körperlich fitter sind als Nicht-Sportler, nur vereinzelt vor, häufig nur im Bereich der konditionellen Fähigkeiten (Ausdauer, Kraft) und bei Jungen.

International dominieren Studien zur Untersuchung der Ausdauer. Übereinstimmend zeigen sich zwar positive Zusammenhänge zwischen Ausdauer und dem Ausmaß an körperlich-sportlicher Aktivität (vgl. z. B. Andersen, Harro, Sardinha, Froberg, Ekelund, Brage & Anderssen, 2006; Andersen, Froberg, Kristensen & Møller, 2007; Strong et al., 2005), diese Zusammenhänge sind jedoch schwach. Nur vereinzelt liegen internationale Studien vor, die sich mit anderen Aspekten der physischen Gesundheitsressourcen beschäftigen. Bei Kraft, Koordination, Schnellkraft und Beweglichkeit lassen sich stärkere Zusammenhänge zur körperlich-sportlichen Aktivität finden als bei der Ausdauer (vgl. Michaud, Narring, Cauderay & Cavadini, 1999).

Die Verbesserung der motorischen Leistungsfähigkeit ist eine Perspektive, auf die die Interventionskonzepte zur *Bewegten Schule* oder zur *täglichen Sportstunde* abzielen (vgl. Thiel, Teubert & Kleindienst-Cachay, 2002; Ungerer-Röhrich, 2002; Ziroli, 2006). In einer der ganz wenigen systematischen Evaluationsstudien findet Ziroli (2008), über einen Zeitraum von sechs Jahren, nur schwache Wirkungen bei Grundschülern mit täglicher Sportstunde im Vergleich zu Kindern im Normalzug (drei Stunden/Woche). Einzig die Mädchen mit Sportbetonung heben sich von Mädchen ohne Sportbetonung signifikant (positiv) ab.

9.3.2 Psychosoziale Gesundheitsressourcen

Im Rahmen der Gesundheitsdiskussion sind psychosoziale Ressourcen zum einen Mittel zur Bewältigung von Anforderungen des jeweiligen Lebensabschnitts, zum anderen sind sie auch Ausdruck psychischen und sozialen Wohlbefindens einer Person. Zu den wichtigsten Ressourcen werden das Selbst- und Körperkonzept sowie der soziale Rückhalt gezählt (vgl. Hurrelmann, 2000).

Befunde zum Zusammenhang von Aktivität und psychosozialen Ressourcen liefern nur die Studie von Brinkhoff und Sack (1999) sowie von Brettschneider und Gerlach (2004). Letztere identifizieren eine zunehmende soziale Integration und Anerkennung sowohl in der Trainingsgruppe als auch in der Schulklasse bei zunehmender sportlicher Leistungsfähigkeit (nach Test und Lehrerurteil differenziert in unsportlich, normalsportlich, talentiert). Im Längsschnitt (über 15 Monate) konnte ein entsprechender Einfluss jedoch nicht festgestellt werden.

In Bezug auf das Selbstkonzept wird zwischen einem übergeordneten allgemeinen Selbstkonzept und verschiedenen Subkonzepten (u. a. sportbezogenes Fähigkeitskonzept) unterschieden (vgl. ausführlich Kap. 11). Im Querschnitt ist das sportbezogene Fähigkeitskonzept bei höherer Leistungsfähigkeit positiver ausgeprägt (vgl. Brettschneider & Gerlach, 2004). Im Längsschnitt verbessert sich lediglich das Fähigkeitskonzept der talentierten Sportlerinnen. Beim allgemeinen Selbstwertgefühl sind die Gruppenunterschiede – analog zu Brinkhoff und Sack (1999) – deutlich geringer.

Auch im internationalen Sprachraum lassen sich nur wenige Studien zum Zusammenhang von sportlicher Aktivität und psychosozialen Gesundheitsressourcen finden. Tortolero, Taylor und Murray (2000) geben in ihrem Reviewartikel einen guten Überblick zur Gesamtgruppe der Kinder und Jugendlichen, jedoch ohne isolierte Betrachtung von Kinderstichproben. Sie finden vereinzelt positive Effekte von sportlicher Aktivität und Selbstkonzept, Selbstwertgefühl und Selbstwirksamkeit. Bei der Selbstwirksamkeit liegen die stärksten Effekte von Aktivität vor; insgesamt ist die Evidenz zu Wirkungen körperlich-sportlicher Aktivität auf psychosoziale Gesund-

heitsressourcen aber gering. Zu einem ähnlichen Ergebnis gelangen Strong et al. (2005).
Psychosoziale Gesundheitsressourcen werden zunehmend in Interventionskonzepte z. B. zur Adipositasprävention aufgenommen. Dabei zeigen sich unterschiedliche Befunde. Während Reinehr et al. (2005) in ihrer *OBELDICKS-Studie* Verbesserungen im Selbstkonzept (Selbstwertgefühl, sportbezogene Fähigkeit, körperliche Attraktivität) der adipösen Kursteilnehmer ermitteln, zeigen sich bei *GO!KIDS auf Schatzsuche* (Päffgen, 2008) nur vereinzelt tendenzielle Verbesserungen (sportbezogene Selbstwirksamkeit, Körperselbstbild, soziale Unterstützung). Dagegen zeigen vereinzelte Programme, die gezielt auf die Stärkung psychosozialer Ressourcen ausgerichtet sind, dass bei systematischer Gestaltung durchaus positive Wirkungen eintreten können (vgl. Biemann, 2005; Sygusch, 2008).

9.3.3 Physische Belastungssymptome: Risikofaktoren

Die häufigsten Risikofaktoren, die im Zusammenhang mit körperlicher Aktivität bzw. dem Mangel an Bewegung bei Kindern genannt werden, sind Übergewicht, kardiovaskuläre Risiken (u. a. erhöhte Blutdruck- oder Cholesterinwerte) und Haltungsschwächen.

Die Annahme, nach der bewegungsaktive Kinder im Hinblick auf den Risikofaktor Übergewicht profitieren, kann mit den vorliegenden Befunden bislang kaum gestützt werden. Deutlich wird, dass Übergewicht mit der motorischen Leistungsfähigkeit von Kindern assoziiert ist, nicht aber mit allgemeinen Aktivitätsmaßen. Alle vorliegenden Studien (vgl. Tab. 9.1) zeigen, dass übergewichtige und adipöse Kinder – gemessen am BMI – in einzelnen Fähigkeitsbereichen (insb. Ausdauer, Kraft) weniger leistungsfähig sind. Einen noch deutlicheren Zusammenhang findet Klein (2006, 2008) zwischen konditionellen Fähigkeiten und Körperfettgehalt. Keine Beziehungen – weder zum BMI noch zum Körperfettgehalt – liegen dagegen zu den Fähigkeitsbereichen Feinkoordination und Beweglichkeit vor (vgl. Bös et al., 2006). Brettschneider und Gerlach (2004) finden Hinweise, dass Übergewicht erst ab einer bestimmten Höhe negativ mit der motorischen Leistungsfähigkeit korreliert.

Bedeutsame Beziehungen zwischen verschiedenen Aktivitätsmaßen (u. a. Sportaktivität in Freizeit und/oder Verein, Vereinsmitgliedschaft) und dem BMI wurden in den vorliegenden Studien (vgl. Grund et al., 2000; Bös et al., 2002c; Bös et al., 2006) nicht gefunden. In Bezug auf den als etwas genauer einzuordnenden Parameter *Körperfettanteil* ermittelt Klein (2006, 2008) dagegen durchaus Beziehungen. Die wöchentliche Sportzeit ist bei Jungen – deutlich vor der wöchentlichen Fernsehzeit – signifikanter Prädiktor des Körperfettanteils. Bei den Mädchen ist der Zusammenhang mit der Fernsehzeit stärker (vgl. Klein, 2006).

Im Hinblick auf weitere Risikofaktoren (u. a. Blutdruck, -lipide, -zucker) zeigt sich ein ähnliches Bild: Zusammenhänge zwischen verschiedenen Aktivitätsmaßen und Risikofaktoren wurden nicht ermittelt (z. B. Bös et al., 2006). Wenn Zusammenhänge identifiziert werden, dann zwischen motorischer Leistungsfähigkeit – insbesondere konditionellen Fähigkeiten – und Risikofaktoren. Einen solchen Bezug weist Klein (2008) für das Gesamtcholesterin nach. Zusammenhänge mit dem systolischen Blutdruck, Triglyceriden (beide in der Gesamtstichprobe [inkl. 9. Klasse] signifikant) und Blutzucker liegen in seiner Kinderstichprobe dagegen nicht vor.

International existiert eine Vielzahl an Studien zum Zusammenhang von körperlich-sportlicher Aktivität und verschiedenen Risikofaktoren. Vergleichbar mit den deutschen Studien zeichnet sich auch international ab, dass positive Zusammenhänge zwischen körperlich-sportlicher Aktivität und Risikofaktoren vorliegen, diese aber nur schwach ausgeprägt sind. Stärkere Zusammenhänge zeigen sich auch international zwischen Fitness und Risikofaktoren (vgl. u. a. Hills, King & Armstrong, 2007; Andersen et al., 2006; Andersen et al., 2007; Strong et al., 2005; Biddle et al., 2004; Ekelund, Sardinha, Anderssen, Harro, Franks, Brage, Cooper, Andersen, Riddoch & Froberg, 2004).

Zur Prävention und Verminderung von Übergewicht und Adipositas gibt es mittlerweile zahlreiche Interventionsstudien. Insgesamt wird deutlich, dass Programme, die neben sportlicher Aktivierung weitere Module wie körperliche Alltagsaktivität, Ernährung oder psychologische Verhaltensschulung integrieren, am erfolgreichsten sind (vgl. Jaeschke, 2005; Fulton, McGuire, Caspersen & Dietz, 2001). So zeigen die großen deutschen Studien *OBELDICKS* (vgl. Reinehr et al., 2005), *CHILT III* (vgl. Graf et al., 2005) und *FITOC* (vgl. Korsten-Reck et al., 2006) übereinstimmend deutliche Verbesserungen des Gewichtsstatus bei adipösen Kindern. Auch mit Adipositas assoziierte Risikofaktoren wie Hypertonie oder Dyslipidämie konnten in diesen Programmen gesenkt werden.

9.3.4 Psychosoziale und -somatische Belastungssymptome

Die meisten Studien (vgl. Bös et al., 2002c; Bös et al., 2006; Brinkhoff & Sack, 1999) belegen, dass psychosoziale und -somatische Belastungssymptome bei Kindern unabhängig von ihrer Sportaktivität auftreten. Beispielsweise finden Bös et al. (2006) weder zum Gesamtindex *Psychosomatische Beschwerden* noch zu einer Vielzahl von Einzelsymptomen (u. a. Kopf-, Bauchschmerzen, Einschlafstörungen) bedeutsame Korrelationen. Vereinzelt werden tendenzielle Zusammenhänge identifiziert, z. B. ermitteln Brinkhoff und Sack (1999) in der Gruppe der Wettkampfsportler mit häufigem Training weniger psychosomatische Beschwerden (59 % sind beschwerdefrei) als bei weniger aktiven Vereinsmitgliedern (42 %) und bei Nicht-Mitgliedern (37 %).

Von dieser Befundlage heben sich die Ergebnisse von Brettschneider und Gerlach (2004) ab. Zusammenhänge zeigen sich im Querschnitt: In den Bereichen psychosomatische Beschwerden und Depressivität liegt eine geringere Symptomhäufigkeit bei zunehmender sportlicher Leistungsfähigkeit vor. Im Längsschnitt kann ein kausaler Einfluss des Sports dagegen nicht belegt werden.

Im Bereich psychosozialer Verhaltensauffälligkeiten (physische und psychische Gewalt) zeigen sich keine bedeutsamen Beziehungen zur Leistungsfähigkeit (vgl. Brettschneider & Gerlach, 2004; Kretschmer & Wirszing, 2007).

Die wenigen internationalen Befunde werden von Tortolero et al. (2000) sowie Strong et al. (2005) im Hinblick auf psychosoziale und -somatische Belastungs-Symptome im Kindesalter zusammengefasst. Die allgemeine Befundlage ist hierbei inkonsistent und beruht z. T. auf sehr wenigen Studien. Relativ einheitlich wurde ein schwacher positiver Zusammenhang zwischen Aktivität und den untersuchten Belastungssymptomen – insbesondere Depression bzw. Angst – gefunden.

9.3.5 Allgemeiner Gesundheits- und Krankheitsstatus

Für das Kindesalter liegen in diesem Bereich nur vereinzelt Befunde vor. Diese zeigen im Gegensatz zum Jugendalter: Die Selbsteinschätzung bezüglich des allgemeinen Gesundheitszustandes sowie chronischer Krankheiten (u. a. Allergien, Diabetes) ist unabhängig vom Ausmaß der sportlichen Aktivität und von der Ausprägung der motorischen Leistungsfähigkeit (vgl. Bös et al., 2006; Brinkhoff & Sack, 1999). Internationale Studien zum Zusammenhang von körperlich-sportlicher Aktivität und dem allgemeinen Gesundheits- bzw. Krankheitsstatus speziell für das Kindesalter liegen unseres Wissens nach nicht vor.

9.4 KiGGS-MoMo-Studie

9.4.1 Design, Stichprobe und Methodenauswahl

Design und Stichprobe werden im Beitrag von Bös, Oberger, Lämmle, Opper, Romahn, Tittelbach, Wagner, Woll und Worth (vgl. Kap. 8) vorgestellt. Für die folgenden Analysen wurden aus der *MoMo*-Stichprobe die 6- bis 12-Jährigen ausgewählt und die Daten der *MoMo-Studie* mit den Gesundheitsdaten aus der *KiGGS-Studie* verknüpft. Diese Teilstichprobe *Kinder* besteht aus 1.988 Personen (50,9 % Jungen), das Durchschnittsalter beträgt 9,0 Jahre (SD = 2,02 Jahre). Von den Kindern dieser Altersgruppe gehören 25,4 % der unteren, 46,5 % der mittleren und 28,1 % der hohen sozialen Statusgruppe an.

In Bezug auf sportliche Aktivität in Freizeit und Verein verteilt sich die Teilstichprobe[6] wie folgt: 14,7 % Nichtsportler, 30,6 % gering Aktive, 26,2 % moderat Aktive, 15,0 % hoch Aktive und 13,5 % sehr hoch Aktive.

Die Auswahl der Gesundheitsparameter für die folgenden Analysen orientiert sich an den in Kapitel 9.2 vorgestellten Wirkungsannahmen von sportlicher Aktivität auf physische und psychosoziale Gesundheitsressourcen und Belastungssymptome sowie auf den allgemeinen Gesundheitsstatus (vgl. Abb. 9.1).

Tab. 9.2. Darstellung der Parameter und Inventare (detaillierte Angaben: vgl. Bundesgesundheitsblatt – Gesundheitsforschung – Gesundheitsschutz, 2007)

Skala	Items
Sportliche Aktivität (SA) (vgl. Kap. 10)	
Physische Gesundheitsressourcen (Fitness) (vgl. Kap. 8)	
Psychosoziale Gesundheitsressourcen	
Familiärer Zusammenhalt (vgl. Schneewind, Beckmann & Hecht-Jackl, 1985)	Summenwert aus 9 Items (z. B. „Wir kommen wirklich alle miteinander gut aus"); 0 (niedriger Zusammenhalt) – 100 (hoher Zusammenhalt)
Selbstwert (KINDL-Fragebogen) (Ravens-Sieberer & Bullinger, 1998)	Summenwert aus 4 Items im Rückblick auf die letzte Woche (z. B. „In der letzten Woche war mein Kind stolz auf sich"); 0 (niedriger Selbstwert) – 100 (hoher Selbstwert)
Physische Belastungssymptome	
Risikofaktor Body-Mass-Index (BMI)	$[\text{Körpergewicht (kg)}/\text{Körpergröße (m)}]^2$
Risikofaktor Körperfettanteil	Summe der Hautfaltendicke von Oberarm und Rücken. Abschätzung des prozentualen Körperfettanteils (vgl. Slaughter, Lohmann, Boileau, Horswill, Stillman, Van Loan & Bemben, 1988)
Risikofaktor Blutdruck (mm/Hg)	systolischer Blutdruck im Sitzen
Risikofaktor Cholesterin (mg/dl)	Gesamtcholesterin; HDL-Cholesterin
Schmerzen Bewegungsapparat (vgl. Ellert, Neuhauser & Roth-Isigkeit, 2007)	Summenindex aus Arm- und Beinschmerzen (0 = keine Schmerzen; 2 = wiederholte Schmerzen)

---

[6] Die vorgenommene Gruppeneinteilung ist bei Woll, Jekauc, Mees und Bös (vgl. Kap. 10) ausführlich beschrieben. Die dort beschriebene Gruppe der *hoch Aktiven* haben wir für unsere Analysen nochmals unterteilt in Kinder mit bis zu sechs Stunden moderater Aktivität pro Woche (hoch Aktive) und Kinder mit mehr als sechs Stunden (sehr hoch Aktive).

Skala	Items
Psychische Belastungs-Symptome	
Schmerzen Psychosomatik (vgl. Ellert et al., 2007)	Summenindex aus Kopf-, Rücken-, Bauch-, Unterleibs- und Brustkorbschmerzen (0 = keine Schmerzen; 2 = wiederholte Schmerzen)
Psychische Auffälligkeiten und Stärken: SDQ (Strength and Difficulties Questionnaire)-Fragebogen (vgl. Goodman, 1997) Emotionale Probleme Hyperaktivitätsprobleme Probleme mit Gleichaltrigen	pro Skala Summenwert aus 5 Items; 0 (unauffällig) – 10 (auffällig) pro Skala „Wie gut treffen die folgenden Beschreibungen auf Ihr Kind zu (letzte 6 Monate)? z. B. „Hat viele Sorgen, erscheint häufig bedrückt" z. B. „Unruhig, überaktiv, kann nicht lange stillsitzen" z. B. „Einzelgänger, spielt meist alleine"
Allgemeiner Gesundheitsstatus	
Allg. subj. Gesundheitszustand (vgl. Lange, Kamtsiuris, Lange, Schaffrath Rosario, Stolzenberg & Lampert, 2007)	1 Item: „Wie würden Sie den Gesundheitszustand Ihres Kindes im Allgemeinen beschreiben?"; 1 = sehr gut; 5 = sehr schlecht
Lebensqualität: KINDL-Fragebogen (vgl. Ravens-Sieberer & Bullinger, 1998) Körperliches Wohlbefinden Emotionales Wohlbefinden Wohlbefinden in Bezug auf Freunde/Gleichaltrige	Summenwert aus 4 Items pro Skala im Rückblick auf die letzte Woche; 0 (niedrige Lebensqualität) – 100 (hohe Lebensqualität); z. B. „In der letzten Woche ..." „...war mein Kind müde und schlapp" „...hat mein Kind sich ängstlich oder unsicher gefühlt" „...hat mein Kind sich mit seinen Freunden gut verstanden"

Die Erfassung der sportlichen Aktivität erfolgte mittels elterngestützter Befragung der Kinder (vgl. Kap. 10), die der physischen Gesundheitsressourcen mittels sportmotorischer Tests (vgl. Kap. 8; Bös, Worth, Heel, Opper, Romahn, Tittlbach, Wank & Woll, 2004b). Körperliche Risikofaktoren wurden per medizinischer Untersuchung bzw. Laborbefund erfasst, der allgemeine Gesundheitsstatus, psychische Gesundheits-Ressourcen und Belastungs-Symptome sowie soziodemographische Merkmale mittels Elternfragebogen (vgl. im Überblick Bundesgesundheitsblatt – Gesundheitsforschung – Gesundheitsschutz, 2007).

Zum deskriptiven Vergleich der Aktivitätsgruppen werden Mittelwerte und Standardabweichungen aller Teilgruppen berechnet. Mittels hierarchischer Regressionsanalyse werden die Erklärungsanteile der Faktoren sportliche Aktivität, Geschlecht, Sozialstatus und Alter in Bezug auf die verschiedenen Gesundheitsmaße ermittelt. Alle Analysen erfolgen mit der Software SPSS 15.0.

9.4.2 Ergebnisse

Tabelle 9.3 stellt Mittelwerte und Standardabweichungen (MW [SD]) der fünf Aktivitätsgruppen zu den jeweiligen Gesundheitsparametern dar. Daneben werden der Erklärungsanteil sportlicher Aktivität (Δ R2, signifikante Ergebnisse sind fett gedruckt) sowie die Gesamtaufklärung (adj. R2) der jeweiligen Regressionsmodelle aufgeführt.

Physische Gesundheitsressourcen
Die deskriptiven Ergebnisse (vgl. Tab. 9.3) zeigen, dass Kinder mit höherer sportlicher Aktivität eine bessere Ausdauer (Fahrradergometer), Kraft (Index) und Koordination (Index) aufweisen als Kinder, die inaktiv oder nur gering aktiv sind. Im Bereich der Beweglichkeit liegen keine Unterschiede vor. Diese deskriptiven Ergebnisse werden regressionsanalytisch bestätigt. Bei Ausdauer, Kraft und Koordination bestehen signifikante Zusammenhänge mit sportlicher Aktivität, die auch nach Einbezug der soziodemographischen Variablen bestehen bleiben. Dabei zeigen sich jedoch nur sehr geringe (1,8 % bei Koordination) bis geringe Erklärungsanteile (Ausdauer: 4,8 %; Kraft: 6,3 %). Bei der Beweglichkeit (Rumpfbeugen) besteht kein signifikanter Zusammenhang.

In einer detaillierten Auswertung des vorliegenden Datensatzes auf Einzel-Item-Ebene (vgl. Opper, Oberger, Worth, Woll & Bös, i. Dr.) zeigen sich analog zu den vorgestellten Befunden signifikante Effekte insbesondere bei der Kraft. Bei der Ausdauer zeigen sich Unterschiede zwischen inaktiven und hochaktiven Kindern nur bei den Jungen, bei der Beweglichkeit nur bei den Mädchen. Bei der Koordination heben sich Hochaktive nur in einzelnen Testaufgaben (Einbeinstand, rückwärts Balancieren [Mädchen], Reaktion [Jungen]) von Inaktiven ab.

Tab. 9.3. Deskriptive (MW [SD]) und statistische Kennwerte (ΔR^2 / adj. R^2) zu den Gesundheitsparametern in Abhängigkeit von sportlicher Aktivität (Anmerkung: *signifikanter Anteil an Varianzaufklärung ist fett gedruckt)

Bereich	Parameter	in-aktiv	ge-ring aktiv	mittel aktiv	hoch aktiv	sehr hoch aktiv	ΔR^2 (Aktivität)* / adj. R^2 (Gesamt)
Physische Gesundheitsressourcen	Ausdauer	1,78 [0,5]	1,86 [0,5]	1,97 [0,5]	2,02 [0,04]	2,13 [0,5]	**4,8 %** / 14,6 %
	Kraft	-0,34 [,07]	-0,27 [0,7]	-0,11 [0,6]	0,06 [0,7]	0,14 [0,6]	**6,3 %** / 31,8 %
	Koordination	0,02 [0,3]	0,06 [0,3]	0,05 [0,3]	0,13 [0,3]	0,15 [0,3]	**1,8 %** / 28,9 %
	Beweglichkeit	-1,60 [6,7]	-0,34 [6,8]	-0,63 [6,8]	-1,15 [6,8]	-1,03 [7,9]	0,0 % / 10,0 %

Bereich	Parameter	in-aktiv	ge-ring aktiv	mittel aktiv	hoch aktiv	sehr hoch aktiv	ΔR^2 (Aktivität)* / adj. R^2 (Gesamt)
Psychosoziale Gesundheits-Ressourcen	Familiärer Zusammenhalt	69,1 [13,0]	68,3 [13,4]	71,7 [12,5]	70,8 [14,1]	71,9 [12,6]	**0,8 %** / 4,0 %
	Selbstwert	71,0[15,2]	70,7 [14,8]	70,2 [13,3]	71,0 [13,5]	73,4 [12,9]	**0,5 %** / 3,3 %
Physische Belastungsparameter	BMI	17,8 [3,9]	17,4 [3,1]	17,4 [3,0]	17,6 [2,9]	17,8 [2,9]	0,0 % / 15,4 %
	Körperfettanteil	19,6 [9,6]	18,8 [8,1]	18,2 [7,7]	18,7 [8,0]	18,3 [7,2]	**0,2 %** / 11,6 %
	Syst. Blutdruck	105,5 [10,3]	103,4 [5,7]	104,0 [8,7]	104,5 [8,6]	104,4 [9,1]	0,0 % / 14,6 %
	Gesamtcholesterin	165,8 [29,2]	170,3 [28,8]	167,3 [30,0]	166,4 [24,4]	166,9 [23,4]	0,1 % / 0,1 %
	HDL-Cholesterin	59,1 [14,3]	58,7 [3,2]	58,4 [12,3]	60,2 [12,8]	60,4 [13,1]	0,1 % / 0,5 %
	Schmerzen Bew.apparat	0,25 [0,5]	0,19 [0,5]	0,24 [0,5]	0,22 [0,4]	0,27 [0,5]	0,1 % / 0,5 %
Psychosoziale Belastungsparameter	Schmerzen Psychosomat.	0,37 [0,5]	0,40 [0,5]	0,39 [0,5]	0,31 [0,4]	0,29 [0,4]	**0,4 %** / 2,2 %
	Emotionale Probleme	2,29 [2,0]	1,88 [1,8]	1,89 [1,8]	1,73 [1,6]9	1,44 [1,5]	**1,4 %** / 2,9 %
	Probleme mit Gleichaltrigen	1,61 [1,6]	1,35 [1,6]	1,23 [1,5]	1,22 [1,6]	0,89 [1,1]	**1,4 %** / 6,1 %
	Hyperaktivitätssymptome	3,22 [2,2]	3,08 [2,3]	3,22 [2,2]	3,36 [2,5	3,28 [2,3]	0,1 % / 6,7 %
Allgemeiner Gesundheitsstatus	Subjektiver Ges.zustand	1,70 [0,6]	1,63 [0,6]	1,69 [0,6]	1,66 [0,6]	1,46 [0,6]	**0,7 %** / 2,9 %
	Körperliches Wohlbefinden	78,2 [16,6]	79,0 [6,1]	79,0 [15,5]	81,5 [15,3]	82,9 [15,2]	**1,2 %** / 3,2 %
	Emotionales Wohlbefinden	81,6 [11,8]	82,0 [12,9]	82,0 [12,9]	81,6 [11,7]	84,2 [9,9]	**0,5 %** / 1,8 %
	Soziales Wohlbefinden	79,7 [13,3]	78,1 [13,7]	78,1 [12,6]	78,4 [12,8]	80,9 [12,0]	**0,3 %** / 1,5 %

Psychosoziale Gesundheitsressourcen

Sehr hoch aktive Kinder heben sich in ihrem allgemeinen Selbstwertgefühl (nach Einschätzung der Eltern) von weniger aktiven Kindern ab. Zwischen aktiven und inaktiven Kindern bestehen dagegen keine Unterschiede. Entsprechend zeigt sich in der Regressionsanalyse mit einem Erklärungsanteil von nur 0,5 % ein zwar signifikanter, jedoch sehr schwacher Zusammenhang von sportlicher Aktivität und Selbstwertgefühl. Bei der sozialen Ressource familiärer Zusammenhalt heben sich deskriptiv insbesondere die inaktiven und gering aktiven Kinder negativ von aktiveren Kindern ab. Der Erklärungsanteil sportlicher Aktivität beträgt jedoch lediglich 0,8 %.

Physische Belastungssymptome
Hinsichtlich körperlicher Risikofaktoren zeigen sich in unserer Stichprobe lediglich beim Körperfettanteil leichte Unterschiede zugunsten sportlich aktiver Kinder. Der Zusammenhang ist zwar regressionsanalytisch signifikant, der Erklärungsanteil beträgt jedoch sehr geringe 0,2 %. Bei den weiteren analysierten Risikofaktoren (BMI, Blutdruck, Cholesterin) zeigen sich keine Unterschiede bezüglich sportlicher Aktivität. Dies gilt auch für den Bereich der Schmerzen am Bewegungsapparat.

Psychosoziale und -somatische Belastungssymptome
Im Unterschied zu den physischen Belastungssymptomen zeigen sich bei den ausgewählten psychischen Belastungssymptomen – mit Ausnahme der Hyperaktivitätsprobleme – deskriptiv mehr positive Zusammenhänge mit sportlicher Aktivität. Insbesondere die sehr hoch aktiven Kinder heben sich von den weniger aktiven Kindern ab. Regressionsanalytisch sind diese Zusammenhänge signifikant, insgesamt jedoch auch hier sehr schwach: Schmerzen und Psychosomatik mit 0,4 % Erklärungsanteil, emotionale Probleme und Probleme mit Gleichaltrigen mit je 1,4 %. Hyperaktivitätsprobleme haben keinen signifikanten Zusammenhang zu sportlicher Aktivität.

Allgemeiner Gesundheitsstatus
Bei diesem subjektiven Gesamtmaß für die Gesundheit werden deskriptiv positive Zusammenhänge zu sportlicher Aktivität deutlich. Die Elterneinschätzung zum allgemeinen Gesundheitszustand sowie zum körperlichen Wohlbefinden fällt bei sportlich (hoch)aktiven Kindern positiver aus als bei weniger oder gar nicht aktiven. Beim emotionalen und beim sozialen Wohlbefinden zeigen sich vergleichbare Unterschiede erst zu den sehr hoch aktiven Kindern. In der Regressionsanalyse zeigen sich auch hier signifikante, durchgängig aber sehr schwache Zusammenhänge zwischen sportlicher Aktivität und dem allgemeinen Gesundheitszustand. Die Erklärungsanteile liegen bei maximal 0,7 % (subjektiver Gesundheitszustand).

9.5 Zusammenfassung

Ziel dieses Beitrags ist die Analyse von Zusammenhängen von sportlicher Aktivität und ausgewählten objektiven (u. a. medizinische Risikofaktoren, BMI, physische Ressourcen) und subjektiven (u. a. psychosoziale Ressourcen, Schmerzen) Gesundheitsparametern im Kindesalter. Auf der Basis des vorliegenden Reviews sowie der Analyse ausgewählter *KiGGS-MoMo*-Daten zeigen sich insgesamt ernüchternde Befunde: Sportlich (hoch)aktive Kinder sind zwar etwas fitter, aber nur unwesentlich gesünder als weniger aktive. Im Einzelnen:

* Physische Ressourcen (Fitness): geringe Zusammenhänge im Bereich der konditionellen Fähigkeiten Ausdauer und Kraft;
* Psychosoziale Ressourcen: geringe Zusammenhänge bezüglich sozialer Integration und Selbstkonzept (sportbezogenes Fähigkeitskonzept);
* Physische Belastungssymptome:
  o Übergewicht: kein Zusammenhang zwischen Aktivitätsausmaß und BMI; geringe Zusammenhänge zwischen Aktivität und Körperfettanteil; Zusammenhänge zwischen Ausdauer und BMI/Körperfettanteil;
  o Risikofaktor Blutdruck: geringe Zusammenhänge mit Ausdauer und Kraft;
* Psychosoziale/-somatische Belastungssymptome: geringer Zusammenhang mit sportlicher Leistungsfähigkeit;
* Allgemeiner Gesundheits- und Krankheitsstatus: geringe Zusammenhänge mit dem Aktivitätsausmaß.

Damit fügt sich der deutsche Forschungsstand nahtlos in den internationalen Forschungsstand ein. Im Kindesalter ist der vermutete und wünschenswerte Einfluss sportlicher Aktivität auf den Gesundheitsstatus nur in einzelnen Variablen nachweisbar. Relativierend zu diesen Befunden lassen sich zwei nachvollziehbare Erklärungen finden.

1. Trotz auffälliger Prävalenzen in fast allen Gesundheitsbereichen (vgl. Kap. 4; Bundesgesundheitsblatt – Gesundheitsforschung – Gesundheitsschutz, 2007) sind Kinder eine vergleichsweise gesunde und insgesamt auch aktive Altersgruppe. Sicher sind 15 % Übergewichtige (zu) viel, zahlenmäßig aber im Vergleich zu 85 % Nicht-Übergewichtigen wiederum relativ wenig, so dass es aus statistisch-analytischer Perspektive kaum möglich ist, aussagekräftige Effekte zu identifizieren. Mit anderen Worten: In einer insgesamt gesunden und aktiven Altersgruppe sind deutlichere Wirkungen sportlicher Aktivität auf die Gesundheit kaum zu erwarten (vgl. Biddle et al., 2004).
2. Das oben skizzierte Modell zu *Wirkungsannahmen sportlicher Aktivität auf die Gesundheit* (vgl. Abb. 9.1) impliziert, dass Wirkungen sportlicher Aktivität hierarchisch verlaufen. Nach dieser Annahme werden durch sportliche Aktivität zunächst physische und psychosoziale Gesundheitsressourcen aufgebaut, die in der Folge zur Vorbeugung oder Bewältigung von Belastungssymptomen (z. B. Risikofaktoren, Schmerzen) beitragen können. Die vorliegenden Befunde stärken diese Annahme. Während Zusammenhänge zwischen Aktivität und Belastungssymptomen weitgehend ausbleiben, zeigen sich vereinzelte Effekte

bei den physischen Ressourcen (Ausdauer, Kraft), für die ihrerseits Zusammenhänge mit weiteren Gesundheitsparametern identifiziert werden. Liegt der gesundheitsbezogene Wert sportlicher Aktivität in der Ressourcenstärkung, für die erst in der weiteren Gesundheitsgenese (Jugend- und Erwachsenenalter) Effekte nachweisbar sind, dann sind im Kindesalter kaum andere Befunde als die vorliegenden zu erwarten.

Tatsächlich zeigen einige Studien (Jugendstichprobe: 11-17 Jahre; *KiGGS-MoMo-Studie*; vgl. Tittlbach, Sygusch, Brehm, Woll, Lampert & Bös, i. Dr.) im Jugendalter stärkere Zusammenhänge. Zu ähnlichen Befunden kommen auch Bös et al. (2006), die drei Alterskohorten im Kindes- und Jugendalter vergleichen. Im Erwachsenenalter schließlich zeigen sich vielfach deutlichere Zusammenhänge (vgl. u. a. Tittlbach, Bös, Woll, Jekauc & Dugandzic, 2005).[7]

Ralf Sygusch, Susanne Tittlbach, Walter Brehm,
Elke Opper, Thomas Lampert & Klaus Bös[8]

---

[7] Die vorliegenden Tracking-Befunde (vgl. Kap. 4) unterstreichen diese Argumentationen in allen Punkten.
[8] Dieser Beitrag entstand unter Mitarbeit von Angelika Meirer.

10 Sportengagements und sportmotorische Aktivität von Kindern

10.1 Einleitung

Vor dem Hintergrund einer aktuellen Debatte um eine „veränderte Kindheit" wird die Diskussion um das körperlich-sportliche Aktivitätsverhalten von Kindern intensiv geführt, wobei die Gesundheitsperspektive zunehmend in den Mittelpunkt der Betrachtung rückt (vgl. dazu Heim, 2002a; Hoffmann, Brand & Schlicht, 2006; Kretschmer & Giewald, 2001). Auf die Frage wie körperlich aktiv Kinder heute sind, ist immer häufiger die kulturpessimistische These zu vernehmen, dass Kindheit heute durch Bewegungsmangel gekennzeichnet sei. Vor allem wegen des nachweislich gestiegenen Medienkonsums – in den letzten Jahren vor allem über Handys, PCs und Spielkonsolen (vgl. Lampert, Sygusch & Schlack, 2007) bei konstant hohem Fernsehkonsum – werden Kinder oft negativ etikettiert. Neuere Studien zeigen jedoch, dass die empirische Evidenz für die verbreitete Annahme, die Medialisierung des Kinderlebens führe unweigerlich zu passivem Freizeitkonsum und verdränge die Bewegungsaktivitäten, sich nicht uneingeschränkt halten lässt und wohl nur für Kinder mit extrem hohem Medienkonsum zutrifft (vgl. Kap. 6).

Unbestritten jedoch hat sich die kindliche Lebens- und Bewegungswelt in den letzten Jahrzehnten einschneidend verändert (vgl. Honig, 1999; Schmidt, 1997, 1998). Nach einer Studie von Fuhs (1996) spielen in Deutschland zwischen 32 und 40 % der 10- bis 12-jährigen Kinder selten oder nie auf der Straße bzw. im Gelände. Bei den 8- bis 12-Jährigen ermittelte das Deutsche Jugendinstitut (vgl. Ledig, 1992) einen Anteil von 26 % der Kinder, die nur sehr selten im Freien körperlich aktiv werden. Zum gleichen Ergebnis kommen Bös, Opper und Woll (2002a) zehn Jahre später in einer bundesweiten Grundschulstudie (6-10 Jahre).

Während auf der einen Seite der Bewegungsmangel von Kindern im Alltag konstatiert wird, wird auf der anderen Seite eine institutionalisierte „Versportlichung" (vgl. Zinnecker, 1989) der Kindheit festgestellt. So wird körperlich-sportliche Aktivität im frühen Schulkindalter zunehmend institutionalisiert in geschützten Räumen durchgeführt. Der immer frühere Eintritt in den Sportverein, wie die Statistiken der Sportverbände und repräsentative Studien (vgl. u. a. Kurz, Sack & Brinkhoff, 1996; Zinnecker & Silbereisen, 1996; Schmidt, 2006c) zeigen, könnte als Beleg für eine „Versportlichung" der kindlichen Bewegungswelt gesehen werden.

Die Beurteilung des kindlichen Bewegungsverhaltens ist offensichtlich in der Literatur widersprüchlich.[1] Es stellen sich deshalb spannende Fragen nach dem tatsächlichen Aktivitätsverhalten von Kindern, u. a.: Wie körperlich-sportlich aktiv sind Kinder in Deutschland tatsächlich? In welchen sozialen Kontexten sind Kinder körperlich-sportlich aktiv? Wie viele Kinder erreichen die Aktivitätsempfehlungen für einen gesundheitsförderlichen Lebensstil?

Der vorliegende Beitrag versucht die Fragen nach dem Bewegungsverhalten von Kindern zu beantworten. Im Mittelpunkt des Beitrags stehen die Ergebnisse des *Motorik-Moduls*, die zum ersten Mal das Aktivitätsverhalten von Kindern umfassend und repräsentativ in einer Querschnittstudie für die Bundesrepublik Deutschland beleuchten. Vor dem Hintergrund eines weiten Sportbegriffs, der für das Kindesalter angemessen erscheint, werden die körperliche Alltagsaktivität (z. B. zu Fuß zur Schule gehen), die organisierte sportliche Aktivität in Schule und Verein sowie die informelle körperlich-sportliche Aktivität in der Freizeit differenziert betrachtet. Insgesamt sprechen wir daher von körperlich-sportlicher Aktivität (KSA) von Kindern. Dabei liegt der Fokus auf Kindern im Vorschulalter (4-7 Jahre), frühen (7-10 Jahre) und späten (10-12 Jahre) Schulkindalter.

10.2 Motorik-Modul (MoMo)

10.2.1 Methoden

Stichprobe

Zur Darstellung körperlicher Aktivität von Kindern wurden aus der *MoMo-Studie* (vgl. Kap. 8 und 9) die Daten von 1.343 Mädchen und 1.409 Jungen herangezogen. Das durchschnittliche Alter betrug dabei 8,5 Jahre (SD = 2,6).

Messinstrumente

Zur Erfassung der Aktivität wurde ein Fragebogen mit 35 Items eingesetzt (vgl. Bös, Worth, Heel, Opper, Romahn, Tittlbach, Wank & Woll, 2004b), der folgende Bereiche abdeckt: Alltagsaktivität, Schulsport, Vereinssport, Freizeitsport außerhalb von Vereinen und die Erfüllung von international vereinbarten Aktivitätsstandards.[2] Für jeden dieser Aktivitätsbereiche wurden Dauer und Häufigkeit erfragt. Darüber hinaus wurde bei der Sportaktivität (Schulsport, Vereinssport und Freizeitsport) auch die wahrgenommene Intensität erfasst. Für alle Bereiche außer im Schulsport wur-

---

[1] An dieser Stelle sei auf die Schwierigkeiten verwiesen, Alltagsaktivität messmethodisch exakt zu erfassen. Weder für Fragebogeninstrumente, noch für apparative Messsysteme existieren internationale Standards.

[2] Es sei darauf hingewiesen, dass bei dem von Bös entwickelten Instrumentarium vor allen Dingen „Physical Fitness" (PF) relevante Aktivitäten abgefragt werden. Körperliche Aktivitäten („Physical Activity" [PA]) werden nur partiell erfasst (vgl. Kap. 4: PA und PF).

de auch die Aktivitätsart erhoben. Da nicht alle Aktivitäten das ganze Jahr über ausgeübt werden können (z. B. Skifahren), wurde in separaten Items erfragt, in welchen Monaten (Jan.-Dez.) die jeweiligen Aktivitäten ausgeführt werden. Damit wurde eine möglichst präzise Erhebung des Aktivitätsverhaltens über das gesamte Jahr im Sinne einer *habituellen Aktivität* angestrebt. Zur Auswertung des Umfangs vom Freizeitsport in und außerhalb von Vereinen wurde der gewichtete Minutenindex verwendet. Hier wurden die zeitlichen Angaben (Dauer, Häufigkeit, Saisonalität) mit Intensität gewichtet (niedrige Intensität = 1; mittlere Intensität = 1,5; hohe Intensität = 2)[3]. Um die Aktivität möglichst reliabel zu erfassen, wurde bei Kindern unter elf Jahren zur Beantwortung der Fragen auch die Eltern herangezogen. Insgesamt weist der Fragebogen sehr gute Reliabilitäten mit einer durchschnittlichen Einwochen-Test-Retest-Korrelation von 0,83 auf. Anhand eines Multisensorgeräts (SenseWear Armband Pro 2) konnte die Validität des Fragebogens bestätigt werden (vgl. Woll, Jekauc, Romahn & Bös, 2008).

In Anlehnung an frühere sportwissenschaftliche Studien wird die körperlich-sportliche Aktivität nach dem Kontext dargestellt: Schulsport, Vereinssport, Sport außerhalb von Sportvereinen und Alltagsaktivitäten. Darüber hinaus stellt sich die Frage, inwieweit Kinder in Deutschland die Aktivitätsrichtlinien erfüllen (Guidelines).

10.2.2 Schulsport

Bei der Betrachtung von KSA im Schulalter sind der Schulsport und die Sport-AG als wichtigste Aktivitätsquellen zu nennen; bei Kindern im Vorschulalter (Kindergarten) spricht man von angeleiteten Bewegungszeiten. Dabei ist zu berücksichtigen, dass es in Kindergärten keine vorgeschriebene Wochenstundenzahl gibt, wohingegen die Anzahl der Sportstunden in der Schule weitestgehend reglementiert ist. Die Kultusministerkonferenz empfiehlt drei Sportstunden pro Woche.

Im Durchschnitt wird angegeben, dass pro Woche 1,5 Stunden (SD = 1,1) Bewegungszeiten in Kindergärten angeboten werden. Die Angaben unterscheiden sich nicht bei Jungen und Mädchen (T = 0,2; df = 536). Mit dem Eintritt in die Schule erhöht sich der Umfang des formellen Sports auf 2,6 Stunden (SD = 0,8) pro Woche. Im Vergleich zu den Jungen (M = 2,6; SD = 0,8) berichten Mädchen, dass sie etwas weniger Schulsport erhalten (M = 2,5; SD = 0,8). Aufgrund der großen Stichprobe sind die Mittelwertsunterschiede signifikant (T = 3,5; df = 1.831). Vom Eintritt in die Schule bis zum zwölften Lebensjahr sind keine Veränderungen in der wöchentlichen Sportstundenzahl zu verzeichnen (F = 2,2; df_1 = 5; df_2 = 1.801).

---

[3] In Anlehnung an die Arbeit von Howley (2001) beträgt das durchschnittliche metabolische Äquivalent (MET) für Aktivität mit leichter 3 MET, mit moderater 4,5 MET und mit hoher Intensität 6 MET. Da diese Werte nur eine heuristische Größe darstellen und aufgrund der leichten mathematischen Handhabbarkeit werden diese MET-Angaben durch 3 geteilt. Daraus ergeben sich die intensitätsbezogenen Gewichte (1 = niedrige Intensität, 1,5 = mittlere Intensität, 2 = hohe Intensität).

In Bezug auf die Teilnahme an der Sport-AG berichten 10,7 % der Schüler, dass sie dieses freiwillige Sportangebot wahrnehmen (Jungen: 11,9 %; Mädchen: 9,3 %). Diese Unterschiede sind nicht signifikant ($\chi^2 = 3,2$; df = 1; $\varphi = 0,03$). Bezüglich des Alters sind auch keine signifikanten Unterschiede festzustellen ($\chi^2 = 7,4$; df = 5; $\varphi_c = 0,04$).

10.2.3 Sport in Sportvereinen

Nach Kurz und Tietjens (2000) ist der organisierte Sport aufgrund des daraus entstehenden Zugehörigkeitsgefühls die beste Voraussetzung für eine regelmäßige Teilnahme. Der Verein als eine Form des organisierten Sports spielt hierbei eine dominierende Rolle und gilt als wichtiges Setting der Sportaktivität von Kindern (vgl. Kap. 20).

Im Rahmen der *MoMo-Studie* zeigt sich, dass 60,8 % der Jungen und 51,4 % der Mädchen im Alter zwischen vier und zwölf Jahren Mitglied in Sportvereinen sind. Die Unterschiede zwischen den Geschlechtern erweisen sich dabei als hochsignifikant ($\chi^2 = 29,1$; df = 1; $\varphi = 0,09$). Auch in Bezug auf die Variable Alter scheint es Unterschiede zu geben (vgl. Abb. 10.1).

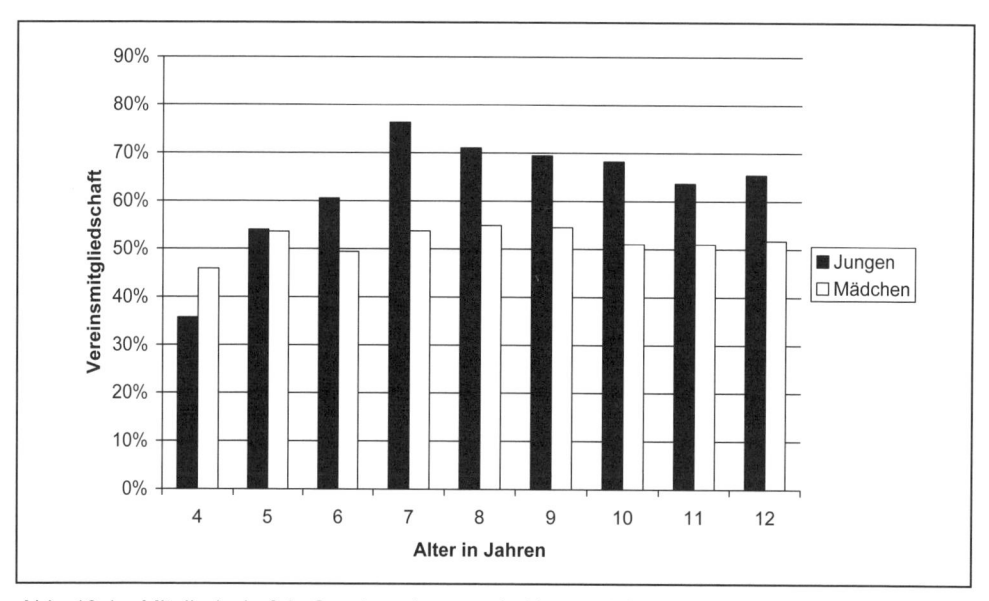

Abb. 10.1. Mitgliedschaft in Sportvereinen nach Alter und Geschlecht (n = 2.370)

Diese Altersunterschiede lassen sich bei Jungen ($\chi^2 = 99,7$; df = 8; $\varphi_c = 0,25$) statistisch belegen, bei Mädchen dagegen nicht ($\chi^2 = 5,8$; df = 8; $\varphi_c = 0,06$). Das bedeutet, dass bei Mädchen der Anteil der Vereinsmitglieder über die verschiedenen Altersklassen konstant bleibt. Bei Jungen findet ein kontinuierlicher Anstieg der Mitgliederzahlen in den Altersklassen von 4- bis 7-Jährigen statt. Der Höhepunkt wird mit sieben Jahren (76,3 %) erreicht. Ab diesem Alter sinkt der Anteil der Vereinsmitglieder kontinuierlich, so dass in der Altersklasse der 12-jährigen Jungen etwa 65 % Vereinsmitglieder sind. Interessant ist dabei die Feststellung, dass Kinder relativ früh in Vereine eintreten: 41,0 % der 4-Jährigen und 53,8 % der 5-jährigen Kinder sind bereits Vereinsmitglieder. Dies macht deutlich, dass die Sportsozialisation größtenteils schon im Kindergartenalter beginnt.

Die Frage nach der Mitgliedschaft in einem Sportverein sagt jedoch nichts darüber aus, in welchem Ausmaß (Intensität, Dauer und Häufigkeit) der Sport in den Vereinen betrieben wird und ob das Ausmaß in Abhängigkeit von Alter und Geschlecht variiert.

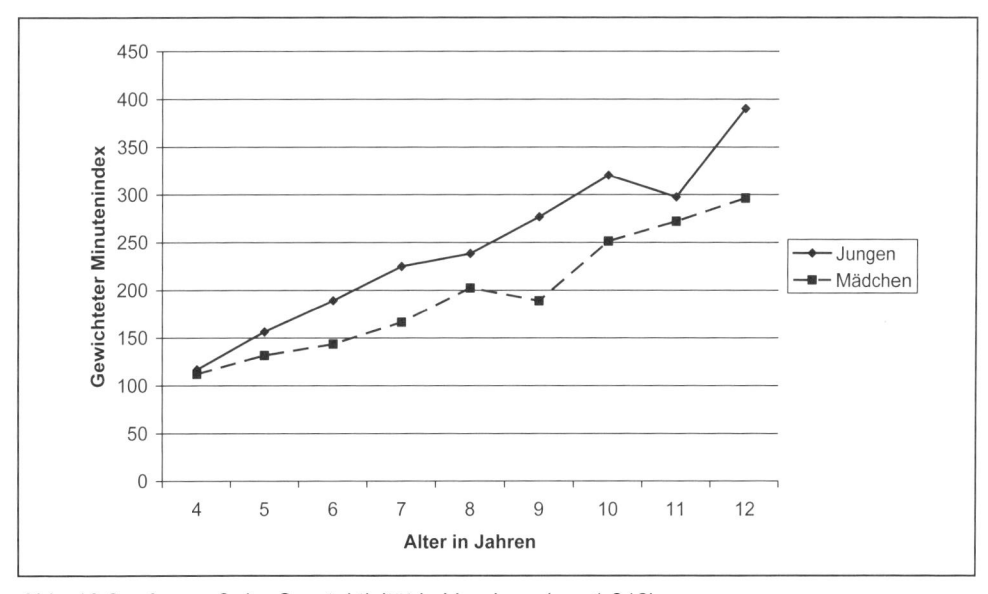

Abb. 10.2. Ausmaß der Sportaktivität in Vereinen (n = 1.818)

In Abbildung 10.2 ist der gewichtete Minutenindex differenziert nach Alter und Geschlecht dargestellt. Es ist dabei ersichtlich, dass mit zunehmendem Alter das Ausmaß der Vereinsaktivität zunimmt (F = 37,0; df_1 = 8; df_2 = 1.808). Das bedeutet, dass sich Kinder zwischen dem vierten und zwölften Lebensjahr hinsichtlich der Intensität, Dauer und Häufigkeit immer mehr im Verein sportlich engagieren. Unabhängig von der Intensität nimmt der zeitliche Umfang (Dauer * Häufigkeit) der Sportaktivität mit jedem Jahr durchschnittlich um 27 Minuten zu. Aber auch die Intensität der Vereinssportaktivität steigert sich mit zunehmendem Alter. Der Verlauf erweist sich dabei als linear. Insgesamt ist auch ersichtlich, dass das Ausmaß der Vereinssportaktivität bei Jungen höher ist als bei Mädchen (F = 30,0; df_1 = 1;

$df_2 = 1.808$). Bei der Betrachtung von Abbildung 10.2 kann man zudem erkennen, dass mit zunehmendem Alter die Unterschiede zwischen Jungen und Mädchen immer größer werden. Der Interaktionseffekt lässt sich aber statistisch nicht belegen ($F = 1,5$; $df_1 = 8$; $df_2 = 1.808$).

Für Jungen gehören Fußball (48,6 %), Schwimmen (15,3 %) und Turnen (13,8 %) zu den beliebtesten Vereinssportarten. Im Unterschied hierzu bevorzugen Mädchen Turnen (33,4 %), Schwimmen (19,6 %) und Tanzen (13,1 %).

10.2.4 Sport außerhalb von Sportvereinen

Neben dem organisierten Sport in Vereinen und Schulen ist der nicht-organisierte Sport in der Freizeit ebenfalls eine wichtige Aktivitätsquelle von Kindern (vgl. Kap. 21). Das Kennzeichen des nicht-organisierten Sports ist das selbstständige und situationsgebundene Arrangieren von Aktivitäten, die üblicherweise draußen stattfinden. Vor diesem Hintergrund stellt sich die Frage, wie viele Kinder überhaupt nicht-organisierten Sport treiben.

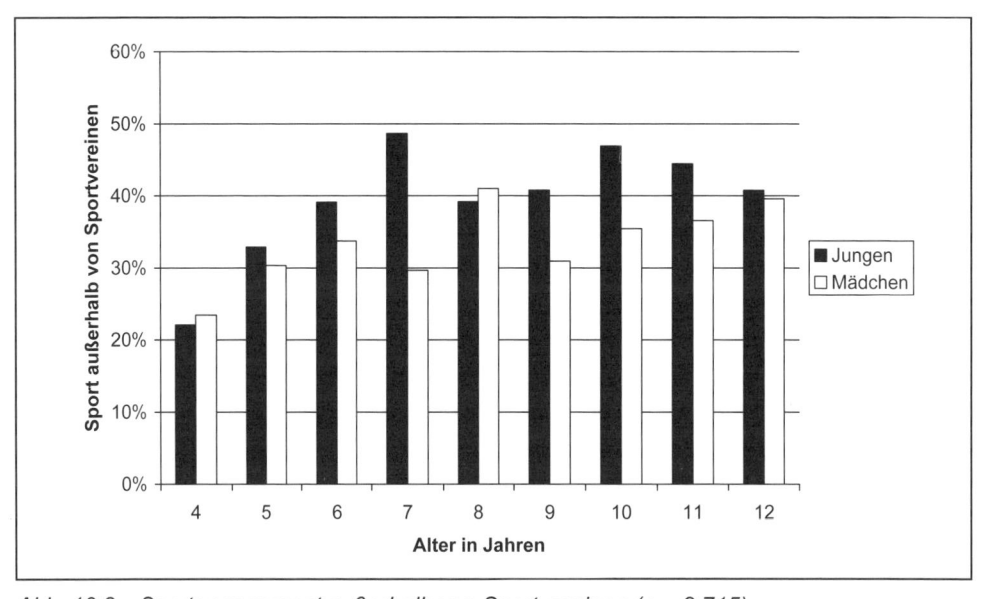

Abb. 10.3. Sportengagement außerhalb von Sportvereinen (n = 2.715)

Insgesamt berichten 32,6 % der Mädchen und 38,1 % der Jungen im Alter zwischen vier und zwölf Jahren, Sport außerhalb von organisierten Sportvereinen zu treiben. Die Unterschiede zwischen Jungen und Mädchen erweisen sich dabei als signifikant ($\chi^2 = 10,8$; $df = 1$; $\varphi = 0,06$). Die Zahlen zeigen, dass etwa nur jedes dritte Kind überhaupt Sport außerhalb von Vereinen treibt. Vor allem unter den Vorschulkindern ist der nicht-organisierte Sport wenig verbreitet. Beispielsweise wird bei 4-Jährigen berichtet, dass 23,4 % der Jungen und 22,1 % der Mädchen Sport außerhalb von Vereinen treiben (vgl. Abb. 10.3). Aber mit zunehmendem Alter steigt die vereinsunabhängige Sportaktivität kontinuierlich an. Beim Eintritt in die Schule stabilisiert sich der Prozentsatz, so dass sich die Häufigkeiten bei Mädchen zwischen 30 und 40 % und bei Jungen zwischen 40 und 50 % bewegen. Insgesamt sind diese Alterseffekte sowohl für Jungen (χ^2 = 44,4; df = 8; φ = 0,17) als auch für Mädchen (χ^2 = 21,0; df = 8; φ = 0,11) signifikant.

Bei der Betrachtung des Ausmaßes der Sportaktivität außerhalb von Sportvereinen wird wieder der gewichtete Minutenindex verwendet. Dabei werden Kinder, die keinen Sport außerhalb von Vereinen treiben von der Analyse ausgeschlossen. Insgesamt zeigt sich, dass Kinder mit zunehmendem Alter in immer größer werdendem Ausmaß sportlich aktiv sind (F = 15,5; df_1 = 8; df_2 = 1.131). Jungen weisen dabei höhere Aktivitätswerte auf als Mädchen (F = 25,2; df_1 = 1; df_2 = 1.131). Bei der Betrachtung von Abbildung 10.4 ist auffällig, dass im Vorschulalter die Unterschiede zwischen Jungen und Mädchen kaum vorhanden sind. Dabei steigt jedoch die Kurve der Jungen mit zunehmendem Alter etwas steiler an. Der Interaktionseffekt erweist sich jedoch als nicht signifikant (F = 1,6; df_1 = 8; df_2 = 1.131).

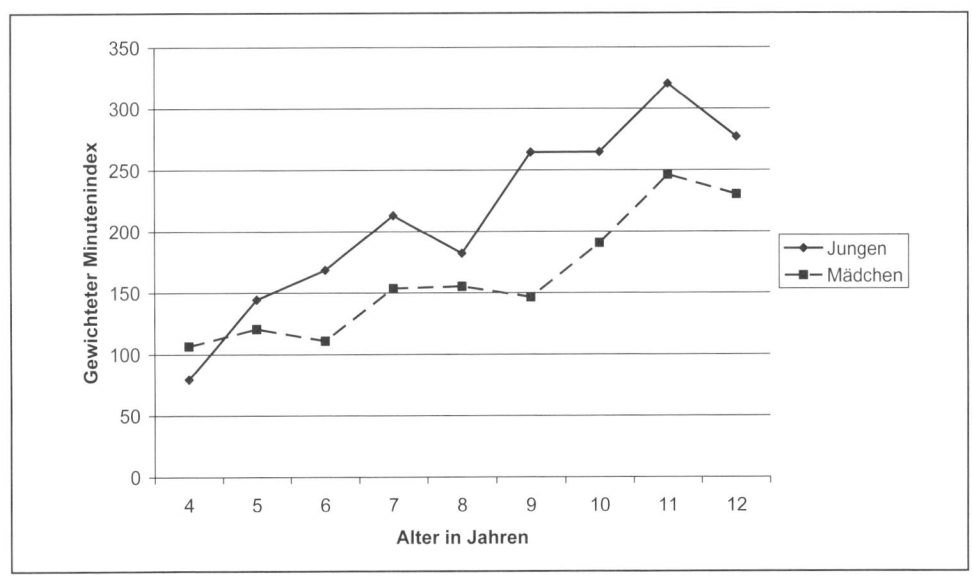

Abb. 10.4. Ausmaß der Sportaktivität außerhalb von Sportvereinen (n = 1.141) – nur sportlich Aktive

Außerhalb von Sportvereinen ist Radfahren sowohl bei Jungen (58,1 %) als auch bei Mädchen (59,0 %) die am häufigsten genannte Aktivität. An zweiter und dritter

Stelle folgen bei Jungen Fußball (36,2 %) und Schwimmen (27,3 %), bei Mädchen Schwimmen (31,4 %) und Fußball (9,2 %).

10.2.5 Erfüllung von Guidelines

Nach Angaben von Corbin, Pangrazi und Le Masurier (2004) gehen die meisten publizierten, internationalen Empfehlungen davon aus, dass sich körperliche Aktivität von Kindern auf 60 Minuten mit mindestens moderater Intensität jeden Tag in der Woche akkumulieren sollte. Dieser Forderung können 20,7 % der Kinder im Alter zwischen vier und zwölf Jahren nachkommen. Bei den Mädchen genügen 18,2 % und bei den Jungen 23,2 % diesem Kriterium.[4] Die Geschlechtsunterschiede erweisen sich dabei als signifikant ($\chi^2 = 9,1$; df = 1; $\varphi = 0,06$). Darüber hinaus zeigen die Ergebnisse der *MoMo-Studie,* dass die Erfüllung der Richtlinie auch altersabhängig ist: Je jünger die Kinder sind, umso höher ist die Wahrscheinlichkeit, dass die Kinder der Forderung nachkommen[5] (vgl. Abb. 10.5).

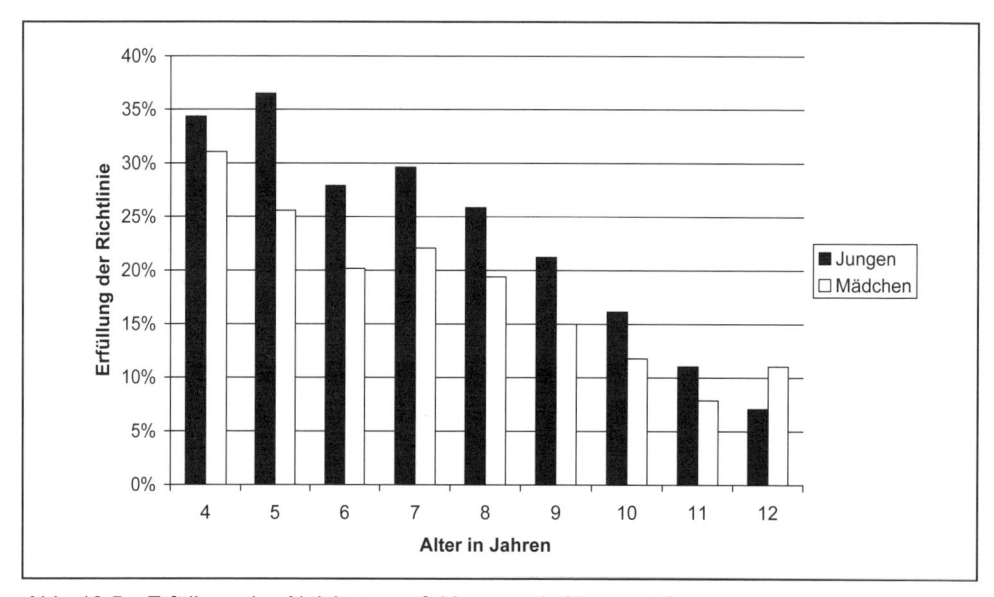

Abb. 10.5. Erfüllung der Aktivitätsempfehlung nach Alter und Geschlecht (n = 2.952)

Sowohl bei Jungen ($\chi^2 = 63,7$; df = 8; $\varphi = 0,23$) als auch bei Mädchen ($\chi^2 = 39,9$; df = 8; $\varphi = 0,18$) zeigen sich signifikante Alterseffekte. Diese Ergebnisse legen die

---

[4] Der erstaunlich geringe Prozentsatz von Kindern, die in der vorgestellten Untersuchung die Empfehlung erfüllen, relativiert sich vor dem Hintergrund, dass nur die PF relevanten Aktivitäten erfasst werden (vgl. Kap. 4, Differenzierung von „Physical Activity" und „Physical Fitness").

[5] Nader, Bradley, Houts, McRitchie und O'Brien (2008) bestätigen in ihrer Meta-Analyse zwar den altersgemäßen Rückgang. Bis zum zwölften Lebensjahr liegt das durchschnittliche Aktivitätsniveau jedoch über 60 Minuten.

Vermutung nahe, dass mit zunehmender Institutionalisierung der kindlichen Welt, durch länger werdende Schultage und steigenden Umfang der Hausaufgaben, immer weniger Zeit für tägliche Bewegung bleibt.

Bei der Betrachtung der durchschnittlichen Anzahl der Tage, an denen sich Kinder für mindestens 60 Minuten mit moderater oder hoher Intensität bewegen, wird ebenfalls ersichtlich, dass sowohl alters- (F = 20,3; df_1 = 8; df_2 = 2.942) als auch geschlechtsspezifische Unterschiede (F = 21,9; df_1 = 1; df_2 = 2.942) existieren. Durchschnittlich sind Jungen an 4,5 Tagen (SD = 1,8) und Mädchen an 4,2 Tagen (SD = 1,8) für 60 Minuten körperlich aktiv. Die Interaktion zwischen den beiden Faktoren erweist sich als nicht signifikant (F = 0,9; df_1 = 8; df_2 = 2.942).

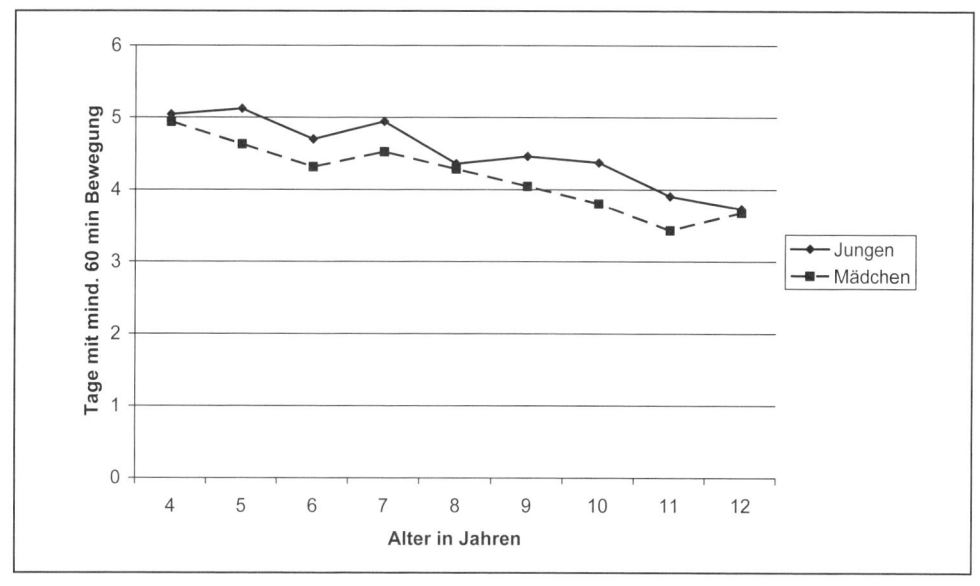

Abb. 10.6. Anzahl der Tage mit mind. 60-minütiger Aktivität (n = 2.952)

Wie Abbildung 10.6 zeigt, sinkt die Anzahl der Tage mit 60-minütiger Aktivität kontinuierlich und linear mit zunehmendem Alter. Auffällig dabei ist, dass dieser altersbezogene Rückgang bei der Mittelwertsbetrachtung weniger steil ausfällt als bei der Betrachtung des Anteils der erfüllten Guideline. Das bedeutet, dass mit zunehmendem Alter der Anteil der Kinder, die der Forderung nach täglicher Bewegung nachkommen, drastisch zurückgeht, wobei die durchschnittliche Anzahl der Tage mit 60-minütiger Bewegung nur langsam sinkt. Eine potentielle Erklärung hierfür ist, dass Kinder mit ansteigendem Alter durch die zunehmende formale Gestaltung ihres Alltags (z. B. Zunahme an Schulunterrichtsstunden, Hausaufgaben oder musikalischen Hobbies) immer weniger die Möglichkeit haben, sich jeden Tag ausreichend körperlich zu bewegen.

10.2.6 Alltagsaktivitäten

Eine nicht zu unterschätzende Aktivitätsquelle stellt gerade bei Kindern die körperliche Alltagsaktivität dar, die aber nicht dem Sport zugerechnet wird. Bei Kindern sind die zwei wichtigsten Arten der körperlichen Alltagsaktivität das Spielen im Freien und zu Fuß gehen (Gehstrecken). Da man bei der Erfassung täglicher Gehstrecken von Kindern aus Gründen der Verständlichkeit nur Streckenkategorien (fast nie zu Fuß, weniger als 1 km, 1-2 km, 3-5 km, 6-9 km und mehr als 10 km) erfragt hat, muss auf eine Auswertung mit parametrischen Verfahren verzichtet werden. Genau die Hälfte der befragten Kinder (50,0 %) gibt an, täglich eine Stecke zwischen ein und zwei Kilometern zu Fuß zurückzulegen. Die zwei an den Endpolen liegenden Kategorien (*fast nie zu Fuß* bzw. *mehr als 10 km*) haben dagegen sehr niedrige Häufigkeiten (2,1% bzw. 1,8%) und werden deshalb mit ihren jeweils benachbarten Kategorien zusammengefasst (vgl. Abb. 10.7).

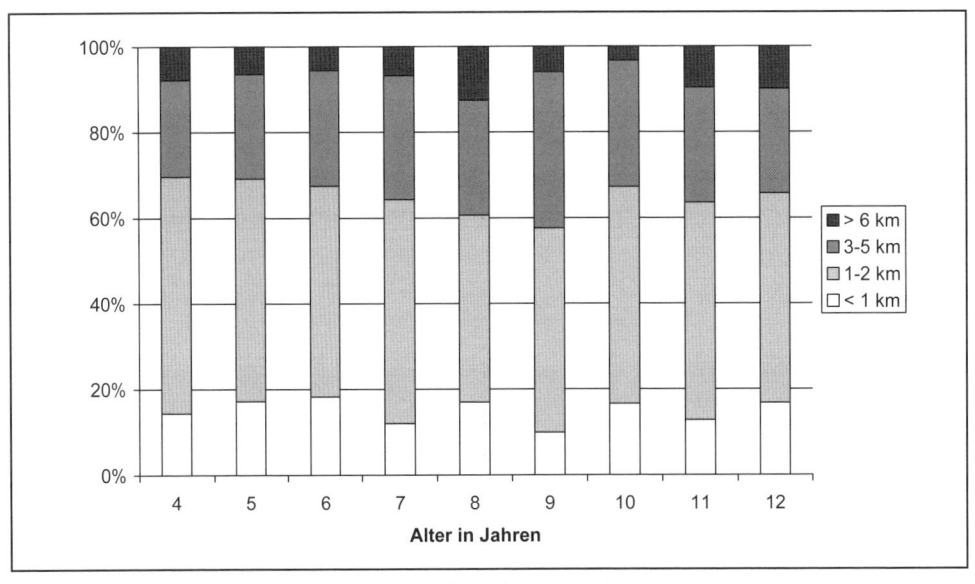

Abb. 10.7. Gehstrecke differenziert nach Alter (n = 2.333)

Insgesamt ist eine sehr schwache Tendenz dahin gehend zu erkennen, dass mit dem Alter die zu Fuß zurückgelegte Strecke leicht zunimmt. Nach dem Kruskal-Wallis-Test erweist sich die altersbezogene Zunahme auf dem 5 %-Niveau als signifikant (χ^2 = 16,2; df = 8). Der mittlere Rang steigt dabei vom vierten bis zum neunten Lebensjahr kontinuierlich an. Im zehnten Lebensjahr kommt es dann zu einem deutlichen Rückgang des mittleren Rangs, wobei dieser in den nachfolgenden Jahren wieder ansteigt. Dieser Verlauf kann mit Veränderungen der täglichen Gehstrecke zum Kindergarten bzw. zur Schule erklärt werden. Es ist nämlich davon auszugehen, dass Kinder mit zunehmendem Alter selbstständiger werden und für Gehstrecken zu Kindergärten bzw. Schulen nicht mehr auf Transporte ihrer Eltern angewiesen sind. Etwa im zehnten Lebensjahr findet dann ein Wechsel zur weiterführenden Schule statt und diese sind aufgrund einer geringeren Netzdichte meistens weiter entfernt als die Grundschulen. Deshalb sind Kinder häufiger auf öffentliche Verkehrsmittel oder die Unterstützung von Familienangehörigen (z. B. Eltern, Großeltern) angewiesen, was in der Regel zu einer Verringerung der Gehstrecke führt. Diese Vermutung lässt sich anhand anderer Daten belegen: Bei der Frage, wie viele Kinder zu Fuß zur Schule kommen, zeigt die Häufigkeitsverteilung den angenommenen „Knick" zwischen dem neunten und dem zehnten Lebensjahr (vgl. Abb. 10.8). Im neunten Lebensjahr berichtet noch mehr als die Hälfte der Kinder (54,9%), dass sie zu Fuß in die Schule geht. Bei den 10-Jährigen sind es 38,5 % und bei den 11-Jährigen gar nur noch 24,0 %. Insgesamt erweisen sich die Altersunterschiede als hoch signifikant (χ^2 = 157,5; df = 8; φ = 0,24). In Bezug auf das Geschlecht sind die Unterschiede sowohl hinsichtlich der Gehstrecke zur Schule (χ^2 = 0,1; df = 1; φ = 0,01) als auch der Gehstrecke im Allgemeinen (χ^2 = 0,5; df = 1; φ = 0,01) nicht signifikant.

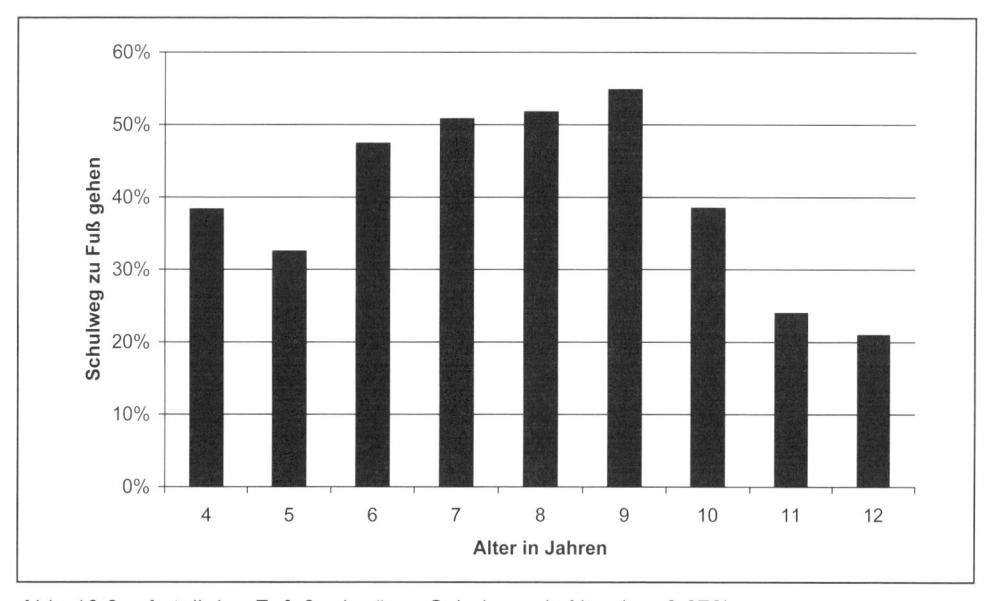

Abb. 10.8. Anteil der „Zufußgeher" zur Schule nach Alter (n = 2.678)

Eine weitere Quelle für Alltagsaktivitäten ist das Spielen im Freien (z. B. Fangen spielen oder ins Schwimmbad gehen). Bei der Erfassung dieses Aktivitätsaspekts wurden die Kinder gefragt, wie häufig sie in der Woche im Freien spielen

(nie = 0 Tage bis täglich = 7 Tage). Aufgrund der Spontaneität und Unregelmäßigkeit dieser Aktivitätsart wurde die Dauer einer Spieleinheit nicht detailliert erfasst.
In Bezug auf die Häufigkeit zeigt sich, dass jüngere Kinder besonders häufig draußen spielen. Bei 4- und 5-jährigen Vorschulkindern beträgt die durchschnittliche Spielhäufigkeit 5,9 (SD = 1,2) bzw. 6,0 (SD = 1,2) Tage pro Woche. Mit der Einschulung reduziert sich die Spielhäufigkeit im Freien dann kontinuierlich (vgl. Abb. 10.9).

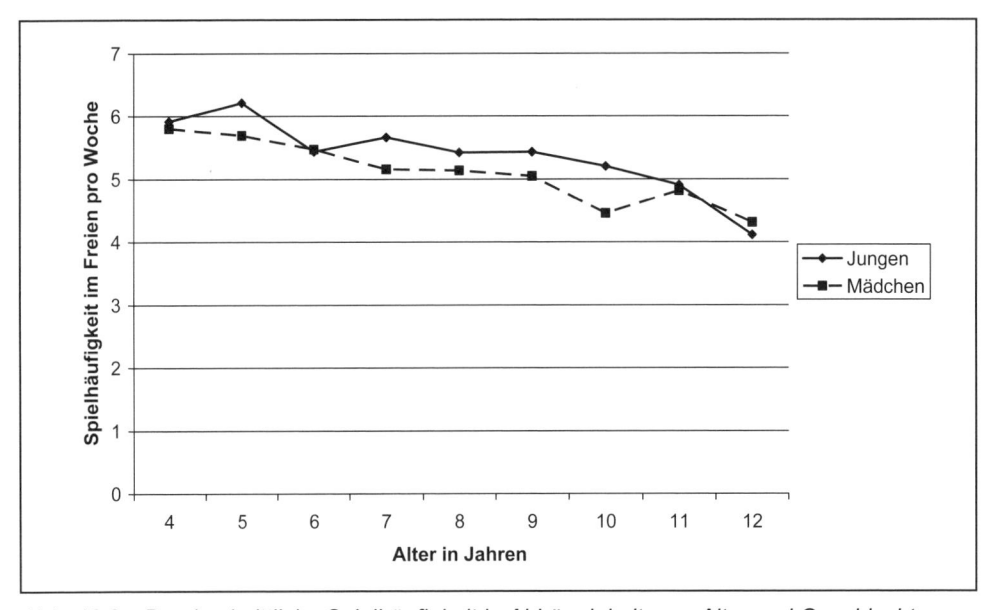

Abb. 10.9. Durchschnittliche Spielhäufigkeit in Abhängigkeit vom Alter und Geschlecht (n = 3.216)

Bereits bei 6-Jährigen beträgt die durchschnittliche wöchentliche Spielhäufigkeit 5,4 Tage. Insgesamt hat der Faktor Alter einen signifikanten Einfluss auf die Spielhäufigkeit (F = 29,5; df_1 = 8; df_2 = 3.206) und klärt 6,8 % der Varianz auf. Auch die Variable Geschlecht hat einen signifikanten Einfluss (F = 16,4; df_1 = 1; df_2 = 3.206), wobei der Anteil der aufgeklärten Varianz nur 0,5 % beträgt. Im Durchschnitt spielen die Jungen 5,4-mal und Mädchen 5,1-mal in der Woche im Freien. Der Interaktionseffekt zwischen Alter und Geschlecht erweist sich dabei als nicht signifikant (F = 1,9; df_1 = 8; df_2 = 3.206).

10.3 Gesamtbetrachtung der körperlichen Aktivität

Die Ergebnisse der *MoMo-Studie* zeigen, dass nur 23,2 % der Jungen und 18,2 % der Mädchen die international geforderte Empfehlung für körperlich-sportliche Aktivität erfüllen (täglich 60 Minuten mit mindestens mittlerer Intensität). Mit zunehmendem Alter sinkt der Anteil der Kinder, die diese Forderung erfüllen: Von 32,7 % bei 4-jährigen Kindern auf gerade noch 8,8 % bei 12-Jährigen. Dieses Ergebnis könnte zu der Schlussfolgerung verleiten, dass sich mit zunehmendem Alter die körperliche Aktivität verringert. Die *MoMo*-Daten können diese Vermutung jedoch nicht bestätigen (vgl. Abb. 10.10).

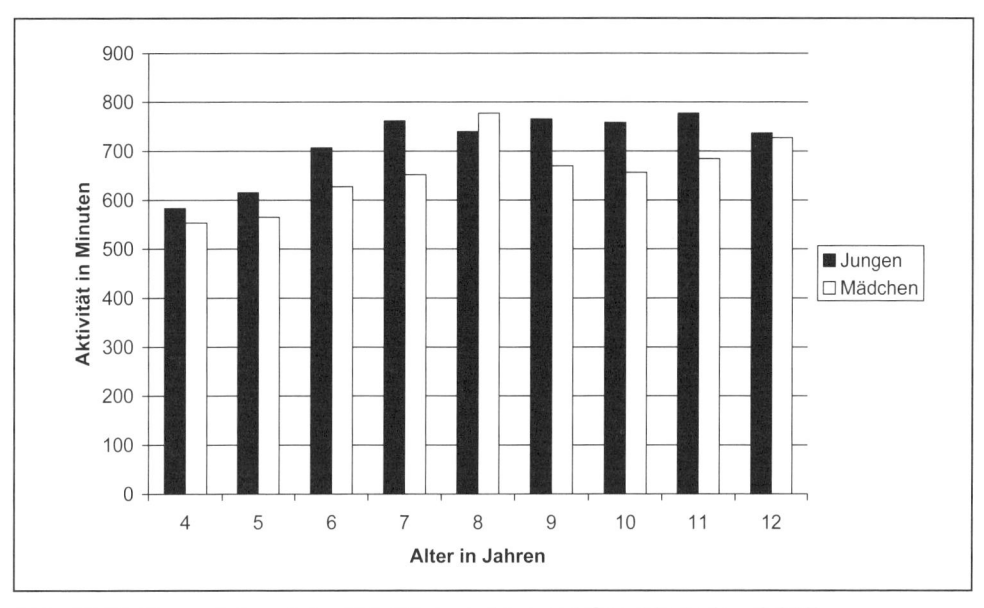

Abb. 10.10. Gesamtkörperliche Aktivität nach Alter und Geschlecht (n = 2.370)

Insgesamt zeigen die Ergebnisse, dass sich mit zunehmendem Alter die Aktivität der Kinder verändert, aber nicht verringert. Wie Abbildung 10.10 verdeutlicht, steigt sogar der Umfang (Dauer * Häufigkeit) der gesamtkörperlichen Aktivität mit dem Alter an. Das Charakteristische am Aktivitätsverhalten von Vorschulkindern ist häufiges Spielen im Freien und eine geringe Sportaktivität in und außerhalb von Vereinen. Mit dem Eintritt in die Schule institutionalisiert sich die kindliche Welt dann zunehmend, so dass Spieleinheiten zugunsten von Sportaktivitäten in der Schule sowie in und außerhalb von Sportvereinen weichen müssen. Insgesamt steigt mit der Einschulung sowohl die Dauer der Übungseinheiten als auch die Intensität der Sportaktivität, wohingegen die Häufigkeit zurückgeht. Der gesamtkörperliche Aktivitätsumfang verringert sich dadurch jedoch nicht. Das Resultat dieser Veränderung ist aber, dass der Anteil der Kinder, die die Aktivitätsguideline erfüllen, mit zunehmendem Alter zurückgeht. Aus diesem Grund kommt die Frage auf, wie sinnvoll solche Aktivitätsempfehlungen überhaupt sind.

10.4 Zusammenfassung und Perspektiven

In diesem Kapitel haben wir anhand der *MoMo-Studie* einen Überblick über die körperlich-sportliche Aktivität von Kindern in Deutschland gegeben. Es ist evident, dass körperlich-sportliche Aktivität im Kindesalter eine hohe Faszination ausübt. So sind 60,8 % der Jungen und 51,4 % der Mädchen im Alter von vier bis zwölf Jahren Mitglied in einem Sportverein. Die Daten der *MoMo-Studie* legen nahe, dass eine Vorverlagerung des Höhepunkts des vereinsgebundenen Sporttreibens bereits ins frühe Schulkindalter stattfindet. Mit sieben Jahren sind drei Viertel aller Kinder Mitglied in einem Sportverein. Gleichzeitig nimmt mit dem Schuleintritt die Zeit für das freie Spielen ab. Einen wichtigen Einschnitt in der körperlichen Alltagsaktivität stellt der Übergang in weiterführende Schulen ab dem zehnten Lebensjahr dar. Hier wird der aktive Transport (zu Fuß gehen bzw. mit dem Fahrrad fahren) deutlich hin zu passiven Formen des Transports verlagert (mit dem Auto bzw. öffentlichen Verkehrsmitteln).

Insgesamt zeigen sich deutliche qualitative Unterschiede im Verlauf des Kindesalters. So nimmt der Anteil der im Verein aktiven Kinder nach dem siebten Lebensjahr ab. Diejenigen, die in höherem Alter Sport treiben, steigern jedoch Umfang und Intensität. Insgesamt nimmt so mit dem Alter sowohl der Anteil der intensiv Sport treibenden als auch derjenige der körperlich-sportlich inaktiven Kinder immer mehr zu. Parallel dazu verlaufen auch die Entwicklungen im informellen Sport. In beiden sozialen Kontexten werden darüber hinaus im Verlaufe des Kindesalters geschlechtsspezifische Unterschiede evident, die sich in einem niedrigeren Aktivitätsniveau von Mädchen in den verschiedenen Kontexten der körperlich-sportlichen Aktivität widerspiegeln.

Die Analyse der organisierten Bewegungszeiten in den Bildungsinstitutionen (Kindergarten bzw. Schule) macht deutlich, dass bei 1,5 Stunden/Woche (Kindergarten) bzw. 2,5 Stunden/Woche (Schule) das Ziel einer täglichen qualifizierten Bewegungsstunde im Vorschul- und Grundschulbereich noch weit entfernt ist.

Angesichts der aktuellen Datenlage können Fragen nach der qualitativen Veränderung der kindlichen Bewegungswelt in den letzten Jahrzehnten nur sehr vorsichtig diskutiert werden. Eine Verallgemeinerung der These „Die Bewegungsaktivität außerhalb des Sports ist zurückgegangen. Heranwachsende treiben heute im Schnitt nicht weniger Sport, aber sie bewegen sich darüber hinaus weniger" (Kurz, 2002, S. 41) bedarf einer Unterstützung durch systematisches und langfristiges Monitoring des Aktivitätsverhaltens von Kindern. Eine wirkliche Veränderungsforschung zur „Bewegungswelt von Kindern im Wandel", wie sie nur mit Hilfe von repräsentativen, kombinierten Längsschnitt- und Kohortenstudien möglich ist, steht für das Bewegungsverhalten von Kindern noch aus. Eine Fortführung der *MoMo-Studie* im skizzierten Design ist geplant. Gleichzeitig bedarf es zukünftig verstärkter Bemühungen zur Identifikation von psychischen, sozialen und strukturellen Einflussfaktoren auf das Bewegungsverhalten von Kindern, um die Drop-out- und Bindungsprozesse an körperlich-sportliche Aktivitäten besser zu verstehen. Dieses Wissen kann dann in die Qualitätsverbesserung von Programmen und Strukturen der Bewegungsförderung für Kinder einfließen.

Alexander Woll, Darko Jekauc, Filip Mees & Klaus Bös

11 Sportengagement, Persönlichkeit und Selbstkonzeptentwicklung im Kindesalter

11.1 Eingrenzungen und Ausgrenzungen

Auf Seiten des (organsierten) Sports existieren eine Reihe von Vermutungen und Hoffnungen zum Zusammenhang von Sportengagement auf der einen Seite und Persönlichkeit und Selbstkonzept auf der anderen Seite. In groß angelegten Kampagnen wie „Wo werden aus Talenten Meister?", „Das soziale Netz wird nicht nur von der Politik geknüpft" oder „Wo kann man was für's Leben lernen?" kommen diese Hoffnungen periodisch zum Ausdruck. Bei all den Ansprüchen an den Sport ist jedoch festzuhalten, dass ihre empirische Bestätigung für das Jugendalter – mit Ausnahme des Körperkonzepts – noch aussteht (vgl. Brettschneider & Kleine, 2002).

Die Strategien, mit denen sportliche Aktivitäten in der Schule, im Sportverein, in Jugendorganisationen und in der Jugendsozialarbeit begründet und legitimiert werden, lassen sich durch zwei idealtypische Positionen charakterisieren (vgl. Baur & Braun, 2000), die durch eine dritte zu ergänzen ist:

- *Sozialisation und Erziehung zum Sport:* Die erste Begründung liegt darin, dass die Entwicklung und Förderung des Sportengagements von Kindern und Jugendlichen zum Ziel genommen werden. Darin ist die Bedürfnisbefriedigung und die Bereitstellung von Sportangeboten ebenso eingeschlossen wie die Förderung von sportlichen Kompetenzen und motorischen Voraussetzungen für die Teilhabe an der Sportkultur.
- *Sozialisation und Erziehung durch Sport:* In dieser Perspektive wird mit den pädagogischen Potenzialen des Sports argumentiert, die ein Feld bieten, etwas zum Gemeinwohl und zur Persönlichkeitsentwicklung von Heranwachsenden beizutragen. Das Engagement im Sport führe quasi automatisch zu einer gelingenden Persönlichkeitsentwicklung von Heranwachsenden.

Die beiden genannten Positionen sind um eine dritte zu ergänzen:

- *Sozialisation und Erziehung im Sport:* Auf der einen Seite werden damit Entwicklungsprozesse von Heranwachsenden thematisiert, die eher implizit und nebenher bei der Teilhabe beim Sport ablaufen. Auf der anderen Seite beschreibt diese Perspektive, dass bestimmte Kompetenzen möglicherweise im Sport besonders gut erworben werden können (vgl. Kap. 20), ein Transfer auf andere Lebensbereiche jedoch nicht automatisch erfolgt.

Vor dem Hintergrund dieser sich ergänzenden Positionen soll im vorliegenden Beitrag der Zusammenhang von Aspekten der kindlichen Entwicklung im und durch Sport mit dem Fokus auf die Persönlichkeits- und Selbstkonzeptentwicklung behandelt werden. In Ergänzung zum Beitrag über kindliche Entwicklung im letzten *Kinder- und Jugendsportbericht* (vgl. Heim & Stucke, 2003) soll zunächst kurz auf das theoretische Verständnis von Persönlichkeitsentwicklung eingegangen werden, bevor neuere Forschungsergebnisse berichtet werden, die erst nach Erscheinen des Sportberichts veröffentlicht wurden. Der Fokus des vorliegenden Beitrags liegt auf der Selbstkonzeptentwicklung im und durch Sport in der Phase der späten Kindheit und dem Übergang in die Jugendphase. Die Befundlage zum Feld der Persönlichkeits- und Selbstkonzeptentwicklung von Kindern im und durch Sport ist vor allem deswegen (noch) wenig ertragreich, weil sich sportwissenschaftliche Untersuchungen zum Thema in der Vergangenheit zumeist aus forschungspraktischen Gründen mit der Altersgruppe der Jugendlichen beschäftigt haben. Die Untersuchung und Befragung von Kindern im Grundschulalter mittels quantitativer Methoden hat in der Sportwissenschaft eine vergleichsweise kurze Tradition (vgl. Brinkhoff & Sack, 1999; Kleine, 2003; Brettschneider & Gerlach, 2004; Heim, 2002a; Schmidt, 2003a). Dies ist in Teilen der Tatsache geschuldet, dass die Sportwissenschaft erst spät den Anschluss an eine sozialwissenschaftliche Kindheitsforschung gefunden hat, in der Kinder als Personen aus eigenem Recht und damit als mündige Auskunftspersonen betrachtet werden. In den Sozialwissenschaften werden Kinder zunehmend als aktive Gestalter der eigenen Entwicklung gesehen (vgl. Honig, 1999), deren Persönlichkeit sich vor dem Hintergrund demokratischer Familienstrukturen und eines im Bildungswesen modern gewordenen Leitbildes des sich aktiv aneignenden und den Entwicklungsprozess selbstständig gestaltenden Subjektes formiert.

11.2 Zum Verständnis von Entwicklung und Persönlichkeit

Das zugrunde liegende Entwicklungsverständnis folgt der Betrachtung von Kindern als aktive Gestalter und Autoren ihrer eigenen Entwicklung, dem sowohl sozialisations- als auch entwicklungstheoretische Modellvorstellungen folgen, die von einer handlungsvermittelnden Dialektik von Person und Umwelt (vgl. Baur, 1989, S. 84) und einem dynamischen Interaktionismus ausgehen. Ihre Entsprechung finden diese Annahmen im produktiv-realitätsverarbeitenden Subjekt (vgl. Hurrelmann, 1983; Lerner & Busch-Rossnagel, 1981). Heranwachsende haben in jeder Lebensphase spezifische Anforderungen zu bewältigen, die sich durch phasenspezifische Entwicklungsthemen beschreiben lassen (vgl. Tab. 11.1).

Tab. 11.1. Entwicklungsaufgaben unter der Perspektive des Übergangs von der späten Kindheit in die frühe Jugendphase

Späte Kindheit	Frühe Adoleszenz
Geschlechtstypisches Rollenverhalten einüben	Bewältigung der Geschlechtsreife
	Übernahme der Geschlechtsrolle festigen
Lernen mit Altersgenossen auszukommen	Beziehungen zu Altersgenossen beiderlei Geschlechts aufbauen
Positive Einstellung zu sich als einen wachsenden Organismus gewinnen	Klarheit über sich selbst entwickeln, Selbstkonzept herausbilden, personale, psychische und soziale Identität entwickeln
Erlernen körperlicher Geschicklichkeit, die für Spiele notwendig ist	Akzeptieren und effektive Nutzung des eigenen Körpers
Gewissen, Moral und Wertprioritäten aufbauen	Werte und ein ethisches System herausbilden, das als Leitfaden für Verhalten dient – Entwicklung einer Ideologie
Entwicklung von kognitiven Konzepten und Denkschemata für den Alltag	
Entwicklung von Einstellungen gegenüber sozialen Gruppen und Institutionen	Sozial verantwortliches Verhalten anstreben und erreichen
Erreichen persönlicher Unabhängigkeit	Innere Ablösung von den Eltern und Unabhängigkeit von anderen Erwachsenen
Grundlegende Fertigkeiten im Lesen, Schreiben und Rechnen entwickeln	Schulische Leistungsfähigkeit stärken, herausbilden und selbstständig bestimmen

Diese Entwicklungsaufgaben sind Anforderungen, mit denen Heranwachsende in einem bestimmten Lebensabschnitt konfrontiert werden (vgl. Havighurst, 1948, 1963), die zwar typischerweise in dieser Phase auftreten, je nach Geschlecht, Alter und sozialer Lage aber variieren können. Damit wird der Prozess der Persönlichkeitsentwicklung an der Schnittfläche zwischen innerer (körperliche und psychische Grundstrukturen) und äußerer Realität (soziale und physikalische Umweltbedingungen) beschrieben (vgl. Hurrelmann, 2002a). *Entwicklung* ist danach als lebenslanger und aktiver Prozess in der Bewältigung lebensphasenspezifischer Entwicklungsaufgaben zu begreifen. Von der Form der Bewältigung dieser Aufgaben hängt es ab, ob die psychosoziale Entwicklung von Heranwachsenden eher einen positiven oder aber einen problematischen Verlauf nimmt (vgl. Hurrelmann, 2004; Hurrelmann & Bründel, 2003; Oerter & Dreher, 2002). Gerade vor dem Hintergrund veränderter Vorstellungen über die Subjektwerdung in modernen Gesellschaften, die sich mit den Konzepten von Selbstständigkeit, Eigenständigkeit und früher Mündigkeit beschreiben lassen, kommt der Phase der Kindheit eine besondere Rolle zu, wenn es um Persönlichkeitsbildung und -entwicklung geht.

Mit *Persönlichkeit* wird „die Gesamtheit aller überdauernden individuellen Besonderheiten im Erleben und Verhalten" (Asendorpf, 2005, S. 15) und das „unverwechselbare Gefüge von Merkmalen, Eigenschaften, Einstellungen und Handlungskompetenzen" (Hurrelmann, 2002a, S. 16) einer Person verstanden. Trotz dieser allgemein akzeptierten Definitionen hat sich noch immer kein von allen Seiten akzeptiertes Gliederungsschema zu diesem strapazierten Begriff herausgebildet. In einigen Systematisierungsansätzen lassen sich bestimmte Persönlichkeitsbereiche, -levels, -dimensionen oder -klassen unterscheiden (vgl. Asendorpf, 2007; Krampen, 2002; Laux, 2008; Schneewind, 2005). Neben der genetischen Ausstattung eines Menschen sind zunächst relativ stabile Aspekte der Persönlichkeit (Gestalt, Temperament und Fähigkeiten) zu finden. Hierzu gehören u. a. die bekannten „Big Five" der Persönlichkeit. Daneben sind Aspekte der persönlichen Leistung zu nennen, die sich mit der Intelligenz im kognitiven Bereich, mit technischen Fertigkeiten, konditionellen und koordinativen Fähigkeiten im motorischen Persönlichkeitsbereich und mit den sozialen Kompetenzen im sozialen Bereich ansiedeln lassen. Zuletzt wird eine Klasse von Handlungs- und Bewertungsdispositionen oder auch selbst- und umweltbezogenen Dispositionen genannt. Hierzu zählen an zentraler Stelle das Selbstkonzept und das Selbstwertgefühl einer Person. Unter einer Entwicklungsperspektive geraten vor allem die zuletzt genannten Selbstkonzeptaspekte in den Fokus. Es ist an dieser Stelle allerdings auch auf mögliche Wechselwirkungen der verschiedenen Persönlichkeitsebenen hinzuweisen, wie beispielsweise zwischen Traits, dem motorischen Persönlichkeitsbereich und den selbstbezogenen Dispositionen.

Das *Selbstkonzept* einer Person stellt in diesem Zusammenhang die naive Theorie eines Menschen über sich selbst dar. Es stellt das Konzept der eigenen Fähigkeiten dar, wird daher auch oft als Fähigkeits- oder Begabungs(selbst)konzept bezeichnet und im Alltagstheoretischen zumeist mit dem Begriff des Selbstbewusstseins oder des Selbstbildes beschrieben. Es zeichnet sich durch eine gewisse Plastizität und Veränderbarkeit im Lebenslauf genauso aus wie durch eine für die Persönlichkeitsentwicklung bedeutsame kurz- und mittelfristige Stabilität (vgl. Filipp, 2000). Das Selbstkonzept ist sowohl als ein oberflächlicher Bestandteil der Persönlichkeit als auch als ein zentraler Indikator der Persönlichkeitsentwicklung zu begreifen. Es gilt darüber hinaus auch als Motor der Persönlichkeitsentwicklung und -stabilisierung im Kindes- und Jugendalter (vgl. Asendorpf, 2002). Es gerät vor allem deshalb in den Blickpunkt, weil es

> vom Selbstkonzept der eigenen Fähigkeiten [abhängt], was man anpackt und welche Ziele man sich setzt. Ausbildungs- und Berufsentscheidungen, Eingehen und Auflösen von Partnerschaften, Übernahme und auch Ablehnung sozialer Pflichten sind auch Funktionen des Selbstkonzeptes (Montada, 2002, S. 51).

Das Selbstkonzept lenkt die Wahrnehmungen einer Person, wirkt als Ressource in der Einschätzung anstehender Aufgaben, steuert in hohem Maße unser Verhalten und gilt damit als „heiße Variable" (Marsh, 2005, S. 119). Das Selbstwertgefühl gilt als wichtiger Indikator des psychosozialen Wohlbefindens und der psychischen Gesundheit (vgl. California Task Force to Promote Self-esteem and Personal and Social Responsibility, 1990; Harter, 1998; Schütz, 2000).

Es besteht inzwischen ein breiter Konsens darüber, dass das Selbstkonzept eine mehrdimensionale und hierarchische Struktur in Form einer Selbstkonzeptpyramide aufweist (vgl. Shavelson, Hubner & Stanton, 1976). Dabei lassen sich ein akademisches, ein emotionales, ein soziales und ein physisches Selbstkonzept unterscheiden (vgl. Abb. 11.1), die sich wiederum in bereichsspezifische Subdimensionen aufgliedern lassen (z. B. das physische Selbstkonzept, das Selbstkonzept der sportlichen Fähigkeiten und des körperlichen Aussehens).

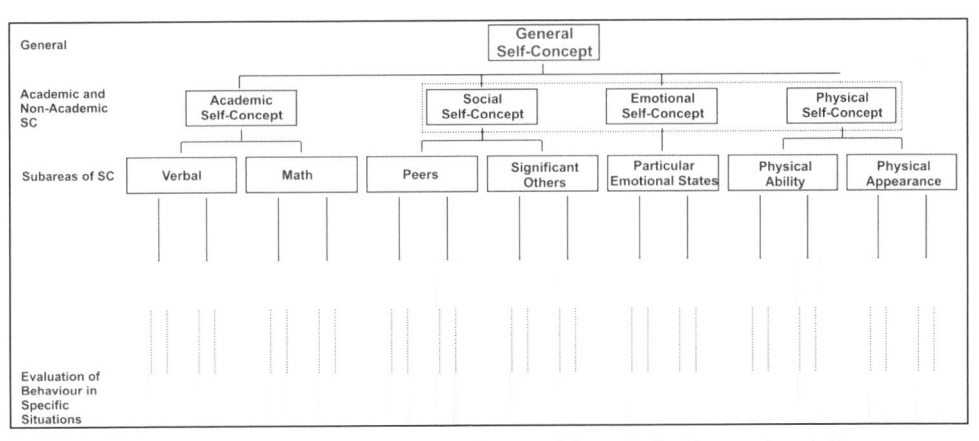

Abb. 11.1. Das multidimensional-hierarchisch organisierte Selbstkonzeptmodell von Shavelson et al. (1976)

An der Spitze der Pyramide steht das generelle Selbstkonzept. Es umfasst einerseits generalisierte Fähigkeitsüberzeugungen, andererseits auch eine evaluativ-affektive Komponente, die durch das Selbstwertgefühl (oder auch Selbstwertschätzung) repräsentiert wird. Dieses Modell bietet bis heute eine ertragreiche Heuristik für die moderne Selbstkonzeptforschung, jedoch ist es erforderlich, vor dem Hintergrund der anstehenden Forschungsfragen für die jeweiligen Subdimensionen (oder Domänen) entsprechende Ausdifferenzierungen, Modifikationen oder Präzisierungen vorzunehmen. Die einzelnen Selbstkonzeptfacetten stabilisieren und differenzieren sich mit zunehmendem Alter aus. Während im Kindesalter die Zusammenhänge zwischen den einzelnen Facetten untereinander und mit dem Selbstwert recht stark sind, nehmen sie mit zunehmendem Alter ab. Der Phase der Kindheit ist in diesem Zusammenhang besondere Aufmerksamkeit zu widmen, da sie die Zeit

des größten außerschulischen Sportengagements, der meisten sportbezogenen Hobbys und der aktivsten Bewegungswelt ist.
Die einzelnen Selbstkonzeptfacetten korrespondieren in großen Teilen mit den lebensphasenspezifischen Entwicklungsaufgaben und decken den physischen, emotionalen, sozialen und schulisch-akademischen Persönlichkeitsbereich sowie das psychosoziale Wohlbefinden ab. Damit repräsentieren die einzelnen Selbstkonzeptfacetten zentrale Bereiche der kindlichen Entwicklung.

11.3 Was wir wissen – zum Forschungsstand

Die Debatte um Sport und Persönlichkeit in der Sportwissenschaft hat eine lange Tradition. In der Vergangenheit lag der Fokus allerdings zum einen auf der Zielgruppe der Erwachsenen und der Leistungssportler und zum anderen wurden lediglich stabile Persönlichkeitseigenschaften wie Traits thematisiert (vgl. Conzelmann, 2006; Singer, 2000). Die Resultate dieser Forschungsaktivitäten mussten jedoch aufgrund der Stabilität dieser Traits unter der Perspektive einer Persönlichkeits*förderung* und Persönlichkeits*entwicklung* a priori ins Leere gehen. Erst Anfang der 1990er-Jahre fand die Forschung mit einer Hinwendung zu oberflächlichen Persönlichkeitsmerkmalen („surface characteristic") neuen Aufwind, wobei vor allem die inzwischen fruchtbare Selbstkonzeptforschung eine theoretische Rekonstruktion im Kontext von Persönlichkeitstheorien erfuhr (vgl. Brettschneider, 2003; Conzelmann, 2006). Auch die Sportwissenschaft hat mit einem gewissen „time lag" die Entwicklungen aus den Bezugsdisziplinen übernommen.
Die bislang vorliegenden Untersuchungen zum Feld der Selbstkonzeptentwicklung im Sport haben sich zumeist mit der Altersgruppe der Jugendlichen beschäftigt. Ein durchgehender Nachweis für einen Effekt für das sportliche Engagement konnte für Jugendliche bislang nicht erbracht werden (vgl. zsfd. Brettschneider, 2003). Lediglich bei jüngeren Jugendlichen konnten Anzeichen für einen Einfluss des sportlichen Engagements im Verein gefunden werden (vgl. Burrmann, 2004). Als Konsequenz der empirischen Befundlage bei Jugendlichen wurde vermutet, dass sich sozialisierende Funktionen des Sports stärker im Kindesalter erwarten lassen, da (1) die meisten Sportkarrieren in der Kindheit beginnen, (2) körperbezogene Themen einen hohen Stellenwert haben und (3) gleichzeitig die Persönlichkeit von Heranwachsenden noch nicht die Stabilität erlangt hat wie im Jugend- oder im Erwachsenenalter.
Anzumerken ist jedoch, dass in dieser Diskussion neben dem Sport weitere Lebensbereiche von Heranwachsenden sehr selten mit thematisiert werden. Auf diese Weise geraten etwa Transitionsphasen im Lebenslauf (z. B. der Übergang von der Primar- zur Sekundarschule) und kritische Lebensereignisse, denen eine destabili-

sierende Wirkung für die Persönlichkeit und das Selbstkonzept zugeschrieben wird (vgl. Asendorpf, 2005, S. 19 f.; Weiss & Williams, 2004, S. 229 f.; Roberts & DelVecchio, 2000), nicht in den Blick.

11.3.1 Sport und Persönlichkeit – das alte „Henne-Ei-Problem"

Im Zusammenhang mit der Frage nach dem Zusammenhang von Sport und Selbstkonzeptmerkmalen lassen sich zwei idealtypische Wirkungsannahmen spezifizieren, die sich mit dem bekannten „Henne-Ei-Problem" beschreiben lassen (Wer war zuerst da?). Die erste Annahme geht davon aus, dass sportliches Engagement einen Einfluss auf die Persönlichkeit besitzt und wird als *Skill-Development-Ansatz* oder als Sozialisierungshypothese bezeichnet (vgl. Sonstroem, 1997). Demgegenüber geht der *Self-Enhancement-Ansatz* bzw. die Selektionshypothese davon aus, dass bestimmte Persönlichkeitsmerkmale für die Aufnahme sportlicher Aktivitäten verantwortlich sind, was vor allem in der Talentselektion relevant ist. Diese idealtypischen Wirkungsannahmen finden ihre Auflösung in der Annahme einer gegenseitigen Beeinflussung und wechselseitigen Selektions- und Sozialisierungsmechanismen im *Reciprocal Effects Model* (vgl. Marsh & Craven, 2006). Dieser realistische Kompromiss kommt den sozialisations- und entwicklungstheoretischen Annahmen des dynamischen Interaktionismus nahe.

Die bisherige sportwissenschaftliche Persönlichkeits- und Selbstkonzeptforschung hat sich vor allem der Frage nach der Wirkung des Sports auf das Selbstkonzept und weniger der gegensätzlichen Wirkungsrichtung gewidmet. Dabei scheint die Frage der sozialisierenden Wirkung des Sports aus Sicht des Sports und seiner Vertreter die drängendere der beiden Fragen zu sein. Mit der Beantwortung ist die Hoffnung verbunden, dass sportliches Engagement etwas zu einem gesunden Aufwachsen und einer gelingenden Entwicklung von Heranwachsenden in der Gesellschaft beisteuern kann. Jedoch ist auch die Selektionshypothese aus pädagogischer Perspektive zu thematisieren. Denn weder im schulischen noch im außerschulischen Kontext des Sports kann man sich dem Aufforderungswunsch entziehen, jeden Heranwachsenden entsprechend seinen Begabungen und Anlagen zu fördern.

Für die Überprüfung der zugrunde liegenden Mechanismen sind umfangreiche und längsschnittliche Studien über einen längeren Untersuchungszeitraum erforderlich. Diese Studiendesigns wurden mit einem Beginn in der Kindheit (vgl. die Empfehlungen im *Ersten Deutschen Kinder- und Jugendsportbericht* bei Schmidt, Hartmann-Tews & Brettschneider, 2003b) und mit einer Dauer über die gesamte Jugendzeit (vgl. Conzelmann & Müller, 2005) immer wieder gefordert. Mit Hilfe longitudinaler Designs kann grundsätzlich der Frage nach Ursache und Wirkung in der

Betrachtung von Sportengagement und Persönlichkeitsaspekten nachgegangen werden, was auf der Grundlage querschnittlicher Studien nicht möglich ist.
Derzeit liegen nur wenige Studien vor, die diesen Anforderungen genügen. Im deutschsprachigen Raum handelt es sich um die *Longitudinalstudie zur Genese individueller Kompetenzen* (*LOGIK-Studie*; vgl. Weinert & Schneider, 1999; Schneider, 2008) und die Paderborner Kinderstudie *Sportengagement und Entwicklung von Heranwachsenden. Eine Evaluation des Paderborner Talentmodells* (*SET;* vgl. Brettschneider & Gerlach, 2004; Gerlach, 2008). Im internationalen Raum ist die *Michigan Childhood and Beyond-Study* (*CAB-Study*) aus der Gruppe um Eccles (vgl. Jacobs, Lanza, Osgood, Eccles & Wigfield, 2002; Jacobs, Vernon & Eccles, 2005) zu nennen.

11.3.2 Das Selbstkonzept hat viele Facetten – zur Multidimensionalität

Den älteren Untersuchungen zum Zusammenhang von selbstbezogenen Aspekten und Sport lag noch ein Verständnis zugrunde, das von eindimensionalen Modellvorstellungen dominiert wurde (vgl. Byrne, 1996; Stiller & Alfermann, 2005). Daher fokussierten diese Studien vor allem das Selbstwertgefühl und beachteten wenig die einzelnen Subfacetten des Selbstkonzeptes, wenngleich diese Forderung immer wieder an prominenten Stellen zu finden ist (vgl. zsfd. Marsh & Craven, 2006). Bei einer Sichtung der Literatur zu den Effekten von unterschiedlichen Interventionsmaßnahmen wurden zuletzt vor allem dadurch differenziertere Befunde erzielt, weil die Multidimensionalität des Selbstkonzeptes verstärkt Berücksichtigung fand (vgl. O'Mara, Marsh, Craven & Debus, 2006). Ein Problem in diesem Zusammenhang scheint offenbar die Verwendung des Begriffs *Selbstkonzept* im Singular zu sein. Es ist daher sinnvoll, genauer zu differenzieren, welche einzelnen Dimensionen und Facetten des Selbstkonzeptes vom Sport beeinflusst werden (können). Im Folgenden werden die wichtigsten Befunde zu den einzelnen Dimensionen des Selbstkonzeptes referiert:

Sport und Selbstwertgefühl

- Zwischen *sportlicher Aktivität und dem Selbstwertgefühl* bestehen geringe bis moderate positive Zusammenhänge. Speziell Kinder und jüngere Heranwachsende sowie auch Mädchen profitieren vom sportlichen Engagement. In Interventionsstudien können Heranwachsende mit einem niedrigen Ausgangsniveau sowie sozial benachteiligte Kinder und Jugendliche profitieren (vgl. Brettschneider & Gerlach, 2004; Fox, 2000; Spence, McGannon & Poon, 2005).
- Darüber hinaus konnte aber auch gezeigt werden, dass *personale und soziale Ressourcen* aus dem Sport *relevante Lebensereignisse puffern* können. Personale Ressourcen (wie das Selbstkonzept der sportlichen Fähigkeiten) und

soziale Ressourcen (wie die Einbindung in eine Trainingsgruppe) zeigten erst dann einen Effekt auf den Selbstwert, wenn andere Ressourcen (der Rückhalt bei den Peers in der Klassengemeinschaft und die zunehmende Verunsicherung im Glauben an die eigenen schulischen Fähigkeiten) beim Übergang von der Primar- zur Sekundarschule wegfallen (vgl. Gerlach, 2008; Gerlach & Brettschneider, i. Dr.). Andere soziale Ressourcen spielten keine wesentliche Rolle. Eltern waren im Prozess des Aufwachsens zwar eine stabile soziale Ressource, trugen jedoch keinen Beitrag zur Stabilisierung des Selbstwertgefühls bei. Lehrkräfte und Trainer spielten als soziale Ressource eine marginale bis keine Rolle.

- Zum Zusammenhang von *Selbstwertgefühl und den physischen Selbstkonzeptfacetten* zeigt die Befundlage, dass zwar sehr hohe querschnittliche Zusammenhänge bestehen, die beim Selbstbild der physischen Attraktivität stärker als alle anderen Subdimensionen sind (vgl. Asendorpf & van Aken, 1993; Harter, 1998; siehe auch in der *SET-Studie* Gerlach, 2008). Auch die sportbezogene Kompetenzfacette zeigt Zusammenhänge, die in ähnlicher Größenordnung wie beim Selbstkonzept der sozialen Akzeptanz und dem schulischen Fähigkeitskonzept zu finden sind. Die mit höherem Alter zunehmende Ausdifferenzierung innerhalb des Selbstkonzepts gilt nur bedingt für die körperlichen Facetten. Die Zusammenhänge mit dem Selbstwertgefühl bleiben beim Selbstbild der physischen Attraktivität auf hohem Niveau, was auf die Zentralität körperlicher Veränderungen in der Pubertät (vgl. Seiffge-Krenke, 2002; Wagner & Alfermann, 2006) und auf die gesellschaftliche Bedeutung des Körpers für (Prä)Adoleszente als Kapital zurückgeführt wird (vgl. Brandl-Bredenbeck, 1999). Für beide Körperkonzeptfacetten gilt, dass der soziale Kontext des Sports eine ideale Bühne bietet, die eigenen Fähigkeiten und sich selbst zu zeigen sowie seinen Körper zu präsentieren. Während Jungen in ihrer Selbstwertschätzung eher vom Vertrauen in ihre sportlichen Fähigkeiten profitieren, speisen Mädchen ihren Selbstwert stärker aus der Akzeptanz ihres äußeren Erscheinungsbilds.

Sport und physisches Selbstkonzept
Wenngleich bekannt ist, dass die querschnittlichen Zusammenhänge des Selbstkonzeptes der physischen Attraktivität zum Selbstwertgefühl sehr eng sind, liegen jedoch zum gegenwärtigen Zeitpunkt keine Ergebnisse zu längsschnittlichen Wirkungen des Sportengagements auf die *Facette der physischen Attraktivität* vor. Entsprechende Wirkungen des sportlichen Engagements auf diese Facette und auf den Selbstwert können daher plausibel vermutet werden, empirische Befunde stehen jedoch aus.

Zur gegenseitigen Beeinflussung von Indikatoren des Sportengagements und des *sportbezogenen Fähigkeitskonzeptes* können Ergebnisse der drei genannten längsschnittlichen Studien herangezogen werden, deren Befunde idealtypisch in Abbildung 11.2 illustriert sind:

- In der *CAB-Studie* wurden etwa 500 Heranwachsende aus mehreren Klassenstufen (insgesamt wurden die Klassenstufen 1-10 in 3 Kohorten über den Zeitraum von 4 Jahren abgedeckt) zu ihrem Selbstbild und den Aktivitäten in verschiedenen Domänen (schulisch, sportlich und musisch) und der Relevanz dieser Aktivitäten (*subjective task value*) befragt. Es wurde gezeigt, dass sportliches Engagement zu einer Stärkung des Selbstkonzepts führte. Umgekehrt bestimmte das sportbezogene Selbstkonzept jedoch nur das Sportengagement in Teamsportarten, nicht aber in Individualsportarten (vgl. Jacobs et al., 2005). Das Selbstkonzept konnte zudem die persönliche Relevanz des Sports als Freizeitaktivität vorhersagen (vgl. Jacobs et al., 2002).
- In der *LOGIK-Studie* wurden 200 Kinder vom 1. bis zum 6. Schuljahr zu ihrem Selbstbild befragt und motorisch getestet. Im früheren Kindesalter (8-10 Jahre) fand die Sozialisierungsannahme Bestätigung. Motorische Leistungen sagten das Selbstkonzept vorher (vgl. Ahnert & Schneider, 2006). Erst im späteren Kindesalter konnte eine reziproke Beziehung zwischen beiden Variablen festgestellt werden, in der die Schulnoten eine wichtige Rolle im Vermittlungsprozess spielten.
- In der *SET-Studie* wurden etwa 1.000 Heranwachsende in der 3. Klassenstufe motorisch getestet und im 3. und 4. Schuljahr in der Primarschule sowie in der 6. Klassenstufe in der Sekundarschule zu ihrem Selbstkonzept befragt. Die Ergebnisse zeigten, die gegenseitige Beeinflussung von Selbstkonzept und Leistungen (in Form von Lehrereinschätzungen und Zensuren) auch dann, wenn die motorischen Testleistungen als Kontrollvariable berücksichtigt wurden (vgl. Marsh, Gerlach, Trautwein, Lüdtke & Brettschneider, 2007). Die gegenseitige Beeinflussung war etwa gleich groß. Auch zwischen Selbstkonzept und Sportengagement konnten reziproke Beziehungen in ähnlicher Größenordnung festgestellt werden (vgl. Trautwein, Gerlach & Lüdtke, in press). Selbstkonzept und Vereinsengagement beeinflussten sich gegenseitig, was wiederum teilweise von den Schulnoten vermittelt wurde.
- Darüber hinaus zeigten die Befunde der *SET-Studie*, dass das Selbstkonzept der eigenen Fähigkeiten systematisch vom sportlichen Leistungsniveau der Bezugsgruppe abhängt. In einer Klasse mit vielen guten Sportlern war das Selbstkonzept eines Heranwachsenden vergleichsweise niedriger ausgeprägt als in einer Klasse mit schwächeren Sportlern. Man spricht dann vom *Big-Fish-*

Little-Pond-Effect (BFLPE; vgl. Marsh, 2005) – man fühlt sich entweder als kleiner Fisch in einem großen Teich oder als großer Fisch in einem kleinen Teich. Die Befunde zum BFLPE sind deswegen so bedeutsam, weil sie sich nach der erstmaligen Notengebung in der Schule verstärkten und die Bezugsgruppeneffekte der Primarschulklasse bis in die sechste Klassenstufe (also bis über den Wechsel zur Sekundarschule hinaus) stabil waren (vgl. Gerlach, Trautwein & Lüdtke, 2007) und sich auf das Sportengagement im Verein auswirkten.

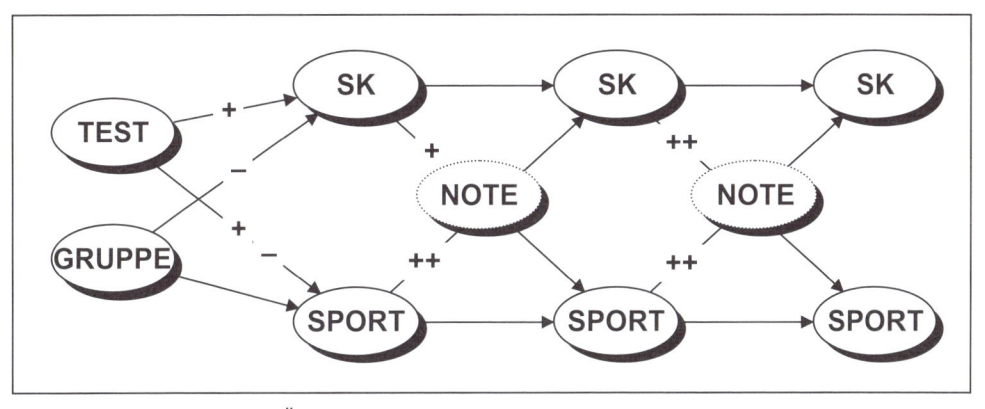

Abb. 11.2. Idealtypische Übersicht über reziproke Zusammenhänge von Selbstkonzept und Indikatoren des Sportengagements in der Phase der Kindheit und im frühen Jugendalter unter Berücksichtigung weiterer Einflussfaktoren
(Anmerkungen: SK: Selbstkonzept; SPORT: Sportengagement (Noten, motorische Testleistungen, Vereinsengagement, persönliche Relevanz des Sports); GRUPPE: Leistungsniveau der Bezugsgruppe; TEST: Ausgangsniveau der motorischen Leistungsfähigkeit; ++/– –: starker positiver/negativer Zusammenhang; +/–: kleiner positiver/negativer Zusammenhang)

Sport und andere Facetten des Selbstkonzepts
Die Rolle sportlichen Engagements im Zusammenhang mit anderen Facetten des Selbstkonzepts ist vergleichsweise selten untersucht worden. Neben den bereits bekannten älteren Ergebnissen (vgl. zsfd. Stull, 1986 sowie Heim & Stucke, 2003 im *Ersten Deutschen Kinder- Jugendsportbericht*) können nur die Ergebnisse der *SET-Studie* herangezogen werden:

– *Sport und soziales Selbstkonzept*: Sportlich engagierte und talentierte Heranwachsende verfügen über ein höheres soziales Selbstkonzept und eine höhere soziale Akzeptanz innerhalb ihrer primären Bezugsgruppe der Schulklasse. Heranwachsende im Sportverein besitzen mit ihrem Vereinsengagement ein Netzwerk, das sich in mehrere Lebensbereiche aufspannt und damit einen möglichen Wegfall anderer Ressourcen kompensieren kann (vgl. Kap. 2 und 20). Auch die Befundlage zu sozialen Interventionsmaßnahmen im Sport und Sportunterricht zeigt, dass zwar innerhalb des jeweiligen sozialen Settings (Verein und Schule) soziale Kompetenzen gefördert werden können, jedoch die Transferannahme und eine Sedimentation im sozialen Selbstkonzept bislang keine empirische Bestätigung erfahren konnte (vgl. Bähr, 2008).

- *Sport und emotionales Selbstkonzept*: Die Befundlage zu Zusammenhängen und Wirkungen im emotionalen Bereich des Selbstkonzepts mit sportlichem Engagement ist als defizitär zu betrachten. Dies hat zwei zentrale Gründe: In den ursprünglichen Annahmen des Modells von Shavelson et al. wurden die Subdimensionen der *Zuverlässigkeit und Ehrlichkeit* sowie der *emotionalen Stabilität* betrachtet. Die Items zur Erfassung der emotionalen Stabilität ähneln stark Instrumenten, die zur Erfassung von Trait-Aspekten dienen (vgl. Marsh, Trautwein, Lüdtke, Köller & Baumert, 2006). Da die Trait-Debatte innerhalb der sportwissenschaftlichen Persönlichkeitsdebatte im Wesentlichen als abgeschlossen gilt (vgl. Conzelmann, 2006), dürften diese Forschungsbemühungen in eine Sackgasse führen. In den letzten Jahren wird daher vermehrt das Thema Angst als ein Aspekt des emotionalen Selbstkonzepts thematisiert, allerdings sind bislang noch kaum Studien zu finden, die beispielsweise sportbezogene Fähigkeitskonzepte in ihrer möglichen Pufferrolle gegenüber der (sportbezogenen) Angst betrachten. Schack (1997) konnte beispielsweise in einer Interventionsstudie in der Grundschule zeigen, dass selbstbezogene Überzeugungen in diesem Zusammenhang wirksam sein können.

Daneben werden im Zusammenhang mit dem emotionalen Selbst des Öfteren psychosomatische Beschwerden als Konsequenz eines problematischen emotionalen Selbstkonzepts betrachtet. Die Prävalenz dieser Beschwerden ist bei sportlich talentierten und engagierten Heranwachsenden insgesamt geringer – die Effekte sind aber klein.

- *Sport und schulisches Selbstkonzept*: Die Befundlage zu Effekten motorischer Leistungsfähigkeit auf die kognitive Leistungsfähigkeit zeigt bei Kindern die größten Effekte (vgl. Sibley & Etnier, 2003). Sportlich talentierte und engagierte Heranwachsende haben ein höheres schulisches Selbstkonzept, sie bekommen bessere Noten und gestalten zu einem überproportionalen Anteil höhere Bildungskarrieren (vgl. Brettschneider & Gerlach, 2004). Über entsprechende Wirkmechanismen wird dabei seit Jahren diskutiert. Für die Erklärung dienen neurophysiologische, lerntheoretische und eine Kombination beider Erklärungsmechanismen. Ob sich solche Zusammenhänge längerfristig im Selbstkonzept niederschlagen, kann derzeit nur vermutet werden. Es dürfte als wahrscheinlich gelten, dass bessere Schulleistungen, ein höheres Schulniveau, ausgeprägte kognitive Kompetenzen, motorische Leistungsfähigkeit und sportliches Engagement Hand in Hand mit einer höheren sozialen Herkunft einhergehen. Die empirische Bestätigung eines signifikanten Wirkungszusammenhanges zwischen kognitiver und motorischer Leistungsfähigkeit steht jedoch noch aus (vgl. Fleig, 2008). Zudem ist die Frage nach möglichen Ursachen für Transfereffekte unbeantwortet, auch wenn eine ganze Reihe von möglichen Vorgängen z. B. auf cerebraler Ebene beschrieben wird (vgl. Hillman, Erickson & Kramer, 2008). Es scheint aufgrund des aktuellen Forschungsstandes demnach angebracht zu sein, davon zu sprechen, dass Sport und Bewegung schlau sind, und nicht zwangsläufig schlau machen.

Insgesamt sind Effekte des sportlichen Engagements erwartungsgemäß stärker auf der Ebene des physischen Selbstkonzepts und in seinen Subdimensionen zu finden. In der Hierarchie höher stehende Bereiche sind vom Sport nur schwerlich beeinflussbar. Wirkungen des Sportengagements auf das Selbstwertgefühl lassen sich vor allem durch die vermittelnde Wirkung des physischen Selbstkonzepts erklären (vgl. zsfd. Sonstroem, 1997). Dagegen sind – Modellannahmen folgend und empirisch belegt – kaum Wirkungen auf Domänen zu erwarten, die parallel zur Ebene des physischen Selbstkonzepts liegen.

Die Frage, ob Sport als Motor der Persönlichkeitsentwicklung einzuordnen ist, kann für die Phase der Kindheit unter Zuhilfenahme eines differenzierteren Blicks auf die jeweiligen Facetten mit einem dezenten Optimismus beantwortet werden. Wenngleich die Effekte klein oder moderat sind, kann man davon ausgehen, dass Heranwachsende in vielen verschiedenen Feldern des Lebens sozialisiert werden. Im Konzert weiterer Sozialisationsagenten und -instanzen sollten daher in den zugrunde liegenden längsschnittlichen Studien auch kleinen Effekten des Sports entsprechende Bedeutung zugeschrieben werden, da sich diese Wirkungen über die Zeit kumulieren und langfristig die Persönlichkeitsentwicklung stabilisieren.

Offenbar ist es aber schwierig, Effekte innerhalb der physischen Domäne (im Sinne von *Sozialisation im Sport*) auf andere Persönlichkeits- und Selbstkonzeptbereiche nachzuweisen und zu erklären (im Sinne der Transferannahme *Sozialisation durch Sport*). Ein zentrales Problem dürften dabei die Selbstkonzept- und persönlichkeitsrelevanten Bedingungen des Sportengagements (vgl. Singer, 2000) und deren Transfer in die Realität darstellen. In diesem Zusammenhang werden die reine Vereinsmitgliedschaft, die soziale Rahmung des Sports, die Dauer und Häufigkeit, die motorische Leistungsfähigkeit, die einzelnen Sportarten, das Leistungsniveau, Dauer und Stabilität sowie Form der sportlichen Aktivität (z. B. Ausdauer- und koordinativ orientierter Sport) diskutiert (vgl. z. B. Sygusch, 2005). So vielfältig der Sport ist, so vielfältig können auch die Effekte sein – oder aber diffus ausfallen und damit verschwimmen. Von einer genaueren Erfassung des sportlichen Engagements mit

Blick auf die relevanten Bedingungen und deren soziale Rahmung, Anforderungen und Qualitäten dürfte daher zukünftig ein erheblicher Erkenntnisfortschritt zu erwarten sein.

11.4 Was wir noch nicht wissen, aber wissen sollten

Wenngleich es sich gezeigt hat, dass sich Selbstkonzepte ausgesprochen ertragreich in der alten Debatte von Sport und Persönlichkeitsbildung diskutieren lassen, sind vor dem Hintergrund der eingangs geäußerten populären Annahmen und des inkonsistenten Forschungsstandes einige Fragen für die zukünftige Forschung aufzuwerfen:

* *Die problematische Abstinenz längsschnittlicher Studien in der Sportwissenschaft:* Es besteht zwar inzwischen Konsens darüber, dass das Selbstkonzept bereits in der Kindheit ein Persönlichkeitsmerkmal darstellt, das für die Entwicklung der Persönlichkeit eine zentrale Rolle spielt, in Zukunft sollte jedoch stärker differenziert werden, welche einzelnen Selbstkonzeptmerkmale mit dem Sport in Zusammenhang stehen können und welchen Beitrag das Sportengagement vor allem langfristig zur Selbstkonzeptentwicklung leisten kann. Daher sind vor allem longitudinal angelegte Studien erforderlich, die (1) bereits zu Beginn der Schulzeit ansetzen, d. h. wenn Sportkarrieren und Vereinsengagement ihren Ausgangspunkt nehmen, (2) die von der Kindheit bis in die späte Jugend dauern und (3) sowohl biographische Übergänge einschließen als auch Anforderungen berücksichtigen, die aus der Pubertät erwachsen. Nur mit Hilfe derartiger Studiendesigns kann der Frage nach Ursachen und Wirkungen im und durch Sport auf die Selbstkonzeptentwicklung nachgegangen werden.
* *Genauere Differenzierung des Sports und seiner selbstkonzeptrelevanten Elemente und Inszenierungen:* Unterschiedliche Formen des sportlichen Engagements führen zu unterschiedlichen Effekten. Wenngleich das Sportengagement von Kindern sich immer noch durch Sportartenklassiker und traditionelle Betätigungsformen beschreiben lässt, muss vor dem Hintergrund sich ausdifferenzierender und kurzzeitiger Sportengagements die zentrale Frage für die zukünftige Selbstkonzeptforschung im Kindes- und Jugendalter dahingehend gestellt werden, welcher spezifische Sport in welchen sozialen Settings persönlichkeits- und selbstkonzeptfördernd sein kann.
Ein wenig beachteter Aspekt betrifft in diesem Zusammenhang die Stabilität von Sportkarrieren, da sich Kompetenzerfahrungen im Sport erst über einen längeren Zeitraum im Selbstkonzept niederschlagen dürften. Dies muss auch für die soziale Rahmung des Sporttreibens gelten, aus denen nur dann sozia-

le Unterstützung aktiviert werden kann, wenn qualitativ hochwertige Bindungen über einen längeren Zeitraum (z. B. im Verein) geknüpft werden können (vgl. Burrmann, 2004). Es ist daher zwingend erforderlich, den Fokus detaillierter auf die Qualität der einzelnen sportlichen Settings, dessen soziale Strukturen und individuelle Bedeutung und die spezifischen Bedingungen für die Selbstkonzeptentwicklung zu richten.

* *Zielgruppendifferenzierung und -spezifikation:* Es ist davon auszugehen, dass nicht alle Heranwachsenden in gleicher Form vom Sport in allen Settings beeinflusst werden. Daher muss in Zukunft stärker differenziert werden, welche Heranwachsenden besonders vom Sport profitieren können. Hier rücken Kinder vor und zu Beginn der Schulzeit, der wachsende Anteil an Kindern mit Migrationshintergrund sowie sozial benachteiligte Kinder (in Abhängigkeit vom Geschlecht) in den Vordergrund.

* *Zur Funktionalität von Selbstkonzepten – zwischen Minderwertigkeitsgefühl und Größenwahn:* Aus der Erziehungsperspektive ist anzumerken, dass es nicht das Anliegen pädagogischer Programme sein kann, eine Erhöhung des Selbstkonzepts der eigenen Fähigkeiten anzustreben, wenn die persönlichen Fähigkeiten diesem Selbstbild nicht entsprechen. Die Realitätsangemessenheit (Veridikalität) von selbstbezogenen Aspekten (vgl. Helmke, 1992) ist deswegen so bedeutsam, da eine Unterschätzung der eigenen Fähigkeiten das Handeln von Heranwachsenden hemmt, eine Überschätzung jedoch ebenfalls dysfunktional ist, weil sie problematische oder sogar gesundheitsgefährdende Verhaltensweisen bewirkt. Die Befundlage deutet darüber hinaus darauf hin, dass offenbar nur realistische Selbstkonzepte individuelles Verhalten und spätere Leistungen vorhersagen. Die meisten Interventionen und Verhaltensempfehlungen zielen auf Heranwachsende, die eher defensive und bescheidene Fähigkeitskonzepte haben und sich eher am unteren Ende einer Leistungsskala befinden. Selten werden dagegen die größenwahnsinnigen Überschätzer in den Blick genommen, obwohl Befunde existieren, die die dunklen Seiten eines (unrealistisch) hohen Selbstwertgefühls belegen. Sie können sich in erhöhtem Gewaltverhalten äußern (vgl. Baumeister, 1996). Folglich muss es in pädagogischen Kontexten um die Herausbildung möglichst realitätsangemessener und zugleich optimistischer Selbstkonzepte gehen (vgl. Butler, 2005; Harter, 1998; Schmidt, 2007).

* *Die problematische Abstinenz von Interventionsstudien:* Die Trendwende im schulischen und außerschulischen Bildungsbereich vom *Input* zum *Output* hat dazu geführt, dass verstärkt nach der Leistung pädagogischer Programme für die Selbstbildung und Persönlichkeitsentwicklung gefragt wird. Der Sport in der Institution Schule scheint deshalb ein ertragreiches Setting für

die Selbstkonzeptentwicklung zu sein, weil hier alle Heranwachsenden unabhängig von Herkunft und Geschlecht erreicht werden können. Fragen der Erziehung und der Persönlichkeitsentwicklung sind darüber hinaus in den Erziehungsauftrag der Schule eingebettet und werden zunehmend für den außerschulischen Bereich diskutiert (vgl. BMFSFJ, 2005b). Daher sind systematisch kontrollierte Interventionsstudien in Kooperation mit den in Schulen tätigen Lehrpersonen dringend erforderlich. Entsprechende Wirkungsstudien sind auch für den Vereinssektor in der Phase der Kindheit notwendig, um die Effekte dieser „auf Zeit" eingegangenen Verpflichtung zu analysieren.

* *Verstärkte Berücksichtigung der sozialen Rahmenbedingungen und der Interaktionen verschiedener Lebensbereiche:* In vergangenen Untersuchungen wurden soziale Rahmenbedingungen entweder in Form grober Indikatoren (z. B. Migrationshintergrund, soziale Schichtung usw.) oder aber als weitgehend gegeben angesehen und damit ausgeblendet. Neuere methodische Herangehensweisen wie die Mehrebenenanalyse bieten die Möglichkeit, sowohl distale als auch proximale Umweltbedingungen für die Selbstkonzeptentwicklung zu berücksichtigen. Auch sollte das Sportengagement in Wechselwirkung mit anderen Lebensbereichen und sozialen Settings wie Schule und Familie betrachtet werden. Vor allem ist die Abhängigkeit bestimmter Persönlichkeitsmerkmale von der sozialen Bezugsgruppe (wie beim BFLPE) stärker zu thematisieren. Für die motivationale Entwicklung von Heranwachsenden kann es manchmal besser sein, in einem kleinen Teich zu schwimmen, weil man ein vergleichsweise großer Fisch ist. Gerade die leistungshomogene Zusammensetzung von Trainingsgruppen, die frühzeitige Selektion und die zentralisierte Förderung von talentierten Heranwachsenden bereits im Kindesalter kann für die Selbstkonzeptentwicklung problematisch sein. Diese Fragen wurden bislang noch kaum untersucht.

* *Sozialisierung und Selektion:* Die alte Frage nach der Sozialisierungs- vs. Selektionshypothese ist auch in Zukunft für die Sportwissenschaft und die für den Sport zuständigen Institutionen relevant. Allerdings ist die Frage dahingehend zu präzisieren, (1) dass Anteile in der gegenseitigen Beeinflussung von Sport und Selbstkonzept ins Verhältnis gesetzt werden, (2) die persönlichkeitskonstituierenden Merkmale der sportlichen Settings charakterisiert und präzisiert werden, (3) die einzelnen Facetten des Selbstkonzepts genauer fokussiert werden und zuletzt (4) die Zielgruppe der Heranwachsenden, die von ihrem sportlichen Engagement profitieren kann, genauer bestimmt wird.

Erin Gerlach & Wolf-Dietrich Brettschneider

III Zur Bedeutung von Bewegung im Rahmen frühkindlicher Bildungsprozesse

Auf neurophysiologischer Ebene äußert sich Lernen darin, dass entstehende Verbindungen zwischen Nervenzellen genutzt und verstärkt werden. Neurobiologische Grundlagen frühen Lernens zeigen, dass bereits Neugeborene die lebendige Interaktion mit anderen Menschen suchen und brauchen, damit sich entsprechende cerebrale Strukturen ausbilden können.

Dieses neue und dynamische Verständnis (frühkindlicher Entwicklung) beinhaltet gleichzeitig die besondere Bedeutung früher Erfahrungen für den späteren individuellen Entwicklungsverlauf. Es geht also um die grundsätzliche Frage, ab wann, wie und wieviel Kinder im Alter von null bis sechs Jahren lernen (sollen) und welche Inhalte dafür besonders geeignet sind.

Zimmer (vgl. Kap. 12) widmet sich in ihrem Grundsatzbeitrag primär der Rolle der Bewegung im Rahmen frühkindlicher Bildungsprozesse. Die Autorin geht von einem Bild des Kindes als Bewegungswesen aus, als einem von Anfang an aktiv lernenden, kompetent handelnden Wesen, in dem Bewegung und sinnliche Wahrnehmung, Eigenaktivität, Neugier und Erkundungsbereitschaft die Basis für die Exploration der materialen und sozialen Umwelt darstellen.

Sie zeigt auf, dass in allen neuen Bildungsplänen die Themen „Körper und Bewegung" folglich einen eigenständigen Bildungsbereich darstellen (vgl. Tab. 12.1.) und die Bildungsziele, über Wissen und Fähigkeiten/Fertigkeiten hinaus, besonders die Verwobenheit sensorischer, motorischer, emotionaler, ästhetischer und kognitiver Entwicklungsbereiche betonen. Dieses Grundverständnis wird in einer Vielzahl von neueren Projekten und Initiativen zur frühkindlichen Bewegungsförderung (vgl. Kap. 12.6) umgesetzt.

Defizite betreffen jedoch nach wie vor die institutionelle Entwicklungsförderung der Kinder im Alter von null bis drei Jahren in den einzelnen Bundesländern sowie die pflichtmäßige Implementierung des Bildungsbereiches Bewegung im Rahmen der Ausbildungsmodule von Erzieherinnen und Erziehern.

Rethorst et al. (vgl. Kap. 13) beweisen anhand experimenteller und empirischer Untersuchungen, dass eine allgemeine Bewegungsförderung im Kindergartenalter die motorische Entwicklung und Leistungsfähigkeit der Kinder nachhaltig verbessert.

Von diesen Fördermaßnahmen profitieren nach Rethorst et al. vor allem Leistungsschwächere und jüngere Kinder (ab 3 Jahren). Gleichzeitig lassen sich bei diesen jüngeren Kindern höhere Zusammenhänge zwischen motorischen und kognitiven Leistungen diagnostizieren.

Hinsichtlich weitergehender Interpretationen fordern die Autoren jedoch, in Zukunft theoretisch besser zwischen kognitiven (z. B. Informationsverarbeitung) und konditionellen (z. B. Energiebereitstellung) Komponenten zu differenzieren, um Zusammenhänge in Subkategorien zwischen Kognition und Motorik besser verstehen und erklären zu können.

Obwohl die Förderung sprachlicher Fähigkeiten zur Zeit politisch gewollt ist, wird ernüchternd ein besorgniserregender Trend zur *isolierten* und *funktionalen* Sprachförderung festgestellt.

Zimmer (vgl. Kap. 14) zeigt dagegen auf, dass

- hinsichtlich der Ebenen des Spracherwerbs vor allem Bewegungsspiele, Sprach- und Lautspiele, rhythmische Bewegungen und Spielhandlungen insgesamt nicht nur komplexe Sprachlernsituationen enthalten, sondern auch das Sprachverständnis und die Sprachproduktion gravierend verbessern,
- die Gesamtleistungen in der Motorik und Sprachentwicklung positiv korrelieren (je besser die Motorik, umso besser die Sprache), besonders zwischen Feinmotorik und Sprachentwicklung,
- durch die Interventionsstudie (Sprachförderung durch Bewegung) alle Versuchsgruppen profitieren, besonders die leistungsschwächeren Kinder,
- 90 % der Erzieherinnen und Erzieher positive Effekte bejahen und folglich hoch motiviert sind.

Zusammenfassend ist festzuhalten, dass sowohl die theoretischen Analysen als auch die empirischen Untersuchungen und Interventionsstudien die These „Sprachförderung braucht Bewegung" nachhaltig unterstützen.

Werner Schmidt

12 Bildung durch Bewegung in der frühen Kindheit

12.1 Einleitung

Bildungsprozesse in der frühen Kindheit rücken zunehmend in den Fokus öffentlichen und politischen Interesses. Erkenntnisse der Hirnforschung und der Entwicklungspsychologie belegen, wie wichtig gerade die ersten Lebensjahre für die menschliche Entwicklung sind (vgl. u. a. Gopnik, Kuhl & Meltzoff, 2003; Hassenstein, 2006; Keller, 1997; Hüther, 2007). Dementsprechend wird auch den Institutionen, die sich neben der Familie für Erziehung und Bildung von Kindern verantwortlich fühlen, verstärkt Aufmerksamkeit geschenkt. War es noch vor einigen Jahren vorwiegend das Thema *Betreuung*, das bei der Versorgung mit Kindergartenplätzen die wichtigste Rolle spielte, so wird heute mehr nach der *pädagogischen Qualität* der elementarpädagogischen Einrichtungen gefragt.

Mit der Diskussion um Inhalte frühkindlicher Erziehung geht auch die Diskussion um die Art und Weise einher, was Bildung bedeutet und wie Bildung sich vollzieht. Diskutiert werden nicht nur neue Formen der außerfamiliären Betreuung von Kindern, sondern auch die Frage, wie Kinder lernen, wie viele und welche Anregungen sie benötigen. Die von allen Bundesländern herausgegebenen Bildungs- und Erziehungspläne für den Elementarbereich thematisieren Bildung unter dem Aspekt der Förderung grundlegender Kompetenzen und Ressourcen, die Kindern ein stabiles Fundament für ihre Entwicklung vermitteln und sie befähigen, ein Leben lang zu lernen.

Dabei stellt sich auch die Frage nach der Rolle, die Bewegung, Spiel und Sport bei der Erfüllung des Bildungsauftrags vorschulischer Institutionen spielt. Der folgende Beitrag beschäftigt sich mit der Bedeutung frühkindlicher Bildungsprozesse und dem Stellenwert, den Bewegung hier einnimmt. Bildungs- und Erziehungspläne des Elementarbereichs werden dahingehend analysiert, wie Bewegung dort verankert ist.

Der Begriff der frühen Kindheit oder der frühkindlichen Erziehung bezieht sich in den folgenden Ausführungen auf alle Einrichtungen für Kinder unterhalb des Pflichtschulalters.

12.2 Bildung von Anfang an – Bedeutung der frühen Kindheit

Die Sichtweise auf die ersten Lebensjahre des menschlichen Lebenslaufs hat sich in den letzten Jahrzehnten rapide verändert. Die Phase der ersten Lebensjahre gilt heute als das größte Laboratorium der menschlichen Entwicklung. Zum Zeitpunkt der Geburt ist das Gehirn unreif, nur die Basisfunktionen sind ausgebildet. Die Sinnesorgane beginnen Signale wie Berührungen, Sprache, Geräusche, Farben und Formen aus der Umwelt aufzunehmen – erst diese Erfahrungen stoßen die Vernetzung im Gehirn an. Von den bei der Geburt angelegten 100 Milliarden Nervenzellen bleiben schließlich diejenigen erhalten, die durch Übung und Erfahrung aktiviert werden. Indem das Kind seine Sinne nutzt, entwickelt und differenziert es sie weiter aus.

Bewegung und sinnliche Wahrnehmung spielen von Geburt an eine wesentliche Rolle für die gesamte Entwicklung. Neugier und Erkundungsbereitschaft bilden die Basis für die Exploration der sozialen und materialen Umwelt. Das Kind ist von Geburt an fähig zur Bildung von Theorien, die es durch das eigene Handeln überprüft, verwirft, bestätigt und modifiziert. Lernprozesse laufen selbstinitiiert, selbstorganisiert und erfahrungsabhängig ab.

Entwicklung kann also als ein biologisch fundierter Prozess der aktiven Konstruktion und Ko-Konstruktion von Wissen und Kompetenzen aufgefasst werden.

Die Dynamik der frühkindlichen Entwicklung zeigt sich weiterhin darin, dass die frühen Erfahrungen eine besondere Bedeutung für den weiteren Entwicklungsverlauf haben. Sie legen den Grundstein, auf dem alle weiteren Lernprozesse aufbauen. Die menschliche Plastizität ermöglicht zwar neue Informationen zu jedem Zeitpunkt aufzunehmen und Verhalten und Erleben zu modifizieren, allerdings ist das Aufnehmen und Verarbeiten bestimmter Informationen zu bestimmten Zeitpunkten leichter als zu anderen bzw. die Aufnahme und Verarbeitung neuer Informationen wird immer schwieriger mit dem Lebensverlauf.

Die frühkindliche Entwicklung hat also vorhersagbare und bedeutsame Auswirkungen auf die weitere Entwicklungs- und Lerngeschichte des Menschen (vgl. auch Niedersächsisches Institut für frühkindliche Bildung und Entwicklung [NIFBE], 2008).

12.2.1 Von der Betreuung zur Bildung

Mit der öffentlichen Diskussion des OECD-Berichts „Starting Strong: Early Childhood Education and Care" (Organisation für wirschafliche Zusammenarbeit und Entwicklung [OECD], 2001) wurde eine neue Ära in der frühkindlichen Bildung eingeleitet. Weltweit gewann die frühkindliche Erziehung und Betreuung eine zunehmende politische Aufmerksamkeit. Mit dem Zugang zu einer hochqualifizierten frühkindlichen Erziehung und Bildung für alle Kinder sollten Grundlagen für Chancengleichheit geschaffen und die Voraussetzungen für ein lebenslanges Lernen gelegt werden.

Auch in Deutschland ist spätestens seit der Veröffentlichung der Ergebnisse der *PISA-Studie* 2000 Bildung zu einem zentralen Thema geworden (vgl. Kap. 1). Dabei gerät nicht nur die Schule auf den Prüfstand. Unter Berücksichtigung der Einsicht, dass Bildungsprozesse nicht erst mit dem Schuleintritt wirksam werden, versucht man quasi „von unten an" das gesamte Bildungssystem zu reformieren, was derzeit einer Art Bildungsrevolution gleichkommt. Jahrelang war – auch aus politischer Perspektive – eine sichere und flexible Betreuung das wichtigste Ziel der Einrichtungen, die sich vor dem Einschulungsalter den Kindern widmeten. Die gesellschaftliche Anerkennung sowohl der vorschulischen Institutionen als auch der hier tätigen pädagogischen Fachkräfte war, gemessen an anderen Bildungsinstitutionen, eher gering.

Erst die Einsicht in die rasante Entwicklungsgeschwindigkeit der ersten Lebensjahre, die durch die bahnbrechenden Erkenntnisse unterschiedlicher Disziplinen (Neurowissenschaften, Entwicklungspsychologie, Biologie, Bindungsforschung) gewonnen wurde, führte zu einem Umdenken in der Bildungspolitik. Der Bildungsauftrag der Kindertageseinrichtungen wird zunehmend auch parteiübergreifend als ein bildungspolitisches Thema wahrgenommen und behandelt. Vor diesem Hintergrund ist auch die Dynamik der derzeitig beobachtbaren Reformprozesse im Elementarbereich zu erklären.

In Deutschland war der Besuch einer Krippe jahrelang ideologisch überfrachtet, galt sie doch als notwendiges Übel für die Aufbewahrung von Kindern alleinerziehender Mütter. Heute ist gerade in diesem Bereich ein großes Interesse an der Frage, welche Auswirkungen die Nutzung frühkindlicher Bildungs- und Betreuungsangebote für die Bildungsbiografie von Kindern hat, zu erkennen.

Eine Erhebung – durchgeführt im Auftrag der Bertelsmann-Stiftung zum Einfluss frühkindlicher Betreuung in Krippen auf den späteren Schulbesuch – zeigte folgende Ergebnisse:

Zwar hat der Bildungsgrad der Eltern den größten Einfluss auf den besuchten Schultyp der Kinder, die Möglichkeiten einer außerfamiliären Betreuung, Erziehung und Bildung in den ersten Lebensjahren wirken sich aber ebenfalls nachhaltig auf die Bildungswege der Kinder aus. Für den Durchschnitt der Kinder erhöht sich die Wahrscheinlichkeit ein Gymnasium zu besuchen von 36 % auf rund 50 %, wenn sie zuvor eine Krippe besucht haben (vgl. Büro für Arbeit und sozialpolitische Studien [BASS], 2008). Die Verbesserung von Bildungschancen durch den Krippenbesuch liegt für benachteiligte Kinder noch höher als für den Durchschnitt. Von den benachteiligten Kindern (dazu zählen Kinder aus sozial schwachen Familien, aus Migranten- und Arbeiterfamilien), die eine Krippe besucht haben, gehen rund zwei Drittel mehr Kinder auf das Gymnasium. Von den nicht-benachteiligten Kindern gehen von den Kindern, die eine Krippe besucht haben, fast zwei Fünftel mehr auf das Gymnasium als „Nicht-Krippenkinder" (ebd., S. 4).

Neben dem Ausbau des quantitativen Angebots muss auch die Qualität der Angebote berücksichtigt werden. Die nationale und internationale Forschung kann immer deutlicher belegen, dass frühkindliche Bildung und Betreuung die Bildungschancen des einzelnen Kindes verbessern und die Grundlage erfolgreicher Bildungsbiografien ist. In diesem Kontext geraten auch die pädagogische Arbeit und die Rahmenbedingungen in Kindertagesstätten in den Blick: So kann z. B. die Qualität des besuchten Kindergartens einen Unterschied im kindlichen Entwicklungsstand von einem Jahr verursachen (vgl. Tietze, Rossbach & Grenner, 2005).

Die Fachdiskussion über Bildungschancen im Elementarbereich und die Erkenntnis, dass durch den frühen Besuch von Kindertageseinrichtungen die Bildungskarriere von Kindern nachhaltig beeinflusst wird, führte dazu, dass bei der im Kinder- und Jugendhilfegesetz verankerten Trias *Betreuung, Bildung, Erziehung* das Gewicht von der Betreuung und Erziehung immer mehr auf die Bildung verlagert wurde.

12.2.2 Diskussion des Bildungsbegriffs

Anforderungen an die frühkindlichen Bildungsinstitutionen ergeben sich aus der zunehmend kulturellen Diversität, der sozialen Komplexität und dem immer rasanteren gesellschaftlichen Wandel, der mit tiefen Eingriffen in die Familienstrukturen verbunden ist. Die Notwendigkeit, sich auf diese neuen Anforderungen einzustellen und die pädagogischen Konzepte den komplexen Erfordernissen anzupassen, trug dazu bei, dass auch das Verständnis von Bildung neu reflektiert wurde.

Stand bisher eher die Auffassung, Bildung sei ein individuumszentrierter Prozess, der durch die Eigenaktivität des Kindes ausgelöst und gesteuert wird und lediglich einer lernanregenden, die kindliche Entwicklung stimulierenden Umgebung bedürfe, im Vordergrund, so kommen zunehmend die kontextuellen Rahmenbedingungen der Bildungsprozesse in die Diskussion (vgl. Kap. 1).

Die Vorstellung, Bildung sei in erster Linie Selbstbildung, die vom Kinde ausgehe und sich dem direkten Einfluss von Pädagogen und familiären Bezugspersonen entziehe (vgl. Schäfer, 2004), wurde abgelöst durch die Definition von Bildung als soziale Ko-Konstruktion, also als einen Prozess, der im sozialen und kulturellen Kontext stattfindet und an dem Kinder, Eltern und pädagogische Fachkräfte aktiv beteiligt sind (vgl. Fthenakis, 2002; Gisbert, 2004, S. 9 f.).

Bildung setzt bereits mit der Geburt ein, sie findet an unterschiedlichen Orten und unter verschiedenen Rahmenbedingungen statt. Dies bedeutet individuelle, familiäre und gesellschaftliche Herausforderung und Verantwortung zugleich.

Die Bildungschancen von Kindern müssen unabhängig von den Zufälligkeiten ihrer Lebensorte, den sozioökonomischen und kulturellen Lebensbedingungen ihrer Familien sein. Um dies zu erreichen, haben sich Bund und Länder im Jahr 2002 verpflichtet, sich über Wege und Ziele frühkindlicher Bildung in Kindertageseinrichtungen zu verständigen und für Deutschland allgemeinverbindliche Ziele aufzustellen. Die Bundesländer haben daraufhin die Erarbeitung von Bildungsprogrammen in Auftrag gegeben (vgl. Schuster, 2006, S. 146).

12.2.3 Reformbedarf

Die Neubewertung früher Lernprozesse, die Neudefinition von Bildung und das Bemühen um mehr Effizienz in den Bildungssystemen führte in den letzten zehn Jahren dazu, dass Bildung und Erziehung von Kindern in den ersten Lebensjahren zu einem Thema mit „höchster Priorität auf der politischen Agenda" wurde (Gisbert, 2004, S. 10). Reformbedarf wird zwar auch in den Schulen und Hochschulen, vor allem aber in Kindertageseinrichtungen gesehen, um Kinder auf die künftigen Anforderungen angemessen vorbereiten zu können. Ziel ist es, die Entwicklung grundlegender Fähigkeiten, wie z. B. lernmethodischer Kompetenzen der Kinder, von Anfang an zu fördern.

„Wissen ist Information, die sich der Einzelne angeeignet hat und die er zur Problemlösung konstruktiv und flexibel einsetzen kann" (Gisbert, 2004, S. 16). Um mit den künftigen Veränderungsprozessen Schritt halten zu können, ist jedes Individuum gefordert, sich Wissen immer wieder neu und selbstständig anzueignen. Damit werden Kompetenzen, die zur Wissensaneignung und zum eigenständigen, selbstgesteuerten Lernen beitragen, zu einer notwendigen Voraussetzung, um sinnvoll und produktiv am sozialen Leben teilhaben zu können. Um dies zu erreichen, fordert Gisbert (2004, S. 16), dass in Zukunft bereits den Jüngsten lernmethodische Kompetenzen vermittelt werden sollten.

Dabei muss jedoch berücksichtigt werden, dass es nur anhand konkreter Inhalte möglich ist, individuelle Lernstrategien zu erwerben. Das „Lernen des Lernens" gelingt nur anhand von Inhalten, die das Kind zur Aktivität herausfordern und von ihm selbstständiges Handeln erwarten (vgl. Zimmer, 2007a, S. 35 ff.).

Bewegung ist hier ein wichtiges Mittel, denn sie gibt Kindern die Möglichkeit, Problemlösungsstrategien aufzubauen, sie zu erproben und sie bei Bedarf zu modifizieren. Lernen im frühen Kindesalter ist in erster Linie Lernen über Wahrnehmung und Bewegung.

12.2.4 Berücksichtigung der Körperlichkeit des Kindes in pädagogischen Ansätzen

Bei aller Reformfreudigkeit der Debatten um Inhalte und Ziele frühkindlicher Erziehung und Bildung kann insgesamt festgestellt werden, dass die Körperlichkeit des Kindes in der Regel vernachlässigt wurde. In den pädagogischen Konzepten des

Elementarbereichs tauchte sie allenfalls unter dem Aspekt der Gesundheitsförderung auf.

Situationsansatz
Der Situationsansatz gilt heute in Deutschland als favorisierter konzeptioneller Rahmen für die pädagogische Arbeit in Kindergärten. Das Ziel, Kinder für das Handeln in Lebenssituationen zu qualifizieren, kennzeichnete diesen in den 1970er-Jahren entstandenen pädagogischen Ansatz (vgl. Krenz, 1991; Zimmer, 1998). Kinder sollten die Fähigkeit erlangen, in Situationen ihres gegenwärtigen und zukünftigen Lebens zunehmend selbstbestimmt und selbsttätig zu handeln. Über die Analyse und Beschreibung von Lebenssituationen, die für Kinder Bedeutung haben und ihre individuelle Lebens- und Lerngeschichte berücksichtigen, wurden Qualifikationen beschrieben, die im Rahmen *didaktischer Einheiten* angesprochen werden sollten. Die Qualifikationen beinhalteten wünschenswerte Fertigkeiten, Fähigkeiten und Verhaltensweisen, die Kindern die Bewältigung der Anforderungen durch die Umwelt ermöglichen sollten.

Hauptbestandteil des Situationsansatzes ist das Curriculum *Soziales Lernen*. Es umfasst 28 sogenannte didaktische Einheiten, die jeweils eine für die Kinder relevante Lebenssituation und exemplarische pädagogische Handlungsmöglichkeiten aufgreifen, in denen sie lernen können, ihre individuelle Lebenssituationen zu verstehen und zu bewältigen (vgl. Knauf, 2005, S. 120). Die didaktischen Einheiten (z. B. „Neue Kinder in der Gruppe", „Wir erkunden unsere Umgebung") ließen den Bereich der Bewegungserziehung weitgehend außer Acht oder erstreckten sich auf wenige Vorschläge für Kooperationsspiele, auf die Empfehlung des Besuches von Spielplätzen und des Arbeitens mit Werkzeugen. Das Bedürfnis nach Bewegung wurde zwar grundsätzlich anerkannt, der Erzieherin wurden jedoch nur wenig konkrete Hilfen gegeben, wie sie in ihre alltägliche Arbeit Bewegungsangebote einbinden könnte. So wurde für das situationsorientierte Arbeiten erst Jahre nach der Konzeption didaktischer Einheiten auch Vorschläge für eine stärkere Berücksichtigung von Bewegung und Spiel gemacht (vgl. hierzu Hessisches Sozialministerium, 1983) und eine *Rahmenkonzeption zur Integration von Spiel und Bewegung im Alltag von Kindertageseinrichtungen* erstellt (Zimmer, 1991).

Der offene Kindergarten
Kennzeichen offener Kindergartenarbeit ist vor allem die vollständige oder zeitweilige Auflösung des klassischen Stammgruppenprinzips zugunsten des Prinzips der Selbstorganisation und Entscheidungsfreiheit der Kinder. Sie können entsprechend ihrer jeweiligen Bedürfnisse und Interessen Aktivitäten und Räume selbst wählen

(vgl. Knauf, 2005). Es wird vor allem gruppenübergreifend gearbeitet, bedürfnisorientiertes Freispiel und vorbereitete Angebote wechseln sich ab.
Veränderungen zur traditionellen Kindergartenarbeit zeigen sich am deutlichsten in der konsequenten Umgestaltung der Räume. Anstelle der üblichen Gruppenräume mit unterschiedlichen Funktionsecken gibt es hier sogenannte *Erfahrungsräume*, je nach Raumsituation im Kindergarten z. B. einen *Bewegungsraum*, einen *Ruheraum*, einen *Raum mit Werkstattcharakter* und einen *Kommunikationsraum* (vgl. Büchsenschütz & Regel, 1992). Betätigungsbereiche, die normalerweise in jedem Gruppenraum gleichzeitig eingerichtet sind, werden nun auf unterschiedliche Räume verteilt, so dass die Kinder sich nicht gegenseitig in ihren Aktivitäten stören. Jedes Kind bestimmt, welchen Raum es für das Freispiel aufsucht und mit wem es spielen will (vgl. ebd.).
Wichtig für die in diesem Beitrag diskutierte Problematik ist vor allem der besondere Stellenwert, der dem Bereich der Bewegung eingeräumt wird. Ausdrücklich hingewiesen wird auf einen jederzeit verfügbaren Bewegungsraum, in dem Kinder Materialien erproben, mit großräumigen Geräten bauen und selbstständig oder unter Anleitung Bewegungsspiele mit anderen erfinden können. Die veränderte Raumstruktur trägt vor allem den Bewegungsbedürfnissen der Kinder Rechnung.

Aktuelle pädagogische Entwicklung
Verfolgt man die aktuelle Diskussion um die frühkindliche Erziehung dann fällt auf, dass bei der Frage nach den Kompetenzen, die Kindern in den ersten Lebensjahren vermittelt werden sollen, eher sprachliche, kognitive oder lernmethodische Kompetenzen im Vordergrund stehen. So wird auch in der Dokumentation des Modellversuchs *Zum Bildungsauftrag von Kindertageseinrichtungen* der Bereich Bewegung überhaupt nicht erwähnt (Laewen & Andres, 2002a). Eine Erhebung der Förderbarkeit und Bedeutung kindlicher Kompetenzen beschränkt sich auf sprachliche, mathematische, kognitive Fähigkeiten und bezieht dann ergänzend die Aspekte Sozialverhalten, Interessen und Lernbereitschaft von Kindern mit ein (vgl. Rossbach & Weinert, 2008).
Vergeblich wird man hier Hinweise auf die Verknüpfung kognitiver und motorischer Erkenntnisprozesse suchen. Dabei wird immer wieder betont, dass Bildung abhängig von der Eigenaktivität des Kindes ist und von den Gelegenheiten bestimmt wird, die es zum Selberentdecken motivieren.
Vereinzelt gibt es Hinweise auf die enge Verknüpfung von Bewegungserfahrungen und Bildungsprozessen. So weist Schäfer (2007, S. 31) auf die Körperlichkeit der kindlichen Erfahrungsprozesse und auf das Ziel der Bildung eines „Sinneskörpers" hin.

12.2.5 Grundannahmen: Das Kind als aktiver Gestalter seiner Umwelt – Eigenaktivität als wichtigster Faktor des Bildungsprozesses

Bewegung ist vom ersten Lebenstag an Motor der kindlichen Entwicklung. Frühkindliche Entwicklung ist ein Prozess, der geprägt ist durch die aktive sinnliche Aneignung der Welt, die eingebettet ist in soziale Interaktionen des Kindes mit seiner Umwelt. Entwicklungsförderung bedeutet in diesem Zusammenhang, das Selbstbildungspotenzial der Kinder zu unterstützen und auszuformen und durch anregende Begleitung durch den Erwachsenen das Interesse an der Welt wach zu halten und ihrer forschenden Neugier entgegenzukommen.

Eine solche Auffassung von Entwicklung hat Konsequenzen für die Entwicklungsbegleitung von Kindern und für die Gestaltung von Bildungsprozessen.

Schäfer (2003, S. 33) betont in seinen Thesen zur frühkindlichen Bildung insbesondere die Bedeutung sinnlicher Erfahrungen: „Frühkindliche Bildung ist zunächst ästhetische Bildung. Frühkindliche Bildung ist auf die eigenen Wahrnehmungen des Kindes angewiesen" (ebd., S. 13). An anderer Stelle macht er deutlich: „Dabei müssen kleine Kinder lernen, ihre Wahrnehmungsfähigkeit zu gebrauchen und zu differenzieren, sowie ihre eigenen Wahrnehmungen und Erfahrungen so zu ordnen, dass sie daraus etwas erkennen können" (ebd., S. 38). Sinnliche Erfahrungen sieht er als Ausgangspunkt für forschendes Lernen.

Laewen und Andres (2002b, S. 40) heben ebenfalls den Aspekt der Eigenaktivität als besonders wichtigen Faktor des Bildungsprozesses hervor und betrachten Bildung als die zentrale Aktivität des Kindes, über die es sich die Welt aneignet:

> Aneignung von Welt meint, dass Kinder sich über ihre Sinneserfahrungen und ihr Handeln ein Bild von der Welt machen, innere Strukturen entwickeln, auf denen alles spätere Denken und Fühlen aufbauen wird.

Auch aus den Erkenntnissen der Säuglingsforschung lässt sich ablesen, zu welch erstaunlichen Leistungen Kinder bereits in den ersten Lebenswochen und -monaten fähig sind. Die Vertreter der Säuglingsforschung betonen dabei immer wieder die Bedeutung der Sinnesentwicklung als Anfang aller Erkenntnis. Es sind die Sinne, durch die der Mensch seine Außenwelt wahrnimmt, mit ihr kommuniziert, auf sie einwirkt.

Dornes (2001) spricht vom „kompetenten Säugling" und zeigt an vielen Beispielen auf, dass der Säugling bereits in den ersten sechs Monaten sowohl in seiner Wahrnehmungsorganisation als auch in seinem Interaktionsverhalten aktiv und differenziert ist. Ausdrücklich verweist er dabei auf die den Bewegungshandlungen innewohnenden Rückmeldemöglichkeiten für die Einschätzung der eigenen Person (das Kind erhält über die Sinne ein sensorisches Feedback). Das *Selbst* wird als Urheber von Handlungen erlebt.

Kinder erleben durch ihre körperlichen Aktivitäten, dass sie selbst imstande sind, etwas zu leisten, ein Werk zu vollbringen. Sie erleben in Bewegungshandlungen, dass sie Verursacher bestimmter Effekte sind, dass sie eine Wirkung hervorrufen und diese auf sich selbst zurückführen können. Dies ist die Grundlage für den Aufbau eines positiven Selbstkonzeptes (vgl. Zimmer, 2006b, 2008a).

12.2.6 Bildung als Ko-Konstruktion

Das Kind entdeckt die Welt für sich jeweils neu, es konstruiert sie aufgrund seiner eigenen Erfahrungen, ist dabei aber auch auf die Interaktion mit anderen angewiesen. Fthenakis (2007) bezeichnet diesen Prozess als *Ko-Konstruktion*. Danach ist „Bildung als ein sozialer Prozess zu verstehen, der jeweils in einem konkreten Kontext eingebettet ist und von den Kindern selbst, deren Fachkräften, Eltern und anderen Erwachsenen ko-konstruiert wird" (ebd., S. 43).

Bildungsprozesse dürfen also nicht missverstanden werden als vom sozialen Umfeld unabhängige Geschehen, bei denen die Pädagogin möglichst wenig in die Tätigkeiten des Kindes eingreift und es mehr oder weniger der jeweiligen Situation überlässt. Nicht alleine das Bereitstellen einer anregenden Umgebung, aus der das Kind sich dann die für es passenden Anregungen sucht, ist ausreichend. Kinder benötigen ein soziales Umfeld, welches für sie eine Art „Zeigefunktion" hat. Sie benötigen andere Kinder, mit denen sie ihre Entdeckungen teilen, sie brauchen jedoch auch Erwachsene, die sie bei ihren Fragen begleiten, die sie auf bestimmte Phänomene aufmerksam machen. Nicht immer entdecken Kinder alles von selbst. Erwachsene teilen die Aufmerksamkeit, die die Kinder den „Erscheinungen" widmen, sie regen zu Fragen an, ohne die Lösung bereits vorwegzunehmen. Sie erweitern die Bewegungserfahrungen, indem sie zu neuen Möglichkeiten der Problemlösung auffordern, sie erweitern jedoch auch ihre Denkprozesse und Lernerfahrungen, indem sie Fragen stellen, Vorschläge machen, eine neue Perspektive aufzeigen, den Schwierigkeitsgrad erhöhen – und damit immer wieder neue Herausforderungen stellen.

12.3 Sinnliche Erfahrungen als Ausgangspunkt für Bildungsprozesse

Frühkindliche Bildung geht von der sinnlichen Erfahrung aus. Kinder lernen, ihre Wahrnehmungsfähigkeit auszudifferenzieren. Diese ist Ausgangspunkt für forschendes Lernen. Aus den Erfahrungen formen Kinder Erwartungen, Theorien, Hypothesen. Sie machen sich Vorstellungen über mögliche Zusammenhänge und überprüfen dies, indem sie die Dinge genauer untersuchen (vgl. Schäfer, 2003; Zimmer, 2007b).

Das Ziel pädagogischer Arbeit muss sein, einerseits die Selbstbildungspotenziale der Kinder zu unterstützen und herauszufordern, andererseits durch eine anregende Begleitung ihr Interesse an der Welt wach zu halten und ihrer Neugier zu begegnen.

12.3.1 Bild des Kindes

Pädagogisches Handeln ist immer davon abhängig, welches Menschenbild wir haben, welches Bild des Kindes unser Handeln leitet. Das Menschenbild entscheidet über Inhalte und Methoden pädagogischen Wirkens.

Das Kind ist ein soziales Wesen. Es ist auf die Interaktion mit anderen angewiesen und wird in seiner Entwicklung geprägt durch die Qualität seiner sozialen Beziehungen. Kinder entwickeln im täglichen Umgang mit anderen soziale Fähigkeiten, die die Voraussetzung für das soziale Miteinander bilden. Sie übernehmen zunehmend soziale Verantwortung und lernen, mit Konflikten umzugehen. Positive soziale Erfahrungen tragen zur Entwicklung sozialer Kompetenzen bei, hierfür sind Kinder auf ein Übungsfeld in einer sozialen Gemeinschaft angewiesen, in der sie Chancen zum Aufbau von Bindung und Beziehung haben.

Das Kind ist ein Bewegungswesen, es ist auf Wahrnehmung und Bewegung angewiesen, um sich ein Bild von sich selbst zu machen, um die eigenen Fähigkeiten einzuschätzen und sich die Welt aktiv anzueignen. Dabei spielen insbesondere die körpernahen Sinne eine wichtige Rolle: Wahrnehmung über die Körpersinne, die Haut, über die Bewegung und das Gleichgewichtsempfinden, die Wahrnehmung der eigenen Position und Lage im Raum vermitteln dem Kind ein Bild von der Welt und von sich selbst in ihr.

Das Kind ist ein von Anfang an aktiv lernendes, kompetent handelndes Wesen, das seine eigene Entwicklung vorantreibt und seine Umwelt deutet. Es benötigt jedoch auch Bezugspersonen, die es in seinem Bedürfnis nach forschendem und entdeckendem Lernen unterstützen, die ihm Anregungen und Herausforderungen geben und damit neue Erfahrungsmöglichkeiten eröffnen.

Ein solches Menschenbild führt zu einem Erziehungs- und Bildungsverständnis, das Bewegung als elementare Handlungs- und Ausdrucksform des Kindes in den Vordergrund der pädagogischen Arbeit stellt und über sie die körperlich-motorische Entwicklung, aber auch die sozial-emotionale und kognitive Entwicklung unterstützen will. Es berücksichtigt einerseits die Selbstbildungsprozesse des Kindes, stützt sich aber auch auf die anregende und begleitende Rolle der Erzieherin durch Angebote und Herausforderungen (vgl. Fischer, 1996; Zimmer, 2006b).

12.3.2 Begründung von Bewegung im Kontext frühkindlicher Bildungsprozesse

Begreift man Kinder als neugierige, aktive, selbsttätige Menschen, die durch eigene Erfahrung und unbeirrbares Tätigsein Schwierigkeiten meistern und Unabhängigkeit und Selbstständigkeit entwickeln, dann geraten ihre Bewegungshandlungen besonders in das Blickfeld.

Im Vordergrund stehen dabei nicht nur die alltäglichen Bewegungsaktivitäten, die das Kind aus Lust an der Tätigkeit und aus Freude an allen körperlich-sinnlichen Erfahrungen vollzieht, sondern auch die Bewegungsangebote, die von der Erzieherin für die Kinder geplant, betreut und reflektiert werden.

Bewegungserziehung umfasst freie, selbstbestimmte Bewegungsaktivitäten der Kinder, insbesondere aber auch angeleitete, auf die besonderen Bedürfnisse und Voraussetzungen der Kinder abgestimmte Angebote. Dass Bewegungserziehung im Rahmen frühkindlicher Bildungsprozesse einen besonderen Stellenwert genießt, kann aus unterschiedlichen theoretischen Perspektiven begründet werden (vgl. Zimmer, 2006a, S. 26 ff.):

– Aus anthropologischer Sicht ist der Mensch ein auf Bewegung und Erfahrung angelegtes Wesen, das des Einsatzes aller Sinne bedarf, um sich ein Bild über die Welt und sich selbst in ihr zu machen.

– Aus entwicklungspsychologischer Sicht benötigt das Kind vielfältige Gelegenheiten zum Explorieren und Erkunden seiner dinglichen und räumlichen Umwelt über Spiel und Bewegung.

– Aus lernpsychologischer und neurophysiologischer Sicht bilden Wahrnehmung und Bewegung die Grundlage kindlichen Lernens.

– Aus sozialökologischer Sicht sind Bewegungsangebote notwendig, um die durch den gesellschaftlichen Wandel bedingten Defizite der heutigen Lebenssituation auszugleichen

– Aus gesundheitspädagogischer Sicht ist es unerlässlich, der Vielzahl der Bewegungsmangel-Erkrankungen, die viele Kinder bereits bei der Einschulung aufweisen, entgegenzuwirken.

– Aus der Sicht der Unfallprävention und Sicherheitserziehung ist es unabdingbar, die motorischen Fähigkeiten der Kinder zu trainieren, um Unfällen vorzubeugen.

12.4 Gemeinsamer Rahmen der Länder für die frühe Bildung in Kindereinrichtungen

1974 wurde von der Jugendministerkonferenz (JMK, 2004) ein gemeinsamer Rahmen der Länder für die frühe Bildung in Kindereinrichtungen beschlossen. Den grundlegenden Bildungsauftrag des Kindergartens hervorzuheben und klare Aussagen dazu zu machen, wie dieser Auftrag wahrgenommen und umgesetzt werden soll, ist das Anliegen, das mit der Herausgabe von Bildungs- bzw. Erziehungs- oder Orientierungsplänen für den Elementarbereich verbunden ist. Die bildungspolitische Bedeutung der Tageseinrichtungen für Kinder – insbesondere die des Kindergartens – als *Elementarbereich des Bildungswesens* soll hervorgehoben werden und eine verbindliche Beschreibung seines Bildungsauftrags vorgenommen werden. Insofern können die Bildungspläne auch als Instrumente zur Sicherung von Bildungsqualität angesehen werden.

12.4.1 Die Bildungspläne der Bundsländer

Inzwischen haben alle 16 Bundesländer ihre eigenen Bildungspläne erstellt. Sie unterscheiden sich bereits in der Benennung: So gibt es z. B. das Berliner Bildungsprogramm, die Bildungsempfehlungen in Rheinland-Pfalz, den Orientierungsplan für Bildung und Erziehung in Niedersachen und den Bayerischen Erziehungs- und Bildungsplan. Es sind nicht allein Begriffe, die die Bildungspläne voneinander unterscheiden, sondern auch unterschiedliche konzeptionelle Ansätze.

Auch der Umfang schwankt beträchtlich: In Bayern liegt beispielsweise *Der Bayerische Bildungs- und Erziehungsplan für Kinder in Tageseinrichtungen bis zur Einschulung* in einer überarbeiteten Fassung auf fast 500 Seiten vor. Das Land Brandenburg stellt seine *Grundsätze elementarer Bildung in Einrichtungen der Kindertagesbetreuung im Land Brandenburg* auf 25 Seiten dar. Zum Teil umfassen die Bildungspläne den Anspruch, Bildung von Geburt an zu verankern und über einen langen Zeitraum festzuschreiben. Der *Bildungs- und Erziehungsplan für Kinder von null bis zehn Jahren in Hessen* ist hierfür ein Beispiel. In Niedersachsen dagegen wendet sich der *Orientierungsplan für Bildung und Erziehung im Elementarbereich niedersächsischer Tageseinrichtungen für Kinder* nur an die Altersgruppe der 3- bis 6-Jährigen wie auch das *Bildungsprogramm für Saarländische Kindergärten*. Einzelne Bundesländer haben umfangreiche Programme aufgelegt, in denen der jeweilige Bildungsplan fachlich entwickelt, in der Praxis umgesetzt, erprobt und anschließend überarbeitet wird. In anderen Ländern handelt es sich lediglich um knappe Leitlinien bzw. eine kompakte Rahmung des Erziehungs- und Bildungsauftrages von Kindertageseinrichtungen. Die Bildungspläne unterscheiden sich daher sowohl in der Form, in ihrem Umfang sowie in ihren Inhalten als auch in ihrer Intention eher einen fachlichen Rahmen zu bieten oder praxisrelevante Aussagen aus dem jeweiligen Bildungsverständnis zu entwickeln und den Erzieherinnen an die Hand zu geben.

Der Grad der Verbindlichkeit ist sehr unterschiedlich: Die meisten Bundesländer haben versucht, die Verbindlichkeit durch Vereinbarungen mit den Trägerverbänden der Jugendhilfe und der Kommunen abzuschließen, nur der Bayerische Bildungs- und Erziehungsplan ist gesetzlich verankert.

Neben diesen äußeren Merkmalen gibt es aber auch inhaltliche und konzeptionelle Unterschiede, die sich eher auf das zugrunde liegende Erziehungs- und Bildungsverständnis und die sogenannten Lernfelder, Bildungsbereiche oder Erfahrungsfelder beziehen.

12.4.2 Bildungsbereiche

Nach Beschluss der deutschen Jugendministerkonferenz vom Mai 2004 sollen vorschulische Bildungspläne folgende Bildungsbereiche umfassen:

- Sprache, Schrift und Kommunikation
- Personale und soziale Entwicklung
- Mathematik, Naturwissenschaft, (Informations-)Technik
- Musische Bildung – Umgang mit Medien
- Körper, Bewegung, Gesundheit
- Natur und kulturelle Umwelten

Die Bildungsbereiche orientieren sich an Erfahrungswelten der Kinder und weniger an Fachdisziplinen.

Dem *Orientierungsplan für Bildung und Erziehung in Tageseinrichtungen für Kinder in Baden-Württemberg* liegt ein mehrperspektivisches Verständnis von Bildung zugrunde. Bildung und Erziehung werden als ein dynamisch gekoppelter und mit der Umwelt kontextualisierter Prozess angesehen (vgl. MKJS BW, 2006, S. 26). Aus dieser Perspektive heraus orientiert sich die Strukturierung der Bildungs- und Entwicklungsfelder im Vergleich zu anderen Bildungsplänen nicht an Lernfeldern, sondern an elementaren Ausdrucksformen und Fragen der Kinder: Körper, Sinne, Sprache, Denken, Gefühl und Mitgefühl, Sinn und Werte. Ebenso wird bei der Beantwortung der Frage nach möglichen Bildungsinhalten bewusst aus der Perspektive des Kindes gefragt: Was braucht das Kind? Wie erfährt das Kind die Welt? Wie wird es Mitglied der Gemeinschaft? Das Kind wird als Akteur seines lebenslangen Bildungsweges gesehen und steht damit im Zentrum der Aktivitäten. Die Interaktionen des Kindes vollziehen sich dabei mit den Erziehungspersonen und anderen

Menschen. Der Bildungsplan ist an die Altersgruppe der 3- bis 6-Jährigen in Kindergärten gerichtet.

Eine andere Systematik liegt dem Bayerischen Bildungsplan zugrunde. Zunächst werden Basiskompetenzen definiert:

- Personale Kompetenzen
- Kompetenzen zum Handeln im sozialen Kontext
- Lernmethodische Kompetenz
- Kompetenz im Umgang mit Veränderungen und Belastungen

Der Erwerb und die Stärkung dieser Basiskompetenzen werden als oberste Zielsetzung der Erziehungs- und Bildungsarbeit im Elementarbereich angesehen.

Erst dann werden Bildungs- und Erziehungsbereiche genannt, die in einem besonders engen Zusammenhang zueinander stehen. Sie gelten zugleich als Begründung für pädagogisches Handeln und für die thematische Auswahl von Lernfeldern in Kindertageseinrichtungen:

- Wertorientiert und verantwortungsvoll handelnde Kinder
- Sprach- und medienkompetente Kinder
- Fragende und forschende Kinder
- Künstlerisch aktive Kinder
- Starke Kinder

Zu dem Bereich „Starke Kinder" gehören *Bewegung, Rhythmik, Tanz und Sport* und *Gesundheit*. Auf sie wird weiter unten ausführlicher eingegangen.

12.4.3 Institutionelle Bezüge

Die meisten Bildungspläne sind auf die Institution Kindergarten ausgerichtet. Das hat den Vorteil, dass institutionelle Zwänge, wie sie sich in der Schule ergeben (Fächer, Noten, Versetzung) nicht angesprochen werden müssen. Allerdings gibt es auch Kritik an dieser Trennung. Fthenakis (2007, S. 46 f.) unterscheidet nach Bildungsplänen der ersten und der zweiten Generation:

> Der Nachteil der Bildungspläne der ersten Generation liegt auf der Hand: Sie fokussieren auf eine Stufe des Bildungssystems und obwohl sie das Kind in den Mittelpunkt stellen, verstärken sie mittelbar eine an sich zu überwindende Bildungsstruktur, die die Bildungsbereiche deutlich voneinander trennt und den Bildungsverlauf deshalb diskontinuierlich gestaltet.

Nach Ansicht des Autors fehlt eine Verständigung auf zentrale Lernfelder, die Bildungspläne würden außerdem nicht zwischen Lernfeldern und den zu stärkenden Kompetenzen differenzieren.

Bildungspläne der zweiten Generation, zu denen der *Hessische Bildungs- und Erziehungsplan für Kinder von null bis zehn Jahren* zählt, haben dagegen weniger die Institution als das Kind im Blick und sind eher institutionsübergreifend angelegt. Sie fordern Konsistenz im Bildungsverlauf und befassen sich vor allem auch mit den Übergängen im Bildungssystem (Familie – Kindergarten, Kindergarten – Schule). Dies steht in Zusammenhang mit der Forderung, der Organisation von Bildungsprozessen auch über den Elementarbereich hinaus mehr Bedeutung beizumessen und für deren konsistente Weiterführung auch im Grundschulbereich Sorge zu tragen.

Insgesamt muss bei der Diskussion um den Geltungsbereich der Bildungspläne jedoch auch bedacht werden, dass vor-schulische Institutionen einen viel höheren Entscheidungsspielraum haben als schulische Institutionen. Die Schulentwicklungsdebatte zeigt, dass hier Entscheidungsprozesse gemessen am Elementarbereich eher von Trägheit gekennzeichnet sind.

Es ist fragwürdig, ob sich die Schulbürokratie durch Bildungspläne ändern lässt, ist sie doch bereits seit Jahren resistent gegen innere Reformen, die z. B. eine Auflösung des dreigliedrigen Bildungssystems anstreben. Ein Blick in europäische Nachbarländer, die in den Bildungsvergleichsstudien in der Regel sehr gut abgeschnitten haben (Schweden, Finnland), zeigt, dass es von Vorteil ist, Kinder länger gemeinsam zu unterrichten, sie nach ihren individuellen Fähigkeiten zu fördern und nicht zu früh auf verschiedene Schulformen aufzuteilen. So lange diese Diskussion nicht zu tragfähigen Lösungen kommt, sollte sich der Elementarbereich seine Selbstständigkeit und damit die Chance einer Umsetzung innovativer Bildungskonzepte bewahren.

12.5 Bewegung als ein zentraler Bildungsbereich in den Bildungsvereinbarungen der Bundesländer

In allen Bildungsplänen ist Bewegung als ein eigenständiger Bildungsbereich aufgeführt (vgl. Tab. 12.1), z. T. nimmt sie sogar eine deutlich herausragende Stellung ein; im Bildungsplan von Nordrhein-Westfalen steht sie z. B. an der ersten Position von vier Bildungsbereichen.

Die Übersicht macht deutlich, dass Umfang und Einordnung der Bewegung beträchtliche Unterschiede aufweisen, sie müssen jedoch auch in Relation zum Gesamtumfang des Bildungsplans gesehen werden. Während Niedersachsen z. B. dem Thema *Körper, Bewegung, Gesundheit* knapp zwei Seiten widmet, geht der Bayerische Bildungs- und Erziehungsplan auf 17 Seiten ins Detail. Die Darstellung des Bildungsbereichs reicht von der Formulierung der hier relevanten Bildungs- und Erziehungsziele bis zur Beschreibung von konkreten Beispielen zur praktischen

Umsetzung. Ob diese allerdings dann tatsächlich so konkret sein müssen, dass das Arrangement von Geräten für die Gestaltung einer Bewegungslandschaft aufgeführt wird oder eine „Angeleitete Bewegungsstunde für Kinder über drei Jahren" beschrieben werden muss, sei dahingestellt. An dieser Stelle nimmt der Bildungsplan fast den Charakter einer Handreichung an; die einzelnen Phasen einer Bewegungsstunde werden detailliert beschrieben.

Tab. 12.1. Übersicht über die Bildungspläne der Bundesländer

Bundesland	Titel	Bewegung in den Bildungsbereichen
Baden-Württemberg	Orientierungsplan für Bildung und Erziehung in Tageseinrichtungen für Kinder in Baden-Württemberg	Bildungs- und Entwicklungsfeld Körper
Bayern	Der Bayerische Bildungs- und Erziehungsplan für Kinder in Tageseinrichtungen bis zur Einschulung	Themenbezogene Förderschwerpunkte: Bewegung, Rhythmik, Tanz und Sport
Berlin	Berliner Bildungsprogramm	Bildungsbereich Körper, Bewegung und Gesundheit
Brandenburg	Grundsätze elementarer Bildung in Einrichtungen der Kindertagesbetreuung im Land Brandenburg	Bildungsbereich Körper, Bewegung und Gesundheit
Bremen	Rahmenplan für Bildung und Erziehung im Elementarbereich	Bildungsbereich Körper und Bewegung
Hamburg	Hamburger Bildungsempfehlungen für die Bildung und Erziehung von Kindern in Tageseinrichtungen	Bildungsbereich Körper, Bewegung und Gesundheit
Hessen	Bildung von Anfang an – Bildungs- und Erziehungsplan für Kinder von 0 bis 10 Jahren	Bereich Bewegung und Sport
Mecklenburg-Vorpommern	Rahmenplan für die zielgerichtete Vorbereitung von Kindern in Kindertageseinrichtungen auf die Schule	Bildungs- und Erziehungsbereich Bewegungserziehung
Niedersachsen	Orientierungsplan für Bildung und Erziehung im Elementarbereich niedersächsischer Tageseinrichtungen für Kinder	Lernbereich Körper – Bewegung – Gesundheit
Nordrhein-Westfalen	Bildungsvereinbarung NRW. Fundament stärken und erfolgreich starten	Bildungsbereich Bewegung
Rheinland-Pfalz	Bildungs- und Erziehungsempfehlungen für Kindertagesstätten in Rheinland-Pfalz	Bildungs- und Erziehungsbereich Bewegung
Saarland	Bildungsprogramm für saarländische Kindergärten. Handreichungen für die Praxis	Bildungsbereich 1: Körper – Bewegung – Gesundheit
Sachsen	Der sächsische Bildungsplan – ein Leitfaden für pädagogische Fachkräfte in Kinderkrippen und Kindergärten	Bildungsbereich 2.1: Somatische Bildung (roter Themenbereich)

Sachsen-Anhalt	Bildung als Programm für Kindertageseinrichtungen in Sachsen-Anhalt	Bildungsbereich Körper, Bewegung und Gesundheit
Schleswig-Holstein	Erfolgreich starten – Leitlinien zum Bildungsauftrag von Kindertageseinrichtungen	Bildungsbereich Körper, Gesundheit und Bewegung
Thüringen	Thüringer Bildungsplan für Kinder bis 10 Jahre	Motorische und gesundheitliche Bildung

Einen besonderen Stellenwert nehmen in einem anderen Zusammenhang die Bildungsempfehlungen aus Nordrhein-Westfalen ein. Sie umfassen insgesamt vier Bereiche:

- Bewegung
- Spielen, Gestalten und Medien
- Sprache(n)
- Natur und kulturelle Umwelten

Unter dem Aspekt der Bildungsziele wird betont, dass der Begriff *Bildung* nicht nur die Aneignung von Wissen und Fertigkeiten umfasst, sondern dass es vielmehr darum gehe,

> Kinder in allen ihnen möglichen, insbesondere in den sensorischen, motorischen, emotionalen, ästhetischen, kognitiven, sprachlichen und mathematischen Entwicklungsbereichen zu begleiten, zu fördern und herauszufordern. Die Entwicklung von Selbstbewusstsein, Eigenständigkeit und Identität ist Grundlage jedes Bildungsprozesses (MSJK NRW, 2003, S. 6).

Die Handreichungen zur Entwicklung von Bildungskonzepten zeigen dann ausdrücklich Querverbindungen auf, z. B. wird auch die Sprachförderung mit den Sinneserfahrungen und Bewegungshandlungen in Verbindung gebracht.

Auch der *Bayerische Erziehungs- und Orientierungsplan* betont den besonderen Stellenwert von Bewegung:

> Bewegung gilt zu Recht als wesentlicher Bestandteil der Erziehung des Kindes. Im Vorschulalter ist Bewegung unverzichtbar, um der natürlichen Bewegungsfreude des Kindes Raum zu geben, das Wohlbefinden und die motorischen Fähigkeiten zu stärken sowie eine gesunde Entwicklung zu gewährleisten. Darüber hinaus ist Bewegung für die Entwicklung von Wahrnehmungsleistungen, kognitiven Leistungen und sozialen Verhaltensweisen bedeutsam (Bayerisches Staatsministerium für Arbeit und Sozialordnung, Familie und Frauen & Staatsinstitut für Frühpädagogik, 2006, S. 354).

12.5.1 Querverbindungen zwischen Bewegung und anderen Bildungsbereichen

Zwar werden in den Bildungsplänen die jeweiligen Lernfelder und Bildungsbereiche getrennt voneinander aufgeführt, es wird jedoch immer wieder betont, dass diese nicht isoliert voneinander betrachtet werden dürfen. Eine Verbindung der Bereiche untereinander wird jedoch nur in wenigen Fällen hergestellt.

Eine Ausnahme bildet die nordrhein-westfälische Bildungsvereinbarung, mit 22 Seiten die bei Weitem schmalste Vorlage. Vier ganzheitlich orientierte und gleich strukturierte Bildungsbereiche geben in kompakter Form praxisbezogene Anregungen für Bildungsanlässe in Kindertagesstätten. Die Bildungsbereiche heißen „Bewegung", „Spielen und Gestalten, Medien", „Sprache(n)" und „Natur und kulturelle Umwelt(en)" (vgl. MSJK NRW, 2003, S. 7). Die insgesamt sehr kompakte Darlegungsform der Handreichung soll es Einrichtungen und Trägern ermöglichen, eigene Konzepte weiterzuentwickeln und wird sowohl als Orientierungsrahmen und als eine offene Ausgangsbasis angesehen (vgl. ebd., S. 12).

Der Einfluss der Bewegung und der Sinneswahrnehmung auf die frühkindliche Entwicklung und Bildung wird hier in allen Bildungsbereichen erkannt und eingebracht. Die durchgängig verwendete Matrix zur Erschließung der Bildungsbereiche ermöglicht einen ganzheitlichen und zugleich strukturierten Zugang zu Bildungsinhalten aus der Perspektive der Kinder. Sinneserfahrungen über unterschiedliche Kanäle (Körpersinne, Fernsinne) dienen der Differenzierung der Wahrnehmung und Emotionsbildung.

Im Bildungsbereich „Spielen und Gestalten, Medien" heißt es, dass die Kinder während des Spiels umfassend von ihren Körpersinnen Gebrauch machen sollen. Hierzu müssen ihnen ausreichend und differenzierte Möglichkeiten zur Bewegung bereit stehen (vgl. MSJK NRW, 2003, S. 14). Die ganzheitliche Ausprägung kindlicher Wahrnehmung kommt vor allem in folgender Aussage zum Ausdruck:

> Kindliches Spielen unterscheidet keine Sinneskanäle. Alle Wahrnehmungsmöglichkeiten, die innerhalb eines Spiels Bedeutung gewinnen können, werden eingesetzt und damit weitergebildet und in ihrer Spezifität gesteigert (MSJK NRW, 2003, S. 15).

Auch im Bildungsbereich „Sprache(n)" wird die zentrale Bedeutung der Körpersinne für das Sprechen und jegliche Spracherfahrung betont: „Das differenzierte handelnde Begreifen wird als unerlässliche Grundlage für sprachliches Begreifen gefördert" (MSJK NRW, 2003, S. 18). Im weiteren Verlauf beinhaltet die Matrix leider einen Darstellungsfehler, da Bewegungsaktivitäten und Tonusregulation den Fernsinnen zugeordnet werden. Richtigerweise dürfte die Trennlinie innerhalb der Tabelle zu dem Punkt der Differenzierung von Wahrnehmungserfahrung über die Körpersinne erst nach folgendem Abschnitt stehen:

> Kinder erhalten viele unterschiedliche Gelegenheiten zur Anspannung der Muskeln des ganzen Körpers (Tonusregulation), z. B. im Außengelände oder beim Bauen mit Großmaterialien. Durch rhythmisch-musikalische Bewegungsangebote werden Atmung, Sprechmotorik und Bewegungskoordination der Kinder aktiviert (MSJK NRW, 2003, S. 18).

Eine Überarbeitung der Handreichung ist somit an dieser Stelle erforderlich, um deren übersichtliche Form durch inhaltliche Mängel nicht abzuwerten.

Die Differenzierung von Wahrnehmungserfahrung über die Körper- und Fernsinne spielt auch im Bildungsbereich „Natur und kulturelle Umwelt(en)" eine wesentliche Rolle:

> Kinder erfahren das Außengelände der Einrichtung als sinnlich anregend, vielfältig und veränderbar. Es bietet Anregungen für alle Sinne, z. B. durch Formenvielfalt, Kleinzelligkeit, Höhenunterschiede, unterschiedliche Bodenstrukturen, Rückzugsmöglichkeiten (MSJK NRW, 2003, S. 20).

Der Rezeption und Ausgestaltung der Wahrnehmung werden durch unterschiedliche Verarbeitungsformen, die Erzieher/innen auf verschiedenen Ebenen anregen sollen, unterstützt. Auch in diesem Bildungsbereich wird die Bedeutung der Natur und gerade die Bewegung in ihr als wesentliche Ausgangslage zur Gewinnung von Erkenntnissen über diese angesehen:

> Kinder bringen die Fähigkeit zu ‚vielsinniger' Wahrnehmung mit. Die Natur bietet ihnen die beste Möglichkeit, diese Fähigkeit weiter zu differenzieren. In natürlichen bzw. naturnah gestalteten Räumen können die Kinder sowohl visuelle als auch akustische, körperliche, atmosphärische und emotionale Informationen gleichzeitig aufnehmen und verarbeiten (MSJK NRW, 2003, S. 20).

Damit sind wesentliche Annahmen, Prinzipien und Angebote des Bildungsbereichs „Bewegung" in alle anderen Bildungsbereiche aufgenommen und eingewoben.

Abgesehen von wenigen Ausnahmen (Bayern, NRW) ist die Verbindung zwischen den Bildungsbereichen in den meisten Bildungs- und Erziehungsplänen nicht thematisiert. In der Präambel des Berliner Bildungsprogramms wird zwar ausdrücklich auf die Bedeutung der Bewegung bei der Sprachförderung hingewiesen:

> Die Sprachförderung hat im Bildungsprogramm eine besondere Bedeutung. Ihr ist nicht nur ein eigener Bildungsbereich gewidmet, sie wird gleichzeitig als ein durchgängiges Förderprinzip für die Arbeit in den anderen Bildungsbereichen beschrieben: Eine ausreichende Entwicklung der Sinne und der Bewegungsfähigkeit und eine gute Kommunikationskultur sind wesentliche Voraussetzung für eine gelungene Sprachentwicklung; und schließlich kann Sprache nur dort gefördert werden, wo vielfältige und anregende Erfahrungen gemacht werden, über die es sich zu reden lohnt (Senatsverwaltung für Bildung, Jugend und Sport, 2004, S. 7).

In der Beschreibung der jeweiligen Bildungsbereiche wird die unmittelbare Aufeinanderbezogenheit jedoch nicht mehr erkennbar.

Das folgende Beispiel zeigt, wie ein zentraler Bildungsbereich – die *mathematischnaturwissenschaftliche Bildung* – im Kontext der Bewegung zu einem idealen Erfahrungsfeld für den Erwerb naturwissenschaftlicher Basiskompetenzen wird:

Physikalische Gesetzmäßigkeiten, Phänomene in der Natur – sie umgeben die Kinder im Alltag und scheinen auf den ersten Blick selbstverständlich. Aber Kinder lernen erst dann etwas aus diesen scheinbar alltäglichen Situationen, wenn sie sich der Phänomene bewusst sind. Warum wird ein mit ausgestrecktem Arm getragener Gegenstand als schwerer empfunden, als wenn er mit angewinkeltem Arm getragen wird?

Lernen muss allerdings in Sinnzusammenhängen erfolgen. Im Spiel mit physikalischen Kräften entwickelt sich das Interesse an Zusammenhängen. Sie sind nicht losgelöst von der konkreten Spielsituation, allerdings entdecken die Kinder manche Phänomene erst dann, wenn die Erzieherin sie darauf aufmerksam macht. Gespräche mit Kindern und das Reflektieren der Beobachtungen bringt das kindliche Nachdenken über die Dinge in Gang.

Bewegungsspiele bieten vielfältige Gelegenheiten, in denen Kinder sich mit physikalischen Gesetzmäßigkeiten (Schwerkraft, Gleichgewicht, Schwung, Erfahren der Bremskräfte, der Fliehkraft) auseinandersetzen oder in denen sie z. B. die Tragfähigkeit des Wassers am eigenen Leib erleben. Naturwissenschaftliche Phänomene werden sinnlich erfahren und im Experimentieren systematisch weiter erforscht. Wissen und Kompetenzen werden kontinuierlich erweitert, verschiedene Lernwege ausprobiert, Problemlösungsstrategien entwickelt.

12.5.2 Bewegungsförderung als Querschnittaufgabe frühkindlicher Bildung und Erziehung

Die o. g. Beispiele machen deutlich, wie eng Bewegung mit anderen Bildungsbereichen verbunden ist, wie sich in und aus Bewegungssituationen Anlässe für das Lernen in Sinnzusammenhängen ergeben. Solche Parallelen und Querverbindungen sind auch in anderen Bildungsbereichen zu finden (vgl. auch Kap. 14). Zahlen und geometrische Formen können über Bewegung erfasst, Zahlenwege vorwärts und rückwärts nachgegangen werden, um so die Ordnungsstruktur von Zahlen zu erkennen. So unterstützen körperlich-motorische Handlungen mathematische Lernprozesse (vgl. Hasemann, 2004).

Bewegung ist als Medium der Vermittlung grundlegender kognitiver, emotionaler und sozialer Lernprozesse zu verstehen, die auch für andere Bildungsbereiche Geltung haben und diese unterstützen können. Bewegungsförderung kann damit als eine Querschnittaufgabe frühkindlicher Bildung und Erziehung aufgefasst werden.

12.6 Projekte und Initiativen zur frühkindlichen Bewegungsförderung

Die zunehmende Beachtung von Bewegung als Basis für kindliche Bildungsprozesse kommt nicht nur in den Bildungs- und Orientierungsplänen zum Ausdruck, sie führt auch dazu, dass so unterschiedliche Institutionen wie Kommunen, Trägerverbände von Kindertageseinrichtungen, Ministerien und Sportorganisationen vielfältige Anstrengungen ergriffen haben, Bewegung, Spiel und Sport stärker als bisher in der Alltagswelt von Kindern zu verankern. Ein Resultat dieser Entwicklung ist die Gründung von Sport- und Bewegungskindergärten, die z. T. in der Trägerschaft von Elterninitiativen, z. T. in Kooperation mit Sportvereinen entstanden sind (vgl. LandesSportBund Hessen [LSB Hessen], 2005; Schaffner, 2004; Zimmer, 2006a). Von den vielen länderspezifischen Initiativen zum Thema *Bewegungskindergarten* und *Bewegter Kindergarten* sollen im Folgenden einige Beispiele beschrieben werden.

12.6.1 Sport- und Bewegungskindergärten

Der niedersächsische Landtag verabschiedete 2004 eine Entschließung mit dem Ziel:

- die grundlegende und intensive Bewegungserziehung als unverzichtbaren Bestandteil der Erziehung und Bildung in den Kindertagesstätten weiter auszubauen,
- dazu Ausbildungskonzepte für Übungsleiter *Bewegung im Kindergarten* zu entwickeln und entsprechende Pilotprojekte durchzuführen,
- Konzepte zur Zusammenarbeit von Kindertagestätte und Sportverein zu entwickeln.

Unter Federführung des Niedersächsischen Kultusministeriums wurde die *Qualitätsoffensive Bewegungserziehung im Elementarbereich* gestartet.
Innerhalb von drei Jahren sollen im halbjährlichen Zyklus alle Regionen Niedersachsens mit einem sogenannten Rollplan erreicht werden. Er soll Kinder, Eltern und Erzieher/innen zu einem vielfältig bewegten Kindergarten anregen. Theorie und Praxis der Bewegungserziehung sollen eng verzahnt werden durch eine gute Zusammenarbeit der Ausbildungsschulen für Erzieher/innen und Projekt-Kindergärten aus deren Umfeld. Der gemeinsame Umgang mit geeignetem Beobachtungs- und Bewegungsmaterial sollte durch Fortbildungen begleitet werden.
In diesem Zusammenhang wurde ein sogenanntes „Markenzeichen Bewegungskita" verliehen, das als Motivation, Anerkennung und Instrument dienen sollte, um Bewegung in Kindertagesstätten zu unterstützen und eine ganzheitliche Förderung der Gesamtpersönlichkeit und des Lernens aller Kinder durch Bewegung auszubauen. Für die Kitas, die sich Bewegung als besonderen Schwerpunkt ihrer pädagogischen Arbeit wählen, entwickelte der *Qualitätszirkel Bewegungskita* ein Markenzeichen, das am Ende eines auf die jeweilige Kita zugeschnittenen Qualifizierungsprozesses verliehen werden kann. Dafür wurden:

- einheitliche Standards für Bewegungskindertagesstätten entwickelt,

- Weiterbildungsmaßnahmen für Erzieherinnen geplant und
- die fortlaufende Betreuung und Evaluation der Bewegungskindertagesstätten angestrebt (www.markenzeichen-bewegungskita.de).

Auch die Sportjugend Nordrhein-Westfalen vergibt an Kindergärten das Gütesiegel „Anerkannter Bewegungskindergarten der Sportjugend NRW", wenn bestimmte Anforderungen erfüllt sind.

Zu diesen Kriterien gehören Anforderungen an die pädagogische Konzeption des Kindergartens, die Qualifikation der pädagogischen Fachkräfte, die Raumgestaltung und Materialausstattung, die Bewegungsangebote und an die Eltern- und Öffentlichkeitsarbeit. Der Träger des Kindergartens muss Mitglied des LandesSportBundes Nordrhein-Westfalen sein oder eine Kooperationsvereinbarung mit einem ortsansässigen Verein abschließen.

So muss z. B. Bewegungserziehung als Prinzip im pädagogischen Konzept der Einrichtung festgeschrieben werden; das gesamte Team des Kindergartens muss eine Übungsleiterlizenz „Bewegungserziehung im Kleinkind- und Vorschulalter" des LandesSportBundes oder eine gleichwertige Ausbildung nachweisen; darüber hinaus muss die regelmäßige Teilnahme an Fortbildungsveranstaltungen zur Bewegungserziehung/Psychomotorik nachgewiesen werden.

Es müssen ein geeigneter Bewegungs- bzw. Mehrzweckraum und eine kindgerechte Geräteausstattung zur Verfügung stehen; pro Kindergartenjahr müssen mindestens zwei Elternabende mit Informationen über Bewegung, Spiel und Sport durchgeführt werden.

Sind die vorgegebenen Bedingungen erfüllt, kann ein Antrag auf Verleihung des Zertifikates gestellt werden. Daraufhin erfolgt eine Besichtigung vor Ort durch die Sportjugend NRW, nach positiver Beurteilung erhält die antragstellende Kindertagesstätte das Zertifikat „Anerkannter Bewegungskindergarten" und der kooperierende Sportverein die Anerkennung als „Kinderfreundlicher Sportverein". Anschließend finden mindestens einmal jährlich Kontroll- und Beratungsbesuche in der Einrichtung statt (vgl. Sportjugend NRW [SJ NRW], 2003).

Eine solche Initiative vonseiten der Sportorganisationen kann die oft nur informelle Zusammenarbeit von Vereinen und Kindergärten verlässlicher gestalten, da beide Seiten eine Verpflichtung zur gegenseitigen Unterstützung eingehen müssen.

Die oben beschriebenen Initiativen eines Kultusministeriums und eines Landessportbundes, die es auch in anderen Bundesländern in vergleichbarer Weise gibt, (vgl. LSB Hessen, 2005) gehen von einer engen Kooperation zwischen Sportorganisiationen und Kindergärten aus. Der Kindergarten ist jedoch eine Einrichtung der Kinder- und Jugendhilfe und damit den Sportorganisationen nicht unterstellt. Es gibt auch sicherlich eine Reihe anderer Kooperationsmöglichkeiten; sogar ganz ohne

Sportverein kann ein Kindergarten zum Bewegungskindergarten werden. Die Bezeichnung „Bewegungskindergarten" ist kein geschützter Begriff, der nur von Sportverbänden oder Ministerien vergeben werden kann. Sie weist eher auf das Profil der Einrichtung hin, welches sich aufgrund der konzeptionellen Schwerpunktsetzung ergibt (vgl. Zimmer, 2006a). Daraus lassen sich Konsequenzen für die Raumgestaltung, die Bewegungsangebote und die bewegungspädagogische Qualifizierung des Personals ableiten.

Die Kooperation mit einer Sportorganisation kann durchaus zu Synergieeffekten für beide Seiten führen, sie ist jedoch nicht notwendigerweise Bedingung für die Profilgestaltung.

12.6.2 Bewegungsorientierte Projekte

Ein von 2005 bis 2007 an der Universität Osnabrück durchgeführtes Projekt „Bewegungs- und Gesundheitsförderung in Kindertagesstätten" hatte das Ziel, Gesundheitsförderung in Regelkindergärten durch unterschiedliche Maßnahmen zu implementieren. Der Schwerpunkt lag in der Konzeption, Erprobung und Auswertung von Maßnahmen, die die Grundlage dafür schaffen, dass bereits in Kindertageseinrichtungen die Basis für eine gesunde Lebensführung gelegt wird.

Ziel war die Stärkung der Basiskompetenzen, die ein Kind benötigt, um den Anforderungen des Alltags gerecht zu werden und die sich täglich stellenden Herausforderungen bewältigen zu können.

An einer ausgewählten Stichprobe (Kindergärten aus Niedersachsen und Nordrhein-Westfalen) wurde zunächst eine Bestandsaufnahme der motorischen und sensorischen Entwicklung von Kindern erhoben, um so besondere Schwachpunkte, aber auch besondere Stärken der Kinder herauszuarbeiten.

Darauf aufbauend wurden Schwerpunkte bearbeitet, die auch aus der Sicht der befragten Erzieherinnen häufige Belastungssituationen darstellen. Dazu gehörten:

- Umgang mit Stress und negativen Emotionen (Ärger, Wut),
- Förderung von Entspannung und Konzentrationsfähigkeit,
- Förderung der Sozialkompetenz,
- Unterstützung der Kommunikationsfähigkeit durch eine bewegungsorientierte Sprachförderung.

Zu den genannten Schwerpunkten wurden Module entwickelt, durch die eine schrittweise Bearbeitung des Themas in den Kindertagesstätten ermöglicht werden sollte.

30 Kindergärten nahmen an dem Projekt teil, sie entschieden sich zu Beginn jeweils für einen der Schwerpunkte.

Um die Auswirkungen der Fördermaßnahmen wissenschaftlich zu begleiten, erfolgte in der ersten Projektphase eine ausführliche Bestandserhebung der projektrelevanten Ausgangsbedingungen bei den Kindern. Dazu gehörten die motorischen Fähigkeiten der Kinder, die mithilfe des Motoriktest für 4- bis 8-jährige Kinder (MOT 4-8 Screen), einer modifizierten Fassung des Motoriktest für 4- bis 6-jährige Kinder (MOT 4-6), erhoben wurden (vgl. Zimmer, Dzikowski & Ruploh, 2007). Außerdem erfolgte eine Einschätzung des Selbstkonzeptes durch das Selbstkonzept-Inventar (SKI) und eine Beobachtung des Sozialverhaltens durch entsprechende Einschätzskalen (vgl. Zimmer, 2008a).

Aus der Vielfalt der Ergebnisse (vgl. auch Kap. 14) kann hervorgehoben werden, dass die mittleren Werte der Sozialkompetenz sich vom ersten zum zweiten Messzeitpunkt hochsignifikant verbesserten, ebenso konnte eine deutliche Verbesserung der Selbstkonzepteinschätzung festgestellt werden (vgl. Zimmer et al., 2007).

Auch auf dem Gebiet der fachlichen Qualifizierung von Erzieherinnen gibt es neue Formen der Fort- und Weiterbildung. Ein „Blended-Learning"-Seminar (Verbindung des Lernens über den virtuellen Weg des Internets, aber auch über den Austausch von Erfahrungen bei realen Treffen in Präsenzveranstaltungen) sollte Erzieherinnen unterstützen, ihre Kindergärten auf dem Weg zu gesundheitsbewussten, bewegungsorientierten Bildungseinrichtungen zu begleiten und so eine Grundlage für die Umsetzung des Bildungs- und Erziehungsauftrags zu schaffen (vgl. Ungerer-Röhrich, Eisenbarth, Thieme, Quante, Popp & Biemann, 2007).

Ziel des Seminars war es, in Kindergärten Voraussetzungen und Strukturen zu schaffen:

- die für die Kinder Lernen in einem bewegungsfreundlichen und gesundheitsbewussten Umfeld bedeuten,
- die den Kindern vielfältige Bewegungsgelegenheiten bieten,
- in denen Bewegung und Bildung verknüpft werden können, um die Potenziale der Kinder in vielfältiger Hinsicht entdecken und weiterentwickeln zu können.

Die Methode des E-Learnings wurde dabei als besonders günstig angesehen, sie bietet:

- fachliche Unterstützung: In jeder Einheit gibt es einen Baustein Wissen und Beispiele aus der Praxis,
- zeitliche und örtliche Unabhängigkeit bei der Bearbeitung der Einheiten, da sie im Internet jederzeit verfügbar sind,
- Aufgabenstellungen zu unterschiedlichen Themenbereichen, die in Kleingruppen kooperativ gelöst werden müssen: Für den virtuellen Austausch stehen im Internet Foren zur Verfügung,

- einen intensiven Erfahrungsaustausch: Im Online-Seminar erworbene Ideen und Anregungen werden unmittelbar in der eigenen Einrichtung ausprobiert und die Erfahrungen anschließend in der Online-Gruppe diskutiert; dies führt zu einer engen Verzahnung von Theorie und Praxis, die sich ebenfalls motivierend auf die Lernenden auswirkt,
- Unterstützung durch Tutor/inn/en bei Fragen technischer oder inhaltlicher Art,
- den Teilnehmer/inne/n Möglichkeiten zur Stärkung der Medienkompetenz und erleichtert ihnen die Vermittlung dieses zunehmend wichtigen Bildungsbereichs auch an die Kinder.

Die Erfahrungen mit dem E-Learning-Seminar waren durchweg positiv: Im virtuellen Teil des Seminars arbeiteten die Teilnehmer/innen in festen Kleingruppen im fünfwöchigen Rhythmus an den Einheiten. Dabei wurde die gesamte Einrichtung einbezogen, zwei Erzieher/innen und mindestens ein/eine Elternvertreter/in aus einer Einrichtung fungierten als Multiplikator/inn/en. Über geeignete Aufgabenstellungen wurden Diskussionen und neue Entwicklungen angestoßen, die sich auf alle Ebenen des Kindergartens auswirkten (www.schatzsuche.uni-bayreuth.de).

12.7 Ausblick: Was ist zu tun?

Mit der Veröffentlichung der Bildungspläne für den Elementarbereich in allen Bundesländern ist ein deutlicher Fortschritt hinsichtlich der Formulierung des Bildungsauftrags der Kindertagesstätten erreicht worden. Dass in allen Bildungsplänen die Themen Körper und Bewegung einen herausragenden Platz einnehmen, ist als wesentlicher Schritt auf dem Weg zur Anerkennung der Bedeutung der Bewegung für alle Bildungsprozesse zu werten. Es sind jedoch immer noch eine Reihe von Fragestellungen offen, die die Erforschung der frühkindlichen Bewegungsentwicklung betreffen. Insbesondere die Altersstufe der 0- bis 3-Jährigen bedarf besonderer Aufmerksamkeit, da eine Ausweitung der Kindertagesstättenplätze für diese Altersstufe auch neue Raumkonzepte und Angebotsformen erforderlich macht.

Entscheidend für die Umsetzung der Bildungspläne sind zum einen Fortbildungskonzepte, die auch die Verbindung der Bildungsbereiche untereinander berücksichtigen, andererseits aber auch eine Implementierung des Bildungsbereichs Bewegung in den Ausbildungsmodulen der Fachschulen und Fachhochschulen. Hier muss leider festgestellt werden, dass es an einheitlichen Standards mangelt und die Qualität der Ausbildung im Bereich Bewegungserziehung weniger von curricularen Vorgaben als vom persönlichen Engagement der Lehrkräfte abhängig ist. Die Professionalisierung der Fachkräfte im frühpädagogischen Bereich darf auch nicht den Sportfachverbänden überlassen werden, sondern muss originäre Aufgabe der Ausbildungsinstitutionen bleiben.

Dringend erforderlich ist auch die wissenschaftliche Begleitung der vielen Projekte, die z. Zt. auf dem Gebiet der Bewegungsförderung von Kindern entstehen, um ihre Effekte zu überprüfen und die Ergebnisse übertragbar zu machen.

Renate Zimmer

13 Effekte motorischer Förderung im Kindergartenalter

13.1 Einleitung: Bewegungsmangel als Herausforderung

Das Kindergartenalter ist eine Zeit rasanter kindlicher Entwicklung. Es ist gekennzeichnet durch eine fortschreitende, starke Ausdifferenzierung der kindlichen Persönlichkeit im motorischen, kognitiven, motivationalen und sozialen Bereich (vgl. dazu ausführlich Oerter & Montada, 2008; Siegler, DeLoache & Eisenberg, 2005). Innerhalb der Motorik kommt es verstärkt zu einer größeren Spezifizierung. Die elementaren Fertigkeiten werden qualitativ verbessert und in unterschiedlichsten Situationen einsetzbar, Kombinationen von Bewegungsformen werden zunehmend realisiert und dies unter effektiverem Einsatz der konditionellen Fähigkeiten (vgl. Scheid, 1994). In dieser Phase stellt der Beginn des Besuchs des Kindergartens oder einer Kindertagesstätte ein erstes „altersgestuftes Sozialisationsereignis" dar, das als kritisches Lebensereignis verstanden werden kann (vgl. Willimczik, 2008). Dies ist die erste Form institutionalisierter Erziehung außerhalb des Elternhauses. Hier kann in hohem Maße auf die Lebensgewohnheiten der Kinder Einfluss genommen werden. Unter anderem können Einstellungen zum eigenen Körper und zum Bewegungsverhalten entscheidend mitgeprägt werden.

In einer Zeit, in der allgemein die z. T. starke Verschlechterung der Motorik in der Kindheit und Jugend diskutiert und beklagt wird (vgl. zsfd. z. B. Bös, 2003), ist die Forderung nach motorischer Förderung und in der Folge die Frage nach deren Effektivität hoch aktuell. Dabei steht eine Bewegungsförderung nicht in Konkurrenz zu anderen Interventionsprogrammen im Rahmen des Bildungsauftrags der Kindergärten, wie z. B. der Spracherziehung, sondern ergänzt diese. Zur Beurteilung der Effektivität von Bewegungsförderung im Kindergarten soll – mit einem abnehmenden Grad an Kontrollierbarkeit – über experimentelle Interventionsstudien, Korrelationsstudien und über Erfahrungsberichte informiert werden. Experimentelle Interventionsstudien sind für die Evaluation von Förderungen im Kindesalter besonders wichtig, da in diesem Alter beträchtliche entwicklungsbedingte Fortschritte in der motorischen Leistungsfähigkeit und in der Persönlichkeitsentwicklung allgemein auftreten, die nicht mit Interventionseffekten verwechselt werden dürfen.

In inhaltlicher Hinsicht lassen sich die Studien zunächst dahingehend differenzieren, auf welche Persönlichkeitsbereiche die Bewegungsmaßnahmen gerichtet sind. Zunächst ist dies der interventionsnahe Bereich der motorischen Leistungsfähigkeit, dann darüber hinausgehend die (mehr oder weniger) ganzheitliche Persönlichkeit. Weiterhin richten sich die Förderprogramme an unterschiedliche Adressatenkreise. Dies können alle Kinder von Einrichtungen sein, die z. B. nach der Konzeption der bewegungsfreundlichen Kindergärten arbeiten. Hier gehört die Bewegungsförderung zum festen Einrichtungsprogramm. Die Bewegungskindergärten, in denen in Kooperation mit den Sportbünden der Bewegungserziehung eine besondere Rolle zugewiesen wird, gehören zu den Einrichtungen, in denen alle Kinder den Vorteil eines besonders aktiven Tagesablaufs haben. Eine zweite Gruppe von Untersuchungen beschäftigt sich mit Kindern mit besonderem Förderbedarf. Dies sind einerseits Kinder, die bei der Schuleingangsuntersuchung als noch nicht schulreif beurteilt werden. Diese Kinder sollen in einem zusätzlichen Kindergartenjahr ihre Defizite aufarbeiten, um dann eingeschult werden zu können. Bei diesen Kindern werden häufig Defizite beschrieben, die auf Wahrnehmungsschwächen, motorische Schwächen, aber auch Aufmerksamkeitsdefizite und Verhaltensauffälligkeiten zurückgehen. Andererseits umfasst diese Gruppe jene Kinder, die schon früh durch vielfältige Defizite auffallen, sei es im Elternhaus, im Kindergarten oder bei den Vorsorgeuntersuchungen beim Kinderarzt.

Im folgenden Beitrag werden zunächst experimentelle Studien vorgestellt, die primär auf die motorische Leistungsfähigkeit gerichtet sind (vgl. Kap. 13.2). Es folgen vorwiegend korrelative Untersuchungen, die mehrere Persönlichkeitsbereiche betreffen (vgl. Kap. 13.3) und Erfahrungsberichte (vgl. Kap. 13.4), die sehr anschaulich, nicht aber wissenschaftlich abgesichert sind. Auf Grund des Erkenntnisstandes zum säkularen Trend in der motorischen Entwicklung ist davon auszugehen, dass Interventionsprogramme der früheren Zeit und der heutigen Zeit nur schwer miteinander zu vergleichen sind. Im Folgenden liegt der Schwerpunkt auf neueren Untersuchungen.

13.2 Experimentelle Effekte von Bewegungsförderung auf die motorische Leistungsfähigkeit

Eine Beantwortung der Frage nach der Effektivität von Interventionen setzt eine genaue Kenntnis der zugrunde liegenden Versuchsbedingungen voraus. Diesem Aspekt wird im Folgenden dadurch Rechnung getragen, dass die relevanten Studien in sich geschlossen dargestellt werden.

13.2.1 Bewegungsförderung im Kindergarten

Ausgehend von den beunruhigenden Daten von Schuleingangsuntersuchungen bezüglich der Bewegungs- und Koordinationsprobleme von Kindern wurde von Breuer, Rumpeltin und Schülert (1998) im Projekt *Hüpfdötzchen – Kindergarten in Bewegung* ein Konzept zur allgemeinen Bewegungsförderung im Kindergarten entwickelt und in 14 Einrichtungen erprobt und evaluiert. Die siebenmonatige Intervention bestand aus vier zentralen Komponenten: eine zusätzliche Bewegungsförderung der Kinder durch die Erzieherinnen ein- bis zweimal täglich, Fortbildung der Erzieherinnen, Beratung der Erzieherinnen durch ein geschultes externes Team unter Leitung eines Diplomsportlehrers sowie Elterninformationsveranstaltungen über die Bedeutung ausreichender Bewegung für eine gesunde Entwicklung des Kindes. Zur Überprüfung der Wirksamkeit des Programms stellten Breuer et al. (1998) die motorische Leistungsfähigkeit am Anfang und am Ende der Maßnahme fest (n = 320) und verglichen die Ergebnisse mit Daten aus einer Kontrollgruppe (n = 169), in der die Kinder keine zusätzliche Bewegungsförderung erhielten. Zur Überprüfung der motorischen Leistungsfähigkeit verwendeten die Autoren den *Körperkoordinationstest für Kinder* (KTK; vgl. Schilling & Kiphard, 1974). Zum ersten Messzeitpunkt fiel auf, dass die untersuchten Kinder allgemein nur einen MQ-Wert von 84,5 erreichten, was eine deutliche Abweichung vom Normwert der Daten (MQ = 100) von Schilling und Kiphard (1974) darstellt. Durch die siebenmonatige Intervention waren die Kinder des Projekts *Hüpfdötzchen* allerdings in der Lage, ihren MQ-Wert auf 94,8 zu erhöhen, während die Kinder der Kontrollgruppe sich lediglich auf 87,9 Punkte verbesserten. Der Thematik Bewegung und Bewegungsmangel wurde sehr großes Interesse entgegengebracht, und eine Fortsetzung der Bewegungsförderung in der Grundschule wurde von über 93 % der Eltern als wichtig eingeschätzt.

Ähnlich positive Ergebnisse berichtet Krombholz (2004a, 2004b). Das Konzept seiner zweijährigen Bewegungsförderung sah eine qualitative und quantitative Verbesserung des Bewegungsangebots im Kindergarten vor. Dazu gehörten eine bewegungsfreundliche Umgestaltung der Innen- und Außenräume der Einrichtungen und eine Qualifizierung des Personals durch regelmäßige Praxisfortbildungen. Im Modellversuch *Bewegungsförderung im Kindergarten* nahmen elf Münchner Einrichtungen als Versuchskindergärten (n = 339) teil, elf weitere dienten als Kontrollgruppe (n = 430). Krombholz bezog in seine Effektivitätsüberprüfung die motorische, kognitive und soziale Entwicklung der Kinder ein. Zur Datenerhebung kam im Bereich der Motorik eine speziell zusammengestellte Testbatterie zum Einsatz, die neben Untertestaufgaben aus dem KTK und dem *Motoriktest für 4- bis 6-jährige Kinder* (MOT 4-6) weitere Aufgaben wie den Standweitsprung, einbeiniges Hüpfen links/rechts, Halten an der Reckstange und den *Leistungsdominanztest* (LDT; vgl. Schilling, 1974) für die Handgeschicklichkeit enthielt. Leistungsüberprüfungen wurden am Anfang, nach einem und nach zwei Jahren durchgeführt. Insgesamt zeigten sich in fast allen motorischen Tests stärkere Leistungszuwächse bei den Versuchskindern, so im rückwärts Balancieren, im seitlichen Hin- und Herspringen, im Standweitsprung und in der Feinmotorik der rechten Hand. Als weiteres ausgesprochen positives Indiz für die Bewertung des Modellversuchs kann gelten, dass die Erzieherinnen auch nach Abschluss des eigentlichen Programms die Konzepte und

Inhalte weiterführen wollten. Sie konnten also offensichtlich von der Bedeutung der Bewegung als wichtiges Gestaltungskonzept für die pädagogische Arbeit im Kindergarten überzeugt werden.

Erfolge von Bewegungsförderung lassen sich über den Bereich der Motorik hinaus auch für physiologische Merkmale feststellen, wie Ketelhut, Mohasseb und Ketelhut (2007) berichten. Ihr Treatment sah eine regelmäßige Übungsstunde von 45 Minuten vor, die dreimal in der Woche in den Einrichtungen durchgeführt wurde. Zur Teamschulung kam einmal wöchentlich ein Übungsleiter in die Einrichtung, um die Bewegungseinheit mit den Kindern durchzuführen. Die Erzieherinnen hospitierten und konnten ihre Fragen und Probleme diskutieren. Die beiden anderen Bewegungsstunden in der Woche wurden von den Erzieherinnen angeleitet. Die insgesamt zweijährige Intervention folgte einem experimentellen Design mit drei Messzeitpunkten in jährlichem Abstand. An der Studie nahmen insgesamt 156 Kinder teil, die am Anfang der Studie durchschnittlich 3,5 Jahre alt waren. Als Messinstrumentarium für die motorische Leistungsfähigkeit dienten die folgenden Tests: seitliches Umsetzen, „Stand and Reach", Medizinballweitstoßen, vorwärts und rückwärts Balancieren, Einbeinstand und 6-Minuten-Lauf.

In den motorischen Tests zeigten sich nach einem Jahr signifikante Unterschiede zur Kontrollgruppe, die sich nach zwei Jahren weiter vergrößert hatten. Die Leistungszuwächse lagen in der Interventionsgruppe deutlich höher als in der Kontrollgruppe, so z. B. um 20 % höher beim 6-Minuten-Lauf, um 38 % höher beim rückwärts Balancieren und um 50 % beim seitlichen Umsetzen (aus dem KTK). Die Effektgrößen lagen je nach Test zwischen 0,12 und 0,45. Anfangs festgestellte Leistungsunterschiede in Abhängigkeit vom Sozialstatus waren in der Interventionsgruppe nach zwei Jahren nicht mehr nachweisbar. Neben den Effekten auf die Motorik zeigten sich in der Studie auch positive Effekte hinsichtlich des kardiovaskulären Risikos, in dem Sinne, dass in der Interventionsgruppe der diastolische Blutdruck in Ruhe und unter Belastung durchschnittlich signifikant niedriger als in der Kontrollgruppe ausfiel.

Aufgrund der vorliegenden experimentellen Studien zur Bewegungsförderung kann davon ausgegangen werden, dass diese eigentlich immer zu positiven Effekten führt. Allerdings ist hinsichtlich der Adressatengruppe zu differenzieren, wie eine Untersuchung von Rethorst (2004) gezeigt hat. Diese wurde an Bielefelder Kindergärten durchgeführt, die an der Modellmaßnahme *Kinder in Bewegung* des Landes Nordrhein-Westfalen (NRW) teilgenommen haben. Mit Hilfe der Studie wurde dem differenzierenden Einfluss von Geschlecht und Alter der Kinder auf die Effektivität der Maßnahme nachgegangen. Das Konzept der beteiligten Einrichtungen sah vor, dass den Kindern jeden Tag eine angeleitete Bewegungszeit zur Verfügung steht, in der häufig Bewegungsangebote nach den Wünschen der Kinder realisiert wurden. Die Mitarbeiterinnen wurden gezielt geschult, z. B. in der Psychomotorik. An Informationsabenden wurde den Eltern die Bedeutung der Bewegung für die kindliche Entwicklung nahegebracht. Darüber hinaus wurden gemeinsame Aktionen mit den Eltern nach bewegungsfördernden Gesichtspunkten organisiert (z. B. Wanderungen, Rallyes, Drachen steigen lassen). In der Einrichtung wurden die Gruppen- und Funktionsräume sowie das Außengelände bewegungsfreundlich gestaltet. Alle Maßnahmen waren so angelegt, dass sie nicht an übermäßig kostenintensive Veränderungen baulicher oder organisatorischer Art gebunden waren, sondern im Prinzip in jeder Einrichtung umsetzbar sind.

An der Untersuchung nahmen 160 Kinder im Alter zwischen 3,5 und 7 Jahren teil. 107 Kinder besuchten die Interventionseinrichtungen, 57 Kinder die Kontrolleinrichtung. Zur Überprüfung der Effekte wurde eine einjährige Längsschnittuntersuchung mit drei Messzeitpunkten am Anfang und nach je sechs Monaten durchgeführt. Als Messinstrument wurde der MOT 4-6 eingesetzt. Bei vergleichbaren Ausgangswerten zeigten die Kinder in den Interventionskitas zum zweiten und dritten Messzeitpunkt die signifikant besseren Leistungen im MOT 4-6.

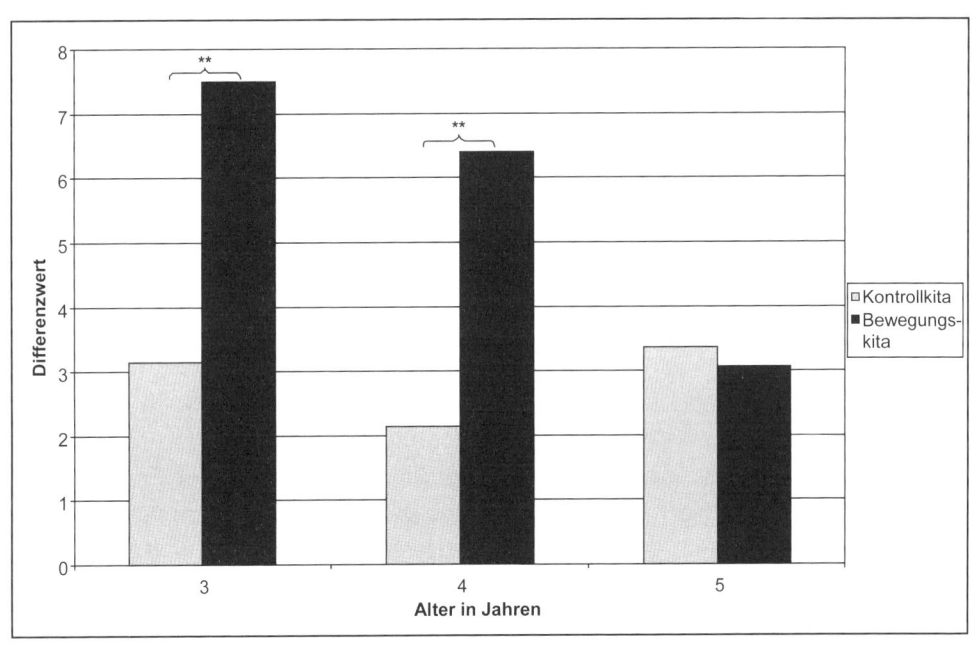

*Abb. 13.1. Veränderungen in den Gesamtwerten MOT 4-6 von Anfang bis zum Ende der Intervention in Abhängigkeit vom Alter der Kinder und der Intervention; ** $p < 0,01$*

In einer dreifaktoriellen Varianzanalyse ergaben sich weder für den Faktor Geschlecht noch für die zwei- bzw. dreifachen Interaktionen Signifikanzen, so dass Jungen und Mädchen von dem Programm offensichtlich gleichermaßen profitierten.

Jedoch erbrachten die Ergebnisse durchaus beachtenswerte Unterschiede in den Einzelitems des MOT 4-6. So zeigten die Mädchen extrem schlechte Leistungen im Werfen, während die Jungen Nachteile in der Feinkoordination aufwiesen. Die Analyse der Veränderungswerte vom ersten zum letzten Messzeitpunkt zeigte einen signifikanten Alterseffekt in dem Sinne, dass die jüngeren Kinder mehr von der Intervention profitierten als die älteren Kinder ($\eta^2 = .33$; vgl. Abb. 13.1). Signifikant größere Leistungszuwächse in den Interventionskitas ergaben sich nur für die Gruppen der anfangs 3- und 4-jährigen Kinder.

Wie wichtig es ist, dass bei der Bewegungsförderung ein komplexes Bedingungsgefüge materialer und sozialer Art berücksichtigt wird, belegt eine Untersuchung von Scherer (1997). Er evaluierte das im Jahre 1994 durchgeführte Modellprojekt *Offene Bewegungserziehung an Thüringer Kindergärten*. Die Intervention bestand für die Kinder in der offenen Bewegungserziehung, d. h. einer Bewegungserziehung, die sich an den Prämissen der Situationsorientierung, Ganzheitlichkeit und Kindorientierung ausrichtet und offen für alle Bewegungsmöglichkeiten ist. Ziel der Evaluation war darüber hinaus, den spezifischen Einfluss materialer und sozialer Bedingungen auf die kindliche Bewegungsentwicklung zu untersuchen. Dazu wurden drei Versuchsgruppen und eine Kontrollgruppe gebildet. In der ersten Versuchgruppe wurden die Erzieherinnen zu den Inhalten und Methoden des Konzepts der offenen Bewegungserziehung fortgebildet (Fortbildungsgruppe). In der zweiten Gruppe wurde die materiale Ausstattung um die Bewegungsbaustelle (vgl. Miedzinski, 1983) erweitert (Materialgruppe). In der dritten Gruppe wurden beide Maßnahmen durchgeführt, also sowohl die Materialien der Bewegungsbaustelle zur Verfügung gestellt wie auch die Erzieherinnen fortgebildet (Fortbildungs- und Materialgruppe). Die Längsschnittuntersuchung dauerte ein Jahr, mit drei Messzeitpunkten im Abstand von sechs Monaten. An der Studie nahmen insgesamt 180 Kinder im Alter zwischen vier und fünf Jahren teil. Als Untersuchungsinstrument für die Motorik wurde der MOT 4-6 (vgl. Zimmer & Volkamer, 1987) eingesetzt. Nach anfänglich vergleichbarem Ausgangsniveau waren die größten Leistungsfortschritte (insbesondere in der Bewegungssteuerung und im Gleichgewicht) in der Fortbildungs- und Materialgruppe zu verzeichnen, gefolgt von der Fortbildungs- und dann der Materialgruppe. Die Unterschiede erreichten statistische Signifikanz. Die Kontrollgruppe veränderte ihre Werte im MOT 4-6 während der Intervention kaum. Diese Ergebnisse zeigen, dass die reine Anschaffung von (noch so schönem) Material nicht den Effekt erzielt, der durch eine Schulung von Erzieherinnen hinsichtlich der Bewegungsförderung bzw. -erziehung erreicht werden kann. Eine Fortbildung möglichst an den speziellen Materialien stellt den Idealfall dar.

Eine weitere Studie, in der verschiedene Arten von Förderprogrammen miteinander verglichen werden, wurde von Nacke, Diezi-Duplain und Luder (2006) veröffentlicht.

Sie konnten zeigen, dass ein ergotherapeutisches Interventionsprogramm, das speziell auf die Förderung motorischer Kompetenzen und der sensomotorischen Entwicklung abgestimmt ist, unspezifischen Bewegungsprogrammen überlegen ist. Auch bei der Bewegungsförderung im Kindergarten ist es offensichtlich sinnvoll, bewegungswissenschaftlich und entwicklungspsychologisch begründete Programme zu entwickeln.

Welch hohe, über die Motorik hinausgehende Bedeutung die Behebung von motorischen Defiziten haben kann, belegt eine Studie von Kambas, Antoniou, Xanthi, Heikenfeld, Taxildaris und Godolias (2004). Sie sind in Griechenland der Frage nachgegangen, ob eine Schulung der Bewegungskoordination bei Kindergartenkindern die Anzahl der Unfälle verringern kann. Für sieben Monate nahmen 71 Kinder der Interventionsgruppe, der sie nach Parallelisierung zugeteilt worden waren, an einem zusätzlichen Bewegungsangebot teil, das zweimal die Woche für je 45 Minuten durchgeführt wurde. Die Kontrollgruppe bestand aus 75 Kindern. Ziele des Programms waren die Schulung der koordinativen Fähigkeiten und der elementaren Fertigkeiten wie Werfen, Fangen, Springen und Schlagen. Zur Evaluation wurde die Leistungsfähigkeit der Kinder zu sieben Messzeitpunkten erhoben. Die letzte Messung fand vier Monate nach Ende der Intervention statt. Als Testinstrument wurde der MOT 4-6 verwendet. Zusätzlich wurde das Unfallgeschehen per Fragebogen erhoben.

Ein erstes interessantes Ergebnis der Studie ergab, dass 77 % der Unfälle im Kindergarten auf motorische Defizite zurückzuführen sind, nur 14 % gingen auf technische Ursachen zurück. 9 % der Unfälle hatten andere Ursachen. Bei den MOT-Werten erreichten die Kinder der Interventionsgruppe erheblich größere Verbesserungen ihrer koordinativen Leistungen (7,38 Punkte) als die Kinder der Kontrollgruppe (1,04 Punkte). Diese signifikanten Verbesserungen hielten sie auch über drei Monate ohne Intervention. Dabei profitierten die Kinder mit dem schwächeren Ausgangsniveau besonders von der Intervention. Die Anzahl der Unfälle verringerte sich in der Interventionsgruppe im Verlauf des Programms deutlich, während die Unfallhäufigkeit in der Kontrollgruppe unverändert hoch blieb. Für deutsche Kindergärten vermuten Kambas et al. (2004), dass die Ursachen von Unfällen noch häufiger im Bereich der motorischen Defizite zu suchen sind, da technische Mängel in Deutschland weitaus weniger als Unfallursache zutreffen als in Griechenland.

13.2.2 Psychomotorik bei Kindern mit besonderem Förderbedarf

Besondere Aufmerksamkeit wird notwendigerweise den Kindern gewidmet, die in der Schuleingangsuntersuchung als noch nicht schulreif diagnostiziert werden und/oder bei denen Entwicklungsdefizite so auffällig sind, dass sie schon frühzeitig durch die Eltern, Erzieherinnen oder den Kinderarzt erkannt werden. Diese Kinder weisen häufig Entwicklungsrückstände motorischer, kognitiver oder auch sozial-emotionaler Art auf. Die Wirksamkeit von psychomotorischer Förderung für solche Kinder haben Beudels (1996) und Hartmann (1999) mittels experimenteller Designs überprüft. Beudels (1996) überprüfte die Wirksamkeit einer zusätzlichen psychomotorischen Förderung bei Kindern im Schulkindergarten auf deren motorische und kognitive Entwicklung und ihr sozial-emotionales Verhalten hin. Er untersuchte 108 nicht schulreife Kinder im Schulkindergarten, wobei 57 Kinder eine zusätzliche psychomotorische Förderung erhielten, während die 43 Kinder der Kontrollgruppe diese nicht bekamen. Die Förderung fand ein- bis zweimal für ein bis zwei Stunden in der Woche statt. Auch die Inhalte konnten je nach Einrichtung variiert werden. Bei gleichem Ausgangsniveau wiesen die Kinder der Versuchsgruppe im KTK am Ende der Intervention signifikant bessere Werte als die Kinder der Kontrollgruppe auf. Die Kinder der Versuchsgruppe erreichten das normale Leistungsniveau nach Schilling und Kiphard, während die Kinder der Kontrollgruppe im auffälligen Bereich verblieben. Im Follow-up während des ersten Schuljahrs zeigte sich, dass die Kinder der Kontrollgruppe zwar aufholten, die Kinder der Versuchsgruppe aber immer noch bessere Leistungen erbrachten. Ganz ähnliche Ergebnisse zeigten sich auch für die Intelligenzentwicklung. Auch hier ist nach dem ersten Schuljahr noch ein signifikanter Vorsprung der Kinder der Versuchsgruppe festzustellen. Auf das Sozialverhalten ließen sich keine Auswirkungen feststellen.

Auch Hartmann (1999) untersuchte, ob sich der unzureichende motorische Entwicklungsstand schulunreifer Kinder durch eine psychomotorische Förderung verbessern lässt. Die Untersuchung fand in Vorbereitungsklassen in Leipzig statt. In einer Gruppe mit elf Kindern wurde zweimal wöchentlich 45 Minuten lang ein psychomotorisches Förderprogramm von Sportstudentinnen durchgeführt. Das gesamte Programm lief über 35 Termine. Zwei andere Klassen dienten als Kontrollgruppen. Zur Beurteilung des motorischen Entwicklungsstandes wurde der KTK herangezogen. Die Messungen fanden am Anfang und am Ende der Intervention statt. Hartmann berichtet, dass die Kinder der Versuchsgruppe ihre MQ-Werte deutlich erhöhen konnten und dass die Kinder mit den geringsten MQ-Werten am meisten profitierten.

Auch für motorisch extrem auffällige Kinder konnten positive Effekte von Bewegungsförderung nachgewiesen werden. Dordel und Welsch haben 1999 einen Behandlungserfolg für solche Kinder überprüft. In ihrer Studie wurden acht auffällige Kinder sechs Monate lang mit 20 Fördereinheiten à 60 Minuten behandelt. Inhalte dieser psychomotorischen Förderstunden waren Wahrnehmungsförderung, Aufbau eines positiven Selbstkonzepts und die Förderung sozialer und intellektueller Kompetenzen. Zur Beurteilung des motorischen Entwicklungsstandes wurde der MOT 4-6 herangezogen. Als Ergebnis konnte festgehalten werden, dass sich die

Kinder in ihren MQ-Werten von 77 auf 94,5 Punkte stark verbessert hatten. Lagen die MQ-Werte vor der Intervention im unterdurchschnittlichen Bereich, hatten sie sich nach der Intervention in den normalen Bereich bewegt. Darüber hinaus ließen sich auch Verbesserungen in der Kontaktaufnahme, in der Stimmung und in der sozialen Interaktion (Hilfsbereitschaft, Einhalten von Regeln usw.) feststellen.

13.3 Das Zusammenspiel von Fähigkeiten der Persönlichkeit

Im Zentrum von Bewegungsförderung steht keineswegs nur die Motorik des Kindes: Oftmals wird auch eine Verbesserung der kognitiven Leistungsfähigkeit, des Selbstbewusstseins oder des Sozialverhaltens angestrebt. Eine Überprüfung solch weit reichender Ziele sollte in drei Schritten erfolgen. Erstens muss nachgeprüft werden, ob eine empirisch nachweisbare Beziehung zwischen der motorischen Leistungsfähigkeit und den weiteren Merkmalen der Gesamtpersönlichkeit besteht (vgl. Kap. 13.3.1). Zweitens ist zu überprüfen, ob die Beziehung kausal ist, d. h. ob durch eine Einflussnahme auf die Motorik eine entsprechende Veränderung in den anderen Merkmalen zu erwarten ist (vgl. Kap. 13.3.2). Und drittens ist die Effektivität konkreter Bewegungsförderung auch auf die weiteren Merkmale der Gesamtpersönlichkeit zu untersuchen (vgl. Kap. 13.3.3).

13.3.1 Korrelative Zusammenhänge zwischen Motorik, Kognition und Sozialverhalten

Zu den Zusammenhängen körperlicher Aktivität und der Entwicklung weiterer Persönlichkeitsmerkmale werden in der Sport- und der Erziehungswissenschaft sowie in der Psychologie bereits seit den 1950er-Jahren Studien durchgeführt. Den Studien liegt typischerweise ein querschnittlicher, korrelativer Ansatz zugrunde. Neben Einzelstudien finden sich bereits einige Überblicksarbeiten sowie Meta-Analysen, die allerdings das Vorschulalter aussparen (vgl. Etnier, Salazar, Landers, Petruzzello, Han & Nowell, 1997; Sibley & Etnier, 2003). Neuere Untersuchungen zum Zusammenhang von unterschiedlichen Persönlichkeitsbereichen lassen sich in zwei Gruppen zusammenfassen. Sie untersuchen entweder den *globalen Zusammenhang* zwischen der Motorik und weiteren Persönlichkeitsbereichen, oder sie gehen der Frage nach, welche motorischen Fähigkeiten mit anderen Persönlichkeitsbereichen in Beziehung stehen. In beiden Gruppen wird der Frage nach einer Abhängigkeit der Höhe des Zusammenhangs vom Alter eine große Bedeutung beigemessen. Zimmer (1981) fand bei 300 Kindern im Alter von drei bis sieben Jahren enge, hochsignifikante Zusammenhänge zwischen der motorischen Leistungsfähigkeit (erhoben mit dem KTK und dem MOT 4-6) und der Intelligenz (erhoben mit dem *Hannover-Wechsler-Intelligenztest für das Vorschulalter* [HAWIVA]). Für die jüngeren Kinder stellen sich diese stärker dar als für die älteren Kinder. Diese tendenzielle Abnahme des Zusammenhangs mit fortschreitendem Alter beschreibt auch schon Willimczik (1975). Er interpretiert die faktorenanalytischen Ergebnisse einer eigenen Studie mit 78 Grundschülern der ersten Klasse im Sinne der *Differenzierungshypothese*, nach der mit zunehmendem Alter der Probanden der Zusammenhang zwischen motorischen und kognitiven Persönlichkeitsmerkmalen abnimmt. Auch Krombholz (1998) fand in seiner Studie positive und bedeutsame Zusammenhänge zwischen motorischen (u. a. *KTK)* und kognitiven Leistungen (Intelligenztest CFT 1, Mann-Zeichen-Test, Konzentrationstest FTF-K), die für die Vorschulkinder (n = 24) höher ausfielen als für die Grundschüler (n = 700). Noch engere Zusammenhänge konnte er – wie schon Eggert und Schuck (1975) – für Sonderschüler (n = 25) identifizieren. Auch Scherrer (2000) fand für den ersten Messzeitpunkt seiner Interventionsstudie bei 169 Kindern im Alter von etwa fünf Jahren signifikante Zusammenhänge zwischen Motorik und Intelligenz. Die Handlungsintelligenz weist dabei mit r_{xy} = 0,32 einen engeren Zusammenhang zur Motorik auf als die verbale Intelligenz (r_{xy} = 0,19). Zum dritten Messzeitpunkt nach 16 Monaten aber fand er für beide Dimensionen höhere Korrelationskoeffizienten als zum ersten Messzeitpunkt (r_{xy} = 0,40 bzw. 0,28). Im Unterschied zu den bisherigen Studien im querschnittlichen Design veröffentlichten Ahnert, Bös und Schneider (2003) die Befunde der über neun Jahre durchgeführten *Münchner Längsschnittstudie LOGIK*. Mit standardisierten Testverfahren u. a. in den Bereichen der motorischen (MOT 4-6 bzw. KTK) und kognitiven Leistungsfähigkeit (HAWIVA und *Hamburger-Wechsler-Intelligenztest für Kinder* [HAWIK]) wurden zu Beginn der Studie 205 4-jährige Kinder getestet. Vollständige Datensätze über den gesamten Untersuchungszeitraum liegen nach Angaben der Autoren allerdings nur in sehr geringer Zahl vor. Signifikante Zusammenhänge wurden zwischen den Leistungen im Motoriktest und dem Intelligenztest für das Vorschulalter festgestellt, deren Höhe wird allerdings eher als gering eingeschätzt (r_{xy} zwischen .15 und .19). Zudem wird ein sehr geringer, nicht signifikanter Abfall der Korrelationen verzeichnet, der von den Autoren aber nicht im Sinne der *Differenzierungshypothese* interpretiert wird. Stattdessen gehen sie von einem eher konstant bleibenden Zusammenhang zwischen motorischen und kognitiven Merkmalen für den Übergang vom Vorschul- zum Grundschulalter aus.

Generell stellen Heim und Stucke (2003, S. 132) als Fazit ihres Überblicks im *Ersten Deutschen Kinder- und Jugendsportbericht* zum Erkenntnisstand aber fest, „dass neuere empirische Untersuchungen aus sportwissenschaftlicher Sicht nur spärlich publiziert wurden". Die Ergebnisse neuerer Forschung bestätigen einerseits die Befunde aus den vorliegenden Analysen, sie liefern andererseits differenziertere Erkenntnisse.

Wassenberg, Kessels, Kalff, Hurks, Jolles, Feron, Hendriksen, Kroes, Beeren und Vles (2005) untersuchten den Zusammenhang zwischen verschiedenen Merkmalen der motorischen Leistungsfähigkeit und der Aufmerksamkeit. Bei 378 Maastrichter Kindern zwischen fünf und sechs Jahren konnte nur ein sehr niedriger Zusammenhang zwischen globalen kognitiven und motorischen Konstrukten nachgewiesen werden. Besonders gering zeigten sich die Zusammenhänge für kognitive Aufgaben, bei denen keine motorische Komponente enthalten war. Signifikant positive Beziehungen wurden zwischen der motorischen Leistungsfähigkeit auf der einen Seite und dem Arbeitsgedächtnis sowie dem Sprachvermögen auf der anderen Seite festgestellt. Zusammenfassend deuten sie ihre Befunde dahin gehend, dass Aufmerksamkeit, exekutive Funktionen und motorische Leistungsfähigkeit bei 5- bis 6-jährigen Kindern in einer engen Beziehung stehen. Sie nehmen zudem eine parallele Entwicklung spezifischer kognitiver und motorischer Funktionen an.

Voelcker-Rehage (2005) analysierte in ihrer Studie bei Kindern im Alter von vier bis sechs Jahren ebenfalls Zusammenhänge zwischen verschiedenen Aspekten der motorischen Leistungsfähigkeit und kognitiven Merkmalen. Sie konnte signifikante Zusammenhänge für koordinativ bzw. zentralnervös und informationsverarbeitend geprägte motorische Fähigkeiten (z. B. Feinkoordination und Reaktionsschnelligkeit) mit der optischen Differenzierungsleistung (erhoben mit dem POD) als kognitiver Grundfunktion identifizieren. Deutlich niedriger fielen die Zusammenhänge für motorische Fähigkeiten aus, die durch Prozesse der Energiebereitstellung bzw. -übertragung determiniert sind (z. B. Maximalkraft). Die *Differenzierungshypothese* konnte sie anhand multipler Querschnittsvergleiche untermauern; bei den jüngeren Kindern zeigten sich höhere Zusammenhänge zwischen motorischer Leistungsfähigkeit und optischer Differenzierungsfähigkeit als bei den älteren Kindern.

13.3.2 Kausalität oder (nur) Korrelation?

Zusammenfassend betrachtet zeigen sich für die querschnittliche Analyse von Zusammenhängen zwischen motorischen und kognitiven Persönlichkeitsmerkmalen mehrheitlich positive Korrelationen von unterschiedlicher Höhe. Die Zusammenhänge werden gerne im Sinne eines kausalen Wirkungszusammenhangs interpretiert, also z. B. dass ein motorisch geschicktes Kind dadurch auch kognitive Vorteile habe. Nur selten finden sich Interpretationen in der Richtung, dass ein im kognitiven Bereich gut entwickeltes Kind Vorteile für die Bewegungssteuerung und -regelung ziehen könnte. Die Beantwortung der Frage nach der Richtung und Stärke von kausalen Wirkungszusammenhängen kann nur durch ein längsschnittliches Studiendesign beantwortet werden. Beispielsweise kann mit Hilfe von „Cross Lagged Panel"-Modellen ein gegenseitiges Wirkungsgefüge der Merkmale, wie auch die Stabilität der Merkmale über die Zeit geprüft werden. Studien, die diesem Design folgen, sind für den Zusammenhang verschiedener Persönlichkeitsmerkmale im Vorschulalter noch sehr selten (Ausnahme vgl. Hasselhorn & Schneider,1998). Für die Frage nach kausalen Zusammenhängen zwischen motorischen und kognitiven Merkmalen bei Vorschulkindern wurde dieses Verfahren von Fleig (i. V.) angewendet. Er erhob in einer längsschnittlichen Studie im Zeitraum des letzten Kindergartenjahres bei 114 Kindern zu drei Messzeitpunkten unter anderem den motorischen Status und die Intelligenz (*Grundintelligenztest Skala 1 [CFT 1]*). Die drei Testungen fanden im Abstand von jeweils sechs Monaten statt, die Kinder waren zum ersten Messzeitpunkt etwa 5,5 Jahre alt. Sowohl für die motorischen Fähigkeiten als auch für die Intelligenz konnten in der längsschnittlichen Analyse hochsignifikante Steigerungen der Leistungen nachgewiesen werden. In der querschnittlichen Analyse ergaben sich tendenziell abnehmende Zusammenhänge zwischen der Koordination und der Intelligenz, die allerdings zu jedem Messzeitpunkt hoch signifikant waren (r_{xy} = 0,39 bis 0.49). Deutlich niedrigere Zusammenhänge zeigten sich zwischen der Maximalkraft als energetisch determiniertem konditionellen Merkmal und der Intelligenz (r_{xy} = 0,13 bis 0,23). Zur Analyse von Wirkungsrichtungen und -stärken wurden Strukturgleichungsmodelle im „Cross Lagged Panel"-Design berechnet.

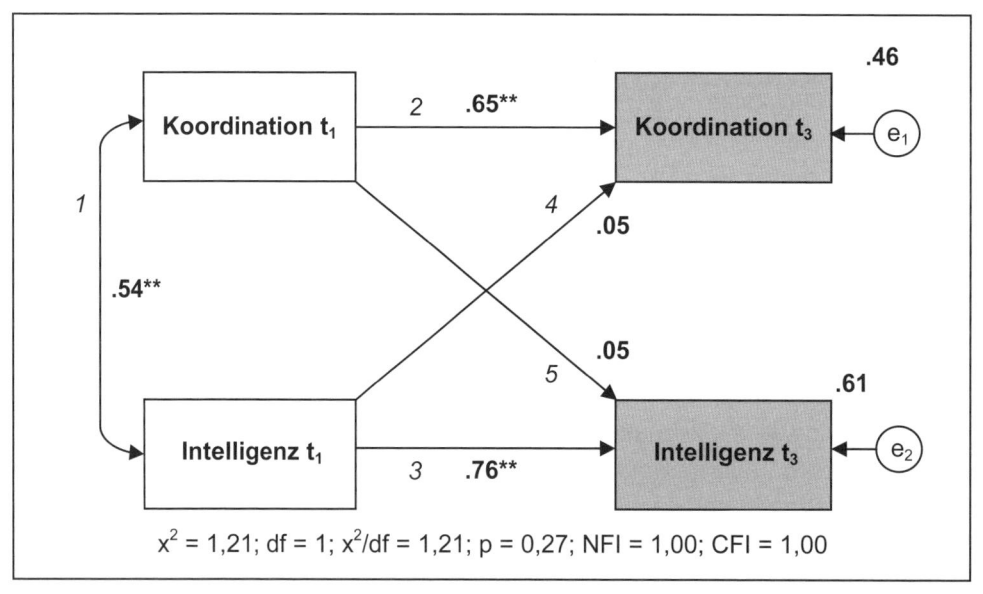

Abb. 13.2. Vereinfachtes „Cross Lagged Panel"-Modell für den Zusammenhang der Konstrukte „Koordination" und „Intelligenz" im Verlauf von t_1 zu t_3; standardisierte Pfadkoeffizienten; ** $p < 0,01$

Abbildung 13.2 zeigt das Modell für die Entwicklung von Koordination und Intelligenz im Verlauf vom ersten zum dritten Messzeitpunkt. Einen hochsignifikanten Zusammenhang weisen Koordination und Intelligenz zum ersten Messzeitpunkt auf (Pfad 1: .54). Für beide Konstrukte liegt eine hohe Stabilität über die Zeit vor (Pfad 2: .65 bzw. Pfad 3: .76). Die beiden Kreuzpfade (4 und 5) geben Hinweise auf die Frage nach einem zeitverzögerten Einfluss der Koordination auf die Intelligenz bzw. im Umkehrschluss der Intelligenz auf die Koordination. Beide Pfade weisen geringe und nicht signifikante Koeffizienten in Höhe von .05 auf, die nur für ein sehr schwaches gegenseitiges Wirkungsgefüge und für zeitlich gering überdauernde Auswirkungen sprechen.

13.3.3 Effekte von motorischer Intervention auf andere Persönlichkeitsmerkmale

Obwohl die Überprüfung der Wirkrichtung einer Intervention vorausgehen sollte, sind in den Interventionsstudien zur Verbesserung der motorischen Leistungsfähigkeit teilweise Veränderungen in der kognitiven Leistungsfähigkeit mit untersucht worden, was sicherlich aufgrund von theoretischen Überlegungen auch gerechtfertigt ist. Bei einem positiven Ergebnis in einer experimentellen Studie könnte dies auch einen Hinweis auf die Beziehung zwischen der Motorik und den weiteren Persönlichkeitsmerkmalen geben.

Krombholz (2004a, 2004b) hatte in seiner Studie neben den Motorikmerkmalen auch kognitive Leistungen wie die Konzentrationsfähigkeit, den Wortschatz und das Körperschema erhoben. Nach der zwei Jahre dauernden Bewegungsförderung der Kindergartenkinder ließen sich aber, im Unterschied zu den motorischen Merkmalen, keine signifikanten Vorsprünge der Kinder in den Modellkindergärten für die untersuchten kognitiven Merkmale nachweisen. Zu einem anderen Ergebnis kam Beudels (1996). Er hatte neben der Motorik auch die Intelligenzentwicklung von Kindern untersucht, die im Schulkindergarten an einer psychomotorischen Förderung teilnahmen. Nach einem Jahr waren die Kinder der Versuchsgruppe den Kindern der Kontrollgruppe auch in der Intelligenzentwicklung deutlich überlegen, und dieser Effekt war auch nach dem ersten Schuljahr noch vorhanden.

Die Frage nach den Wirkungen von motorischen Förderprogrammen auf Merkmale des Selbstkonzepts oder des sozialen Verhaltens bleibt für den Vorschulbereich empirisch weitgehend offen. Dies ist insofern überraschend, als z. B. durch psychomotorische Interventionen gerade auch Effekte in diesen Bereichen erzielt werden sollen. Eine mögliche Begründung könnte darin liegen, dass die Erhebung von Daten zum Selbstkonzept und sozialen Verhalten bei Kindern im Vorschulalter mit einigen methodischen Schwierigkeiten verbunden ist.

13.4 Effekte von Bewegungsprogrammen im Lichte von Erfahrungsberichten

Erfahrungsberichte über die Wirkung einer Bewegungsförderung im Kindesalter liegen vor allem vom organisierten Sport, und zwar von der Sportjugend der Landessportbünde und von der Deutschen Olympischen Gesellschaft (DOG) vor. Die Sportjugend führt in den Landessportbünden Zertifizierungen von Kindergärten und Kindertagesstätten zu *Bewegungskindergärten* durch. So wird z. B. in Niedersachsen das „Markenzeichen Bewegungskita", in Nordrhein-Westfalen der Titel „Anerkannter Bewegungskindergarten des LandesSportBundes NRW" und in Rheinland-Pfalz das Qualitätssiegel „Bewegungskindergarten RLP" vergeben. Die Deutsche Olympische Gesellschaft (DOG) hat 2003 das Modellprojekt *Kinder bewegen* initiiert. Beide Projekte haben eine große Breitenwirkung erzielt und werden ständig ausgeweitet.

Im Rahmen des Gesamtprojekts *Bewegter Kindergarten* hat der LandesSportBund Nordrhein-Westfalen seit 1999 bereits 194 Markenzeichen verliehen (Stand 2007). In Niedersachsen gab es 2007 schon 60 ausgezeichnete Kitas und 72 befanden sich in der Beratung und Qualifizierung (vgl. Detert, Selchow, Balster, Beckmann, Heller & Hensler, 2007). Weit über 60 Erzieherinnen haben entsprechende Weiterbildungen abgeschlossen. In Baden-Württemberg haben bis zum Jahre 2006 schon 945 Sportvereine und Kindergärten entsprechende Kooperationen abgeschlossen (vgl. Pfänder, 2005), in Hessen lag die Anzahl bis zum Kindergartenjahr 2005/06 bei 270 Kooperationen (vgl. Schulz-Algie, 2005). Rheinland-Pfalz meldete bis zum September 2007 die Auszeichnung von 14 Kindertagesstätten mit dem Qualitätssiegel sowie 240 speziell ausgebildete Erzieherinnen (vgl. Hensler, 2005).

Die Kriterien für den Erwerb der Zertifikate der anerkannten Bewegungskindergärten sind bis auf geringfügige Unterschiede zwischen den Landessportbünden gleich (vgl. Detert et al., 2007; Balster & Beckmann, 2005; Pfänder, 2005; Schulz-Algie, 2005; Hensler, 2005). Sie umfassen (mit geringen Unterschieden zwischen den Bundesländern):

- die Festschreibung und Anerkennung des Prinzips der Bewegungserziehung als pädagogisches Konzept,
- die Anerkennung der Richtlinien, z. B. im Handlungsrahmen für bewegungsfreudige Kindergärten,
- das Vorhandensein einer qualifizierten Leitung und einer weiteren Gruppenleitung durch eine Sonderausbildung über Bewegungserziehung im Kleinkind- und Vorschulalter,
- eine Fortbildung wenigstens einmal in zwei Jahren oder eine 60-stündige Fortbildung,

- den Nachweis der Durchführung von täglich angeleiteten und offenen Bewegungsangeboten,
- mindestens einen geeigneten Bewegungs- bzw. Mehrzweckraum,
- eine kindgerechte Geräteausstattung,
- die Kooperation mit einem ortsansässigen Sportverein, der als kinderfreundlicher Sportverein ausgezeichnet ist,
- mindestens ein oder zwei Elternabende im Jahr mit Informationen über Bewegung, Spiel und Sport,
- die Stärkung des Bewusstseins in der Öffentlichkeit für die Bedeutung der Bewegung,
- eine Multiplikatorenwirkung für weitere Kindergärten in der Region,
- eine Evaluation des Förderprogramms.

Für die Bundesländer Baden-Württemberg, Hessen, Rheinland-Pfalz und Nordrhein-Westfalen liegen Evaluierungen vor, wenn auch nur zusammenfassende Ergebnisse berichtet werden. Angaben über die Methoden der Evaluation und damit über die wissenschaftliche Absicherung sind im Allgemeinen (noch) nicht veröffentlicht. Entsprechend allgemein gehalten sind die zusammenfassenden Beurteilungen der durchgeführten Maßnahmen. Relativ gut dokumentiert sind die Ergebnisse einer wissenschaftlichen Begleituntersuchung in Baden-Württemberg (vgl. Pfänder, 2005):

- Im Vergleich zu den klassischen kognitiven, emotionalen und sozialen Erziehungs- und Bildungsbereichen wird die Bewegungserziehung vielfach noch als von geringerer Bedeutung eingeschätzt.
- Die räumlichen und materiellen Bedingungen für eine kindgerechte Bewegungserziehung sind in den meisten Kindergärten erfüllt.
- Nur bedingt in ausreichendem Maße vorhanden sind Qualifikationen und Konzeptionen zur Bewegungserziehung.
- Mit den neu erworbenen Qualifikationen setzen die Übungsleiter wichtige entwicklungsfördernde Impulse.
- Das Bewegungsangebot ist durch das günstigere Betreuungsverhältnis und die Arbeit in altershomogenen und gruppenübergreifenden Zusammensetzungen wirkungsvoller.
- Vom besseren Betreuungsverhältnis profitieren die Erzieherinnen in ihrer Arbeit.
- Derzeit fehlen langfristige Finanzierungsmittel zur Aufrechterhaltung der Bewegungsangebote.

Für Hessen wird ergänzend angeführt (vgl. Schulz-Algie, 2005):

- Durch die Bewegungsprogramme wird einerseits das Bewusstsein und die Qualifikation der Erzieherinnen und Erzieher für eine bewegungsorientierte Kinderbetreuung erweitert, andererseits erkennen die Eltern die wichtige Bedeutung von Bewegung für die Entwicklung ihrer Kinder.
- Sowohl seitens der beteiligten Kooperationspartner als auch zwischen den Erzieherinnen und Erziehern einerseits und den Übungsleiterinnen und Übungsleitern andererseits besteht eine gute Kooperation.

In NRW hat eine Evaluation 2003 zusätzlich ergeben (vgl. Balster & Beckmann, 2005):

- 90 % der Erzieherinnen und Erzieher in nordrhein-westfälischen anerkannten Einrichtungen stellen einen positiven Einfluss auf die motorische Entwicklung der Kinder fest.

Die DOG (2008) verfolgt mit dem Modellprojekt *Kinder bewegen* ähnliche Ziele wie die Deutsche Sportjugend. Im Mittelpunkt steht die Verbesserung der Motorik im Rahmen einer umfassenden Persönlichkeitsförderung. Diese ist aber eingebunden in die Olympische Erziehung mit den Modulen Fair Play, Leistungsbereitschaft, Teamgeist, Völkerverständigung und einem Olympischen Tag im Kindergarten. Als Kooperationspartner fungieren neben Kindergartenkindern, Erziehern, Eltern und Angehörigen, Entscheidungsträgern im Kindergarten, Sportvereinen und Übungsleitern, Krankenkassen auch weitere Partner, sport- und erziehungswissenschaftliche Institute auch Olympiateilnehmer und aktive Sportler sowie die Mitglieder der DOG. Bis 2007 hat die DOG 27 Modellkindergärten mit insgesamt 3.000 Kindern in die Förderung aufgenommen.

Ziel des Projektes ist es, die Kindergärten sowohl in materieller und personeller als auch in ideeller Hinsicht so auszustatten, dass sie eine Erfolg versprechende Bewegungserziehung durchführen können. Dabei sollen besonders Einrichtungen gefördert werden, die bisher hinsichtlich ihrer Möglichkeiten zur Bewegungsförderung eher benachteiligt wurden. Einrichtungen können Modellkindergärten werden, wenn sie die folgenden Vorgaben erfüllen: Die Einrichtung

- verfügt über mindestens drei Gruppen,
- ist bisher nicht bewegungsorientiert, erhält keine anderen Fördermittel für Bewegungserziehung,
- verfügt allenfalls über geringe bis durchschnittliche Bewegungsangebote,
- ist bestenfalls durchschnittlich mit Geräten und Materialien ausgestattet,
- möchte die Kompetenz des pädagogischen Personals im Bewegungsbereich erweitern,

– möchte die Eltern überzeugen und zu aktiver Beteiligung und Eigeninitiative animieren.

Jede der beteiligten Einrichtungen erhält über einen Zeitraum von drei Jahren materielle, ideelle und personelle Unterstützung durch die ortsansässige Zweigstelle der DOG und weitere Kooperationspartner. Nach einer ersten Zwischenbilanz der wissenschaftlichen Begleitung durch die Universitäten Konstanz und Karlsruhe ist der Zuwachs der motorischen Leistungsfähigkeit bei den im Projekt geförderten Kindern um etwa ein Drittel größer als bei den Kindern der entsprechenden Vergleichsgruppe (vgl. DOG, 2008). Die erweiterten Fachkenntnisse der Erzieherinnen und Erzieher sowie die verbesserte Ausstattung der Modellkindergärten werden hinsichtlich der Nachhaltigkeit des Projekts als äußerst positiv angesehen.

13.5 Zusammenfassung und Diskussion

Zusammenfassend kann als wissenschaftlich gesichert festgestellt werden, dass eine allgemeine Bewegungsförderung im Kindergarten die motorische Leistungsfähigkeit der Kinder durchweg verbessert (vgl. Kap. 14). Dabei profitieren schwächere Kinder von den Programmen in besonderem Maße. Insofern erscheint der Kindergarten als Institution in der Lage zu sein, motorische Schwächen auszugleichen, was in den Zeiten von zunehmendem allgemeinen Bewegungsmangel und den damit verbundenen gesundheitlichen Risiken und Einschränkungen, wie z. B. durch Übergewicht und Adipositas immer wichtiger wird. Um diesem Auftrag nachkommen zu können, müssen die Einrichtungen allerdings einige Voraussetzungen erfüllen. Wie die Studie von Scherrer (1997) eindrucksvoll zeigt, ist von zentraler Bedeutung, die Erzieherinnen und Erzieher in Bereichen der Bewegungserziehung und -förderung zu schulen. Dies scheint genauso wichtig wie eine sehr gute Ausstattung mit Materialien und baulichen Möglichkeiten. Spezifische Förderprogramme, die auf die Entwicklung der Kinder abgestimmt sind, zeigen größere Wirkung als eine beliebige Bewegungsförderung (vgl. Nacke et al., 2006). Die Frage ist somit nicht mehr, ob Bewegungsförderung im Kindergarten etwas bringt, sondern wie man die Bewegungsförderung optimiert. Dabei sollten auch verstärkt differentielle Gesichtspunkte beachtet werden. So ist sicherlich zu überprüfen, ob Bewegungsförderung für Jungen und Mädchen unterschiedlich angelegt sein sollte, welchen Einfluss das Alter hat und wie die unterschiedlichen motorischen Vorerfahrungen und Voraussetzungen der Kinder beachtet werden müssen. Unterschiede in einzelnen elementaren Fertigkeiten, die häufig zu beobachten sind, wie z. B. Schwächen der Mädchen im Werfen, sollten dazu führen, dass zumindest zeitweise bedarfsorientiert spezielle Inhalte für Mädchen bzw. Jungen angeboten werden. Hinsichtlich des Alters ergab sich bei Rethorst (2004), dass die älteren Kinder deutlich weniger von der Förderung profitierten als die jüngeren. Eine differenzierte Abstimmung der Bewegungsförderung bzw. der Aufgaben auf die tatsächlichen Fähigkeiten der Kinder ist dringend notwendig, um Überforderungen und Unterforderungen zu vermeiden. Bei zu leichten Aufgaben verlieren Kinder (nicht nur) im Vorschulalter recht schnell die Motivation. In diesem differentiellen Bereich sind weitere Studien dringend notwendig.

Zum Zusammenhang von Motorik und kognitiver Leistungsfähigkeit lassen sich die z. T. uneinheitlichen Ergebnisse auch darauf zurückzuführen, dass der Problemgegenstand zu undifferenziert untersucht worden ist. Tendenzielle Übereinstimmung zeigt die überwiegende Zahl differenzierterer Studien in zweierlei Hinsicht: Zum einen erbringt eine Differenzierung der motorischen Leistungsfähigkeit in koordinative und konditionelle Komponenten, dass kognitive Leistungen tendenziell eher mit Aspekten der Bewegungssteuerung und -regelung, also der Informationsverarbeitung, zusammenhängen als mit Prozessen der Energiebereitstellung und -übertragung. Zum anderen scheint für jüngere Kinder ein höherer Zusammenhang zwischen motorischer und kognitiver Leistungsfähigkeit zu bestehen als für ältere Kinder. Bei der Interpretation der Befunde werden oft explizit einseitige Kausalitätsannahmen formuliert oder implizit vorausgesetzt, obwohl auch eine zweiseitige Interpretation möglich wäre. Eine Lösung dieses Problems stellen längsschnittliche Untersuchungsdesigns, wie die Studie von Fleig, dar. Im Anschluss daran sind Effektivitätsprüfungen von Bewegungsförderprogrammen gezielt auf kognitive Variablen durchzuführen. Weiterhin unklar sind zudem die tatsächlichen cerebralen Vorgänge, mit denen Zusammenhänge zwischen motorischen und kognitiven Prozessen erklärt werden können (vgl. auch Voelcker-Rehage, 2005). An der Schnittstelle zwischen Neurowissenschaft und Sportwissenschaft bieten sich hier lohnende Ansätze für interdisziplinäre Forschungsvorhaben.

Um die positiven Effekte der Bewegungsförderung im Kindergarten allen Kindern zugänglich zu machen, ist es notwendig, dass ausreichend finanzielle Mittel zur Verfügung gestellt werden, damit Maßnahmen wie z. B. die der Landessportbünde und der DOG langfristig gesichert werden können. Kooperationen zwischen den Kindergärten und den Sportorganisationen sind sicherlich ein guter (erster) Weg, mehr Bewegung in die Einrichtungen zu bringen. Mittelfristig aber muss weitergehend die Bewegungserziehung und die Bewegungsförderung in den Curricula der Ausbildung von Erzieherinnen und Erziehern verbindlich festgeschrieben werden.

Sabine Rethorst, Peter Fleig & Klaus Willimczik

14 Sprache und Bewegung

14.1 Einleitung

Kein anderer Bildungsbereich steht derzeit so sehr im Mittelpunkt der bildungspolitischen Debatte wie die Sprachförderung. Seit die Ergebnisse der *PISA-* und *OECD-Studien* darauf aufmerksam gemacht haben, dass Bildungschancen in hohem Maße von den sprachlichen Fähigkeiten der Kinder abhängen, werden Fördermittel und Ressourcen bundesweit in Sprachförderung investiert.

Dabei ist allerdings seit einigen Jahren ein besorgniserregender Trend zur isolierten Förderung der sprachlichen Kompetenzen zu verzeichnen, der fatal an die sogenannten „funktionsorientierten Curricula" der 1960er- und 1970er-Jahre erinnert. Auch hier gab es „Sprachtrainingsmappen" (vgl. Schüttler-Janikulla, 1971), die im Kontext lebensweltorientierter und situationsorientierter Curricula damals bereits heftig kritisiert wurden (vgl. Arbeitsgruppe Vorschulerziehung, 1974; Liegle, 1991; Zimmer, 2006b, S. 141 ff.).

Diese Gefahr droht auch heute wieder, kommen doch z. Zt. viele Materialien auf den Markt, die Sprachförderung sehr funktionsorientiert betrachten (vgl. hierzu die Übersicht über Konzepte, Projekte und Maßnahmen zur sprachlichen Bildung und Förderung im Kindergarten von Jampert, Leuckefeld, Zehnbauer & Best, 2006). Dabei kann gerade die Verknüpfung von Bewegung und Sprache bei frühen Sprachlernprozessen zu besonderen Synergieeffekten führen (vgl. Jampert et al., 2006; Zimmer, 2008a).

Der folgende Beitrag befasst sich mit dem Zusammenhang von Sprache und Bewegung. Zunächst wird auf die Verflechtung beider Entwicklungsbereiche eingegangen, um dann in einem weiteren Schritt die Ergebnisse empirischer Untersuchungen zum Zusammenhang und zur Wirksamkeit von Bewegungsförderung für den Spracherwerb zu diskutieren.

14.2 Expressive und instrumentelle Funktion von Sprache und Bewegung

Lange bevor das Kind sprechen gelernt hat, teilt es sich bereits über Gesten, Mimik, Gebärden – über seinen Körper – mit. Zunehmend übernimmt die verbale Sprache die Form der Mitteilung und des Austauschs, wobei jedoch auch die anderen Kommunikationsebenen bestehen bleiben.

Sprache wird vom Kind auch verwendet, um eine Absicht zu realisieren, es will „mit Worten Dinge geschehen machen" (Bruner, 2002, S. 8). Zuvor lässt es jedoch über seinen Körper Dinge geschehen: Der Ball, der mit einem Fußtritt in Bewegung versetzt wird, vermittelt ihm das Gefühl von Selbstwirksamkeit, es sieht sich selbst als Urheber einer Wirkung.

Sprache und Bewegung haben also eine expressive, aber auch eine instrumentelle Funktion – sie sind Medium der Mitteilung und des Ausdrucks und ebenso Werkzeug des Handelns. Sie stellen zwei wesentliche Dimensionen der kindlichen Persönlichkeitsbildung dar, die zwar in ihrer Entwicklung getrennt voneinander betrachtet werden können, die sich gleichzeitig aber in Abhängigkeit voneinander entfalten und sich gegenseitig beeinflussen.

Das Kind gewinnt, bevor es sich sprachlich mitteilen kann, bereits ein Wissen über räumliche Beziehungen und es hat dieses Wissen aufgrund seiner Erfahrungen durch Wahrnehmung und Bewegung, in denen sich diese Zusammenhänge erschließen.

So werden durch das Handeln gewonnene Erfahrungen in Verbindung mit der Sprache zu Begriffen. Diese Begriffe ermöglichen dem Kind die innere Abbildung der Welt (vgl. Zimmer, 2006b, S. 82 f.). Zeitliche Begriffe wie *langsam* und *schnell*, räumliche Begriffe wie *hoch* und *tief* erfährt das Kind z. B. in einfachen und komplexen Bewegungshandlungen, die es in Raum und Zeit variiert. So erwirbt es auf der semantisch-lexikalischen Ebene eine Erweiterung des Wortschatzes und die Voraussetzung für das Verständnis sprachlicher Klassifizierungen.

Eingebunden in sinnvolle, bedeutungsvolle Handlungssituationen, in denen verbale und nichtverbale Handlungsteile ineinander greifen, lernt das Kind, sich seines Körpers und der Sprache als Werkzeug zu bemächtigen.

Bruner (2002) weist in seinen bahnbrechenden Arbeiten zum kindlichen Spracherwerb darauf hin, dass Kinder mit dem Sprechen die Kultur, in der sie leben werden, erlernen. Erwachsene geben die Kultur an die Kinder weiter, auch beim Spracherwerb kommt ihr auf jeder Stufe eine wesentliche Bedeutung zu. Damit vergleichbar sind auch Wahrnehmungsprozesse und Bewegungshandlungen von Kindern kulturell und sozial geprägt. Mimik und Gestik – die Mittel der Körpersprache – sind kulturspezifisch determinierte, persönliche Ausdrucksmittel, die im sozialen Kontext erworben werden.

14.3 Ebenen des Spracherwerbs

Der Erwerb der Sprache ist eine zentrale Entwicklungsaufgabe, bei der viele Teilfertigkeiten auf unterschiedlichen Sprachebenen erlernt werden müssen. Sprache umfasst sowohl das Sprachverständnis als auch die Sprachproduktion und die Fähigkeit, mit anderen zu kommunizieren.

Die Sprachwissenschaft (Linguistik) unterscheidet zwischen verschiedenen Bereichen der Sprache (vgl. Kany & Schöler, 2007; Szagun, 2006):

- Prosodie (die rhythmische Gliederung von Spracheinheiten),
- Phonetik und Phonologie (die Artikulation und Lautbildung),
- Semantik (die Bedeutung der Wörter),
- Lexikon (den Wortschatz),
- Morphologie (die Wortbildung),
- Syntax (die Satzbildung),
- Pragmatik (das sprachliche Handeln),
- metasprachliches Wissen (Wissen über die Sprache).

Grimm und Weinert (2002) weisen in diesem Zusammenhang darauf hin, dass jedes Kind:

- prosodische Kompetenzen (Betonung, Sprachrhythmus),
- linguistische Kompetenzen (Organisation von Sprachlauten, Erkennen der Wortbedeutung etc.) und
- pragmatische Kompetenzen (kommunikativer Gebrauch der Sprache)

erwerben müsse.

Die Entwicklungsaufgaben auf den verschiedenen Sprachebenen sind vom Kind zwar in einer gewissen Reihenfolge zu leisten, eine festgelegte Abfolge gibt es dabei jedoch nicht (vgl. Kany & Schöler, 2007, S. 25). Als erstes wird die Ebene der Prosodie gelernt – das Kind unterscheidet die Stimme der Mutter aufgrund ihres Klanges und der Melodie. Es folgt der Erwerb von Wörtern und ihrer Bedeutung und Wortbildungen, dann die Bildung von Sätzen und schließlich der Einsatz von Sprache als Mittel der Kommunikation. Dabei gehen die elementaren Ebenen, wie die Prosodie, nicht verloren, sie bilden die Grundlage für die weitere Entwicklung, außerdem kann die rhythmische Struktur der Sprache (Betonung, Tonlage) auch noch bei Erwachsenen (z. B. beim Halten einer Rede) weiter ausgebaut werden. Bruner (2002, S. 14) betont, dass die zu meisternden Aspekte der Sprache – ihre Syntax, Semantik und Pragmatik – nicht unabhängig voneinander sind und entsprechend auch nicht isoliert gelernt werden können. Im Prozess des Spracherwerbs hängen sie untrennbar zusammen, in der Reihenfolge ihres Auftretens können jedoch unterschiedliche Etappen analysiert werden.

14.3.1 Prosodische Kompetenzen

Wir sprechen in einem bestimmten Rhythmus und mit einer besonderen Sprachmelodie, in einer bestimmten (der Situation angepassten) Lautstärke, machen Pausen, betonen Wörter und geben damit unserer Aussage einen Sinn. An den Tonhöhen und ihrem Verlauf kann man z. B. erkennen, ob es sich bei einer Äußerung um eine Aussage, eine Frage, um einen Befehl oder um eine Bitte handelt. Die Prosodie betrifft also die melodische Gliederung unserer Aussagen, die Tonhöhe, die Betonung, den Rhythmus, die Lautstärke. Zunächst muss das Kind die prosodischen Merkmale der Sprache wahrnehmen, um sie dann später selber als Mittel der Kommunikation einsetzen zu können. Die Fähigkeit zur Rhythmisierung der Sprache, zur Betonung von Wörtern, zur Variation der Satzmelodie spielt beim Spracherwerb eine wichtige Rolle.

Eine Aussage kann ganz unterschiedlich ausgelegt werden – je nach Betonung des Wortes:

- *Wirf* mir den Ball zu (und rolle ihn nicht),
- Wirf *mir* den Ball zu (nicht einem anderen Kind),
- Wirf mir *den* Ball zu (und nicht einen anderen),
- Wirf mir den *Ball* zu (und nicht den Reifen).

Das Verständnis für die Prosodie der Sprache und der aktive Einsatz dieses Merkmals bleibt also auch über die ersten Lebensjahre hinaus eine Aufgabe, die im allgemeinen Sprachgebrauch täglich eingesetzt (und auch geübt) wird.

Die Förderung der prosodischen Kompetenz wird durch Bewegungsspiele unterstützt, wenn z. B. Lauf- und Fangspiele mit ritualisierten Frage-Antwort-Sätzen verbunden sind („Fischer, Fischer, wie tief ist das Wasser?"). Die Spannung der Spielsituation wird durch das rhythmisierte Frage-Antwort-Ritual aufgebaut bzw. begleitet. Die Wiederholungen der Redewendungen werden durch ihre Einbindung in komplexe Spielsituationen (Reaktionsspiele) immer wieder geübt, womit auch der Erwerb syntaktischer Sprachmuster unterstützt wird.

14.3.2 Phonetik und Phonologie – Artikulation und Lautbildung

Die Phonetik befasst sich mit den akustischen Merkmalen von Lauten (Frequenz, Intensität) und ihrer Bildung. Sie beschreibt, wie wir Laute wahrnehmen und produzieren.

Die Phonologie widmet sich den Lauten (Phonemen) der Sprache. Die Laute sind die kleinsten bedeutungsunterscheidenden Einheiten der gesprochenen Sprache. Das Kind muss auch hier eine doppelte Aufgabe erfüllen: Es muss die Laute seiner Muttersprache wahrnehmen, es muss lernen sie zu unterscheiden und zu bilden.

Es muss jedoch auch lernen, ihre Bedeutung im Sinne der Funktion der Sprache zu verstehen (phonologische Entwicklung; vgl. Kany & Schöler, 2007, S. 35).
Bereits das Sprechen selbst ist eine motorische Aktivität: Die Funktionsfähigkeit der Artikulationsorgane ermöglicht, dass die Aussprache des Kindes verständlich ist. Um ganze Sätze zu sprechen, Laute korrekt bilden zu können und die Stimme variabel zu gestalten, ist die Regulation der Atemtätigkeit erforderlich. Die Muskulatur sorgt dafür, dass die Atmung, die Stimmgebung und die Aussprache funktionieren (vgl. Wendlandt, 2006).
Die phonologische Entwicklungsaufgabe besteht darin, Phoneme (Laute) in ihrer Sprachfunktion wahrzunehmen und verwenden zu können. So muss z. B. ein L von einem R unterschieden werden können, um den Bedeutungsunterschied zwischen „Laufen" und „Raufen" zu verstehen.
Die Fähigkeit, die hörbaren Elemente der Sprache zu erkennen und zu unterscheiden, kann in Spielsituationen geübt werden. Die Laute müssen auditiv erkannt und sprachlich gebildet werden. Es geht also um das genaue Hören vor allem von An- oder Endlauten (Hand – Wand), aber auch um das deutliche und genaue Sprechen, die Artikulation.
Voraussetzung für diese Fähigkeit ist eine differenzierte auditive Wahrnehmung. Spiele und Übungen, bei denen Töne, Geräusche oder sprachliche Äußerungen wahrgenommen, erkannt und unterschieden werden, tragen dazu bei, dass Kinder ihr Gehör verfeinern. Dazu gehören auch Spiele zum genauen Hinhören, zur Unterscheidung von ähnlich klingenden Lauten, zur Differenzierung von laut und leise, von hoch und tief und der Lautrichtung (vgl. Zimmer, 2007b, S. 92 ff.).
In diesem Kontext ist der Begriff der *Phonologischen Bewusstheit* geprägt worden. Um Einsicht in die Lautstruktur der Sprache zu gewinnen und sprachliche Einheiten, wie Wörter, Silben und Laute, zu erkennen und zu differenzieren, ist es notwendig, die Aufmerksamkeit auf die formalen Einheiten der Sprache zu lenken. Dies ist eine wichtige Voraussetzung, um im Schulalter das Lesen und Schreiben zu erlernen – hierfür müssen Kinder die Lautstruktur der gesprochenen Sprache erkennen.
Die Phonologische Bewusstheit umfasst Fähigkeiten wie Laute in Wörtern differenziert wahrzunehmen, das Hören und Erfinden von Reimen, das gliedernde Sprechen von Wörtern in Silben.
Silben kann man z. B. klatschen, stampfen, klopfen, zählen, betonen, Reime und Gedichte werden verbunden mit Fingerspielen, Lautgesten und rhythmisierten Bewegungen. Dies alles trägt dazu bei, dass Kinder eine Einsicht in die Lautstruktur der gesprochenen Sprache erwerben.

14.3.3 Semantik und Lexikon – Wortbedeutung, Wortschatz und Begriffsbildung

Die Entwicklung von Wortbedeutungen (Semantik) und des Wortschatzes (Lexikon) ist eng mit der kognitiven Entwicklung des Kindes verbunden. Im sogenannten „Lexikon" sind alle Wörter gespeichert, die wir kennen.
Das Verständnis von Wörtern setzt voraus, dass die Kinder sie in ihr vorhandenes Wissen einordnen können. Die Entwicklung des Wortschatzes ist nie abgeschlossen, auch als Erwachsener wird man immer noch neue Worte und neue Wortbedeutungen hinzulernen können.
Der Aufbau des aktiven und passiven Wortschatzes ist eine wichtige Entwicklungsaufgabe des Kindes. Wenn es das „Benennen" von Gegenständen entdeckt hat, nimmt sein Wortschatz in rasantem Tempo zu („Vokabelspurt"). Für die Entwicklung des Wortschatzes sind einerseits Lern- und Gedächtnisprozesse nötig, andererseits sind aber auch Anregungen durch die soziale Umwelt des Kindes unerlässlich. Sie sind wichtig sowohl für das Verstehen von Wörtern als auch für die eigene Produktion.
Bewegungsspielsituationen sind ideale Gelegenheiten für den Aufbau eines aktiven und passiven Wortschatzes und auch für den Erwerb von Wortbedeutungen. Objekten werden Wörter zugeordnet, im Umgang mit Objekten und Materialien können Begriffe erfahren werden, in Bewegungsspielsituationen werden Begriffskategorien gebildet (Wie kann man sich fortbewegen? Welche Formen des Gehens gibt es? Wie werden Objekte klassifiziert?). Sinnliche Erfahrungen erweitern den Wortschatz: Was ist rund, was ist eckig, hart, weich? Durch das Anfassen, Ertasten, Ergreifen und Benennen werden taktil wahrgenommene Eigenschaften der Objekte zu Begriffen. Der handelnde Umgang mit den Objekten führt zur Bildung weiterer Kategoriensysteme.

14.3.4 Grammatik (Syntax und Morphologie)

Bei der Entwicklung grammatikalischer Fähigkeiten wird unterschieden in die Bereiche Wortstellung (Syntax) und Wortformen (Morphologie).
Die Grammatik ist ein System, dessen Gesetzmäßigkeiten das Kind erkennen muss. Es wird also nicht durch Nachsprechen gelernt. Erst mit der Kenntnis grammatikalischer Regeln ist es möglich, etwas aus der Vergangenheit zu berichten oder über Ereignisse, die man zukünftig erwartet.
Das Kind muss die kognitiven Voraussetzungen zur Regel- und Analogiebildung besitzen: Wie wird z. B. ein Plural gebildet (Seil – Seile, aber Ball – Bälle)? Das Kind erkennt selbst wiederkehrende Muster, von denen es dann die Regeln selbst ableiten kann, ohne die eigentliche Regel zu erkennen. Im Gespräch mit seinen Kommunikationspartnern muss es viele grammatikalische Formen hören, um die

Regeln zu finden, auf andere Situationen zu übertragen und entsprechend zu variieren.

Zwar wird es schwierig sein, in Bewegungssituationen Syntax und Morphologie speziell zu fördern, in den komplexen Spielsituationen gibt es aber viele Gelegenheiten, in denen die Kinder den Plural bilden („Gib mir die Bälle."), die Wortstellung beachten („Ich baue ein Haus. Ich brauche den Kasten.") und Kausalsätze formulieren: „Ich brauche den Kasten, weil ich ein Haus bauen will." Die Kinder erleben sich als Subjekt oder Objekt, d. h. es wird auf der sprachlichen Ebene die Unterscheidung in aktive und passive Modi vorgenommen: Sie fangen die anderen oder werden gefangen, sie schieben das Rollbrett oder werden geschoben. Bewegung ermöglicht ihnen, mit Zeit und Geschwindigkeit zu experimentieren, dabei erleben sie auf sensomotorischer Ebene die Bildung und Bedeutung des Komparativs (schnell – schneller laufen, hoch – höher klettern).

Es gibt Gelegenheiten für den Artikelgebrauch und für Flexionen der Verben („Ich habe gebaut.") – auch hier können Bewegungsanlässe zu Sprachanlässen werden, die auf der morphologisch-syntaktischen Ebene den Spracherwerb des Kindes unterstützen.

14.3.5 Pragmatische Kompetenz – Die kommunikative Funktion der Sprache

Sprache wird nicht der Sprache wegen erlernt, sondern aus einer kommunikativen Absicht heraus. Sich mit jemandem verständigen zu können, seine Wünsche zu entziffern, die eigenen Botschaften zu übermitteln, mit ihm zu verhandeln, etwas zu erreichen – das benötigt ein gemeinsames System. Hier geht es zunächst einmal nicht um die Wohlgeformtheit der Sprache, um die grammatikalische Richtigkeit, die Vielfalt der Wörter, es geht vielmehr darum, dass man sich über Sprache mitteilen, etwas bewirken kann.

Sprache ist ein Mittel zur Herstellung von Beziehungen und unterstützt die Kinder bei der Planung und Durchführung ihrer Spielaktivitäten (vgl. Jampert et al., 2006, S. 43). Bewegungsspiele erfordern z. B. die Absprache von Regeln, das Verteilen von Rollen, die Festlegung der Spielhandlung. Fragen und Antworten, Zuhören und Erklären werden in der Spielsituation geübt.

Situative, aber auch bewusst inszenierte Bewegungsangebote können für die Kinder Anlässe zum Sprechen, zum Erweitern und Differenzieren ihres Sprachvermögens sein. Eine Spielidee liefert den Anlass für Bewegungshandlungen wie auch für Sprachhandlungen. Situationen werden „versprachlicht". Damit sind Spielhandlungen zugleich komplexe Sprachlernsituationen. Ebenso können umgekehrt Sprachhandlungen zu Bewegungsanlässen werden: Die Beschreibung einer Situation wird durch Gestik begleitet, ein Rollenspiel lebt zwar durch die sprachliche Kommunikation der am Spiel Beteiligten, es wird gleichzeitig aber auch körperlich inszeniert.

Die sprachfördernde Wirkung entfaltet sich dabei z. T. eher indirekt und beruht insbesondere auf den vielfältigen Sprechanlässen, die sich beim gemeinsamen Spiel ergeben, beim Bauen und Konstruieren, beim Aushandeln von Rollen und Regeln, im spontanen, spielerischen Umgang mit der eigenen Stimme bei Rollen- und Symbolspielen. Sie entfaltet sich insbesondere in dem motivierenden, lustbetonten Kontext, in dem Bewegungshandeln sich zwanglos mit sprachlichem Handeln verbinden lässt.

14.4 Spracherwerb und Bewegungsentwicklung

Der Spracherwerbsprozess ist kein isolierter Vorgang, sondern muss als Teil der Gesamtentwicklung des Kindes verstanden werden. Dabei beeinflussen sich sensorische, motorische, kognitive, emotionale und soziale Entwicklungsprozesse gegenseitig (vgl. Grohnfeldt, 1983). Aufgrund der Überschneidungsgebiete und der resultierenden gegenseitigen Beeinflussungen ziehen Störungen in einem Entwicklungsbereich meist Störungen oder Auffälligkeiten in anderen Entwicklungsbereichen nach sich.

Sprache setzt die Verknüpfung mehrerer Sinnesmodalitäten voraus. Wahrnehmungsprozesse stellen die Grundlage jeglichen Lernens dar, sie sind auch am Spracherwerb beteiligt, Störungen in den einzelnen Wahrnehmungsbereichen und ihrer Integration können sich negativ auf die Sprachentwicklung auswirken.

So werden z. B. über das kinästhetische Sinnessystem die eigenen Sprechbewegungen wahrgenommen, die kinästhetische Wahrnehmung hat einen großen Anteil an der Speicherung von Laut-, Wort- und Satzschemata beim Spracherwerb (vgl. Wiedenmann, 1997). Das kinästhetische Feinempfinden unterstützt damit die auditive Wahrnehmung der Artikulation – es erfolgt gewissermaßen eine „Innenkontrolle der Sprechbewegungen" (Kraft, 1986, S. 16).

Auch das vestibuläre System liefert einen wichtigen Beitrag zur Entwicklung des Wortverständnisses und der Sprache, nach Ayres (1984) stellt es die wichtigste Ordnungskraft für alle Reizempfindungen in den übrigen, von den Sinnesorganen benutzten Kanälen dar. Das Gehör arbeitet sehr eng mit dem Gleichgewichtssystem zusammen:

> Das Innenohr, die Hörschnecke, ist mit dem Vestibularapparat und seinen Bogengängen verbunden, die uns Raumlageveränderungen rückmelden. Gleichzeitig sind diese Bogengänge sensible Rezeptoren für Rhythmik und Schwingungen, so dass rhythmische Sprachelemente auch mit Hilfe dieses Vestibularapparates analysiert werden. Bei Menschen mit schwersten Behinderungen sind vestibuläre Anregungen [...] Entwicklungsanstöße dafür, den eigenen Körper in seiner Gesamtheit zu erfahren [...] und ein Anreiz zum Hören und zur Sprachentwicklung (Fröhlich, 1991, zitiert nach Butzkamm & Butzkamm, 1999, S. 9).

Der auditiven Wahrnehmung wird bezüglich der Sprachentwicklung eine besondere Bedeutung zugeschrieben, denn die Sprachwahrnehmung wird im Wesentlichen über die auditive Wahrnehmungstätigkeit vorgenommen. So dient sie z. B. der phonologischen Differenzierung. Aus vielfältigen akustischen Signalen müssen sinntragende Phoneme unterschieden und identifiziert werden können, dies gilt insbesondere für die Reihenbildung der Phoneme. Schwächen in diesem Bereich können zu Sinnverschiebungen (Lautverwechslungen) und, im weiteren Verlauf, zu Rechtschreibproblemen führen (vgl. Kraft, 1986).

Auch neuere Studien unterstützen die Annahme zugrunde liegender Wahrnehmungsstörungen bei verschiedenen Auffälligkeiten. So hat man z. B. erkannt, dass bei Kindern mit einer Lese-Rechtschreib-Schwäche grundlegende Wahrnehmungs- und Bewegungsfertigkeiten gestört sind. Diese Kinder haben

> meist Probleme damit, verschieden hohe Töne voneinander zu unterscheiden oder den zeitlichen Ablauf von Schallereignissen präzise zu erfassen – etwa, wie schnell in einer Silbe nach einem Konsonant der darauf folgende Vokal ertönt. Oft suchen die Betroffenen auch länger nach passenden Wörtern und brauchen mehr Zeit, um zwischen verschiedenen Alternativen auszuwählen (Warnke & Hanser, 2004, S. 65).

Defizite konnten auch in der Blicksteuerung und im Bereich der Motorik festgestellt werden.

Neben der Wahrnehmung standen und stehen auch häufig motorische Fähigkeiten sprachgestörter Kinder im Mittelpunkt des Interesses, da beide Faktoren für die Sprachentwicklung von Bedeutung sind:

> Die lautsprachlichen Voraussetzungen basieren vor allem auf einer einwandfrei funktionierenden Sensomotorik – gepaart mit steuernder Intelligenz, weil Sprechen und Sprachverstehen sich über Bewegungsabläufe, koordiniert mit Sinnestätigkeiten vollziehen (Kraft, 1986, S. 16).

Sprechen ist eine motorische Handlung, die eine sehr komplexe Bewegungsplanung erfordert. Für die Artikulation ist eine gut funktionierende taktil-kinästhetische Wahrnehmung im Mundbereich erforderlich. Dazu gehört die Eigenwahrnehmung der Mundmuskulatur – die propriozeptive Wahrnehmung im Mundbereich, der Zunge, der Lippen, der Wangenmuskulatur, des Gaumens, Empfinden von Druck, Berührung.

Zum Sprechen sind auch zielgerichtete Mund- und Zungenbewegungen erforderlich, die willentlich gesteuert werden müssen. Diese komplizierten Bewegungsabläufe verlangen eine feine Abstimmung unterschiedlicher Muskelgruppen. Die Fähigkeit hierzu entwickelt sich mit Hilfe des Tastsinns und des Bewegungssinns, gleichzeitig ist beim Kind auch die Entwicklung der Koordination und der Motorik erforderlich. Die Aussprache ist z. B. von richtigen Stellungen und Spannungszuständen der Muskulatur abhängig (vgl. Wendlandt, 2006).

14.5 Untersuchung zum Zusammenhang der Bewegungs- und Sprachentwicklung von Kindern

Empirische Untersuchungen über den Zusammenhang von Wahrnehmung, Bewegung und Sprache im kindlichen Entwicklungsprozess sind bisher nur unzureichend vorhanden. Wenn überhaupt auf empirische Daten zurückgegriffen werden kann, stammen sie in erster Linie aus Untersuchungen, in denen die motorischen Fähigkeiten von Kindern mit Sprachentwicklungsstörungen überprüft wurden. Bei dieser Zielgruppe wird dann allerdings häufiger über motorische Defizite berichtet. Nach Nickisch (1988) sind zwei Drittel aller sprachauffälligen Kinder motorisch ungeschickter als es ihrer Altersstufe entspricht.

Mit einer eigenen empirischen Untersuchung verfolgten wir das Ziel, mögliche Zusammenhänge zwischen der Entwicklung der Motorik und der Wahrnehmung sowie der Sprachentwicklung differenzierter zu überprüfen. Zielgruppe waren 4- und 5-jährige Kinder, die einen Kindergarten besuchten.

14.5.1 Untersuchungsdesign

Die Stichprobe setzte sich aus 126 Kindern aus vier Osnabrücker Kindergärten zusammen. Die Kindergärten liegen jeweils in unterschiedlichen Stadtteilen Osnabrücks und unterscheiden sich nicht in ihren Einzugsgebieten bezüglich der Sozialstrukturen. Dadurch waren sowohl Kinder aus sozial schwachen Familien als auch Kinder mittelständischer Familien aus eher gehobener sozialer Schicht beteiligt.

An der Untersuchung nahmen fast genauso viele Jungen (48 %; n = 60) wie Mädchen (52 %; n = 66) teil. Auch auf die Altersstufen verteilten sich die Kinder gleichmäßig.

Als Erhebungsinstrumente wurden eingesetzt:

- der Motoriktest für 4- bis 6-jährige Kinder (MOT 4-6; vgl. Zimmer & Volkamer, 1987),
- der Sprachentwicklungstest für 3- bis 5-jährige Kinder (SETK 3-5; vgl. Grimm, 2001), der eine Erfassung der rezeptiven und produktiven Sprachfähigkeiten 3- bis 5-jähriger Kinder ermöglicht,
- ein neu konstruierter Erzieherinnenfragebogen zur Einschätzung des Sprachverhaltens,

- ein Beobachtungsverfahren (Ratingskalen) zur Einschätzung des Verhaltens bei Spiel- und Bewegungsangeboten, des Sozialverhaltens und des Selbstkonzeptes (Zimmer, 2008a),
- ein Elternfragebogen zur Anamnese der kindlichen Entwicklung.

14.5.2 Ergebnisse

Im Folgenden wird eine Auswahl der Ergebnisse, die für die behandelte Fragestellung relevant ist, vorgestellt. Eine ausführliche Darstellung der Ergebnisse findet sich bei Mandler und Zimmer (2006).

Korrelation des SETK 3-5 mit den Gesamtleistungen im MOT 4-6 und den motorischen Dimensionen
Sowohl die Gesamtleistung des MOT 4-6 als auch die gesamtkörperliche Gewandtheit und Koordinationsfähigkeit, die feinmotorische Geschicklichkeit, das Gleichgewichtsvermögen sowie die Sprungkraft als motorische Dimensionen weisen signifikante Korrelationen (zwischen $r = 0{,}22$ und $r = 0{,}40$; $p \leq 0{,}01$) mit den Untertests *Verstehen von Sätzen* und *Satzgedächtnis* des SETK 3-5 auf. Das heißt, je höher die genannten motorischen Leistungen des Kindes, desto besser war auch die Leistung des Kindes beim *Verstehen von Sätzen* und beim *Satzgedächtnis*.
Als weitere signifikante Korrelationen sind die Leistungen im Untertest *Phonologisches Arbeitsgedächtnis für Nichtwörter* ($r = 0{,}29$; $p \leq 0{,}01$) und *Gedächtnisspanne für Wortfolgen* ($r = 0{,}23$; $p \leq 0{,}05$) mit der feinmotorischen Geschicklichkeit auszumachen. Kinder, die bei diesen beiden Untertests des SETK 3-5 schlechter abgeschnitten haben, zeigten auch schlechtere Leistungen bei den Aufgaben des MOT 4-6 zur feinmotorischen Geschicklichkeit. Damit liegen im Bereich der Feinmotorik die meisten signifikanten Korrelationen mit der Sprachentwicklung vor.

Korrelation des Sprachverhaltens mit den Gesamtleistungen im MOT 4-6 und den motorischen Dimensionen
Neben der SETK-Leistung wurden auch die Einschätzungen der Erzieherinnen zum Sprachverhalten des Kindes mit den MOT-Leistungen in Beziehung gesetzt. Besonders deutlich sind hier wiederum die Zusammenhänge des Sprachverhaltens mit der feinmotorischen Geschicklichkeit. So zeigten Kinder, die nach Einschätzung ihrer Erzieherinnen:

- ihren Gesprächspartner häufiger anschauen ($r = 0{,}25$; $p \leq 0{,}05$),
- deutlicher sprechen ($r = 0{,}37$; $p \leq 0{,}01$),
- sich verständlicher ausdrücken ($r = 0{,}42$; $p \leq 0{,}01$),
- über einen größeren Wortschatz verfügen ($r = 0{,}41$; $p \leq 0{,}01$),

- grammatikalisch häufiger richtig sprechen (r = 0,32; p ≤ 0,01) und
- weniger Auffälligkeiten in der Aussprache zeigen (stottern, s-, sch-, t-, v-Laute; r = -0,24; p ≤ 0,05 bis r = -0,38; p ≤ 0,01)

bessere Leistungen in der motorischen Dimension *Feinmotorische Geschicklichkeit*. Des Weiteren sind signifikante Korrelationen von Aspekten des Sprachverhaltens mit dem Gesamtwert des MOT 4-6 (r = 0,28; p ≤ 0,05 bis r = 0,33; p ≤ 0,01) und mit der Bewegungsgeschwindigkeit (r = 0,23; p ≤ 0,05 bis r = 0,30; p ≤ 0,01) zu verzeichnen. Auch im Bereich der gesamtkörperlichen Gewandtheit und Koordinationsfähigkeit, des Gleichgewichtvermögens und der Bewegungssteuerung bestehen einzelne signifikante Zusammenhänge (r = 0,23; p ≤ 0,05 bis r = 0,31; p ≤ 0,01) – Kinder, die niedrigere Leistungen in den aufgeführten motorischen Dimensionen erbrachten, wurden von ihren Erzieherinnen auch als weniger kompetent in ihrem Sprachverhalten eingeschätzt.

14.6 Untersuchung zur Wirksamkeit einer bewegungsorientierten Sprachförderung

Im Rahmen eines Projektes zur Gesundheits- und Bewegungsförderung in Kindertagesstätten[1] wurde der Einfluss einer bewegungsorientierten Sprachförderung auf unterschiedliche Bereiche der Sprachentwicklung 3- bis 5-jähriger Kinder untersucht.

14.6.1 Untersuchungsdesign

Der Versuchszeitraum betrug zehn Monate. In dieser Zeit wurde in zehn Kindergärten mit insgesamt 244 Kindern ein Bewegungsangebot durchgeführt, durch das insbesondere Bereiche der Sprachentwicklung (Wortschatzerweiterung, Prosodie, Phonologie und allgemeine Kommunikationsförderung) angeregt werden sollten. Die Erzieherinnen waren durch regelmäßige Fortbildungsveranstaltungen und durch schriftliche Begleitmaterialien in dieses Konzept eingeführt worden und wurden durch Projektmitarbeiter regelmäßig in ihrer pädagogischen Arbeit begleitet (vgl. Zimmer, Dzikowski & Ruploh, 2007).

Zu Beginn und am Ende des Versuchszeitraumes wurde bei allen Kindern neben einem Verfahren zur Ermittlung der motorischen Fähigkeiten (MOT 4-8 Screen; vgl. Zimmer, 2008b) ein Sprach-Screening durchgeführt (Sprach-Screening für das Vor-

---

[1] Das Projekt wurde gefördert durch die Gemeindeunfallversicherungsverbände Westfalen-Lippe, Rheinland und Hannover, die Landesunfallkassen Niedersachsen und Rheinland und die Techniker Krankenkasse.

schulalter [SSV]; vgl. Grimm, 2003), das eine Kurzform des SETK 3-5 (vgl. Grimm, 2001) darstellt. Der Test besteht aus folgenden Untertests:

1. *Phonologisches Arbeitsgedächtnis für Nichtwörter* (PGN, für 3- bis 5-jährige Kinder), mit dem die Fähigkeit erfasst werden soll, bis dahin unbekannte Lautverbindungen in das phonologische Gedächtnis aufzunehmen, zu speichern und wieder abzurufen – eine grundlegende Voraussetzung für „den Wortschatzerwerb sowie den Erwerb formal-struktureller Regelmäßigkeiten" (Grimm, 2003, S. 16).
2. *Morphologische Regelbildung* (MR, für 3-jährige Kinder), durch den „das erreichte Niveau der morphologischen Regelkompetenz [Pluralbildung]" (Grimm, 2003, S. 17) überprüft werden soll. Phonologisches Arbeitsgedächtnis und die Fähigkeit zur morphologischen Regelbildung sind Prädiktoren für die Sprachentwicklung von Kindern, sie differenzieren deutlich zwischen Kindern ohne Sprachauffälligkeiten und Kindern, die solche aufweisen (vgl. ebd., S. 17).
3. *Satzgedächtnis* (SG, für 4- bis 5-jährige Kinder), bei denen morphologisch und syntaktisch korrekte, jedoch semantisch inkorrekte Sätze (Unsinnsätze) nachgesprochen werden müssen. Dies macht

> eindeutige Aussagen über das Kenntnissystem der formalen linguistischen Regeln ohne Interferenz mit semantischen Inhalten möglich. Erst wenn diese anormalen Sätze so gut wie die normalen Sätze (1-6) reproduziert werden, haben die Kinder ein funktionierendes Regelsystem ausgebildet (Grimm, 2003, S. 31).

Letzteres bezeichnet die Autorin als elementar zum Verstehen und Ausdrücken komplexer Sachverhalte und damit auch z. B. zum Erwerb des in der Schule vermittelten Wissens.

Die Kontrollgruppe setzte sich zusammen aus 135 Kindern dreier Kindergärten. Diese Kinder erfuhren keine projektspezifische Intervention, sondern erlebten den gewohnten Kindergartenalltag. Eltern und Erzieherinnen hatten sich einverstanden erklärt, die Kinder an den Untersuchungen zu den motorischen und sprachlichen Kompetenzen teilnehmen zu lassen und erhielten anschließend die individuellen Auswertungen der Tests. Hinsichtlich der Einzugsbereiche und der Sozialstrukturen waren die Kontrollkindergärten mit den Experimentalkindergärten vergleichbar.

14.6.2 Ergebnisse

Im Folgenden wird eine Auswahl der Ergebnisse, die für die behandelte Fragestellung relevant ist, vorgestellt. Eine ausführliche Darstellung findet sich bei Zimmer et al. (2007).

Ergebnisse in Versuchs- und Kontrollgruppe
In der Versuchsgruppe steigt der mittlere Motorikquotient (MQ) hochsignifikant (t = -4,69; p ≤ 0,01) um vier Punkte zum zweiten Messzeitpunkt bei kleiner bis mittlerer Effektstärke (d = 0,3), während er sich im gleichen Zeitraum, also nach etwa zehn Monaten, in der Kontrollgruppe ohne Sprachförderung durch Bewegung nicht signifikant verändert (d = 0,1; kleiner Effekt; vgl. Abb. 14.1).

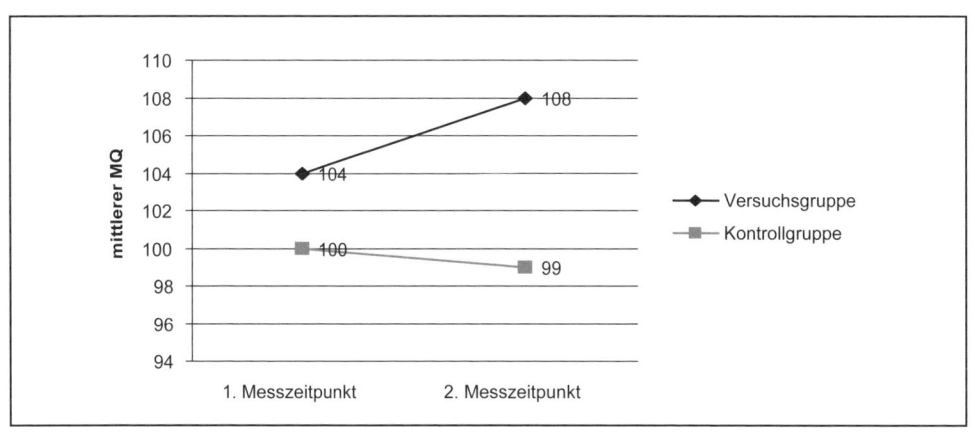

Abb. 14.1. Veränderungen des mittleren Motorikquotienten (MQ) zum ersten und zweiten Messzeitpunkt in Versuchs- und Kontrollgruppe

Wie in Abbildung 14.2 dargestellt, erfahren die Leistungen der Versuchsgruppe im Untertest *Phonologisches Arbeitsgedächtnis für Nichtwörter* (PGN) des *Sprach-Screenings für das Vorschulalter* eine statistisch signifikante mittlere Zunahme (t = -3,20; p ≤ 0,01) im Vergleich zur Kontrollgruppe. Die mittleren T-Werte steigen von 49 auf 54 an (d = 0,5; mittlerer Effekt). Bei der Kontrollgruppe ist ein nur geringfügiger, nicht signifikanter Anstieg der mittleren T-Werte von 47 auf 48 (d = 0,1; geringer Effekt) zu verzeichnen.

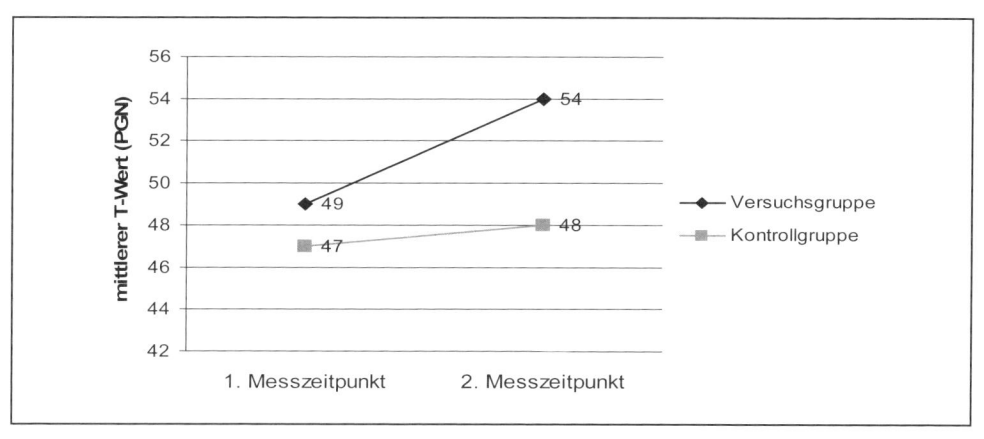

Abb. 14.2. Veränderung der mittleren Sprachtestwerte (SSV) im Untertest ‚Phonologisches Arbeitsgedächtnis für Nichtwörter' (PGN; T-Werte) bei 4- bis 5-jährigen Kindern zum ersten und zweiten Messzeitpunkt in Versuchs- und Kontrollgruppe

Der Untertest Satzgedächtnis (SG), bei dem die Kinder vorgesprochene, auch unsinnige Sätze, reproduzieren müssen, soll die Kenntnis formaler linguistischer Regeln messen. Es zeigen sich in beiden Gruppen deutliche signifikante Zugewinne (Versuchsgruppe: t = -1,99; p ≤ 0,05; Kontrollgruppe: t = -3,41; p ≤ 0,01; d = 0,3 und d = 0,5), die bei unterschiedlicher mittlerer Ausgangslage auf etwa gleichem Niveau münden, so dass sich die Gruppen nicht signifikant unterscheiden (vgl. Abb. 14.3).

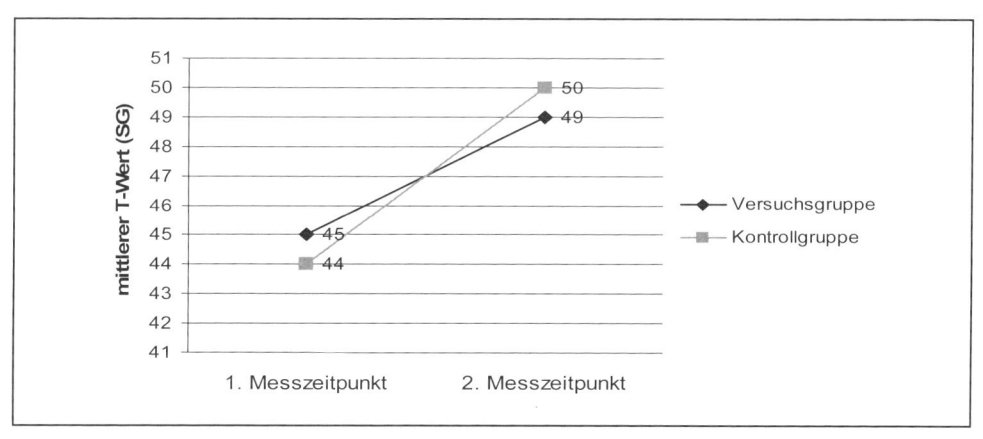

Abb. 14.3. Veränderung der mittleren Sprachtestwerte (SSV) im Untertest ‚Satzgedächtnis' (SG; T-Werte) bei 4- bis 5-jährigen Kindern zum ersten und zweiten Messzeitpunkt in Versuchs- und Kontrollgruppe

Ergebnisse bei Kindern des unteren Leistungsbereichs in Versuchs- und Kontrollgruppe

Der untere Leistungsbereich umfasst Messwerte, die zum ersten Testzeitpunkt im kritischen Bereich der unteren 16 % der jeweiligen Bezugsnorm liegen.

Der mittlere Motorikquotient (MQ) in der Versuchsgruppe erreicht einen klinisch-unauffälligen, „normalen" Wert nach Beendigung der Maßnahme, die Wertezunahme ist signifikant (t = -3,17; p ≤ 0,01; d = 0,8; großer Effekt), während der mittlere MQ der Kontrollgruppe, in der keine Projektmaßnahme durchgeführt wurde, im kritischen Bereich verbleibt, bei nicht signifikantem Wertezuwachs (d = 0,3; kleiner bis mittlerer Effekt; vgl. Abb. 14.4).

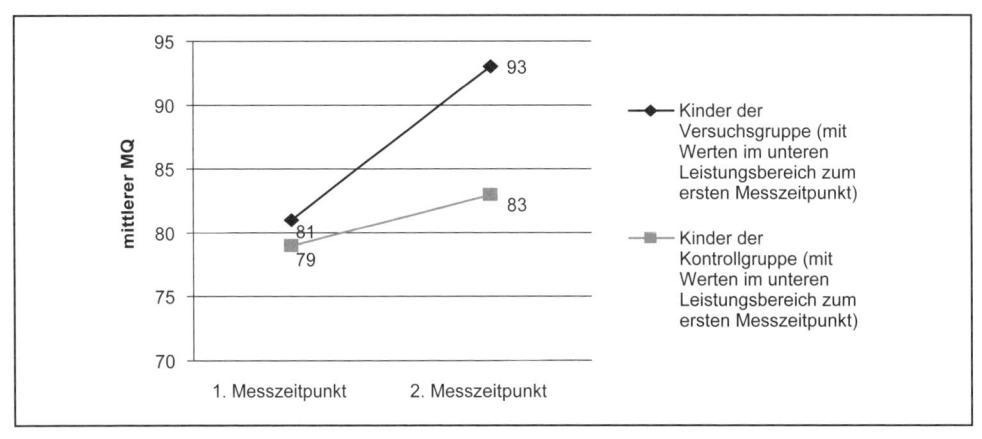

Abb. 14.4. Veränderungen des mittleren Motorikquotienten (MQ) zum ersten und zweiten Messzeitpunkt bei Kindern des unteren Leistungsbereichs in Versuchs- und Kontrollgruppe

Auffällig schwache Leistungen (untere 16 %) von Kindern der Versuchsgruppe im Untertest *Phonologisches Arbeitsgedächtnis des Sprach-Screenings für das Vorschulalter* zum ersten Messzeitpunkt verbessern sich signifikant im Mittel um 18 Punkte in den klinisch-unauffälligen Bereich hinein (t = -8,71; p ≤ 0,01; d = 1,7; großer Effekt; vgl. Abb. 14.5). Die mittleren Leistungen der Kinder der Kontrollgruppe steigen ebenfalls signifikant zum zweiten Messzeitpunkt (t = -4,83; p ≤ 0,01; d = 0,9; großer Effekt), jedoch weniger deutlich, so dass sich die Gruppen zum zweiten Messzeitpunkt signifikant unterscheiden (t = 3,52; p ≤ 0,01; d = 0,9; großer Effekt).

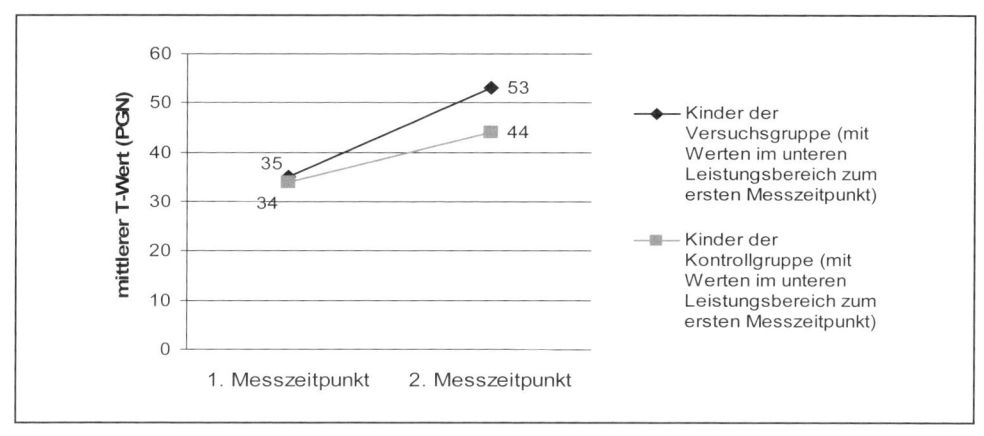

Abb. 14.5. Veränderung der mittleren Sprachtestwerte (SSV) im Untertest ‚Phonologisches Arbeitsgedächtnis für Nichtwörter' (PGN; T-Werte) zum ersten und zweiten Messzeitpunkt bei 4- bis 5-jährigen Kindern des unteren Leistungsbereichs in Versuchs- und Kontrollgruppe

Bei Kindern des unteren Leistungsbereichs für *Satzgedächtnis* in Versuchs- und Kontrollgruppe zeigen sich signifikante Wertezuwächse, die in beiden Fällen die mittleren T-Werte in den nicht-kritischen Durchschnittsbereich zurückführen, bei großen Effektstärken (t = -8,74 und t = -10,8; p ≤ 0,01; d = 1,7 und d = 1,4; vgl. Abb. 14.6).

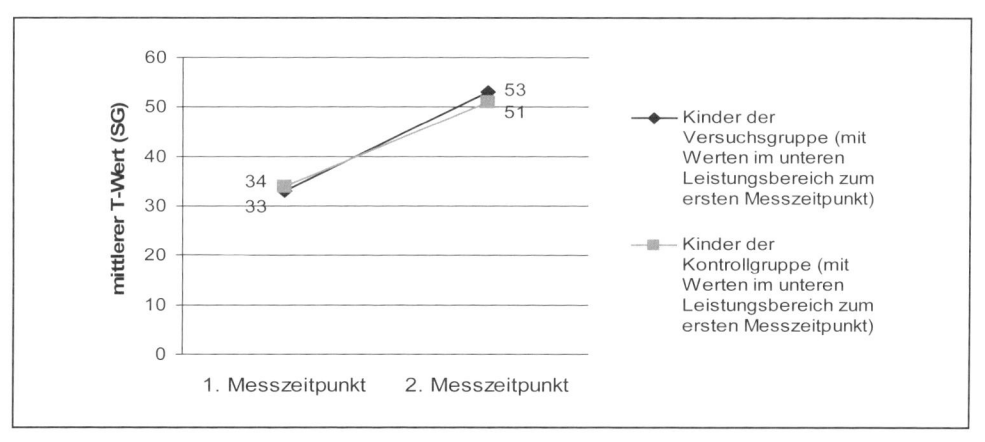

Abb. 14.6. Veränderung der mittleren Sprachtestwerte (SSV) im Untertest ‚Satzgedächtnis' (SG; T-Werte) zum ersten und zweiten Messzeitpunkt bei 4- bis 5-jährigen Kindern des unteren Leistungsbereichs in Versuchs- und Kontrollgruppe

Tabelle 14.1 verschafft abschließend einen Überblick über die Gruppengrößen, die Mittelwerte, Standardabweichungen und Effektstärken für die Variablen des Prä-/ Posttestvergleichs in den verschiedenen Gruppen.

Tab. 14.1. Motorikquotient, Phonologisches Arbeitsgedächtnis und Satzgedächtnis in Versuchs- und Kontrollgruppe: Gruppengrößen, Mittelwerte, Standardabweichungen und Effektstärken
(Anmerkungen: Zur Berechnung der Effektstärke d wurde die Prätest-Streuung der jeweils interessierenden Variablen in der Gesamtstichprobe zugrunde gelegt; VG: Versuchsgruppe; KG: Kontrollgruppe; uL: unterer Leistungsbereich; T1: erster MZP; T2: zweiter MZP; n: Anzahl Kinder; MW: Mittelwert; SD: Standardabweichung; d: Effektstärke)

Variable	Gruppe	n	T1/T2	MW	SD	d
Motorikquotient (MQ)	VG	168	T1 T2	104 108	13 13	0,3 (klein bis mittel)
	KG	114	T1 T2	100 99	15 15	0,1 (klein)
	VG/uL	11	T1 T2	81 93	4 14	0,8 (groß)
	KG/uL	18	T1 T2	79 83	5 11	0,3 (klein bis mittel)
Phonologisches Arbeitsgedächtnis (T-Wert)	VG	101	T1 T2	49 54	11 10	0,5 (mittel)
	KG	76	T1 T2	47 48	10 10	0,1 (klein)
	VG/uL	30	T1 T2	35 53	5 11	1,7 (groß)
	KG/uL	18	T1 T2	34 44	5 7	0,9 (groß)
Satzgedächtnis (T-Wert)	VG	100	T1 T2	45 49	12 13	0,3 (klein bis mittel)
	KG	73	T1 T2	44 50	12 11	0,5 (mittel)
	VG/uL	39	T1 T2	33 53	5 13	1,7 (groß)
	KG/uL	34	T1 T2	34 51	5 9	1,4 (groß)

Bewertung der Maßnahme durch die Erzieherinnen
„Das Projekt Gesundheits- und Bewegungsförderung in Kindertagesstätten in meiner Einrichtung war effektiv."
Insgesamt 84 % der Erzieherinnen, die die Maßnahme der Sprachförderung durch Bewegung durchgeführt hatten, fanden diese Aussage völlig oder eher zutreffend.

16 % von ihnen stimmten zum Teil zu. Keine Teilnehmerin gab an, diese Aussage sei eher nicht oder überhaupt nicht zutreffend (vgl. Abb. 14.7).

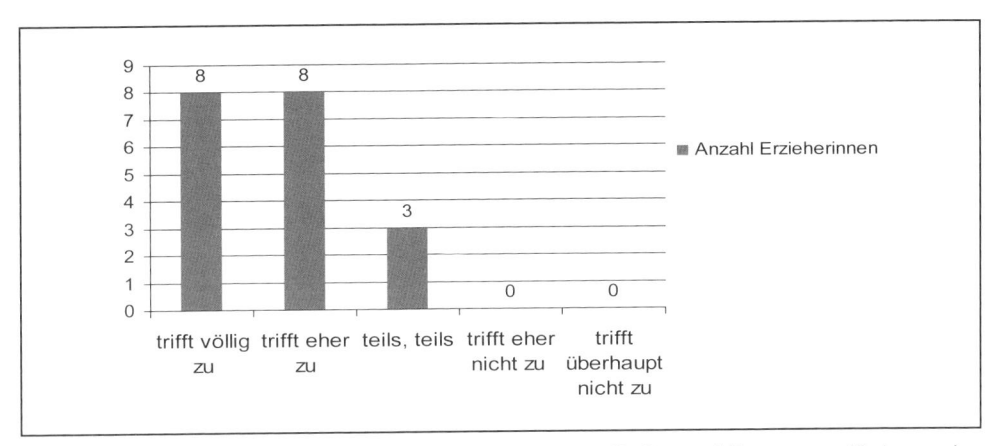

Abb.14.7. Bewertung der Aussage „Das Projekt Gesundheits- und Bewegungsförderung in Kindertagesstätten in meiner Einrichtung war effektiv" durch die Erzieherinnen in absoluten Häufigkeiten

„Ich habe bei den Kindern deutliche, positive Wirkungen durch das Programm feststellen können."
90 % der Befragten stimmten dieser Aussage völlig oder eher zu. Nur 10 % kreuzten die Antwortalternative teils, teils an. Keine Person gab an, diese Aussage träfe eher nicht oder überhaupt nicht zu (vgl. Abb. 14.8).

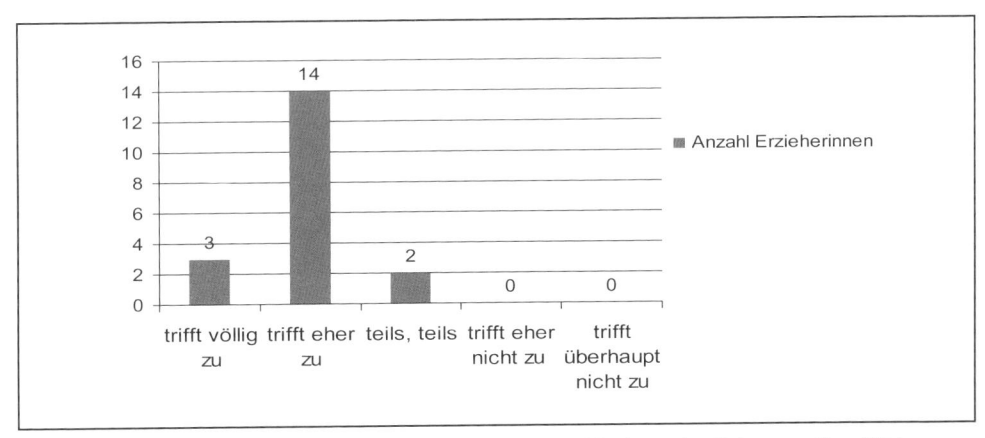

Abb. 14.8. Bewertung der Aussage „Ich habe bei den Kindern deutliche, positive Wirkungen durch das Programm feststellen können" durch die Erzieherinnen in absoluten Häufigkeiten

Zusammenfassung der Ergebnisse

Die Auswertung der gewonnenen Daten ergibt deutliche Hinweise darauf, dass die Kinder von der Intervention *Sprachförderung durch Bewegung* profitierten. Sie verbesserten sich im Vergleich zur Kontrollgruppe deutlich in den Variablen *Motorikquotient* (als Maß für den motorischen Entwicklungsstand) und *Phonologisches Arbeitsgedächtnis für Nichtwörter* (als ein Maß für die Sprachentwicklung). Ebenfalls positiv, ähnlich wie in der Kontrollgruppe, entwickelten sich die Werte für *Satzgedächtnis* (ein weiterer Untertest des Sprachtests).

Auffallende Verbesserungen zeigten sich bei denjenigen Kindern, deren Werte zum ersten Messzeitpunkt zu den unteren 16 % ihrer Altersgruppe gehörten in Bezug auf den motorischen Entwicklungsstand und das phonologische Arbeitsgedächtnis, welches eine bedeutsame Komponente der Sprachentwicklung darstellt. Die Werte dieser Gruppe verbesserten sich bezüglich des Motorikquotienten im Mittel in den klinisch-unauffälligen Bereich hinein, während diejenigen der Kontrollgruppe im kritischen Bereich verblieben. Auch in Bezug auf das phonologische Arbeitsgedächtnis fielen die Ergebnisse der Sprachfördergruppe signifikant höher aus als die der Kontrollgruppe, obwohl die Kinder dieser Gruppe z. T. im Untersuchungszeitraum an anderen (Sprach-)Förderprogrammen teilgenommen haben.

Insgesamt können die Befunde als Hinweis auf die Wirksamkeit bewegungsorientierter Sprachförderung gedeutet werden. Gestützt wird diese Annahme durch die, im Rahmen der abschließenden Evaluation, erfragte Bewertung des Programms durch die beteiligten Erzieherinnen.

14.7 Fazit: Sprachförderung braucht Bewegung!

In den aktuellen Bildungsplänen für die Elementarpädagogik wird in allen Bundesländern sowohl der Sprache als auch der Bewegung ein hoher Stellenwert beigemessen: Sie sind in den Bildungs- und Erziehungsplänen fest verankert und gelten allgemein gerade bei Kindern in den ersten sechs Lebensjahren als wesentliche Mittel der Erkenntnisgewinnung und der Kommunikation. Allerdings wird der Zusammenhang der Sprach- und der Bewegungsentwicklung nur selten diskutiert, die Bereiche werden eher additiv vorgestellt.

Bewegung besitzt ein entwicklungsförderndes Potenzial, das sich insbesondere in den ersten sechs Lebensjahren positiv auf die Sprachentwicklung auswirken kann; die sprachfördernde Wirkung entsteht vermutlich nicht aus einer kausalen, linearen Beziehung zwischen Bewegung und Sprachentwicklung – sie entfaltet sich eher indirekt und beruht insbesondere auf:

- einer basalen Förderung der Wahrnehmungsfähigkeit, auf der die Sprachentwicklung (Spracherwerb) aufbaut,
- der Schaffung sozialer Situationen, die das gemeinsame Handeln herausfordern und die Kommunikation der Kinder untereinander ebenso wie zwischen Kindern und Pädagogen unterstützen,
- den Möglichkeiten zur Unterstützung eines positiven Selbstkonzeptes, das sich auf der Basis von Körpererfahrungen bildet und das sich auch auf die Sprache auswirkt,
- der Bereitstellung von Gelegenheiten, in denen Aktivität herausgefordert und Problemlösevermögen geübt wird,
- dem Angebot vielfältiger Sprechanlässe, die die Freude an Lautspielen unterstützen und den spontanen, spielerischen Umgang mit der eigenen Stimme herausfordern, die aber auch den Wortschatz erweitern und die Grundlagen einer phonologischen Bewusstheit formen,
- der Schaffung eines motivierenden, lustbetonten Kontextes, in dem Bewegungshandeln sich zwanglos mit sprachlichem Handeln verbinden lässt (vgl. Zimmer, 2008c).

Bewegungsorientierte Sprachförderung beinhaltet die Chance, bei den Kompetenzen der Kinder anzusetzen und ihre Eigenaktivität anzuregen. Insbesondere bei Kindern mit Migrationshintergrund spielt es eine wichtige Rolle, dass sie sich zunächst in einem Medium ausdrücken können, in dem sie sich sicher fühlen.
Über Bewegung fällt es ihnen oft leichter, mit anderen Kindern zu kommunizieren, sich mitzuteilen. Sie beherrschen die nonverbalen Anteile der Sprache oft sehr gut und können sich über Gestik und Mimik, über Gebärden und über ihren Körper verständlich machen. So üben sie den Kontakt mit anderen, fühlen sich anerkannt und wahrgenommen, die Teilnahme am verbalen Austausch der anderen Kinder trägt zu ihrem Sprachverständnis bei und gibt ihnen Gelegenheit, sich schrittweise auch in der verbalen Sprache zurecht zu finden.

Grundanliegen einer ganzheitlichen Entwicklungsförderung von Kindern sollte es sein, eine anregungsreiche, zur Aktivität und zum Handeln auffordernde Umwelt zu schaffen, in der das Kind Körper, Bewegung und Sprache gleichermaßen einsetzen darf, um sich mit sich selbst, seiner dinglichen, räumlichen und sozialen Umwelt auseinander zu setzen. Bevorzugtes Mittel ist dabei das Spiel. Es schafft Bewegungs- und Sprechanlässe, die dazu beitragen, das sprachliche und körpersprachliche Handlungsrepertoire ebenso zu erweitern wie das Bewegungsrepertoire. Über die Stabilisierung der Persönlichkeit, durch die Vermittlung von Erfolgserlebnissen, über den Aufbau von Vertrauen in die eigenen Fähigkeiten entwickelt sich nicht nur die Handlungs- sondern auch die Kommunikations- und Interaktionsfähigkeit des Kindes.

Die Ergebnisse der in diesem Beitrag referierten empirischen Untersuchungen weisen auf einen deutlichen Zusammenhang zwischen der Motorik und der Sprachentwicklung bei Kindern hin und belegen darüber hinaus, dass durch Bewegung durchaus nachweislich auch sprachfördernde Wirkungen erzielt werden können. Besondere Aufmerksamkeit verdient in diesem Kontext die Tatsache, dass *die* Kinder am meisten von dem Sprachförderkonzept profitierten, deren sprachliche Leistungen im unteren Normbereich lagen. Für bestimmte Zielgruppen wie z. B. Kinder mit Migrationshintergrund könnten sich also besondere Chancen durch eine bewegungsorientierte Sprachförderung ergeben.

Renate Zimmer

IV Zur Bedeutung von Bewegung, Spiel und Sport im Grundschulalter

Teil IV gibt speziell für den Grundschulbereich einen Überblick über quantitative (vgl. Kap. 15) und qualitative (vgl. Kap. 16) Befunde der ersten repräsentativen und bundesweiten Schulsportuntersuchung (*SPRINT-Studie*). Hinsichtlich schulischer Entwicklungen werden die Ganztagsschule (vgl. Kap. 17) und die Bewegte Grundschule (vgl. Kap. 18) inhaltlich dargestellt und im Hinblick auf den „Bildungsgewinn für Kinder" gedeutet. Das abschließende Kapitel 19 widmet sich der gemeinsamen Entwicklung und Unterrichtung von Kindern mit und ohne Behinderung.

Betrachtet man die *SPRINT*-Befunde zum Grundschulsport aus Schülersicht (vgl. Kap. 15), so zeigt sich ein eindeutig positives Bild: Grundschüler, Mädchen und Jungen, schätzen die Bedeutung des Sportunterrichts sehr hoch ein, fühlen sich im Schulsport wohl, schätzen das Sozialklima und besonders die Fürsorglichkeit ihrer Lehrkräfte. Eine strukturelle Betrachtung eröffnet dagegen eher die Schattenseiten: Ein zu hoher Anteil der Lehrerinnen und Lehrer (mehr als 50 %) erteilt fachfremd Sportunterricht. Die Lage des Schwimmunterrichts scheint sich katastrophal zu entwickeln. Gleichzeitig ist es aber nach all den positiven Schülerbefunden bedenkenswert, dass es nicht ausreichend gelingt, den Schulsport verstärkt für ein positives (allgemeines) Schulklima zu nutzen bzw. die Bedeutung des Sports für die Schulkultur (an)zuerkennen.

Nach einer Skizzierung harter (z. B. Lehrer-Schüler-Relation) und weicher (z. B. soziales Klima) Qualitätskriterien von Schule stellt Süßenbach (vgl. Kap. 16) qualitative *SPRINT*-Befunde (vgl. Deutscher Sportbund [DSB], 2006) auf der Grundlage eines Mehrebenen-Modells (Struktur, Prozesse und Ergebnisse) dar. Zufriedenstellende Sportstättensituation, hohe Schülermotivation inklusive Anstrengungs- und Leistungsbereitschaft sowie positiv getönte Könnenserfahrungen „in entspannter Atmosphäre" eröffnen für beide Seiten (Lehrer und Schüler) die Chance, den anderen besser kennenzulernen. Dieser Chance des Sportunterrichts, durch sein positives Sozialklima einerseits, einen Beitrag zur Stärkung des Klassenverbandes und des Gemeinschaftsgefühls zu leisten, stehen andererseits die ungelösten Probleme des Fachkräftemangels und die bisher vertane Chance gegenüber, möglichst alle/viele Kinder an die institutionalisierte Sportkultur heranzuführen.

Naul (vgl. Kap. 17) verdeutlicht, wie das Thema *Ganztagsschule* neue Impulse durch das im Jahr 2002 aufgelegte Interventionsprogramm der Bundesregierung „Zukunft, Bildung und Betreuung" erhielt. Zentrale Ziele waren sozial- und familienpolitische Aktivitäten (Vereinbarkeit von Familie und Beruf) sowie bildungs- und arbeitsmarktpolitische Maßnahmen (zur Förderung allgemein benachteiligter Schülergruppen). Im Folgenden werden unterschiedliche Formen der Ganztagsschule (offen vs. geschlossen; additive, kooperative und integrative Konzepte) vorgestellt und die veränderte Einstellung der Sportfachverbände im Speziellen dokumentiert.

Empirische Befunde zeigen die hohe Angebotspalette sportiver Angebote auf und verdeutlichen deren Beliebtheit bei Eltern und vor allem bei Kindern, besonders den Jungen. Als besondere Qualitätsmerkmale der Bewegungs-, Spiel- und Sportangebote ermittelt der Autor abschließend die Erziehung zu einem gesunden und aktiven Lebensstil sowie die Förderung motorischer, sozialer und moralischer Kompetenzen.

Zimmer und Martzy (vgl. Kap. 18) zeigen auf, wie an der *Bewegten Grundschule* Bewegung zu einem wesentlichen, konstitutiven Bestandteil des Lernens wird und den Lebensraum Schule verändert. Die empirischen Befunde berichten von einem verbesserten Schul- und Sozialklima, erhöhter Schulfreude bei gleichzeitigem Aggressionsabbau. Lehrerinnen und Lehrer erwarten nicht nur körperbezogene positive Veränderungen, sondern versprechen sich darüber hinaus eine allgemeine Verbesserung der Lernbedingungen (z. B. durch erhöhte Lernkonzentration und Aufmerksamkeit, durch entspanntes Lernen). Eine entscheidende Veränderungsvariable stellen die Lehrerinnen und Lehrer selbst dar, da die Integration der Bewegung nicht verordnet, sondern von den Lehrpersonen selbst gewollt sein muss.

Nach einer Begriffserklärung zwischen Schwerbehinderung, chronischer Erkrankung oder Behinderung sowie sonderpädagogischem Förderbedarf verdeutlichen die Autorinnen Doll-Tepper und Schmidt-Goltz (vgl. Kap. 19) das *Inklusionskonzept*, das allgemein von der Unterschiedlichkeit der Kinder ausgeht und aus dieser Perspektive Vielfalt und Heterogenität als Chance gemeinsamen Lernens ansieht. Dies bedeutet für den inklusiven Schulsport, *alle* in ihrer Individualität anzuerkennen und entsprechend ihren Fähigkeiten zu fördern und zu fordern, auch in Abhängigkeit von Alter, Geschlecht, Krankheit/Behinderung oder sozialem Hintergrund. Die Beispiele aus der Praxis, die Schulerfahrungen und der Blick auf den anglo-amerikanischen Raum zeigen, dass Deutschland hinsichtlich dieser spezifischen Ausbildung und der Unterrichtsrealität noch Entwicklungspotenzial hat.

Werner Schmidt

15 Quantitative Schulsportforschung –
Die Grundschule im Fokus der „SPRINT-Studie"

15.1 Vorbemerkung – Eingrenzungen und Ausgrenzungen

Der vorliegende Artikel hat es sich zur Aufgabe gemacht, den Sport in der Grundschule aus der Sicht einer quantitativen Sozialforschung zu betrachten. Grundlage für die Befunde des vorliegenden Beitrags stellt der Datensatz einer Studie dar, die sich einer Bestandsaufnahme zur Situation des Schulsports in Deutschland gewidmet hat und unter dem Namen *SPRINT-Studie* (Sportunterricht in Deutschland) bekannt geworden ist. Die *SPRINT-Studie* wurde vom Deutschen Sportbund (DSB) und der Deutschen Sportjugend (dsj) mit Unterstützung der Kultusministerkonferenz (KMK) in Auftrag gegeben und bestand aus einer Befragung der relevanten Akteure im Feld des Schulsports mithilfe von Verfahren der quantitativen und qualitativen Sozialforschung. In weiteren Teilstudien wurde darüber hinaus eine Lehrplananalyse durchgeführt, über Beauftragte für den Schulsport wurden die Sportstätten der Schulen analysiert und schließlich wurde der außerunterrichtliche Schulsport anhand von „Best-Practice"-Beispielen untersucht (vgl. hierzu die einzelnen Beiträge in DSB, 2006).

Der vorliegende Beitrag konzentriert sich auf die Ergebnisse der quantitativen Befragung, die zusammen mit der qualitativen Befragung (vgl. Kap. 16; Süßenbach & Schmidt, 2006) als das Herzstück der *SPRINT-Studie* bezeichnet werden können.

Die wichtigsten Befunde wurden zusammengefasst, und separat für die Grundschule wurde eine Re-Analyse vorgenommen. Diese Re-Analyse thematisiert mit dem Sport von Kindern in der Grundschule einen Bereich, der in der Sportwissenschaft in der Vergangenheit zumeist stiefmütterlich behandelt wurde.

Der Anspruch des vorliegenden Beitrags kann daher nicht sein, grundlegende theoretische Fragen der Schulsportforschung zu erörtern (vgl. hierzu Bräutigam, 2008), den bisherigen Forschungsstand zusammenzufassen oder einen Überblick zum Schulsport aus der Perspektive sportwissenschaftlicher Teildisziplinen oder spezifischer Themenfelder bereitzustellen. An dieser Stelle muss auf einschlägige Publikationen aus der Sportpädagogik (vgl. Scherler, 1995; Balz, 1997; Friedrich, 2000; Friedrich & Miethling, 2004), aus der Sportpsychologie (vgl. Nitsch & Singer, 1997; Erdmann & Amesberger, 2008), zur bewegten, bewegungsförderlichen oder sportorientierten Schule (vgl. Hildebrandt-Stramann, 2007a; Thiel, Teubert & Kleindienst-Cachay, 2006; Regensburger Projektgruppe, 2001) sowie auf aktuelle Diskussionen einer interdisziplinär angelegten Schulsportforschung (vgl. z. B. Dortmunder Zentrum für Schulsportforschung, 2008) verwiesen werden.

Zum besseren Verständnis der vorliegenden Analyse werden das Rahmenkonzept und das Forschungsdesign der SPRINT-Studie vorgestellt, bevor Befunde zu den Rahmenbedingungen des Schulsports, zum Sportunterricht und zu den Sportlehrkräften jeweils aus der Perspektive der Schulleitungen, der Sportlehrkräfte, der Schülerinnen und Schüler sowie der Eltern dargestellt werden.

15.2 Theoretisches Rahmenkonzept, Anlage und Design der „SPRINT-Studie"

Im Anschluss an die internationalen Schulvergleichsstudien (z. B. *TIMSS*, *PISA* oder *IGLU*) wurde ein komplexes theoretisches Rahmenmodell entwickelt, das den Blick nicht nur auf die Heranwachsenden richtet, sondern auch die familiäre und soziale Herkunft, den Einfluss der einzelnen Schulen und Klassen, die Rolle der Sport- und Medienumwelt sowie die Funktion der Sportlehrkräfte berücksichtigt, um als Wirkmodell die Leistungen und Effekte des Sportunterrichts erklären zu können (vgl. Abb. 15.1).

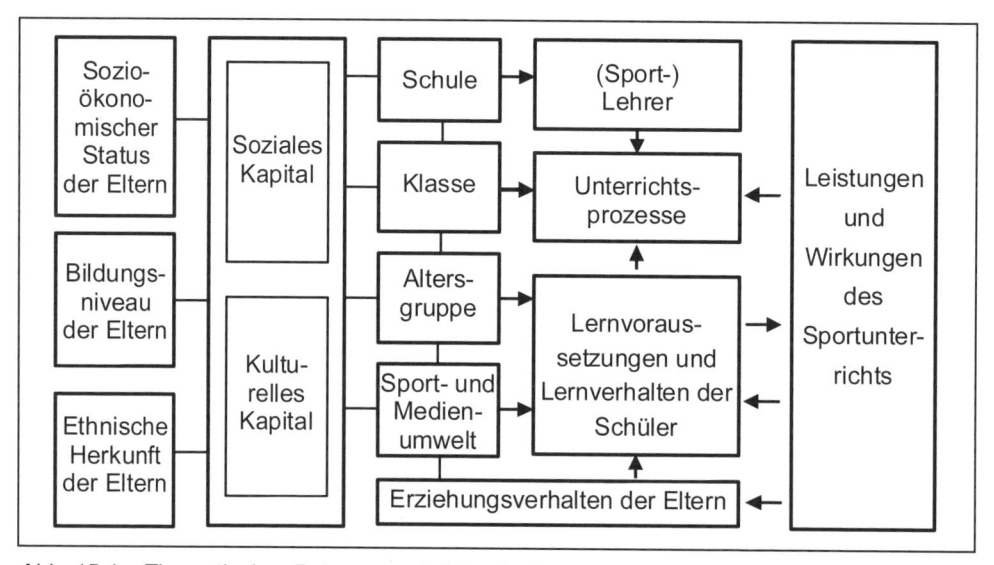

Abb. 15.1. Theoretisches Rahmenmodell der Bedingungen (sport)unterrichtlicher Leistungen und Wirkungen (modifiziert nach Helmke & Weinert, 1997)

Aus diesem Zugang resultierte eine mehrstufige Studienanlage. Um möglichst repräsentative Ergebnisse zu erhalten, wurden vierte Klassen der Grundschule sowie die siebten und neunten Klassen der in den Ländern Bayern, Baden-Württemberg,

Ergebnisse

Hamburg, Nordrhein-Westfalen, Sachsen, Sachsen-Anhalt und Schleswig-Holstein – also Nord und Süd, Ost und West, Flächenländer und Stadtstaaten – vorhandenen Sekundarstufe I untersucht. Die Daten lassen zwar keine Ländervergleiche zu, gleichwohl kann von einer repräsentativen Stichprobe über die sieben Bundesländer hinweg gesprochen werden.

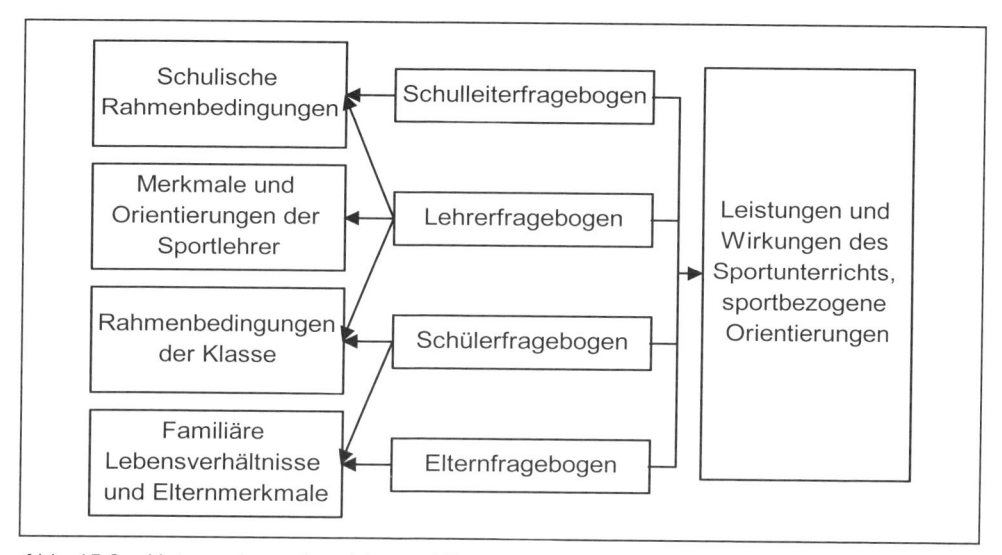

Abb. 15.2. Untersuchungsbereiche und Datenquellen der SPRINT-Studie

In Form von vier Fragebogensets (Schulleitungen, Lehrkräfte, Schülerinnen und Schüler sowie Eltern) wurden mehrperspektivisch Daten von den für den Sport in der Schule relevanten Akteuren erhoben (vgl. Abb. 15.2). Die schriftliche Befragung erfolgte in insgesamt 219 Schulen (davon 56 Grundschulen), die nach Ländergröße, Schulformanteil sowie Siedlungsstruktur gewichtet wurden und 8.863 Schüler (1.167 Grundschüler), 4.352 Eltern (676 Elternteile von Grundschulkindern), 1.158 Sportlehrer (277 Grundschullehrkräfte) und 191 Schulleiter (52 an einer Grundschule) umfasste. Die Vernetzung der einzelnen Datensätze lässt es zu, dass die Sichtweisen und Daten der jeweiligen Akteure unmittelbar aufeinander bezogen werden können.

15.3 Ergebnisse

15.3.1 Zu den Rahmenbedingungen des Sportunterrichts

Zur Beschreibung der Rahmenbedingungen des Schulsports wurden neben den Informationen der Lehrkräfte vor allem Angaben der Schulleitungen sowie der für die Nutzung der Sportstätten verantwortlichen Schulsportbeauftragten herangezogen.

Auf dieser Basis wurden der zeitliche Umfang des Sportunterrichts, der fachfremd erteilte Sportunterricht, die Organisation und Durchführung des Sportunterrichts sowie die infrastrukturellen Grundlagen für den Sport in der Grundschule reanalysiert.

Zum zeitlichen Umfang des Sportunterrichts
Für die häufig diskutierte Frage nach dem tatsächlichen zeitlichen Umfang des Sportunterrichts wurde in der *SPRINT-Studie* die Anzahl der Stunden in der Stundentafel (Lehrplanvorgabe des Kultusministeriums) und der tatsächlich realisierte Sportunterricht (laut Schüleraussagen während der Befragungen in der Klasse) gegenübergestellt. Fast durchweg sind in den unterschiedlichen Schulstufen und -formen in den ministeriellen Vorgaben drei Stunden pro Woche Sportunterricht vorgesehen. Während in den Sekundarschulen erhebliche Unterschiede in der tatsächlichen Realisierung dieser Vorgabe (im Schnitt 2,2 Stunden pro Woche) zu finden waren (Gymnasien und Gesamtschulen kamen dem Soll näher, Hauptschulen erfüllten eher selten die ministeriellen Vorgaben), wurde an den Grundschulen mit durchschnittlich 2,87 Stunden pro Woche an den meisten Schulen der Sollwert erreicht. Offenbar wird dieser vergleichsweise hohe Wert durch das in vielen Bundesländern vorherrschende Klassenlehrerprinzip verursacht, das nicht nur besagt, dass die jeweilige Klassenlehrerin – unabhängig vom Vorhandensein einer Formalqualifikation – neben anderen Fächern auch Sportunterricht erteilt, sondern auch impliziert, dass im Vertretungsfall jede Lehrkraft Bewegung, Spiel und Sport sachgerecht zu vermitteln vermag. Dass damit gleichzeitig Konsequenzen verbunden sind, die mit einer professionellen Erteilung des Sportunterrichts zu tun haben, ist offenkundig.

Zu den programmatischen Grundlagen des Sportunterrichts
Der Auftrag des Sportunterrichts und der Sportlehrkräfte besteht im bekannten Doppelauftrag des Sportunterrichts, (1) Heranwachsende beim Hineinwachsen in die bestehende Sport-, Spiel und Bewegungskultur zu unterstützen *(Erziehung zum Sport)* und (2) sie zugleich in ihrer Entwicklung durch Bewegung, Spiel und Sport zu fördern *(Erziehung im und durch Sport)*. Je nach Altersstufe und Schulform finden sich diese beiden Akzente in unterschiedlicher Gewichtung wieder. Legt man die Unterscheidung in sportartenorientierte Lehrpläne – die sich weitgehend an normierten Sportarten orientieren – und bewegungsfeldorientierte Lehrpläne – die stärker sportartübergreifende Themenfelder als Inhalte des Unterrichts thematisieren – als Orientierung zugrunde, so ist in der Grundschule der letzte Typus deutlich häufiger zu finden. Die bewegungsfeldorientierten Lehrpläne lassen sich jedoch noch einmal dahingehend unterscheiden, dass der eine Lehrplantyp ganz deutlich auf

Ergebnisse

Bewegungsfelder setzt, während der andere die Ausrichtung an klassischen Sportarten nicht aufgibt. Viele der Grundschullehrpläne sind deutlich älter als die Sekundarschullehrpläne und weisen daher in vielen Fällen eine traditionelle Ausrichtung in Ziel- und Inhaltsfragen auf.

Zur Erteilung des Sportunterrichts
Der Sportunterricht in der Grundschule wird zu 83 % von weiblichen Lehrkräften erteilt. Zum Teil resultiert daraus auch der mit über 80 % extrem hohe Anteil an fachfremd unterrichtenden weiblichen Lehrkräften. (Vorsichtige) Vergleiche zwischen verschiedenen Regionen in Deutschland zeigen, dass in den neuen Bundesländern der Anteil an fachfremd erteiltem Unterricht deutlich niedriger ist. Wenngleich in der Gruppe der fachfremden Lehrkräfte der Anteil des Sportunterrichts an ihrem gesamten Stundendeputat niedriger ist und die oben berichtete Statistik zum erteilten Sportunterricht auf den ersten Blick zufriedenstellende Ergebnisse zeigt, kann es durchaus Schulen geben, an denen keine einzige für das Fach Sport ausgebildete Lehrkraft tätig ist und Kinder folgerichtig die gesamte Grundschulzeit durchlaufen können, ohne jemals professionellen Sportunterricht erlebt zu haben. Nach qualitätsmindernden Faktoren für den Sportunterricht gefragt, schätzen die fachfremd unterrichtenden Lehrkräfte im Vergleich zu den Sportlehrkräften das eigene sportliche Können recht kritisch ein. Problematisch ist zudem der Umstand, dass die Gruppe der Fachfremden auch bei den Fort- und Weiterbildungen stark unterrepräsentiert ist. Mehr als die Hälfte der Schulleitungen ist demzufolge auch unzufrieden mit dem Bestand an ausgebildeten Sportlehrkräften.

Zu den Sportstätten
Im Vergleich zu den weiterführenden Schulen stellen die Sportstätten und ihre Ausstattung kein gravierendes Problem für die Grundschulen dar. Dennoch werden in Konkurrenz zu anderen Faktoren (wie die Verfügbarkeit von Sportlehrkräften, die Mehrfachnutzung von Sportanlagen oder der Unterrichtsausfall) zu wenig geeignete Sportstätten (etwa 14 %) als beträchtliches Hindernis für die Erfüllung des Stundensolls genannt. Besonders die Nutzung von Anlagen für den Bereich der Trendsportarten sowie die Ausstattung mit Groß- und Kleingeräten ist an der Grundschule ausbaubedürftig. Insgesamt scheint die infrastrukturelle Grundversorgung in der Grundschule jedoch gesichert zu sein. Dies dürfte in erster Linie darauf zurückzuführen sein, dass sich typischerweise auf dem Gelände von Grundschulen eigene Einfachsporthallen oder geeignete Sporträumlichkeiten befinden, in denen die Schulen das Vorzugsrecht bei den Belegungszeiten besitzen. Gleichwohl könnte die Qualität des Sportunterrichts von einer Verbesserung im Bereich der Sportstätten profitieren.

Zu den Schwimmstätten
Der Erwerb einer grundlegenden Schwimmfähigkeit spielt besonders im Grundschulalter vor dem Hintergrund steigender Zahlen ertrunkener Kinder eine herausragende Rolle (vgl. Deutsche Lebens-Rettungs-Gesellschaft, 2008). Problematischer als die allgemeine Sportstättensituation sehen die Rahmenbedingungen für das Schwimmen aus. Wenngleich die Nutzung der Schwimmstätten von den Beteiligten in den Grundschulen weniger problematisch als in den Sekundarschulen eingeschätzt wird, erweisen sich die Umwandlung öffentlicher Bäder in Betriebsgesellschaften wie auch die weiten Anfahrtswege als hinderlich. Stattliche 37 % der Grundschulen sind auf Schwimmstätten angewiesen, die von der Schule drei bis zehn Kilometer entfernt sind. Speziell Schulen in ländlicher Lage sind von diesen langen Wegzeiten betroffen. Nur 50 % der Schülerinnen und Schüler berichten, dass Schwimmen in der vierten Klasse im Unterricht erteilt wurde. Ein Viertel vertritt die Meinung, dass Schwimmen als Unterrichtsinhalt vernachlässigt wird. In immer mehr Grundschulen fällt der Schwimmunterricht aus – mit der Folge, dass mindestens ein Drittel aller Grundschüler als nicht schwimmfähig zu gelten hat. Ein weiterer Grund ist sicherlich auch die mangelnde fachliche Qualifikation der Lehrkräfte, die dazu führt, dass in vielen Schulen immer mehr Schüler und Schülerinnen die Grundschule als nicht schwimmfähig verlassen (vgl. Kurz & Fritz, 2007).

Zu bewegungs- und sportbezogenen Maßnahmen
Was die Maßnahmen in der Grundschule zur Förderung körperlicher Aktivität angeht, zeigen sich große interindividuelle Unterschiede zwischen einzelnen Grundschulen. Das Thema Sport und Bewegung im Zusammenhang mit der gesamten Schulentwicklung und -profilierung offenbart ganz unterschiedliche Akzentuierungen (vgl. Serwe, 2008). Vor allem im Vergleich zu den Sekundarschulen zeigen sich deutliche Unterschiede. Während etwa die *Bewegte Schule* sowie Maßnahmen zum Sportförderunterricht sehr viel häufiger in die Schulkultur der Grundschule eingebettet sind, erscheint der Bereich der Sport-Arbeitsgemeinschaften sowie das Feld der Sportfahrten und -exkursionen ausbaubedürftig. Wahrscheinlich schlägt auch an dieser Stelle wieder der Fachlehrermangel an vielen Grundschulen durch, denn außerunterrichtliche Sportmaßnahmen werden vor allem von der Gruppe der Sportlehrkräfte getragen. Problematisch ist, dass das Engagement der Fachkräfte für diese Maßnahmen von den Grundschulleitungen im Vergleich zu den Sekundarschulen kaum honoriert wird. Nur 36 % der Schulleitungen geben an, dass sie ein solches Engagement in irgendeiner Form berücksichtigen (Gymnasium: 74 %; Gesamtschule: 78 %; Sekundar-/Mittelschule: 56 %; Realschule: 60 %; Hauptschule: 42 %).

15.3.2 Der Sportunterricht aus Schülerperspektive

Im Rahmen sportbezogener Erziehungs- und Bildungsprozesse stellen die Wahrnehmungen, Bedeutungszuschreibungen und Beurteilungen der Schülerinnen und Schüler von „ihrem" Sportunterricht neben anderen Faktoren eine feste Bezugsgröße dar. Wenn Schüler als Experten ihrer eigenen Praxis gesehen werden (vgl. Bräutigam, 1999), ist die empirisch fundierte, subjektive Schülersicht als ein wichtiges Argument im Prozess der Rechtfertigung von Zielen und Inhalten zu bewerten.

Relevanz des Sportunterrichts

Angesichts der wachsenden Bedeutung des außerschulischen Sports für Heranwachsende (vgl. Kap. 20) hat ein Vergleich des Sportunterrichts mit anderen Settings des Sporttreibens einen besonderen Reiz. Schließlich ist allein der Sportunterricht für alle Heranwachsenden obligatorisch; alle anderen Settings bieten lediglich fakultative Aktivitäten.

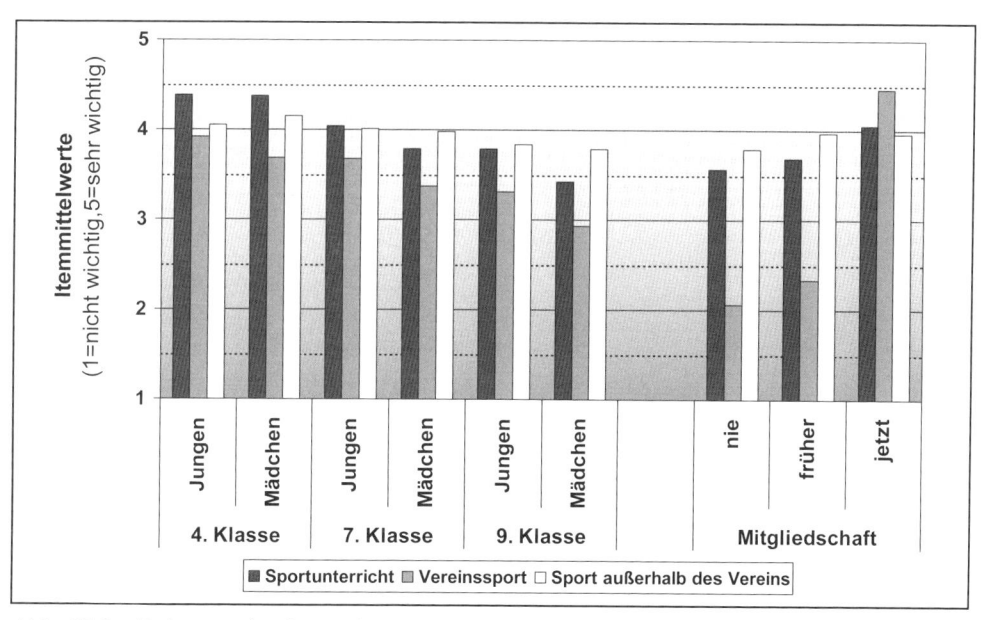

Abb. 15.3. Relevanz des Sports in verschiedenen Settings, differenziert nach Schulstufe und Geschlecht sowie nach Vereinsmitgliedschaft (Schüleraussagen)

Die enorme Wichtigkeit des Sports für die Heranwachsenden ist unübersehbar, wenngleich die Befunde der siebten und neunten Klasse zeigen, dass die Relevanz aller sportlichen Aktivitäten mit dem Alter abnimmt und die Schere zwischen Jungen und Mädchen auseinander geht. Der Setting-Vergleich weist aus, dass der Sportunterricht in der Grundschule eine stärkere Zustimmung als der Sport im Verein oder im informellen Sektor erfährt, wenngleich sich bereits in der Grundschule zeigt, dass die im Verein engagierten Kinder dem dort erteilten Sport eine höhere Bedeutung beimessen. Schüler und Schülerinnen der Grundschule beurteilen darüber hinaus den Nutzen, den sie aus ihrem Sportunterricht für ihre Freizeit ziehen können, deutlich höher als die Schülerschaft der Sekundarschulen. Allerdings stufen sie – im Gegensatz zu den Angehörigen höherer Klassen – den Ertrag des Sportunterrichts für die Freizeitgestaltung ebenso hoch ein wie den Nutzen außerschulischer Erfahrungen für den Sportunterricht.

Beurteilung und Bewertung des Sportunterrichts
Fragt man die Heranwachsenden nach den Noten, die sie dem Sportunterricht geben würden, und nach ihrem subjektiven Wohlbefinden in der Schule und im Sportunterricht, wird das uneingeschränkt positive Urteil über den Sportunterricht komplettiert.

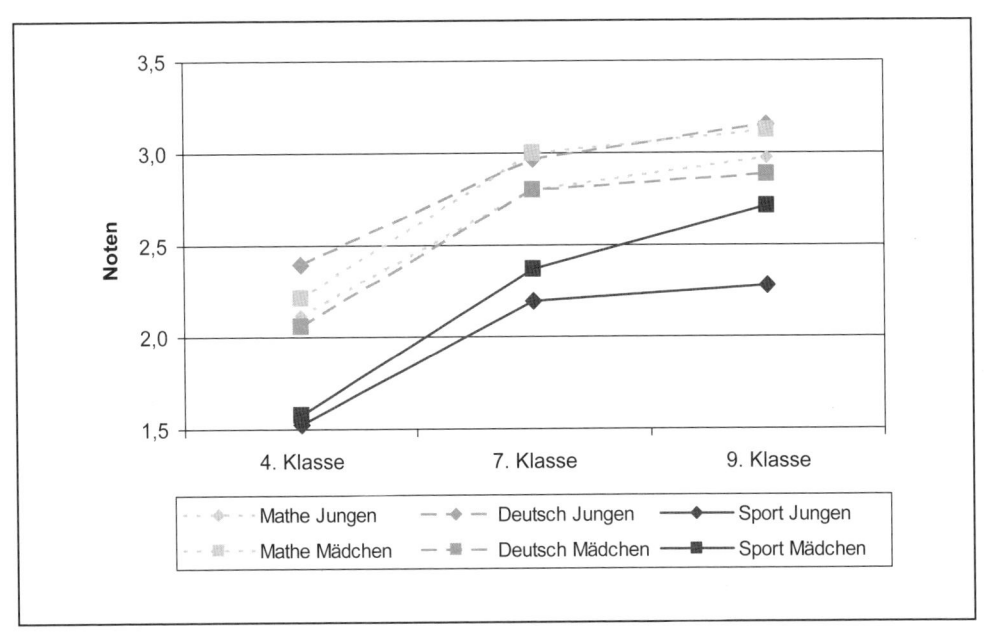

Abb. 15.4. Noten für den Sport sowie für Deutsch und Mathematik, differenziert nach Geschlecht und Klassenstufe (Schüleraussagen)

Der Sportunterricht wird von den Schülerinnen und Schülern um mehr als eine halbe Notenstufe besser bewertet als etwa die beiden Kernfächer Deutsch und Mathematik. Bei den im Allgemeinen eher „schulmüden" Jungen ist der Unterschied sogar noch größer. Folgerichtig ist das Wohlbefinden der Jungen im Sportunterricht deutlich positiver als in der Schule insgesamt. Man könnte nun vermuten, dass dies vor allem an der auch in dieser Studie empirisch belegten Tatsache liegt, dass die Heranwachsenden in der Grundschule bessere Noten erhalten. Dies ist aber nur in eingeschränktem Maße der Fall, denn es zeigen sich zwischen den Noten und dem wahrgenommenen Wohlbefinden deutlich geringere Zusammenhänge als erwartet ($r = 0{,}27$; $p < 0{,}001$).

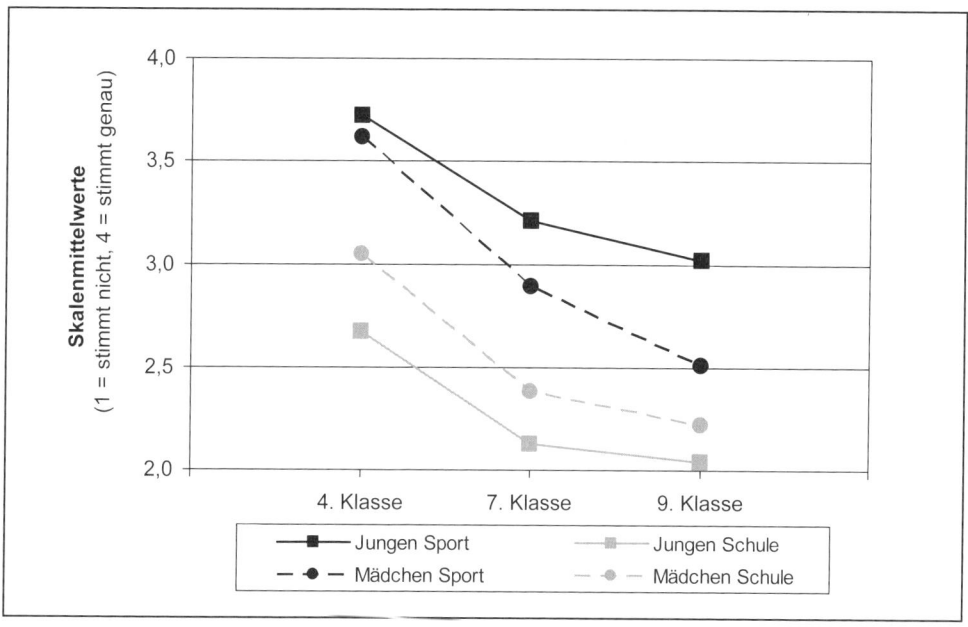

Abb. 15.5. *Wohlbefinden im Sportunterricht und in der Schule allgemein, differenziert nach Geschlecht und Klassenstufe (Schüleraussagen)*

Die Bedeutung des Sozialklimas im Sport
Das Sozialklima als die von den Heranwachsenden subjektiv erlebte Lehr- und Lernumwelt (vgl. Eder, 2001; Fend, 1998) wird durch unterstützende Schüler-Beziehungen, fürsorgliche Lehrer-Schüler-Beziehungen und positiv getönte Aspekte des Unterrichtsgeschehens (z. B. Bereitstellung individueller Rückmeldungen) beschrieben. Die Analyse der *SPRINT*-Daten zeigt, dass das Klima an den Grundschulen im Durchschnitt deutlich besser ist als an den Sekundarschulen. Psychosoziale Aspekte wie Wohlbefinden, Interesse am Sport, Motivation, Selbstkonzept und Anstrengungsbereitschaft – also zentrale Bedingungen und Indikatoren erfolgreicher Lernprozesse – werden durch klimatische Aspekte mit bedingt (vgl. Gerlach, 2005). Wer vor dem Hintergrund der Einführung von Ganztagsbetreuung und Schulentwicklung die Schule als Lebensraum ernst nehmen will, hat zur Kenntnis zu nehmen, dass diese Faktoren in starkem Maße vom jeweiligen Schulklima und von der individuellen Unterrichts- und Lernatmosphäre abhängen. Diese Wirkung

des Sportunterrichts findet in der Legitimationsdebatte um den Sport in der Schule bislang so gut wie keine Beachtung.

15.3.3 Die Sportlehrerinnen und Sportlehrer

Die Sportlehrkräfte aus Schülersicht

Zur Erfüllung des Doppelauftrags im Schulalltag ist die Lehrkraft sowohl als Fachexperte als auch als Pädagoge gefragt. Die erzieherische Aufgabe der Lehrkraft kann besonders dort realisiert und entfaltet werden, wo die Akteure angenehme Beziehungen unterhalten und der Kontext von allen Beteiligten konstruktiv gestaltet und gewinnbringend genutzt wird und somit letztendlich dadurch eine positive Bewertung erfährt. Demnach sind Fragen, wie die Sportlehrer von den Schülern eingeschätzt und Aspekte des Klassenmanagements gestaltet werden, von elementarer Bedeutung.

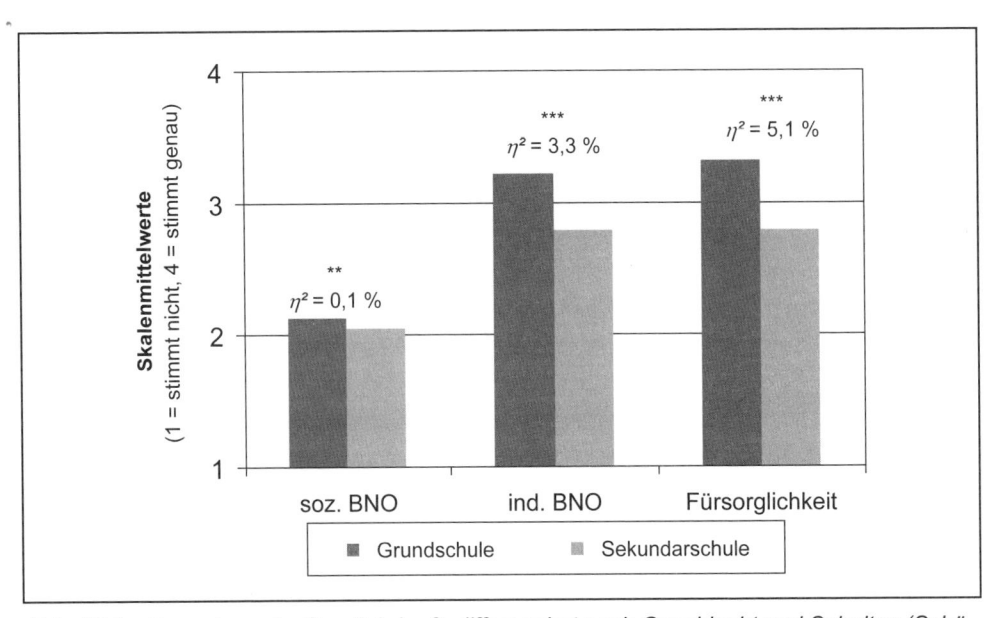

Abb. 15.6. Bewertung der Sportlehrkraft, differenziert nach Geschlecht und Schultyp (Schüleraussagen)
(Anmerkungen: soz. BNO: soziale Bezugsnormorientierung; ind. BNO: individuelle Bezugsnormorientierung; Fürsorglichkeit: Fürsorglichkeit der Lehrkraft)

Durchweg auffällig bei den Befunden ist besonders, dass die Lehrkräfte an den Grundschulen im Vergleich zu ihren Kolleginnen und Kollegen an den Sekundarschulen in der Bewertung der Heranwachsenden generell sehr gut abschneiden (vgl. z. B. Abb. 15.6). Die Pädagogen an den Grundschulen stellen einerseits sicher, dass die Heranwachsenden häufiger ein individuelles und motivationsförderliches Feedback erhalten, andererseits stehen sie den Heranwachsenden signifikant häufiger mit fürsorglichem Verhalten zur Seite.

Mit Blick auf unterrichtsorganisatorische Aspekte, wie etwa Disziplinprobleme oder effektive Zeitnutzung, ist festzuhalten, dass die Lehrkräfte insgesamt in allen Altersstufen zu Unterrichtsbeginn lange warten müssen, bis Ruhe eingekehrt ist (vgl. Abb. 15.7). Speziell in der Grundschule geht von den quirligen Kindern jedoch die meiste Unruhe aus. Ein effizientes Klassenmanagement hängt jedoch auch von der Pünktlichkeit der Heranwachsenden und der Lehrkräfte ab. Während in den weiterführenden Schulen mit zunehmendem Alter die Pünktlichkeit im Sportunterricht nachlässt, kommen im Grundschulbereich – wohl auch aufgrund der günstigen Wegzeiten zu den Sportstätten – Verspätungen nur sehr selten vor. Das Aktivitätsniveau während des Unterrichts ist aus der Sicht der Heranwachsenden insgesamt zufriedenstellend. Untätigkeit im Sportunterricht ist Grundschülern nahezu unbekannt, während Schülerinnen und Schüler der Sekundarstufe dagegen viel häufiger Unzufriedenheit über die abverlangte Inaktivität äußern. Einschränkend soll angemerkt werden, dass dies möglicherweise auch auf zeitweise eingesetzte Reflexionsphasen zurückgeführt werden kann, die von den im Sport ausgebildeten Lehrkräften an den Sekundarschulen vermehrt eingesetzt werden dürften.

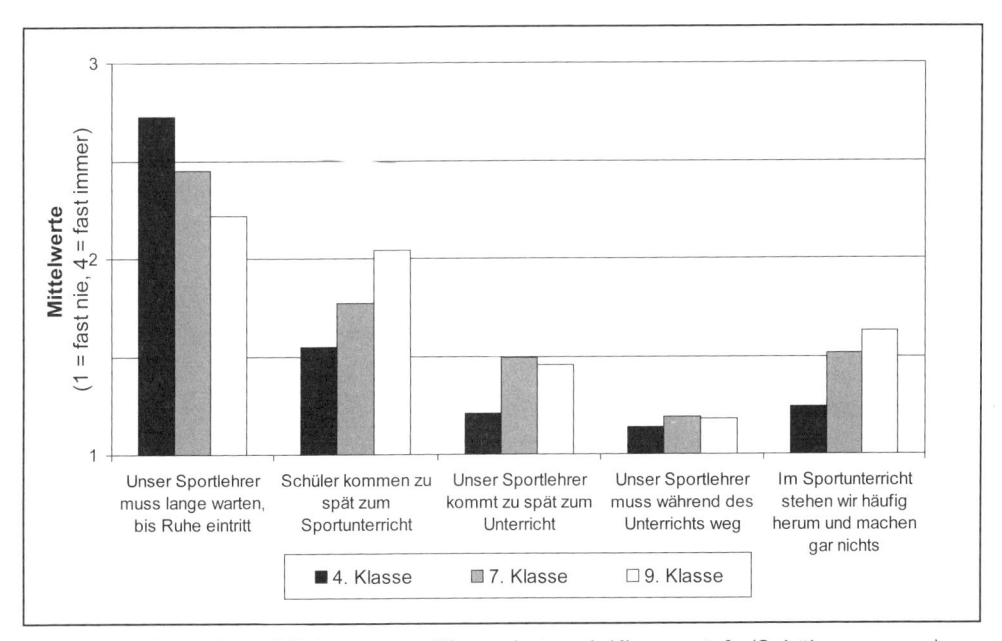

Abb. 15.7. Disziplin und Zeitnutzung, differenziert nach Klassenstufe (Schüleraussagen)

Lehrerbelastung

Burnout, krankheitsbedingte Ausfälle und frühzeitige Pensionierungen stellen ein hinlänglich bekanntes Problem im Lehrerberuf dar. Im Vergleich zu anderen Berufsgruppen weisen Lehrkräfte deutlich ungünstigere Bewältigungsmuster und ein höheres Gesundheitsrisiko auf (vgl. Schaarschmidt, 2001, 2004). Fächerspezifische Differenzen bei den Lehrkräften wurden in der Vergangenheit jedoch nur selten thematisiert. Für das Fach Sport wird seit Jahren intensiv diskutiert, ob die Lehrkräfte vermehrt (z. B. stärkere Belastung durch Lärm, offene und fließende Unterrichtskonstellationen oder erhöhtes Verletzungsrisiko) oder weniger Belastungen (z. B. geringere Vorbereitungs- und Korrekturzeiten) ausgesetzt sind. Das problematische und ausgesprochen kontrovers diskutierte Hamburger Arbeitszeitmodell für Lehrkräfte hat erstmals diesen vermeintlichen Beanspruchungen Rechnung getragen und gewichtete alle Fächer ihrem Aufwand entsprechend. Dabei erhielt das Fach Sport den geringsten Gewichtungsfaktor, mit der Folge, dass Hamburger Sportlehrkräfte bis zu sechs Stunden mehr arbeiten müssen als ihre Kolleginnen und Kollegen anderer Fächer.

Zur Erfassung des arbeitsbezogenen Erlebens wurden ausgewählte Skalen der *Arbeitsbezogenen Verhaltens- und Erlebensmuster* (AVEM; vgl. Schaarschmidt & Fischer, 1997) eingesetzt. Die Befunde belegen, dass die Gemeinsamkeiten zwischen den Fächern hinsichtlich der erlebten Belastung sowohl im Vergleich zu einer fächerunspezifischen Vergleichsgruppe als auch innerhalb der SPRINT-Stichprobe deutlich größer sind als die Unterschiede (vgl. Oesterreich, 2006; Schaarschmidt, 2005). Vergleiche zwischen fachfremd unterrichtenden und formal qualifizierten Lehrkräften, genauso wie zwischen Pädagogen mit einem hohen gegenüber einem niedrigen Unterrichtsanteil im Sport, fallen vergleichsweise ergebnisarm aus. Lehrkräfte an den Grundschulen berichten über eine höhere „Resignationstendenz bei Misserfolg", was jedoch nur auf den höheren Anteil an Frauen in der Grundschule zurückzuführen ist, da die Effekte bei Kontrolle des Geschlechts verschwinden.

15.3.4 Der Sportunterricht aus Elternperspektive

Flankierend zu den unmittelbar beteiligten Akteuren am Schulsport wurden auch die Eltern der befragten Schülerinnen und Schüler in die Erhebungen der *SPRINT-Studie* mit einbezogen. Eltern spielen in Bezug auf die Wertschätzung des Sportunterrichts in der Gesellschaft und mit Blick auf die Legitimationsbestrebungen für den Sportunterricht eine wichtige Rolle. Darüber hinaus konnten die großen Schulstudien *TIMSS*, *PISA* und *IGLU* im internationalen Vergleich die zentrale Rolle der sozialen Herkunft für den Bildungserfolg in Deutschland aufzeigen (vgl. Baumert, Klieme, Neubrand, Prenzel, Schiefele, Schneider, Stanat, Tillmann & Weiß, 2001).

Ergebnisse

Die Wertschätzung, die dem Sportunterricht in allen Klassenstufen entgegengebracht wird, konnte bereits anhand der Rücklaufquote von über 50 % gezeigt werden, obwohl es sich um einen 13-seitigen Fragebogen handelte, der freiwillig und möglichst von beiden Elternteilen auszufüllen war. Eine Differenzierung hinsichtlich des Schultyps belegt, dass – wenig überraschend – neben den zumeist akademisch gebildeten Eltern der Gymnasiasten mit 59 % besonders die Elternteile der Grundschüler mit 58 % einen hohen Rücklauf zeigten (Hauptschule: 34 %; Gesamtschule: 34 %; Mittel-/Sekundarschulen: 42 %; Realschule: 49 %). Diese Wertschätzung drückt sich auch deutlich in den Bewertungen aus, die die Eltern der Grundschulkinder dem Sportunterricht geben (vgl. Abb. 15.8). In allen angefragten Bereichen kommt die höhere Wertschätzung der Grundschuleltern zum Ausdruck, besonders deutlich wird sie in der elterlichen Zufriedenheit mit dem Lehrer-Schüler-Verhältnis. Darüber hinaus nehmen mit zunehmendem Alter die positiven Einschätzungen zum Sportunterricht weniger ab als die zur Schule generell. Folgerichtig wird die Bedeutung des Sportunterrichts für die Entwicklung ihrer Kinder von den Grundschuleltern am höchsten eingeschätzt.

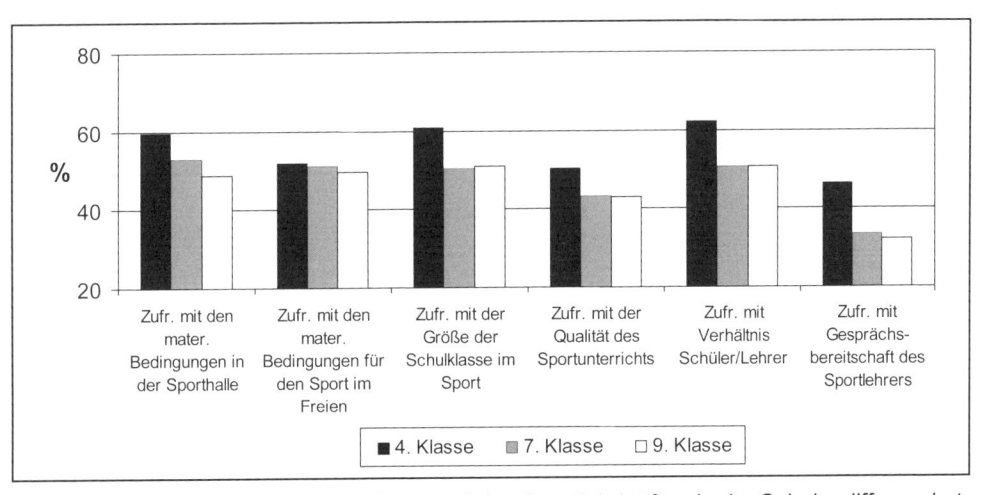

Abb. 15.8. Zufriedenheit mit dem Sport und den Sportlehrkräften in der Schule, differenziert nach Klassenstufen (Elternaussagen)

15.3.5 Die Kombination unterschiedlicher Perspektiven in der Betrachtung des Sports in der Grundschule

Wenn in der Vergangenheit der Sport in der Schule betrachtet wurde, geschah dies zumeist nur aus der Perspektive einer einzelnen Gruppe. Selten wurden mehrere Sichtweisen berücksichtigt oder sogar direkt miteinander in Verbindung gesetzt. Der Datenpool der *SPRINT-Studie* bietet nun die Möglichkeit, solch eine Betrachtung vorzunehmen und besitzt daher einen besonderen Reiz.

Ziele im Sportunterricht

Ein deskriptiver, aber für die Grundschule detaillierter Vergleich soll zunächst bei den Zielen vorgenommen werden, die im Sportunterricht verfolgt werden.

Dominant sind dabei drei Ziele, die *Förderung eines fairen Umgangs*, die *Motivation zu weiterem Sporttreiben* und die *Förderung von Fitness und Gesundheit*. Vor dem Hintergrund der Instrumentalisierungsdebatte (vgl. Scherler, 1997) überrascht es vielleicht ein wenig, dass bei den ausgebildeten Sportlehrern *der faire Umgang* an der Spitze der Zielhierarchie steht. Dass dieses Ziel bei den Akteuren in der Grundschule dominiert, ist dagegen vielleicht weniger überraschend. Die fachfremden Sportlehrkräfte und die Schulleitungen stellen mit *Förderung von Fitness und Gesundheit* ein fachaffines jedoch nicht unbedingt *sport*immanentes Ziel an den zweiten Platz, wogegen bei den Sportlehrkräften eher klassische Ziele verfolgt werden, die sich an der aktuellen Sportkultur orientieren. In dieses Muster passt auch, dass *Entspannung und Ausgleich zu anderen Fächern* in der Grundschule stärkere Zustimmung findet als an der Sekundarschule.

Tab. 15.1. Ziele des Sportunterrichts – Zustimmung von Sportlehrkräften und Schulleitungen (drei mögliche Nennungen; Angaben in Prozent)
(Anmerkung: GS: Grundschulen; SEK: Sekundarschulen)

Der Sportunterricht soll ...	Sportlehrer GS	fachfremd GS	Sportlehrer SEK	Schulleitung GS	Schulleitung SEK
... den fairen Umgang miteinander fördern.	87	82	77	87	77
... zu weiterem Sporttreiben motivieren.	69	55	71	62	62
... Gesundheit und Fitness fördern.	63	70	61	73	80
... Entspannung und Ausgleich zu anderen Fächern schaffen.	49	49	36	46	34
... die Leistungen in den einzelnen Sportarten verbessern.	4	6	11	12	7
... zur Verbesserung des Schulklimas beitragen.	4	2	7	15	30
... Neues aus dem Sport zeigen.	4	4	5	0	1
... die Schüler in den Sportverein bringen.	2	0	3	2	3

Sportbezogene Einstellungen und Sportengagement – Zusammenhänge und Effekte

Viele der Daten aus dem Elternfragebogen (z. B. zur sozialen Herkunft) sowie zu den Rahmenbedingungen des Sports an der Schule erhalten erst dann eine tiefere Bedeutung, wenn sie direkt mit den Daten der Heranwachsenden in Beziehung gesetzt werden. Die vielfältigen und komplexen Befunde aus der *SPRINT-Studie* können an dieser Stelle nicht in allen Facetten wiedergegeben werden. Es ist zusammenfassend festzuhalten, dass der Einfluss der Sportlehrkräfte auf motivationale Variablen in der Grundschule besonders ausgeprägt ist. Dagegen wird der Einfluss der sozialen Herkunft und des Elternhauses auf das Sportverhalten mit zunehmendem Alter der Kinder immer größer. So spielt etwa das sportive Klima in der Familie (z. B. die Anzahl der Sportgeräte im Haushalt, gemeinsame sportliche Aktivitäten der Eltern mit ihren Kindern und der Sport als Thema in Familiengesprächen) eine erhebliche Rolle für die sportbezogenen Orientierungen und das Sportengagement der Kinder. Geschlechtsspezifische Analysen zeigen, dass die sportliche Aktivität der Mutter stärker das Sportengagement der Tochter, die Aktivität des Vaters jedoch das Engagement des Sohnes beeinflusst.

Ähnlich wie in den rein kognitiven Fächern – belegt durch die Ergebnisse der *PISA-Studie* – ist auch beim Sport eine gewisse soziale Selektivität vorzufinden. Das Vereinsengagement scheint Teil eines Lebensstils zu sein, der in erster Linie durch die Familie vermittelt und reproduziert wird. Die Einflussnahme der Schule und der schulischen Angebote ist unter den aktuellen Rahmenbedingungen der Grundschule zwar begrenzt, erweist sich aber als größer als an den Sekundarschulen.

15.4 Zusammenfassung

Neben episodischen Befunden zu Effekten der *Bewegten Schule* fand der Schulsport in der Primarstufe – zu Unrecht – selten Berücksichtigung in der empirisch-quantitativen Sozialforschung der Sportwissenschaft. Die vorgelegten Re-Analysen der *SPRINT-Studie* leisten einen Beitrag, den Sportunterricht und seine Rahmenbedingungen, sowie die Sportlehrkräfte in der Grundschule aus der Perspektive der Schulleitungen, des Kollegiums, der Heranwachsenden und ihrer Eltern detaillierter zu analysieren. Es gilt, folgende Befunde festzuhalten:

* Wenngleich an den Grundschulen im Sport fast kein Unterrichtsausfall zu beklagen ist, müssen der hohe Anteil an fachfremden Lehrkräften sowie das nahezu vollständige Fehlen männlicher Lehrkräfte als ein besonders virulentes Problem festgehalten werden.
* Die in den letzten Jahren aktive Arbeit an Lehrplanwerken und die Entwicklung schulformspezifischer Sportlehrpläne hat in der Grundschule noch nicht ausreichend Einzug gehalten. Während die Curricula an den Sekundarschulen deutlich jüngeren Datums sind, scheint an den Grundschulen noch Aufholbedarf zu bestehen.
* Die infrastrukturellen Rahmenbedingungen für den Sportunterricht an der Grundschule sind bis auf Ausnahmen (z. B. Eignung für und Umsetzung von Trendsportarten) als befriedigend zu bezeichnen. Dennoch ist die Pflege, In-

standhaltung und Modernisierung der Sportstätten als Daueraufgabe festzuhalten.
* Die Bedingungen für den Schwimmunterricht sind jedoch an vielen Schulen als katastrophal zu bezeichnen. Lange Wegzeiten zu den Schwimmstätten und mangelnde Ausbildung der Lehrkräfte für den Schwimmunterricht haben zur Folge, dass ein (zu) großer Anteil von Kindern die Grundschule als Nichtschwimmer verlässt.
* Im Bereich der Schulentwicklung ist hinsichtlich sportbezogener Maßnahmen und Initiativen ein gewisses Defizit zu konstatieren, wenngleich sich Grundschulen zunehmend zur *Bewegten Schule* bekennen (vgl. Kap. 18). *Bewegung, Spiel und Sport* werden noch zu selten als besonders geeignetes Mittel zur Entwicklung eines positiven Schulklimas gesehen. Offenbar wird auch die Bedeutung des Sports für die Etablierung einer Schulkultur und für die „Corporate Identity" der Grundschulen unterschätzt.
* Der Grundschule wird von allen Beteiligten ein fast uneingeschränkt positives Zeugnis ausgestellt, was nicht nur auf die positive (unrealistische) Einschätzung der noch jungen Heranwachsenden zurückzuführen sein dürfte. Grundschülerinnen und -schüler fühlen sich wohl, die Lehrkräfte an den Grundschulen erhalten gute Noten, das Schul- und Unterrichtsklima ist angenehm und die Eltern sind sehr zufrieden mit dem Sport an der Grundschule. Dass das Bild aus objektiver Perspektive, etwa mit Blick auf den Output, relativiert werden dürfte (Bsp.: Schwimmen), spielt in diesem Zusammenhang offenbar keine Rolle.
* Vor diesem Hintergrund muss ein wenig überraschen, dass die Grundschullehrkräfte insgesamt nicht weniger belastet sind als ihre Kolleginnen und Kollegen an der Sekundarschule.
* Nicht nur allgemeine Schulleistungen, sondern auch sportbezogene Orientierungen und das Sportengagement von Heranwachsenden sind von der sozialen Herkunft abhängig. Es zeigt sich, dass die Möglichkeiten, die soziale Selektivität des Schulsystems aufzulösen, auch im Sport der Grundschulen beschränkt sind.

15.5 Was wir noch nicht wissen, aber wissen sollten

Die Analysen und Befunde haben deutlich gemacht, dass der Sport in der Grundschule nach wie vor ein wenig untersuchtes Feld ist. Ungeachtet der derzeit laufenden regionalen Untersuchungen besteht in diesem Feld noch erheblicher Forschungsbedarf:

* Vor dem Hintergrund des Mangels an Fachlehrkräften in der Grundschule müssen berufsbegleitende und speziell auf diese Gruppe zugeschnittene Fortbildungsmaßnahmen angestrengt und zudem auf ihre Akzeptanz und Wirksamkeit überprüft werden.
* Sportbezogene Maßnahmen im Kontext von Schulentwicklung sind verstärkt zu inszenieren, differenziert zu analysieren und gezielt zu evaluieren sowie in den Diskussionsstand der allgemeinen Schulentwicklung(sforschung) einzubringen.
* Während in anderen Fächern zumindest ansatzweise Befunde zu den Wirkungen des Fachunterrichts vorliegen, weiß man derzeit immer noch wenig über die Effekte, die im Sportunterricht – jenseits der segensreichen Versprechungen – tatsächlich auch erzielt werden. Welche Bedeutung besitzen schulische Maßnahmen und schulische Förderung für das außerschulische Sportengagement von Heranwachsenden? Welchen Einfluss besitzt der Sportunterricht für die motorische, kognitive und emotionale Entwicklung von Heranwachsenden?
* Hierfür sind längsschnittliche Studienanlagen von Beginn der Grundschule bis zum Übergang zur Sekundarschule dringend notwendig. Darüber hinaus sind kontrollierte Interventionsstudien erforderlich, um die Wirkung spezifischer sportbezogener Inszenierungen für Heranwachsende zu überprüfen und damit zu einer Qualitätssteigerung und Aufwertung des Sportunterrichts in der Grundschule beitragen zu können.

Erin Gerlach & Wolf-Dietrich Brettschneider

16 Der Beitrag von Bewegung, Spiel und Sport zur Schul(sport)entwicklung in der Grundschule

16.1 Einleitung

Die Bedeutung schulischer Bildung spiegelt sich in den aktuellen Diskussionen und bildungspolitischen Reformbestrebungen wider. Im Mittelpunkt stehen dabei Fragen zur Verbesserung der Qualität im Schulwesen sowie dazu, auf welche Weise und mit welchen Strategien die vielgestaltigen Aktivitäten und Maßnahmen für die einzelne Schule und für die Entwicklung der Schulqualität noch effektiver nutzbar gemacht werden können.

Derzeit diskutierte schultheoretische und -pädagogische Ansätze zur Schulentwicklung verstehen die Schule als eine Lebenswelt, in der das Leben von Kindern sich entfaltet. Obgleich das fachliche Lernen nach wie vor im Zentrum des Unterrichts steht, sind Lernsituationen so zu gestalten, dass fachliches und überfachliches Lernen, individuelle und soziale Erfahrungen, Lebenspraxis und gesellschaftliches Umfeld einbezogen und miteinander verknüpft werden (vgl. u. a. Helsper & Böhme, 2004). In diesem ganzheitlichen Verständnis von Schule als Lebenswelt rückt dementsprechend die Bewegung in doppelter Hinsicht in den Blick: als ein durchgängiges pädagogisches Prinzip von Schulentwicklung einerseits und als elementarer Beitrag zu einer umfassenden Bildung andererseits. Bildung im Grundschulalter ist richtungsweisend für die individuelle Entwicklung, für die gesellschaftliche Teilhabe und für die Vermittlung von Kompetenzen. Dass der Sportunterricht als ein unverzichtbares Element der schulischen Bildung und Erziehung angesehen wird, mit dem Ziel, Schüler[1] zum lebenslangen Sporttreiben zu motivieren, ist in den „Gemeinsamen Empfehlungen der Kultusministerkonferenz und des Deutschen Olympischen Sportbundes zur Weiterentwicklung des Schulsports" (2007) verankert. „Der Sportunterricht ist so auszurichten, dass die Schüler individuell gefordert und gefördert und zum außerunterrichtlichen Sporttreiben motiviert werden" (ebd., S. 5). Das im Eingangskapitel (vgl. Kap. 1) erläuterte offene Bildungsverständnis im Spannungsfeld zwischen Persönlichkeitsentwicklung und gesellschaftlicher Integration ist für den Schulsport im Doppelauftrag der neueren Lehrpläne verankert.

---

[1] In diesem Beitrag ist nur die männliche Form ausgeschrieben, angesprochen sind stets beide Geschlechter. Die Entscheidung wurde zugunsten besserer Lesbarkeit getroffen und ist nicht diskriminierend zu verstehen.

Vor diesem Hintergrund wird hier der Beitrag des Schulsports einer genaueren Betrachtung unterzogen. In einem ersten Schritt werden Charakteristika „guter" Schulen und theoretische Annahmen gelingender Schulentwicklung dargelegt. Daran anknüpfend werden empirische Befunde einer mehrphasigen Studie zum Grundschulsport auf der Folie eines Qualitätsmodells beschrieben und im Kontext allgemeiner Schulentwicklung analysiert.

16.2 Woran erkennt man „gute" Schulen?

Eines der zentralen Anliegen der Schuleffektivitätsforschung (vgl. Aurin, 1990) ist die Beantwortung der Fragen: Worin unterscheiden sich gute Schulen von weniger guten? Und an welchen Merkmalen kann man gute Schulen erkennen? Der aktuelle Diskurs zum Thema Schulqualität unterscheidet diesbezüglich *weiche* Qualitätsfaktoren, d. h. Kriterien, die eher atmosphärischen Charakter haben und wesentlich vom Klima an der Schule geprägt werden sowie *harte* Kriterien, die relativ leicht fassbar sind (z. B. Klassengröße, Lehrer-Schüler-Relation, Ressourcen; vgl. u. a. Posch & Altrichter, 1997). Letztere werden in ihrer Bedeutung jedoch häufig überschätzt, da diese von schulpolitischer Seite leichter zu beeinflussen sind. Demgegenüber sind die *weichen* Faktoren schwieriger zu verändern. In Analogie zur Meteorologie präzisiert Fend (1998, S. 174) wie folgt:

> Aus einer typischen Aufeinanderfolge von ‚Wetterlagen' in einer Region ergibt sich deren Klima. Analog könnte man die Alltagsgeschichte in einer Schule als die konkreten ‚Wetterlagen' betrachten, aus denen sich das soziale ‚Klima' an der Schule aggregieren ließe.

Nach Fend besteht die Kernthese der schulbezogenen Klimaforschung darin, dass subjektive Wirklichkeitskonstruktionen (das, was die meisten für richtig halten; wovon sie glauben, dass es alle an der Schule denken; was alle für wahr halten; was alle meinen, dass man es tun müsse) in hohem Maße das Handeln der Akteure, ihr Wohlbefinden und auch ihre Arbeitsmotivation beeinflussen. Die Schule ist demzufolge als dynamisches System miteinander in Wechselbeziehung stehender Faktoren zu begreifen. Die Zusammensetzung dieser miteinander agierenden Charakteristika ist in jeder Schule einmalig und verleiht jeder Schule ein individuelles Klima (vgl. u. a. Aurin, 1990). Betrachtet man den aktuellen Forschungsstand zur Schulqualitätsforschung, sind empirisch belegte und anerkannte Indikatoren effektiver Schulen und Bildungsprozesse wie folgt zusammenzufassen (vgl. Scheerens & Bosker, 1997; Aurin, 1990; Fend, 1998, 2000; Altrichter & Posch, 1999; Holtappels, 2007):

– Orientierung an hohen, allen bekannten fachlichen und überfachlichen Leistungsstandards: positive Leistungserwartung und intellektuelle Herausforderung;
– hohe Wertschätzung von Wissen und Kompetenz;
– Mitsprache und Verantwortungsübernahme durch Schüler;
– wertschätzende Beziehungen zwischen Leitung, Lehrern und Schülern;
– Aushandlung und konsequente Handhabung von Regeln: Berechenbarkeit des Verhaltens;
– reichhaltiges Schulleben und vielfältige Entfaltungsmöglichkeiten für Lehrer und Schüler;
– eine kooperative, aber deutlich wahrgenommene und zielbewusste Schulleitung mit Führungsqualitäten;
– Zusammenarbeit und Konsens im Kollegium;
– elterliche Mitwirkung: Kontakte, Zufriedenheit beider Seiten;
– schulinterne Lehrerfortbildung;
– Schulklima: klare Regeln einschließlich positiver und negativer Sanktionen, Beziehungen zwischen den Schülern, zwischen Lehrern und Schülern, Engagement der Schüler;
– evaluatives Potential: Schülermonitoring, Prozessevaluation auf schulischer Ebene.

Es wird deutlich, dass sich diese Forschungsrichtung traditionell auf das fundamentale Niveau des Lehrens und Lernens auf der Ebene der Individuen und Einzelorganisationen bezieht:

> Es gibt zahlreiche Indikatorenmodelle, bei denen Schule die Analyseeinheit ist. Für diesen Ansatz scheint man sich immer häufiger wegen des großen Anklangs, den die Bewegung der ‚effektiven Schulen' hat, wegen der Aufmerksamkeit, die dem Schulprogramm heute zuteil wird, und der verschiedenen Methoden, mit denen die Effektivität von Schulen gefördert werden kann, zu entscheiden (van Herpen, 1994, S. 48).

Damit stellt die Schuleffektivitätsforschung vor allem solche Indikatoren zur Verfügung, die sich auf das Kerngeschäft von Schule bis hin auf die Unterrichtsebene beziehen, deren inhaltliche Füllung ein äußerst anspruchsvolles Unterfangen darstellt. Mit Blick auf das leitende Erkenntnisinteresse der Untersuchungen, die sportbezogene Qualität von Grundschulen zu analysieren, wird im Folgenden der zugrunde liegende Qualitätsbegriff geschärft.

16.3 Qualität von Schule und Unterricht – das Qualitätsmodell als Analyse-Instrument

Über die Qualität von Unterricht und Schule wird viel und kontrovers diskutiert. Die entsprechenden Konnotationen sind vielfältig. Mit der Veröffentlichung der *PISA*-Ergebnisse in den Jahren 2001 und 2004 kam die Bildungslandschaft in enorme Bewegung und es entflammte ein streckenweise massiv geführter öffentlicher Diskurs. Ob seither tatsächlich von einem Paradigmenwechsel gesprochen werden kann, sollte zu einem späteren Zeitpunkt beurteilt werden. Unbestritten dürfte sein, dass neu über Qualität nachgedacht wird, und zwar insofern, als die Schülerleistungen als ein Indikator für die Leistungen des staatlichen Schulsystems in den Blick genommen werden. Die kritische Auseinandersetzung mit dem Input und dem Output des Systems führte dazu, dass Qualität nicht mehr nur normativ, sondern auf der Grundlage empirischer Ergebnisse diskutiert wird. Die Wirklichkeit der Schule soll von denen in den Blick genommen werden, die in ihr arbeiten und die Verantwortung für die tägliche Gestaltung von Unterricht und Schule tragen: Lehrkräfte, Schulleitungen und Schüler. Demzufolge geht es in der schulischen Qualitätsentwicklung um die Ausprägung eines spezifischen Schulprofils, mit dem der Bildungs- und Erziehungsauftrag verwirklicht werden kann. Jedoch ist zu bedenken, dass vor dem Hintergrund der Situativität schulischer Entwicklungen eine gleiche Qualität von Schulen weder herstellbar ist noch ein die Schulentwicklung förderndes Ziel darstellt. Schließlich hängt die Qualität davon ab, inwieweit eine Passung zwischen Anforderungen und Leistung einer Schule in der jeweiligen Situation erreicht wird.

Für die Erfassung von Qualität ergeben sich somit neue Herausforderungen. Qualitätsverbesserung muss in einem ganzheitlichen Kontext von Ergebnissen, Prozessen und Strukturen betrachtet, analysiert und modifiziert werden. Um diesen komplexen Anforderungen adäquat zu begegnen, bietet das *Excellence-Modell* der „European Foundation for Quality Management" in vereinfachter Form eine gute Ordnungshilfe zur Analyse von Qualität in Institutionen.

Dieses Modell dient auch im Forschungsfeld Grundschulsport als Folie, um eine differenzierte Analyse des Grundschulsports in den Dimensionen Struktur, Wirksamkeit der Prozesse und Effekte vorzunehmen. Über die genaue Benennung und Definition von Strukturen, Prozessen und Ergebnissen kann die Qualität beurteilt werden. Qualität beschreibt „die typische Beschaffenheit eines Systems" in der Einheit von:

- Strukturen (z. B. Leistungsvoraussetzungen, funktionale Arbeitsbedingungen, Qualifikationen der Arbeitskräfte, Ausstattung),

- Prozessen (z. B. Wirksamkeit der Unterrichtsprozesse, Arbeitsprozesse der Lehrer und Schulleiter, Zielklarheit, Motivation der Akteure) und
- Ergebnissen (z. B. Erreichen der Ziele der Bildungs- und Lehrpläne, kognitive, soziale und motorische Schülerleistungen, Akzeptanz der Schule in der Öffentlichkeit; vgl. Riecke-Baulecke, 2001, S. 119).

Je zielführender die Prozesse und je prozessstärkender die Strukturen sind, desto höher ist die Qualität der Ergebnisse und damit die Wirksamkeit von Schule. Aufgrund der Komplexität des Gegenstandsbereiches Schule erfolgt die Analyse auf mehreren Ebenen, die in ihrer Wechselwirkung zu betrachten sind:

- die Individuen (Schüler und Lehrer),
- der Unterricht,
- die Organisation von Schule in einem spezifischen sozial-regionalen Kontext sowie
- das Bildungssystem (vgl. Ditton, 2000, S. 76 f.).

Für unseren Forschungskontext bedeutet dies, dass Qualität von allen handelnden Personen in den verantwortlichen Instanzen hergestellt wird, d. h. auf der Ebene des Unterrichts, der Schule und des Systems sind die Akteure in ihren jeweiligen Rahmenbedingungen, die Regeln, Anreize und Ressourcen für „gute" Schulen enthalten, zu analysieren (vgl. Fend, 2000).

16.4 Die Situation des Grundschulsports

16.4.1 Zum methodischen Vorgehen

Im Rahmen der *DSB-SPRINT-Studie* wurde ein integriertes Forschungsdesign gewählt, das die Kombination sich ergänzender quantitativer und qualitativer methodischer Zugänge ermöglicht (vgl. Krüger & Pfaff, 2004). Dieser Forschungsansatz eröffnet eine erweiterte, ganzheitliche Sicht auf den Grundschulsport und führt so zu einem besseren Verständnis der schulsportbezogenen Wirklichkeit (vgl. zum methodischen Vorgehen Süßenbach & Schmidt, 2006; Süßenbach, 2008). Auf Grundlage der quantitativen Ergebnisse erfolgte eine systematische Auswahl von 14 Grundschulen („theoretical-sampling"), die anhand von Leitfadeninterviews und Beobachtungen aller Akteure (Schulleiter, Sportlehrer, Schüler) untersucht wurden. Aus der qualitativen Teilstudie[2] konnten daraufhin durch kontrastive Fallvergleiche relevante Kennzeichen hinsichtlich eines sportiven Klimas identifiziert werden (vgl.

---

[2] Mit der Verknüpfung von institutioneller, interaktiver und individueller Perspektive ist eine komplexe, ganzheitliche Betrachtungsweise des Sportunterrichts im Gesamtsystem Schule gewährleistet.

Kelle & Kluge, 1999). Die Befunde der qualitativen Teilstudie[3] bieten Ansätze und Erklärungsmodelle, aus denen durch eine Verknüpfung mit den Ergebnissen des quantitativen Zugangs progressive Erkenntnisse zu erwarten sind.

Dazu wurde in einem zweiten Auswertungsschritt eine methodische Triangulation der quantitativen und qualitativen Daten vorgenommen. Ausgehend von diesen erweiterten Befunden konnten in einer dritten Phase über vertiefende Einzelfallstudien generelle Strukturen und typische Handlungsmuster identifziert werden, die eine Grundschule mit sportivem Schulklima auszeichnet. So wird über Einzelfallstudien die Qualität des Grundschulsports analysiert, da Einzelfallstudien „mit ihrem Prozesswissen zu einer besseren Interpretation quantitativ gefundener Zusammenhänge beitragen; sie können nachspüren, wie sich im Schulvergleich positive oder negative Ergebnisse erklären lassen" (Horstkemper & Tillmann, 2004, S. 318).

16.4.2 Befunde zum Grundschulsport

Grundlegend für ein positives sportives Schulklima ist demnach eine Konzeption, die Struktur und Prozess miteinander verbindet: *Struktur* bezieht sich auf Sachverhalte wie die Organisationsstruktur (z. B. Stundentafel, Stundenplanerstellung, Fort- und Weiterbildung), Rollen, Normen, Werte und das Curriculum. Unter *Prozess* verstehen wir die Art und den Stil der schulpolitischen Beziehungen (z. B. Zusammenarbeit von Lehrern und Schulbehörde) und den Informationsfluss (z. B. kollegiale Absprachen, Festlegen gemeinsamer Ziele) innerhalb der Schule. Diese beiden Dimensionen des Qualitätsmodells sollen zunächst in den Blick genommen werden.

Struktur

Hinsichtlich der räumlichen Rahmenbedingungen (Hallenkapazitäten, Ausstattung etc.) ist zu konstatieren, dass Grundschulen im Vergleich zu den weiterführenden Schulen besser ausgestattet sind. Grundsätzlich ist die Situation der Sportstätten als befriedigend einzustufen, wobei teilweise große Unterschiede zwischen den Einzelschulen aufzufinden sind. Demnach verfügen etwa 30 % der Schulen über Lehrschwimmbecken im direkten Umkreis (< 1 km), wohingegen 20 % überhaupt keine Möglichkeit zur Erteilung von Schwimmunterricht haben (vgl. Deutscher SportBund [DSB], 2006, S. 57 u. S. 67). Ein weitaus positiveres Bild ergibt sich bei den überdachten Sportstätten. Hierbei verfügen etwa 96 % aller Schulen häufig

---

3   Um die spezifische Ausgangslage jeder einzelnen Grundschule angemessen zu erfassen und die innewohnenden pädagogischen Haltungen und Prozesse zu verstehen, liegen der Studie die zentralen Prinzipien der qualitativen Sozialforschung zugrunde: Offenheit (gegenüber Personen, Situationen und Methoden), Forschung als Kommunikation, Prozesscharakter (von Forschung und Gegenstand), Reflexivität (von Gegenstand und Analyse), Authentizität und Flexibilität (vgl. u. a. Lamnek, 2005; Flick, von Kardoff & Steinke, 2000; Flick, 1995).

über Einzelhallen im direkten Umfeld. Auch die Versorgung mit nichtüberdachten Sportstätten (Lauf-, Wurf- und Sprunganlagen) ist mit 88,1 % als positiv zu bewerten (vgl. DSB, 2006, S. 56 f.). Dennoch sehen die beteiligten Akteure Mängel im Zustand der Sportstätten, was sich über schlechte Beurteilungen im Hinblick des baulichen Zustands, der Ästhetik sanitärer Anlagen und der Möglichkeiten zur Durchführung von Trendsportarten bemerkbar macht (vgl. DSB, 2006, S. 59 f. u. S. 62). Im Vergleich zu weiterführenden Schulen besitzt die Grundschule im Durchschnitt die meisten Kapazitäten. An keiner anderen Schulform kann so viel Freiraum für außerunterrichtliche Sportangebote geschaffen werden (vgl. DSB, 2006, S. 63).

Neben der hohen Anzahl an räumlichen Kapazitäten ist ebenfalls der zeitliche Umfang, in dem Sport angeboten wird, in Grundschulen als gut zu bewerten. An keiner anderen Schulform wird die vom Land vorgegebene Stundenanzahl (in der Regel drei Stunden) so gut eingehalten. Auch bei Unterrichtsausfall wird der Sportunterricht zu 56 % aller Fälle adäquat vertreten. In weiterführenden Schulen wird dagegen der Sport in einem höheren Umfang ersatzlos gestrichen (vgl. DSB, 2006, S. 97).

Diese gute Ausgangsbasis wird jedoch von der hohen Anzahl an fachfremd unterrichtenden Lehrern getrübt. Jeder zweite Sportlehrer an deutschen Grundschulen verfügt über keine adäquate Ausbildung. Die Wahrscheinlichkeit, dass Kinder im Alter von sechs bis zehn Jahren nicht ein einziges Mal qualifizierten Sportunterricht erfahren, ist somit sehr hoch (vgl. DSB, 2006, S. 100).

Gerade an Grundschulen ist eine optimale Versorgung mit Sportlehrkräften eine absolute Ausnahmeerscheinung. Daher stellt die Fachkräftesituation ein zentrales Problem an den Grundschulen dar – eine Tatsache, die die Qualität des Sportunterrichts aus der Sicht aller Beteiligten mindert.

> Ich finde schon, dass man Kinder multisportiv unterrichten sollte, möglichst an viele Sportarten heranbringen, möglichst viele Bewegungsformen und das Ganze sollte vor allem den Spaß wecken. Das ist natürlich die größte Schwierigkeit, diesen Sportunterricht qualifiziert zu machen. Sport ist das schwerste Fach fachfremd zu unterrichten. Ich glaube, jedes Fach lässt sich irgendwie unterrichten, aber Sport ist am schwersten und deshalb ist auch das Problem mit der Fortbildung sehr schwierig. Wir haben hier eine schulinterne Fortbildung für die Fachfremden, und da merkt man doch eigentlich immer, dass die Grenzen sehr schnell da sind. Wie führe ich ein Rad ein oder wie gehe ich an den Barren oder wie an den Basketballkorbleger oder solche Geschichten. Also Sport ist schon sehr spezifisch und deshalb ist es auch kompliziert (Schulleiterin, Grundschule).[4]

---

4 Alle hier angeführten Zitate der Schüler, Sportlehrer und Schulleiter stammen aus der *DSB-SPRINT-Studie* (DSB, 2006) sowie aus der nachfolgenden Einzelfallstudie.

> Schwierig ist es für die Nicht-Sportlehrer, da haben wir manchmal richtig Bedenken, dass keine Unfälle passieren. Es muss wahrscheinlich erstmal was passieren, damit besser abgesichert wird. Das ist wirklich so, wer nicht ausgebildet ist, weiß die Sicherheitsbestimmungen nicht (Sportlehrerin, Grundschule).

Der hohe Anteil von Sportlehrkräften, die fachfremd unterrichten, ist nicht zuletzt dem an Grundschulen vorherrschenden Klassenlehrerprinzip geschuldet und erfordert einen erhöhten Fortbildungsbedarf.

Das Thema Fort- und Weiterbildung wird von der Sportlehrerschaft ambivalent bewertet. Grundsätzlich besteht aufgrund der prekären Fachkräftesituation ein erhöhter Bedarf an den Grundschulen.

> Was ich mir wünschen würde? Das erste wären richtig gute Fortbildungsangebote, auch mal drei Tage am Stück, weil ich immer sehr motiviert zurückkomme. Bei der letzten hatte ich tausend Ideen, die schreibe ich mir auf und will sie umsetzen und freue mich darüber, etwas gelernt zu haben. Das wirkt der Routine entgegen und bringt neue Anregungen (Sportlehrerin, Grundschule).

Zudem wird die Qualität der Angebote bemängelt – eine Grundvoraussetzung, um über Multiplikatoren bis an die Basis vorzudringen und die Sportlehrer zu motivieren, neue Impulse in ihren Unterricht aufzunehmen.

Ein Vorzug des Faches Sport ist in den Augen vieler Sportlehrer das hohe Schülerinteresse am Sport und die vorhandene Grundmotivation. In der Grundschule können Sportlehrer das stark ausgeprägte Bewegungsbedürfnis der Mädchen und Jungen zufrieden stellen und bekommen oftmals eine positive Rückmeldung von den Kindern, die wiederum eine hohe Arbeitszufriedenheit zur Folge hat.

> Ich unterrichte schon gerne Sport. Ich habe eine 4. Klasse übernommen, die ständig Lehrerwechsel hatte und schon einige Schwierigkeiten gemacht hat. Da war ich schon sehr gefordert, aber mit den pädagogischen Möglichkeiten im Sport z. B. läuft es jetzt ganz gut und dann macht es auch wieder Spaß. Wenn man die Kinder eben erreicht. Wenn man in die lachenden Gesichter der Kinder sieht und weiß, dass es ihnen gefällt – das ist schön (Sportlehrerin, Grundschule).

Es bleibt festzuhalten, dass aus der subjektiven Wahrnehmung der Sportlehrer als qualitätsmindernde Faktoren ihres Sportunterrichts drei strukturell verankerte Kernbereiche benannt werden, die sich mit den Befunden der quantitativen Studie (vgl. Kap. 15) decken:

- Qualifikation der Sportlehrer,
- mangelnde adäquate Fortbildungsmöglichkeiten,
- Zustand der Sportstätten und deren Ausstattung.

Der Mehrwert einer qualitativen Einzelfallstudie besteht nun darin, diese strukturellen Missstände im Hinblick auf die daraus resultierenden Prozesse und Ergebnisse tiefer gehend zu analysieren.

Prozesse
Unabhängig von ihren jeweiligen Zielen, die die Sportlehrer mit ihrem Unterricht erreichen möchten, ist eine übergeordnete Aussage: die Möglichkeit, die Mädchen und Jungen in einer völlig anderen Situation zu erleben und wahrzunehmen. Im Schulsport tritt gewissermaßen eine weitere Facette der Persönlichkeit zutage oder kurz gesagt, man lernt die Schüler mal „anders" kennen. Damit eng verbunden ist die Chance, den Klassenverband zu stärken und ein Gemeinschaftsgefühl zu entwickeln.

> Wenn wir ein gutes Miteinander hatten. Wenn die Regeln eingehalten werden und es friedlich ist. Wenn man fair war zueinander und miteinander, erleben die Schüler Gemeinschaft (Sportlehrerin, Grundschule).

Im Unterschied zu den Klassenraum-Fächern können Schüler nicht nur ihren Bewegungsdrang stillen, sondern sie schätzen zudem die damit einhergehenden verbalen Ausdrucksmöglichkeiten sehr.

> Die Kinder sind mehr ausgelassen, weil sie toben dürfen. Und laut sprechen dürfen. Vielleicht auch mal schreien, wobei das die meisten nicht machen; ich jedenfalls nicht. Wenn wir in Deutsch in der Klasse sitzen, dann merkt man schon, dass die den Sport lieber mögen, weil sie auch was sagen dürfen (Schülerin, 4. Klasse).

Es fällt die deutlich positivere Einschätzung des Sportunterrichts im Vergleich zu den anderen Fächern auf. Gründe hierfür sind in erster Linie die entspanntere Atmosphäre in der Sporthalle sowie die veränderte Lehrerrolle: Sportlehrer werden von den Schülern als weniger streng wahrgenommen. Insbesondere in ihrer erzieherischen Funktion (z. B. Eingehen auf Schüler, Konflikte lösen, außerschulische Gespräche) sind sie bei den Schülern anerkannt und beliebt.

Gleichwohl nehmen die Schüler die Fachkompetenz des Sportlehrers deutlich wahr, die in der Unterrichtsgestaltung zum Ausdruck kommt: ggf. Vormachen, Loben, Verbessern, Hilfestellungen geben und Konflikte lösen.

Bei der Betrachtung und Analyse der Schüleraussagen zu ihrem erlebten Sportunterricht kristallisieren sich zentrale Kennzeichen heraus, die mit einer guten Sportstunde verbunden werden:

- Eröffnen von Erfolgserlebnissen und Könnenserfahrungen;
- Ermöglichen von Mitbestimmung;
- Bieten von so viel Bewegung wie möglich und so vielen Gesprächen wie nötig;

- Vermitteln von transparenten Zielen;
- Erhalten des Spannungsgrades (Abwechselung vs. Monotonie);
- Fordern von Anstrengungs- und Leistungsbereitschaft.

Anhand der Aspekte Mitbestimmung, Erfolgserlebnisse und Könnenserfahrungen sowie Anstrengungs- und Leistungsbereitschaft wird im Folgenden beispielhaft deren konkrete Umsetzung im Unterrichtsalltag illustriert. Prüft man die Ausprägung der Mitbestimmungsmöglichkeiten für Schüler im Sportunterricht, ist zum einen die einfache inhaltliche Abstimmung, beispielsweise für ein Abschlussspiel zu beobachten. Oftmals darf sich das Geburtstagskind, mehr oder weniger selbstbestimmt im Zuge von sozialem Druck, ein Spiel wünschen.

Zum anderen erfolgt die Umsetzung dieser zentralen Leitvorstellung von Unterricht und Erziehung in Form eines weiter gefassten demokratischen Unterrichtsstils. In diesem Fall schätzen die Schüler ihre Mitbestimmung, da sie konsequent an der Planung und aktiv bei der Gestaltung ihres Sportunterrichts beteiligt sind.

> Ich sage ihr [der Lehrerin], wir wollen uns im Werfen verbessern. Sie würde das machen. Wir haben ein Klassenbuch. Wir können Lob und Kritik aufschreiben. Unsere Lehrerin schreibt auch was rein. Sie bespricht mit uns den Unterricht. Was wir uns wünschen; was wir mehr üben wollen. Es dürfen auch freudige Sachen rein. Z. B., dass uns der Sportunterricht gut gefällt (Schülerin, 4. Klasse).

Ein wichtiges Kriterium hinsichtlich der Selbstwirksamkeitserfahrung von Schülern sind Unterrichtssituationen, die Erfolgserlebnisse und Könnenserfahrungen vermitteln.

> Man sollte sich ein bisschen konzentrieren und auch an sich glauben, dass man es schafft. Ich sollte einmal Hockwende vormachen, obwohl ich es noch nicht so gut konnte. In Gedanken habe ich mir gesagt, ich schaffe das jetzt und habe es auch geschafft. Und bin mit einer Eins durchgekommen (Schülerin, 4. Klasse).

Als Basis für individuelle Erfolge und Könnenserfahrungen ist die Anstrengungsbereitschaft anzusehen.

> Wir haben einen Laufwettbewerb gemacht, das machen wir ganz oft. Das macht mir total Spaß. Wir haben das ganz lange gemacht [...] ich wollte so lange wie möglich weiter machen, wir hatten dann schon alle Seitenstechen. Wir haben uns dann abgesprochen und vereinbart, dass wir noch drin bleiben [...] danach war ich froh, dass ich das gemacht habe. Das war ein tolles Gefühl (Schüler, 4. Klasse).

Aus diesen Charakteristika guter Sportstunden geht hervor, dass in diesen eine angemessene Abstimmung zwischen „Fördern" und „Fordern" vollzogen wurde. Das heißt, alle Schüler fühlen sich angesprochen, indem ihre Bedürfnisse und Lernschwierigkeiten Berücksichtigung finden und zugleich werden sie zu weiteren Lernanstrengungen ermutigt. Dabei wissen sie sich durch konkrete Hilfeleistungen des Sportlehrers unterstützt und fühlen sich durch Sachkompetenz auf den richtigen Weg gebracht.

In den bisherigen Ausführungen sind wir vornehmlich auf die Dimensionen *Struktur* und *Prozess* eingegangen. Hinsichtlich der Dimension *Ergebnis* ist zunächst festzustellen, dass der Sportunterricht mit Blick auf seine inhaltliche Offenheit und das zentrale Prinzip der Mehrperspektivität eine Vielzahl von Effekten/Zielen für sich beansprucht, die sich unter dem Doppelauftrag vereinen lassen. Diese Vielfalt an motorischen, kognitiven und sozial-affektiven Zielbereichen des Sportunterrichts ist durchaus vereinbar mit theoretischen Annahmen der Grundlagen der Qualitätsforschung. Demzufolge zählen als sogenannte Output-Faktoren keineswegs nur die erzielten fachlichen Leistungen der Schüler, vielmehr sind auch die fachübergreifenden Kompetenzen sowie erworbenen Einstellungen und Haltungen in den Blick zu nehmen (vgl. Ditton, 2000, S. 77). Dies ist insbesondere dahingehend bemerkenswert, da der Sportunterricht nicht zuletzt infolge des Doppelauftrags die überfachlichen Erziehungs- und Bildungsziele in den Mittelpunkt rückt. Daher richtet sich in einem weiteren Schritt der Fokus auf die Ergebnisse. Eine Bewertung der erzielten Wirkungen ist letztlich an die Erwartungen und Zielsetzungen zu koppeln, die der Schule vorgegeben sind.

Ergebnisse
Unstrittig ist die Forderung nach einer höheren Anzahl qualifizierter Sportlehrer in den Grundschulen. Gleichwohl ist mit der Einforderung personeller Ressourcen, gekoppelt mit der Verbesserung räumlicher Kapazitäten, nicht zwingend eine Sicherung bzw. Steigerung der Qualität des Sportunterrichts verbunden. Vielmehr ist diese eher input-orientierte Forderung zu ergänzen mit Blick auf den sogenannten Output des Schulsports. Welche Kompetenzen, Wissensstrukturen, Einstellungen, Werthaltungen – also welche Persönlichkeitsmerkmale – werden aufgebaut, mit denen die Basis für ein lebenslanges Lernen zur persönlichen Weiterentwicklung und gesellschaftlichen Beteiligung gelegt ist (vgl. BMBF, 2003). Die Qualität der Schule wird weniger durch detaillierte Richtlinien und Regelungen gesichert, als durch die Definition von Zielen, deren Einhaltung auch tatsächlich überprüft wird. Hieraus ergibt sich möglicherweise die Problematik, dass mit der politisch kontrollierten Standardentwicklung eine pädagogisch nicht legitimierbare Hierarchisierung zugunsten der Kernfächer (plus Naturwissenschaften) erfolgt. Obgleich für das Fach Sport aus nachvollziehbaren Gründen bislang keine verbindlichen nationalen Bildungsstandards existieren, kreist der sportpädagogische Diskurs derzeit auf unterschiedlichen Abstraktionsniveaus um die Auslegung bzw. den Kern des Doppelauftrags (vgl. Kurz, 2008).

Interessante Einsichten gewährt ein detaillierter Blick auf das weite Spektrum der im Sportunterricht angebahnten Ziele. Hier deuten sich leichte Differenzen in den Vorstellungen von Sportlehrern und Schülern an. Diese beruhen in den Neuen Bundesländern offensichtlich auf einem tradierten engeren, leistungsbezogeneren Sportverständnis im Gegensatz zu dem weiten Sport- und Bewegungsbegriff der westlichen Bundesländer. Für die Grundschüler in den östlichen Bundesländern scheint der Wunsch nach mehr Spielunterricht vorherrschend zu sein, während an einigen westlichen Grundschulen der „kindliche Drang" nach Sich-Messen und Wettkämpfen zu wenig Berücksichtigung findet. Weiterhin scheint der Schulsport aufgrund des leistungsorientierten Sportverständnisses in den Neuen Bundesländern eine höhere Akzeptanz bei allen Akteuren (inklusive Schulleitung und Eltern) zu besitzen.

Insgesamt schätzen vor allem jüngere Mädchen und Jungen ihren Sportunterricht sehr positiv ein. Ihre positiven Assoziationen beziehen sich bereits auf vielfältige Effekte und Sinnrichtungen des Sports: Das Lernen von neuen Sportarten oder Bewegungsfertigkeiten ist vor allem bei jüngeren Schülern für die außerschulischen Sportaktivitäten von großem Interesse. Zudem wird die Verbesserung der eigenen Leistungsfähigkeit – im Sinne von gesund und fit zu sein oder zu werden – als bedeutsam herausgestellt.

Der Sportunterricht wird als Ausgleich für die kognitiven Fächer im Klassenraum wahrgenommen und sehr geschätzt. Aus den subjektiven Einschätzungen der Schüler wird deutlich, dass sie durchaus einen positiven Einfluss auf ihre kognitive Leistungsfähigkeit durch die Bewegung im Sportunterricht wahrnehmen.

> Ohne Sport ist man nicht gut in der Schule. Man muss sich auch austoben können, dann wird mein Kopf freier. Ich fände es gut, wenn es mehr Sport geben würde (Schüler, 4. Klasse).

Einhellig geben Sportlehrer und Schulleitung als übergeordnetes Ziel des Sportunterrichts an, möglichst alle Schüler langfristig in den Sport zu integrieren. Mit der Erziehung zum Sport – als eine Facette des Doppelauftrags – wird zum einen die Handlungsfähigkeit und individuelle Entfaltung auch im außerschulischen Sport angebahnt und ist zudem als Anregung zu einem bewegungsaktiven Lebensstil zu verstehen.

Betrachtet man demgegenüber die eher diffusen und uneinheitlichen Zielvorstellungen der Schüler, wird deutlich, dass im Fach Sport, ganz im Gegensatz zu den Kernfächern Mathematik oder Deutsch, den Schülern nicht transparent ist, was eigentlich vermittelt werden soll. Während im Deutschunterricht die Schüler sagen können, dass sie lernen müssen einen Aufsatz zu schreiben, sind viele nicht imstande für den Sportunterricht Angaben zu der genauen Zielsetzung zu machen. Hier zeigt sich die Paradoxie des Sportunterrichts zwischen Gegenwarts- und Zukunftsorientierung. Differenziertere Aussagen zu den Inhalten sind oft nicht möglich, ganz abgesehen von der Benennung vernetzter Themen. „Um sich einfach ein bisschen zu bewegen?", „Ja, dass man auch Spaß hat", „Da wird man ja auch fit". Diese Ergebnisse sind bedenkenswert, da die Transparenz und Kenntnis von Zielen im Unterricht wichtige Instrumentarien zur Steigerung der Unterrichtsqualität darstellen.

Wie zielführend sind nun die Prozesse innerhalb der Schule, um möglichst alle Schüler in die Bewegungs-, Spiel- und Sportkultur zu integrieren? Zunächst richtet sich der Blick auf die Sportangebote in den Grundschulen: Die klassische Form des Nachmittagsangebots an Schulen sind die Arbeitsgemeinschaften, in denen meist Lehrer oder Übungsleiter die Schüler unterrichten bzw. trainieren. Sie bieten den Schülern eine gute Gelegenheit, regelmäßig an einem sportiven Nachmittagsangebot teilzunehmen, ohne gleich einem Verein angehören zu müssen.

> Wir versuchen viel Freude am Sportunterricht zu entwickeln. Wir haben Arbeitsgemeinschaften außerhalb des Unterrichts, wie zum Beispiel Unihockey-, Schach- oder Fußball- und Handball-AGs. Da läuft auch eine ganze Menge und mit den Leuten, die das machen, die sind von den Vereinen, da sind wir auch ständig in Kontakt. Da sind wirklich Kräfte dabei, die das gut machen und man sieht es ja auch, die fahren dann zu Wettkämpfen, die Erfolge sind immer da. Hier sind nun mal viele Schüler, man kann auch ein bisschen aussortieren. Wo man ein Potential sieht, wo man sagen kann, du kannst mit und du kannst mit. Den Vorteil hat man, wenn man an einer großen Schule ist. Aber ich muss sagen, die Vereine arbeiten sehr pflichtbewusst, das heißt also nicht, dass sie es heute mal ausfallen lassen, heute bin ich nicht so gut drauf oder so, sondern die Arbeitsgemeinschaften finden ganz regelmäßig statt (Sportlehrerin, Grundschule).

Diese Grundschullehrerin beschreibt den Charakter und die Intention der Arbeitsgemeinschaften, die häufig von Vereinen organisiert werden. Die Lehrerin betont die selektive Arbeit des Vereinstrainers, der die Arbeitsgemeinschaft nutzt, um gute Sportler zu sichten und mit diesen an Wettkämpfen teilzunehmen. Es fällt auf, dass die subjektive Bestimmung einer guten Arbeitsgemeinschaft durch einen hohen Selektionsgedanken geprägt ist, obwohl das selbstgesetzte Ziel dieser Schule, die Integration von Kindern in den Sport ist.

Falls es Kindern gelingt positiv aufzufallen, könnte der Eintritt in den Verein noch an anderen Stellen scheitern.

> Die Frau R. vom Stadtsportbund kommt immer zur Sichtung. Die gucken dann immer in Richtung Ballsportarten und Geräteturnen, Sportakrobatik. Sie fragen uns auch, wer uns so aufgefallen ist, wer so in die Richtung tendiert, wer dafür geeignet wäre und die Kinder kriegen dann Zettel. Aber meistens geht keiner. Na ja, einige Kinder gehen zum Verein. Aber wenn du die Kinder hinterher fragst, und seid ihr im Sportverein gewesen, dann sagen die Kinder: Mutti hat gesagt, das ist zu anstrengend (Sportlehrerin, Grundschule).

Damit bleibt nicht nur den motorisch weniger begabten Schülern der Einzug in die Sportkultur verschlossen, sondern auch den talentierten. Bei der Auswertung der Interviews wurde weiterhin deutlich, dass einige Grundschulen sehr viel Engagement in die Teilhabe an Wettkämpfen investieren. Dabei sind externe von internen Schulwettkämpfen zu unterscheiden. Die externen Wettkämpfe erfordern oftmals einen hohen Arbeitsaufwand in der Planung und Durchführung und nicht zuletzt eine Schulleitung, die diese Aktivitäten unterstützt (Freistellung der Kinder vom Unterricht, Vertretung der Sportlehrer etc.). Dieses zusätzliche Engagement ist sehr positiv zu bewerten. Aus vielen internen Wettkämpfen werden ganze Schulfeste, an denen sich die Eltern beteiligen und für ein vielfältiges Rahmenprogramm sorgen. Es fällt allerdings auf, dass die Schulen ein hohes Engagement an Schulturnieren und Wettkampfteilnahmen angeben, die meisten Schüler jedoch gar nicht aktiv teilnehmen.

> Die Sportlehrer suchen drei Schüler pro Klasse aus, die aufgefallen sind, die gut sind, die kämpfen dann gegeneinander (Schüler, 4. Klasse).

Demnach nehmen an diesen Wettkämpfen in der Regel die Schüler teil, die bereits über gute motorische Voraussetzungen und einen sportiven Hintergrund verfügen. Zweifellos ist die Notwendigkeit von Wettkämpfen und Leistungsvergleichen nicht zu vernachlässigen. Jedoch sind die Prozesse innerhalb dieser Angebote durchaus diskussionswürdig, denn möglichst viele Schüler sollten die Möglichkeit bekommen, sich zu messen und ihre Leistung zu erfahren und einschätzen zu lernen. Die Tendenz, den Integrations- mit dem Selektionsgedanken zu vertauschen, ist in vielen Schulen anzutreffen. Bemerkenswert ist die Tatsache, dass diese Problematik ausschließlich bei ausgebildeten Sportlehrkräften auftrat. Offensichtlich ist die eigene leistungsorientierte Sportsozialisation ein entscheidender Faktor für die Gestaltung der Prozesse im Schulsport.

Zusammenfassend ist festzustellen, dass Kindern mit geringen motorischen Fähigkeiten und sportlichen Vorerfahrungen weniger häufig der Weg in außerunterrichtliche Sportangebote der Schulen oder sogar in den Sportverein gelingt. Wenn das Elternhaus nicht aktiv unterstützt, haben es Schüler schwer, im Sport Fuß zu fassen. Trotz vorhandener Grundmotivation und Interesse wartet gewissermaßen ein Hürdenlauf mit ansteigenden Hindernissen: So kann das Kind häufig erst an der Arbeitsgemeinschaft teilnehmen, wenn die Eltern bereit sind, dafür zu zahlen. In der Arbeitsgemeinschaft angekommen, trifft das Kind auf einen Übungsleiter bzw. Trainer, der nur gute Spieler sucht, was eine zweite große Hürde darstellt. Aber auch die motorisch talentierteren Kindern aus einem sportfernen Elternhaus haben es nicht leicht. Sofern diese im Sportunterricht oder einer Sichtung positiv auffallen, erhalten sie ein Empfehlung, um sich dann selbständig im Alter von sechs bis zehn Jahren auf den Weg zum Vereinstraining zu begeben. Auch hier eine Hürde, die häufig nicht zu überspringen ist. Obwohl sich alle Lehrer mehrheitlich für die Integration der Schüler in den Sport aussprechen, funktionieren die bereitgestellten Prozesse zu selten.

Bei empirischer Überprüfung der selbst gesetzten Ziele fällt auf, dass die Nutzung der sportlichen Angebote abhängig ist von elterlicher Unterstützung und dass trotz des umfangreichen Angebots und idealer struktureller Bedingungen eine mangelnde Hinführung in die Sport- und Bewegungskultur an deutschen Grundschulen zu beobachten ist.

Hier bestätigen sich gesamtgesellschaftliche Tendenzen zunehmender sozialer Ungleichheit seit frühester Kindheit, die von der Bildungsforschung damit erklärt werden, dass der Erwerb kulturellen Kapitals auf den außerschulischen Nachmittag verlagert wird (vgl. Zinnecker, 2004, S. 517). Das heißt, die kulturelle Teilhabe im Handlungsfeld Sport mit dem dazu erforderlichen Kompetenzerwerb ist vorrangig von der sportaffinen Einstellung der Herkunftsfamilie abhängig.

Zu selten sehen sich die Sportlehrer als Impulsgeber für außerschulische Aktivitäten oder stellen gar eine Verbindung zu Vereinen her. Eine hohe Erfolgswahrscheinlichkeit diesbezüglich scheint gegeben, wenn die Sportlehrer aktiv für ihren Verein in ihrem Sportunterricht Schüler „rekrutieren". Zudem bringen sie im außerunterrichtlichen Sport ein hohes Engagement mit und ebnen den Schülern durch Arbeitsgemeinschaften o. ä. den Übergang in einen ansässigen Sportverein.

> Kinder, vor allem im Grundschulalter, sind sehr personenbezogen und wenn ihr Sportlehrer nachmittags Programm macht und die Kinder sportbegeistert sind, dann kommen sie auch dahin. Wäre ich Fußballtrainer, kämen sie zum Fußball spielen, wäre ich Kegeltrainer, dann kämen sie zum Kegeln. Nun bin ich Leichtathletiktrainer und die Leichtathletik ist eine sehr abwechslungsreiche und auch interessante Sportart, die alle Komponenten der sportlichen Bewegung beinhaltet. Die Leichtathletik spielt zudem im Schulsport eine wesentliche Rolle. Es liegt im Grunde auf der Hand, dass ich Kinder, die im Schulsport sehr positiv auffallen, frage, ob sie Interesse am Nachmittagssport haben. Ziel ist es, die Kinder zu trainieren und sie zu motivieren und das gelingt uns auch sehr gut. Dementsprechend viele Kinder haben wir auch in unserem Verein und die sind natürlich auch erfolgreich (Sportlehrer, Grundschule).

16.5 Eine idealtypische Grundschule mit sportivem Klima – Gelingende Interaktion zwischen Ergebnis, Struktur und Prozess

Voraussetzung für die Herstellung eines positiven sportiven Schulklimas ist die Wertigkeit von Bewegung und Sport innerhalb der jeweiligen Schule. Eine sicherlich wenig überraschende Erkenntnis, jedoch bleibt differenziert zu analysieren, wie die subjektiven Wirklichkeitskonstruktionen aller Schulakteure das Handeln, das Wohlbefinden und die Atmosphäre einer Schule bestimmen. Dazu bedarf es einer gelingenden Interaktion der drei Qualitätsdimensionen Struktur, Prozess und Ergebnis. Eine positive Einstellung und Haltung der Schulleitung zum Sport ist als zentrales Kriterium anzuführen und schlägt sich nicht nur in der formalen Einhaltung von drei wöchentlichen Sportstunden nieder, sondern in der didaktischen Gestaltung des gesamten Schulalltags.

> Ein wesentlicher Schwerpunkt ist die Bewegung. Man schickt nicht nur den Kopf des Kindes in die Schule, sondern es kommt das ganze Kind. Lernen mit Kopf, Herz und Hand. Das ganzheitliche Lernen in den Vordergrund zu stellen, ist ein großes Anliegen. Insofern versuchen wir den Schulmorgen so zu rhythmisieren, dass es Bewegungszeiten innerhalb des ersten Lernblocks gibt im Klassenraum oder mit dem Spielewagen draußen auf dem Schulhof (Schulleiterin, Grundschule, mit Zusatzausbildung im Fach Sport).

Die Basis für Bewegungs- und Sportbiographien der jungen Heranwachsenden sollte an den (Grund-)Schulen gelegt werden.

> Für mich ist der Sport an der Schule ein ganz wichtiger Bereich, speziell für Grundschüler. Er fördert doch sehr die körperliche und geistige Entwicklung und ich denke, man sollte soweit kommen, die tägliche Sportstunde einzuführen. Das wäre meine ideale Vorstellung, jeden Tag eine Sporteinheit, natürlich möglichst günstig gelegen für die Klasse [...], dass die Kinder hier rausgehen und Lust auf Sport haben (Schulleiterin, Grundschule).

Die Integration von Bewegung und Sport in den gesamten Schulalltag erfordert ein Mindestmaß an räumlichen Möglichkeiten sowie Engagement und Fantasie aller Beteiligten, diese bewegungsfreundlich zu gestalten.

> Wir haben einen Spielewagen, der jede Pause raus gefahren wird; darin sind alle möglichen Spielsachen: Rollbretter, Ballspiele, Seilchen, Sandspielzeug, Pedalos (Schulleiterin, Grundschule).

> Wir haben ein ganz großes Gebüsch, da spielen wir Verstecken. Wir haben eine Burg mit Rampe, die drei Meter hoch ist. Man kann mit dem Rollbrett fahren. Die Burg verläuft im Sand. Im Sand haben wir ein Klettergerüst. Wir haben einen Schotterplatz, da kann man Fußball spielen. Wir haben auch einen großen Steinplatz, da spielen wir auch Fußball, da sind auch Markierungen drauf. Vorne kann man Ballspiele und Seilchen springen machen (Schüler, 4. Klasse).

Das in den Grundschulen vorherrschende Klassenlehrerprinzip bringt es unweigerlich mit sich, dass der Sportunterricht häufig fachfremd erteilt werden muss. In der Regel besitzen diese Lehrer eine Zusatzqualifikation „Sport" (Praxis-Theorie-Kurs über ein halbes Jahr, einmal wöchentlich). Vor allem obliegt es aber auch der administrativen Ebene, spezifische Fortbildungen für fachfremde Lehrkräfte anzubieten. Letztlich sind es in vielen Fällen die Schulen selbst, die die Unterstützung von Experten für ihre spezifische Situation einfordern. Eine engagierte Schulleitung mit Sportaffinität setzt sich für interne Fort- und Weiterbildungsangebote ein, sorgt für eine gerechte Ressourcenverteilung zwischen den Fächern und ist bereit – trotz eines beachtlichen Verwaltungsaufwandes – Innovationen (z. B. Mobiles Klassenzimmer, Sponsorenläufe, Anschaffung neuer Sportgeräte wie Inline-Skates) aktiv zu unterstützen.

> Da bei uns viel fachfremd unterrichtet werden muss (14 von 22 Klassen), brauchen wir wirklich etwas Grundlegendes, was einfach strukturiert ist, was auch Nicht-Sportler praktizieren können [...] es gibt im Sport oft spezifische Sachen. Diese Kollegin, die das bei uns macht, kann man z. B. auch abrufen. Man kann sie für bestimmte Tage quasi als pädagogische Beraterin anfordern. Also, wenn man denn möchte, gibt es schon Möglichkeiten (Schulleiterin, Grundschule).

Die kollegialen Absprachen beschränken sich dementsprechend in guten Schulen nicht nur auf organisatorisch-formale Kriterien (z. B. Hallenaufteilung, Stoffverteilungsplan u. ä.). Vielmehr werden die damit verbundenen Aufgaben und Probleme in gemeinschaftlichen Arbeitszusammenhängen gelöst (z. B. schulinterne Fortbildung). Im Alltag reicht die professionelle Kooperation innerhalb des Sportkollegiums vom fachlichen Austausch bis hin zum Gerätetag in der Sporthalle, d. h. morgens wird mit Hilfe von Kollegen oder des Hausmeisters gemeinsam eine Bewegungslandschaft aufgebaut. Zum einen können die jüngeren Kinder die schweren Geräte kaum transportieren und zum anderen „sprengt" die Organisation des Auf- und Abbaus den zeitlichen Rahmen der Sportstunde (in der Grundschule wird der Sportunterricht in der Regel als Einzelstunde erteilt).

> Es gibt einen Parcours, der von allen Kindern durchlaufen werden kann. Das war für mich eine Erleichterung, weil ich mich anfangs nicht so ran traute an die Geräte. Eine Kollegin baut morgens auf, eine andere baut mittags ab. Eine durchdachte Sache und es gefällt uns sehr gut. Ich fühle mich allerdings nicht so qualifiziert wie jemand, der es von der Pieke auf gelernt hat. Ich bin schon sehr viel mutiger geworden und erarbeite es mir so langsam aber sicher (Sportlehrerin, Grundschule, mit Zusatzausbildung im Fach Sport).

Kennzeichnend für eine positive Beziehungskultur, die im Sinne des Schulsports wirkt, ist die Verteilung der Verantwortlichkeiten innerhalb des Kollegiums, aber auch die Einbeziehung der Schüler (z. B. Mitwirkung an Sportfesten, Organisation des Pausensports, Verwaltung der Spielekiste etc.). Auf dieser gemeinschaftlichen Grundlage entstehen interessante außerunterrichtliche Angebote für *alle*: Die Teilnahme an regionalen und überregionalen Schulwettkämpfen, aber auch interne Schulturniere oder kontinuierliche Arbeitsgemeinschaften sind für alle Beteiligten zentrale Elemente zur Förderung der Identifikation mit der eigenen Schule. Zur Entwicklung und zum Erhalt derartiger Aktivitäten über den Unterricht hinaus bedarf es indes positiver Anerkennungsverhältnisse für Sportlehrer (besonders an den weiterführenden Schulen).

Mit Blick auf die Schüler wird Wert gelegt auf die Wertschätzung und „Anbahnung" von sportbezogenen Kompetenzen. Ausgehend von einem ganzheitlichen Leistungsbegriff, der die Entwicklung kognitiver, kommunikativer, emotionaler und motorischer Fähigkeiten umfasst.

> Leistung ist eine ganz interessante Sache, bereitet mir aber am meisten Bauchschmerzen. Wir haben in den Klassen 1 bis 3 Lernentwicklungsbereiche und schreiben selbstverständlich auch etwas zur Entwicklung im Bereich Sport. Im 4. Schuljahr kommt plötzlich irgendeine Note. Noten waren bisher, auch für meine Kinder, Zahlen, Ziffern, die sie nicht mit Inhalt füllen können. Ich versuche den Kindern die Bedeutung zu erklären oder woran sie zu messen sind. Im Sport habe ich angefangen den Kindern zu erklären, was es bedeutet, ein sehr guter, guter, befriedigender, ausreichender Schüler zu sein. Worauf musst du achten? Was stellst du dir vor? Die Kinder haben sehr schön formuliert, dass nicht jeder Schüler, der einen Ball in der Hand halten kann, ein sehr guter Sportler ist. Wir haben gemeinsam zusammengetragen, welche Bereiche es im Sportunterricht gibt: Spiele, Turnen, Gymnastik/Tanz, Mannschaftsspiele, Kooperation/Fairness. Wie setze ich mich ein? Stehe ich rum oder helfe ich mit? Wie baue ich ab? In meiner Klasse klappt es hundertprozentig toll. Seit der ersten Stunde habe ich das als unsere gemeinsame Sache deklariert. Ich habe faires Verhalten und Kooperation eingefordert (Sportlehrerin, Grundschule).

Den Schülern ist es wichtig, vom Lehrer Rückmeldungen zu erhalten, sowohl über den Erfolg ihrer Lernanstrengungen als auch über noch nicht befriedigend bewältigte Aufgaben und über die gemachten Fehler. An der Schilderung eines konkreten Unterrichtsbeispiels werden der schülerorientierte Umgang mit der Leistungsproblematik sowie die damit einhergehende Notenvergabe verdeutlicht.

> Wir haben eine Ballschulung und eine Hockwende gemacht. Hockwende über einen quergestellten Kasten in unterschiedlicher Höhe mit diversen Absprungmöglichkeiten. Wie kann ich das – nach einer Erarbeitungsphase – benoten und beurteilen? Wir haben herausgefunden, dass bei einer sehr guten Leistung ein Anlauf, ein Absprung, eine Flug-, Stütz- und Landephase zu erkennen sein muss […] Stationen, an denen die einzelnen Phasen erfassbar gemacht wurden: Stationen zum Lernen des Abspringens, des Stützens, wo sie fliegen konnten. Sie haben das schließlich verinnerlicht! Ich habe sie sich selbst beurteilen lassen: Was konntest du erkennen? Sie haben sich ganz klar selber überprüft. Ob ich das immer so machen kann und immer richtig mache, weiß ich nicht. Wobei ich stets die individuelle Weiterentwicklung berücksichtige. Wer sich traut, endlich den Bock zu überwinden, dem mache ich das in seiner Note deutlich. So verstehe ich Notengebung […] das ist im Fach Sport sehr viel schwieriger als in anderen Fächern. Kinder haben eine andere Erwartungshaltung: Ich bin gut und kann das alles. Sie werden nachdenklicher, wenn man ihnen die Vielfältigkeit des Sports aufzeigt. Sie verstehen es (Sportlehrerin, Grundschule).

Zusammenfassend bleibt festzustellen, dass die Festschreibung von Bewegung und Sport im Schulprogramm ein wichtiger Schritt zur Verankerung und sichtbaren Positionierung des Sports im Schulleben und damit auch im Alltag von Kindern und

Jugendlichen darstellt. Die Umsetzung steht und fällt allerdings mit der sozialen Beziehungsstruktur innerhalb der Schule. Dazu gehört zudem eine gewisse personelle Stabilität im Kollegium, die das Entstehen eines Gemeinschaftsgefühls begünstigt.

16.6 Zentrale Befunde und Ausblick

Die zentralen Erkenntnisse der vorliegenden Studie lassen sich wie folgt zusammenfassen:
Sport und Bewegung werden zum integralen Bestandteil des Schulalltags, wenn die Schulleitung eine unterstützende Funktion einnimmt und insgesamt eine positive soziale Beziehungsstruktur in der Schule herrscht. Die Mitwirkung der Schüler im unterrichtlichen und außerunterrichtlichen Sport wird geschätzt und gefördert.

* An Grundschulen herrscht aufgrund des Klassenlehrerprinzips ein Sportlehrermangel und demzufolge ein hoher Fortbildungsbedarf. Durch ein starkes sport- und bewegungsbezogenes Engagement der Schulleitung und des Kollegiums kann dieser Missstand kompensiert werden.
* Kinder im Grundschulalter messen dem Fach Sport eine hohe Bedeutung bei, bringen eine hohe Lern- und Leistungsbereitschaft mit und schätzen ihre Sportlehrer positiv ein.
* Das Lernklima im Sportunterricht wird von Schülern positiver wahrgenommen als in den Klassenraumfächern.
* Schüler spüren den positiven Einfluss auf ihre kognitive Leistungsfähigkeit und messen den verbalen Ausdrucksmöglichkeiten eine hohe Bedeutung zu.
* Für Sportlehrer ist der Sportunterricht eine wertvolle Gelegenheit, die Schüler einmal „anders" kennen zu lernen.
* Eine kontinuierliche und erfolgreiche Kooperation mit Vereinen besteht in der Regel nur dort, wo die Sportlehrer selbst im Verein aktiv sind.
* Der Zugang in die außerschulische Bewegungs-, Spiel- und Sportkultur ist eng an ein sportaffines Elternhaus gekoppelt.
* Die Bedeutung der strukturellen Defizite hinsichtlich einer gelingenden Schulsportentwicklung ist zu relativieren.

Für die Entwicklung eines sportiven Schulklimas sind nicht nur die Sportlehrer in ihren Klassen bzw. Sporthallen verantwortlich, sondern vielmehr ist die sogenannte Meso-Ebene, die Ebene unterhalb der rechtlich-organisatorischen Rahmenbedingungen und über der Schulklasse mit dem jeweils unterrichtenden Lehrer, bedeutsam. Wie eingangs anhand des Schulklimas erläutert, sind die in einem interdependenten Zusammenhang stehenden Charakteristika an jeder Schule einmalig. An jeder Schule stellt sich somit stets die Frage nach den subjektiven Wirklichkeitskonstruktionen aller Beteiligten, d. h. was halten die meisten hinsichtlich des Schulsports für wichtig, inwiefern gibt es darüber „gedanklichen" Konsens an der Schule und worüber ist man sich einig, dass man es tun müsse. Oder anders gefragt: Gibt es innerhalb der jeweiligen Schule – mit all ihren Akteuren – eine Verständigung über Ziele des Schulsports und über die Wege, auf denen man diese erreichen möchte?

Abschließend bleibt festzuhalten, dass trotz großer Chancen und des berechtigten Anspruchs des Sports, sich im Schulleben stärker zu positionieren, er im allgemeinen „Reformstress" in vielen Grundschulen auf der Strecke bleibt. Da das Fach Sport (noch) nicht an den verbreiteten Leistungsvergleichsstudien teilnimmt und sich nicht an festgelegten Qualitätsstandards messen lässt, gilt es, den positiven Ertrag bzw. die Bedeutung des Sports an unseren Schulen auf andere Weise hervorzuheben. Schließlich ist die Schule der einzige Ort, an dem wir alle Kinder erreichen und fördern können.

16.6.1 Wie kann die Qualität des Schulsports an Grundschulen verbessert werden?

Um zum einen die Bedeutung und das Potential des Schulsports für die allgemeine Schulentwicklung offensiver darzustellen und zum anderen möglichst alle Kinder langfristig und überdauernd in den Sport zu integrieren, ist eine Systematik in der Zielklarheit, Prozessorientierung und Ergebniskontrolle unabdingbar.

Ausgehend von der Zielsetzung, die Kinder in den Sport zu integrieren, bilden die vorhandenen Strukturen eine gute Möglichkeit zur Umsetzung. Jede Grundschule in Deutschland muss mindestens über einen qualifizierten Sportlehrer verfügen. Dieser kann eine zentrale Schnittstelle bilden und die fachfremden Lehrer intern fortbilden sowie ein entsprechendes Netzwerk mit Vereinen aufbauen, kontrollieren und modifizieren. Das vorhandene Wissen ausgebildeter Sportlehrer zum Aufbau sportiver Strukturen und Netzwerke ist unersetzlich, um Kindern aus den eher sportfernen Familien den Zugang sowohl zum informellen als auch zum institutionellen Sport zu erleichtern. Da kontinuierliche Angebote oftmals nur über Kooperationen mit Sportvereinen zu realisieren sind, sollten die verantwortlichen Übungsleiter und Trainer für pädagogische Zielsetzungen sensibilisiert werden.

Hinzu kommt die gute Situation im Bereich der Hallenkapazität an Grundschulen, die ein regelmäßiges Sportangebot an Nachmittagen ermöglicht. Auch die Sport- und Spielfeste sind in der Wahrnehmung der Schüler wichtige Ereignisse im Laufe des Schuljahres. Dabei sollten die Prozesse jedoch so organisiert werden, dass alle Schüler einbezogen und aktiviert werden, so dass eine Beteiligungskultur gewährleistet ist.

Inhalte und Intentionen der Angebote sollten hinsichtlich der heterogenen Schülergruppen (motorische Voraussetzungen, Interessen etc.) überdacht und modifiziert werden.

Die weitverbreitete Forderung nach mehr qualifizierten Sportlehrkräften an Grundschulen ist zu unterstützen und darüber hinaus zu akzentuieren, denn neben der Qualifizierung in einer allgemeinen bewegungspädagogischen Ausrichtung sollte mit Blick auf die bereits im Grundschulalter feststellbare soziale Selektivität des Sports auf die Inter-Kulturelle-Kompetenz und auf die Gender-Kompetenz der Lehrkräfte Wert gelegt werden.

Die Öffnung von Schule verbunden mit Kooperationsbeziehungen ist für die Verknüpfung schulischer und außerschulischer Lernorte (vgl. Lipski & Kellermann, 2002) für das Fach Sport von besonderer Bedeutung und bietet vor dem Hintergrund der wachsenden Zahl von Ganztagsgrundschulen enorme Potentiale für eine gelingende Schulentwicklung sowie für eine individuelle sport- und bewegungsorientierte Förderung der Schüler. Die Bedeutung von Bewegung, Spiel und Sport im Schulalltag muss von allen Beteiligten offensiv vertreten werden, ohne das *Unterrichtsfach* Sport abzuwerten.

Jessica Süßenbach

17 Die Ganztagsschule: Neues Lernen in der Schule für Kopf und Körper, mit Bewegung und Verstand

17.1 Hintergründe

Das Thema *Ganztagsschule* hat mehrere historische Perspektiven, die mit den Bildungsreformen Ende der 1960er-Jahre und Anfang der 1970er-Jahre (Diskussion und Einführung eines neuen Schultyps – die Gesamtschule) ebenso verbunden sind wie mit dem ausgehenden 19. Jahrhundert, als für das höhere und mittlere Schulwesen (Gymnasium, Realgymnasium, Oberrealschule, Realschulen 1. und 2. Ordnung u. a.), bis auf den Mittwoch- und Samstagnachmittag, ein ganztätiger Schulbetrieb üblich war. An diesen beiden unterrichtsfreien Nachmittagen nahmen die Schüler – mehr und weniger freiwillig – an dem Turn- und Spielbetrieb ihrer Schule teil. Erst nach 1900 nahm die deutsche Schule im Gegensatz zu vielen Nachbarstaaten ihren Weg zur *Halbtagsschule*. Ebenso gab es bereits in der Weimarer Republik einige ganztägige Reformschulen, an denen im Schulversuch die tägliche Turnstunde erteilt wurde, bei der auch Spiel und Sport nicht zu kurz kamen (vgl. Diem & Matthias, 1923).

Das heute aktuelle Thema *Ganztagsschule* erhielt seinen neuen Impuls, als die Deutsche Bundesregierung im Jahre 2002 das sogenannte „Investitionsprogramm Zukunft, Bildung und Betreuung" (IZBB) verabschiedete. Dieses Programm sah für den Zeitraum der Schuljahre von 2003/04 bis 2007/08 eine Investition von rund vier Milliarden Euro für die 16 Bundesländer vor. Knapp ein Viertel (930 Millionen Euro) erhielt das Bundesland Nordrhein-Westfalen (NRW). Das damalige Ministerium für Kinder und Schule (MSKS) in NRW setzte Zielmarken für das Jahr 2007, die für 75 % aller Grundschulen in NRW (etwa 2.700 Grundschulen) und für 25 % aller Grundschülerinnen und -schüler (etwa 200.000 Kinder) die Einführung der *Offenen Ganztagsgrundschule* vorsah.

Nach diesen vier Schuljahren kann heute festgestellt werden, dass zu Beginn des Schuljahres 2007/08 diese „benchmarks" im Großen und Ganzen im Bundesland NRW erreicht worden sind (vgl. Abb 17.1).

Während in NRW bis zum Jahre 2005 die Offene Ganztagsschule nur auf den Primarschulbereich bezogen war, wurden in anderen Bundesländern (z. B. Rheinland-Pfalz und Baden-Württemberg) auch weiterführende Schulformen berücksichtigt.

Schuljahr	Anzahl der Schulen
August 2003	234
August 2004	702
August 2005	1.397
August 2006	2.209
August 2007	2.915

Abb. 17.1. Entwicklung der Offenen Ganztagsgrundschule in NRW

Zwei zentrale Ziele sind mit dieser neuen Förderung von Ganztagsschulen im Zuge des IZBB-Programms verbunden:

1. Es sind sozial- und familienpolitische Ziele, um die Vereinbarkeit von Beruf und Familie, insbesondere von alleinerziehenden Eltern zu ermöglichen.
2. Es sind bildungs- und arbeitsmarktpolitische Ziele, um mehr Betreuung und Förderung für hilfebedürftige Schülergruppen zu erreichen, damit eine bessere Qualifizierung von Jugendlichen (Schulabschluss) und ein erfolgreicher Einstieg in die Berufsausbildung (Ausbildungsverhältnis) gelingt.

Je nach Bundesland führte die Einführung von mehr Ganztagsschulen zu verschiedenen Schulkonzepten (offen, kooperativ, integrativ) und unterschiedlichen Akzentsetzungen, was das Schulalter (Grundschüler/Hauptschüler) und die Schulform (Primarstufe/Sekundarstufe) betrifft.

Dementsprechend sind auch die damit einhergehenden Impulse für eine körperliche oder motorische, für eine bewegungs- oder sportorientierte Entwicklung der Schüler/innen unterschiedlich. So gibt es zwischen den Bundesländern sowohl inhaltlich-konzeptionelle Unterschiede in der Ausrichtung der Angebote als auch im qualitativen und quantitativen Umfang der Maßnahmen mit *Bewegung, Spiel* und *Sport*. Im Bundesland NRW lag dieser Akzent bei *Offenen Ganztagsschulen* für Grundschulkinder, die im Rahmen eines außerunterrichtlichen Schulsports durch außerschulische Träger von Bewegungs-, Spiel- und Sportangeboten (BeSS), in der Regel von Sportvereinen als Träger in der Kinder- und Jugendhilfe, nachmittägliche Betreuungs- und Förderangebote erhalten. Diese Form des Angebots, in anderen Bundesländern auch für Sekundarschüler/innen, ist die auch in den anderen Bundesländern am häufigsten verbreitete Form. Gleichwohl gibt es auch hier für BeSS-Angebote in Offenen Ganztagsschulen unterschiedliche Konzepte und Ansätze, die einerseits durch die schuladministrativen Vorgaben der einzelnen Bundesländer bedingt sind, andererseits auf besondere Regelungen und Maßnahmen der Landessportbünde (und der SportJugend [SJ] im LandesSportBund [LSB]) und der Ganztagsschul-Aktivitäten von regionalen Sportfachverbänden zurückgeführt werden können.

17.2 Bewegung, Spiel und Sport an Offenen Ganztagsschulen: Das Beispiel NRW

Als *Offene Ganztagsschulen* werden jene Grundschulen in NRW bezeichnet, die für einzelne Schulkinder, manchmal auch im Klassenverbund, zusätzliche Angebote, vor allem nach dem Ende der vormittäglichen Halbtagsschule, anbieten. Zu diesen Angeboten zählen: Mittagstisch, Betreuung der Hausaufgaben und weitere Lernförderung sowie zahlreiche kulturelle, musische und sportliche Freizeitangebote bis etwa 16 Uhr am Nachmittag. Die Teilnahme ist optional, d. h. die Eltern oder Erziehungsberechtigten müssen ihre Söhne und Töchter für den *Offenen Ganztag* anmelden und verpflichten sich mit dieser Erklärung zu einer regelmäßigen Teilnahme ihrer Kinder an diesen nachmittäglichen Angeboten für die Dauer von mindestens einem Schulhalbjahr. Die anfallenden Kosten werden zu zwei Drittel aus den vom IZBB-Programm zur Verfügung gestellten Landesmitteln bezahlt (etwa 820 Euro im Jahr). Das restliche Drittel (etwa 410 Euro) wird insgesamt aus Mitteln des kommunalen Schulträgers und durch Zuschuss der Eltern finanziert, wobei der Höchstsatz der privaten Mittel der Eltern bei maximal 150 Euro liegt und vor allem für die Verpflegungskosten (Mittagessen) verwendet wird.

Als im Februar 2003 per Gesetz die Offene Ganztagsschule in NRW eingeführt wurde, führte das zu einer entsprechenden Reaktion bei den Sportfachverbänden und dem LandesSportBund NRW. Damals war die Befürchtung groß, dass mit der Einführung dieser neuen Schulform die Kinder an dem Besuch der Nachmittagsveranstaltungen in den Sportvereinen behindert würden. Einigen Vertretern des organisierten Sports war als Bedenkenträger noch unklar, dass nicht alle Schüler/innen die Ganztagsschule besuchen mussten. So überwogen seitens der Sportverbände die Bedenken gegenüber dieser neuen Schulform. Man befürchtete, die Kinder und Jugendlichen würden nachmittags wegen zu geringer Zeit nach der Schule oder infolge neuer Sportangebote unter dem Dach der Ganztagsschule nicht mehr den eigenen Vereinsangeboten die Treue halten (können). Vor dem Beginn des ersten Schuljahres der Offenen Ganztagsgrundschule in NRW (2003/04) überwog die Skepsis gegenüber allen ministeriellen Plänen. Heute, fünf Jahre später, ist ein anderes Bild zu erkennen. Deshalb sollen zunächst in einem kleinen Rückblick die vier zentralen Bedenken des organisierten Sports in NRW beispielhaft skizziert werden, die später auch in anderen Bundesländern und von einigen nationalen Sportorganisationen in ähnlicher Form artikuliert worden sind. Gleichwohl haben heute die weiteren Entwicklungen einige dieser Bedenken entkräftet, sowohl im LSB NRW, in den Landessportbünden anderer Bundesländer als auch bei nationalen Sportfachorganisationen wie z. B. dem Deutschen Olympischen Sportbund und der Deutschen Sportjugend (vgl. DOSB & dsj, 2008), dem Deutschen Handballbund

(DHB, 2007) und dem Deutschen Fußball-Bund (DFB, 2008), die mittlerweile mit eigenen Broschüren und Materialien in einigen Landesverbänden im Rahmen von Qualifizierungsmaßnahmen für Grundschullehrerinnen aktiv geworden sind.

17.3 Alte Ängste und Befürchtungen der Sportfachverbände

In der ersten Broschüre des LSB NRW zur Einführung der Offenen Ganztagsschule wurden diese Ängste und Sorgen in vier markanten Punkten vorgetragen (vgl. LSB NRW, 2003, S. 14):

1. Durch die längere Bindung der Kinder am Nachmittag in der Ganztagsschule sowie durch den geplanten Ausbau von Bewegungs-, Spiel- und Sportangeboten in der Schule werden diese Kinder voraussichtlich kaum noch motiviert sein, die Angebote der Sportvereine zu nutzen.
2. Der Ausbau von Sportangeboten im Rahmen der offenen Ganztagsschule zieht zusätzliche Belegungszeiten von Sportstätten nach sich, die den Vereinen verloren gehen.
3. Zur Durchführung von Bewegungs-, Spiel- und Sportangeboten im Ganztag wird zusätzliches Personal benötigt. Dieses wird voraussichtlich zunehmend aus den Reihen der qualifizierten Übungsleiter/innen, Jugendleiter/innen, Trainer/innen etc. des organisierten Sports durch die unterschiedlichen Träger der Bewegungsangebote rekrutiert. Unter Umständen gehen diese dann dem Verein verloren.
4. Es entsteht ein Szenario, dass sich neben den beiden zentralen Säulen der bestehenden Struktur des Kinder- und Jugendsports in Nordrhein-Westfalen, dem *Schulsport* und dem *Vereinssport* zunehmend eine dritte Säule *Sport im Ganztag* entwickeln kann. Diese dritte Säule im Kinder- und Jugendsport würde getragen von Wohlfahrtsverbänden, sportfernen Jugendhilfeträgern und anderen beliebigen Trägern von Betreuungsangeboten. Bewegung, Spiel und Sport in der Ganztagsbetreuung wäre ohne fachliche Anbindung und Steuerung durch die beiden bestehenden Großsysteme isoliert.

Wie lassen sich diese Sorgen und Risiken heute retrospektiv bewerten? Haben sich die Befürchtungen bestätigt oder zeichnet die Realität heute ein anderes Bild?

Wir wissen, dass je nach Lebensalter etwa 30 bis 40 % der Mädchen und 50 bis 60 % der Jungen im Alter von 8 bis 14 Jahren einem Sportverein angehören (vgl. u. a. Brinkhoff, 1998; Kurz & Tietjens, 2000; Schmidt, 2006c). Eine weitere Verringerung dieser Zahlen durch den Besuch von Ganztagsschulen ist kaum zu befürchten. Ein Engagement der Sportvereine als Anbieter im Offenen Ganztag bietet vielmehr das Potenzial, neue Mitglieder durch überzeugende Angebote zu gewinnen.

Verschiedene Stichproben zeigen, dass im Durchschnitt der Prozentsatz an Vereinsmitgliedern unter Schüler/innen, die den Offenen Ganztag besuchen, deutlich geringer ist als üblich. Die Ganztagsangebote sprechen gerade sportferne und bewegungsinaktive Kinder an, denn bildungsferne Elternhäuser sind in der Regel auch sportinaktive Familien (vgl. Schmidt, 2003a, 2003b).

Auch die Befürchtung, „sportferne Drittanbieter" könnten die Ganztagsangebote dominieren, hat sich als unrealistisch erwiesen. Aus den zwei Befragungswellen des LSB NRW zu den Schuljahren 2003/04 und 2004/05 geht hervor, dass über 70 % aller BeSS-Angebote von Übungsleitern und Trainern direkt über die örtlichen Sportvereine erbracht werden. Lediglich zu 29 % firmieren *sonstige Anbieter*. Bei genauer Betrachtung der Angebote von diesen *sonstigen Anbietern* sind es aber mehr als die Hälfte aller dieser Angebote, die „privat" bzw. auf direktem Wege von Übungsleitern und Lehrkräften erbracht werden! Lediglich 2 bis 3 % innerhalb dieser *sonstigen Anbieter* werden als *nicht-gemeinwohlorientierte Anbieter* klassifiziert (vgl. LSB NRW, 2005, S. 9). Von irgendeiner „dritten Säule", die neben dem Schul- und Vereinssport durch den Ganztag entstehen könnte, kann also heute keine Rede sein.

Ein weiterer Punkt, der die damalige Grundstimmung widerspiegelt, ist die Aussage des Staatssekretärs a. D. Dr. Baedecker, der als Geschäftsführer der „Sportstiftung NRW" sich überhaupt nicht vorstellen konnte, dass das Thema *Offener Ganztag* auch etwas mit Talentsichtungs- und Talentförderungsmaßnahmen zu tun haben könnte (vgl. LSB NRW, Württembergischer Fußball- und Leichtathletikverband [WFLV] & Willibald Gebhardt Institut [WGI], 2003, S. 51). Die Schulpraxis beweist heute, dass dies sehr wohl und auch erfolgreich möglich ist (vgl. z. B. Zimmer, 2005, S. 78-82).

Ein Großteil der Bedenken und Sorgen wurde bereits im Jahr 2003 ausgeräumt, als es im Vorfeld des Schuljahres im Juli 2003 die sogenannte Rahmenvereinbarung zwischen den beiden NRW-Ministerien für Schule (MSJK) und Sport (MSWKS) und dem LandesSportBund NRW geschlossen wurde (vgl. MSJK, MSWKS & LSB NRW, 2003). Diese Rahmenvereinbarung räumte dem LSB als Vertreter der Träger des gemeinnützigen Sports eine Priorität als Partner für die BeSS-Angebote am Nachmittag ein. Gleichzeitig verpflichtete sich der LSB, in seinen 54 Stadt- bzw. Kreissportbünden eine sogenannte *Koordinierungsstelle Ganztag* einzurichten, die als eine kommunale Servicestelle für die neue Zusammenarbeit zwischen Schule und Verein fungieren sollte.

Diese zentrale Übereinkunft lautet:

> Die Vereinbarung ist der Rahmen für den Abschluss von Kooperationsverträgen zwischen den örtlichen Trägern der außerunterrichtlichen Bewegungs-,

Spiel- und Sportangebote und den Schulträgern sowie den beteiligten öffentlichen und freien Trägern der Kinder- und Jugendhilfe. Vertragspartner vor Ort sind die Schulträger und die Träger der außerunterrichtlichen Bewegungs-, Spiel- und Sportangebote. Zur Unterstützung dieser Vereinbarung wird der LandesSportBund Nordrhein-Westfalen örtliche Koordinierungsstellen einrichten, die in seinem Auftrag tätig werden. Der Schulträger kann den/die Schulleiter/in beauftragen, in seiner Vertretung einen Kooperationsvertrag mit dem Träger der außerunterrichtlichen Bewegungs-, Spiel und Sportangebote abzuschließen. Kooperationsverträge vor Ort können für Komplettangebote, Teilangebote und für einzelne Module abgeschlossen werden (MSJK, MSWKS & LSB NRW, 2003, S. 3).

In nur knapp zwei Jahren konnte der LSB alle 54 Koordinierungsstellen einrichten. Im Anschluss an die landesweite Rahmenvereinbarung erfolgten dann schrittweise auf kommunaler Ebene die lokalen Vereinbarungen zwischen dem Schulträger (Schulverwaltungsamt der Kommune) und der örtlich zuständigen *Sportjugend* als Träger der *Koordinierungsstelle Ganztag* für die lokale Kinder- und Jugendhilfe unter dem Dach der Stadt- bzw. Kreissportbünde (vgl. Kohl, 2005).

Bis heute haben alle für die Schulen in ihrem Bundesland zuständigen Ministerien in den 16 Bundesländern eine „Rahmenvereinbarung" mit den Landessportbünden bzw. Landessportverbänden geschlossen. Große Gemeinsamkeiten gibt es für die Aufgaben und Ziele, die mit den nachmittäglichen BeSS-Angeboten angestrebt werden sollen. Folgender Satz ist in ähnlicher Form in vielen Präambeln solcher „Rahmenvereinbarungen" zu finden:

Regelmäßige, möglichst tägliche Bewegungs-, Spiel- und Sportangebote beeinflussen die kognitive, emotionale, soziale und motorische Entwicklung der Kinder nachhaltig positiv und führen auch im außerschulischen Bereich zu deutlichen Kompetenzgewinnen (Rahmenvereinbarung zwischen dem MSJK, MSWKS & LSB NRW, 2003, S. 1).

Allerdings gibt es nur in NRW die Einrichtung solcher flächendeckender Koordinierungsstellen, die als zentrale örtliche Anlauf- und Beratungsstellen für Schulen und Sportvereine in den Städten bzw. Kreisen fungieren. In den meisten anderen Bundesländern sucht entweder eine Ganztagsschule auf direktem Wege einen Sportverein für eine Kooperation oder es gehen Sportvereine in ihrem Umfeld auf eine Schule zu. Für solche Kooperationen gibt es dann, wie z. B. im Bundesland Rheinland-Pfalz, ministeriell vorgegebene Rahmenverträge, die je nach Qualifikationsprofil der Anbieter Förderungsbeträge festlegen.

17.4 Neue Chancen und Erwartungen der Sportfachverbände

Überwog im Jahr 2003 noch Skepsis und wurde auf mögliche Risiken verwiesen, die mit einem Engagement des organisierten Sports in neuen Ganztagsschulen verbunden sein könnten, so überwiegen seit 2005 deutlich die Chancen und positiven Möglichkeiten, die die Offene Ganztagsschule für die Sportvereine und Sportverbände bietet. In Abbildung 17.2 nenne ich jene Chancen, die heute aus Sicht der Sportvereine vom LSB NRW (2005, S. 31) genannt werden:

1. Bindung der Kinder an den Vereinssport, das Potenzial ist erkannt worden
2. Schaffung neuer Angebotsformen
3. Gewinnung neuer Mitarbeiter/innen
4. Erschließung finanzieller Ressourcen
5. Verbesserung der Sportstättensituation, Ausstattung
6. Zukunftssicherung im kommunalen Kinder- und Jugendsport
7. Imagegewinn durch soziales Engagement
8. Breitensportangebote für Kinder und Jugendliche
9. Stärkung der pädagogischen Arbeit im Sport
10. Neue Perspektiven durch eine langfristige Zusammenarbeit mit Schulen
11. Nutzung der Schulressourcen
12. Talentsichtung

Abb. 17.2. Chancen und Aufgaben für die Vereine

In den letzten drei Jahren haben sich nicht nur die Chancen erhöht und verbessert, sondern auch und gerade die Anzahl und der Umfang der verschiedenen Sportangebote in den Offenen Ganztagsgrundschulen. Diese Angebote reichen von A bis Z: von Aerobic und Fitness, Inlineskaten, Judo, Ringen und Karate, über Tanz, Einradfahren, Capoeira, Psychomotorik, Schwimmen, alle Formen und Arten von Ballspielen bis zu Zirkuseinlagen. Oft werden diese Angebote als Ergänzung und Alternative zum Sportunterricht am Vormittag gesehen und auch als solche begründet. Auffallend ist, wie sowohl die Daten der LSB-Umfragen (2005) als auch erste Evaluationsergebnisse des Wissenschaftlichen Kooperationsverbunds (2005), die bisher nur geringe Beteiligung von schulischen Lehrkräften an diesen sportlichen Angeboten belegen. Über die pädagogischen Aufgaben und Ziele, die mit diesen unterschiedlichen Vereinsangeboten angestrebt werden, ist bisher wenig bekannt, denn vorwiegend wird nach der Häufigkeit der Kursangebote, dem Versorgungsgrad der Offenen Ganztagsschulen mit BeSS-Angeboten und der Häufigkeitsverteilung der Inhalte und Themen für diese nachmittäglichen Vereinsangebote gefragt (vgl. Mays, 2006).

Im Rahmen einer Strukturabfrage des LSB NRW im Vorfeld des Schuljahres 2005/06, an der 32 der 54 Koordinierungsstellen (59 %) beteiligt waren und die sich auf 501 Offene Ganztagsschulen mit insgesamt 1.335 BeSS-Angeboten bezieht, werden insgesamt 516 Angebote als *sportartübergreifend* bezeichnet und als *sonstige* (153) klassifiziert. Die andere Hälfte von 666 Angeboten wird als *sportartspezifisch* eingeordnet. Hier dominieren mit 295 Angeboten die Ballsportarten, angeführt von Fußball (111) und Tischtennis (40) gefolgt von Basketball und Handball. Das zweithäufigste sportartspezifische Angebot ist Tanz (93), gefolgt von Schwimmen (62) und Judo (57). Am Ende der Häufigkeitsskala für sportartspezifische Angebote werden Turnen (38) und Leichtathletik (24) genannt. Allerdings muss hier berücksichtigt werden, dass es bei den *sportartübergreifenden Angeboten* allein 102 *Förderangebote* gibt, die wohl kaum ohne turnerisch-gymnastische Anteile in der Praxis durchgeführt werden.

17.5 Empirische Befunde und Pilotstudien zu den Bewegungs-, Spiel- und Sportangeboten im Offenen Ganztag

In einigen, noch punktuell ausgeführten Pilotstudien in Städten wie Köln (vgl. Vagt, 2005; Dicken & Kupferer, 2008) und Bielefeld (vgl. Zimmer, 2005; Kleindienst-Cachay, 2005) werden weitere Informationen und Hinweise über Organisationsmerkmale und Implementationsprobleme gegeben.

In der Pilotstudie von Vagt (2005) wurden u. a. die Schulleitungen an 28 Kölner Ganztagsgrundschulen befragt. *Spaß für die Kinder* und *Soziale Kompetenzen* führen die Rangliste der Ziele an, deutlich vor solchen Zielen wie *Lebenslanges Sporttreiben* und *Gewichtskontrolle*, wenngleich diese beiden Ziele noch positiv beurteilt werden. Aus den ersten Ergebnissen der Fragebogenstudie von Dicken und Kupferer (2008) an 161 Kölner Ganztagsgrundschulen geht hervor, dass C-Übungsleiter/innen und Diplomsportlehrer/innen die größte Gruppe der Anbieter repräsentieren und die qualifizierten Übungsleiter/innen hauptsächlich Vereinsmitarbeiter/innen darstellen. Aus den Interviews von Kleindienst-Cachay (2005) an elf Offenen Ganztagsgrundschulen von insgesamt 49 Grundschulen in Bielefeld und einigen weiteren Ganztagsgrundschulen im regionalem Umfeld geht hervor, dass jüngere Schulkinder (1. und 2. Klasse) mit dem häufigen Personalwechsel im Zuge der nachmittäglichen Angebote ihre Probleme haben (keine Stammgruppen), und Übungsleiter mit den heterogen verteilten Motivationen der Kinder für sportliche

Angebote, den sehr unterschiedlich ausgeprägten motorischen Interessen und dem Können der Kinder im Ganztag wiederum ihre Probleme haben.

Auf der anderen Seite zeigen Daten aus der Hauptstudie des Wissenschaftlichen Kooperationsverbundes zur Offenen Ganztagsschule im Primarbereich in NRW (vgl. Beher, Haenisch, Hermens, Nordt, Prein & Schulz, 2007) durchaus positive und zufriedenstellende Ergebnisse zu den *Bewegungs-, Spiel- und Sportangeboten* aus Sicht der Eltern und ihrer Kinder. So bewerteten z. B. die befragten Eltern (n = 1.392) die Angebote im Bereich *Sport und Bewegung* zu 87,2 % *eher und sehr positiv*. Die Eltern vermissen jedoch ausreichende *Ruhe- und Entspannungsmöglichkeiten für das Kind* (vgl. ebd., S. 149). Ebenso werden aus Sicht der Eltern (n = 1.583) als der höchste Ertrag des Ganztags für ihre Kinder *viele Kontakte zu anderen Kindern* mit 82,1 % hervorgehoben.

Von den älteren befragten Kindern (3. und 4. Klasse; insgesamt n = 655) an 62 Offenen Ganztagsschulen fühlen sich 63,2 % in den Ganztagsräumen wohl. 71,2 % gaben an, sie hätten *genügend Platz zum Spielen* (vgl. Beher et al., 2007, S. 201). Auffallend ist, dass 91,3 % dieser Kinder (549 Fälle) an Angeboten zu *Sport und Bewegung* teilnehmen, von denen 82,9 % diese Angebote positiv bewerten. Als das zweithöchste Teilnahmeangebot folgen mit weitem Abstand *Kunst, Kreativität, Basteln, Werken* mit einer Teilnahmequote von 49,7 % und einer Zufriedenheit von 80,6 % (vgl. ebd., S. 207).

Diese Ergebnisse aus ersten Studien und andere Erfahrungswerte aus Umfragen an Offenen Ganztagschulen verweisen darauf, dass die BeSS-Angebote im Ganztag einen hervorragenden Stellenwert einnehmen.

Ebenso belegen die anderen genannten punktuellen Befragungen zu den BeSS-Angeboten, dass bei diesen Angeboten der Sportvereine bisher weniger an eine „didaktische Brücke" zum Schulsport gedacht ist und die Verbesserung des Bewegungsstatus von Kindern sowie die Lösung ihrer motorischen Entwicklungsprobleme bei einigen Schulleitungen an Offenen Ganztagsschulen wohl noch mehr im Hintergrund stehen.

17.6 Schulkonzepte für den Ganztag und didaktische Ansätze für die Angebote mit Bewegung, Spiel und Sport

17.6.1 Offene versus Gebundene Ganztagsschule

Wie bereits erwähnt stellt die *Offene Ganztagsschule* heute das in allen Bundesländern am weitesten verbreitete Schulkonzept dar. Es wird jedoch wegen seiner „additiven Struktur" häufig kritisiert. Bemängelt wird vor allem die mangelnde Verknüpfung des vormittäglichen Schulunterrichts mit den nachmittäglichen Angeboten der Kinder- und Jugendhilfe. Auch einige Bewegungspädagogen lehnen dieses Nebeneinander von pädagogischen Perspektiven für den Sportunterricht und Angeboten der Sportvereine unter dem Dach der Schule ab. Sie favorisieren eine *Gebundene Ganztagsschule*, die eine „Rhythmisierung" des Schulalltags mit „Bewegungsbändern" zwischen dem Schulunterricht am Vormittag und dem verbindlichen Unterricht am Nachmittag vorsieht. Das alles liegt in der Hand von Schulsportlehrern, die auch nachmittags entsprechende Angebote in ihrer Schule anbieten. Außerschulische Fachkräfte, z. B. Übungsleiter aus Sportvereinen, können dafür im Rahmen eines gemeinsamen „Arbeitsbündnisses" „inkludiert" werden (vgl. Laging, 2007a, 2008). Offensichtlich wird hier den typischen Vereinsangeboten keine eigene pädagogische Qualität eingeräumt. Gebundene Ganztagsschulen mit rhythmisierten Bewegungsangeboten im Schulalltag finden gegenwärtig im Zuge der „G-8-Entwicklung" mehr Verbreitung, d. h. der Unterrichtsstoff für neun Schuljahre in den Gymnasien wird durch Nachmittagsunterricht auf acht Schuljahre mehr oder weniger komprimiert verteilt, um nach insgesamt zwölf Schuljahren das Abitur zu erlangen. Was hier mit den „Bewegungsbändern" als bewegungsfreundliche Schule dargestellt wird, dürfte jedoch eher eine Kompensation für die erhöhten Sitzstunden in der G-8-Schule darstellen, denn eine nachhaltige Förderung der sozialpädagogischen Aufgaben, die mit BeSS-Angeboten in der Kinder- und Jugendhilfe am Nachmittag angestrebt werden.

Neben den beiden Hauptvarianten (Offene und Gebundene Ganztagsschule) ist die teilgebundene Form noch zu erwähnen. Hier erhalten nur bestimmte Schülergruppen bzw. Klassenverbünde in einer Schule eine nachmittägliche Unterweisung mit Förderunterricht und Hausaufgabenhilfen. In der Regel gehören dazu keine besonderen Sport- oder Bewegungsangebote.

Die Breite der bis heute vorhandenen Ganztagsangebote und die unterschiedlichen Ziele, die als Alternative, Ergänzung oder Vertiefung zum Schulsport damit verbunden sein können, verlangen nach einem Konzept für diese Angebote der Sportvereine und Sportverbände im Ganztag. Dabei ist aber noch die Antwort offen, inwieweit die vormittäglichen Angebote des Sportunterrichts und die nachmittäglichen Angebote der Sportvereine sich als eine gegenseitige Alternative, als eine kooperative Ergänzung oder gar als eine gemeinsame Integration darstellen sollen.

Gegenwärtig muss davon ausgegangen werden, dass sowohl in der praktischen Durchführung von Angeboten an Offenen Ganztagsschulen als auch in der sportdidaktischen Diskussion über diese Angebote alle drei Formen aus unterschiedlichen Gründen und mit verschiedenen Sinnzuschreibungen vertreten werden. Dabei sind gegenwärtig mindestens fünf solcher didaktisch-curricularen Konzepte für BeSS-Angebote im Ganztag in Theorie und Praxis zu unterscheiden.

17.6.2 Additive Konzepte

Das gängigste und am weitesten verbreitete Konzept, nicht nur in NRW, stellt ein additives Konzept von Bewegungsformen und Sportarten dar, wie es in der Rahmenvereinbarung im Bundesland Rheinland-Pfalz (vgl. MSBFJ RLP & Landes-SportBund Rheinlandpfalz [LSB RLP], 2002) auch administrativ vertreten wird. Von A bis Z, von Aerobic bis Zirkus, sollen moderne Trendsportarten und aktuelle Bewegungsformen (z. B. Skaten, Klettern etc.), die keine Entsprechung im vormittäglichen Sportunterricht haben, aber durchaus informell das nachmittägliche Bewegungsverhalten der Kinder bestimmen, mit entsprechenden Kursangeboten in den Ganztag geholt werden. Sie stellen somit eine additive Ergänzung und Bereicherung zu dem vormittäglichen Sportunterricht dar. Dieses Konzept ist in dem *Zwölften Deutschen Kinder- und Jugendbericht* (vgl. BMFSFJ, 2005b) am Beispiel des Stadtsportbundes Duisburg kritisiert worden. Die Kritik lautet:

> Für den organisierten Sport ist diese Form der kontinuierlichen Kooperation mit Schulen relativ neu. Dem erhofften Gewinn steht eine Vielzahl von neuen Anforderungen und Problemen bei der Organisation der Angebote an den Schulen gegenüber. Da für die Durchführung der Kurse an den Schulen überwiegend Honorarkräfte mit jeweils relativ geringem Stundenanteil angestellt werden, sind sehr viele Personen beschäftigt. Dies erschwert nicht nur die Organisation, sondern auch die Zusammenarbeit untereinander und mit den Lehrkräften der Schule. Zu diesen organisatorischen Rahmenbedingungen kommt als weitere Schwierigkeit hinzu, dass Übungsleiter an den Schulen mit anderen Gruppen zu anderen Bedingungen arbeiten als in den Vereinen. Hier besteht ein hoher Bedarf an Fortbildung und Beratung (BMFSFJ, 2005b, S. 515).

Ein weiteres additives Konzept stellt der Versuch dar, ein eigenes didaktisches Konzept für alle BeSS-Angebote der Sportvereine am Nachmittag zu entwickeln, quasi als Ergänzung oder Alternative zu dem jeweils sportdidaktischen Konzept des vormittäglichen Sportunterrichts.

Der LSB NRW hat in den letzten drei Jahren einen solchen didaktischen Kern für die BeSS-Angebote im Ganztag herausgestellt, um eine Orientierungshilfe zu geben und einer pädagogischen Beliebigkeit von Kursangeboten entgegenzuwirken. Es wurde eine Konzeption zwischen „objektiven Bedeutungsdimensionen von Bewegung" und den „subjektiven Interessen der Kinder an Sport" entwickelt, die inhaltlich auf die entsprechenden „acht Handlungsfelder" der Kinder- und Jugendarbeit ausgelegt wurden (vgl. LSB NRW, 2004, S. 12 ff., S. 40 ff. u. S. 49 ff.). Während die vier „Bedeutungsdimensionen der Bewegung" (instrumentell, wahrnehmend-erfahrend, sozial-kommunikativ und personal) sich durchaus mit „Pädagogischen Rahmenvorgaben für den Schulsport" (vgl. Kurz, 2000) überlappen, stellen die vielfältigen „Interessen der Kinder am Sport" eine Sinnperspektive dar, die den (sozialpädagogischen) Aufgaben und Zielen der Kinder- und Jugendhilfe eher entspricht und nicht den „Perspektiven auf den Sport in der Schule" (vgl. ausführlicher Naul,

2005b). Offen bleibt allerdings, in welcher Weise beide Konzeptionen, die für den vormittäglichen Sportunterricht und die für die nachmittäglichen BeSS-Angebote, zueinander finden.

17.6.3 Kooperative Konzepte

Überlegungen zu einem kooperativen Konzept, das Jugendhilfe und Schule und somit beide Angebotsbereiche zu einer gegenseitigen Verknüpfung führen möchte, ist von Neuber (2007a, 2008) mit den Begriffen *Bildung* und *Betreuung* vorgestellt worden. Dabei ist der vormittägliche Sportunterricht auf die „zukunftsgerichteten Entwicklungschancen der Kinder" (ebd., S. 183) gerichtet, während die nachmittäglichen BeSS-Angebote den „gegenwartsorientierten Entfaltungsbedürfnissen der Kinder" (ebd., S. 182) verpflichtet sind:

> Mit der Berücksichtigung gegenwartsorientierter Entfaltungs- und zukunftsgerichteter Entwicklungsmöglichkeiten wird ein pädagogisches Grundthema aufgegriffen. (...) Für die Angebotsstruktur bedeutet das, dass offene und gebundene Formen kombiniert werden müssen (Neuber, 2007a, S. 8).

17.6.4 Integrative Konzepte

Mit dem Begriff *Integration* operieren durchaus verschiedene Konzepte. So versteht Laging (2007a, 2008) für die *Gebundene Ganztagsschule* diesen Begriff als die Integration von „Bewegung und Sport" in den Tagesrhythmus von Ganztagsschulen, um die Unterrichtsstunden und kognitiven Lernprozesse am Vormittag und am Nachmittag mit vielfältigen Bewegungspausen zwischen den Schulstunden und Bewegungsangeboten im Unterricht zu rhythmisieren. Dabei soll das Konzept der *Bewegten Schule* nicht nur die vormittägliche Bewegungserziehung prägen, sondern als integratives Konzept für ganztägige Angebote gelten. Gleichwohl bekennt sich auch Laging zu einer Kooperation zwischen Schule und Sportvereinen, die durch gemeinsame „Arbeitsbündnisse" hergestellt werden sollen. Allerdings spricht er von der *Inklusion* dieser außerschulischen Partner in das Gesamtkonzept der *Bewegten Schule*:

> Übertragen auf die Entwicklung einer bewegungsorientierten Ganztagsschule heißt dies, dass sich Bewegungs- und Sportlehrkräfte sowie auch Lehrkräfte anderer Fächer gemeinsam mit anderen Professionen aus „Bewegung und Sport" (Übungsleiter/innen der Vereine, bewegungskompetente Sozialarbeiter/innen) um die Integration von Bewegungsaktivitäten in das Schulleben und den Unterricht kümmern (Laging, 2008, S. 9).

Offen bleibt jedoch bei dieser Inklusion, ob die angestrebte bewegungsorientierte Ganztagsschule auch eine sportorientierte Ganztagsschule in der Kooperation von Schule und Sportverein sein darf, und inwieweit diese Inklusion auch in der Tat eine

Integration der vielfältigen sportlichen Vereinsarbeit für das angestrebte „Arbeitsbündnis" darstellt.

Ein zweites Konzept, das dafür den Begriff der Integration verwendet, geht von zwei sich gegenseitig ausschließenden Grundsätzen aus, in welchem Verhältnis die Angebote der Offenen Ganztagsschule zum regulären Sportunterricht stehen.
Meines Erachtens dürfen diese Bewegungs-, Spiel- und Sportangebote weder eine reine Verdoppelung der pädagogischen Ziele und Inhalte des vormittäglichen Sportunterrichts darstellen, gleichgültig ob es sich dabei um die *Pädagogischen Perspektiven auf den Schulsport* handelt oder um das Konzept der *Bewegten Schule*, die zeitgleich gestreckt in den Nachmittag verlängert werden sollen. Ebenso wenig darf es sich dabei nur um eine örtliche Verlagerung aller Vereinsaktivitäten und ihrer Ziele unter dem neuen Dach der Ganztagsschule handeln.

Zu begrüßen ist deshalb die 2004 verabschiedete gemeinsame Empfehlung zwischen dem für den Schulsport zuständigen Ministerium in NRW und dem LSB NRW und der SJ NRW, nach einer Integration beider Angebotsformen (vgl. Positionspapier des MSWKS, 2004). Dafür muss jedoch nach einem gemeinsamen „Integrationsschlüssel" für beide Angebotsbereiche gesucht werden, der gegenwartsorientierte „Schlüsselprobleme" (Klafki) in der körperlich-motorischen Entwicklung von Schüler/innen aufgreift und die besonderen strukturellen Möglichkeiten der Ganztagsschule als eine „offene Schule" und zugleich Partner in einem gemeinsamen, kommunalen „Bildungsnetzwerk" nutzt.

17.7 Das integrative Konzept: Ein kommunales Netzwerk für gesundes Lernen

Ein so verstandenes integratives Konzept für die verschiedenen Bewegungs-, Spiel- und Sportangebote im Ganztag muss sowohl den sportpädagogischen Perspektiven für den vormittäglichen Schulsport Rechnung tragen als auch den sozialpädagogischen Vorstellungen der Kinder- und Jugendhilfe im organisierten Sport entsprechen.
Ein gemeinsamer Integrationsschlüssel, der sowohl die zentralen Entwicklungsaufgaben des Schulsports als auch die zentralen Handlungsfelder in der Kinder- und Jugendhilfe umfasst, ist eine alters- und entwicklungsgemäße, ganzheitlich körperlich-motorische Entwicklung von Kindern und Jugendlichen, einschließlich der damit verbundenen sozialen und ethisch-moralischen Erziehungsaufgaben.
Das ist nur durch einen Mix von formellen und informellen, pädagogisch angeleiteten und selbstbestimmten Lern- und Erfahrungsprozessen zu erreichen. Ein gesellschaftlich bedingtes Schlüsselproblem, das heute dieses gelingende Aufwachsen

von Kindern und Jugendlichen beeinträchtigt und zu entsprechenden motorischen, sozialen und kognitiven Begleiterscheinungen führt, denen präventiv vorgebeugt werden muss, ist das Schlüsselproblem *Bewegungsarmut* und *Übergewicht*. Hierbei geht es um ein ganzheitliches Konzept für den zukünftigen Lebensalltag von Kindern und Jugendlichen, nicht nur um „besser essen" und „mehr bewegen". Vielmehr geht es um einen „aktiven Lebensstil" für gesundheitliche, psychosoziale und moralische Verhaltensweisen (vgl. Naul, 2005a). Die sozialen Aufgaben der Kinderhilfe und die pädagogischen Ziele einer motorisch akzentuierten Lernkultur in der Schule finden in einem solchen Bewegungs- und Sportkonzept ihre gemeinsame Synthese. Diese Synthese umfasst Lernen und Üben, Erfahren und Erleben sowie Mitwirken und Handeln aus Sicht der Kinder. Zusammen definiert diese Synthese eine neue Ganzheitlichkeit in der Bildung, für die Betreuung und Hilfe erforderlich sind, um Erziehung im Medium vielfältiger motorischer Lerngelegenheiten zu sichern. Das ist unter den gegenwärtigen familiären, sozialen, schulischen und gesellschaftlichen Erscheinungsformen und Rahmenbedingungen nur noch in einem gemeinsamen Verbund von Elternhaus, Schule, Sportverein und Kommune, also in vernetzten, kommunalen „Bildungslandschaften" möglich (vgl. Naul & Hoffmann, 2007a; LSB NRW & SJ NRW, 2008).

17.8 Qualitätsmerkmale der Bewegungs-, Spiel- und Sportangebote in Offenen Ganztagsschulen

Bei den aktuellen Entwicklungen und konzeptionellen Überlegungen für BeSS-Angebote in Offenen Ganztagsschulen darf die Diskussion über Qualitätsmerkmale und Qualitätskriterien für die Angebote nicht vergessen werden (vgl. Naul, 2006b). Sie sind sowohl für die Ausrichtung und Akzentsetzung der Angebote wichtig (Stichwort: mehr Bewegung) als auch unverzichtbar für die verschiedenen Fort- und Weiterbildungsmaßnahmen (Stichwort: gute Praxis) der im Ganztag tätigen Professionen (vgl. Naul, 2006a, S. 29 ff.).

Als ein zentrales Qualitätskriterium ist die *Orientierungsqualität* zu nennen. Unter der Orientierungsqualität ist die Konzeption zu verstehen, die für die Planung, Struktur und Inhalte der Angebote leitend ist. Eine zentrale Rückfrage, die an die Orientierungsqualität zu stellen ist, lautet z. B.: Welches Schlüsselproblem für die Entwicklung und Erziehung von Kindern und Jugendlichen in unserer Gesellschaft wird aufgegriffen und soll durch die zu planenden Angebote möglichst gelöst werden? Auf die Altersgruppe der Grundschulkinder und den Angebotsbereich *Bewegung, Spiel und Sport* bezogen gilt es heute, ein zentrales Schlüsselproblem ins Visier zu nehmen: *Bewegungsarmut* und *Übergewicht*. Heute haben etwa 50 bis 60 % der Grundschulkinder Haltungsschwächen oder besitzen gar schlimmere motorische Auffälligkeiten. Hinzu kommt das in den letzten 10 bis 15 Jahren europaweit rasant ansteigende Gewichtsproblem der heranwachsenden Generation (vgl. Brettschneider, Naul, Bünemann & Hoffmann, 2006). Die Realisierung der Bewegungs- und Gesundheitsbildung, zwei zentrale Handlungsfelder in der LSB-Konzeption für den Ganztag, muss vor diesem gesellschaftspolitischen Hintergrund zentraler Gradmesser für die Qualität der BeSS-Angebote am Nachmittag sein. Da diese Anforderungen sowohl Teile der pädagogischen Perspektiven im Schulsport, als auch entscheidende Kriterien in der LSB Konzeption widerspiegeln, ist ein gemeinsamer Integrationsschlüssel möglich. Bei der Planung der Angebote ist darauf zu achten, in welcher Weise und in welcher Breite dieses Problem angegangen wird, denn *Übergewicht* ist nicht nur eine Folge von mangelnder Bewegung. Welche gesundheitlichen, motorischen und psychosozialen Merkmale sind mit diesem Schlüsselproblem für Kinder verbunden? Dementsprechend gibt es mindestens drei Bausteine für solche Angebotsformen:

1. Erziehung zu einem gesunden und aktiven Lebensstil
2. Förderung motorischer Grundlagen und Kompetenzen
3. Förderung sozialer und moralischer Werthaltungen

Aus diesen Inhalten ergeben sich ganz wichtige Qualifikationsbausteine im Rahmen einer erweiterten sozialpädagogischen Grundbildung für Übungsleiter und Trainer. Will man die Förderung eines aktiven Lebensstils zu einem besonderen Merkmal für Ganztagsangebote machen, so scheint dies in Anbetracht vorliegender Studien nur über ein „setting approach", d. h. im Rahmen kommunaler Netzwerke zwischen Vertretern von Schule, Verein, Gesundheitsamt und den entsprechenden Amtsbereichen der Kommunalverwaltung erfolgreich zu sein (vgl. Naul & Hoffmann, 2007a, 2007b).

Als ein weiteres wichtiges Qualitätskriterium ist die *Strukturqualität* zu nennen. Was die Strukturqualität betrifft, so müssen die jeweiligen Angebote auf die betreffende Zielgruppe mit ihren Voraussetzungen und Möglichkeiten abgestimmt sein. Inhaltlich ist bei den Angeboten danach zu fragen, ob z. B. bei unserem Thema eine Kopplung von Sport und gesunder Ernährung berücksichtigt wird und für geplante motorische und sportliche Aktivitäten entsprechende Örtlichkeiten, Räumlichkeiten und Materialien zur Verfügung stehen.

Neben der Strukturqualität muss auf eine Passung mit der *Prozessqualität* der Angebote geachtet werden. Hier ist vor allem die Rhythmisierung der Angebote und der verschiedenen Aktivitäten von Bedeutung. Rhythmisierung hieße hier, kognitives und motorisches Lernen nicht hintereinander zu schalten, sondern in einem Spannungsgefüge zu halten, das dem Lebens- und Tagesrhythmus der Kinder entspricht. Ziel muss es sein, über Netzwerke und entsprechende Verzahnungen zu einem täglichen Bewegungsangebot von mindestens 60 Minuten zu kommen.

Ein weiteres Qualitätskriterium stellt in diesem Zusammenhang die *Entwicklungsqualität* dar. Unter Entwicklungsqualität wird die Überprüfung der eigenen Planungsgrundlagen für die Angebote verstanden. Was hat sich gegenüber meiner Ausgangslage in der Zwischenzeit verändert? Habe ich die Voraussetzungen richtig eingeschätzt, ist der Entwicklungs- und Lernverlauf bei den Kindern so schnell oder langsam eingetreten, wie ich es vermutet oder angenommen habe? Ist die Gruppenstruktur noch dieselbe oder welche Veränderungen haben sich ergeben? Wo und wann muss ich heute nach einer gewissen Zeit anders handeln als früher?

Schließlich ist die *Ergebnisqualität*, also die Produktevaluation im weitesten Sinne, zu nennen. Sind die angestrebten Ergebnisse tatsächlich erreicht worden? Hier können Punkte wie Wissen, Einstellung, Fertigkeiten von Schüler/inne/n und Rahmenbedingungen der BeSS-Angebote erfasst werden. Eine solche Überprüfung ist sowohl aus Sicht der Kinder, Übungsleiter, Lehrer und Eltern wichtig, da diese ganz bestimmte Rückmeldungen brauchen und zwar nicht nur über die Einstellung und Einschätzung der Angebote und ihre Akzeptanz, sondern auch im Hinblick auf weiterführende Maßnahmen.

17.9 Ausblick

Was sind in Anbetracht der hier resümierten Entwicklungen zur Offenen Ganztagsschule in den letzten fünf Jahren wichtige Aufgaben und Perspektiven für die Zukunft?

Fünf gleichgewichtige Perspektiven, die teilweise schon angesprochen wurden, sind zu nennen:

1. Der Auf- und Ausbau eines integrativen Konzepts der Partner Schule und Sportverein im Rahmen eines kommunalen Netzwerkes für die verschiedenen Bewegungs-, Spiel- und Sportangebote in der Offenen Ganztagsschule.
2. Die Entwicklung eines kommunalen Netzwerkes aller Partner für Bewegung, Spiel und Sport (Familie, Schule, Sportverein, Kommunalverwaltung u. a. Sportförderer) zur Lösung des Schlüsselproblems *Bewegungsarmut und Übergewicht* mit der Förderung eines gesunden, aktiven Lebensstils von Kindern und Jugendlichen.
3. Die Fort- und Weiterbildung des sozialpädagogischen und sportpädagogischen Personals für gezielte und sich gegenseitig ergänzende Maßnahmen in den Offenen Ganztagsschulen.

4. Die Integration der sozialpädagogischen Aufgaben und Ziele der Kinder- und Jugendhilfe in das modularisierte Lehramtsstudium Sport und Prüfung der Möglichkeiten einer polyvalenten Qualifizierung und Lizenzierung in Zusammenarbeit mit Trägern des organisierten Sports (Landessportbünde, Sportfachverbände).
5. Die Einbindung sportwissenschaftlicher und sportpädagogischer Kompetenzen in ein Verbundsystem der wissenschaftlichen Begleitung und Evaluation für die Entwicklung von Ganztagsschulen unter besonderer Berücksichtigung des bewegungsorientierten und sportbetonten Lernens in kommunalen Bildungslandschaften.

Roland Naul

18 Bewegte Grundschule

18.1 Einleitung

Die *Bewegte Schule* steht seit Mitte der 1990er-Jahre im Zentrum der sportpädagogischen Diskussion. Es gibt kaum einen anderen Bereich der Sportpädagogik, der sich über fast 15 Jahre hinweg einer so uneingeschränkten Aufmerksamkeit sowohl aus fachdidaktischer als auch aus pädagogischer Sicht erfreuen kann.
Fast alle Bundesländer haben Initiativen entwickelt, um mehr Bewegung in die Schule – insbesondere in die Grundschulen – zu bringen. Eine Reihe von Projekten wurden in den vergangenen Jahren zu diesem Thema durchgeführt. Sie alle verbindet das Ziel, das Alltagsleben der Kinder und vor allem ihr Schulleben bewegungsfreundlicher zu gestalten.
Stand zunächst das Sitzen und die Vermeidung einseitiger körperlicher Belastungen im Vordergrund des Interesses, so haben sich die Schwerpunkte inzwischen auf weitere Bereiche verlagert. Im Zentrum steht die Frage nach dem Beitrag von Bewegung zur Unterstützung des Lernens zur Verbesserung des Schulklimas und zur Gestaltung des Schullebens. Die *Bewegte Schule* versteht sich zunehmend als ein Beitrag zur Schulentwicklung und der Profilbildung von Schulen.
Im folgenden Beitrag wird zunächst kurz das Verständnis von einer *Bewegten Schule* geklärt, ihre Ziele werden aufgezeigt und ihre Elemente beschrieben. Danach werden aktuelle empirische Untersuchungen zu ihrer Wirksamkeit und Differenzanalysen diskutiert, um abschließend einen Überblick über Initiativen und Projekte der Bundesländer zur *Bewegten Schule* zu geben.

18.2 Leitidee der „Bewegten Schule"

Die Idee der *Bewegten Schule* entstand aus der Kritik an bewegungs- und körperfeindlichen Strukturen der Schulen, in denen das Sitzen dominierte und die Bedürfnisse des Körpers in ein einziges Unterrichtsfach abgedrängt und auf eine bestimmte Zeiteinheit reduziert wurden (vgl. Breithecker, 1996). Die 1991 in der Schweiz gestartete Informationskampagne „Sitzen als Belastung" führte zu der Initiierung eines länderübergreifenden Projektes *Bewegte Schule* (vgl. Illi, 1998), das in den Folgejahren auch in Deutschland vor allem bei Sportpädagoginnen und -pädagogen auf große Resonanz stieß.
Dabei änderten sich die zunächst eher kompensatorischen Zielsetzungen: Ergonomische Überlegungen zum Thema Sitzen wurden ergänzt und schließlich überlagert durch lernpsychologisch und anthropologisch begründete Konzepte einer *Be-*

wegten Schule, in denen die Fragen nach Lernkultur und Qualität von Schule in den Vordergrund rückten (vgl. Städtler & Abeling, 2008; Hildebrandt-Stramann, 2007b). Die Leitidee der *Bewegten Schule* ist es, Bewegung als einen konstitutiven Bestandteil des Lebens und Lernens in der Schule zu integrieren und dabei den Lebensraum Schule auf möglichst vielfältige Weise einzubeziehen. Dabei geht es nicht allein um eine quantitative Erweiterung der Bewegungszeit der Kinder, sondern auch um eine qualitative Verbesserung der Lernkultur und des gesamten sozialen Systems Schule.

Eine Schule wird sich also dann als *Bewegte Schule* bezeichnen können, wenn Bewegung in der Schule einerseits nach außen sichtbar wird, andererseits aber auch nach innen „gelebt" wird, wenn Kinder selbsttätig lernen und dabei auch ihren Körper und alle Sinne einsetzen können, wenn eine Rhythmisierung des Unterrichts durch Phasen der Ruhe und der Bewegung angestrebt wird, die Räume bewegungsfreundlich gestaltet sind und auch das Schulleben sich durch die Integration von Bewegung zu vielfältigen Anlässen auszeichnet. In einer *Bewegten Schule* gilt es den Fokus auf Körperlichkeit und Sinnlichkeit als Ausgangspunkt für Lernprozesse zu legen und Bewegung als integratives Medium für das soziale Zusammenleben in der Schule zu nutzen.

18.3 Argumente für eine „Bewegte Schule"

Die Begründungen für ein bewegungsorientiertes Schulkonzept sind in der vielfältigen und grundlegenden Bedeutung von Bewegung für die kindliche Entwicklung zu finden. Auf den ersten Blick reicht jedes der folgenden Argumente bereits aus, den Stellenwert von Bewegung – weit über den Sportunterricht hinaus – im Schulkonzept fest zu verankern. Der Sportunterricht ist in einer *Bewegten Schule* nicht überflüssig, sondern er ist ein Kernelement eines bewegten Schullebens und einer bewegten Schulkultur. Die Argumentationen reichen von eher kompensatorischen Überlegungen über lern- und entwicklungstheoretisch begründete Prämissen bis hin zu anthropologisch geprägten Grundannahmen über das Wesen des Menschen.

Thiel, Teubert und Kleindienst-Cachay (2006, S. 13 ff.) unternahmen den Versuch, die Vielzahl der in der Literatur vorfindbaren Begründungsmuster zu kategorisieren und unterschieden *entwicklungs- und lerntheoretische*, *medizinisch-gesundheitswissenschaftliche* und *schulprogrammatische* Dimensionen. Eine vergleichbare, etwas modifizierte und erweiterte Systematisierung der Argumente für eine *Bewegte Schule* liegt der folgenden Einteilung zugrunde.

18.3.1 Kompensatorisch-präventive Begründung

Entsprechend der Genese der *Bewegten Schule* wird in dem zunehmenden Bewegungsmangel unserer Gesellschaft ein Risikofaktor für die kindliche Entwicklung gesehen, den es spätestens in der Institution Schule auszugleichen gilt, dem aber auch vorgebeugt werden soll. Unter dem Aspekt einer veränderten Lebenssituation der Kinder und dem daraus resultierenden Bewegungsmangel im Alltag wird *Bewegte Schule* auch als Mittel gegen die Defizite der heutigen Zivilisationsgesellschaft und der damit einhergehenden gesundheitlichen Gefahren für Kinder gesehen.

Das Konzept der *Bewegten Schule* bietet Chancen dem Bewegungsmangel entgegenzuwirken – oder ihn zumindest nicht durch die eigenen institutionellen Bedingungen noch zu vergrößern.

Auch die Prävention von Unfällen kann unter diesem Aspekt betrachtet werden. Hundeloh (1995, S. 8) hält vielfältige Bewegungserfahrungen für ein „psychomotorisches Sicherheitstraining", das eine sicherheitsbezogene Selbstkompetenz aufbaut.

18.3.2 Gesundheitserzieherische Begründung   *ergonomisches Argument*

In medizinischen Kreisen wird die Idee der *Bewegten Schule* aufgegriffen, da degenerative Erkrankungen des Haltungs- und Bewegungsapparates zunehmen. Diese werden insbesondere auf den Bewegungsmangel in der Kindheit zurückgeführt (vgl. Amberger, 2000). Neben den Defizitanalysen werden jedoch auch gesundheitserzieherische Argumente genannt, die eher einem ressourcenorientierten Ansatz zuzuordnen sind. Danach ist eine *Bewegte Schule* immer auch eine gesunde Schule. Sie stärkt die Befähigung zum Umgang mit Stresssituationen und psychischen Belastungen und trägt dazu bei, einen gesunden Lebensstil auszubilden. Die Verfügbarkeit eines ausreichenden Bewegungsraumes und die Erfüllung elementarer kindlicher Bedürfnisse tragen neben einem guten Schulklima zum Aufbau von Gesundheitsressourcen bei (vgl. Hildebrandt-Stramann, 1999). Es werden weniger die gesundheitlichen Risiken des Alltagslebens von Kindern eruiert, sondern die Chancen, die sich aus der Verbesserung der Unterrichtsqualität für Kinder, aber auch für Lehrerinnen und Lehrer ergeben.

18.3.3 Entwicklungs- und lerntheoretische Begründung   *selbst-*

Die entwicklungstheoretisch geprägte Sicht geht von der Überlegung aus, dass die Selbstständigkeitsentwicklung beim Kind zunächst über den Körper erreicht wird. Bewegung ermöglicht dem Kind, den eigenen Körper und damit auch sich selbst kennen zu lernen, die Erfahrung von Selbstwirksamkeit zu machen und damit die Grundlagen für die Bildung eines positiven Selbstkonzeptes aufzubauen (vgl. Zimmer, 2008d).

Auch unter lernpsychologischen Aspekten wird Bewegung eine unterstützende Funktion zuerkannt: Der handelnde Umgang mit dem Lernstoff stellt die elementare Ebene allen Lernens und Erfahrens dar und muss in der Grundschule an die erste Stelle bei den Vermittlungsformen treten (vgl. Klupsch-Sahlmann, 2001). Als Grundlage jeglichen Lernens wird ein gut funktionierendes Wahrnehmungssystem gesehen. Bewegungs- und handlungsorientierter Unterricht vermittelt Informationen auf mehreren Sinneskanälen, dadurch wird der Unterricht den unterschiedlichen Lerntypen eher gerecht. Inhalte, die über mehrere Sinneskanäle aufgenommen und verarbeitet werden, bleiben auch besser im Gedächtnis haften (vgl. Zimmer, 1996b, 2005, 2007a).

Unter Rückgriff auf neurophysiologische Erkenntnisse stützen sich viele neueren Konzepte der *Bewegten Schule* darauf, dass, infolge einer besseren Durchblutung des Gehirns und der Versorgung mit Sauerstoff und Nährstoffen, sowohl Aufmerksamkeit als auch Konzentration durch Bewegung gesteigert werden können. Bewegung aktiviert das Belohnungssystem im Gehirn. Die ausgeschütteten Hormone heben die Stimmung. Positive Emotionen führen ebenfalls zu einer Erhöhung der Leistungsfähigkeit und -bereitschaft und stärken die Motivation (vgl. Müller, 1999; Müller & Petzold, 2006; Regensburger Projektgruppe, 2001; Kössler, 1999).

18.3.4 Anthropologische Begründung

Anthropologisch orientierte Begründungen berücksichtigen das Potenzial des Sich-Bewegens als Beitrag zur Bildung des Menschen. Bewegung ist eine Form der Weltaneignung und Weltbegegnung und sie dient der Auseinandersetzung mit der sozialen und materialen Umwelt. Hildebrandt-Stramann (1999, S. 13) betont, dass der spielerische Umgang mit den körperlichen Bewegungsmöglichkeiten eine Brücke auf dem Weg zur Wirklichkeit bildet: „Sich bewegen können, durch die Bewegung den Körper erleben, sind wesentliche Schritte in die Selbständigkeit des Kindes." Der Mensch ist ein Bewegungs- und Erfahrungswesen, eine *Bewegte Schule* baut auf der leiblich-sinnlichen Verfassung des Menschen auf. Sie berücksichtigt, dass Kinder über körperlich-sinnliche Erfahrungen einen Zugang zur Welt und zu sich selbst finden. Laging (2007b) betont in diesem Kontext die spezifische Bedeutung von Bewegung, die sich aus dem Bildungsauftrag der Schule ergibt. Er weist hin auf die

> bewegungs- und leibbezogene Auseinandersetzung mit sich stellenden Aufgaben der materialen und sozialen Welt, deren Bewältigung die Kompetenz der Kinder und Jugendlichen im Bewegungskönnen und im Umgang mit den eigenen körperlichen Möglichkeiten verbessern kann (Laging, 2007b, S. 69).

18.4 Elemente einer „Bewegten Schule"

Welches sind nun die idealtypischen Merkmale einer *Bewegten Schule*?
In der Literatur wird in den jeweiligen Konzepten von *Elementen* (vgl. Regensburger Projektgruppe, 2001) oder auch von *Bausteinen* gesprochen (vgl. Klupsch-Sahlmann, 2001, 2007). Müller (1999) systematisiert *Teilbereiche der Bewegungserziehung* und bezeichnet sie als bewegten Unterricht, bewegtes Schulleben, bewegte Pause und Schulsport. Allen Konzepten gemeinsam ist, dass sowohl auf der unterrichtlichen Ebene als auch auf der infrastrukturellen Ebene Erwartungen formuliert werden, wie die Schule zu einem Lern-, Lebens- und Bewegungsraum werden kann.

Auf der unterrichtlichen Ebene werden genannt:

- Bewegtes Lernen in allen Unterrichtsfächern. Hier wird Bewegung als Prinzip des Lernens aufgefasst (vgl. Beigel, 2005), d. h. über Bewegung werden Themen erschlossen, Erkenntnisgewinnung wird unterstützt – wenn z. B. im Sachunterricht physikalische Gesetzmäßigkeiten über Bewegung erfahren und ihre Prinzipien damit besser verstanden werden. Bewegung und Lernen werden nicht als gegensätzlich betrachtet, sondern der Körper wird vielmehr zum „Verbündeten" des Lernens gemacht (vgl. Zimmer, 1996a).
- Rhythmisierung des Unterrichts durch Einbeziehung von Bewegungspausen und Entspannungsübungen. Sie dienen der Auflockerung des Unterrichts, beugen Aufmerksamkeitsdefiziten vor und sollen situativ angemessen in den Unterricht integriert werden. Entspannungsphasen und Ruherituale haben auch die Funktion der Stressregulation und sollen Kindern Möglichkeiten eröffnen, mit belastenden Situationen besser umgehen zu können (vgl. Müller & Petzold, 2006).
- Aktiv-dynamisches Sitzen soll das statisch-passive Stillsitzen (vgl. Breithecker, 1996) ablösen und damit sowohl die Aufmerksamkeit der Schülerinnen und Schüler als auch ihre Körperhaltung positiv beeinflussen. Dabei geht es nicht nur um die Verwendung alternativer Sitzmöglichkeiten, sondern auch um die bewusste Körperwahrnehmung beim Sitzen und die Möglichkeiten ihrer Veränderung der Arbeitshaltungen und den situativen Bedürfnissen entsprechend.

Die außerunterrichtlichen Aktivitäten sollten eine bewegte Pausengestaltung berücksichtigen, Verkehrsflächen und das Schulhofgelände der Schule sollten zur Bewegung einladen, mobile und fest installierte Geräte können das informelle Bewegungsleben der Kinder bereichern.

Auf der infrastrukturellen Ebene sind insbesondere die Raumgestaltung des Klassenzimmers, die Pausenhofgestaltung und die Gestaltung des Schulgebäudes zu berücksichtigen. Sie sollten sich an den Bewegungsbedürfnissen der Kinder orientieren. Kottmann, Küpper und Pack (1997) fordern, dass in einer *Bewegten Schule* neben den traditionellen Bewegungsorten wie Schulhof und Sporthalle auch Räume für Bewegung und Entspannung erschlossen werden, die bisher nicht dafür ausgewiesen waren (z. B. Eingangshallen, Flure, Treppenhäuser). Bei der Klassenraumgestaltung wird variables und somit den individuellen Bedürfnissen der Kinder anpassbares Mobiliar gefordert.

Schließlich gehört zur *Bewegten Schule* auch ein *Bewegtes Schulleben* (Arbeitsgemeinschaften, Schulfeste, Öffentlichkeitsarbeit, Einbeziehung der Eltern). Städtler und Abeling (2008) machen Vorschläge, wie mehr Bewegung in die Schulorganisation gebracht werden kann, durch Schulrituale, ein flexibles Zeitmanagement oder die Vernetzung mit außerschulischen Institutionen.

18.5 Projekte und Studien zur „Bewegten Schule"

Beschäftigt man sich mit dem Konzept der *Bewegten Schule* fallen die vielfältigen Erscheinungsformen auf, in denen der Begriff der *Bewegten Schule* auftaucht. Recherchen auf den Portalen der Bildungsserver der verschiedenen Bundesländer unter dem Suchbegriff *Bewegte Schule* ergeben zwar zahlreiche Hinweise und Links, die sich jedoch meist auf einmalige Kleinprojekte, Fortbildungen und Schulaktionen beziehen. Projekte, die wissenschaftlich begleitet werden oder empirische Untersuchungen sind selten. Thiel et al. (2006, S. 18 f.) betonen, dass die Bereiche Evaluationsstudien und empirische Untersuchungen ein Forschungsdesiderat für den Themenbereich *Bewegte Schule* darstellen. Die aktuellen Veröffentlichungen „Bewegte Schule – Schule bewegt gestalten" von Hildebrandt-Stramann (2007b) und „Bewegung, Spiel und Sport im Schulprogramm und Schulleben" der Wuppertaler Arbeitsgruppe (2008) tragen dazu bei, die Forschungslücken zu füllen.

18.5.1 Tabellarische Übersicht über empirische Studien seit 2000

Die vorliegende Tabelle berücksichtigt Projekte, die folgende Kriterien erfüllen:

- Projekte, die sich auf Schulkonzepte beziehen, in denen sich der Begriff *Bewegte Schule* auf den gesamten Schulbetrieb erstreckt und nicht auf den Sportunterricht eingegrenzt bleibt,
- Projekte, die wissenschaftlich begleitet werden,
- empirische Untersuchungen.

Tab. 18.1. Tabellarische Übersicht über empirische Studien seit 2000

Studie/Autoren	Wesentliche Bezüge	Design	Aktueller Stand/ Ergebnisse
Müller & Petzold (2002)	Bewegte Grundschule	Längsschnittuntersuchung, Versuchs- und Kontrollschulen, Befragung aller Beteiligten (Schüler, Lehrer, Eltern), ausgewählte Testverfahren	Es konnten verbesserte Konzentrationsfähigkeit, anhaltende Schulfreude und ein gutes soziales Klima nachgewiesen werden.
Braunschweiger Arbeitsgruppe (2007)	Bewegte Schulkultur – ein Schulentwicklungsprojekt der Grundschule Rheinring	Potenzialanalyse, Selbsteinschätzungsprofil, Unterrichtsbeobachtung, Interview, Befragung, Tagebuchaufzeichnung, Unterrichtsrezension, inhaltsanalytische Auswertungsverfahren, Körperkoordinationstest für Kinder (KTK), Haltungstest (Matthiass-Test), personenbezogenes Beobachtungsverfahren	Die bewegte Lern- und Unterrichtskultur etabliert sich in den Versuchsklassen. Die Bedeutung der Bewegung für die Schulkultur wird bewusster. Die beteiligten Lehrerinnen entwickelten sich zu aktiven „Lehrer-Forscherinnen".
Pilz (o. Jg.)	Strukturelle Gewalterfahrung in der Schule – eine qualitative Auswertung von Schülerbefragungen	Qualitative Interviews	Durch Bewegungsangebote können aufgestauter Bewegungsdrang und Aggressionen abgebaut werden. Schüler können sich mehr mit ihrer Schule identifizieren und fühlen sich akzeptiert. Es entsteht ein gewaltminderndes Lern- und Sozialklima.
Regensburger Projektgruppe (2001)	Differenzbestimmung und Differenzinterpretation fachdidaktischer Ansprüche und Schulwirklichkeit	Qualitatives Forschungsdesign, Methodentriangulation, Leitfadeninterview, Gruppendiskussion, Kartographische und narrative Dokumentation	Trotz Aufgeschlossenheit gegenüber der Thematik Bewegte Schule wurde an den untersuchten Schulen kaum Initiative ergriffen die fachdidaktischen Aspekte umzusetzen.

Studie/Autoren	Wesentliche Bezüge	Design	Aktueller Stand/ Ergebnisse
Wuppertaler Arbeitsgruppe (2008)	Ansprüche aus Schulprogrammen und bewegte Schulwirklichkeit vergleichen	Differenzstudie, Qualitatives Forschungsdesign	Gesamtanalyse der Untersuchungsschulen zeigt beachtenswerte Differenzen zwischen Anspruch und Wirklichkeit.
Thiel, Teubert & Kleindienst-Cachay (2007)	Erwartungshaltungen von Grundschullehrerinnen und -lehrern bezüglich der *Bewegten Schule*	Regionale, flächendeckende Totalerhebung mit standardisierten Fragebögen	Erwartungshaltungen bezogen sich nicht nur auf körperliche Effekte, sondern vor allem auf die Optimierung von Lernprozessen.
Hildebrandt-Stramann (2007b)	Die Gestaltung einer bewegten Schulkultur – eine Prozessevaluation	Leitfadeninterview, Qualitative Inhaltsanalyse	Die Auswertung ergab eine hohe professionelle und emotionale Akzeptanz des Projektes bei den Lehrkräften.
Kuhn (2007a)	„Was Kinder bewegt" Bewegungs-, Spiel- und Sportwünsche von Kindern	Thematische Kinderzeichnungen, fokussiertes, episodisches Interview am Bild	Es wurden die vielfältigen Vorstellungen, die realistische Einschätzung der Möglichkeiten und Stärken von *Bewegter Schule* und der Wunsch nach Selbstbestimmung deutlich.

Wenn man als Unterteilungskriterium das Forschungsinteresse der vorliegenden Studien anlegt, lassen sich drei Kategorien bilden. Drei der Studien (vgl. Müller & Petzold, 2002; Braunschweiger Arbeitsgruppe, 2007; Pilz, o. Jg.) beschäftigen sich mit der Forschungsfrage, welche Effekte auf das Konzept der *Bewegten Schule* zurückgeführt werden können. Vier Studien (vgl. Regensburger Projektgruppe, 2001; Wuppertaler Arbeitsgruppe, 2008; Thiel et al., 2007; Hildebrandt-Stramann, 2007b) legen den Fokus auf die Umsetzung der Konzeptidee in die Praxis, und die Studie von Kuhn (2007a) beleuchtet die kindliche Perspektive auf das Konzept *Bewegte Schule*.

18.5.2 Effektstudien – was bewirkt „Bewegte Schule"?

Eine Grundschule auf dem Weg zu einer bewegten Schulkultur (Braunschweiger Arbeitsgruppe)

Die Grundschule Rheinring entwickelte vor fünf Jahren ein bewegtes Schulprofil. Die Gestaltung des Innen- und Außenraumes wurde auf den Weg gebracht. Seitdem stagniert der Prozess (vgl. Braunschweiger Arbeitsgruppe, 2007, S. 328).

Das Forschungsprojekt lässt sich in drei Phasen einteilen: Die Bestandsaufnahme, die Projektdurchführung mit wissenschaftlicher Begleitung durch die TU Braunschweig und die Abschlussuntersuchung, die zur Zeit der Veröffentlichung noch nicht durchgeführt worden war.

Bei der Bestandsaufnahme für das Forschungsprojekt wurden die Fragen geklärt, ob bei den Lehrkräften noch die Grundbereitschaft besteht, das Projekt zu unterstützen und mit welchen Inhalten das bewegungsorientierte Programm umgesetzt werden soll. Es wurden eine Potenzialanalyse und ein Selbsteinschätzungsprofil mit einer vierstufigen Einschätzungsskala erstellt, welches auch am Ende der Projektzeit nochmals durchgeführt werden soll.

Bei dem Untersuchungsdesign der wissenschaftlichen Begleitung des Schulentwicklungsprojektes handelt es sich um eine vierjährige Längsschnittstudie, die Schüler und Lehrer über einen Grundschulzyklus hinweg in den vier Inhaltsbereichen (Klassenraum als Bewegungsraum, Verbesserung der Qualität des Lehrens und Lernens, Körper- und Haltungsthemen, tägliche Bewegungszeiten) begleitet (vgl. Braunschweiger Arbeitsgruppe, 2007, S. 329 f.).

Für die ersten drei Inhaltsbereiche werden Unterrichtsbeobachtungen, Interviews, Befragungen, Tagebuchaufzeichnungen, Unterrichtsrezensionen und inhaltsanalytische Auswertungsverfahren eingesetzt. Der vierte Inhaltsbereich wird mit dem Körperkoordinationstest für Kinder (KTK), einem Haltungstest (Matthiass-Test) und personenbezogenen Beobachtungsverfahren begleitet.

Besonders hervorgehoben wird der *iterative Charakter von Aktionsforschung* (vgl. Braunschweiger Arbeitsgruppe, 2007, S. 331), der Lehrer und Schüler genau wie Dozenten im Forschungsprozess als aktiv Mitwirkende einbindet.

Insgesamt verdeutlichen die ersten Zwischenergebnisse der Teilprojekte, dass sich eine *bewegte Lern- und Unterrichtskultur* in den Versuchsklassen etabliert hat und die Lehrer und Schüler um die Bedeutung der Bewegung für ihre Schulkultur wissen. Die beteiligten Lehrerinnen haben sich „zu aktiven ‚Lehrer-Forschern' entwickelt, die einige der [...] Methoden regelmäßig zur Überprüfung der Wirksamkeit ihrer didaktischen und methodischen Maßnahmen einsetzen" (Braunschweiger Arbeitsgruppe, 2007, S. 355).

Bewegte Grundschule (Müller)

Die Veröffentlichungen von Müller (2007) und Müller und Petzold (2002, 2003) bieten einen Einblick in die umfassende Arbeit der Forschungsgruppe *Bewegte Schule* der Universität Leipzig und der TU Dresden. Sie beschäftigen sich seit 1996 mit Konzeptentwicklung und wissenschaftlicher Begleitung von Grundschulen und seit 2000 auch von weiterführenden Schulen. Die wissenschaftliche Begleitung orientiert sich an der Fragestellung nach den Wirkungen des Konzeptes auf die Beteiligten der *Bewegten Schule* (vgl. ebd., S. 101 f).

Die Längsschnittuntersuchung von 1996 bis 2000 fand an vier Versuchs- und drei Kontrollschulen statt. Der Forschungsansatz integriert formative und summative Evaluationsformen. Es wurden die Endprodukte (Output) bewertet, aber auch die Entwicklungsprozesse waren für die Beurteilung der Konzeption von zentraler Bedeutung.

Die Ergebnisse zeigen, dass das Konzept *Bewegte Schule* der Versuchsschulen insgesamt positive Wirkungen auf die Schulleistung der Schüler hervorrief. Es konnten, nach Befragung aller Beteiligten (Schüler, Lehrer, Eltern) und dem Einsatz ausgewählter Testverfahren positive Effekte gemessen werden. Die Stärken eines bewegten Schulkonzeptes liegen in der Entwicklung und Unterstützung der sozialen Kompetenzen der Kinder. Verminderte Aggressionen, hohe Kontaktbereitschaft, mehr Hilfsbereitschaft und ein verbessertes soziales Klima konnten am Ende des Projektes festgestellt werden (vgl. Müller & Petzold, 2003, S. 103). Die Ergebnisse der motorischen Testverfahren verdeutlichen die signifikant verbesserten koordinativen Fähigkeiten der „Versuchskinder", wobei es im Bereich der konditionellen Fähigkeiten zu keinen nachweisbaren Effekten kam (vgl. ebd., S. 105). Die Entwicklung der Konzentrationsfähigkeit zeigte signifikant verschiedene Mittelwerte der „Versuchs- und Kontrollschüler". Die Kinder an den *Bewegten Schulen* arbeiteten schneller, ohne dass hierunter die Sorgfalt litt (vgl. ebd., S. 104). Die Ergebnisse zu den motorischen Fähigkeiten und sozialen Kompetenzen werden durch eine Effektstudie von Ungerer-Röhrich und Beckmann (2002) bestätigt, die ähnlich positive Effekte nachweisen konnten. Die Aussagen über die Steigerung der Konzentrationsfähigkeit werden durch die Studie von Wamser und Leyk (2003) gestützt, deren empirische Untersuchung an weiterführenden Schulen auch den signifikanten Anstieg der Konzentrationsfähigkeit in bewegtem Unterricht nachweisen konnte (vgl. ebd., S. 110).

Strukturelle Gewalterfahrung in der Schule – eine Qualitative Auswertung von Schülerbefragungen (Pilz)

Die Studie von Pilz (o. Jg.) beschäftigt sich mit der strukturellen Gewalterfahrung von Schülern an ihrer Schule. Dafür wurden Schüler aus Schulen befragt, denen unterschiedliche Schulkonzepte zugrunde liegen. In diesem Beitrag wird das Augenmerk auf die Teilergebnisse[1] der Studie gelegt, die die Aussagen von Schülern einer lebendigen Schulform dokumentieren. Die lebendige Schulform basiert auf dem Konzept der *Bewegten Schule*.

Durch die Schülerbefragungen ist deutlich geworden, dass eine

> lebendige Schule zum einen über entsprechende Bewegungsangebote aufgestauten Bewegungsdrang und Aggressionen abbauen kann, zum anderen für Schüler attraktiver, interessanter ist und Schülern somit auch mehr Möglichkeiten gibt, sich mit ihrer Schule zu identifizieren und sich ernst genommen, akzeptiert zu fühlen, was im Sinne der Schaffung eines positiven, gewaltmindernden Lern- und Sozialklimas unverzichtbar ist (Pilz, o. Jg.).

18.5.3 Differenzstudien und Prozessevaluation – die Umsetzung der Konzeptidee

Bewegte Schule – Anspruch und Wirklichkeit – eine Differenzbestimmung (Regensburger Projektgruppe)

Das Forschungsinteresse der Regensburger Projektgruppe orientiert sich an dem Problem, dass Ansprüche der fachdidaktischen Ebene auf der Ebene der Schulwirklichkeit scheinbar verloren gehen. Sie erarbeiten mit qualitativen Untersuchungsmethoden eine Differenzbestimmung zwischen „Anspruch und Wirklichkeit" (vgl. Regensburger Projektgruppe, 2001, S. 11). Ausgangspunkt der Untersuchung ist die Zusammenstellung der Ansprüche in Form von fachdidaktischen Entwürfen und landesweiter Initiativen. Die Rekonstruktion, in konstruktivistischem Sinne, der Wirklichkeit erfolgt durch Schulporträts, Pausenhofbeobachtungen, Lehrerinterviews und Schülergespräche (vgl. ebd., S. 12). Die Zusammenführung der Untersuchungsergebnisse

> ermöglichen sodann, potenzielle Differenzen zwischen Anspruch und Wirklichkeit zu bestimmen und Formen eines angemessenen Umgangs mit solchen Differenzen, vom Aushalten über die Reduzierung von Ansprüchen bis zur Verbesserung der Schulwirklichkeit, reflexiv zu entwickeln (Regensburger Projektgruppe, 2001, S. 12).

Die Ergebnisse der Zwischenbilanz nach den Untersuchungen der Wirklichkeit fallen ernüchternd aus. So bleibt die Einsicht, „dass sich an den untersuchten Schulen insgesamt noch sehr wenig bewegt und trotz einer gewissen Aufgeschlossenheit für die Thematik kaum Initiative ergriffen wird" (Regensburger Projektgruppe, 2001, S. 188 f.). Im Fazit nehmen die Autoren den Standpunkt ein, dass in Abhängigkeit von Schulform, Engagement der Lehrerkräfte und Alter der Schüler die Differenzen

---

[1] Die Veröffentlichung der Ergebnisse der Studie ist einsehbar unter http://www.sportwiss.uni-hannover.de/start/Forschung/Online-Publikationen.

unterschiedlich ausgeprägt sind und nur teilweise ausgeglichen werden können (vgl. Regensburger Projektgruppe, 2001, S. 189).
Die Autoren betonen aber auch, dass die Aussagen und Ergebnisse der Studie nicht verallgemeinert werden dürfen, da sie Tendenzen einer Einschätzung der *Bewegten Schule* beschreiben und es sich im wissenschaftstheoretischen Sinne dabei um Hypothesen handelt. Diese könnten nun anhand von quantitativen Untersuchungen geprüft werden (vgl. Regensburger Projektgruppe, 2001, S. 189).

Bewegung, Spiel und Sport im Schulprogramm und Schulleben – eine Differenzstudie (Wuppertaler Arbeitsgruppe)
Das Ziel des Forschungsprojektes *Bewegung, Spiel und Sport im Schulprogramm und Schulleben* ist es „Ansprüche aus Schulprogrammen und Sichtweisen auf bewegte Schulwirklichkeit gegeneinander zu halten" (Balz & Bindel, 2007, S. 305).
Die qualitative Untersuchung beinhaltet zwei Hauptphasen. Im ersten Schritt wurden 57 Schulprogramme auf ihre schulspezifischen Ansprüche hin analysiert und, zweitens, die Umsetzung der Ansprüche durch Interviews, Gruppendiskussionen und Schulporträts untersucht. Das Projekt unterteilte sich in zwei Teilprojekte, in denen interessierte Schulen ohne begleitende Unterstützung und Schulen mit Unterstützung durch externe Moderatoren und schulinterne Koordinatoren untersucht wurden (vgl. Wuppertaler Arbeitsgruppe, 2008, S. 169).
Das Design der Differenzstudie bestand aus einem zehnstufigen Ablaufplan. Zunächst wurden die Ansprüche recherchiert, präzisiert und kategorisiert, dann die Wirklichkeit erfasst, die Ergebnisse verarbeitet und ausgewertet, um anschließend die Differenzen zwischen Anspruch und Wirklichkeit zu bestimmen, zu verstehen und zu handhaben – dies bedeutet im Sinne einer evaluativen Untersuchung eine Empfehlung auszusprechen.
Im Fazit der Untersuchung beschreiben die Autoren, dass

> die bewegte Schule gegenüber früheren Untersuchungsergebnissen [...] einerseits in der schulischen Transformation von Ansprüchen und deren Umsetzungen durchaus – auch in weiterführenden Schulen – ein Stück vorangekommen ist, andererseits auf Grund zunehmender schulischer Belastungen und thematischer Ermüdungserscheinungen ins Stocken gerät (Wuppertaler Arbeitsgruppe, 2008, S. 169).

Die Ergebnisse der Gegenüberstellung begleiteter und nicht begleiteter Schulen zeigen wider Erwarten, dass auch die begleiteten Schulen Probleme mit der Durchführung des Schulprogramms *Bewegte Schule* haben und aufgrund vielfältiger Alltagsbelastungen nur bedingt die Chance ergreifen können, Qualitätsverbesserungen des Lernens durch Bewegung zu erlangen (vgl. Wuppertaler Arbeitsgruppe, 2008, S. 170).

Erwartungshaltungen von Grundschullehrerinnen und -lehrern bezüglich der Bewegten Schule (Thiel, Teubert & Kleindienst-Cachay)
Die Untersuchung von Thiel et al. (2007) setzt die Erwartungshaltungen von Grundschullehrerinnen und -lehrern in den Mittelpunkt ihrer Fragestellung, da Lehrkräfte eine zentrale Position bei der Umsetzung von theoretischen Konzepten in die Schulwirklichkeit einnehmen.
Das Forschungsinteresse liegt in den Fragen: Was erwarten Lehrerinnen und Lehrer von der Integration von Bewegung in der Schule? Und was bietet ihrer Meinung nach der schulische Sportunterricht im Zusammenhang mit diesen Erwartungen (vgl. Thiel et al., 2007, S. 318)?
Um diese Fragen zu beantworten, greifen die Autoren auf die Daten der 2002 veröffentlichten Analyse *Bewegte Schule in der Praxis* (Thiel et al., 2006) zurück. Hierbei handelt es sich um eine regionale, flächendeckende Totalerhebung mit standardisierten Fragebögen, die an 57 Grundschulen in zwei Städten Nordrhein-Westfalens durchgeführt wurde.
Die Ergebnisse der Studie zeigen, dass durch die Integration von Bewegung in den Schulalltag Grundschullehrerinnen und -lehrer keinesfalls nur körperbezogene Veränderungen erwarten. Im Vordergrund steht die Optimierung von Lernprozessen durch den Spannungs- und Aggressionsausgleich und durch eine ganzheitliche Förderung der Lernprozesse durch Bewegung. Der Förderung eines positiven Selbstkonzeptes durch Bewegung stehen die Befragten skeptisch gegenüber und nur eine mittelmäßige Bedeutung schreiben die Lehrerinnen und Lehrer der Verhinderung von Unfällen zu (vgl. Thiel et al., 2007, S. 321). Der Sportunterricht alleine reicht nach Ansicht der Befragten in keinem Fall aus, „um die positiven Funktionen, die der in den Schulalltag integrierten Bewegung [...] auf das Lernen zugeschrieben werden, zu erfüllen" (ebd., S. 324).

Die Gestaltung einer bewegten Schulkultur – eine Prozessevaluation (Hildebrandt-Stramann)
Die Entwicklung der Liobaschule in den letzten zehn Jahren wird von Hildebrandt-Stramann (2007b, S. 358) als ein „Prozess einer bewegungspädagogisch begründeten Schulentwicklung" beschrieben. Die wissenschaftliche Begleitung wurde 2002 mit einem Leitfadeninterview und mit Gruppengesprächen in der Projektgruppe beendet. Im Mittelpunkt stand die Frage, wie die beteiligten Lehrkräfte den Entwicklungsweg hin zu einer bewegten Schulkultur einschätzen (vgl. ebd., S. 358). Das Interview bestand aus sechs Fragen, die sich mit der retrospektiven Sicht der Einstiegsmotivation, dem Projektverlauf und der Bedeutung von Bewegung für den Lernprozess von Kindern und für die Gestaltung von Schule im Ganzen beschäftigten.

Die inhaltsanalytische Auswertung der Leitfadeninterviews ergab eine hohe professionelle und emotionale Akzeptanz des Projektes. Auf der professionellen Ebene profitierten die Lehrkräfte von fachlichem Wissen, erzieherischer Praxis und neuen Planungs- und Analysemethoden. Die Bedeutung von Bewegung für die kindliche Entwicklung und der Stellenwert von Bewegung für die Schule im Ganzen wurde als neuer Kompetenzbereich von den Lehrkräften beschrieben, der vorher nicht oder kaum vorhanden war. Aus der eigenen Zufriedenheit mit dem Unterricht und der Zusammenarbeit mit den Schülern ergab sich die hohe emotionale Akzeptanz des Projektes (vgl. Hildebrandt-Stramann, 2007b, S. 369 f.).

18.5.4 Die kindliche Perspektive auf „Bewegte Schule" – ein qualitativer Ansatz

„Was Kinder bewegt" – Bewegungs-, Spiel- und Sportwünsche von Kindern (Kuhn)
Das Ziel der Studie von Kuhn (2007a) war es herauszufinden, wie die kindliche Perspektive auf eine *Bewegte Schule* aussieht. Welche Möglichkeiten im Zusammenhang mit Bewegung, Spiel und Sport präferieren die Kinder? Und lassen sich Hierarchien in ihren Vorstellungen erkennen (vgl. ebd., S. 384)?
Die qualitative Methodenkombination beinhaltet thematische Kinderzeichnungen und fokussierte, episodische Interviews am Bild. Unterstützt durch eine Rahmengeschichte sollten die Kinder zeichnen, wie sie ihr Klassenzimmer, den Pausenhof und den Sportunterricht gestalten würden.
Die Auswertungen der Bilder und Interviews zeigen vielfältige Vorstellungen, die sich in gesundheitsorientierte Bewegungsaktivitäten, Ballspiele, Turnübungen, bewegte Unterrichtsaktivität, soziale Wünsche, Entspannungsangebote, Klettern, Schaukeln etc. kategorisieren lassen. Im Überblick wird deutlich, dass die Kinder die Möglichkeiten einer *Bewegten Schule* realistisch einschätzen, den Zusammenhang zwischen Lernen und Spiel sehen und die Abwechslung zwischen Ruhe und Bewegung sinnvoll finden würden (vgl. Kuhn, 2007a, S. 396). Auffallend war auch, dass sich das Thema *Selbstbestimmung* wie ein roter Faden durch alle Interviews zog (vgl. ebd., S. 398).

18.6 Länderspezifische Initiativen zur „Bewegten Schule"

Mit dem Ziel, den aktuellen Stand der wissenschaftlichen Untersuchungen, Projekte und Fortbildungsmaßnahmen in Deutschland zu erfassen, wurden die Kultusministerien der Länder schriftlich um entsprechende Informationen gebeten. Zusätzlich wurden Internet- und Literaturrecherchen durchgeführt.
Das folgende Kapitel beinhaltet eine Übersicht, die aus den Informationen der Kultusministerien und Internetrecherchen besteht. Die Ergebnisse der Literaturrecher-

che sind Inhalt des letzten Kapitels. Leider war nicht bei allen Bundesländern Informationsmaterial zugänglich. So bleibt unklar, ob z. B. in Berlin, Bremen und Mecklenburg-Vorpommern das Konzept der *Bewegten Schule* keinen Eingang gefunden hat oder der Informationsaustausch nicht erfolgreich war.

18.6.1 Baden-Württemberg

In Baden-Württemberg startete 2000/01 eine Pilotstudie *Grundschule mit sport- und bewegungserzieherischem Schwerpunkt* in fünf Schulen. Die Evaluation, für die ein Untersucherteam der Universität Karlsruhe verantwortlich ist, zeigte u. a., dass das Klima in den bewegungsfreundlichen Schulen besser ist als in den Vergleichsschulen, dass sich die motorische Leistungsfähigkeit der Kinder gegen den Trend verbessert und die Aggressionen zwischen den Schülerinnen und Schülern deutlich zurückging. Als weiteres Ergebnis zeigte sich, dass mehr Bewegung zu weniger Unfällen führt. Die positiven Ergebnisse überzeugten und führten zu dem landesweiten Projekt *Grundschule mit sport- und bewegungserzieherischem Schwerpunkt* (GSB- Schulen; vgl. Clement & Seitz, o. Jg.).

Das Landesinstitut für Schulsport übernahm bei der flächendeckenden Einführung und Koordination des Projektes die Leitung und wurde durch die Stiftung „Sport in der Schule" und die AOK Baden-Württemberg unterstützt, indem diese den Schulen Schulaktionstage, Fortbildungen und die Herausgabe von Informationsbroschüren ermöglichten. Der Bildungsplan 2004 sah vor, das Programm flächendeckend auszubauen; mittlerweile beteiligen sich mehr als 600 Schulen in Baden-Württemberg daran. Als weitere, unterstützende Maßnahmen wurden die im Rahmen des Fortbildungsprogramms Sport für 2006/07 zu vergebenden Anrechnungsstunden gezielt an die flächendeckende Einführung der GSB-Schulen gebunden. Die Wissenschaftliche Begleitung wird weiterhin vom Schulsportforschungszentrum (FoSS) der Universität Karlsruhe und vom Sportinstitut der Universität Konstanz durchgeführt. Im Bereich der weiterführenden Schulen beschäftigt sich, auf der Ebene der Regierungspräsidien, die Arbeitsgruppe *Bewegte Schule* mit dem Thema *Bewegtes Lernen* und konzipiert zur Zeit Lehrerfortbildungen für diesen Themenbereich.

18.6.2 Bayern

Im Schuljahr 1997/98 wurden umfangreiche Materialien zur *Bewegten Grundschule* und zum Schuljahr 2000/01 zur *Bewegten Schule* allen hauptamtlichen Lehrkräften der bayerischen Grund- und Hauptschulen, Gymnasien, Realschulen und Wirtschaftsschulen kostenlos zur Verfügung gestellt. Darüber hinaus erfolgte im Schuljahr 2002/03 im Rahmen der Staatlichen Lehrerfortbildung eine Multiplikatorenschulung, um Experten der Initiativen *Bewegte Grundschule* und *Bewegte Schule* auszubilden, die dann von den einzelnen Schulen (z. B. für Informationsveranstaltungen, Pädagogische Tage, Sportelternabende) angefordert werden können (vgl. Bayerisches Staatsministerium für Unterricht und Kultus, o. Jg.).

18.6.3 Hamburg

Die Initiativen zur *Bewegten Schule* werden im Bundesland Hamburg im Rahmen der Selbstverantworteten Schule unterstützt. Entscheiden sich Schulen für die Schwerpunktsetzung *Bewegte Schule*, bekommen sie Hilfestellungen angeboten, wie Bewegung als integrales und wesentliches Element schulischen Lernens und Lebens akzentuiert werden kann. Es werden zudem Vernetzungsprozesse der Schulen untereinander initiiert, um den Austausch von Erfahrungswerten zu fördern. In Form von thematischen Tagungen, Fortbildungsmaßnahmen, Handreichungen und Materialien werden die Schulen in der qualitativen Vertiefung des Projektprozesses begleitet. Zur Hilfe der sportbezogenen Profilbildung vergibt die Behörde für Bildung und Sport das Prädikat *Bewegte Schule*, das bisher sechs Schulen in Hamburg erhalten haben (vgl. Behörde für Bildung und Sport, Hamburg, o. Jg.).

18.6.4 Hessen

Vielfältige Ansätze zum Konzept der *Bewegten Schule* liegen in Hessen vor. Spezifische Informationen zu den Themenbereichen Wahrnehmung und Bewegung sind auf den Internetseiten des Hessischen Kultusministeriums (o. Jg.) zu finden.
Um Bewegung und Wahrnehmung in den täglichen Unterricht einzubinden, werden Lehrerfortbildungen wie „Beweg dich, Schule!" oder fächerübergreifende Angebote für die Grundschule unter dem Motto „Sitzen und Bewegen" eingeführt. Ziel und Inhalte der Fortbildungsangebote sind, den Einfluss von Wahrnehmung und Bewegung zu verdeutlichen, aktuelle Erkenntnisse aus der Neurophysiologie in Unterrichtsgestaltung und Lernprozesse einfließen zu lassen, Praxisanregungen für den Fachunterricht zu entwickeln und Bewegungspausen und Entspannungsangebote in den Schulalltag zu integrieren. Hierzu werden regelmäßig Informationstage für Schüler, Eltern und Lehrer durchgeführt, um mit allen Beteiligten ins Gespräch zu kommen und die Inhalte der *Bewegten Schule* zu transportieren.
Zudem laufen in Hessen unterschiedliche Projekte zu diesem Themenbereich. So ist es beispielsweise die Zielsetzung des Projektes „Schnecke – Bildung braucht Gesundheit", Hörschäden vorzubeugen und Seh- und Gleichgewichtsschwierigkeiten präventiv zu begegnen, um optimales Lernen und Leisten zu ermöglichen. Es geht um das Erkennen und Vermeiden von Wahrnehmungsauffälligkeiten und daraus resultierenden Verhaltensauffälligkeiten. Dabei wird darauf geachtet, dass Bewegung im Unterricht eine zentrale Rolle spielt und die Lernumgebung der Kinder „sinnefreundlich" gestaltet wird. Die Evaluationsergebnisse der 2007 durchgeführ-

ten Untersuchung zeigen, dass es deutliche Zusammenhänge zwischen den Schulleistungen und Beeinträchtigungen der Sinnesorgane gibt und schon kleine Beeinträchtigungen zu signifikant schlechteren Schulnoten führen (vgl. Silberzahn & Hoffmann, o. Jg.).

Ein weiteres Projekt ist die Einführung der Motopädagogik an Schulen. Hierbei handelt es sich um ein motopädagogisches Nachmittagsangebot für alle Schulformen und Altersklassen. Die Schwerpunkte des Angebotes liegen auf der Körper-, Material- und Sozialerfahrung. Die Schülerinnen und Schüler lernen die Umwelt im wahrsten Sinne des Wortes zu begreifen. Ziel ist der Aufbau einer umfassenden Handlungskompetenz und eines höheren Maßes an Selbsteinschätzung und Selbstvertrauen. Die Motopädagogikstunden werden am Nachmittag angeboten und in der Regel ein Jahr besucht.

Bei dem Projekt „Mir nach! – Aktion Lernen und Bewegen" steht der gesunde und sichere Schulweg im Vordergrund. Durch die Unterstützung, den Schulweg zu Fuß zurückzulegen, sollen Bewegungs- und Wahrnehmungserfahrungen an der frischen Luft gemacht werden und die Kommunikation und Interaktion der Kinder untereinander auf dem Schulweg unterstützt werden.

18.6.5 Niedersachsen

In dem Projekt „FitnessLandkarte" wurde 2005/06 erstmals eine Bestandsaufnahme des Bewegungsstatus im gesamten Bundesland gemacht (vgl. Niedersächsisches Kultusministerium, o. Jg.b). Aufgrund der Ergebnisse der Studie entwickelte das niedersächsische Kultusministerium in Kooperation mit dem Landessportbund den Aktionsplan „Lernen braucht Bewegung" für die Jahre 2007 bis 2010. Unter den insgesamt neun Modulen beschäftigt sich Modul Nr. 5 („Bewegte Kinder – Schlaue Köpfe") insbesondere mit der schulsportübergreifenden Umsetzung von Bewegung in Schule und Alltag.

Bei „Bewegte Schule Online" handelt es sich um ein Länderprojekt, das sich zur Aufgabe gemacht hat, ganzheitliches Lernen zu fördern, Schulleben zu gestalten und Schulentwicklung zu fördern. Bei dem Projekt sollen die Ziele des Multimedia- und Internet-Aktionsprogramms „n-21" und die des Projekts „Niedersachsen macht Schule" durch *Bewegte Schule* miteinander verbunden werden. Durch den Auf- und Ausbau der multimedialen Arbeitsumgebung sollen das Lernen voneinander und das Lernen miteinander gefördert und vertieft, sowie die zukunftsweisenden Möglichkeiten der praktischen Nutzung von Multimedia und Internet erprobt werden.

Im ersten Schritt wurde eine Informationsbörse zu Themen wie z. B. Bewegter Unterricht, Arbeitsplatz Schule – ergonomische Einrichtung von Klassenzimmern, Schulhofgestaltung, Lehrer- und Schülergesundheit, Rhythmisierung des Schultages und Schulprogrammentwicklung aufgebaut. Als Projektziele wurden folgende Punkte formuliert:

- Stärkung der Kolleginnen, Kollegen, Eltern und anderer Verantwortlicher, die sich für mehr Bewegung im System Schule einsetzen wollen (50 Aktionstage jährlich: „Bewegte Kinder – Schlaue Köpfe" im Zuge des Aktionsplans des Niedersächsischen Kultusministeriums „Lernen braucht Bewegung – Niedersachsen setzt Akzente"),
- kontinuierlicher Aufbau einer aktuellen Info-Börse „Aus der Praxis – für die Praxis",
- Unterstützung von Schulen bei der Schulprogrammentwicklung unter dem Aspekt der „Bewegten und Gesunden Schule",
- Konzeptentwicklung zur bewegungs-, gesundheits- und lernfördernden Gestaltung des Lern- und Lebensraums Schule vorantreiben,
- Implementierung der Idee der „Bewegten und Gesunden Schule" in die Schulqualitätsentwicklung,
- Akzeptanz der Idee der „Bewegten und Gesunden Schule" in der Öffentlichkeit erhöhen,
- Vernetzung unterschiedlicher Institutionen und Interessenvertreter im Themenfeld Bewegung und Gesundheit (vgl. Niedersächsisches Kultusministerium, o. Jg.a).

Beispielhaft für eine gut gelingende Umsetzung des Konzeptes der *Bewegten Schule* ist die Fridtjof-Nansen-Schule in Hannover (vgl. Fridtjof-Nansen-Schule, o. Jg.). Die Schulleitung betont:

> Schule in Bewegung bringen heißt für uns, Schule verändern durch kind-, lehrer- und elterngerechte Rhythmisierung des Unterrichts, durch bewegtes und selbsttätiges Lernen, durch bewegte Pausen, durch bewegte und beteiligende Organisationsstrukturen, durch Öffnung der Schule nach außen, durch vernetztes Denken (Städtler & Abeling, 2008, S. 42).

18.6.6 Nordrhein-Westfalen (NRW)

Auf der politischen Ebene wird im Schuljahr 2007/08 zum dritten Mal die Landesauszeichnung „Bewegungsfreudige Schule NRW" ausgeschrieben. Ziel ist es, bewegungsfreudige Schulen und weitere Schulen, die sich auf einem erfolgsversprechenden Weg zu einer bewegungsfreudigen Schule befinden, auszuzeichnen (MSW NRW, o. Jg.).

Bei dem Projekt „Die tägliche Sportstunde" handelt es sich um ein wissenschaftlich begleitetes Pilotprojekt, das über einen Grundschulzyklus (2004-2008) am Institut für Sport und Sportwissenschaft der Universität Dortmund durchgeführt wird.

Das Projekt ist als Längsschnittuntersuchung angelegt, daran sind 25 Grundschulen in NRW beteiligt. Mit Beginn des Schuljahres 2004/05 wurde die „Tägliche Sportstunde" eingeführt und wird mit dem Schuljahr 2008/09 enden. Zu den 25 Grundschulen kommen zwei Grundschulen hinzu, die im Sinne von Vergleichsschulen keinerlei Veränderung ihres normalen Organisationsablaufs vornehmen. Bei acht der 25 Grundschulen werden in einem engeren Verständnis von wissenschaftlicher Begleitung Evaluationsuntersuchungen durchgeführt, die Übrigen können im Rahmen von Selbstevaluationsmaßnahmen auf Teile des methodischen Inventars zurückgreifen (vgl. Technische Universität Dortmund, o. Jg.).

Weitere Maßnahmen, die zu einer bewegungsfreudigen Schule in NRW beitragen sollen, sind Angebote der offenen Ganztagsschule, die grundlegend bewegungsorientiert ausgerichtet sein sollen, und die Mitwirkung von Eltern an einer bewegungsfreundlichen Schule.

18.6.7 Rheinland-Pfalz

In Rheinland-Pfalz wurde ein Modellversuch „Die tägliche Sportstunde" an der Grundschule Daun durchgeführt. Die wissenschaftliche Begleitung erfolgt durch die Universität Karlsruhe. Das Projekt wurde in den Schuljahren 2003/04 bis 2006/07 durchgeführt. Das Untersuchungsdesign umfasste eine Längsschnittstudie mit Kontroll- und Interventionsgruppe, welche die gesamte Grundschulzeit begleitet wurden. Zur Datengewinnung wurden Elternfragebogen, Aktivitätsfragebogen, Allgemeiner Sportmotorischer Test (AST 6-11), Konzentrationstest d2, Intelligenztest CFT1 und Allgemeiner Schulleistungstest eingesetzt. Die Ergebnisse des Modellversuchs belegen[2]

> positive Effekte auf die motorische Leistungsfähigkeit sowie die Reduktion von Aggression und die Verminderung von Sportunfällen. Ebenso konnten bereits positive Auswirkungen auf Elterneinstellung und Schulklima gezeigt werden.
> Es zeigte sich, dass bei der motorischen Leistungsfähigkeit die Mittelwerte der Modellklasse (MK) zu fast allen Testzeitpunkten signifikant höher sind als die Werte der Kinder der Kontrollklasse (KK). Keine stärkere Verbesserung der MK lässt sich im Bereich der Intelligenz aufweisen. Das Ergebnis der allgemeinen Schulleistung zeigt beim Projektabschluss ein besseres Resultat zugunsten der MK. Bei den Verbesserungen von Motorik, Konzentration, Intelligenz und Schulleistungen zeigen sich durchweg Trends zugunsten der MK. Auch die Einschätzung der Eltern und Lehrkräfte der Grundschule zur Akzeptanz der täglichen Sportstunde und zu den beobachteten Veränderungen der Schüler bestätigen dieses positive Ergebnis. Insgesamt wird das Modell „täglicher Schulsport in der Grundschule und in der Ganztagsschule" sowohl aus

---

[2] Die Aussagen über die Ergebnisse des Modellversuchs sind aus der persönlichen Auswertung des Abschlussberichtes entnommen und wurden von Herrn Lamberts, z. Zt. Aufsichts- und Dienstleistungsdirektion Trier und ehemaliger Schulleiter der Grundschule Daun, freundlicherweise zur Verfügung gestellt.

der Sicht der empirischen Befunde als auch von den Lehrern und Eltern sehr positiv beurteilt.

18.6.8 Saarland

Der Schwerpunkt im Saarland bezüglich der *Bewegten Schule* liegt im Fort- und Weiterbildungsbereich der Lehrkräfte, denen umfassende Arbeitsmaterialien zur täglichen Bewegungszeit und aktiven Pause an die Hand gegeben werden. Die Fort- und Weiterbildungsinitiative wurde 1987 gegründet und entwickelte sich 1997 weiter zu der Initiative „Es bewegt sich etwas". Die wissenschaftliche Begleitung bezüglich der Umsetzung von Bewegungszeit und aktiven Pausen erfolgt durch die Universität des Saarlandes. Die Befragung von Lehrkräften zeigt, dass 73% der Lehrkräfte die täglichen Bewegungszeiten durchführen.

18.6.9 Sachsen

Sachsen kann auf eine umfangreiche Projektgeschichte in Bezug auf *Bewegte Schule* zurückblicken (vgl. auch Kap. 18.6.2). Wissenschaftlich begleitet vom Sportinstitut der Universität Leipzig, werden seit 1996 Konzepte der *Bewegten Schule* erarbeitet und implementiert. Die Ergebnisse fließen in die Weiterbearbeitung des Konzeptes und die Entwicklung neuer Schulformen ein. Die ersten Projekte wurden im Grundschulbereich umgesetzt, die aktuellen Bestrebungen betreffen die Umsetzung und Verbreitung der erarbeiteten Konzepte:

- 1996 bis 2000: Grundschule
- 2001 bis 2005: Schulen zur Lernförderung
- 2000 bis 2006: Weiterführende Schulen
- 2006: Abschluss der Entwicklungs- und Erprobungsphase
- 2006 bis 2012: Umsetzung und Verbreitung des pädagogischen Konzeptes

18.6.10 Sachsen-Anhalt

In Sachsen-Anhalt steht die Erarbeitung einer Konzeption im Vordergrund. Als Entwicklungsbasis dienen die Ergebnisse des Modellversuches *Bewegte Schule* (1996-2000). Die drei Grundsäulen, auf denen das Konzept der *Bewegten Schule* aufgebaut ist, sind: die Gestaltung der Schulräume, die unterrichtliche und die außerunterrichtliche Aktivität. Folgende Punkte werden genannt, wenn es um die Schwerpunktsetzung der Maßnahmen geht:

- Qualitätsverbesserung des Schulsports,
- Förderung der außerunterrichtlichen Sportangebote,
- Berufung von Schulsportkoordinatoren,
- Profilbildung zur sportbetonten Schule,

- Pilotprojekt „fit und vital",
- Ausbildung von Schülerinnen und Schülern zu Sportassistenten,
- Projekte des Fußballverbandes.

18.6.11 Thüringen

Das Land Thüringen fördert die Konzeptumsetzung der *Bewegten Schule* im Rahmen der systematischen Schulentwicklung. Die Homepage des Thüringer Instituts für Lehrerfortbildung, Lehrplanentwicklung und Medien (Thillm) bietet hierzu umfangreiche Grundinformationen, Implementierungsvorschläge, Arbeitsblätter und Kontaktdaten der jeweiligen Ansprechpartner in den staatlichen Schulämtern zum Thema „Bewegungsfreundliche Schule in Thüringen".

Zusätzlich sind differenziert ausgearbeitete Handreichungen und Arbeitsblätter zur Planung, Durchführung und Evaluation von Projekten sowie Literaturhinweise auf der Seite zu finden, die interessierten Lehrkräften einen übersichtlichen Einstieg in die Konzeptumsetzung der Bewegungsfreundlichen Schule ermöglichen (vgl. Thüringer Institut für Lehrerfortbildung und Medien, o. Jg.).

18.6.12 Tabellarische Zusammenfassung

Tab. 18.2. Zusammenfassung der länderspezifischen Initiativen zur „Bewegten Schule"

Bundes-land	Empirische Untersuchungen, Projekte und Fortbildungsmaßnahmen
Baden-Württemberg	Projekt und Empirische Untersuchung „Grundschule mit sport- und bewegungserzieherischem Schwerpunkt" (wissenschaftliche Begleitung durch die Universitäten Karlsruhe und Konstanz) *Ergebnisse:* Signifikante Verbesserung des Schulklimas und der Konzentrationsfähigkeit der Kinder
Bayern	Fortbildungsmaßnahmen *Bewegte Grundschule* und *Bewegte Schule* - 1997/98: Materialien zur *Bewegten Grundschule* - 2000/01: Materialien zur *Bewegten Schule* - 2002/03: Multiplikatorenschulung, um Experten für die Initiativen - *Bewegte Grundschule* und *Bewegte Schule* auszubilden
Hamburg	Projekt Initiativen zur *Bewegten Schule* werden im Rahmen der „Selbstverantworteten Schule" unterstützt. Inhaltliche Hilfestellungen durch thematischen Tagungen, Fortbildungsmaßnahmen, Handreichungen und Materialien. Behörde für Bildung und Sport vergibt das Prädikat *Bewegte Schule*
Hessen	Fortbildungsmaßnahmen und Projekte - „Schnecke – Bildung braucht Gesundheit" - Motopädagogik in der Schule - „Mir nach!" – Aktion lernen und bewegen - Lehrerfortbildung: „Beweg dich Schule!" Übergreifendes Angebot für die Grundschule: „Sitzen und Bewegen"

Bundesland	Empirische Untersuchungen, Projekte und Fortbildungsmaßnahmen
Niedersachsen	Projekte „Lernen braucht Bewegung" „Fridtjof-Nansen-Schule" „Bewegte Schule Online" - Lernkultur/Unterrichtsqualität - Lern- und Lebensraum Schule - Schulorganisation
Nordrhein-Westfalen	Empirische Untersuchung „Die Tägliche Sportstunde" – Längsschnittuntersuchung: Die wissenschaftliche Begleitung des Pilotprojektes über einen Grundschulzyklus (2004-2008) erfolgt durch das Institut für Sport und Sportwissenschaft der Universität Dortmund.
Rheinland-Pfalz	Projekte „Die tägliche Sportstunde an der Ganztagsgrundschule Daun" *Ergebnisse:* Steigerung der motorischen Leistungsfähigkeit, Reduktion von Aggression, Verminderung von Sportunfällen, verbessertes Schulklima „Lebens(t)raum Schule" Konzeptentwicklung der Grundschule Schweich. Bewegte, sportorientierte Ganztagesschule
Saarland	Empirische Untersuchung Befragung von Lehrkräften bezüglich der Umsetzung von Bewegungszeit und aktiven Pausen (Universität des Saarlandes) *Ergebnisse:* 73% der Lehrkräfte führen die tägliche Bewegungszeit durch. Fortbildungsmaßnahmen - Tägliche Bewegungszeit und aktive Pause - Fort- und Weiterbildungsinitiativen seit 1987 - „Es bewegt sich etwas": Initiative zur Bewegungsförderung seit 1997
Sachsen	Empirische Untersuchung *Bewegte Schule in Sachsen* – Längsschnittuntersuchung (Universität Leipzig) 2006-2012: Entwicklung und Implementierung des Konzeptes *Bewegte Schule*
Sachsen-Anhalt	Projekt Konzeptentwicklung Basis: Ergebnisse des Modellversuches *Bewegte Schule* 1996-2000 Grundsäulen: Schulräume, Unterrichtliche Aktivität, Außerunterrichtliche Aktivität
Thüringen	Fortbildungsmaßnahme Systematische Schulentwicklung „Bewegungsfreundliche Schule in Thüringen"

18.7 Ausblick: Was ist zu tun?

Als Konzept hat sich die *Bewegte Schule* etabliert – dies wird an der Vielzahl der Fachveröffentlichungen in Form von Büchern, Aufsätzen und Internetpräsentationen deutlich. Ob sie allerdings in der bildungspolitischen Reformlandschaft überlebt (auch außerhalb der sportpädagogischen Diskussion) und entsprechend ihrer Bedeutung wahrgenommen wird, hängt davon ab, inwieweit es gelingt, sie bildungspolitisch so zu verankern, dass sie über die fachlichen Grenzen hinweg wahr- und ernstgenommen wird. Hierzu ist es notwendig auf unterschiedlichen Ebenen anzusetzen.

Auf bildungspolitischer Ebene sollten künftige Weiterentwicklungen der *Bewegten Schule* wichtige Fragen aufgreifen – z. B. wie eine *Bewegte Schule* zur individuellen Begabungsförderung von Schülerinnen und Schülern beitragen und die Entwicklung persönlicher Ressourcen vor allem bei Kindern mit Migrationshintergrund unterstützen kann.

Auf institutioneller Ebene wäre es erstrebenswert Bewegung als bildendes Element institutionsübergreifend, in Kindergärten, Grundschulen und weiterführenden Schulen, im Bildungsweg der Kinder zu verankern.

Die gegenwärtig zu beobachtende Tendenz zu mehr Schulautonomie bietet für die Weiterführung des Konzeptes *Bewegte Schule* auf der Ebene der einzelnen Einrichtungen Chancen, kann aber auch Risiken bergen. Auf der einen Seite haben Schulen, die selbstbestimmt handeln können, die Möglichkeit neue Konzepte schnell und unbürokratisch im Schulalltag umzusetzen. Auf der anderen Seite verlieren Maßnahmen der Kultusministerien an flächendeckender Bedeutung, wenn die Schulen autonom agieren können. Somit ist es für die *Bewegte Schule* wichtig, sich mit Personenkreisen zusammenzuschließen, die im unmittelbaren Umfeld des Kindes sind und in die bisherige Diskussion kaum eingebunden waren. Ansprechpartner wären z. B. Eltern, die ihren Einfluss bei Kultusministerien und Schulträgern geltend machen könnten sowie fachfremde Kolleginnen und Kollegen, deren Unterricht von den belegten, positiven Wirkungen der *Bewegten Schule* (wie z. B. die Erhöhung der Konzentrationsfähigkeit und die verbesserte Sozialkompetenz der Kinder etc.) profitieren könnte.

Auf Ausbildungsebene könnte eine Einbindung des Themas in alle lehramtsbezogenen Studiengänge die Realisierung der Konzepte entscheidend fördern und zur Verbesserung der Schul- und Unterrichtsqualität beitragen. Dies könnte in Form eines Pflichtmoduls, auch für Lehrerinnen und Lehrer, die nicht das Fach Sport unterrichten, angeboten werden.

Des Weiteren empfiehlt es sich, um eine nachhaltige Konzeptumsetzung zu gewährleisten, das Thema Bewegung in den Kriterienkatalog zur Qualitätssicherung von Schule aufzunehmen, so dass ein bewegungsfreundliches Klima als schulisches Qualitätsmerkmal anerkannt wird.

Die Aufmerksamkeit, die die *Bewegte Schule* seit Jahren in fachdidaktischen und sportpädagogischen Kreisen genießt, darf ihre Vertreterinnen und Vertreter nicht ermüden lassen, denn die aktuellen bildungspolitischen Entwicklungen nehmen nicht selbstverständlich von dem Konzept Notiz. Entscheidend für die Zukunft der *Bewegten Schule* wird sein, ob es gelingt, ihren originären Beitrag zur Erfüllung des Bildungsauftrags der Schule auch unter dem Aspekt von Chancengleichheit und sozialer Integration nachzuweisen.

Renate Zimmer & Fiona Martzy

19 Inklusiver Schulsport – Zum gemeinsamen Unterricht von Kindern mit und ohne Behinderungen in der Grundschule

19.1 Einleitung

Die gemeinsame Erziehung und Unterrichtung von Kindern mit und ohne Behinderung wird in Deutschland schon seit über 30 Jahren praktiziert, doch müssen insbesondere für den Sport und den Sportunterricht noch weitere Anstrengungen unternommen werden, damit Kinder mit und ohne Behinderung gleichberechtigt berücksichtigt werden. Bereits im *Ersten Deutschen Kinder- und Jugendsportbericht* wurde auf diverse offene Fragen und Forschungsdefizite im Hinblick auf Kinder und Jugendliche mit Behinderung im Sport hingewiesen. Die spezielle Frage der Integration bzw. Inklusion wurde in den letzten Jahren vor allem für den Unterricht im Klassenraum diskutiert, eine sportwissenschaftliche und sportdidaktische Auseinandersetzung damit erfolgte bisher eher punktuell. So wurde in der ersten groß angelegten Untersuchung zur Situation des Schulsports in Deutschland, der *DSB-SPRINT-Studie* (vgl. Deutscher Sportbund [DSB], 2006), beispielsweise der Schulsport von Kindern und Jugendlichen mit einer Behinderung nicht berücksichtigt. Weiterhin gibt es in Deutschland kein eigenständiges Fachgebiet für den Sport und den Sportunterricht von Menschen mit Behinderung.

19.2 Begriffsklärung

19.2.1 Behinderung/sonderpädagogischer Förderbedarf

Zunächst erscheint es sehr einfach, Kinder mit Behinderungen im Schulsport zu identifizieren. Bei genauerer Betrachtung ergibt sich jedoch eine mehrschichtige Problematik.
Ausgehend vom Behindertenbegriff im Sozialgesetzbuch ergibt sich ein sehr kleiner Kreis von Personen, die hierunter fallen. Der Bevölkerungsanteil der Menschen mit einer anerkannten Schwerbehinderung betrug 2006 in der Gruppe bis 15 Jahre lediglich 1,2 %. Niehaus (1995) erklärt diese geringe Zahl unter anderem damit, dass Menschen mit Behinderungen, die nicht am Erwerbsleben teilnehmen, von den gesetzlich geregelten Nachteilsausgleichen und Leistungen nicht profitieren und deshalb ein geringes Interesse haben, sich einen Schwerbehindertenausweis ausstellen zu lassen. Hierunter fallen auch Kinder mit Behinderungen. Mit der amtlichen

Behindertenstatistik wird deshalb die Gesamtzahl der Kinder mit Behinderungen unterschätzt (vgl. Niehaus, 1995, S. 159).

Eine sehr viel höhere Zahl ergibt sich nach Angaben im *Jugendgesundheitssurvey:* „Von den 5.650 Befragten teilten insgesamt 11,5 % der Schülerinnen und Schüler mit, an einer chronischen Erkrankung oder Behinderung zu leiden, die sie in ihrem Alltag beeinträchtigt" (Hurrelmann, Klocke, Melzer & Ravens-Sieberer, 2003, S. 31). Diese Zahl ist deutlich höher als der Prozentsatz von Schülerinnen und Schülern mit sonderpädagogischem Förderbedarf, der mit etwa 5,8 % veranschlagt werden kann (vgl. Kultusministerkonferenz [KMK], 2008, S. XI).

Ebenso wie im Alltag wirken sich Beeinträchtigungen aufgrund einer chronischen Erkrankung oder Behinderung auch im Sportunterricht aus und werden dadurch zum bestimmenden Faktor für die betroffenen Kinder. Die Zahl der Kinder, die eine differenzierte Betreuung im Sportunterricht benötigt, ist deshalb nicht deckungsgleich mit der Gruppe der Schülerinnen und Schüler mit sonderpädagogischem Förderbedarf. Hier bilden die Kinder mit chronischen Erkrankungen eine beachtliche Gruppe, der jedoch kein allgemeiner sonderpädagogischer Förderbedarf zugesprochen wird. Ihre Anzahl wird in Zukunft weiter wachsen, da einerseits manche dieser Erkrankungen umweltbedingt zunehmen (z. B. Allergien, Diabetes infolge Adipositas) und andererseits Kinder mit schweren chronischen Erkrankungen durch den medizinischen Fortschritt eine höhere Lebenserwartung haben (z. B. bei Mukoviszidose). Weiterhin müssen im Sport Kinder mit körperlichen Behinderungen angemessen berücksichtigt werden, die keine Auffälligkeiten im Lernen zeigen. Als Beispiel seien hier Kinder mit Kleinwuchs genannt, deren Behinderung bei normaler Intelligenz und Lernfähigkeit vornehmlich im Sport auffällig wird.

Andererseits gibt es eine deutliche Anzahl von Schülerinnen und Schülern mit sonderpädagogischem Förderbedarf, die in ihrer motorischen Entwicklung und im motorischen Lernen keine Auffälligkeiten zeigen. Nach Angaben der KMK (2008, S. XI) hatten in allen Jahren seit 1991 etwa zwei Drittel der Schülerinnen und Schüler mit sonderpädagogischem Förderbedarf diesen im kognitiven Bereich, nur etwas mehr als 5 % haben einen ausgewiesenen Förderbedarf im Bereich der körperlichen und motorischen Entwicklung. Allerdings haben viele Kinder mit ausgewiesenem Förderbedarf im kognitiven Bereich zusätzliche Defizite im körperlichen und motorischen Bereich, die der Förderung bedürfen, und müssen deshalb in die Betrachtungen einbezogen werden.

Der sonderpädagogische Förderbedarf wird bei Schülerinnen und Schülern festgestellt, „die in ihren Bildungs-, Entwicklungs- und Lernmöglichkeiten so beeinträchtigt sind, dass sie im Unterricht der allgemeinen Schule ohne sonderpädagogische Unterstützung nicht hinreichend gefördert werden können" (KMK, 1994, S. 5). Kindern wird kein sonderpädagogischer Förderbedarf zugesprochen, wenn sie ausschließlich der Unterstützung im Sportunterricht bedürfen.

Ein gemeinsamer Sportunterricht von Kindern mit und ohne Behinderungen schließt deshalb nicht nur die mit ausgewiesenem sonderpädagogischen Förderbedarf ein, sondern berücksichtigt ebenfalls Kinder mit chronischen Erkrankungen oder zunächst ausschließlich physischen Einschränkungen. Der inklusive Schulsport bezieht sich deshalb nicht ausschließlich auf Integrationsklassen oder -gruppen, sondern richtet seine pädagogischen Maßnahmen an der Individualität aller Schülerinnen und Schüler aus.

19.2.2 Integration/Inklusion

Der Begriff der Inklusion verbreitete sich nach der Weltkonferenz der UNESCO 1994 in Salamanca zum Thema „Special Needs Education: Access and Quality" (vgl. Hermes, 2006), wobei ein Teil der Fachleute im deutschsprachigen Raum diesen synonym zum Begriff Integration verwendet, der wenig Bedeutungsunterschiede erkennen lässt. Jedoch kennzeichnen beide Termini gleichzeitig unterschiedliche Haltungen, Konzepte und Erklärungsansätze der Behindertenarbeit und -politik. In einem Gespräch zwischen der Beauftragten der Bundesregierung für die Belange behinderter Menschen, Karin Evers-Meyer (SPD) und dem Sonderberichterstatter für das Recht auf Bildung der Vereinten Nationen, Vernor Muñoz am 22.02.2008 bekräftigte er noch einmal, dass Integration und Inklusion zwei völlig verschiedene Dinge sind. Muñoz: „Integration überwindet nicht die Grenzen zwischen zwei Gruppen, es manifestiert sie. Grenzen lassen sich nur mit einer inklusiven Bildungslandschaft überwinden" (Evers-Meyer, 2008).

Integration geht von der Förderung und der daraufhin möglichen Einbeziehung des Individuums mit einer Behinderung in die bestehende Gesellschaft aus. Die Veränderung erfolgt, wie auch bei der Segregation, beim Individuum mit Behinderung, da diesem ein Defizit zugeordnet wird, das überwunden werden muss. Der Ausgangspunkt des integrativen Ansatzes ist die Teilung in zwei Gruppen, „Behinderte" und „Nichtbehinderte", wobei das Ausmaß der Integration oft abhängig ist vom Ausmaß der Andersartigkeit.

Das Inklusionskonzept geht generell von der Unterschiedlichkeit der Menschen aus (vgl. Hinz, 2002; Sander, 2003). Aus dieser Perspektive wird Vielfalt und Heterogenität zu einer Chance für das gemeinsame Lernen und nicht zu einem Problem, das es zu überwinden gilt (vgl. Hermes, 2006, S. 10). Als Reaktion auf die Verschiedenartigkeit der Menschen müssen die Strukturen und Sichtweisen so verändert werden, dass jedes Individuum die notwendige Hilfe und Unterstützung erfährt, die es aufgrund der individuellen Voraussetzungen zur Teilhabe am gesellschaftlichen Leben benötigt. Diese strukturellen Veränderungen können sich beispielsweise auf die Lerninhalte, auf die Lehrmethoden, auf die Materialien und die dingliche Umwelt oder auf die Ausbildung des eingesetzten Personals beziehen.

Zwar hat sich auch die Sonderpädagogik die Integration zur Aufgabe gemacht und sie zu einem wesentlichen Ziel ihrer Arbeit erklärt. Das Inklusionskonzept ist jedoch kein Teilbereich der Sonderpädagogik, sondern stellt einen Querschnittbereich der Erziehungswissenschaften dar, der von allen pädagogisch Tätigen beachtet werden muss.

Der inklusive Unterricht findet in jeder Klasse auf mehreren Niveaus statt. Dabei werden die Lehrer der Regelschule von sonderpädagogischen Fachkräften unterstützt. Bei Bedarf werden weitere Fachleute hinzugezogen. Im Sportunterricht können dies Krankengymnasten oder andere Bewegungstherapeuten sein. Die sonderpädagogischen Fachkräfte unterstützen die ganze Klasse und arbeiten mit allen Schülerinnen und Schülern. Sie können das Methodenrepertoire erweitern und gegebenenfalls besondere Lehr-, Lern und Arbeitsmittel in den Unterricht einbringen. An die Stelle einer speziellen Förderung der Kinder mit Behinderungen tritt das gemeinsame und individuelle Lernen für alle auf der Grundlage von individualisierten Curricula.

19.2.3 Inklusiver Schulsport

Beim inklusiven Schulsport geht es nicht so sehr um die Kenntnis verschiedener Behinderungsarten und eine entsprechende sonderpädagogische Förderung des Einzelnen, vielmehr wird jedes Kind, ob mit oder ohne Behinderung, in seiner Individualität betrachtet und entsprechend seinen Fähigkeiten gefordert und gefördert. Aus der systemischen Sichtweise von Inklusion bestehen Schulklassen und Lerngruppen aus ganz unterschiedlichen Mehrheiten und Minderheiten von Schülerinnen und Schülern mit unterschiedlichem Hilfe- oder Unterstützungsbedarf, nicht nur in Abhängigkeit von Behinderung, sondern auch von Krankheit, Alter, Geschlecht, sozialem Hintergrund, ethnischer Herkunft etc.. In der „Berliner Agenda – ein Aufruf an Regierungen und Minister" auf dem Weltgipfel für Schulsport in Berlin 1999 wurde guter Schulsport erklärt als

> [...] das wirkungsvollste und integrationsförderndste Mittel für jedes Kind, [...] die Fähigkeiten, Einstellungen, Werte, Kenntnisse sowie das Verständnis zu vermitteln, das für eine lebenslange Teilnahme an körperlichen Aktivitäten und am Sport erforderlich ist (Doll-Tepper, Scoretz & Dumon, 2001, S. 116).

Auch wenn in der deutschen Version „inclusive" mit „integrationsfördernd" übersetzt wird, ist die Agenda eine deutliche Erklärung für den inklusiven Schulsport.

Im inklusiven Schulsport finden demzufolge auch chronisch kranke und schwierige Schülerinnen und Schüler entsprechende Berücksichtigung. Durlach, Kauth, Lang und Steinki (2007) heben folglich die Abgrenzung von Krankheit und Behinderung auf, da beide Situationen keine anderen pädagogischen Maßnahmen erforderlich machen und alle Kinder mit unterschiedlichen Voraussetzungen ein Bewegungsbedürfnis haben. Dies gilt es mit entsprechenden Bewegungs-, Spiel- und Sportangeboten angemessen zu befriedigen und damit die ganzheitliche körperliche und geistige Entwicklung zu fördern (vgl. Doll-Tepper et al., 2001, S. 116), einschließlich präventiver und therapeutischer Effekte auf die Gesundheit.

Wie beim inklusiven Unterricht insgesamt werden beim inklusiven Schulsport die Vorstellungen und methodischen Zugangsweisen der Allgemeinen Pädagogik bedeutsam. Die wesentlichen Eckpunkte des zugrunde liegenden klassischen Bildungsbegriffs *Selbstbestimmung, Auseinandersetzung mit der Welt* und *Verhältnis von Individualität und Gemeinschaftlichkeit* finden sich auch in der Berliner Agenda von 1999 wieder. Von Fediuk (vgl. Kurz, 2000, zitiert nach Fediuk, 2008, S. 126) wird die Leitidee der Handlungsfähigkeit im Sport von Kurz, mit den zwei Zielperspektiven des Unterrichts *Erziehung zum Sport* und *Erziehung durch Sport* aufgegriffen, und im Weiteren auf die Tragfähigkeit als Grundlage eines inklusiven Sportunterrichts hin überprüft. Die von Kurz entwickelten sechs Sinnrichtungen (Leistung, Miteinander, Eindruck, Ausdruck, Gesundheit, Spannung) sollten im Sportunterricht angemessen berücksichtigt werden und für alle Kinder, auch für Kinder mit Behinderung, zum Tragen kommen.

Dass von einem inklusiven Sportunterricht nicht nur Kinder mit einer Behinderung profitieren, macht Wolters (2008, S. 46) deutlich, wenn sie nach ihren Beispielen von sportschwachen Schülerinnen und Schülern zusammenfassend feststellt: „Es gibt keine schwierigen Schülerinnen und Schüler, sondern schwierige Mitschüler, Lehrer und Inhalte." Durch Veränderungen von Strukturen und Sichtweisen kann dem mangelnden Engagement, als Ausdruck eines stillen Leidens von sportlich unbegabten Schülerinnen und Schülern, pädagogisch sinnvoll begegnet werden. Unter Berücksichtigung der Mehrperspektivität des Sportunterrichts sollen die Inhalte und Methoden gefunden werden, die diesen Kindern mit ihren Voraussetzungen angemessen sind und sie nicht herabwürdigen und ihre Defizite zur Schau stellen. Ebenso müssen sich für chronisch kranke Kinder alle skizzierten Sinnebenen des Sports öffnen, damit der Sportunterricht auch sie zur Handlungsfähigkeit im Sport und somit zur gleichberechtigten Teilhabe am gesellschaftlichen Leben führt.

19.3 Aktuelle Entwicklungen im Schulsport der Grundschule

19.3.1 Beispiele aus der Praxis

Ausdrückliche Beispiele zeigen Möglichkeiten für alle Schulstufen und verschiedene Behinderungsarten im integrativen oder auch inklusiven Sportunterricht auf (vgl. Weichert, 2003; Müller-Weuthen, 2003).

In seinem Artikel zum Sportunterricht mit heterogenen Gruppen beleuchtet Weichert (2003) die Möglichkeiten und Grenzen einer Inklusion von Schülerinnen und Schülern mit und ohne Behinderung im Sportunterricht. Obwohl er nur wenige konkrete positive Erfahrungsberichte benennen kann, sieht er Möglichkeiten zum gemeinsamen Sporttreiben bei extremen Leistungsunterschieden, wenn folgende Bedingungen gewahrt werden:

- die Unterschiedlichkeit wird thematisiert und in Balance gebracht,
- Sportidee, Regeln und Geräte werden verändert,
- die Unterschiedlichkeit ist ein zentrales Attraktivitätsmoment,
- die Bewegungsbeziehung ist das tragende Element (vgl. Weichert, 2003, S. 27).

Ein attraktives gemeinsames Sporttreiben bei heterogenen Voraussetzungen gelingt, wenn eine personale Beziehung zwischen den Beteiligten besteht. Als richtungsweisend können dafür Sportarten betrachtet werden, die in ihrer Struktur Unterschiede der Beteiligten eingebaut haben, wie es z. B. beim Paarlauf auf dem Eis, beim Rock-'n'-Roll oder beim Mutter-Kind-Turnen der Fall ist. Hier bildet die Heterogenität die Basis für unterschiedliche Bewegungsrollen mit verschiedenen Bewegungsaufgaben und -anforderungen und wird somit geradezu zum Bewegungsthema (vgl. Weichert, 2003, S. 28).

Zwar resümiert Fediuk (2008), dass es quantitativ in Deutschland nur wenige Beispiele des gemeinsamen Sports von Menschen mit und ohne Behinderung gibt, er sieht aber einen bedeutenden Zuwachs an Erkenntnissen und Erfahrungen seit der ersten Beschäftigung mit integrativen Ansätzen zu Beginn der 1970er-Jahre (vgl. Deutscher Bildungsrat, 1974).

Nach einer Zusammenstellung und Zuordnung von verschiedenen integrativen Modellen zur Umsetzung der sechs Sinnperspektiven im Schulsport (vgl. Fediuk, 2008, S. 128 f.), stellt er jedoch eine Bevorzugung jener Perspektiven fest, die das Miteinander und die soziale Entwicklung fördern. Um den didaktischen Intentionen dieses Konzepts der gleichrangigen Betonung von prinzipiell gleichwertigen Sinnperspektiven zu entsprechen, müssen auch im inklusiven Schulsport z. B. Perspektiven der Leistung und der Spannung stärker in Erscheinung treten.

Aus diesem Grund sollte im inklusiven Schulsport eine leistungssportliche Zielvorstellung bei Kindern mit Behinderung nicht ausgeblendet werden. Ein Schritt in diese Richtung bildet das Programm zur Teilnahme von Kindern mit Behinderungen an den Bundesjugendspielen. Nach einer Erprobungsphase 2007/08 und entsprechender Evaluation sollen die Bundesjugendspiele für Schülerinnen und Schüler mit Behinderung auf der Grundlage des Standardprogramms im folgenden Schuljahr als Regelangebot an allgemeinbildenden Schulen Berücksichtigung finden. Eine

Talentsichtung und -förderung im Hinblick auf eine Teilnahme an den Paralympics, Deaflympics oder Special Olympics, natürlich auf der Basis einer breiten Grundlagenausbildung, sollte für Kinder mit Behinderung ebenso möglich sein wie für ihre nicht behinderten Altersgenossen die Teilnahme an *Jugend trainiert für Olympia*.

Die Mehrperspektivität eines inklusiven Schulsports lässt sich allein durch eine Ausrichtung an psychomotorischen Inhalten nicht einlösen, wenn auch der Psychomotorik eine Öffnung des Unterrichts zur Entfaltung der Individualität des einzelnen Schülers zu verdanken ist. Diese Inhalte sind besonders geeignet, Kinder ganzheitlich, handlungs- und kindorientiert mit offenen, entwicklungsgemäßen und kommunikationsorientierten Aufgaben zu fördern. Sie bilden den Schwerpunkt vieler integrativer Beispiele im Sport und ermöglichen eine *Erziehung durch Bewegung* wie es bereits 1968 im gleichnamigen Buch von Kiphard und Huppertz hieß. Zur Ausbildung einer umfassenden Handlungsfähigkeit im Sport müssen jedoch andere Sinnperspektiven hinzutreten, damit eine Erziehung zum lebenslangen Sporttreiben gelingen kann.

Durch das körperbetonte Handeln und die körperliche Exponiertheit im Sportunterricht werden die Besonderheiten von Kindern mit physischen Krankheiten oder Behinderungen unmittelbar erfahrbar und führen häufig zu Problemen. Unterstützt durch die Einstellungen und das Verhalten von Eltern und Ärzten werden diese Kinder häufig vom Sportunterricht freigestellt bzw. aus dem Sportunterricht ausgeschlossen und stattdessen auf physiotherapeutische Maßnahmen verwiesen. Hier erleben sie ihren Körper jedoch als defizitär und korrektur- bzw. behandlungsbedürftig. Wenn im inklusiven Sportunterricht von den Fähigkeiten dieser Kinder ausgegangen wird, können sie ihr Vertrauen in den eigenen Körper wiedergewinnen und die eigene Leistungsfähigkeit steigern, gerade bei Erfahrungen mit Krankheit und Behinderung.

19.3.2 Ein Blick in andere Länder

Bereits in den 1980er-Jahren wurde in der englischsprachigen Fachliteratur der Terminus „inclusive physical education" benutzt (vgl. Doll-Tepper, 2003), während in der deutschsprachigen Literatur eine Bevorzugung des Begriffes der Integration zu verzeichnen ist. Zum Teil ist das der beschriebenen Unsicherheit bei der Übersetzung von „inclusion" zuzuschreiben, in Teilen aber auch dem unterschiedlichen Verständnis von Integration, wie es bei der Begriffsklärung bereits beschrieben wurde.

Durch entsprechende Gesetze wurde in den USA zu dem o. g. Zeitpunkt die gemeinsame Unterrichtung von Kindern mit und ohne Behinderung für die Schulen verpflichtend. Nach dieser Gesetzeslage ist eine getrennte, wenn auch gleichwertige Unterrichtung nicht möglich, während dies in Deutschland weiterhin zulässig ist und auch weitgehend praktiziert wird (vgl. Lienert, 2007). Ausgehend von der Vorstellung, dass eine inklusive Erziehung und Unterrichtung gesellschaftlich verankert sein muss, damit die entsprechenden Strukturen und Sichtweisen verändert werden, setzt man in Deutschland eher auf eine langsame Veränderung des sehr ausdifferenzierten Sonderschulwesens, hin zur verstärkten Einbeziehung von Kindern mit Behinderungen in die Regelschulen.

Aus vergleichenden Interviews mit Lehrerinnen und Lehrern in Deutschland und Amerika, die Sportunterricht in gemischten Klassen von Kindern mit und ohne Behinderung erteilen, wurden Unterschiede der strukturellen Veränderungen durch den inklusiven Unterricht ersichtlich. Die Anzahl der Schülerinnen und Schüler speziell im Sportunterricht ist in den USA deutlich höher als in Deutschland, jedoch haben amerikanische Lehrerinnen und Lehrer häufiger bereits vor dem Schuldienst eine Ausbildung zur Unterrichtung von Kindern mit Behinderung erhalten und können auf unterstützende Fachkräfte zurückgreifen. Andererseits wird in deutschen Schulen häufiger mit zwei Lehrkräften unterrichtet. Vergleichsweise sehr viel mehr deutsche Lehrerinnen und Lehrer gaben an, dass sich sowohl die Inhalte als auch die Methoden ihres Unterrichts durch die Einbeziehung der Kinder mit Behinderung verändert haben (vgl. Lienert, 2007, S. 154 ff.).

Hardman (2007) zieht in der Studie zur gegenwärtigen Situation und zu den Perspektiven des Sportunterrichts in der EU, die er im Auftrag des Komitees für Kultur und Bildung des Europäischen Parlaments gefertigt hat, den Schluss, dass in der Mehrzahl der Staaten der Union die Inklusion von Kindern mit Behinderungen thematisiert wird. Insgesamt ist eine Tendenz zu verzeichnen, die inklusive Erziehung zu bevorzugen. Generell liegt die durchschnittliche Integrationsquote in Europa bei über 60 %, in einigen, insbesondere den skandinavischen Ländern, bei über 80 %. Trotz einer Vielzahl politischer Bekundungen liegt sie in Deutschland seit Jahren unverändert bei rund 13 %.

Auch wenn die Gesetzgebung der meisten Europäischen Staaten die inklusiven oder integrativen Formen unterstützt, gibt es in der Realität häufig Abweichungen von den offiziellen Regelungen. Obwohl der Sportunterricht in allen Ländern ein verpflichtendes oder allgemein praktiziertes Unterrichtsfach ist, nehmen viele Kinder mit Behinderung daran nicht teil. Häufig werden diese Kinder aus medizinischen Gründen vom Sportunterricht befreit, oftmals haben die Lehrerinnen und Lehrer aber auch nicht die entsprechenden Kenntnisse, um sich auf diese Schülerinnen und Schüler einzustellen. Häufig fehlen auch geeignete Sportstätten sowie Materialien und Geräte, um einen inklusiven Sportunterricht für alle Schülerinnen und Schüler mit und ohne Behinderung zu realisieren. Einen weiteren Grund für die geringeren Beteiligungsmöglichkeiten von Kindern mit Behinderungen am regulären Sportunterricht sieht Hardman (2007) in der Ausrichtung der Curricula an Kindern ohne Behinderung und der traditionellen Betonung des Wettkampfgedankens im Sportunterricht.

19.4 Ausblick

Inklusiver Schulsport stellt dann eine qualitative Weiterentwicklung dar, wenn die speziellen Ressourcen, wie sie mit der in Deutschland anzutreffenden, differenzierten sonderpädagogischen Ausbildung vorhanden sind, hierfür nutzbar gemacht werden. Das differenzierte Sonderschulwesen und die daran orientierten Ausbildungsgänge ermöglichen einen sehr qualifizierten Unterricht für Kinder mit unterschiedlichen Behinderungen in Art und Ausprägung. Für einen inklusiven Unterricht gilt es, diese sonderpädagogische Fachkompetenz für alle Schularten nutzbar zu machen und gleichzeitig die Fachkompetenz der Sportlehrerinnen und -lehrer durch entsprechende Aus- und Fortbildungsmöglichkeiten weiterzuentwickeln. Dafür ist ein interdisziplinärer Zugang unter Einbeziehung der Sportpädagogik und Sportwissenschaft, der Soziologie, der Sonderpädagogik und Rehabilitationswissenschaft, der Erziehungswissenschaft und nicht zuletzt der Erkenntnisse aus dem Bereich „Adapted Physical Activity" nötig.

In der Ausbildung der Fachkräfte sind seit den 1990er-Jahren erhebliche Anstrengungen unternommen worden, insbesondere durch die Einführung des „European Master's Degree in Adapted Physical Activity" im Jahr 1991, koordiniert von der KU Leuven, Belgien (vgl. Doll-Tepper, 2001). Dieses europäische Zusatzstudium steht seit 2005 interessierten Studierenden aus allen Ländern der Welt offen und gehört nunmehr zu den *Erasmus-Mundus*-Studiengängen. Hier ist es einerseits wünschenswert, dass mehr Studierende aus Deutschland dieses Ausbildungsangebot wahrnehmen, andererseits sind die Hochschulen im Zuge der Einführung von Bachelor- und Masterstudiengängen aufgefordert, zukünftige Sportlehrerinnen und -lehrer gezielter auf eine Tätigkeit im inklusiven Unterricht vorzubereiten. Entsprechende Fort- und Weiterbildungsangebote sind ebenfalls auszubauen.

Trotz vieler gelungener Beispiele zum inklusiven Sportunterricht bleiben weiterhin viele Fragen offen, wie bereits im *Ersten Deutschen Kinder- und Jugendsportbericht* festgestellt werden musste (vgl. Doll-Tepper & Niewerth, 2003, S. 359). Viele dieser Forschungsfragen stellen sich auch auf internationaler Ebene. Fitzgerald (2006, S. 761) fasst die für sie wichtigen Fragestellungen im Zusammenhang mit den Erfahrungen von Schülerinnen und Schülern mit Behinderungen im Sport in vier Punkten zusammen:

* Was bedeutet die Teilnahme am Sportunterricht und Sport für junge Menschen mit Behinderung?

* Welche Werte ordnen junge Menschen mit Behinderung dem Sportunterricht und dem Sport zu?
* Welche Relevanz hat Sportunterricht und Sport für junge Menschen mit Behinderung im Kontext von Schule und darüber hinaus?
* Wie hat sich die Erfahrung von Sportunterricht und Sport auf ihr Selbstbild und ihre Identität ausgewirkt?

Abschließend stellt sie fest, dass die Forschung in diesem Bereich häufig ohne die Beteiligung der Schülerinnen und Schüler mit Behinderung durchgeführt wird und wenn dies geschieht, dann vor allem unter Beteiligung von Schülerinnen und Schülern mit einer Körperbehinderung. Ganz nach dem Motto „Nichts über uns ohne uns" aus dem Europäischen Jahr der Menschen mit einer Behinderung 2003 fordert sie ihre Kolleginnen und Kollegen auf, ebenso die Perspektiven und Sichtweisen von jungen Menschen mit einer gravierenden Lernbehinderung oder mit mehrfachen Behinderungen in Betracht zu ziehen. Möglicherweise bedeutet dies eine Veränderung der bisherigen Datenerhebung, doch könnte damit die Forschungspraxis zu dem Thema ebenfalls inklusiv werden.

Gudrun Doll-Tepper & Erika Schmidt-Gotz

V Sportengagements in unterschiedlichen Settings

Teil V gibt einen Überblick über die herausragende Bedeutung des Kindersports im institutionellen (vgl. Kap. 20) und informellen Bereich (vgl. Kap. 21), skizziert Probleme im Kinderleistungssport (vgl. Kap. 22) und analysiert die Initiativen der Deutschen Sportjugend im sozialen Bereich (vgl. Kap. 24) ebenso wie der Blick über den Zaun Vergleichsdaten im internationalen Vergleich präsentiert (vgl. Kap. 23).
Die heutige Versportung der Kindheit – so Schmidt (vgl. Kap. 20) – ist eng mit einer Vorverlagerung sportiver Partizipation im Verein (höchste Mitgliedsrate: 7 Jahre) verbunden. Danach sind fast neun von zehn Kindern mehrere Jahre Sportvereinsmitglied. Aus entwicklungstheoretischer Perspektive und aus Sicht der Kinder werden soziale Anerkennung und Zugehörigkeit im Sport – unabhängig von Geschlecht, Ethnie und Alter – als entscheidende Beitrittsgründe bzw. als zentrale Voraussetzungen einer gelungenen Identitätskonstruktion angesehen. Damit wird deutlich, welche zentrale Stellung die Kindersportkultur im Zusammenhang mit biographischen Entwicklungs- und Entscheidungsprozessen einnimmt.

Ein Großteil der Kinder beteiligt sich regelmäßig an informellen Bewegungs-, Spiel- und Sportaktivitäten, so Burrmann (vgl. Kap. 21), besonders dann, wenn die unmittelbare Wohnumwelt interessante Spielmöglichkeiten anbietet. Jüngere Kinder (bis 6 Jahre) werden allerdings von negativen sozial-räumlichen Merkmalen in ihrem Bewegungsdrang stärker eingeschränkt. Informelle Sportaktivitäten finden primär in der Peer-Group statt. Hinsichtlich der dort stattfindenden „Ko-Konstruktionen" stellt sich die spannende Frage, inwieweit hierdurch soziale Fähigkeiten an der Entwicklung des Selbst positiv beeinflusst werden können.

Emrich und Güllich (vgl. Kap. 22) charakterisieren das System des Nachwuchsleistungssports und setzen sich kritisch mit einer frühzeitigen Kaderaufnahme (am Ende der Kindheit) und einer sportartspezifischen Spezialisierung auseinander. Infolge dieses einseitigen Trainings befürchten sie motivationale Ermüdungserscheinungen und votieren im Kindesalter eher für die Stärkung der Vereine und vielfältige motorische Entwicklungsreize. Darüber hinaus plädieren sie für die Relativierung sogenannter Belastungsumfänge und formaler etappenbezogener Ziele und fordern eine individuumzentrierte Wende, d. h. eine Stärkung pädagogisch-psychologischer Ressourcen im Sinne der Selbstständigkeitsentwicklung von Nachwuchsathleten.

Der Blick über die Grenzen (vgl. Kap. 23) zeigt, dass die frühkindliche Förderung in Dänemark, Norwegen und Schweden in finanzieller und personeller Hinsicht (Universitätsstudium der Erzieherinnen und Erzieher; Betreuungsrelation: Deutschland 1:24, Skandinavien 1:7) sowie die Kleinkind-Betreuung (0-3 Jahre: Betreuung 1:3) ein zentrales Qualitätskriterium darstellen, welches den hohen gesellschaftspolitischen Stellenwert widerspiegelt. Für den Bewegungsbereich sind besonders die Einführung einer täglichen Stunde körperlicher Aktivität (vgl. Kap. 4), die hohe Körperfreundlichkeit und Naturverbundenheit, die Bedeutung für das Lernen allgemein und die Entwicklung des Selbstvertrauens zentrale Ziele und Inhalte. Gegenüber den skandinavischen Ländern kann Deutschland hinsichtlich der frühkindlichen Erziehung und Bildung sowie der Bewegungsbedeutung als „Entwicklungsland" bezeichnet werden. Hinsichtlich des Primarbereichs liegen die wesentlichen Unterschiede in einem in allen Ländern existierenden flächendeckenden System von Ganztagsschulen, einer wesentlich günstigeren Betreuungsrelation (Deutschland 1:15, Skandinavien 1:10) und einer wesentlich höheren Fakultas-Rate für das Fach Sport (z. B. Dänemark: 73 %, Deutschland: 50 %; vgl. Kap. 15).

In Amerika dominiert dagegen der sogenannte „Interscholastic Sport" (d. h. Wettkampfsystem), während die sogenannte „Physical Education" eher eine marginale Rolle einnimmt und sich im „epidemischen" Charakter von Übergewicht und in einem nicht-aktiven Lebensstil widerspiegelt.

Positivere Aktivitätsraten und Sportvereinszahlen gelten primär für das Kindesalter in allen Ländern, besonders für die Jüngsten. Einbußen hinsichtlich der motorischen Leistungsfähigkeit (vgl. Kap. 8) werden fast überall festgestellt. Hinsichtlich spezifischer Förderungsprogramme scheinen überall die Leistungsschwächeren am meisten zu profitieren (vgl. Kap 13 und 14). Der internationale Vergleich für die frühkindliche Erziehung und den Primarbereich unterstreicht nachhaltig den Nachholbedarf des deutschen Systems hinsichtlich seiner gesellschaftspolitischen Bedeutung sowie seiner finanziellen und personellen Ressourcen.

Eichhorn (vgl. Kap. 24) charakterisiert eine der zentralen Aufgaben der Sportjugend, (sportbezogene) Angebote für sozial benachteiligte Bevölkerungsgruppen zu entwickeln. Wesentliche Gründe sieht sie im Verständnis, Sport als Dienstleistung zu betrachten, um auf innovativen Wegen gesellschaftlichen Problemen entgegenzuwirken. Projekte im Bereich der Suchtprävention (z. B. „Kinder stark machen") oder der Gewaltvorbeugung delinquenzgefährdeter Kinder scheinen wegen der hohen Attraktivität des Sports als Medium besonders erfolgreich zu sein. Sie vermitteln den Teilnehmerinnen und Teilnehmern ein besseres Verständnis von Grenzen und eine bessere Aggressionskontrolle sowie eine Stärkung ihres Selbstbewusstseins. Weitere Schwerpunkte gelten dem interkulturellen Dialog und einer geschlechterbewussten Pädagogik. Relativ neu sind Interventionsprojekte zur Bekämpfung von Bewegungsarmut und falscher Ernährung.

Werner Schmidt

20 Zur Bedeutung des Sportvereins im Kindesalter

20.1 Einleitung

Die Freizeit der Kinder wurde bis vor Kurzem primär als Zeit des Spielens gedeutet. Erst neuere Untersuchungen (vgl. Zinnecker & Silbereisen, 1996, 1998; Schmidt, 1998) haben den Blick dafür geöffnet, dass die Jüngsten frühzeitig(er) in die sozialen Systeme organisierter Freizeit eingebunden werden, besonders in das System des Sports, auf den zwei Drittel aller Nachmittagstermine (vgl. Schmidt, 2006c) entfallen.

Die folgenden Ausführungen geben Auskunft über die zentrale Rolle des Sportvereins und seine Anziehungskraft aus Sicht der Kinder. Diese Analysen werden unterstützt durch sozialwissenschaftliche Deutungen der Sportteilnahme im Sinne von „biographischen Bildungsprozessen" (vgl. Büchner, 2001) und empirisch nachweisbaren Effekten aktiven Sportengagements.

20.2 Der Sportverein: Soziokulturelles Erkennungszeichen der Präadoleszenz

Die zentrale Rolle sportiver Orientierungen im Kindesalter drückt sich nach Zinnecker und Silbereisen (1996, 1998) in der Mitgliedschaft in Sportvereinen aus. Unsere These des Wandels „vom spielenden zum sportiven Kind" (vgl. Schmidt, 1993, 1997) wird in den Sozialwissenschaften in zwei Richtungen interpretiert:

- Danach gibt es keine andere soziale Altersgruppe, die so eng mit dem System des Sports verknüpft ist wie die Präadoleszenz (vgl. Hasenberg & Zinnecker, 1996, 1998, S. 105-136: 10- bis 13-Jährige).
- Versportung der Kindheit meint gleichzeitig unter biographischen Gesichtspunkten eine Vorverlagerung und Verfrühung sportiver Partizipation im Verein (vgl. Büchner, 2001; Brinkhoff & Sack, 1999).

Diese Mitgliedschaften, so die Sozialwissenschaftler, stehen nicht für sich allein, sondern sind mit weiteren sportiven Vorlieben, Interessen und praktischen Handlungen verbunden (z. B. Sportidole, Sport als Lieblingsfach, Sportnote, sportive informelle Tätigkeiten, Sportpokale, positive Selbstkonzepte, Elterninteresse; vgl. Hasenberg & Zinnecker, 1996, S. 118 f.).

Wopp (1995) sieht die sportinternen Gründe in Aktionen des Deutschen Sportbundes (DSB) seit den 1970er-Jahren, mit dem Ziel neue Zielgruppen zu gewinnen und um sich gegen konkurrierende Sportanbieter besser behaupten zu können. Die

Sportfachverbände erweitern gleichzeitig das Wettkampfsystem jenseits der D-Jugend (11-12 Jahre) und bieten früh Trainings- und Wettkampfinszenierungen für Bambinis (4-6 Jahre; vgl. Schmidt, 1998, S. 123 ff.) an.
Diese Interpretationen werden durch die Zunahme der jetzigen Sportvereinsmitgliedschaften bei Kindern quantitativ untermauert (vgl. Abb. 20.1).

Vereinsmitgliedschaften

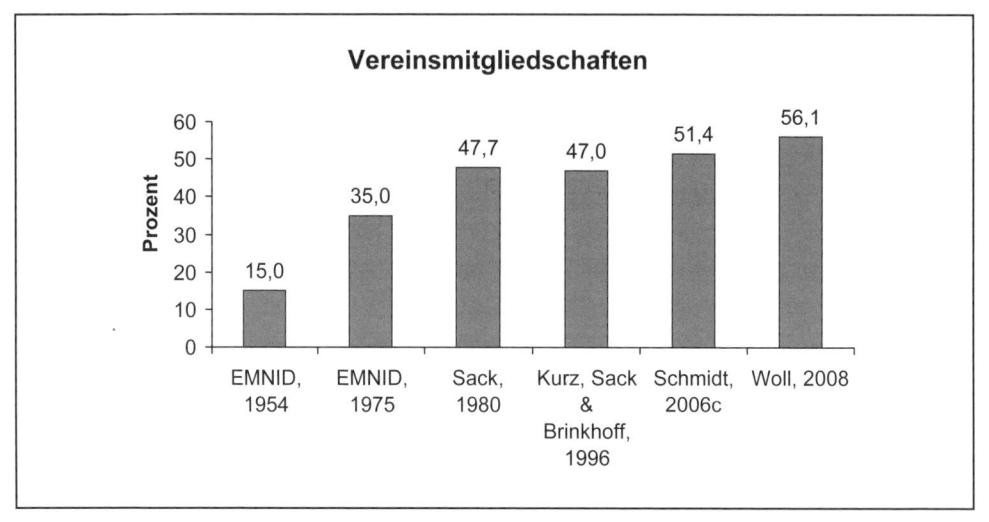

Quelle	Prozent
EMNID, 1954	15,0
EMNID, 1975	35,0
Sack, 1980	47,7
Kurz, Sack & Brinkhoff, 1996	47,0
Schmidt, 2006c	51,4
Woll, 2008	56,1

Abb. 20.1. Sportvereinsmitgliedschaften bei Kindern von 1954 bis 2008

Weitere Anhaltspunkte für die Bedeutung des Sportvereins im Kindesalter erhält man, wenn man über die Vorverlagerung (4-6 Jahre) hinaus die durchschnittliche Mitgliedsdauer (vgl. Kurz, Sack & Brinkhoff, 1996, S. 77) erfasst.
Demnach ist in der gesamten Kindheitsspanne die Rekrutierungsquote (jetzige und ehemalige Mitglieder) in den letzten zehn Jahren noch einmal von 71 % (vgl. Kurz et al., 1996: jetzige Mitglieder: 47 %, ehemalige Mitglieder: 24 %) auf 87,5 % (vgl. Schmidt, 2006c, S. 105) angestiegen, wohingegen andere Vereinstypen kaum die 5 %-Marke erreichen (vgl. Strzoda & Zinnecker, 1996, S. 71; Schmidt, 2006c, S. 105). Fast neun von zehn Kindern sind mehrere Jahre Mitglied des Sportvereins.

Wie viel Zeit verbringen Kinder im Sportverein?
Hatten Kurz et al. (1996, S. 102) noch ein durchschnittlich zweimal wöchentliches Training im Sportverein ermittelt, so zeigen unsere neueren Daten (vgl. Schmidt, 2006c, S. 108), dass dies nur noch bei 50 % zutrifft, während bereits weitere 30 % drei- bis fünfmal in der Woche im Sportverein anzufinden sind.
Vergleichbare Ergebnisse betreffen die sogenannten Mehrfachmitgliedschaften im Sportverein (vgl. Kurz et al., 1996, S. 99; Schmidt, 2006c, S. 106). Knapp ein Drittel aller Sportvereinsmitglieder sind gleichzeitig in mehreren Sportarten aktiv.

Aufgrund der hohen Anzahl freiwilliger Mitgliedschaften und der Intensität und Häufigkeit der Sporttermine spricht Büchner (2001) von einem biographischen Lern- und Bildungspotenzial des Sportvereins.

Zinnecker und Strzoda (1996, S. 81-97) kommen hinsichtlich der allgemeinen Bedeutung von Freundschaft, Clique und sozialem Netzwerk zu folgendem Resümee:

> Bei Jungen ist offensichtlich alles entscheidend, ob sie an der sportiven Kultur teilnehmen oder nicht. Sportive Hobbys sind mit einer Zunahme sozialer Bindungen aller Art assoziiert, sowohl formeller (Verein, Schule) wie informeller (Jugendliche). Jungen ohne Sporthobby haben weniger Möglichkeiten zu sozialen Kontakten und dürften deshalb Nachteile beim Erwerb sozialen Kapitals haben.
> Bei Mädchen teilt sich das Feld der Hobbys. Auf der einen Seite finden wir Sport und Kunst/Musik. [...] Vereinfacht ausgedrückt sind es Mädchen mit einem Sport-Hobby [...], denen aufgrund der institutionellen Einbindung besonders die Möglichkeit zu spezifischen Freizeitlaufbahnen und damit zur Ansammlung von kulturellem (und auch sozialem) Kapital gegeben ist (Strzoda & Zinnecker, 1996, S. 76).

20.2.1 Die Schattenseiten der Versportung

Mit der Einführung jüngerer Altersklassen ergeben sich jedoch auch drei gravierende Probleme.

1. Lag der Kulminationspunkt (höchste Mitgliedsrate) 1980 (vgl. Sack, 1980) noch bei 14 Jahren, so offenbart der zeithistorische Trend (vgl. Kurz et al., 1996: 12 Jahre; Schmidt, 2006c: 11 Jahre; vgl. Kap. 10: 7 Jahre) eine immer frühere Abkehr vom Sportverein.
2. Gleichzeitig nehmen die Fluktuations- und Drop-Out-Bewegungen zu. In unserer Gesamtstichprobe (vgl. Schmidt, 2006c: n = 2.006) stehen den 1.076 Jetzt-Mitgliedern (Jungen: 614; Mädchen: 462) 1.256 ehemalige Mitgliedschaften (Jungen: 670; Mädchen: 586, inkl. Mehrfachmitgliedschaften) gegenüber. Hinsichtlich der *Fluktuation* haben 55,5 % die Sportart einmal, 28,2 % die Sportart zweimal, 11,6 % die Sportart dreimal und 4,6 % die Sportart viermal gewechselt (vgl. ebd., S. 120). Viel häufiger als in anderen Untersuchungen werden fehlende individuelle Erfolge und Unzufriedenheit mit dem Übungsleiter oder der Gruppe als Wechselgrund genannt.
3. Auch hinsichtlich der Drop-Out-Interpretation ergeben unsere Befunde ein etwas anderes Bild. Die prozentualen Daten in den großen Sportarten (z. B. Fußball) müssen nämlich relativiert werden, wenn wir die absoluten Zahlen (Jetzt und Ehemals in Relation) als Korrektiv heranziehen.

Tab. 20.1. Jungen, Jetzt-Mitgliedschaften und ehemalige Mitgliedschaften (Mehrfachantworten; vgl. Schmidt, 2006c, S. 121)

Rang-folge	Sportart	Jetzt-Mitglied (n = 614)		Ehemals-Mitglied (n = 670)	
		in %	absolute Zahlen	in %	absolute Zahlen
1	Fußball	50,5	310	51,5	345
2	Karate, Jiu-Jitsu	12,5	77	16,9	113
3	Basketball	9,6	58	7,5	50
4	Tennis	7,5	46	5,7	38
5	Tischtennis	7,3	45	7,6	51
6	Handball	6,0	37	4,0	28
7	Schwimmen	5,9	37	17,2	115
8	Judo, Ringen	5,4	33	12,8	87
9	Leichtathletik	4,2	26	6,0	40
10	Turnen	1,3	8	7,0	47

Danach erreicht der Fußballsport bei den Jungen nur Durchschnittswerte (310 vs. 345). Im Gegensatz dazu haben bereits drei von vier Schwimmern den Verein wieder verlassen. Noch dramatischer sind die Zahlen für die weiteren klassischen Schulsportarten, die Leichtathletik und das Turnen. Auch die Kampfsportarten stellen nur ein kindheitsspezifisches Übergangsphänomen dar.

Für alle drei traditionellen Sportarten gibt es strukturelle Ursachen: Die dramatischen Drop-Out-Bewegungen setzen dann ein, wenn man mit den individuellen Jahrgangsmeisterschaften beginnt. In diesen Sportarten wirken aufgrund der frühzeitigen Wettkampforientierungen individuelle Misserfolge belastender als z. B. in Mannschaftssportarten.

Von den klassischen Mädchensportarten verzeichnet nur das Reiten bei der Drop-Out-Quote unterdurchschnittliche Werte. Die höchste Quote beim Ballett erklärt sich durch die Beeinflussung der Kinder seitens der Mütter (beim frühzeitigen Eintritt im Alter von 4 Jahre). Aber: Vier von fünf Mädchen verlassen den Turnverein, drei von vier Mädchen das Schwimmen. Leichtathletik scheint generell in der Lebenswelt von Mädchen keine Rolle mehr zu spielen. Auch hier müssten bei allen drei Sportfachverbänden strukturelle Ursachen überdacht werden.

Immer beliebter scheinen bei den Mädchen die Sportspiele zu werden: Die Drop-Out-Quoten in Fußball, Basketball, Tischtennis, Handball und Volleyball sind moderat.

Tab. 20.2. Mädchen, Jetzt-Mitgliedschaften und ehemalige Mitgliedschaften (Mehrfachantworten; vgl. Schmidt, 2006c, S. 122)

Rang-folge	Sportart	Jetzt-Mitglied (n = 462)		Ehemals-Mitglied (n = 586)	
		in %	absolute Zahlen	in %	absolute Zahlen
1	Reiten	22,3	102	9,6	56
2	Fußball	14,9	69	15,2	89
3	Tanzen	14,9	69	11,8	70
4	Schwimmen	12,6	57	27,5	161
5	Karate, Jiu-Jitsu	9,3	42	10,9	64
6	Basketball	8,4	38	7,8	45
7	Turnen	8,6	39	28,2	165
8	Volleyball	5,8	26	6,8	39
9	Tennis	4,5	20	6,8	41
10	Tischtennis	4,3	19	2,4	14
11	Handball	3,7	17	3,0	18
12	Judo, Ringen	< 2	9	4,6	27
13	Leichtathletik	< 2	9	11,6	67
14	Ballett	< 2	4	12,3	71

Generell können die Fluktuations- und Drop-Out-Bewegungen aber nicht allein mit dem geringeren Aktivitätsausmaß des zunehmenden Alters erklärt werden:

– Der Vereinssport für Kinder ist zu früh auf Wettkampf und Leistungsvergleich ausgelegt und frustriert diejenigen, die weder den Leistungskriterien genügen (z. B. Mannschaftsspieler, schlechter individueller Ranglistenplatz) noch zwischenmenschlich akzeptiert werden.
– Gerade im jüngsten Lebensalter (4-12 Jahre) arbeiten die am wenigsten pädagogisch-psychologisch qualifizierten Trainer, deren autoritärer Führungsstil (vgl. Schmidt, 1994a, 1994b, 1995) heutzutage bei veränderten Erziehungsvorstellungen auf wenig Gegenliebe bei bildungsbewussten Eltern und/oder leistungsschwächeren Kindern stößt.

20.3 Kindersport: Biographische Bildung am Nachmittag

„Wenn über den Wandel von Kindheit diskutiert wird, stehen immer wieder die Veränderungen in der Terminkultur zur Debatte" (Fuhs, 1996, S. 130). In den Sozialwissenschaften (vgl. Büchner, Fuhs & Krüger, 1996; Zinnecker & Silbereisen, 1996, 1998) geht man bei diesen Modernisierungsprozessen davon aus, dass solche einmal am Nachmittag installierten Termine:

- zu einem Fixpunkt des individuellen Freizeitplans werden (vgl. Schmidt, 2006c, S. 50-124),
- helfen, zusätzliche soziale und intellektuelle Ressourcen zu erwerben (Schaffung kinderkulturellen Kapitals).

Im Zeittrend (1992-2006) können wir davon ausgehen, dass die Wahrnehmung derzeitiger Angebote sich sowohl ausdifferenziert als auch stabilisiert hat. Lag der Höchstwert der Nachmittagstermine 1992 (vgl. Deutsches Jugendinstitut [DJI], 1992) noch bei einem Termin, so nehmen heute (vgl. Schmidt, 2006c) ein Drittel aller Kinder zwei und ein Viertel aller Kinder schon drei Termine wahr.

Welche Bildungsangebote werden von Kindern verstärkt wahrgenommen?

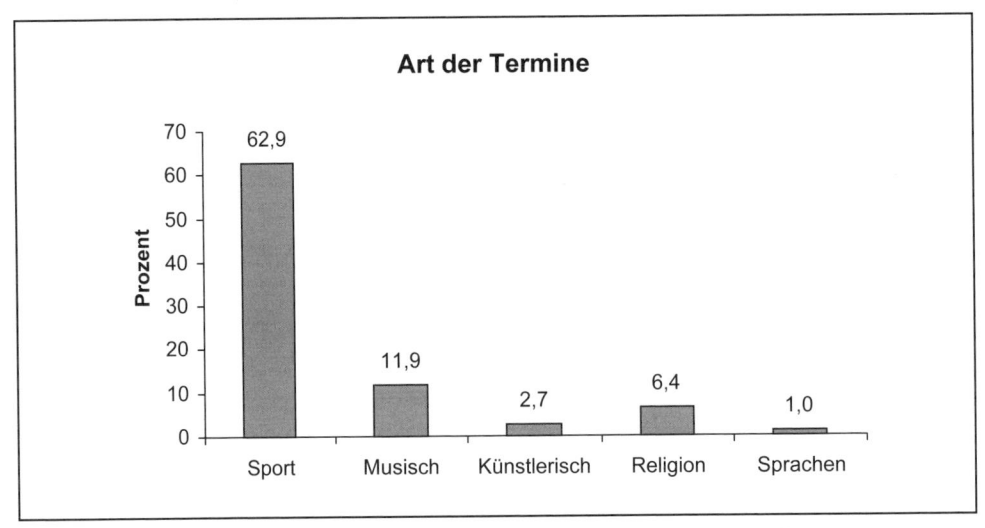

Art der Termine

Sport	Musisch	Künstlerisch	Religion	Sprachen
62,9	11,9	2,7	6,4	1,0

Abb. 20.2. Art der wahrgenommenen Termine (vgl. Schmidt, 2006c, S. 72)

Unsere Daten zeigen, dass im Kindesalter zwei Drittel aller wahrgenommenen Termine auf den Sport entfallen und sogar 80 % diese Termine als ihre Lieblingstermine bezeichnen.

> Moderne Kindheit findet – sobald die Schule zu Ende ist – recht oft in Sportvereinen statt. Aus empirischen Studien wissen wir, dass es wohl kaum eine Freizeittätigkeit im Kindesalter gibt, die für einen Großteil der Kinder größere Bedeutung hat und mehr Kinder anzieht, als der Sport. Dies gilt insbesondere für den im Verein organisierten Sport (Büchner, 1994, S. 46 f.; vgl. Büchner et al., 1996; Behnken & Zinnecker, 2001a; Büchner, 2001).

Die institutionalisierte Sportteilnahme kann inzwischen als „soziokulturelles Erkennungszeichen der Präadoleszenz angesehen werden" (Hasenberg & Zinnecker, 1996, 1998, S. 106).

Diese wissenschaftliche Sichtweise ist jedoch nicht ganz neu. Entwicklungspsychologische Darstellungen (vgl. Hetzer, 1927) betonen seit sehr langer Zeit den für dieses Lebensalter typischen unbändigen Bewegungs-, Spiel- und Sportdrang, insbesondere die Regelspiele, die schon damals 60 % der Nachmittagstätigkeiten erfasst haben. Hetzer (1927) geht aufgrund von Kinderbeobachtungen davon aus,

- dass man im Regelspiel vieles (im Selbstlauf) für die *kognitive und soziale Entwicklung* lerne, allerdings nur dann, wenn man den Kindern genügend Freiheit für das freie Spielen lasse,
- dass die Verbesserung des eigenen Könnens nicht nur das Vertrauen in die eigenen (körperlichen) Kräfte stärke, sondern auch das *Selbstwertgefühl* stabilisiere und verbessere,
- dass die Bindung an eine gemeinsame Sache (Spiel, Sport), gemeinsame Interessen und Vorlieben auch das Bedürfnis nach Gemeinschaftsfähigkeit und Zugehörigkeit stärke, so dass die Spielgruppen/Mannschaften eisern zusammenhalten (Akzeptanz gemeinsamer Normen und Werte),
- dass im späten Kindesalter sogar das eigene Können bereits reflektiert werde (realistische Selbsteinschätzung; vgl. Remplein, 1971, S. 307-361; Schmidt & Eichhorn, 2007, S. 9-65).

Gegenüber diesen entwicklungspsychologischen Deutungen von Regelspiel-Effekten des frühen 20. Jahrhunderts betonen heutige sozialwissenschaftliche Deutungen stärker „eine *biographisch frühe Spezialisierung* der Kinder auf eine oder mehrere Sportarten und die Teilnahme von Kindern am Vereinssport" (Büchner, 2001, S. 84), verbunden mit einer „altersbezogenen Vorverlagerung" der selbstständigen Sportteilhabe.

Gemäß Behnken und Zinnecker (2001a, S. 870) erwerben Kinder in diesen außerschulischen Lernsituationen grundlegende *Schlüsselqualifikationen*. Die Regelmäßigkeit der Teilnahme, so Büchner (2001), sei ein grundlegender Indikator für den erheblichen Stellenwert im kindlichen Lebensalltag, der als *wichtiger kindlicher Erfahrungsraum* und als *wesentliches biographisches Lernumfeld* anzusehen sei. Biographische Bildung in außerschulischen Lernzusammenhängen finde schwerpunktmäßig hier „in der individuellen Auseinandersetzung mit der inneren und äußeren Welt" und „in der Begegnung mit anderen statt". Diese Interaktionen dienen dazu, „die Grenzen der individuellen und sozialen Möglichkeiten zu erweitern" und in einen „lebenslaufbezogenen Sinnzusammenhang" zu bringen (vgl. ebd., S. 895; Schäfer, 1995; Leu, 1999). Diese *Spezialkultur* biete eine Sinnwelt an, die den kindlichen Erwartungen entspreche. Das Akzeptanzniveau im Hinblick auf die angetroffenen Wert- und Normvorstellungen sowie Regeln und Ordnungsmuster sei aufgrund von Freiwilligkeit und Interessenorientierung stabil, woraus sich auch die starke Bindung an diese Wahlgemeinschaft erkläre.

Die biographische Bildungswirksamkeit der Kindersportkultur in Form von *Prozessen der Selbst-Bildung* (vgl. Leu, 1999) sei in der Tatsache begründet, dass Kinder sich selbständig attraktive Angebote aussuchen, Zeit und Lernarbeit investieren, soziale Netzwerke knüpfen und Fähigkeiten erwerben, die das Persönlichkeitsprofil stärken.

> Der ‚Selbst-Bildungsgehalt' der Kindersportkultur ist außerdem gerade in dieser Altersphase besonders bedeutsam, weil er im Spannungsfeld zwischen anderen Bildungsmöglichkeiten (z. B. Familie oder Schule) angesiedelt ist und eine Art Brückenfunktion für eine zunehmende Elternunabhängigkeit der Kinder hat (Büchner, 2001, S. 896).

Mögliche Effekte und Wirkungen, so Kalthoff (1997), seien darauf zurückzuführen, dass es neben der eigentlichen Teilnahme an sportiven Angeboten immer auch ein Davor, Dazwischen und Danach gebe, so dass die besondere Sozialität, seien es Teamgeist, Zugehörigkeit oder Ehrgeiz und Wettbewerbsdenken, immer mit einer explizit oder implizit angeleiteten *Formung des Selbs*" verbunden sei.

Zusammenfassend lässt sich feststellen, „die Kindersportkultur hat also eine zentrale Stellung in Zusammenhang mit biographischen Planungs- und Entscheidungsprozessen im Kindesalter" (Büchner, 2001, S. 897), womit letztlich Prozesse der Selbstbildung (vgl. Leu, 1999), lebenslaufbezogene Sinnzusammenhänge (vgl. Schäfer, 1995) oder biographische Bildungsprozesse (vgl. Büchner, 2001) erklärt werden.

20.4 Zur Attraktivität des Sportvereins aus Kindersicht

Unsere aktuellen Daten (vgl. Schmidt, 2006c: n = 2.006; Schmidt & Eichhorn, 2007) zeigen, dass es circa 80 % der Kinder im Sportverein (5er-Skalierung) sehr gut oder ziemlich gut gefällt, überraschenderweise unabhängig vom Geschlecht (vgl. Schmidt, 2006c, S. 112) oder der Ethnie (vgl. Schmidt, 2006d, S. 34). Die subjektiven Gründe für den Vereinseintritt der Kinder lassen zwei größere gleichgewichtige Motivbündel erkennen:

1. Motive, die auf soziale Einflüsse hindeuten (Freunde, Bekannte, Elterneinfluss).
2. Eine sachbezogene Motivation für ihre Lieblingssportart.

Auch im Zeittrend (vgl. Kurz & Sonneck, 1996, S. 131; Brinkhoff & Sack, 1999, S. 102 f.) erweisen sich diese beiden Motivbündel als stabil.

71,9 % unserer Mädchen und Jungen beurteilen ihren Trainer sehr gut bzw. ziemlich gut (vgl. Brinkhoff & Sack, 1999: 71,3 %). Überraschenderweise entfällt die

Mehrzahl der Zustimmungsgründe auf die positive Einschätzung seiner zwischenmenschlichen Kompetenzen (vgl. Schmidt, 2006c, S. 114; Brinkhoff & Sack, 1999, S. 131). Einschränkungen gelten jedoch der Tatsache, dass diese Urteile sich auf den Trainingsbetrieb im engeren Sinne beziehen, wohingegen nur 26 % der Kinder (vgl. ebd., S. 130) glauben, dass Trainer auch ihre allgemeine persönliche Entwicklung jenseits des Sports kennen, berücksichtigen oder dafür Interesse zeigen.

Hinsichtlich der Bindung an einen Sportverein unterstreichen die Daten Kinderaussagen zur positiv individuellen Zufriedenheit sowie zur positiv wahrgenommenen Gruppen-/Mannschaftszugehörigkeit, unabhängig von Geschlecht, Ethnie und sozialer Herkunft (vgl. Tab. 20.3; Schmidt, 2006c, S. 115; Schmidt, 2006d, S. 64 f.).

Tab. 20.3. *Bindung an den Sportverein (5er-Skalierung; Zusammenfassung der Kategorien: gern/sehr gern, n = 2.006; vgl. Schmidt, 2006c, S. 115)*

	Jungen	Mädchen	Gesamt
wegen Atmosphäre, positiver Stimmung	68,6 %	78,8 %	72,4 %
Mannschaftszugehörigkeit	72,8 %	58,5 %	66,2 %
wie ein Leistungssportler trainieren	54,7 %	28,6 %	42,5 %

Die überragende Bedeutung der positiven Befindlichkeits- und Stimmungskomponente unterstreicht die in der allgemeinen „Klima-Forschung" bekannte Wahrnehmung positiven Beziehungsmanagements (vgl. DSB, 2006; Ulich, 2001, S. 73; Ulich, 1998, S. 382).

Zwei Drittel aller Mädchen und Jungen ist es darüber hinaus wichtig, zur Gruppe/Mannschaft zu gehören. Diese hohe gruppenspezifische Identifikation untermauert die herausgehobene soziale Bedeutung der Sportvereine.

Die fast doppelt so hohe individuelle Leistungsbereitschaft der Jungen (54,7 %) gegenüber den Mädchen (28,6 %) unterstreicht deren bereits bekannte individuelle Könnensorientierung (vgl. Berndt & Menze, 1996, S. 415 ff.). „Jungen imaginieren mit dem Trainieren von Sportarten Statusgewinn und Größenselbst" (Hasenberg & Zinnecker, 1998, S. 122).

Bereits 10-Jährige haben mehr oder weniger klare Vorstellungen über ihr individuelles Können und/oder ihr sportliches Selbstbild, das durch bereits erzielte Punkte/Meisterschaften bzw. den Stolz auf ihre sportlichen Leistungen im Leben (vgl. Hasenberg & Zinnecker, 1998) stabilisiert wird.

Dieses, mit Begriffen wie Können/Talent/Eignung verbundene komparative Selbstbild (vgl. Brinkhoff & Sack, 1999, S. 113-117), beschreibt die hohe Bedeutung des körperlichen Könnens bei Jungen und die implizit vorgenommenen Selbst- und Fremdeinschätzungen, eng verbunden mit der Ausbildung von Rangordnungen. Ältere entwicklungspsychologische Gesamtdarstellungen der Präadoleszenz (vgl.

Hetzer, 1927; Remplein, 1971) verweisen allerdings darauf, dass es sich nicht um ein spezifisches Erkennungsmerkmal der Postmoderne des 21. Jahrhunderts handelt.

Geschlechtsspezifische Unterschiede lassen sich über die Wahrnehmung/Einschätzung/Bedeutung des individuellen Könnens auch für die Komponente *Zugehörigkeit* feststellen. Bei den Mädchen dominieren in allen Untersuchungen (vgl. Zinnecker & Silbereisen, 1996, 1998; Berndt & Menze, 1996; Brinkhoff & Sack, 1999) weitere soziale Einflüsse (z. B. etwas für die Gruppe tun, wie in einer Familie leben) die Bindungskomponente.

> Die hohe Bedeutung des Gemeinschaftsaspekts ist auf allen Leistungsniveaus zu verzeichnen. [...] Die hohe Relevanz des Gemeinschaftsmotivs kann gedeutet werden als verstärktes Streben nach Zugehörigkeit, was wiederum eine identitätsstiftende Funktion für Mädchen in sich trägt (Süßenbach, 2004, S. 114).

Darüber hinaus betonen Mädchen sehr viel stärker das „Zusammenspiel" innerhalb einer Gruppe/Mannschaft (auf und außerhalb des Spielfeldes) und favorisieren viel eher eine egalitäre Sozialstruktur (vgl. Süßenbach, 2004, S. 115).

Betrachtet man die Befunde zur Attraktivität des Sportvereins aus Kindersicht, auf der Hintergrundfolie entwicklungs- und sozialisationstheoretischer Untersuchungen und Modelle, zeigen sich zwei zentrale Merkmale:

1. Entwicklung einer eigenen Kompetenz-, Könnens- und Erfolgseinschätzung (positives Selbstwertgefühl).
2. Gefühle von sozialer Anerkennung und Zugehörigkeit (soziale Akzeptanz).

Beide Merkmale führen zur Einschätzung individuellen Wohlbefindens in der Gruppe. Damit eröffnet der Kindersport – wie kaum ein anderer Bereich in diesem Lebensalter – Chancen in Richtung einer gelungenen Identitätskonstruktion.

Soziale Anerkennung gibt jedem einzelnen Subjekt jenes zentrale Gefühl von Zugehörigkeit. Bestätigung durch andere hilft, das Selbstwertgefühl zu stabilisieren. Soziale Anerkennung im sportiven Kontext erfolgt über die eigene (und fremde) Einschätzung der körperlichen Leistungsfähigkeit und über Begabungseinschätzungen, die subjektiv positive Befindlichkeitsbefunde zur Folge haben.

Nicht vergessen werden darf die Chance des Kindersports, den individuellen Umgang mit Leistung und Erfolg, mit Mängeln und Grenzen, in der gesicherten Gemeinschaft zu erproben. Darüber hinaus fühlen sich alle Probanden erfolgreich, wenn sie merken, dass sie neue Fertigkeiten erlernen und ihr individuelles Können verbessern.

20.5 Sportartpräferenzen: Ausdifferenzierung und Konzentration

Charakteristisch für die Kindersportszene der 1990er-Jahre sind Modernisierungstendenzen des Alltags, vom „kindlichen Spiel" hin zur „sportiven Kindheit" (vgl. Schmidt, 1996a, 1998, 2006b), verbunden mit einer Ausdifferenzierung institutionalisierter Termine (= Terminisierung; vgl. Büchner et al., 1996) am Nachmittag, in der Mehrzahl Sportvereinstermine (62,9 %; vgl. Kap. 20.2; Schmidt, 2006c). Hatte sich der Sport im Kindesalter (1950-1960) auf wenige Sportarten (Fußball, Handball, Leichtathletik, Turnen, Schwimmen) beschränkt, so erfassen seit den 1990er-Jahren die Statistiken der Landessportbünde (vgl. Kurz et al., 1996, S. 119; Schmidt, 1998, S. 128) mehr als 50 von Kindern betriebene Sportarten. Diese Ausdifferenzierung institutionalisierter Sportvereinstermine am Nachmittag schreitet im Zeittrend weiter voran (vgl. Tab. 20.4.; Strzoda & Zinnecker, 1996, 1998; Büchner & Fuhs, 1993; Kurz et al., 1996; Brinkhoff & Sack, 1999; Schmidt, 1996a, 1998, 2002, 2006a, 2006b). Darüber hinaus lassen sich für Jungen und Mädchen unterschiedliche Ausdifferenzierungs- und Konzentrationsprozesse (vgl. Tab. 20.4 und 20.5) beobachten.

20.5.1 Jungen

Tab. 20.4. *Ranking von im Verein betriebenen Jungensportarten im Zeittrend (vgl. Strzoda & Zinnecker, 1996; Brinkhoff & Sack, 1999; Schmidt, 2006c: Alter 10-14 Jahre; inkl. Mehrfachmitgliedschaften)*

Strzoda & Zinnecker (1996)		Brinkhoff & Sack (1999)		Schmidt (2006)	
Fußball	26 %	Fußball	42,6 %	Fußball	50,5 %
Tennis	11 %	Schwimmen	14,2 %	Karate, Jiu-Jitsu	12,5 %
Kampfsport	10 %	Handball	8,1 %	Basketball	9,6 %
Mannschaftssport	6 %	Tischtennis	7,4 %	Tennis	7,5 %
Tischtennis	4 %	Judo	6,8 %	Tischtennis	7,3 %
Turnen	4 %	Tennis	6,1 %	Handball	6,0 %
Schwimmen	2 %	Turnen	3,7 %	Schwimmen	5,9 %
Reiten	2 %	Leichtathletik	3,4 %	Judo, Ringen	4,2 %
		Basketball	2,0 %	Leichtathletik	4,2 %
				Turnen	1,3 %

Welche Trends lassen sich erkennen?

- Erwartungsgemäß gewinnen bei den Jungen die *Sportspiele* an Bedeutung (vgl. Brinkhoff & Sack, 1999: 66,2 %; Schmidt, 2006c: 80,9 %). Neben der zunehmend herausgehobenen Position des Fußballspiels gewinnt Basketball an

Beliebtheit, während Tennis, Tischtennis und Handball zeit- und trendunabhängig gut nachgefragt sind, so dass wir heute von einer monopolartigen Dominanz der Sportspiele sprechen können.
- Gleichzeitig nimmt das Interesse am Kampfsport zu, allerdings beschränkt auf das späte Kindesalter (vgl. Schmidt, 1998, S. 130).
- Für die Jungen (vgl. Brinkhoff & Sack, 1999: Spiele und Kampfsport: 73 %; Schmidt, 2006c: Spiele und Kampfsport: 97,6 % – hier sind Mehrfachmitgliedschaften zu berücksichtigen) können wir also trotz einer Ausdifferenzierung heute rein quantitativ eine Konzentration auf wenige Sportarten diagnostizieren.
- Im Zeittrend verlieren die klassischen Schulsportarten (vgl. Kurz et al., 1996, S. 119; Schmidt, 1998, S. 130) Leichtathletik und Turnen völlig an Bedeutung und „gehören in diesen Pool der ‚Kleinen'" (Kurz et al., 1996, S. 115), was in eingeschränkter Form auch für das Schwimmen gilt.

20.5.2 Mädchen

Tab. 20.5. Ranking von im Verein betriebenen Mädchensportarten im Zeittrend (vgl. Strzoda & Zinnecker, 1996; Brinkhoff & Sack, 1999; Schmidt, 2006c: Alter 10-14 Jahre; inkl. Mehrfachmitgliedschaften)

Strzoda & Zinnecker (1996)		Brinkhoff & Sack (1999)		Schmidt (2006)	
Turnen/Gymnastik	11 %	Turnen	26,2 %	Reiten	22,3 %
Schwimmen	8 %	Schwimmen	20,9 %	Fußball	14,9 %
Kampfsport	7 %	Leichtathletik	10,7 %	Tanzen	14,9 %
Reiten	6 %	Tennis	7,8 %	Schwimmen	12,6 %
Tischtennis	3 %	Reiten	5,8 %	Kampfsport	12,3 %
Tennis	3 %	Judo	4,9 %	Basketball	8,4 %
sonst. Mannschaftssport	4 %	Handball	3,5 %	Turnen	8,0 %
Fußball	1 %	Tanzen	3,5 %	Tennis	4,5 %
		Gymnastik	2,9 %	Tischtennis	4,3 %
		Fußball	2,4 %	Handball	3,7 %

Bei den Mädchen, die wegen ihres breiteren Sportartenspektrums und der geringeren Vereinstreue als die moderneren Sportlerinnen (vgl. Berndt & Menze, 1996) bezeichnet werden, lassen sich darüber hinaus dynamische Veränderungen feststellen:

- Die Dominanz individuell-ästhetisch-kompensatorischer Sportarten (Turnen, Tanz, Gymnastik) verliert einerseits an Bedeutung und lässt andererseits einen

neuen Trend in Richtung Tanz/Gymnastik, weg vom klassischen Turnverein, erkennen.
- Die Bedeutung des Reitens nimmt im Zeittrend deutlich zu.
- Die Zahlen für das Schwimmen bleiben relativ konstant, sinken aber mit Beginn der Jahrgangsmeisterschaften dramatisch.
- Bei den Mädchen lässt sich ein deutlicher Modernisierungstrend in Richtung Kampfsport registrieren.
- Rein quantitativ hat auch bei den Mädchen der Sportspielbereich (Fußball, Basketball, Tennis, Tischtennis, Handball: 31,6 %) die größte Bedeutung, wobei der Fußballsport in den letzten zehn Jahren die größten Zuwachsraten verzeichnet.

Zusammenfassung

Trotz einer Ausdifferenzierung der institutionell betriebenen Sportarten lässt sich gleichzeitig – rein quantitativ – eine Konzentration auf wenige Sportarten feststellen: Bei den Jungen dominieren Sportspiele und Kampfsport, die auch bei den Mädchen die größten Zuwachsraten verzeichnen, obwohl deren Sportartenspektrum insgesamt breiter ist. Die individuellen Schulsportarten (Turnen, Leichtathletik, Schwimmen) verlieren im Zeittrend bei beiden Geschlechtern weiterhin an Bedeutung.

20.6 Sportvereinskarrieren von Kindern

Angesichts der Vielfalt institutioneller Angebote verliert die lebenslange Bindung an einen Verein bzw. eine Sportart ein wenig an Bedeutung. Kinder wechseln eher oder steigen aus (seltener), wenn das momentane Sportvereinsangebot nicht mehr im Einklang mit eigenen Zielsetzungen gebracht werden kann (vgl. Bräutigam, 1993; Schmidt, 1998, 2002, 2006a, 2006b, 2006c, 2006d).
Im Hinblick auf diese unterschiedlicher werdenden Sportvereinskarrieren lassen sich vereinfacht vier unterschiedliche Muster/Typen identifizieren.
Typ I zeichnet sich durch Langfristigkeit und Beständigkeit des Engagements aus. Diese Kinder zeigen von Anfang an ein besonderes Interesse an einer Sportart, erhalten positive elterliche Unterstützung für ihr Engagement und entfalten ein sich schnell entwickelndes und stabilisierendes, eigenes Begabungs- und Fähigkeitskonzept. Im Zentrum der positiven subjektiven Wahrnehmungs- und Bewertungsprozesse stehen:

- die erfolgreiche Bewältigung sportartspezifischer Anforderungen,
- die wahrgenommene Verbesserung eigener Fähigkeiten und
- die positive Qualität der sozial-emotionalen Beziehungen in der Sportgruppe.

Charakteristisch ist die Tatsache, dass diese Kinder

> im Verlauf ihres Vereinsengagements eine innere Bindung nicht nur aufbauen, sondern zunehmend stabilisieren und intensivieren können. Im Ergebnis stellt sich ein hoher Identifikationsgrad mit der Sportart und dem Verein ein (‚Ich bin Basketballer', ‚Ich bin Blau-Weißer'). Dieses sportbezogene Selbstkonzept wird integraler Bestandteil der Identität und liefert ein beständiges Potenzial der eigenen Identitätssicherung (Bräutigam, 1993, S. 110).

Diese Art der Teilnahme setzt gleichzeitig voraus, dass man gut in den Trainings- und Wettkampfbetrieb integriert ist.

Typ II zeichnet sich durch einen einmaligen (zweimaligen) Sportarten-Wechsel aus. Die Sportkarriere beginnt im frühen Kindesalter, unter Einfluss anderer Personen. Klassische Einstiegssportarten für Mädchen sind Ballett/Tanz, Turnen/Gymnastik und Schwimmen, für Jungen Fußball, Schwimmen und Kampfsport. Umstrukturierungen erfolgen dann, wenn Erfolge ausbleiben bzw. sich die Trainingshäufigkeit und -intensität erhöhen (z. B. Schwimmen/Turnen: Jahrgangsmeisterschaften). Der Wechsel zu einer anderen Sportart ist kein punktuelles Ereignis. Umorientierungen sind mit praktischen Erfahrungen in der neuen Sportart verbunden, um die eigene Beurteilungssicherheit auszubilden und das eigene Begabungskonzept zu überprüfen. Der Wechsel basiert (im Gegensatz zur ersten Sportart) auf eigenen Entscheidungen. Er ist Ausdruck erhöhter Selbstständigkeit moderner Kinder. Die Ursachen für einen Sportartenwechsel lassen sich auf folgende Gründe zurück-führen:

- Fluktuation in der Sportgruppe, Wechsel des Trainers, Wettkampfstress und/oder nachlassende Erfolge,
- veränderte Angebote und Inszenierungen (erhöhter Zeit- und Trainingsaufwand),
- Diskrepanz zwischen Leistungsfähigkeit der Gruppe, eigenem Leistungsvermögen und/oder eigener Leistungsbereitschaft.

Neuerdings lässt sich bei Mädchen und Jungen – unabhängig von der Erstsportart – ein verstärkter Trend bei der Zweitsportart in Richtung „Soziales" und Mannschaftsspiel feststellen.

Typ III zeichnet sich meist durch ein vielfältiges Neben- und Nacheinander unterschiedlicher Mitgliedschaften in diversen Sportarten aus. Bei der Wahl des Vereins überwiegen meist pragmatische Gründe (z. B. Nähe, günstige Zeiten, Fahrgemeinschaft, Kinder aus der Nachbarschaft, Bekannte der Eltern, Modetrend). Insgesamt ist das Interesse am Sporttreiben stärker ausgeprägt als die spezifische Motivation für eine Sportart.

„Relative Bindung" bedeutet, dass entscheidende Wirkungen vom Sozialen, der Gruppe und/oder äußeren Umständen (Nähe, Zeit) ausgehen, die innere Sportartenbindung andererseits schwächer und folgenloser ist. Das heißt, das Verlassen eines Sportvereins hat keine gravierenden Nachteile, weil relativ schnell und/oder gleichzeitig die Suche nach etwas anderem einsetzt und eine komplette Sportabstinenz eher abgelehnt wird. „Mal gucken, ob's Spaß macht" (Bräutigam, 1993, S. 138), heißt aber auch immer, dass die Zeitinvestitionen, die Anstrengungs- und Leistungsbereitschaft begrenzt sind.

TYP IV zeichnet sich verstärkt dadurch aus, dass seine Wertschätzung des Sports primär durch andere geprägt und beeinflusst wird, seien es die Eltern, Freunde, Bekannte, Idole oder gar nur die hohe Wertschätzung, die der Sport allgemein unter Gleichaltrigen besitzt.

Die massive Einflussnahme anderer und die fehlende individuelle, positive Einstellung gegenüber einer Sportart führen dazu, dass keine tragfähige Motivkonstellation aufgebaut wird. Der von Anfang an dominierende extrinsische Charakter führt nicht zu einer intrinsisch angelegten Eigenmotivation, weil eine stabile Dysbalance von sportlichen Leistungsanforderungen und individuellen Leistungsvoraussetzungen gegeben ist und das individuelle Leistungs- und Begabungskonzept weit unter dem Durchschnitt liegt bzw. eingeschränkt ist (vgl. Bräutigam, 1993, S. 147 f.).

Aber es sind nicht nur die fehlenden Könnenserlebnisse, sondern auch die geringe Stärke der Integration in eine Gruppe bzw. eine emotional-soziale Distanz, das Gefühl, nicht wirklich zur Gruppe zu gehören und sportlich und sozial nicht akzeptiert zu werden.

20.7 Empirisch nachweisbare Effekte aktiver Sportteilnahme

Spätestens seit der *Brettschneider-Studie* (vgl. Brettschneider & Kleine, 2002) werden „die möglichen Wirkungen des Vereinssports" bei Kindern und Jugendlichen „im Sinne intraindividueller Veränderungen im physischen und psychosozialen Bereich" intensiv diskutiert. Allerdings lässt sich feststellen, dass Brettschneiders harsche Kritik „an programmatischen Äußerungen und formelhaften Glaubensbekenntnissen" (ebd., S. 23), d. h. „dass sportliche Aktivität nicht ‚per se' zu positiven Effekten führt" (ebd., S. 40), für das Kindesalter zu relativieren ist.

Danach ist „die Bedeutsamkeit von sportlicher Aktivität für die Gesundheit sowie für eine effektive Gesundheitsförderung unstrittig", so Sygusch, Brehm und Ungerer-Röhrich (2003, S. 66) in ihrer Meta-Analyse, wenn man von einer gewissen „Häufigkeit, Dauer und Intensität" des Sporttreibens ausgeht. Mit anderen Worten: Hier ist die Rede von Kindern, die zweimal wöchentlich im Verein trainieren, am Wochenende wettkampfmäßig tätig sind und drei Stunden Schulsport erhalten, was typisch für den durchschnittlichen Vereinssportler ist (vgl. Zinnecker & Silbereisen, 1996; Kurz et al., 1996; Brinkhoff & Sack, 1999; Schmidt, 1998, 2006c, 2006d).

Desgleichen zeigen alle empirischen Studien, die von subjektiven Gesundheits- und Befindlichkeitseinschätzungen ausgehen (vgl. Sack, 1996; Sygusch, 2000; Gogoll, 2001, 2003; Ulmer, 2002), dass Aktive und Hoch-Aktive gegenüber anderen über wesentlich positivere Gesundheitszustände berichten (vgl. Meta-Analyse; Sygusch et al., 2003, S. 67-70).

Ergänzende Untersuchungen zum „objektiven" Gesundheitszustand (vgl. Bös, Opper & Woll, 2002b) an Grundschulkindern zeigen gleichfalls, dass aktive Vereinsmitglieder wesentlich fitter als Nicht-Mitglieder sind.

Diese Ergebnisse zur Befindlichkeit sind umso bemerkenswerter, da im Kindesalter die Einschätzung der „körperlichen Leistungsfähigkeit [...] einen zentralen Stellenwert im globalen Selbst- und Körperkonzept einnimmt" (Sygusch et al., 2003, S. 75) und als „Mittel zur Bewältigung von Anforderungen der jeweiligen Lebensphase" angesehen wird. D. h. „zu den wichtigsten Ressourcen werden das Selbst- und Körperkonzept, der soziale Rückhalt sowie die Stimmung gezählt" (ebd., S. 75; vgl. Kap. 20.3).

In dieser Richtung sind auch die Ergebnisse der von Brettschneider mitverantworteten *SPRINT-Studie* (Sportunterricht in Deutschland: DSB, 2006, S. 136) zu deuten, wonach Jungen und Mädchen (vgl. Schmidt, 2006c, S. 93) auf einer 4er-Skala die *subjektive Befindlichkeit* (das Wohlbefinden) im Schulsport und Sport gegenüber der Schule durchschnittlich um einen ganzen Punkt (z. B. Jungen, 4. Klasse Schulsport: MW = 3,72, Schule: MW = 2,67) höher einschätzen.

Dieser hier nachgewiesene positive Einfluss der Befindlichkeit/des Klassenklimas auf das Selbstwertgefühl und die Erfolgszuversicht findet sich auch in allen neueren entwicklungspsychologischen Studien wieder (vgl. Ulich, 2001, S. 72-75). Diese positiven Effekte treten noch stärker bei sogenannten Extrem- bzw. Risikogruppen (z. B. muslimische Mädchen) zu Tage.

> Psychische Stärke, Zufriedenheit und fehlende Beschwerden können ebenso auf sportliche Beteiligung zurückgeführt werden, wie sie auch sportliches Engagement erleichtern können. Je eindeutiger Mädchen sich als psychisch stark einschätzen, je positiver sie ihr eigenes Körperbild einschätzen, desto mehr engagieren sie sich in ihrer Freizeit im Sport, desto häufiger treffen sie Freundinnen und Freunde beim Sport (Schmidt & Eichhorn, 2007, S. 35).

Boos-Nünning und Karakaşoğlu (2004, S. 26) interpretieren ihre empirischen Befunde zum hohen Sportengagement muslimischer Mädchen gar als Katalysator für lebensgeschichtlich bedeutsame Verselbstständigungsprozesse.

Unsere Einschätzungen zu Effekten des Sporttreibens haben dagegen angedeutet, dass *soziale Anerkennung und Zugehörigkeit* unabhängig von Geschlecht, Alter und Ethnie (vgl. Schmidt, 2006c; Schmidt & Eichhorn, 2007), als zentrale Voraussetzungen einer gelungenen Identitätskonstruktion anzusehen sind. Neuerdings bestätigt durch Befunde vom Brandenburger Längsschnitt 1998 bis 2002 (vgl.

Burrmann, 2005d, S. 329), wonach die im Längsschnitt Aktiven wesentlich positivere Selbsteinschätzungen und Aussagen zum Körperkonzept abgeben als jene, die ihre Sport-Karriere beenden. Dies gilt insbesondere für das Kindesalter.

> Die Sozialisationshypothese, wonach sportliche Aktivität zu einer positiven Entwicklung von Facetten des Selbstkonzepts beitrage, kann in der jüngeren Kohorte bestätigt werden. Vor allem das leistungsbezogene Körperbild, die Wahrnehmung von Figurproblemen und gesundheitlicher Labilität sowie der soziale Umgang mit gleich- und gegengeschlechtlichen Peers scheinen *bei regelmäßigem Sporttreiben* günstiger auszufallen (Burrmann, 2005d, S. 327).

Vergleichbare Befunde liefern Brettschneiders eigene Untersuchungen (vgl. Brettschneider & Kleine, 2002) im Hinblick auf das Kindesalter:

- Im Längsschnitt zeigen sich positive Effekte des Kindesalters (6. Klasse: 12 Jahre) im Hinblick auf das soziale Selbstkonzept (vgl. ebd., S. 223, S. 228 u. S. 234), das emotionale Selbstkonzept (vgl. ebd., S. 239) und vor allem auf das Körperkonzept (vgl. ebd., S. 257, S. 259, S. 263 u. S. 265).
- Weitere positive Zusammenhänge und langfristige Effekte zeigen sich in der *Paderborner Kinderstudie* (Brettschneider & Gerlach, 2004; vgl. Kap. 11), in der die „talentierten" Kinder: über ein positiveres Selbstwertgefühl verfügen und im Hinblick auf das positive sportbezogene Selbstkonzept signifikante Differenzen zu anderen Gruppen aufweisen.

Diese Sozialisationseffekte finden ihr Pendant in sozial- und entwicklungspsychologischen Studien (vgl. Krappmann, 1998; Ulich, 1998, 2001), wenn es um Aktive und Talentierte (= positive Gruppenauslese) geht.

Trotz dieser positiven Effekte des Sportvereins ist einschränkend Neuber (2006a, S. 45-50) zuzustimmen: Geht es Kindern und Jugendlichen aus ihrer Sicht hier primär um *Körper und Erfolg* sowie *Kontakt zu Anderen*. „Der Verein steht zunächst für ein traditionelles Sporttreiben, bei dem es um körperliche Anstrengung, Wettkampf und Erfolg geht" (ebd., S. 48).

Zusätzlich suchen Kinder im Hinblick auf ihre Entwicklungsmöglichkeiten „Unterstützung bei der Entwicklung sozialer Kontakte, dem Umgang mit ihrem Körper sowie der Entwicklung ihres Selbstbilds" (ebd., S. 48).

20.8 Zusammenfassung und Ausblick

Keine andere soziale Altersgruppe ist so eng mit dem System des Sports verknüpft wie das Kindesalter (vgl. Zinnecker & Silbereisen, 1996; Schmidt, 1997, 1998). Unsere neueren Analysen haben gezeigt, dass:

* Kinder bereits mit vier Jahren (41 %) bzw. fünf Jahren (53,8 %) Sportvereinsmitglied werden (vgl. Kap. 10),
* neun von zehn Kindern das Sportvereinssystem im Alter von vier bis zwölf Jahren (vgl. Schmidt, 2006d) nutzen,
* Kinder über soziale Einflüsse bei Vereinseintritt hinaus die Entwicklung eigener Kompetenzen und Gefühle von sozialer Anerkennung und Zugehörigkeit speziell im Sportverein besonders schätzen,
* Sozialwissenschaftler (vgl. Kalthoff, 1997; Leu, 1999; Büchner, 2001) die „starke Bindung an diese Wahlgemeinschaft" als prägende „biographische Erfahrung", als „Prozess der Selbst-Bildung" und als „Formung des Selbst" interpretieren,
* Sportwissenschaftler (vgl. z. B. Bräutigam, 1993) den Aufbau und die Stabilisierung einer inneren Bindung an die Sportart und den Sportverein als integralen Bestandteil der Identitätsentwicklung deuten,
* empirische Studien, unter Voraussetzung der Häufigkeit, Dauer und Intensität des Engagements (vgl. Sygusch et al., 2003) sportliche Aktivitäten für eine effektive Gesundheitsförderung verantwortlich machen,
* sich positive Effekte auf das emotionale und soziale Selbstkonzept sowie besonders das Körperkonzept empirisch nachweisen lassen (vgl. Brettschneider & Kleine, 2002; Brettschneider & Gerlach, 2004).

Alle diese Gründe führen dazu, dass Sport- und Sozialwissenschaftler (vgl. Kurz et al., 1996; Schmidt, 1998; Zinnecker & Silbereisen, 1996; Büchner, 1994, 2001) den Sportverein als die unangefochtene Nr. 1 der außerschulischen Kinder- und Jugendarbeit bezeichnen.

Andererseits darf nicht übersehen werden, dass eine zu frühe sportartspezifische Trainingsinszenierung und Wettkampforientierung (vgl. Schmidt, 1993, 1994a) eine immer frühere Abkehr vom Sportverein verursachen. Lag der Kulminationspunkt (höchste Mitgliedsrate) 1980 noch bei 14 Jahren (vgl. Sack, 1980), so ist er binnen weniger Jahre (vgl. Kurz et al., 1996: 12 Jahre; Schmidt, 2002, 2006b: 11 Jahre) in das frühe Schulkindalter (7 Jahre; vgl. Kap. 10) gerutscht.

Ein Überdenken des inhaltlichen Angebots aller Sportfachverbände

* in Richtung der Schulung allgemein-koordinativer und sportartübergreifender Anteile sowie einer spielerischen sportartspezifischen Vermittlung und
* einer verstärkten pädagogisch-psychologischen Qualifizierung der Kindertrainer

könnte kurzfristig dieser frühzeitigen Abkehr vom Sportverein entgegenwirken.

Werner Schmidt

21 Bewegungsräume und informelle Bewegungs-, Spiel- und Sportaktivitäten der Kinder

21.1 Einleitung

Die Bedeutung der subjektiven und selbstinitiierten Raumaneignung beschreibt Zinnecker (2001b, S. 116 f.) am Beispiel des Fahrradfahrens von 10-Jährigen:

> [...] mit dem Fahrradfahren trainieren sie körperliche Kompetenzen; gewinnen sie „geschlechtsbezogene Identität"; Fahrradfahren gewährt Unabhängigkeit und erhöht die Mobilität; Fahrrad ist ein Prestigeobjekt; über Fahrradfahren definieren Kinder Stufen auf dem Weg zum Älterwerden.

Durch Bewegungs-, Spiel- und Sportaktivitäten im informellen Rahmen würden Entwicklungsfortschritte nicht nur im motorischen, sondern auch im kognitiven, sozialen und emotionalen Bereich gefördert (vgl. auch Schmidt, 2003b; Lehmann, 2003; Janssen, 1991). Unter pädagogischen Gesichtspunkten sollte also möglichst allen Kindern – u. a. durch entsprechende Bewegungsräume in der Wohnumgebung – die Teilhabe an informellen Bewegungs-, Spiel- und Sportaktivitäten ermöglicht werden.

Im vorliegenden Beitrag wird von der plausiblen Annahme ausgegangen, dass Bewegungsräume die Möglichkeiten und Grenzen der Bewegungssozialisation mit definieren (vgl. bereits Baur, 1985, 1989). Die Verbreitung *informeller* Bewegungsaktivitäten dürfte entscheidend von vorhandenen lokalen und regionalen Gegebenheiten abhängig sein, wie sich etwa im Vergleich von Wohnumgebungen, städtischer und ländlicher, infrastrukturell gut ausgebauter und unterentwickelter Regionen aufzeigen lässt. Unabhängig von natürlichen Grenzen (z. B. Skiabfahrtslauf im Flachland), dürften insbesondere Kinder von räumlichen Restriktionen betroffen sein. Sie sind im Vergleich zu Jugendlichen und Erwachsenen weniger mobil, verfügen über einen geringeren Aktionsradius und dürften bei raumwirksamen Entscheidungen (z. B. Wahl des Wohnorts, Umzug) weniger einbezogen werden.

Bewegungsräume bestimmen also (neben anderen Sozialisationsbedingungen) einerseits mit, welche informellen Bewegungs-, Spiel- und Sportaktivitäten bei den Kindern zustande kommen, welche Bewegungserfahrungen dabei erworben und welche Orientierungen und Kompetenzen entwickelt werden können. Gleichwohl kann ein und derselbe (Bewegungs-)Raum von den Kindern unterschiedlich wahrgenommen, bewertet und genutzt werden. Es ist andererseits immer auch zu bedenken, dass bereits Kinder aktiv auf ihre Umwelt einwirken, indem sie vorhandene suboptimale Bewegungsräume durchaus uminterpretieren und ihren Bedürfnissen entsprechend anpassen können. In diese Dynamik werden vor allem auch das Alter und das Geschlecht der Kinder hineinspielen. Sie werden mit dem Alter fortschreitend selbständiger, erweitern ihre außerfamiliären Sozialkreise, lösen sich zunehmend vom Elternhaus und treffen eigene Entscheidungen, wenn auch geschlechtstypisch eingefärbt. Die These von der geschlechtertypischen Weitergabe der „Sportkultur" von den Eltern an die Kinder scheint nach wie vor Bestand zu haben (vgl. Aarnio, Winter, Kujala & Kaprio, 1997; Georg, Hasenberg & Zinnecker, 1996; Burrmann, 2005b).

21.2 Veränderungen in der Lebens- und Bewegungswelt von Kindern

Als spiel- und entwicklungsfördernd wird eine Wohnumwelt angesehen, die

> es dem Kind ermöglicht, Schritt für Schritt in unbekannte Bereiche vorzudringen, die aktives Handeln nicht behindert, sondern statt dessen fördert, die spontanes Verhalten ermöglicht statt durchgeplante Handlungsabläufe zu verlangen (Flade, 1993, S. 188; vgl. bereits Heckhausen, 1964).

Das Vorhandensein solcher anregender Wohn- und Bewegungsumwelten wird jedoch durchaus kontrovers diskutiert.
Auf der einen Seite wird herausgehoben, dass sich die Lebenswelt der Heranwachsenden radikal gewandelt habe, von der „Straßenkindheit" (vgl. Zinnecker, 1979) zur „verhäuslichten" und „verinselten" Kindheit (vgl. Zeiher & Zeiher, 1998) oder gar „Medienkindheit" (vgl. zsfd. Prenner, 1989; Schmidt, 1997, 1998). Die fortschreitende räumliche Differenzierung und Spezialisierung, das steigende Verkehrsaufkommen und hohe Verkehrsunfallraten bei Kindern hätten zu einem Bedeutungsverlust der Straße als Bewegungs-, Spiel- und Lernort geführt (vgl. Zinnecker, 1979). Kinder würden Aktivitäten zunehmend in Binnenräume verlagern (müssen). Insbesondere in den Städten könnten Bewegungs-, Spiel- und Sportaktivitäten nur noch an bestimmten Orten wahrgenommen werden. Dadurch würden bestimmte (sportartspezifische) Handlungs- und Bewegungsabläufe nahegelegt, während andere mögliche Formen der Bewegungs-, Welt- und Sozialerfahrung zugleich reduziert würden (vgl. Abu-Omar, Rütten & Schröder, 2004). So trage eine einseitige Ausstattung von Spielplätzen, zu starke Nutzungsvorgaben durch die Art der Geräte und zu wenig Raum auf den Plätzen zu dem bei vielen Kindern beobachteten einseitigen, kurzfristigen und eher individualistischen Spiel bei (vgl. zsfd. Engelbert & Herlth, 1993). Durch die Verdichtung des städtischen Wohnraums und durch das Entstehen neuer Siedlungsformen am Stadtrand sei eine wohnortnahe Erreichbarkeit von altersgerechten Sport- und Spielgelegenheiten immer seltener gegeben. Um entsprechende Angebote nutzen zu können, müssten die Kinder (und Eltern) mobil sein.

Die „In-Besitz-Nahme" von Bewegungsräumen erfolge vielfach in Begleitung und damit unter sozialer Kontrolle Erwachsener (vgl. Büchner, 1990). Die von den Kindern früher weitgehend eigenverantwortlich organisierten Freizeitaktivitäten würden zunehmend an institutionelle Orte verlagert. Immer jüngere Kinder würden heute statt informeller Bewegungsaktivitäten organisierte Sportangebote wahrnehmen (vgl. Büchner & Fuhs, 1993, 1999; zsfd. Schmidt, 1998). Das Verschwinden natürlicher Bewegungsräume und die intensive oder gar exzessive Mediennutzung führe – so Vertreter der *Bewegungsmangelthese* – zu einem Rückzug aus dem Sport, zumindest aber zu einer Reduzierung von Bewegungs- und Sportaktivitäten mit der Konsequenz, dass sich Defiziterscheinungen in der körperlichen und (sport)motorischen Entwicklung der nachwachsenden Generationen häufen würden.

Auf der anderen Seite mehren sich zu Recht die skeptischen Stimmen gegen die allzu kulturkritischen und sozialromantisierenden Sichtweisen (vgl. z. B. Heim, 2002a; Podlich & Kleine, 2003). Von den Vertretern der Bewegungsmangelthese würde (1) über weite Strecken eher spekuliert als auf der Grundlage von einigermaßen gesicherten empirischen Befunden argumentiert. So kamen bereits in den 1980er-Jahren empirische Studien zu dem übereinstimmenden Ergebnis, dass Kinder nach wie vor in erheblichem Umfang draußen spielen. Allerdings behindere und gefährde der Verkehr das Kinderspiel im Freien und wirke sich, zumindest bei Vorschulkindern, auch auf die Dauer von Spielkontakten mit anderen Kindern aus (vgl. zsfd. Engelbert & Herlth, 1993; Bründel & Hurrelmann, 1996; Limbourg & Reiter, 2003). Es würde (2) ein schlichtes Kausalmodell zugrunde gelegt, das einseitig die veränderten Lebens- und Bewegungswelten der Kinder für deren motorische und gesundheitliche Defizite verantwortlich mache (vgl. Thiele, 1999). (3) Die Selbsttätigkeit und das kreative Potenzial der Kinder werde unterschätzt, denn sie würden vorhandene Räume durchaus uminterpretieren und, wenn auch nicht immer reibungslos, für Bewegungsaktivitäten (zurück)erobern (am Beispiel eines Platzes zum Skaten: Rusch & Thiemann, 2003; vgl. auch Ledig, 1992). Sport sei (4) geradezu zu einer „jugendspezifischen Altersnorm" (vgl. Zinnecker, 1989) oder zum „soziokulturellen Erkennungszeichen der Präadoleszenz" (Hasenberg & Zinnecker, 1996, S. 106) geworden. Sportives Handeln, so Zinnecker (2001a), würde das traditionelle Kinderspiel jedoch nicht ablösen, sondern es fände eine Durchdringung und Gewichtsverlagerung statt:

> Statt z. B. nach Regeln zu tanzen und zu singen (Mädchen) oder gegeneinander Gruppenkriege auszutragen (Jungen), widmet sich die Kinderöffentlichkeit jetzt dem Straßenspiel und veranstaltet Wettrennen mit den neuartigen Bewegungsgeräten Roller und Fahrrad (ebd., S. 112).

Gesicherte empirische Befunde im Zeitverlauf liegen gleichwohl (fast) nur für den Vereinssport vor (vgl. im Überblick Baur & Burrmann, 2003b). Während der Organisationsgrad in Sportvereinen bei den Jugendlichen seit den 1980er-Jahren stagniert und derzeit für die Altersgruppe der 15- bis 18-Jährigen bei 62 % (Jungen) bzw. 42 % (Mädchen) liegt, stieg er im Kindesalter in den letzten Jahren kontinuierlich an und lag im Jahr 2006 für die Altersgruppe der 7- bis 14-Jährigen bei 76 % (Jungen) bzw. 59 % (Mädchen; vgl. Deutscher Olympischer Sportbund [DOSB], 2006; vgl. Kap. 10 und 20). Kritisiert wird (5) die unzulässige Verallgemeinerung der Konzepte der kindlichen Raumaneignung. Sozialstrukturelle Merkmale wie z. B. Geschlecht, soziale Herkunft oder Region seien in der (sportwissenschaftlichen) Diskussion nicht aus-reichend berücksichtigt worden. Vor allem Stadtkinder würden einen „verinselten" Lebensraum vorfinden; insbesondere Jungen aus dem Arbeitermilieu hätten in den 1950er-Jahren auf der Straße gespielt (vgl. zsfd. Heim, 2002a).

Sieht man davon ab, dass die skizzierten Positionen auch aus „einseitigen" und nicht verkoppelten Untersuchungsansätzen resultieren könnten, bleibt gleichwohl eine widersprüchliche Befundlage zu konstatieren, die – Datenvalidität unterstellt – so zusammengefasst werden kann: Obwohl sich heutzutage die allermeisten Heranwachsenden in erheblichem Umfang – und dies wahrscheinlich mehr als zu früheren Zeiten – am (organisierten) Sport beteiligen, lassen sich zugleich Defizite in deren (sport)motorischen Leistungsfähigkeit registrieren, die offenbar heutzutage deutlicher in Erscheinung treten als bei früheren nachwachsenden Generationen. Bei der Suche nach einer plausiblen Auflösung dieses Widerspruchs kommen u. a. auch die bislang selten berücksichtigten informellen Bewegungs-, Spiel- und Sportaktivitäten in den Blick. Denn möglicherweise haben sich mit den veränderten Lebens- und Bewegungswelten der Kinder auch die informellen Bewegungs-, Spiel- und Sportaktivitäten der Kinder gewandelt. Ziel des folgenden Überblicksbeitrags ist es, auf der Grundlage vorliegender empirischer Studien zu eruieren, in welchem Ausmaß (vgl. Kap. 21.4) und an welchen Orten (vgl. Kap. 21.5) sich Kinder an informellen Bewegungs-, Spiel- und Sportaktivitäten beteiligen. Außerdem wird untersucht, inwieweit informelle Sportengagements von räumlichen Gegebenheiten abhängen. Abschließend werden die wichtigsten Ergebnisse zusammengefasst und Forschungslücken aufgezeigt (vgl. Kap. 21.6).

21.3 Datengrundlage und methodische Einschränkungen

Zur Beantwortung der aufgeworfenen Fragen wird auf unterschiedliche Datenquellen zurückgegriffen: (1) mündliche und/oder schriftliche Befragungen der Kinder und Eltern: die regelmäßig durchgeführten Studien *Kindheit und Medien* (www.mpfs.de), das *LBS-Kinderbarometer* (www.kinderbarometer.de; vgl. Fries, 2002; Klöckner, Stecher & Zinnecker, 2002) und das *DJI-Kinderpanel* (vgl. Steinhübl, 2005) sowie einige Querschnittstudien (vgl. Ledig, 1992; Hasenberg & Zinnecker, 1996; Herzberg, 2001; Wilk & Bacher, 1994); (2) meist querschnittlich angelegte Kinder- und Jugendsportsurveys (vgl. Baur & Burrmann, 2000; Baur, Burrmann & Krysmanski, 2002; Brinkhoff & Sack, 1999; Kurz, Sack & Brinkhoff, 1996; Schmidt, 2006c; Längsschnittstudie: Burrmann, 2005d), (3) Arbeiten zur kommunalen Sportentwicklung (vgl. Hübner, Pfitzner & Wulf, 2004), (4) Zeitbudgetstudien (vgl. Kleine, 2003; Podlich & Kleine, 2003; Engelbert, 1986) und (5) qualitative Untersuchungen in Form von Aufsätzen (vgl. Laging & Rabe, 2004), Tagebuchprotokollen (vgl. Kustor, 1996) oder subjektiven Landkarten (vgl. Bissigkummer-Moos, Lutz & Pasquale, 1996). Um einen möglichst aktuellen Überblick über die Bewegungsräume und den darin ausgeübten informellen Bewegungsaktivitäten zu erhalten, werden vornehmlich Daten ab den 1990er-Jahren herangezogen.

Keine Studie erfasst Bewegungsräume und informelle Bewegungsaktivitäten in der gesamten Breite. Es handelt sich also eher um das Zusammensetzen von Puzzleteilen zu einem (möglichst) vollständigen Bild. Dieses Unterfangen ist mit einigen methodischen Einschränkungen verbunden, die bei der Interpretation der Befunde berücksichtigt werden müssen: (1) Informelle Bewegungs-, Spiel- und Sportaktivitäten werden außerhalb von Organisationen praktiziert und durch die Beteiligten situationsgebunden selbst arrangiert. Dabei stehen nicht nur die „technischen und taktischen Muster" zur Disposition, sondern vor allem auch die zeitlichen, räumlichen und sozialen Rahmungen, die durch die Teilnehmer weitgehend selbst vereinbart und definiert werden (vgl. auch Baur & Burrmann, 2004). Insofern können Momente des Spiels (play vs. game), von Kreativität und Stilisierung, von Subjektivität und Sinnlichkeit, von Sozialität im Hier und Jetzt im informellen Sport sehr viel stärker in Erscheinung treten als etwa im vereinsorganisierten (Wettkampf-)Sport (vgl. z. B. Alkemeyer, 2003; Schwier, 2004; Telschow, 2000; Balz, 2004). (2) Informelle Bewegungs-, Spiel- und Sportaktivitäten werden aus naheliegenden Gründen vornehmlich draußen betrieben. Kleine (2003) differenziert beispielsweise zwischen Naturraum (Gewässer, Naturwege, Wald, Wiese), Verkehrsraum (Platz, Straße, Wege), privatem Außenraum (Hof, Garten, Terrasse, Garageneinfahrt), Kinderraum (Spielplatz, Bolzplatz), Gemeinschaftsraum (Festplatz, Park, Grünanlage) oder Verbotsraum (Bahnhofsgelände, Baugelände), die vor allem für informelle Bewegungsaktivitäten genutzt werden. Institutionsräume (Schulgelände, Sportplatz, Tennisplatz) und Kommerzräume (Schwimmbad, Reitstall) dürften eher formellen Bewegungsaktivitäten vorbehalten bleiben, obwohl eine klare Trennung nicht vorgenommen werden kann. (3) Für Kinder dürften vor allem Bewegungsräume in der Wohnumgebung und weiter entfernt liegende Orte, die sie aber noch allein und ohne Einwilligung der Eltern aufsuchen dürfen, sozialisationsrelevant sein (vgl. Flade, 1993). Der „Schweif- und Streifraum" (vgl. Muchow & Muchow, 1935) zum Ausüben informeller Bewegungsaktivitäten dürfte sich jedoch mit zunehmendem Alter ausweiten und auch interindividuell – z. B. geschlechtertypisch – variieren. (4) Ebenfalls muss auf das subjektive Verständnis von Sport, das die Befragten ihrem Antwortverhalten zugrunde gelegt haben, rekurriert werden, wenn z. B. nach der Häufigkeit des Sporttreibens gefragt wird. Möglicherweise zählen Heranwachsende Alltagsbewegungen wie Treppen steigen oder das Rad fahren zur Schule zum Sport. (5) Unterschiedliche Fragestellungen und Indikatoren erschweren Vergleiche zwischen den Erhebungen. Systematische Zeitreihenanalysen liegen zwar für den Vereinssport, nicht aber für den informellen Sport vor. (6) Die Daten konzentrieren sich auf Untersuchungen, die meist in ausgewählten alten oder neuen Bundesländern (vor allem in Nordrhein-Westfalen) und mit Schulkindern (10- bis 12-Jährige) durchgeführt wurden, so dass die Befunde nicht ohne Weiteres auf das gesamte Bundesgebiet und auf das gesamte Kindesalter verallgemeinert werden können.

21.4 Informelle Bewegungs-, Spiel- und Sportaktivitäten von Kindern

Informelle Bewegungs-, Spiel- und Sportaktivitäten sind bereits unter den Kindern sehr weit verbreitet. In vielen Fällen werden diese mit Sportengagements in anderen Kontexten und in verschiedenartigen Konstellationen kombiniert (vgl. Brinkhoff & Sack, 1999).

1. Die überwiegende Mehrzahl der Kinder beteiligt sich auch im informellen Rahmen am Sport. In der *NRW-Kindersportstudie* 1992 sind nur 2 % der 8- bis 10-jährigen Kinder weder im Sport noch in anderen Bewegungsspielen aktiv. Hinzu kommen weitere 17 %, die diesen Aktivitäten unregelmäßig (weniger als einmal pro Woche) nachgehen (vgl. Brinkhoff & Sack, 1999, S. 86 ff.). Zu ähnlichen Ergebnissen kommt das LBS-Kinderbarometer Deutschland (vgl. LBS-Initiative Junge Familie, 2007): 71 % der 9- bis 14-jährigen Kinder betätigen sich „zum Spaß am Sport", während 14 % seltener als einmal pro Woche und 3 % gar nicht außerhalb von Schule und Verein sportlich aktiv sind. Nimmt man die *KIM-Studien* zur Kenntnis, hat seit den 1990er-Jahren der Medienkonsum (vor allem die PC-Nutzung) bei Kindern deutlich zugenommen und scheint sich in den letzten Jahren auf hohem Niveau einzupendeln. Offensichtlich geht hoher Medienkonsum nicht zu Lasten der Bewegungsaktivitäten. Über 90 % der 6- bis 13-Jährigen spielen (nach wie vor) mindestens einmal pro Woche im Freien, etwa 70 % der Kinder sind in der Freizeit sportlich aktiv. Im Jahr 2006 geben 59 % der befragten 6- bis 13-Jährigen an, dass sie (fast) täglich draußen spielen, 15 % sind (fast) jeden Tag sportlich aktiv. Für 42 % der Kinder zählt *draußen spielen* und für 24 % *Sport treiben* zu den drei liebsten Freizeitbeschäftigungen. Sie rangieren mit *Freunde treffen* (47 %), *Fern-*

sehen (31 %) und *Computer nutzen* (22 %) an der Spitze der Nennungen (vgl. Medienpädagogischer Forschungsverbund Südwest [mpfs], 2006).
2. Zeitbudgetstudien weisen Bewegungszeiten auf hohem Niveau für Mädchen und Jungen auf, wobei am Wochenende mehr Sport betrieben wird als an Werktagen. Von den 5- bis 12-jährigen Mädchen werden im Durchschnitt acht Stunden und von den gleichaltrigen Jungen sogar zehn Stunden pro Woche für informelle Bewegungsaktivitäten (Sportarten betreiben, sich bewegen, Bewegungsspiele) angegeben (vgl. Kleine, 2003, S. 26). Hinzugerechnet werden müssen häufig noch sportliche Aktivitäten im Verein oder bei kommerziellen Anbietern und die Alltagsbewegung (z. B. Wegstrecken bewältigen). Zwar legen knapp die Hälfte der befragten Kinder am Tag nur noch ein bis zwei Kilometer aus eigener Kraft zurück, allerdings bewältigen immerhin 27 % der Kinder 2 bis 13 Kilometer am Tag (vgl. Podlich & Kleine, 2003).

In einer Studie mit 3- bis 6-Jährigen wurden die Bewegungszeiten zwar nicht so differenziert erhoben, dennoch dürfte bei einer täglichen Aufenthaltsdauer von 132 Minuten im Freien ein hoher Anteil auf Bewegungsaktivitäten entfallen (vgl. Engelbert, 1986).

3. Bewegungsaktivitäten außerhalb von Schule und Verein werden am häufigsten mit den Eltern und Freunden oder auch allein ausgeübt. Mit zunehmendem Alter verlieren Eltern und Geschwister an Bedeutung, während die Freundesgruppe bzw. beste/r bzw. feste/r Freund/in auch als Sportpartner an Relevanz gewinnen (vgl. Brinkhoff & Sack, 1999; Reanalyse der *Brandenburger Jugendsportstudie*, 1998).

4. Im informellen Sport dominieren *alltagskulturelle* sportliche Praktiken, die sich insbesondere deshalb als *alltagstauglich* (Gogoll, Kurz & Menze-Sonneck, 2003, S. 157) erweisen, weil sie jederzeit in variablen sozialen Konstellationen und in der näheren oder weiteren Wohnumgebung praktiziert werden können. Indes werden jene Sportformen erheblich seltener praktiziert, die mit einem hohen Kostenaufwand verbunden und/oder an spezielle und nicht so ohne Weiteres erreichbare Örtlichkeiten gebunden sind und/oder einen größeren Lernaufwand erfordern.

Von den 8- bis 12-jährigen Kindern aus NRW werden am häufigsten Fahrrad fahren (63 %), Schwimmen/Baden (36 %), Rollschuhlaufen/Skateboard fahren (28 %) und Fußball (26 %) genannt (vgl. Brinkhoff & Sack, 1999; Fries, 2002). Die 12-Jährigen aus Brandenburg geben ebenfalls Rad fahren (39 %), Fußball (33 %) und Skaten (17 %) an. Jedoch rangieren hier – vermutlich auch aufgrund der wasserreichen Umgebung – Angeln (17 %) und Schwimmen (11 %) weit vorne (Reanalyse der Daten von Baur & Burrmann, 2000).

5. Der Einstieg in den informellen Sport scheint zwar leichter zu gelingen als der Zugang zum vereinsorganisierten Sport, ersterer scheint jedoch weniger Bindungskraft zu entwickeln als letzterer. Am Beispiel der Brandenburgischen Längsschnittstudie: Fast jede/r zweite Heranwachsende im Alter von 12,5 Jahren ist innerhalb von vier Jahren aus dem informellen Sport ausgestiegen, nicht wenige hörten mit dem Freizeitsport ganz auf (vgl. Burrmann, 2005a).
6. Bereits im Kindesalter treten sozialstrukturelle und -kulturelle Unterschiede hervor, wobei insbesondere geschlechtertypische Differenzen ins Auge fallen: Bereits im frühen Kindesalter unterscheiden sich die Bewegungsumfänge von Mädchen und Jungen. 3- bis 6-jährige Jungen weisen bereits signifikant höhere Zeitumfänge für Spieltätigkeiten im Freien auf (ca. 10 min pro Tag) als gleichaltrige Mädchen (vgl. Engelbert, 1986). In der Zeitbudget-Studie von Kleine (2003, S. 27) nutzen 5- bis 12-jährige Jungen pro Woche etwa zwei Stunden mehr für Bewegung als Mädchen (vgl. auch mpfs, 2006). Geschlechtertypische Unterschiede werden auch in der Wahl der Sportarten und Sozialpartner sichtbar. Jungen sind häufiger in der Peer-Group und Mädchen häufiger allein sportlich aktiv. Das spiegelt sich in den Sportarten wider: Außerhalb von Schule und Verein wird von Jungen nicht nur Straßenfußball häufiger gespielt. Sie sind auch eher beim Streetball oder Skateboarden zu finden, während Mädchen eher fitnessorientierte Sportformen (z. B. Rollschuhlaufen bzw. Inlineskaten) bevorzugen. Von beiden Geschlechtern gleichermaßen ausgeübt werden Rad fahren und Schwimmen (vgl. Baur et al., 2002; Brinkhoff & Sack, 1999; Fries, 2002). Geschlechterdifferenzen werden zudem in der Aneignung und Nutzung von Bewegungsräumen sichtbar (vgl. Kap. 21.5.3).

Informelle Sportengagements variieren zumindest bei Schulkindern auch nach Schichtzugehörigkeit und/oder Migrationshintergrund.[1] Gleichwohl scheinen die Unterschiede geringer auszufallen als beim vereinsgebundenen Sport. Hauptschülerinnen mit Migrationshintergrund sind nicht nur in den Vereinssport seltener eingebunden, sie nehmen auch weniger häufig am informellen Sport teil (vgl. Brinkhoff & Sack, 1999).

Es bleibt genauer zu untersuchen, wie der familiäre Lebensraum bzw. das sozialökologische Ambiente mit der Verortung der Herkunftsfamilie im sozialen Raum variieren. Beispielsweise ist davon auszugehen, dass nicht nur die Wohnlage und die Ausstattung der Familie mit Sportgeräten, sondern etwa auch die allgemeinen und sportbezogenen Erziehungsorientierungen der Eltern oder deren eigenes Sport-

---

[1] In der Studie von Engelbert (1986) variierte das Zeitbudget für außerhäusliche Spieltätigkeiten der Vorschulkinder signifikant nach Geschlecht, Alter und Anzahl der Kinder in der Familie; jedoch nicht nach Schichtzugehörigkeit. Jungen, 3- und 6-Jährige sowie Geschwisterkinder wiesen vergleichsweise höhere Zeitumfänge beim Spielen auf.

involvement die sozialstrukturellen Konstellationen der Herkunftsfamilie mit konstituieren. Die sozialstrukturellen Merkmale der Herkunftsfamilie werden sich folglich nicht direkt auf die Bewegungs-, Spiel- und Sportaktivitäten der Heranwachsenden auswirken. Vielmehr ist von indirekten Sozialisationswirkungen insofern auszugehen, als der familiäre Lebensraum und die Transferbeziehungen zwischen Eltern und Kindern durch die Position der Familie im sozialen Raum mit definiert werden, in deren Kontext bestimmte sozialisierende Wirkungen erst wahrscheinlich werden. An der Armutsgrenze situierte Familien werden sich vielfach mit beengten und defizitären Wohnverhältnissen zufriedengeben müssen, in denen häufig auch die Bewegungsmöglichkeiten der Kinder erheblich eingeschränkt sind. Unter diesen Bedingungen dürfte der familiäre Sozialisationskontext weit weniger zur Sportbeteiligung anregen, als das in gut situierten Familien der Fall sein dürfte, in denen auch für die sportbezogene Sozialisation mit einem erheblich günstigeren sozialökologischen Ambiente zu rechnen ist. Andererseits sind aber auch kompensatorische Konstellationen nicht auszuschließen – indem z. B. beengte Wohnverhältnisse die Kinder dazu veranlassen, sich vor allem draußen aufzuhalten, um mit Gleichaltrigen (auch) Sport zu treiben, oder indem begrenzte ökonomische Ressourcen zwar die sportbezogenen praktischen Unterstützungsleistungen der Eltern einschränken, nicht aber die psychosoziale Qualität der Eltern-Kind-Beziehungen, die möglicherweise auch die Sportengagements der Kinder stützen (vgl. Kap. 20; zsfd. bereits Baur, 1989; Burrmann, 2005b).

21.5 Räumliche Gegebenheiten für informelle Bewegungs-, Spiel- und Sportaktivitäten

21.5.1 Bewegungsräume – Vorhandensein, Zufriedenheit und Nutzung

Die vor allem von Vertretern der Defizithypothese vorgebrachte Skepsis bezüglich der Lebens- und Bewegungswelt heutiger Kindergenerationen lässt sich mittels empirischer Befunde zu den Aufenthaltsorten und zur Nutzungsdauer natürlicher Bewegungsräume durch die Kinder nur bedingt aufrechterhalten. Allerdings liegen nicht zu allen Altersgruppen und Wohnregionen detaillierte Ergebnisse vor.

1. Selbst in Großstädten scheinen natürliche Bewegungsräume zur Verfügung zu stehen, auch wenn vermutlich Familien mit Kindern bevorzugt Wohnumgebungen wählen, in denen solche Räume vorhanden sind.
Nach „bewegungsrelevanten" Räumen wird in einer österreichischen Studie differenzierter gefragt: Zwei Drittel der Kinder im Alter von zehn Jahren berichten von natürlichen Grünflächen (Wald/Felder/Wiesen) bzw. von einem Garten in der Nähe der Wohnung. 44 % der befragten Kinder geben einen wohnort-

nahen Spielplatz und 36,5 % einen Sportplatz an. Seltener werden Parks (21,3 %), Innenhöfe (19,5 %) oder Spielstraßen (14,9 %) genannt. Ungefähr ein Drittel der Kinder berichtet von einer verkehrsreichen Straße in Wohnortnähe. Knapp ein Viertel beklagt zu wenige Kinder in der Nähe (23,8 %) oder schimpfende Nachbarn (19,5 %). Auf wenige Möglichkeiten zum Radfahren und zum Ballspielen verweisen 15,6 % bzw. 17,7 % der Kinder (vgl. Bacher & Traxler, 1994).

Beim *DJI-Kinderpanel* 2002 geben die Eltern eine eher geringe Umweltbelastung durch Lärm und Abgase (Median = 3) sowie eine eher gute Verkehrssicherheit (Median = 2) an.[2] Für 76 % der Kinder seien ungefährdete, nahe gelegene Spielmöglichkeiten vorhanden, für 24 % der Kinder allerdings nicht. Steinhübl (2005) kommt zu dem Fazit, dass die Wohnsituation (Wohnung und Wohnumfeld) bei einem Drittel der Kinder mehrfach belastet sei.

Gleichwohl deuten die Befunde darauf hin, dass die Angaben zur Wohnumgebung je nach Region stark variieren. Ende der 1980er-Jahre berichten fast 50 % der Eltern aus ländlichen Regionen Hessens und 78 % der Münchener Eltern, dass „die Straße vor dem Haus zum Spielen zu gefährlich sei" (Ledig, 1992). Hingegen wohnen, eigenen Angaben zufolge, etwa 60 % der Familien aus Gelsenkirchen, Münster oder Bielefeld in einer Straße mit wenig Verkehr (vgl. Engelbert, 1986). Die unterschiedlichen Angaben bleiben interpretationsbedürftig. Sie unterstreichen noch einmal die subjektive Definition der Bewegungsräume (in diesem Fall durch die Eltern).

2. Die Mehrzahl der Kinder ist mit der Wohnumgebung zufrieden. Am Beispiel des LBS-Kinderbarometers: Im Jahr 1997 bis 1998 fühlen sich 46 % der befragten nordrhein-westfälischen Kinder im Alter von 9 bis 14 Jahren in der Wohnumgebung sehr wohl, weitere 40 % tendieren zu einer positiven Einschätzung, während 11 % sich nicht wohlfühlen. Das Wohlbefinden steigt mit den Freizeitmöglichkeiten der Kinder, „Aspekten der Natur" und dem sozialen Gefüge in der Nachbarschaft. Immerhin die Hälfte der Kinder, verstärkt aus ländlichen Regionen, gibt an, in der Wohnumgebung relativ problemlos umherstreifen zu können, ein knappes Drittel sieht eher Probleme (vgl. LBS-Initiative Junge Familie, 1998, 2004; Klöckner et al., 2002). Allerdings wünschen sich die Kinder mehr Spiel- und Sportmöglichkeiten im Stadtteil. 51 % der Kinder sind mit dem Spielplatzangebot ziemlich oder völlig zufrieden, 40 % bzw. 39 % berichten von genügend Grünflächen bzw. interessanten Sportangeboten im Stadtteil. Mädchen sind mit den vorhandenen Sportangeboten unzufriedener als Jungen (vgl. LBS-Initiative Junge Familie, 2006). Jüngere Befragte sind mit

---

[2] Den Items liegt eine vierstufige Skala von „sehr groß" bis „sehr gering" (Lärm und Abgase) und „sehr gut" bis „sehr schlecht" (Verkehrssicherheit) zugrunde.

dem Spiel- und Freizeitangebot in der Wohnumgebung und mit der Zahl der dort lebenden Altersgenossen zufriedener als ältere Befragte. Sie geben jedoch auch eine stärkere Angst vor Kriminalität und älteren Jugendlichen an (vgl. Klöckner et al., 2002; vgl. für Österreich: Bacher & Traxler, 1994).
3. Bewegungsräume gehören zu den Lieblingsorten der Kinder (vgl. LBS-Initiative Junge Familie, 2006) und sie werden auch genutzt. Zeitbudgetstudien belegen, dass 3- bis 6-jährige Kinder vor allem im privaten Außenraum (Garten, Hof) oder in Kinderräumen (Spielplatz) bewegungsaktiv sind (vgl. Engelbert, 1986). Naturräume und Verkehrsräume gewinnen bei den 5- bis 12-Jährigen an Bedeutung, während Kinderräume oder Institutionsräume in diesem Alter eher selten aufgesucht werden (vgl. Kleine, 2003; Podlich & Kleine, 2003; Hübner et al., 2004; Schmidt, 2006c).
4. Die Bewegungsräume lassen sich meist zu Fuß oder mit dem Fahrrad erreichen. Über 60 % der in der Stadt wohnenden 10- bis 14-Jährigen geben diese beiden Fortbewegungsmittel zum Erreichen informeller Sportgelegenheiten an (vgl. Hübner et al., 2004; Podlich & Kleine, 2003; LBS-Initiative Junge Familie, 2006).
5. Jedoch scheinen nicht alle Kinder gleichermaßen an Bewegungs- und Spielmöglichkeiten partizipieren zu können. Signifikante Unterschiede in der Wohnsituation lassen sich u. a. zwischen Stadt- und Landkindern (vgl. Bacher & Traxler, 1994; Podlich & Kleine, 2003; LBS-Initiative Junge Familie, 2002), zwischen Kindern aus den alten und neuen Bundesländern (vgl. Steinhübl, 2005) oder zwischen unterschiedlichen Stadtteilen (vgl. Laging & Rabe, 2004; LBS-Initiative Junge Familie, 2006) nachweisen. Nicht selten treten riskante Wohn- und Regionallagen gemeinsam mit niedrigem Haushaltseinkommen, niedrigem sozialen Status und Migrationshintergrund auf (vgl. Bacher & Traxler, 1994; Schmidt, 2006c; Steinhübl, 2005). Inwieweit sich die Unterschiede im Wohnumfeld in differenten informellen Bewegungsaktivitäten niederschlagen, wird im folgenden Abschnitt untersucht.

21.5.2 Zusammenhänge zwischen Bewegungsräumen und informellen Bewegungsaktivitäten

Bereits in Kapitel 21.1 wurde auf die vermutete Abhängigkeit der kindlichen Bewegungsaktivitäten von einer ganzen Reihe sozialökologischer Merkmale hingewiesen: Zu denken ist zum einen an die familiären Wohnverhältnisse und an die Ausstattung der Familie mit Sportgeräten. Je nach Wohnlage – z. B. Wohnungen am Stadtrand vs. Nähe zum Zentrum, Dichte des Verkehrsaufkommens, Vorhandensein natürlicher Grünflächen – werden unterschiedliche Bewegungsräume in der näheren Wohnumgebung für Kinder zugänglich sein. Einzubeziehen sind jedoch nicht nur die objektiven Ausstattungen, sondern auch die von den Eltern subjektiv definierten Bewegungsräume und Bewegungszeiten, die sie ihren Kindern einräumen oder vorenthalten, weil sie dies jeweils als pädagogisch vernünftig erachten. Es sind die elterlichen Erziehungsvorstellungen und der dadurch abgesteckte „Erziehungshorizont" zu berücksichtigen, in dem Eltern ihre Kinder gewähren lassen, Erwartungen und Anforderungen vermitteln oder ihnen Anregungen und Unterstützungsleistungen zukommen lassen.

Informelle Bewegungsaktivitäten dürften, zweitens, von örtlichen und regionalen Bedingungen abhängen. Die Wahrscheinlichkeit, mit Wassersport oder Skisport zu beginnen, dürfte bei Kindern deutlich größer sein, die an der Küste bzw. in den Bergen aufwachsen. Es sind aber auch die spezifischen Lebenslagen von Heranwachsenden in ländlichen vs. städtischen (urbane und suburbane) Regionen zu betrachten. Insbesondere strukturschwache ländliche Gebiete verzeichnen heute rückläufige Einwohnerzahlen, eine überdurchschnittlich ausgeprägte Veralterung der Bevölkerung und rückläufige Geburtenraten, da vor allem Erwerbstätige und damit zugleich Personen im reproduktionsfähigen Alter wegziehen (vgl. Seitz, 1997). Die geringe Anzahl von Kindern in kleinen Gemeinden führt beispielsweise dazu, dass Schulen geschlossen werden oder organisierte Freizeitangebote wegfallen, da nicht genügend Kinder rekrutiert werden können. Von vielen Schülern wird Mobilität und ein Pendeln zwischen Wohn- und Schulort verlangt. Dadurch wird jedoch die verfügbare disponible Freizeit eingeschränkt. Freizeit wird außerdem dadurch begrenzt, dass von den älteren Heranwachsenden auf dem Land (eher als in der Stadt) Mithilfe im Haushalt, bei Reparaturen und bei der Pflege von Haus, Garten oder Hof sowie Nachbarschaftshilfe erwartet wird (vgl. Böhnisch, Rudolph, Funk & Marx, 1997; Rudolph, 1998; Deutsches Jugendinstitut [DJI], 1998). Die Heranwachsenden im ländlichen Raum müssen zudem mit vergleichsweise wenig differenzierten Sportgelegenheiten zurechtkommen, denn Sporteinrichtungen (z. B. Tenniscenter, Fitnessstudios) und Sportplätze (z. B. Streetballplätze) dürften am Wohnort nur in begrenztem Umfang zur Verfügung stehen, wobei noch einmal Unterschiede zwischen den alten und neuen Bundesländern einzukalkulieren sind (vgl. Baur & Burrmann, 2003a; BMFSFJ, 1998).

Schließlich sind (informelle) Bewegungsengagements der Kinder, drittens, eingebunden in generelle Entwicklungen im Bewegungs- und Sportbereich. Je nachdem wie hoch der Stellenwert von Bewegung, Spiel und Sport in einer Gesellschaft ist, dürfte eine Teilnahme an (informellen) Bewegungsaktivitäten nahe gelegt und entsprechende Räume zur Verfügung gestellt werden. Der Bedeutungsgewinn des Sports lässt sich unter einer doppelten Perspektive plausibilisieren: Zum einen hat sich im Zuge der Pluralisierung und Expansion des Sports ein breites Spektrum kaum mehr überschaubarer Sportformen ausdifferenziert, die in variantenreichen

Stilen in unterschiedlichen Settings praktiziert werden können. Die daraus resultierenden Variabilitäten dürften für die Heranwachsenden deshalb besonders attraktiv sein, weil sie Chancen zur Entwicklung individualisierter und nach persönlichen Präferenzen arrangierter sportlicher Praktiken eröffnen. Zum anderen dürften sich aber auch informelle Bewegungsaktivitäten aufgrund ihrer Variabilität vergleichsweise problemlos in die Lebensführungen und Lebensläufe integrieren lassen, in denen die Heranwachsenden ihre Sportengagements mit den Erwartungen und Anforderungen in anderen Lebensbereichen koordinieren müssen (vgl. Burrmann & Baur, 2004).

1. Bezüglich der Zusammenhänge von Merkmalen der unmittelbaren Wohnumgebung und den von den Kindern ausgeübten informellen Bewegungsaktivitäten lassen sich folgende Befunde festhalten: In der bereits erwähnten Studie zur Lebenssituation von Vorschulkindern (vgl. Engelbert, 1986) variiert die Spieltätigkeit, insbesondere auch die Aktivitäten im Freien je nachdem, ob ein Garten oder eine Grünfläche am Haus existiert (80 min vs. 61 min pro Tag), ob die Verkehrsbelastung der Wohnstraße hoch ist (59 min vs. 97 min pro Tag) und wie nah das Wohngebiet am Stadtzentrum liegt (55 min vs. 96 min pro Tag).[3]

   9- bis 14-jährige Kinder mit ungünstigen Wohnumweltbedingungen (weniger interessante Spiel- und Freizeitmöglichkeiten, wenig Natur, Angst vor Kriminalität und/oder älteren Jugendlichen, viele Autos, ungünstige Bus- und Bahnverbindungen) unterscheiden sich von den Altersgleichen mit günstigen Wohnumweltbedingungen in der Wahl ihrer liebsten Freizeitaktivitäten. Letztere zählen Rad fahren, Inlineskaten/Skateboard fahren sowie draußen/im Garten spielen häufiger zu ihren liebsten Freizeitaktivitäten (vgl. Klöckner et al., 2002; Schmidt, 2006c).

2. Unter der Perspektive eines Stadt-Land-Vergleichs wird offensichtlich, dass Mädchen und Jungen zumindest im ländlichen Raum Brandenburgs andere Sportgelegenheiten aufsuchen (müssen) als Heranwachsende in der Stadt. Zum einen sind offenbar Hallen- und Freibäder oder Skate- und Streetballplätze vornehmlich städtische Einrichtungen, und werden demnach auch häufiger von den 12-jährigen Heranwachsenden aus der Stadt genutzt. Dagegen sind Heranwachsende aus ländlichen Regionen erheblich häufiger in Hof und Garten und auf dem Bolzplatz sportlich aktiv, wobei Letzteres vornehmlich für die Jungen zutrifft. Keine regionalen Unterschiede gibt es bei der Frequen-

---

3 Dargestellt ist der Vergleich der täglichen Spieltätigkeiten der Kinder im Freien (a) in einem Haus mit vs. ohne Garten/Grünfläche; (b) stark befahrene Hauptstraße vs. Nebenstraße ohne Verkehr; (c) zentrumsnahe Bebauung vs. Neubauviertel am Stadtrand (vgl. ausführlicher in Engelbert, 1986, S. 174 ff.).

tierung von öffentlich zugänglichen Sportplätzen bzw. -hallen, Parkplätzen, Straßen und Wege oder natürlicher Badestellen (vgl. Baur et al., 2002).

Rütten und Ziemainz (2001) kommen in ihrer Untersuchung zu dem Fazit, dass defizitäre infrastrukturelle Bedingungen sowohl bei Kindern und Jugendlichen als auch bei Erwachsenen mit höheren Anteilen sportlich Inaktiver einhergehen. Dies gilt vor allem für Mädchen und junge Frauen.

Baur et al. (2002) können diesen Befund bei älteren Kindern und Jugendlichen nicht bestätigen. Die allgemeinen Beteiligungsquoten am Sport variieren nicht mit dem Wohnort und/oder der Sportinfrastruktur. Erst bei einer Differenzierung nach Sportkontexten werden regionale Unterschiede sichtbar: Eine schwache Sportinfrastruktur scheint bei den Mädchen offenbar dazu zu führen, dass sie sich im Vergleich zu den Mädchen in der Stadt weniger am vereinsorganisierten Sport beteiligen und verstärkt dem ausschließlich informellen Sport zuwenden (müssen). Bei den Jungen sind regionale Unterschiede eher unbedeutend. Auch Podlich und Kleine (2003) können keine regionalen Unterschiede in den Bewegungsumfängen, jedoch in den Bewegungsräumen ausmachen. Landkinder (69 %) gehen informellen Bewegungsaktivitäten deutlich häufiger auf der Straße nach als Großstadtkinder (35 %). Ein Grund dafür liegt wahrscheinlich im unterschiedlichen Verkehrsaufkommen, denn mit zunehmender Verkehrsdichte nimmt die Bewegungsintensität ab.

Kindern in Orten mit einer schwach entwickelten Sportinfrastruktur bleibt – wenn sie sich am Sport beteiligen wollen – gar nichts anderes übrig, als ihre Bewegungs-, Spiel- und Sportaktivitäten irgendwie auf die sozialen und materiellen Vorgaben ihrer Umwelt abzustimmen. Und die Beteiligungsquoten am informellen Sport zeigen, dass sie es offensichtlich auch tun. Vor dem Hintergrund infrastruktureller Disparitäten gewinnt aber auch die Frage nach der sozialen Unterstützung besondere Relevanz. Denn das Fehlen geeigneter Bewegungsräume in der Wohnumgebung dürfte nicht nur von den Kindern selbst eine hohe Bereitschaft zur Mobilität erfordern. Vielmehr werden sie häufig auch auf die Unterstützungsleistungen der Eltern, Geschwister und/oder Freund(e)/innen in besonderem Maße angewiesen sein, wenn sie sich dennoch am (informellen) Sport beteiligen wollen (vgl. Burrmann, 2005c).

3. Aber nicht alle Unterschiede in der Beteiligung am informellen Sport lassen sich auf fehlende oder unzureichende Sportgelegenheiten zurückführen. In einer vom DJI 1992 durchgeführten Regionalstudie ist eine hohe Zahl häufig allein spielender Kinder zu verzeichnen. In der Großstadt beträgt der Anteil 21 %. Trotz vergleichbarer Wohnumwelten unterscheiden sich diese Kinder vor allem in einem Freizeitbereich von den sozial aktiven Altersgleichen: Sie beteiligen sich seltener am informellen Sport. 40 % der „Single-Kinder" aus

Städten der alten Bundesländer, aber nur 25 % der sozial aktiven Kinder geben an, keine nicht-institutionalisierten sportlichen Freizeitaktivitäten wie Rad fahren, Skaten, Ballspiele, Schwimmen oder Reiten auszuüben. In den nichtstädtischen Regionen sind es 20 % bzw. 10 % (vgl. Herzberg, 2001, S. 84). Bei den Kindern aus den neuen Bundesländern zeigen sich ähnliche Unterschiede zwischen den sozial nicht aktiven und sozial aktiven Kindern sowohl beim informellen Sport als auch beim Vereinssport. Die „kleinen Singles" sind jedoch keine extremen Mediennutzer oder Stubenhocker; in den alten Bundesländern ist der Medienkonsum bei sozial aktiven Kindern sogar etwas höher. Zur Erklärung der Unterschiede lässt sich bei den „Singles" aus den neuen Bundesländern (jedoch nicht bei denen aus den alten Bundesländern) anführen, dass sie ihre Wohnumwelt weniger attraktiv finden als dies die übrigen Kinder tun. Außerdem haben sie ängstlichere Mütter, die ihnen mehr Spielorte untersagen als die Mütter der sozial aktiven Kinder (vgl. ebd.).

21.5.3 Das Raumverhalten von Mädchen und Jungen

Wie die Studie von Herzberg (2001) zeigt, ist die Beteiligung an informellen Bewegungsaktivitäten offenbar nicht nur auf andere Sportinteressen und/oder differente Sportgelegenheiten, sondern auch auf unterschiedliche soziale Reglementierungen zurückführbar. Vor allem jüngere Kinder sind beispielsweise darauf angewiesen, dass sie von den Eltern die Erlaubnis erhalten, bestimmte Orte aufzusuchen. Dieser Zusammenhang soll am Beispiel der Geschlechterunterschiede in der Raumaneignung und -nutzung verdeutlicht werden. Die Debatte ist nicht neu (vgl. zsfd. Homann & Steckelberg, 1998; Pfister, 1991); aktuelle Befunde scheinen die Unterschiede jedoch nach wie vor zu bestätigen:

1. Mädchen nutzen öffentliche Räume weniger und in anderer Form als Jungen. Am Beispiel der Befragung von Kustor (1996): 10- bis 13-jährige Mädchen sind im Vergleich zu gleichaltrigen Jungen seltener draußen und gehen stattdessen häufiger Aktivitäten in Innenräumen nach. Mädchen räumen dem Spielplatz eine größere Bedeutung ein als gleichaltrige Jungen. Sie nutzen diesen auch zum Ballspielen, während für Jungen der Sportplatz (u. a. auch für Ballspiele) deutlich wichtiger ist. Einkaufspassagen sind für Mädchen eher ein Ort zum Outfit zeigen, Beobachten und Kommunizieren, während sie für Jungen häufig auch zur Demonstration sportlicher Kompetenzen (z. B. beim Skaten) genutzt werden.
Auch beim LBS-Kinderbarometer (vgl. LBS-Initiative Junge Familie, 2006) werden Spielplätze (w: 13 %, m: 10 %), Stadtparks (w: 15 %, m: 6 %) und Freibäder (w: 10 %, m: 5 %) eher von den Mädchen, Bolzplätze (m: 15 %, w: 1 %)

und Sportplätze (m: 13 %, w: 3 %) eher von den Jungen als Lieblingsplätze im Stadtteil genannt.

Eine detailliertere Analyse von Kleine (2003) zeigt, dass die Unterschiede – Jungen frequentieren Natur- und Verkehrsräume stärker als Mädchen – vor allem am Wochenende wirksam werden, wenn also einerseits mehr Zeit für Freizeit-, einschließlich Bewegungsaktivitäten zur Verfügung steht, andererseits die Eltern mit den Kindern gemeinsam die Freizeit verbringen und/oder zumindest stärkere Kontrolle über Freizeitorte und -tätigkeiten der Kinder ausüben können.

2. Mädchen suchen u. a. auch Bewegungsräume eher zu Fuß auf oder nutzen öffentliche Verkehrsmittel, während Jungen eher Fahrrad fahren (vgl. Kustor, 1996). Ihre Wegstreckenbewältigung scheint zudem zweckgerichteter zu erfolgen (z. B. Einkaufen gehen, Geschwister abholen, zum Sportverein gehen) als bei den Jungen, die eher ihre Umgebung erkunden wollen (vgl. bereits Zinnecker, 1979; Bissigkummer-Moos et al., 1996).

3. Mädchen werden von den Eltern stärker behütet, sie erfahren mehr Restriktionen und räumliche Einschränkungen als gleichaltrige Jungen. Einige Beispiele: Jungen dürfen etwas häufiger als Mädchen allein auf die Straße gehen und treffen dort leichter andere Kinder zum Spielen (vgl. LBS-Initiative Junge Familie, 2006, 2007). Mädchen aus der Großstadt müssen abends im Durchschnitt 45 Minuten früher zu Hause sein als Jungen. Diese Differenzen zeigen sich allerdings nicht in der Kleinstadt oder in ländlichen Regionen (vgl. Kustor, 1996). Als Grund für solche Einschränkungen werden von den Eltern u. a. Gefahren vor sexuellen Angriffen geltend gemacht. 40 % der Eltern von Mädchen und 22 % der Eltern von Jungen geben diese Angst als Grund an, warum ihr Kind an bestimmten Orten nicht spielen dürfe (vgl. Nissen, 1992, S. 147). Diese Angst bleibt auch den Kindern nicht verborgen. 41 % der befragten Mädchen und 24 % der Jungen spielen, eigenen Angaben zufolge, nicht im Wald oder im Park, weil sie Angst haben (vgl. ebd., S. 147; Klöckner et al., 2002).

Diese geschlechtertypischen Sozialisationsprozesse (in der Herkunftsfamilie) tragen mit dazu bei, dass trotz vergleichbarer Wohnumgebungsbedingungen Unterschiede in der Nutzung öffentlicher Bewegungsräume von Mädchen und Jungen ermittelt werden können.

21.6 Zusammenfassung und Ausblick

Ein Großteil der Kinder beteiligt sich regelmäßig (auch) an informellen Bewegungs-, Spiel- und Sportaktivitäten. Bereits Vorschulkinder sind (nach wie vor) in großer Zahl beim Spielen im Freien anzutreffen. Rad fahren, Ballspiele, Schwimmen und Skaten gehören bei den (älteren) Kindern zu den am häufigsten ausgeübten Sportarten außerhalb von Schule und Verein. Die Mehrzahl der Kinder erreicht die dazu geeigneten Bewegungsräume zu Fuß oder mit dem Fahrrad.

Die eingangs formulierte Annahme, dass Bewegungsräume die Möglichkeiten und Grenzen der Bewegungssozialisation mit definieren, konnte in verschiedenen Studien bestätigt werden. Kinder sind mit ihrer unmittelbaren Wohnumwelt vor allem dann zufrieden, wenn in der Nähe interessante Spiel- und Freizeitmöglichkeiten existieren, natürliche Grünanlagen und ein geringes Verkehrsaufkommen vorhanden sind, und wenn sie keine Angst vor Kriminalität und/oder älteren Jugendlichen haben müssen. Je nach Wohnlage variiert die Beteiligung an informellen Bewegungsaktivitäten zuungunsten der Kinder in wenig anregenden Wohnumwelten.

Auch wenn sich die Studien aufgrund unterschiedlicher Fragestellungen nur schwer miteinander vergleichen lassen, scheinen junge Kinder im Vergleich zu älteren von sozial-räumlichen Merkmalen der unmittelbaren Wohnumgebung stärker betroffen zu sein. Sie sind aufgrund der geringeren Mobilität auf wohnortnahe Bewegungsräume angewiesen. Jedoch sind Kinder ihrer Umwelt nicht passiv ausgeliefert. Auch wenn beispielsweise durch regionale Besonderheiten bestimmte Sportarten eher nahegelegt werden, arrangieren sie sich offensichtlich mit der Situation und versuchen, die Bewegungsräume an ihre Bedürfnisse anzupassen.

Obgleich Mädchen und Jungen Bewegungsräume im unmittelbaren Wohnumfeld gleichermaßen zur Verfügung stehen, zeigen sich Unterschiede in deren Aneignung und Nutzung. Zu berücksichtigen sind also nicht nur die objektiven Bewegungsräume, sondern z. B. auch die von den Eltern definierten Bewegungsräume und -zeiten, die sie ihren Töchtern und Söhnen in unterschiedlichem Ausmaß einräumen oder vorenthalten, weil sie dies – u. a. aus Sicherheitsgründen – als vernünftig erachten. Insbesondere bei Kindern ist die Bewegungssozialisation in außerfamiliären Handlungsfeldern eng mit der Bewegungssozialisation in der Familie verflochten.

Auch wenn der vorgelegte Überblicksbeitrag verschiedene Studien zu einem Gesamtbild zusammenfügen wollte, bleiben einige weiße Flecken bestehen. Einige Forschungsdefizite im Detail (vgl. bereits Kap. 21.3):

Informelle Sportengagements sind u. a. aufgrund ihrer leichten Zugänglichkeit, ihres Variantenreichtums und ihrer Variabilität für Jugendliche besonders attraktiv. Damit eröffnen sich Chancen für weitreichend selbst arrangierte sportive Praktiken, die von den Heranwachsenden in ihre Lebensführungen und Lebensläufe gut eingepasst werden können. Inwieweit auch Kinder aus diesen Gründen informell Sport treiben, muss offen bleiben. Möglicherweise greifen Kinder vielerorts auf informelle Sportgelegenheiten zurück, weil wohnortnahe organisierte Angebote fehlen.

Informelle Bewegungsaktivitäten finden häufig in der Peer-Group statt, womit Fragen der Peer- bzw. Selbstsozialisation in den Blick geraten. Aushandlungsprozesse unter Gleichaltrigen – so bereits Piaget (1969) – würden die sozio-kognitive Entwicklung voranbringen. Inwieweit diese Sozialisationseffekte im und durch informelle Bewegungs-, Spiel- und Sportaktivitäten wirklich erzielt werden können, ist vergleichsweise wenig erforscht. Die Integration in eine informelle Sportgruppe ermöglicht das Knüpfen von sozialen Kontakten innerhalb der Gruppe und gleichzeitig die Abgrenzung zu anderen. Es gibt jedoch auch Kinder, die in solchen Gruppen nicht akzeptiert sind. Sie weisen im Jugend- und Erwachsenenalter – so Langzeitstudien – häufiger Anpassungsprobleme, eine höhere Delinquenzbelastung und psychopathologische Symptome auf (vgl. im Überblick Parker & Asher, 1987). Bindel (2006) hat empirische Befunde zur sozialen Regulierung in informellen Jugendsportgruppen vorgelegt. Für das Kindesalter fehlen entsprechende Studien.

Ulrike Burrmann

22 Leistungssport im Kindes- und Jugendalter

22.1 Einleitung

Die Diskussion um das Für und Wider des Leistungssports im Kindes- und Jugendalter wurde lange Zeit kontrovers geführt (vgl. Emrich, 1997; Prohl, 2006, S. 315 ff.). Der Leistungssport in diesen Altersbereichen wurde dabei in einer dichotomen Betrachtung entweder befürwortet oder verdammt. Die Gegner sahen in ihm ein Handlungsfeld, in dem Kinder mit überhöhten Leistungserwartungen und -anforderungen konfrontiert wurden und in dem Kinder in ihrer gesamten Lebensführung gewissermaßen dem Diktat des Konkurrenz- und Leistungsprinzips zu genügen hatten, wodurch sie zwangsläufig emotional und sozial verarmten. Insbesondere die hohe zeitliche Belastung der Kinder und Jugendlichen durch Training und Wettkampf kollidierte mit kulturell geprägten Vorstellungen von Kindheit und Jugend als institutionalisierte Schutzzonen, die sie vor den Verpflichtungen der Erwachsenenwelt suspendieren sollen.[1] Als notwendige Folge dieser Entwicklung wurde eine zwangsläufige Entfernung im Kinder- und Jugendleistungssport von der als kindgemäß eingeschätzten Spielsphäre (vgl. Funke, 1989, S. 80 ff.) befürchtet, zuweilen wurde pädagogisch sogar die Forderung nach einer „Abrüstung im Hochleistungssport für Kinder" laut (Schmidt, 1989, S. 10). Die Befürworter sahen im Kinder- und Jugendleistungssport die einmalige Chance zum Sammeln wertvoller Erfahrungen und werteten ihn als institutionell geronnene Form menschlichen Wetteiferns positiv. Selbst dort, wo er extreme Anstrengungen verlange, biete er die Chance zur selbstbestimmten Tätigkeit, die nicht nur als lustvoll und freiwillig erlebt werde, sondern auch die Chance zum Identitätsgewinn biete (vgl. Brettschneider, 1996, S. 29 ff.; Deutscher Sportbund [DSB], 1983, S. 4).

Hier ist anzumerken, dass die diskutierten Gefährdungspotentiale pädagogisch sehr viel intensiver im Altersbereich bis zwölf Jahre betrachtet werden müssen als im Hochleistungssport mit Jugendlichen (vgl. Prohl, 2006, S. 316). Was aber insgesamt auffällt, ist, dass die entsprechenden Positionen eher selten durch empirische Befunde abgesichert sind (vgl. ebd., S. 317), sehr viel mehr zeigt sich ein erhebliches Maß an Standortgebundenheit und entsprechender werturteilsgebundener Verankerung in entsprechenden Menschenbildern (vgl. dazu Meinberg, 1984, S. 47 ff., 1991, S. 198 ff.; zur dialektischen Überwindung der einfachen Pro- und Contra-Positionen vgl. Hoffmann, 1994, S. 142 ff.).

---

[1] Dass einige im Hochleistungssport generell sogar eine Form der industriell geprägten Arbeit (vgl. Rigauer, 1969; Habermas, 1970) sahen, hat möglicherweise auch die Sicht dieses Bereiches mit beeinflusst.

Aktuell ist in den letzten Jahren zu beobachten, dass die mit den Leitwerten des Spitzensports, nämlich Sieg und Erfolg, verknüpften Verhaltensorientierungen auch verstärkt in den Nachwuchsleistungssport diffundieren (vgl. Baur, 1998; Emrich & Güllich, 2005): Jene Handlungen, die gemäß des im System Spitzensport verankerten Programmcodes[2] dem Erreichen des Ziels Sieg bzw. Erfolg dienen, bevorzugt zu betreiben und solche zu unterlassen, die die Erreichung dieses Zieles gefährden, wird zur Leitorientierung auch im Nachwuchsleistungssport.[3] Sportliche Leistung und der sportliche Erfolg werden als eng verknüpft mit der Dauer der Ausübung einer leistungssportlichen Karriere sowie mit der Intensität der Nutzung der einzelnen Trainingseinheiten betrachtet. Zeitextensivierung und Zeitintensivierung sind somit die zentralen Input-Größen, deren systematische Veränderung in Richtung größerer Trainingsumfänge und intensiverer Nutzung jeder Zeiteinheit – oftmals in Kombination und in gleicher Richtung – die sportliche Leistung systematisch entwickeln soll. Die Förderinstitutionen des Spitzensports tragen diesem Ansinnen Rechnung, indem sie als „Zeitsparmaschinen" konstruiert werden, in denen Zeitansprüche sportexterner Bereiche zugunsten des Sports zurückgedrängt werden (vgl. Emrich, 1996).

Damit nimmt zwangsläufig einerseits das Risiko einer weitgehenden „Vereinnahmung" für jene Individuen zu, die bereits in frühen Jahren in den Sog der Institution Spitzensport und somit in strukturelle und prozessuale Zwänge geraten, wie sie aus der zeitlichen, sachlichen und sozialen Fixierung auf Höchstleistung unter Konkurrenzbedingungen entstehen (vgl. Bette, Schimank, Wahlig & Weber, 2002, S. 371). Es stellt sich aber auch die Frage nach der Rationalität dieser quasi mechanistischen Logik und den nicht intendierten Effekten eines „Immer-Mehr-Desselben".

22.2 Grundsätze der „Produktion" von Leistungen im Nachwuchsleistungssport[4]

Zentrale Hinweise finden sich in einschlägigen Programmen des Deutschen Olympischen Sportbundes: „Nicht primär Strukturen oder Bedürfnisse des Umfeldes, sondern vor allem die Entwicklung der Talente im langfristigen Leistungsaufbau ist der Ausgangspunkt für die Leitlinie zur Weiterentwicklung" (DSB, 1997, S. 4) und

---

2 Oftmals wird der Sieg-Niederlage-Code bemüht, also nur das „Entweder-oder" betrachtet. Dass gerade im Nachwuchsleistungssport über Platzierungen und Rangreihen eine pädagogische Dimension verankert liegt, wird ausgeblendet.

3 Inwieweit die Einführung der Olympischen Jugendspiele abhängig von ihrer Ausrichtung und Ausgestaltung hier einen neuen Schub in Richtung der fortschreitenden Leistungs- und Erfolgsorientierung einschließlich aller damit verknüpften Implikationen bringt, bleibt abzuwarten.

4 Die Ausführungen in diesem Abschnitt folgen inhaltlich eng den bereits von Emrich, Pitsch, Güllich, Klein, Fröhlich, Flatau, Sandig und Anthes (2008) publizierten Überlegungen.

weiter: „Der langfristige Trainings- und Leistungsaufbau ist ein zielgerichteter Prozess zur Entwicklung der sportlichen Leistungsfähigkeit und der Leistungsbereitschaft von Beginn des leistungssportlichen Trainings bis zum Erreichen sportlicher Spitzenleistungen" (DSB, 1997, S. 5), wobei zwischen dem Beginn des leistungssportlichen Trainings und dem Erreichen der sportlichen Spitzenleistung ein Zeitraum von durchschnittlich 14 Jahren liegen soll (vgl. ebd., S. 8). Dabei wird die Förderung der Sportler bereits im Nachwuchsalter als notwendige Voraussetzung für spätere spitzensportliche Erfolge betrachtet: „Damit persönliche Spitzenleistungen [...] erbracht werden, ist eine [...] hochwertige Ausbildung und Förderung im Nachwuchsbereich unabdingbar" (ebd., S. 2). Zudem muss diese Förderung und Ausbildung wenn schon nicht über den gesamten Zeitraum, so doch über lange Phasen hinweg sportartspezifisch erfolgen: „Die Systematik des Trainings muss sich daher sportartspezifisch an den objektiven Gesetzmäßigkeiten und Anforderungen für den langfristigen Aufbau sportlicher Spitzenleistungen ausrichten" (ebd., S. 5).

Insgesamt ergibt sich damit die Annahme, dass als Voraussetzung für sportlichen Erfolg Sportler über lange Zeiträume hinweg die gleiche Sportart betreiben und kontinuierlich im Sportfördersystem betreut werden müssen. Die sportliche Leistung und – davon abgeleitet der sportliche Erfolg – wird bei jeweils entwicklungsadäquater Intervention (gesteuert vorrangig über das kalendarische Alter) als (streng monoton und somit stetig steigende) Funktion der Zeitdauer betrachtet, innerhalb derer man eine Sportart betreibt, und dies in zweifacher Hinsicht. Zum einen wird Leistung als Funktion der auf die Sportart verwandten Lebenszeit begriffen, was den Beginn der Intervention vor einem bestimmten kalendarischen Alter zu einer „conditio sine qua non" sportlichen Erfolgs macht. Die Vorstellung, dass bestimmte Inhalte entwicklungsbezogen nur in einem bestimmten Abschnitt der individuellen Entwicklung vollzogen werden können, stabilisiert dieses gedankliche Muster (siehe Problem der sensiblen Phasen[5]). Zum anderen hat der Umfang der täglich für die Interventionsmaßnahme nutzbaren Ressource *Zeit* als bedeutende unabhängige Variable einen großen Einfluss auf die Ausprägung der abhängigen Variablen *Leistung*. Die angenommene Bedeutung der Ressource *Zeit* für die Interventionsmaßnahme *Training* spiegelt sich z. B. in den vielfältigen Bemühungen um ein ökonomisches Zeitmanagement für Nachwuchs- und Spitzensportler durch Schaffung spezifischer spitzensportlicher Infrastrukturen wider, wie z. B. Olympiastützpunkte und Eliteschulen des Sports. Die Bedeutung der auf den Sport verwandten Lebenszeit spiegelt sich dagegen in der Orientierung von Kaderstufen an einem idealisierten

---

[5] Sensible Phasen werden einerseits zunehmend kritisch diskutiert (vgl. Willimczik, Meierarend, Pollmann & Reckeweg, 1999) und andererseits wird ausgeklammert, dass Kinder und Jugendliche in verschiedenen Ausbildungsphasen (Grundlagenbereich, Anschlussbereiche, Leistungsbereich etc.) verschiedene Fähigkeits- und Fertigkeitskompetenzen aufweisen können.

„Strukturmodell des langfristigen Trainings- und Leistungsaufbaus" (DSB, 1997, S. 8), wobei mit einer bestimmten Anzahl von Trainingsjahren auch die Einstufung in jeweils höhere Kaderstufen assoziiert wird. Im Sinne der Erhöhung der Erfolgswahrscheinlichkeit wird dabei eine relativ frühe Aufnahme des Individuums in die Kaderstrukturen und in den kontinuierlichen Durchlauf der einzelnen Kaderstufen (D, DC, C, B und A) angestrebt.

> In der Regel beträgt die Dauer der Trainingsetappen jeweils 3 Jahre, und bis zum Erreichen der internationalen Wettkampfhöhepunkte der Junioren/-innen (Jugendwelt- und Jugendeuropameisterschaften) vergehen im Durchschnitt 9 bis 10 Jahre. Die individuell höchste sportliche Leistungsfähigkeit wird – in Abhängigkeit vom Höchstleistungsalter der jeweiligen Sportart – nach ca. 10 bis 16 Trainingsjahren erreicht (DSB, 1997, S. 9).

Platonov (2004) dokumentiert in diesem Zusammenhang explizit sowohl so genannte Belastungsumfänge (Arbeitsumfänge in Stunden sowie Anzahl der Trainingseinheiten) als auch das spezifische Alter zu Trainingsbeginn bzw. die Trainingsdauer in verschiedenen Sportarten und -disziplinen (vgl. Rudolph, Wiedner, Jedamsky, Döttling & Spahl, 2006).

Der Aufstieg im Kadersystem hat individuell das Erreichen der jeweils spezifischen Kaderkriterien zur Voraussetzung. Nachwuchsförderung – idealtypisch betrachtet – ist also stets mit der Erfüllung der etappenbezogen gesetzten Ziele und Aufgaben des Trainings verbunden. „Von daher ist die Kadergruppen-Einteilung eng an die verschiedenen Trainingsetappen gebunden" (Rudolph et al., 2006, S. 14). Grundlage ist dabei, im Sinne einer Antezedensbedingung, die Annahme, dass juvenile sportliche Erfolge ein valider Prädiktor sportlicher Erfolge im Höchstleistungsalter (in der Regel: im Erwachsenenalter) sind: „Die spezifische Wettkampfleistung ist das in der Sportpraxis am häufigsten angewandte (weil auch komplexeste und einfachste) Sichtungskriterium" (DSB, 1997, S. 7; vgl. auch Pfützner & Reiß, 2005; kritisch dazu Emrich & Güllich, 2005; Güllich, Emrich & Prohl, 2004). Die organisatorische Einbindung von Sportlern in das Nachwuchsleistungssport-Fördersystem erfolgt über die Kader der Fachverbände (vgl. z. B. Deutscher Schwimm-Verband: Nachwuchskonzeption von Rudolph et al., 2006). Bei den hierüber vermittelten Maßnahmen handelt es sich um zusätzliches Training an einem Landes- bzw. Bundesstützpunkt oder im Rahmen von Trainingslagern im In- und Ausland, Lehrgangsteilnahmen, Nutzung des Angebots der Olympiastützpunkte (Leistungsdiagnostik, Physiotherapie etc.), schulische Unterstützung u. v. m.

22.3 Problemstellung

Gemäß der Logik des Vergleichs werden folgende Kernfragen in Bezug auf die Zielvariable *Erfolg im Spitzensport* gestellt:

- In welchen Merkmalen haben sich erfolgreichere und weniger erfolgreiche Spitzenathleten im früheren Kindes- und Jugendalter systematisch voneinander unterschieden?
- Was hatten sie gemeinsam?
- In welchen Merkmalen haben sich erfolgreichere untereinander inwieweit unterschieden?

Übergreifend ist zu untersuchen,

- inwieweit Übereinstimmungen mit den im Nachwuchsleistungssport-Konzept enthaltenen Programmaussagen mit dem Erfolg im Spitzensport systematisch zusammenhängen und
- inwieweit beobachtbare Übereinstimmungen auf der Beachtung der Programmaussagen beruhen.[6]

Im Einzelnen ist also zu untersuchen:

- Inwieweit variiert die Frühzeitigkeit und das Niveau von Wettkampferfolgen, die Frühzeitigkeit des Einstiegs in das sportartspezifische Training, der je altersbezogene Trainingsumfang, die Trainingskontinuität, die Frühzeitigkeit des Einstiegs in das Fördersystem, der Umfang der Nutzung von Förder- und Betreuungsmaßnahmen, die Kontinuität von Förderung und Betreuung und die Sportartkonstanz und -exklusivität im Kindes- und Jugendalter gemeinsam mit je kurzfristigen bzw. mit späteren, langfristigen Erfolgen im Spitzensport?
- Inwieweit verlaufen Kaderkarrieren im deutschen Nachwuchsleistungssport linear in dem im Programm aufgezeigten Sinn? Folgen die einzelnen Stufen systematisch nacheinander oder handelt es sich um eine idealtypische Konstruktion, die sich empirisch eher als eine Abfolge von nicht linearen Verläufen, Aus- und Wiedereinstiegen, Diskontinuitäten usw. darstellen lässt? Im Fall eventueller Diskontinuitäten ist zu prüfen, inwieweit Kontinuität bzw. eventuelle Diskontinuitäten der Kaderlaufbahn mit sportlichem Erfolg in Zusammenhang stehen.
- Ist die Nutzung spezieller Betreuungs- und Serviceangebote für Nachwuchskader (z. B. der Olympiastützpunkte) geeignet, den möglichen negativen Effekt

---

[6] Selbst soweit Übereinstimmungen empirisch beobachtbar sind, können diese theoretisch sowohl auf Konzepteffekten auf Training, Betreuung und Förderung, auf Praxiseffekten auf das Konzept, als auch auf der Interaktion von beiden beruhen.

angenommener „Störgrößen" im Prozess der sportlichen Leistungsentwicklung, wie Verletzungen, Krankheiten und (schwierige) Übergänge in der Bildungs- und Berufslaufbahn, zu verringern? Inwieweit führt der auch im Nachwuchsleistungssport *absolut* interpretierte Geltungsanspruch des Systemcodes *Sieg/Niederlage* dazu, (zu) frühe Erfolge initiieren zu wollen? Damit ist zu prüfen, inwieweit die uneingeschränkte Orientierung an den als zielführend etikettierten Mitteln zur Zielerreichung gerade nicht zum gewünschten Effekt führt.

22.4 Methode

Methodisch wurde eine doppelte Strategie verfolgt. In einem ersten Schritt wurden relevante internationale Studien zum Nachwuchsleistungssport der vergangenen Jahre aus unterschiedlichen sportwissenschaftlichen Disziplinen und nationalen Sportsystemen gesichtet und inhaltsanalytisch ausgewertet. Zu diesem Zweck wurden Ergebnisse einer umfassenden Literaturrecherche im Rahmen des Projekts „Zur Wirksamkeit von Fördersystemen" herangezogen. Die Kriterien für die Aufnahme von Untersuchungen in die Sichtung wurden wie folgt präzisiert und abgestimmt: Bezug zum Nachwuchsleistungssport, *empirische* Untersuchung, publiziert, vorrangig ab 1990. Dabei sollten Studien aus den verschiedenen sportwissenschaftlichen Forschungsdisziplinen einbezogen werden. Um möglichen differentiellen Effekten unterschiedlicher Sportkulturen und -fördersysteme in unterschiedlichen politischen Regimes auf Bedingungen für sportlichen Erfolg auf der individuellen Ebene Rechnung zu tragen, waren außerdem Untersuchungen aus unterschiedlichen nationalen Sportsystemen zu berücksichtigen. Als verdichtete Übersicht wurden die Publikationen in tabellarischer Form mit den Angaben zu Autor(en), Publikationsjahr, Forschungsdisziplin(en), Untersuchungsdesign (Quer-, Längsschnitt, Retrospektive, Follow-up), qualitative/quantitative Erhebung, Fragestellung(en), Personen- und Merkmalsstichprobe und zu den zentralen Befunden aufbereitet. Die Zuordnung zu Forschungsdisziplinen erfolgte anhand von Gegenstand und Fragestellung der Untersuchungen (nicht etwa aufgrund Provenienz oder organisationaler Zugehörigkeit der Forscher). In die Recherche wurden u. a. gängige digitale Datenbanken (Medline/Pubmed, SpoWiss, SpoNet, SpoLit, SRIC, neben gezielter Recherche außerdem Stichwortsuche nach „Talent", „Talent*", „Nachwuchs*" usw.), Bibliographien und Quellenhinweise in den gesichteten Publikationen sowie ergänzende Hinweise einbezogen. Aus einer weltweiten Vorauswahl von über 3.800 gesichteten Studien[7] konnten in einem ersten Schritt 309 Publikationen gesichtet werden (vgl. Emrich & Güllich, 2005). Die Literatursichtung wurde danach

---

7 Das methodische Vorgehen ist bei Emrich und Güllich (2005) sowie Güllich (2007) detailliert beschrieben. Sämtliche Studien sind dort jeweils im Anhang in ihren Einzelheiten dokumentiert.

von Güllich (2007) im Rahmen seines Habilitationsprojektes fortlaufend ergänzt. Aktuell liegt eine Stichprobe von 447 empirischen Untersuchungen zum Nachwuchsleistungssport vor. Jede Studie wurde als Fall in ihren relevanten Merkmalen codiert und für die statistische Analyse im Programm SPSS, Version 12.0, aufbereitet.

In einem zweiten Schritt wurde zu zwei Befragungszeitpunkten in einer kombinierten quer- und längsschnittlichen Untersuchung an 1.558 nach Sportart und Kader repräsentativ ausgewählten Kaderathleten untersucht, inwieweit sich im Aktivenalter mehr oder weniger erfolgreiche Spitzensportler im Kindes- und Jugendalter hinsichtlich spezifischer Trainings- und Betreuungsmerkmale systematisch unterschieden haben. Die Untersuchungsmethode ist an anderer Stelle im Detail dargelegt worden (vgl. Emrich, Güllich & Pitsch, 2005; Emrich & Güllich, 2005) und wird hier in verdichteter Form umrissen. Der zur schriftlichen, postalischen Befragung eingesetzte Fragebogen stellt eine in einigen Punkten erweiterte Version eines bereits in den Jahren 1990 bzw. 1992 verwendeten Instruments dar (vgl. Emrich, 1996). Konkret werden neben soziodemographischen Merkmalen auch solche des Erfolgs, des Trainings, der Förderung und der Betreuung durch den Olympiastützpunkt erfragt (vgl. Emrich & Güllich, 2005; aktuell Emrich et al., 2008). Die Erweiterungen des ursprünglichen Instrumentes betreffen vor allem retrospektive Fragestellungen zu Erfolgs-, Wettkampf-, Trainings- und Förderungsmerkmalen der Sportlaufbahn im Kindes-, Jugend- und Erwachsenenalter: So wurden das sportartspezifische Einstiegsalter in das Vereins- bzw. TZ-/SC-Training, in die Wettkampftätigkeit und in Förderstrukturen, Wettkampferfolge sowie der Umfang und die Kontinuität von Training und Förderung jeweils im Alter von ≤ 10, 11-14, 15-18, 19-21 und ≥ 22 Jahren erhoben. Dabei wurden jeweils die Hauptsportart und ggf. weitere betriebene Sportart(en), also die (leistungs-) sportliche Biographie, erfragt.

22.5 Empirische Forschungs- und Befundlage

In diesem Kapitel werden im ersten Teil die Ergebnisse der internationalen Literaturrecherche und im zweiten Teil die Spiegelung der empirischen Befundlage mit den grundlegenden Beobachtungsannahmen und Handlungsorientierungen gegenwärtiger technokratischer Programme im Nachwuchsleistungssport zusammengefasst.

22.5.1 Ergebnisse der internationalen Literaturrecherche

Die Veröffentlichung der Arbeiten erfolgte in 22 % der Fälle ab dem Jahr 2000, bei 64 % in den 1990er-Jahren und bei 14 % früher. Die Untersuchungen erfolgten zu 39 % im bundesdeutschen Sport, zu 46 % im westlichen und zu 15 % im östlichen Ausland. Sie sind zu 44 % der Bewegungs- und Trainingswissenschaft, 31 % der Sportmedizin, 29 % der Sportpsychologie, 23 % der Sportsoziologie und zu 7 % der Sportpädagogik zuzuordnen, wobei 30 % der Arbeiten zwei oder mehr Disziplinen einschlossen.

Nur in fünf Studien (1 %) wurden Zusammenhänge zwischen der Zielvariable *Erfolg*, in 13 weiteren Arbeiten (3 %) solche zwischen *Leistungen* im Spitzensport und Bedingungen im Nachwuchsleistungssport empirisch untersucht. Diese Studien sind in ihren Geltungsbereichen wiederum jeweils relativ eng limitiert. Alle übrigen Arbeiten waren querschnittlich oder über relativ kurze Zeiträume innerhalb des Nachwuchsalters angelegt. Die Frage nach den Bedingungen im Nachwuchsleistungssport für spätere Erfolge im Spitzensport muss also als bislang empirisch nur wenig erforscht gelten.

Die nachfolgende inhaltliche Zusammenfassung der empirischen Befundlage konzentriert sich auf die am häufigsten untersuchten Gegenstände (vgl. Emrich & Güllich, 2005; Güllich, 2007): die Partizipation am leistungsbezogenen Wettkampfsport, deren beständige Fortführung bzw. frühzeitiger Abbruch, die Einbindung in Nachwuchs-Förderprogramme, sportliche Leistungen und Erfolge zu verschiedenen Zeitpunkten, Merkmale des Körperbaus, der Sportlerpersönlichkeit, der Motivation, des sozialen Umfelds, des Trainingsumfangs und der -inhalte sowie deren Zusammenhänge untereinander. Die Befundlage lässt sich wie folgt zusammenfassen:

1. Aktuelle sportliche Leistungen bzw. Erfolge im Kindes- und Jugendalter tragen zur Aufklärung späterer Leistungen/Erfolge über relativ kurze Zeiträume ($\leq$ 1 Jahr) teilweise bei, teilweise nicht. Über längere Zeiträume von zwei Jahren oder mehr bestehen kaum inhaltlich relevante, teilweise sogar negative Zusammenhänge. Frühzeitig leistungsstärkere, erfolgreichere Sportler werden relativ häufig durch vormals unterlegene Sportler „überholt". Juvenile Leistungen bzw. Erfolge stellen wahrscheinlich keinen tragfähigen, zumindest aber einen höchst problematischen Indikator künftiger Leistungen und Erfolge dar.

2. Kinder und Jugendliche im Leistungssport sowie insbesondere jene in Programmen zur Talent- und Nachwuchskaderförderung sind durch höhere sportmotorische Leistungen als altersgleiche Personen ohne besonderes leistungsbezogenes Training gekennzeichnet. Ebenso sind Mitglieder bestimmter Sportarten denen anderer Sportarten in jeweils sportartspezifischen Fähigkei-

ten und Fertigkeiten mehrheitlich überlegen. Im Laufe der Partizipation nehmen die Leistungsdifferenzen zwischen den jeweiligen Teilnehmern und Referenzgruppierungen teilweise anfänglich (im ersten Jahr) in einzelnen Fähigkeiten oder Fertigkeiten zu, mehrheitlich aber sind keine systematisch zunehmenden Leistungsdifferenzen zu verzeichnen. In einzelnen längsschnittlichen Studien wurde im Alter von 10 bis 13 Jahren eine Verminderung des Leistungsvorsprungs der trainierenden und geförderten Kinder festgestellt. Inwieweit Leistungsunterschiede zwischen leistungssportlich trainierenden Kindern und Jugendlichen und solchen ohne besonderes Training sowie zwischen denjenigen mit und ohne besondere Förderung auf Selektions-, Trainings- und/oder Förderungseffekten basieren, lässt sich anhand der analysierten Studien noch nicht klären. Die Ergebnisse sprechen dafür, dass zumindest im Kindes- und frühen Jugendalter die Leistungsdifferenzen in beträchtlichem Maße selektionsbedingt sind, und zwar in zweierlei Hinsicht: Sportlich leistungsfähigere Kinder und Jugendliche neigen eher zum Engagement im leistungsorientierten Wettkampfsport, und aus den leistungssportlich Engagierten werden wiederum die frühzeitig Leistungsfähigsten für besondere Förderprogramme ausgewählt.

3. Kalendarisches Alter, biologische Reifung und damit verbundene hormonelle Veränderungen und körperliches Wachstum verlaufen individuell im Alter von etwa 11 bis 16 Jahren häufig vorübergehend asynchron. Sie variieren innerhalb kalendarischer Altersjahrgänge jeweils beträchtlich und sie beeinflussen die sportmotorische Leistungsfähigkeit und die Partizipation im Leistungssport. Saisonal früher Geborene, biologisch akzelerierte Jungen und retardierte Mädchen, Sportler mit größerer Körperhöhe und -masse sowie Extremitätenlänge und geringerem BMI und Körperfettanteil erreichen jeweils mehrheitlich höhere Schnelligkeits-, Kraft- und Ausdauerleistungen, haben höhere Erfolgschancen[8], sind unter den Teilnehmern am Nachwuchs-Wettkampfsport überrepräsentiert und werden unter den Sporttreibenden wiederum bevorzugt für Förderprogramme ausgewählt. Auch für die dauerhafte Beibehaltung des leistungssportlichen Engagements und den Verbleib in Förderprogrammen in diesem Alterssegment wurden verschiedentlich Zusammenhänge mit denselben Einflussgrößen berichtet.[9] Explizite positive und negative Selektionseffekte der Nachwuchs-Förderorganisationen sind mit impliziten Selektionseffekten der Leistungs- und Programmstrukturen des Leistungssports inhaltlich gleichsinnig

---

8 Ausnahme weibliches Kunstturnen: Höhere Erfolgschancen bei geringerer Körperhöhe.
9 Die Reifungsvorsprünge, -verzögerungen und Körperbaudifferenzen sind jeweils eher erblich als umweltbedingt. Die leistungsbezogenen Effekte sind offenbar unter Jungen mehrheitlich stärker als unter Mädchen.

und verstärken diese additiv. Dabei fallen der Trainingsbeginn wie auch Auswahlprozesse für die ersten Förderstufen mehrheitlich in den Altersbereich der größten Ungleichzeitigkeiten der individuellen Teilsysteme. Die Effekte des kalendarischen Alters, der biologischen Reifung und des körperlichen Wachstums auf die sportliche Leistungsfähigkeit nehmen im Laufe des Jugendalters aber wieder ab und gehen bis ins Erwachsenenalter in den meisten Sportarten gegen Null. Frühzeitige Leistungsvorsprünge, die in diesen Merkmalen bedingt sind, korrelieren mit den Leistungsfortschritten der nachfolgenden Jahre mehrheitlich negativ.

4. Jugendliche Leistungssportler weisen relativ hohe Ausprägungen von Komponenten des Selbstkonzepts und internaler Kontrollüberzeugungen sowie geringe Ängstlichkeit und Irritierbarkeit auf. Dieselben Merkmale hängen mit sportlichen Leistungen und Erfolgen, der Auswahl für Förderprogramme sowie mit einer dauerhaften Fortführung der Sportlaufbahn positiv zusammen. Ein Anstieg der Differenzen zwischen Sportlern und Referenzgruppierungen in diesen Persönlichkeitsmerkmalen über die Zeit des leistungssportlichen Engagements wurde empirisch noch nicht verlässlich belegt, was deutlich für Selektionseffekte spricht: Höhere Ausprägungen dieser Merkmale gehen mit höherer Neigung zu einem leistungssportlichen Engagement und mit höheren Leistungen bzw. Erfolgen einher. In der Motivationsstruktur sticht die Sammelkategorie *Spaß am Sport*, und zwar tätigkeitszentrierter Spaß, als Motivationsanreiz in allen Phasen der Sportlaufbahn besonders heraus. Relativ häufig werden von jungen Sportlern außerdem Anreize genannt, die einem „Bildungsmotiv" im Sinne des Wunsches nach vielfältigen Erfahrungen zugeschrieben werden können. Für die Dauerhaftigkeit des Sportengagements ist offenbar weniger die Höhe der Motivation als vielmehr ihr inhaltliches Profil von Bedeutung: Vorrangig intrinsische Motivation, Wetteifer- und Kompetenzorientierung, verbunden mit der Wahrnehmung des Leistungssports als Herausforderung, weniger als Leistungsdruck, und Geselligkeitsmotiv bestimmen die bisherige Befundlage.

5. Kinder und Jugendliche mit sportlich aktuell oder ehemals aktiven Eltern, mit Freunden im Sport, aus höheren sozio-ökonomischen Schichten sowie in höheren Bildungslaufbahnen sind im Nachwuchsleistungssport überrepräsentiert. Eltern und Geschwister sind die häufigsten Agenten in der Anregung zum Einstieg in das sportliche Engagement. Im späteren Jugendalter gehen Interesse und instrumentelle Unterstützung der Eltern sowie eine engere Einbindung in die Vereinsgemeinschaft mit höheren Leistungen/Erfolgen und erhöhter Wahrscheinlichkeit einer dauerhaft fortgeführten Sportlaufbahn einher.

6. Zwischen den aus Sportlersicht als bedeutsam und wünschenswert dargestellten Attributen des eigenen Heimtrainers und dessen Beschreibung gibt es wei-

te Übereinstimmungen insbesondere in emotional-affektiven, motivationalen und sozial-kommunikativen Merkmalsbereichen: Enthusiasmus, emotionale Wärme und Empathie, Interesse am Wohl des Sportlers und Bildung eines positiven, aufgabenorientierten Trainingsklimas bei Mitbestimmung der Sportler. Hohe Ausprägungen auf Seiten des Trainers gehen mit höheren Leistungen und Erfolgen der Sportler und mit höherer Wahrscheinlichkeit einer dauerhaften Fortsetzung der Sportlaufbahn einher. Die Qualität dieser „soft skills" wird aus Sportlersicht bei Trainern in Organisationen des Fördersystems allerdings mitunter eher negativ beurteilt. Junge Athleten sehen die fachlich-technische Kompetenz beim Trainer stets als gegeben an. Für formale Qualifikationsindikatoren (Trainerlizenzen o. ä.) konnte empirisch noch kein verlässlicher Zusammenhang mit der Entwicklung der Leistungen und Erfolge der „Schützlinge" belegt werden.

7. Die Zugehörigkeit zu höheren sozialen Schichten, die soziale Einbettung und Unterstützung seitens der Familie, ein positives Selbstkonzept und internale Kontrollüberzeugungen, geringe Ängstlichkeit, intrinsische Motivation, Spaß am Training, eine positive Wahrnehmung des Trainingsklimas und des Trainers hängen untereinander sowie mit sportlichen Leistungen und Erfolgen und der Beständigkeit der Sportpartizipation jeweils systematisch zusammen. Die Zusammenhangsrichtungen und mögliche intervenierende Variablen bleiben aber teilweise noch unklar.

8. Der Einstieg in das organisierte sportartbezogene Training liegt überwiegend im Kindes- oder Jugendalter, häufig als fließender Übergang aus dem Kontext des Betreibens verschiedener Sportarten im organisierten Rahmen oder im informellen Kontext des Familien- und Freundeskreises. Dabei gilt: Je älter untersuchte Sportler sind, desto später lag ihr Einstiegsalter. Eine Entscheidung zum Abbruch der Laufbahn in einer Sportart im Kindes- und Jugendalter stellt sich weniger als punktuelles Ereignis, sondern vielmehr als relativ dauerhafter Prozess einer heranreifenden Entscheidung dar, die meist nicht in einen abrupten Abbruch, sondern eher in der sukzessiven Reduktion des Engagements mündet, dabei nicht selten zugunsten eines Engagements in anderen Sportarten. Dabei ist der Ausstieg zuvorderst eine Funktion der Partizipationsdauer: Je länger die Teilnahme, desto höher die Wahrscheinlichkeit des Ausscheidens.

9. Das Training erfolgt in den ersten Jahren häufig nur saisonal, später steigen Trainingshäufigkeit und -kontinuität sowie Leistungen und Erfolge. Ein frühzeitiger Trainingsbeginn und ein hoher frühzeitiger Trainingsumfang gehen mit höheren Leistungen/Erfolgen in jungen Jahren einher. Andererseits können hohe Trainingsumfänge mit erhöhten individuellen Kosten und Risiken verbun-

den sein: Verschiebung der Belastungs-Erholungs-Nettobilanz zum Belastungspol, Verletzungen, Krankheiten, Überdruss- und Stresswahrnehmung sowie Einschränkung der Zeiträume für Bildung und Freizeit. Erfolgreiche Spitzensportler sind durch stark streuende frühere, juvenile Trainingsumfänge gekennzeichnet (Einstiegsalter, je altersbezogener Trainingsumfang). Ein verlässlicher positiver Effekt des sportartbezogenen Trainingsumfangs im Kindes- und Jugendalter auf spätere Erfolge im Spitzensport ist empirisch bisher nicht nachgewiesen worden. Mitunter wurden für hohe sportartbezogene Trainingsumfänge im Kindesalter negative Korrelationen mit dem langfristigen Erfolg festgestellt. Bezüglich inhaltlicher Belastungskonfiguration haben kontrollierte kurzfristige Experimente vielfältige Zusammenhänge zwischen je definierten Belastungsformen und Anpassungen gezeigt. Andererseits führen gleiche Belastungen zu inter- und intraindividuell variierenden Anpassungen, unterschiedliche Trainingsinhalte können mit gleichen Anpassungen einhergehen und verschiedene Trainingsinhalte interagieren quer- und längsschnittlich. Systematische langfristige Effekte definierter Inhalte oder Muster des Nachwuchstrainings unter Feldbedingungen auf spätere Erfolge im Spitzensport sind noch kaum nachgewiesen worden, wobei hierzu insgesamt nur wenig empirisch gesichertes Wissen zur Verfügung steht. Langfristige Trainingskonzepte (z. B. Modell des „Langfristigen Leistungsaufbaus", Rahmentrainingspläne o. ä.) sind auf kontinuierliche, lineare Trainings- und Wettkampflaufbahnen in einer Sportart ausgerichtet. Andererseits bilden häufige unvorhersehbare Diskontinuitäten im Trainingsprozess den Regelfall (z. B. durch Krankheiten, Verletzungen, sportexterne Beanspruchungen).[10] Hinzu kommt, dass die meisten Spitzenathleten im Kindes- und Jugendalter mehrjährige Trainings- und Wettkampferfahrungen in verschiedenen Sportarten gesammelt haben.

10. Die empirischen Grundlagen kollektiver normativer Trainingsvorgaben in Form von Rahmentrainingsplänen (RTP)[11] sind weitgehend unklar. Inwieweit es eine systematische Orientierung der Trainingspraxis an solchen Vorgaben gibt, ist empirisch ungeprüft. Ein verlässlicher Zusammenhang zwischen Entsprechungen des Trainings mit RTP-Vorgaben und sportlichen Leistungen/Erfolgen konnte empirisch noch nicht belegt werden, vereinzelt haben sich bezüglich quantitativer Vorgaben negative Zusammenhänge gezeigt. Offenbar handelt

---

[10] Verletzungen und dauerhafte Gesundheitsschädigungen im Nachwuchssport gehen überwiegend auf Überlastungen zurück. Sie sind weitgehend unabhängig vom Trainingsalter, hängen aber systematisch zusammen mit hohem aktuellen Trainingsumfang sowie insbesondere mit einer frühen altersbezogenen Verortung des Trainings- und Wettkampfbeginns im Kindesalter und einer frühen Teilnahme an internationalen Meisterschaften (vgl. Güllich, 2007).

[11] Quantitative Trainingsvorgaben der Spitzenverbände liegen gegenwärtig für 35 olympische Sportarten vor (vgl. Güllich, 2007).

Empirische Forschungs- und Befundlage 421

es sich bei den RTP-Vorgaben um einen sozial konstruierten Idealtypus von Training, der durch zumindest partielle Entkopplung der Konzept- von der Praxisebene gekennzeichnet ist.

11. Die Strukturelemente und Programme der Nachwuchsförderung – Talentsuche- und -förderprogramme, insbesondere in Kooperation mit Schulen, Eliteschulen des Sports, Nachwuchskader, OSP-Nachwuchsbetreuung – sind in der Bundesrepublik über die vergangenen Jahre beträchtlich ausgeweitet worden. Auf Seiten der Sportler wurde verschiedentlich eine hohe subjektive Zufriedenheit mit der Förderung beschrieben. Andererseits konnten effektive Beiträge zur Erfüllung des Systemzwecks – Erfolg im Spitzensport – bislang für die Komponenten des Nachwuchs-Fördersystems noch nicht empirisch nachgewiesen werden. Mitunter wurden hingegen kontra-intuitive Effekte beobachtet: In Sportvereinen gingen Kooperationen mit Schulen in der Talentsuche mit geringerer Mitgliedergewinnung und in der Talentförderung mit weniger Erfolgen im Spitzensport einher. Auswahlentscheidungen im Nachwuchs-Fördersystem, die überwiegend auf aktuellen Leistungen und Erfolgen basieren, haben mehrheitlich nur für relativ geringe Dauer Bestand. Dabei gilt: Je früher der Einstieg, desto früher der Ausstieg aus Förderprogrammen. Eine frühzeitige Einbindung in Verbandskader, OSP-Betreuung und Eliteschulen des Sports korreliert mit kurzfristigen juvenilen Erfolgen positiv, mit langfristigen Erfolgen im Spitzensport aber negativ. Dabei erweist sich die Förderung in Eliteschulen des Sports als mit erheblichen individuellen Opportunitätskosten verbunden, bezüglich Bildungszeiten, Freizeit und des sozialen Beziehungsgefüges im Familien- und Freundeskreis. Allein für vereinseigene Maßnahmen der Talentförderung sind positive Zusammenhänge mit Erfolgen im Spitzensport empirisch belegt worden.

Zusammenfassend ist aus der empirischen Befundlage zu schließen, dass

1. zahlreiche leistungs- und erfolgsrelevante Einflussgrößen in den Bereichen der Sportlerpersönlichkeit und Motivationsstruktur, des sozialen Nahbereichs und der sozial-kommunikativen und emotional-affektiven Trainerkompetenzen für bürokratisch geprägte Steuerungsversuche des Fördersystems nur schwer zugänglich sind,
2. Effekte von Fördersystemen vom sozialen Kontext des Sportsystems abhängig sind und dass
3. die zeitökonomisch geprägten Konstruktionsprinzipien des gegenwärtigen Systems der Nachwuchsförderung in Teilen – dabei in den heutigen östlichen Bundesländern noch stärker als in den westlichen – Relikten der ursprünglich dem DDR-Sportsystem inhärenten „Tonnenideologie" entsprechen, wobei die

Implementierung von Elementen des früheren DDR-Sports unter den Bedingungen der heutigen Bundesrepublik zu erhöhten individuellen und kollektiven Kosten, nicht aber zu den erwarteten Erträgen in Form von Erfolgen im Spitzensport geführt hat (vgl. Prohl, 2006, S. 324 ff.).

22.5.2 Spiegelung der empirischen Befundlage mit den Handlungsorientierungen gegenwärtiger technokratischer Programme

Einen Überblick über Übereinstimmungen und Abweichungen von Beobachtungsannahmen bezüglich kurz- und langfristiger Zusammenhänge verschiedener Bedingungen im Nachwuchsleistungssport mit sportlichen Erfolgen gegenüber den empirischen Befunden liefert Tabelle 22.1.[12]

Auch für den Längsschnitt (vgl. Güllich, 2007; Emrich, 2006) ergeben sich konvergente Befunde. So ergab die längsschnittliche Prüfung von 244 Fällen im Verlauf der Messzeitpunkte 1999 zu 2002 mit den unabhängigen Variablen a) Erfolg zu t_1 (Rangplatz), b) Trainingsalter in anderen Sportarten bis t_1 (kumulierte Trainingshäufigkeit in anderen Sportarten bis t_1), c) Dauer verletzungsbedingter Trainingsreduktionen in den letzten zwei Jahren bis t_1, d) Anteil des Förderalters im Kadersystem am gesamten Trainingsalter bis t_1 und der abhängigen Variablen sportlicher Erfolg zu t_2 eine Varianzklärung von 51 % (Rangplatz $t_2 = 22{,}02 + 0{,}71 * a - 0{,}20 * b - 0{,}19 * c + 0{,}07 * d$)[13]. Die Ergebnisse bedeuten, dass 1) ein höherer Erfolg (in Form eines geringeren Rangplatzes) zu t_1, 2) ein höheres Trainingsalter und eine höhere kumulierte Trainingshäufigkeit in anderen Sportarten bis t_1, 3) eine höhere Dauer verletzungsbedingter Trainingsreduktion zu t_1 und 4) ein geringerer Anteil des gesamten Trainingsalters mit Kaderförderung bis t_1 mit höherem Erfolg (geringerem Rangplatz) zu t_2 einhergehen.

---

[12] Überprüfungen innerhalb der Mannschaftsspielsportarten, der kompositorisch-künstlerischen Sportarten, im Kanu und Rudern sowie innerhalb verschiedener empirisch ermittelter Laufbahntypen ergaben in keinem Fall gegenläufige Ergebnisse, sondern vielmehr die Bestätigung der zentralen Befunde auch innerhalb der Gruppierungen (vgl. Güllich, 2007).

[13] Mit Blick auf die Vorzeichen ist zu beachten, dass geringere Werte der abhängigen Variablen *Erfolg* höhere Erfolge abbilden (niedrigere Rangplatzzahlen) und vice versa. Die Interpretation der mittelfristig Erfolg steigernden Rolle zeitweiliger verletzungsbedingter Trainingsreduktionen lässt sich anhand der Datenlage noch nicht klären. Vor dem Hintergrund der Befundlage liegt die Vermutung nahe, dass die erzwungenen Trainingsbeeinträchtigungen (nicht -unterbrechungen) mit einer verstärkten Suche nach alternativen Belastungsformen und damit erhöhter Belastungsvariabilität einhergehen.

Tab. 22.1. Konformität grundlegender Beobachtungsannahmen in Nachwuchstrainings- und -förderkonzepten mit empirischen Befunden; +: Übereinstimmung von Konzeptannahmen und Befunden, o: kein Befund, –: Abweichung zwischen Konzeptannahmen und empirischen Befunden (inhaltliche Gegensinnigkeit)

Merkmale im Kindes- und Jugendalter, auf die sich Beobachtungsannahmen und empirische Befunde beziehen	Konzeptkonformität mit Befunden	
	relativ kurzfristig im Kindes-/Jugendalter	langfristig für Spitzensport
Training und Wettkampf insgesamt		
Frühzeitig Einstieg Training + Wettkampf insgesamt	+	o
Sportartexklusivität Training + Wettkampf	+	–
Sportartkonstanz Training + Wettkampf	+	–
Kontinuität Training + Wettkampf	o	o
Frühzeitigkeit Erfolge	+	o
Hauptsportart		
Einstiegssportart Training + Wettkampf	+	–
Frühzeitigkeit Einstieg Training + Wettkampf	+	–
Frühzeitigkeit vollständige Konzentration Training + Wettkampf	+	–
Frühzeitige Erfolge	+	–
Trainingshäufigkeit in jeweiliger Alterskategorie	+	o
Dauer Training + Wettkampf innerhalb Nachwuchsalter	+	–
Andere Sportart(en)		
Einstiegssportart Training + Wettkampf	+	–
Frühzeitigkeit Einstieg Training + Wettkampf	o	o
Trainingshäufigkeit in jeweiliger Alterskategorie	+	–
Dauer Training + Wettkampf innerhalb Nachwuchsalter	+	–
Ausstiegsalter Training + Wettkampf	+	–
Förderung		
Einstiegsstufe Kader, Stufenabfolge D-DC-C	+	–
Kadermitgliedschaft in jeweiliger Alterskategorie	+	–
Frühzeitigkeit Aufnahme OSP	+	–
OSP-Mitgliedschaft in jeweiliger Alterskategorie	+	–
Umfang OSP-Betreuung	o	o
Kontinuität Förderprozess	o	o

22.6 Kritik der Talentauslese

Die im bundesdeutschen Nachwuchsleistungssport-Konzept ausgesprochenen Handlungsempfehlungen sind in einigen Bereichen dazu geeignet, *frühe* sportliche Erfolge bis zum Juniorenalter zu begünstigen bzw. nicht zu behindern. Bezogen auf eine *langfristige* Perspektive erweisen sie sich aber als empirisch in der Mehrzahl der Konzeptannahmen unbegründet bzw. divergent. Die Befundlage verweist darauf, dass juvenile Erfolge und die Trainingshäufigkeit in der Hauptsportart unter Kadermitgliedern kaum oder gar keine Erklärungskraft hinsichtlich der langfristigen Erfolgswahrscheinlichkeit im Spitzensport haben. Auch relativ häufige verletzungsbedingte Diskontinuitäten haben mittel- und langfristig keinen systematischen erfolgsmindernden Effekt (vgl. Emrich & Güllich, 2005; Emrich, Fröhlich & Pitsch, 2006). Andererseits unterscheiden sich erfolgreichere Spitzenathleten von weniger erfolgreichen durch einen höheren Anteil dauerhaften, regelmäßigen Trainings- und Wettkampfengagements in anderen Sportarten als der gegenwärtigen Hauptsportart, durch eine eher entschleunigte trainings-, wettkampf- und förderungsbezogene Entwicklung in der Hauptsportart und durch eine zeitlich im Lebensverlauf spätere vollständige Konzentration exklusiv auf ihre Hauptsportart. Die gemäß der konzeptimmanenten Annahmen kontra-intuitiven Befunde, anhand derer sich sportartübergreifende Trainings- und Wettkampf*variabilität* in der jugendlichen Entwicklung als zentraler Erfolgsfaktor herausschält, lassen Effekte dahingehend vermuten, dass

1. vielfältige motorische Entwicklungsreize in den meisten Sportarten langfristig positiv erfolgsdifferenzierend wirken,
2. das relativ dauerhafte (mehrjährige) „Erproben" mehrerer Sportarten die Wahrscheinlichkeit des Zusammentreffens eines außergewöhnlichen Talentes mit einer bestimmten Sportart erhöht (Prinzipien des „multiple sampling" und des „functional matching"),
3. eine gewisse Reife bei der Entscheidung für die Konzentration auf eine Hauptsportart die mittel- bis langfristigen Erfolgsaussichten in dieser Sportart erhöht und durch ein zu frühzeitig zu umfangreiches und einseitiges Training motivationale Ermüdungserscheinungen induziert werden, die auf längere Sicht zu Leistungsabfall und/oder Drop-out führen.

Dazu kommt die Beobachtung, dass pädagogische und auch ökonomische Aspekte vernachlässigt werden. Generell ist anzunehmen, dass die Entscheidung des jungen Athleten zur Investition von Zeit in Training und Wettkampf subjektiv desto geringere Kosten verursacht, je mehr Anreize der Wettbewerb in seinen emotionalen Komponenten und die Vorbereitung darauf, also das Training bieten. Ein Blick in die Praxis bestätigt dies. Wird von jungen Athleten die Trainings- und Wettkampfpraxis als eintönig, wenig anregend, fremdbestimmt und wenig gelingend erlebt, scheiden sie auch bei hohen sportlichen Erfolgen häufig früh aus dem Leistungssport aus. Umgekehrt verbleiben viele Sportler lange im Leistungssport, deren Erfolge im Wettbewerb geringer ausfallen, die aber ihre zeitliche Investition aufgrund des mit dem Trainings- und Wettkampfengagements verknüpften Erlebniswertes als „bereichernd" erleben und die damit einem inneren Bedürfnis folgen. Dass eine solche Anreizstruktur existiert, zeigen die vielen Kinder und Jugendlichen, die trotz mäßiger Wettkampfresultate im Sport verbleiben (zur Bedeutung ästhetischer Erfahrungen im Kontext von Agonalität vgl. Emrich & Prohl, 2008).

22.7 Diskussion

Die empirische Prüfung der Grundannahmen in der Nachwuchsförderung, nämlich dass erfolgreiche Sportler über lange Zeiträume hinweg die gleiche Sportart betreiben und kontinuierlich im Sportfördersystem betreut werden, dass mit zunehmender Dauer der sportlichen Betätigung in einer Sportart der sportliche Erfolg steigt und dass juvenile sportliche Erfolge ein valider Prädiktor sportlicher Erfolge im Höchstleistungsalter (i. d. R. im Erwachsenenalter) seien, hat zu deren Falsifikation geführt. Nach Art der „Pyrrhus-Siege" scheinen die auf den genannten empirischen Grundannahmen basierenden Förderstrukturen *sportliches Talent* eher zu zerstören, als zu dessen Entfaltung beizutragen. So bringt etwa auf der Ebene der zeitlichen Belastungen durch das Training ein weiterer Einsatz zeitlicher Ressourcen offensichtlich einen negativen Grenznutzen und begünstigt den früheren Karriereabbruch. Im Übrigen spricht unter diesen Bedingungen einiges dafür, die Förderung einer vielseitigen sportlichen Entwicklung möglichst lange in den Sportvereinen zu betreiben (vgl. Anthes, Güllich & Emrich, 2005; Güllich, Anthes & Emrich, 2005).

Bezogen auf unsere einleitenden Bemerkungen lässt sich somit konstatieren, dass sowohl Befürworter wie Gegner dem Kinder- und Jugendleistungssport nur unzureichend gerecht wurden. Insofern ist die jüngst aktualisierte Einbindung der nunmehr vorliegenden empirischen Befunde in eine bildungstheoretische Sichtweise des Kinder- und Jugendleistungssports (vgl. Prohl, 2006) ein wesentlicher Fortschritt in der Diskussion um diesen Gegenstand. Die vorliegenden empirischen Befunde erinnern an die These Jean-Jacques Rousseaus (1987, S. 72), dass man zuweilen Zeit verlieren müsse, um Zeit zu gewinnen (zur empirischen Explikation dieser These vgl. Güllich et al., 2004), und lassen weiterhin auf eine gravierende Diskrepanz zwischen der gesellschaftlichen Institution des (Förder-)*Systems* und den durch diese zu unterstützenden sozialen Interaktionen der *Subjekte* (Nachwuchssportler, Trainer usw.) schließen. Das heißt, die Investitionskosten für das frühkindliche leistungssportliche Engagement fallen alleinig auf individueller Seite an.

Dazu kommt, dass die ästhetischen Komponenten eines leistungssportlichen Trainings offensichtlich vernachlässigt wurden. Jugendliche Spitzensportler stellen sich selbst bereitwillig Hindernisse in den Weg, an deren Überwindung sie Freude haben und suchen aus eigenem Antriebe wettkampfgebundene Situationen, die um so mehr Freude bereiten, je unsicherer sie im Ausgang sind (vgl. Emrich, Prohl & Brand, 2006; Emrich & Prohl, 2008). In diesem Zusammenhang muss auch die Frage erlaubt sein, ob man leistungssportliche Eliten überhaupt „produzieren" kann, und wenn ja, ob das Beiseiteräumen von Hindernissen im Sinne der Beratung, Betreuung, Behütung und Beplanung[14] für Jugendliche überhaupt dazu beitragen kann, Elitenformung im Sinne von Leistungs-, Verantwortungs- und Werteliten zugleich zu ermöglichen. Gemeinhin bewähren sich Werteliten erst im widerständigen Eintreten für kollektive Werte, Verantwortungseliten in der Übernahme von Verantwortung für das Kollektiv und seine Werte und Leistungseliten in der freiwilligen Präferenz von konkurrenzgebundenen Bewährungsproben.

Folgende Fragen werden in der zukünftigen Forschung zu untersuchen sein:

* Wie kann man mit Blick auf die Frage nach der Qualitäts- statt Quantitätsentwicklung der Nachwuchsförderung die subjektiven Ressourcen der Talententwicklung von dem absoluten Geltungsanspruch *Sieg/Niederlage* wirkungsvoll *ent*koppeln? (Die individuelle Leistungsentwicklung muss u. a. das entscheidende Kriterium für die Förderung und Spitzensportstruktur sein).
* Wie kann man die sportliche Weiterentwicklung („enhancement") mit der Entwicklung der Gesamtpersönlichkeit („transformation") so *ver*koppeln, dass Nachwuchssportler diese selbsttätig zu beeinflussen vermögen („empowerment")?
* Wie kann man in der Nachwuchsleistungssportförderung mit Hilfe von institutionalisierten Förderregeln eine pädagogische *Nachhaltigkeitsperspektive* einbeziehen?

Eike Emrich & Arne Güllich

---

[14] Schon früh zu Belehrung, Betreuung, Beplanung als neuen Formen der Herrschaft (vgl. Schelsky, 1975, S. 367 ff.).

23 Bewegung, Spiel und Sport der Kinder im internationalen Vergleich

23.1 Einleitung

In den meisten Ländern dieser Welt nehmen Bewegung, Spiel und Sport im Leben von Kindern sowohl in quantitativer als auch qualitativer Hinsicht eine bedeutende Rolle ein (vgl. Kap. 10 und 20). Unabhängig vom institutionellen Rahmen (Freizeit, Familie, Verein oder Schule) und auch von der inhaltlichen Ausgestaltung wird der aktiven Teilnahme an Bewegungs-, Spiel- und Sportangeboten in vielen Kulturen ein positiver Einfluss auf die kindliche Entwicklung zugesprochen. Diese Wirkungsannahmen beziehen sich auf die Bereiche der motorischen Entwicklung wie auch der sozialen, emotionalen und kognitiven Entwicklungsförderung (vgl. Kap. 13 und 14).

Neben dieser generalisierenden Annahme zur positiven Wirkung körperlicher Aktivität auf die kindliche Entwicklung sind mit Blick auf die Lebenswelten der Kinder international ähnliche Tendenzen festzustellen (Mediatisierung, Verstädterung, veränderte Familienstrukturen usw.). Aus diesen Veränderungen, die sich auch auf das Bewegungsverhalten der Heranwachsenden auswirken, resultieren Lebensstile, die in den unterschiedlichen Kulturen zu vergleichbaren Problemlagen geführt haben (motorische Defizite, Mangel an Primärerfahrungen, Übergewicht, usw.; vgl. Brettschneider & Naul, 2007).

Im Gegensatz zu diesen internationalen Tendenzen in den Kinder- und Bewegungswelten steht die weitgehend nationalstaatliche Begrenztheit der wissenschaftlichen Erforschung dieser sozialen Phänomene. Dieser Mangel an international vergleichenden Studien in der sozialwissenschaftlich orientierten Sportwissenschaft wurde schon vor mehr als einem Jahrzehnt konstatiert (vgl. Brettschneider, Brandl-Bredenbeck & Rees, 1996). Auch Naul (2006c) identifiziert in ähnlicher Weise diesen blinden Fleck der nationalen sportbezogenen Kindheitsforschung. Wenngleich einer solchen Forschungsrichtung mehrfach eine besondere Bedeutung attestiert und verstärkte Forschungsbemühungen in diesem Bereich angemahnt wurde/n, konnte dieses Desiderat im vergangenen Jahrzehnt kaum eingelöst werden. Eine systematische Forschung in diesem Bereich existiert nach wie vor nicht. Es gibt lediglich punktuelle Bemühungen für eine interkulturell vergleichende sportbezogene Kinderforschung (vgl. Brandl-Bredenbeck, Keßler & Stefani, 2008; Brandl-Bredenbeck, Stefani, Keßler, Brettschneider, Kussin, Bortoli, Carraro, Laskiene, Seghers, Vanreusel, Shpakov, Sudeck, Szczepanowska & Umiastowska, i. Dr.).

Dies ist umso erstaunlicher, als dass internationale Vergleiche der Kinder- und Bewegungswelten helfen könnten, sowohl universell gültige Zusammenhänge als auch kulturspezifische Besonderheiten festzustellen. Mit Blick auf andere sozialwissenschaftliche Disziplinen gilt festzuhalten, dass Kulturvergleiche nicht nur eine lange Tradition besitzen, sondern inzwischen zum gängigen Repertoire wissenschaftlicher Analysen gehören (vgl. Röhrs, 1995). Die Vorteile eines solchen Ansatzes liegen auf der Hand. Diese Ansätze können dazu beitragen (vgl. Brandl-Bredenbeck, 1999):

- Unterschiede und Gemeinsamkeiten aufzuzeigen, die sich für die jeweils spezifischen individuellen Erfahrungen mitverantwortlich zeichnen,
- Andersartiges besser zu verstehen,
- Ethnozentrismus in Alltag und Wissenschaft zu überwinden,
- Vorurteile und Stereotype als solche zu erkennen und abzubauen und
- zukunftsweisende Planungsmodelle zu entwickeln.

Internationale Vergleiche können aber auch jenseits gemeinsamer Forschungsprojekte, denen eine gemeinsame Fragestellung und ein gemeinsames Studiendesign zugrunde liegen, auch unter Rückgriff auf nationalstaatliche Forschungsfragen und Forschungsergebnisse durchgeführt werden. Gerade die eingangs erwähnte Kernannahme zur positiven Wirkung von sportlicher Aktivität auf die kindliche Entwicklung lässt vermuten, dass die unterschiedlichen nationalstaatlichen Forschungsbemühungen auch über die kulturellen Grenzen hinweg ähnliche Fragestellungen bearbeiten und Ergebnisse zeitigen, die einen Vergleich ermöglichen.

Der folgende Beitrag betrachtet die Bewegungs-, Spiel und Sportwelt der Kinder in unterschiedlichen Ländern. Ein besonderes Augenmerk wird hierbei auf die skandinavischen Länder, auf die frankophonen Länder Belgien und Frankreich sowie auf die Vereinigten Staaten von Amerika gelegt.

23.2 Was kann dieser Bericht leisten und was kann er nicht leisten?

Dieser Bericht soll einen Einblick in die Bedeutung von Bewegung, Spiel und Sport in ausgewählten Ländern ermöglichen. Ein solcher Einblick gewinnt besondere Bedeutung, wenn vorliegende Studien aus den einbezogenen Ländern erstens für das jeweilige Land eine hohe Aussagekraft besitzen und zweitens aus ihrer Anlage (theoretisch wie methodisch) Vergleichskriterien abgeleitet werden können, die einen internationalen Vergleich ertragreich machen.

Die empirische Befundlage zu Bewegung, Spiel und Sport im Kindesalter hat sich bei der Durchführung der Analyse in den verschiedenen Ländern mit Blick auf die Fragestellung allerdings in mehrfacher Hinsicht als nur bedingt geeignet erwiesen. Um die Grenzen des vorliegenden Berichts zu verdeutlichen, soll deshalb an dieser Stelle zunächst auf drei wesentliche Problembereiche hingewiesen werden.

23.2.1 Probleme im Bereich der Kindheitsforschung

Die im Fokus dieses Berichts stehende Altersgruppe der Kinder (bis 11 Jahre) ist in den meisten Ländern bisher nur punktuell und wenig systematisch zum Gegenstand von Forschungsbemühungen geworden. In der Mehrzahl der Untersuchungen, die die Heranwachsenden in den Blick nehmen, sind die Probanden zwischen 12 und 18 Jahre alt. Es scheint eine plausible Annahme zu sein, dass dies den methodischen Schwierigkeiten bei der Datenerhebung in der jüngeren Altersgruppe geschuldet ist.

23.2.2 Probleme im Bereich der Wirkungsforschung

Die Studien zu Bewegung, Spiel und Sport in der Kindheit, die vorliegen, sind querschnittlich angelegt und deskriptiver Natur. In diesen Studien werden im Wesentlichen Aussagen zu Partizipationszahlen und bevorzugten Sportarten gemacht. Gleichwohl werden Aussagen zu den positiven Wirkungen des Sportengagements in allen untersuchten Ländern in den entsprechenden Dokumenten der Schulbehörden bzw. der Sportverbände formuliert, ohne dass diese in entsprechenden systematischen Kindersportsstudien einer empirischen Überprüfung unterzogen würden.

23.2.3 Methodische Probleme im Bereich der Sportforschung

Die im internationalen Raum auffindbaren Ergebnisse zu ähnlichen Untersuchungsfragen sind nur dann direkt vergleichbar, wenn die Kriterien der funktionalen und konzeptuellen Äquivalenz erfüllt sind (vgl. Brandl-Bredenbeck, 1999; Brettschneider, Brandl-Bredenbeck & Hofmann, 2005). Das Kriterium der *funktionalen Äquivalenz* nimmt hierbei in den Blick, inwieweit Bewegung, Spiel und Sport ähnliche oder identische Funktionen in den unterschiedlichen Kontexten übernehmen. Das Kriterium der *konzeptionellen Äquivalenz* lässt sich gut an folgendem Beispiel verdeutlichen: So kann z. B. in einem kulturellen Kontext das Konzept *Sport* nahezu jede Form der körperlichen Bewegung mit den verschiedensten Motivkonfigurationen einschließen, während sich das Konzept *Sport* in einem anderen kulturellen Kontext im Wesentlichen auf institutionalisierte Sportarten unter verstärkter Ausrichtung auf Sinngebungen wie Leistung und Gewinnen beschränkt. Für den vorliegenden Beitrag und den Versuch, die Bedeutung von Bewegung, Spiel und Sport der Kinder im internationalen Vergleich zu bearbeiten, zeigen sich diese Probleme auf mehreren Ebenen. So ist z. B. die Verwendung der Begriffe Sport und Bewegung, wie bereits angedeutet, nicht eindeutig. Sport ist nicht gleich Sport, Bewegung nicht gleich Bewegung. In der englischsprachigen Terminologie wird dies an der Unterscheidung zwischen „Physical Education" und „Sport" deutlich. Dies erzeugt nicht nur innerhalb der eigenen Kultur Verständnisprobleme, wie Pangrazi (2007, S. 5) dies deutlich macht: „However, some individuals mistakenly consider physical education to be the same as athletics or competitive sports", sondern kann im internationalen Vergleich zu besonderen Verständnisproblemen führen.

Um für den vorliegenden Beitrag der Gefahr, in einer allzu naiven Weise „Äpfel mit Birnen" zu vergleichen, entgegenzuwirken, muss an dieser Stelle darauf hingewiesen werden, dass Vergleiche nur mit den entsprechenden Einschränkungen möglich sind. Vor diesem Hintergrund werden die folgenden länderspezifischen Abschnitte jeweils auf die institutionellen und organisatorischen Rahmenbedingungen für Bewegung, Spiel und Sport eingehen. Zudem wird auf die Zielsetzungen und Ansprüche, die im Zusammenhang mit Bewegung, Spiel und Sport der Kinder formuliert werden, verwiesen. Damit soll der Berücksichtigung der Kriterien der funktionalen und konzeptionellen Äquivalenz angemessen Rechnung getragen werden.

23.3 Ein gemeinsamer Bedeutungskern – Der Mehrwert von Bewegung, Spiel und Sport für die Kinder

Unabhängig vom spezifischen kulturellen Hintergrund und den unterschiedlichen Organisationsformen von Bewegung, Spiel, Sport und Schulsport findet sich in den betrachteten Ländern durchgängig die Unterscheidung in das, was wir in Deutschland als den „Doppelauftrag" kennen. Bewegung, Spiel und Sport zielen demnach einerseits auf die Erweiterung der motorischen Kompetenzen und sollen auf diese Weise eine Erziehung zum Sport mit entsprechender Handlungsfähigkeit in sportlichen Settings erreichen. Andererseits wird mit Bewegung, Spiel und Sport auch ein erzieherischer Anspruch verknüpft, der in den verschiedenen Ländern eine unterschiedliche Prononcierung erfährt.

Bei den späteren Länderanalysen werden diese divergierenden Prononcierungen noch deutlich gemacht. An dieser Stelle soll zunächst ein Blick auf die Begrifflichkeiten genügen, um diese Unterschiede anzudeuten. So wird etwa im angloamerikanischen Raum von „Physical Education", „Interscholastic Sport" und schließlich „Sport Education" (vgl. Coakley, 2007) gesprochen. Das erste Konzept steht für eine ganzheitliche Entwicklung, in dem Bewegungserfahrung als der Motor dieser Entwicklung angesehen wird. „*Physical Education* is that phase of the general educational program that contributes to the total growth and development of each child, primarily through movement experiences" (Pangrazi, 2007, S. 4). Das zweite Konzept, dass von einer quasi automatischen Charakterbildung durch Wettkampfsport ausgeht, ist von Miracle und Rees (1994) als „myth of school sports" thematisiert worden. Im Konzept der „Sport Education" schließlich wird ein entwicklungsgemäßes Sporttreiben propagiert, das sich einerseits dem Wettkampfgedanken verpflichtet sieht, andererseits aber eine deutliche Abgrenzung vom Erwachsenensport als wichtigen Baustein enthält (vgl. Coakley, 2007).

In der französischen Terminologie heißt dies dann „Éducation Physique" und „Éducation Sportive" (vgl. Klein & Hardman, 2007). Auch für die skandinavischen Länder findet sich diese Unterscheidung, wobei seit etwa einem Jahrzehnt z. B. in Schweden auch eine stärkere Hinwendung zu einer ganzheitlichen Gesundheitserziehung im Schulsport verankert ist (vgl. Jakobsson, 2005).

23.4 Organisationsformen und die Praxis von Bewegung, Spiel und Sport der Kinder in den untersuchten Ländern

Bewegung, Spiel und Sport der Kinder finden in den unterschiedlichen Ländern im Wesentlichen in vier deutlich voneinander unterscheidbaren Institutionen bzw. Organisationen statt. Diese sind – mit je unterschiedlicher Gewichtung in den spezifischen Ländern – die Institutionen im Elementarbereich, die Schule im Primarbereich, der Verein und das informelle Sporttreiben in der Freizeit.

23.4.1 Der Elementarbereich

Die gesellschaftliche Bedeutung, die jeweilige Organisation des Elementarbereiches und die Verankerung von Bewegung, Spiel und Sport in der frühkindlichen Erziehung zeigen eine enorme Bandbreite über die im Vergleich berücksichtigten Länder hinweg.

Auch wenn es keinen linearen Zusammenhang zwischen den Ausgaben pro Kind und den erzielten Schülerleistungen gibt (vgl. Wössmann, 2007, S. 70), so sind die öffentlichen Bildungsausgaben dennoch als ein Indikator für die Akzentsetzung und die Rahmenbedingungen im Bildungswesen zu sehen. Hierbei wird im internationalen Vergleich deutlich, dass in allen europäischen Staaten die gesamten öffentlichen Bildungsausgaben für den Sekundarbereich den größten Anteil (in Prozent am Bruttoinlandsprodukt) ausmachen (vgl. Tab. 23.1). In den Sekundarbereich fließen zwischen 34 und 63 % der in allen Staaten der Europäischen Union für Bildung ausgegebenen Mittel. Die öffentlichen Ausgaben im Elementarbereich sind in den USA ähnlich hoch wie in den skandinavischen Ländern. Allerdings sind in den USA noch die höheren Finanzaufwendungen des privaten Sektors zu berücksichtigen.

Tab. 23.1. Gesamte öffentliche Bildungsausgaben nach Bildungsstufe (Elementarbereich, Primarbereich, Sekundarbereich, Tertiärbereich) im Verhältnis zum BIP in Prozent, 2001 (vgl. Europäische Kommission, 2005, S. 170)
(Anmerkungen: Länderabkürzungen: EU 25 = Durchschnitt aller EU-Staaten; BE = Belgien ; CZ = Tschechien; DK = Dänemark; DE = Deutschland; FR = Frankreich; IT = Italien; NL = Niederlande; AT = Österreich; PL = Polen; FI = Finnland; SE = Schweden; UK = United Kindgom; NO = Norwegen)

	EU 25	BE	CZ	DK	DE	FR	IT	NL	AT	PL	FI	SE	UK	NO
Elementarbereich	0,5	0,7	0,5	1,0	0,4	0,7	0,5	0,3	0,6	0,5	0,3	0,5	0,4	0,4
Primarbereich	1,2	1,4	0,7	1,9	0,7	1,2	1,2	1,3	1,1	2,8	1,3	2,0	1,2	3,3
Sekundarbereich	2,3	2,7	2,1	2,9	2,3	2,9	2,5	2,0	2,7	1,3	2,5	2,8	2,3	1,4
Tertiärbereich	1,1	1,4	0,8	2,7	1,1	1,0	0,8	1,3	1,4	1,1	2,1	2,0	0,8	1,9

Die Tabelle 23.1 verdeutlicht, dass insgesamt die Bildungsausgaben in der frühkindlichen Förderung in allen Ländern (Ausnahme Dänemark) unter dem 1 %-Niveau liegen. Zudem wird deutlich, dass sich in den skandinavischen Staaten (und Polen) die frühkindliche Förderung im Primarbereich in einer weit über dem EU-Durchschnitt liegenden finanziellen Alimentierung niederschlägt. Damit wird dieser Bereich als ein wichtiges gesellschaftspolitisches Anliegen deutlich. Die Bedeutung der frühkindlichen Erziehung und Bildung drückt sich auch in einem selbstverständlichen und umfangreichen Angebot zur Betreuung auch von Kleinstkindern aus. Zudem ist in diesen Ländern auch die Ausbildung der im Elementarbereich Tätigen ein zentrales Qualitätskriterium. Die Betreuerinnen und Betreuer im Elementar- und Primarbereich besitzen die Hochschulreife und werden an Universitäten ausgebildet (vgl. Egbers, Fugmann-Heesing, Pfeiffer, Thomas & von der Groeben, 2005).

Die Situation in den skandinavischen Einrichtungen ist zudem durch eine besonders gute Betreuungsrelation im Elementar- und Primarbereich gekennzeichnet. Während das OECD-Mittel bei rund 15 Kindern pro Betreuungsperson im Elementarbereich liegt (im Vergleich Deutschland: etwa 24 Kinder auf eine Betreuungsperson) erreichen Dänemark und Schweden hier deutlich günstigere Werte (vgl. Abb. 23.1). Für Kleinkinder gibt es z. T. einen Personalschlüssel von vier Kindern unter drei Jahren (ohne Abb.) bzw. sieben Kindern unter sieben Jahren pro Betreuungsperson (vgl. Egbers et al., 2005). Belgien, Frankreich und USA liegen etwa bei den OECD-Durchschnittswerten (vgl. Abb. 23.1).

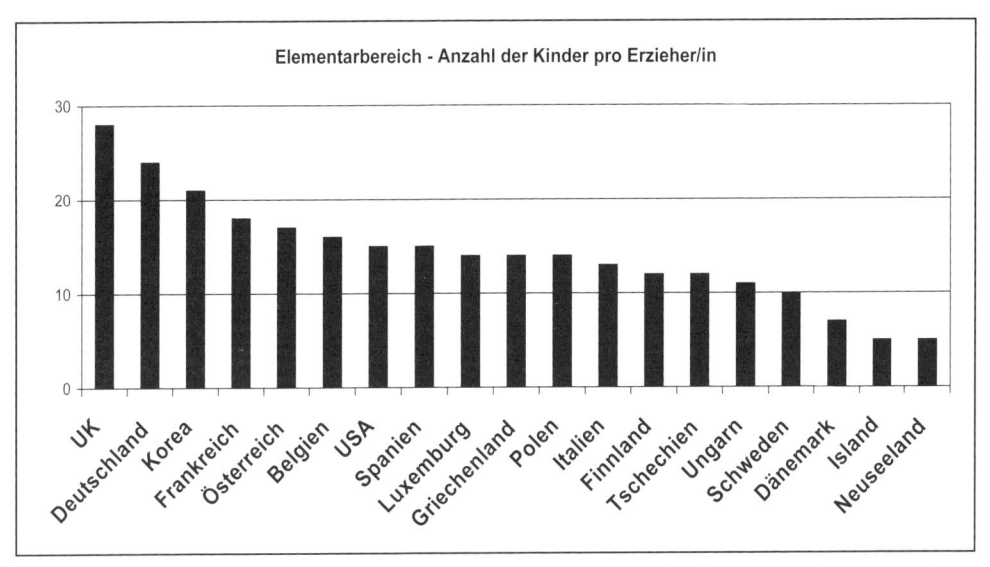

Elementarbereich - Anzahl der Kinder pro Erzieher/in

(Balkendiagramm mit Werten für: UK, Deutschland, Korea, Frankreich, Österreich, Belgien, USA, Spanien, Luxemburg, Griechenland, Polen, Italien, Finnland, Tschechien, Ungarn, Schweden, Dänemark, Island, Neuseeland)

Abb. 23.1. Zahlenmäßiges Kinder/Erzieherin-Kräfteverhältnis in Bildungseinrichtungen des Elementarbereiches im weltweiten Vergleich im Jahre 2002 (modifiziert nach BMBF & Kultusministerkonferenz [KMK], 2004, S. 20)

In Frankreich gibt es flächendeckende Angebote im frühkindlichen Bildungsbereich. Fast alle Eltern in Frankreich (90 %) machen von diesem kostenlosen Angebot im Bereich der Elementarbildung Gebrauch. Die Erziehung der Kinder bis zum zehnten Lebensjahr verläuft in drei aufeinander aufbauenden Stufen. Zunächst die Krippe („Crèche": 0-4 Jahre) mit den Bildungsthemen Gesundheit, Sicherheit, Wohlbefinden und Förderung. Daran anschließend die Vorschule („École Maternelle": 2-5 Jahre) in der folgende Bildungsthemen bearbeitet werden: Sprachaneignung, das Schreiben entdecken, Schüler werden, mit dem Körper agieren und sich ausdrücken, die Welt entdecken, wahrnehmen, riechen, imaginieren und kreativ sein. Schließlich beginnt im Alter von fünf Jahren die Schule („Collège").

Die „École Maternelle" ist als Ganztagsangebot in das französische Schulsystem integriert. Die Verschränkung von Elementar- und Primarbereich wird durch Ausbildungszyklen näher bestimmt. Die Kinder durchlaufen innerhalb der „École Maternelle" zwei Zyklen: „cycle des apprentissages premiers" (die ersten 3 Jahre) und „cycle des apprentissages fondamentaux" (letztes Jahr in der „École Maternelle" und die ersten 2 Jahre in der „École Élémentaire"). Das pädagogische Personal der „École Maternelle" („Professeurs des Écoles") absolviert die gleiche Grundausbildung wie die französischen Grundschullehrer mit einer Spezialisierung für den frühkindlichen Bereich (vgl. Egbers et al., 2005). Sport und Bewegungserziehung sind Teile der Ausbildung und prüfungsrelevant (vgl. Karnatz, 2008, S. 136).

Die Organisationsformen der frühkindlichen Erziehung sind in den USA sehr vielfältig. Es gibt den Kindergarten, der staatlich unterstützt ist und in der Regel an den „Elementary Schools" angegliedert ist. Dieser ist in der Regel einjährig und bereitet die Kinder auf die „Elementary School" vor. Zudem existieren eine Vielzahl an Frühförder- und Betreuungsprogrammen, die in lokaler und regionaler Trägerschaft angeboten werden. Diese nicht-staatlichen Einrichtungen, wie etwa die „Child Day Care" und „Nursery Schools", werden von etwa 72 % der 3- bis 6-Jährigen besucht. Aufgrund festgestellter unzureichender Qualität vieler Einrichtungen wurde im Jahre 1997 ein 10-jähriges Aktionsprogramm gestartet, das Betreuungs- und Erziehungsprogramme hoher Qualität in den USA sichern soll. Die „National Association for the Education of Young Children" (NAEYC) führt zur Qualitätssicherung des vielfältigen Angebotes ein freiwilliges Akkreditierungsprogramm für die frühkindlichen Erziehungseinrichtungen durch. Allerdings erreichen nur etwa 15 % der dortigen Einrichtungen die Akkreditierung (vgl. Egbers et al., 2005).

23.4.2 Bewegung, Spiel und Sport im Elementarbereich

Bewegung, Spiel und Sport wird in allen Ländern als unverzichtbarer Bestandteil einer ganzheitlichen frühkindlichen Erziehung und Bildung angesehen. In den skandinavischen Ländern wird unter Berücksichtigung der Tradition des „Friluftsliv" eine starke Einbeziehung von Outdoor-Aktivitäten gefordert.[1] In Dänemark, Finnland, Island, Norwegen und Schweden[2] haben die entsprechenden Behörden die Empfehlung ausgegeben, dass alle Kinder wenigstens eine Stunde am Tag körperlich aktiv (moderate Intensität) sein sollen (vgl. Kap. 4, PA), da etwa die Hälfte aller skandinavischen Kinder dieses Maß an täglicher Bewegung zur Gesunderhaltung nicht erreicht (vgl. Nordic Council of Ministers, 2007, S. 5). Die Steigerung des Aktivitätsniveaus, die Gesundheit der Heranwachsenden und die Vermeidung von Unfällen und Verletzungen ist das zentrale Anliegen des Sportunterrichts in den Grundschulen:

> We aim to prevent and substantially reduce health consequences from accidents and injuries and pursue a decrease in morbidity from lack of adequate physical activity, by promoting safe, secure and supportive human settlements for all children (Nordic Council of Ministers, 2007, S. 5).

Im schwedischen Curriculum für die „Pre-School" sind keine klassischen Fachgebiete oder Fächer definiert. In den Querschnittsthemen werden auch körper- und

---

[1] Die Philosophie des Friluftsliv geht über die reine sportliche Aktivität hinaus, indem der Aufenthalt in der Natur mit verschiedensten Aktionen in den Vordergrund gerückt wird und die Idee des naturbezogenen Lebensstils an Bedeutung gewinnt (vgl. Liedtke & Lagerstroem, 2007).

[2] Die Hinweise zu Bewegung, Spiel und Sport im Kindergartenalter in den skandinavischen Ländern verdanke ich Prof. Dr. Thomas Moser vom Vestfold University College, Tønsberg (Norwegen).

bewegungsorientierte Zielformulierungen an exponierter Stelle eingebracht. So wird als ein Entwicklungs- und Lernziel folgendes formuliert:

> The pre-school should try to ensure that children develop their motor skills, ability to co-ordinate, awareness of their own body, as well as an understanding of the importance of maintaining their own health and well-being (Swedish National Agency for Education [SKOLFS], 2006, S. 10).

Die Lehrpläne für den Kindergarten in den anderen skandinavischen Länder enthalten ähnliche Themenbereiche. So wird z. B. im norwegischen Gesetzestext darauf hingewiesen, dass der Bereich Körper und Bewegung die Teilbereiche Gesundheit, Ernährung, körperliche Aktivität, Beherrschung und die Praktizierung grob- und feinmotorischer Fertigkeiten sowie konkrete Erfahrungen mit den Möglichkeiten der physischen Umwelt in und außerhalb des Kindergartens umfasst. Hier geht es um Erfahrung und Herausforderung, Motorik, nicht zuletzt Senso- und Psychomotorik und Gesundheit.

In Dänemark müssen sich die Kindergärten selbst ihren pädagogischen Lehrplan machen, mit dem Ausgangspunkt im Gesetzestext und zusätzlichem Material, das für das Ministerium ausgearbeitet wurde. Ein solches ist das Heft "Leg og lær" (Spiel und Lernen), in dem die Bedeutung des Spiels und der Bewegung für das Lernen als eines von sechs zentralen Themen besonders herausgestellt wird (vgl. Ministeriet for Familie- og Forbrugeranliggender, 2004, S. 18 f.)

Generell können die Nordischen „Early Childhood Education and Care-Systeme" (ECEC) durch eine relativ ausgeprägte Körperfreundlichkeit und -bewusstheit gekennzeichnet werden. Natur, Bewegung, Spiel und Erfahrungen in der Natur, wird ein fundamentaler Wert zugeschrieben. Die Mitwirkung der Kinder an der Gestaltung ihres eigenen Alltags in den Institutionen steht im Mittelpunkt: Das Kind als Akteur impliziert natürlich auch in besonderer Weise sensomotorische und körperliche Erfahrung. Körperlichkeit und Bewegung haben gemäß den Policy-Dokumenten auch große Bedeutung für das Lernen, sowohl aktuell als auch auf lange Sicht (Schule) sowie für das Selbstbild und das Selbstvertrauen. Daraus ergibt sich die Konsequenz:

> Kindergartens shall have sufficient space and equipment to allow play and varied activities that promote a love of exercise, and provide a wide range of motor and sensory experiences, as well as the opportunity to learn and master skills (Norway Ministry of Education and Research, 2006, S. 10).

Im zentralistisch organisierten Frankreich unterstehen die frühkindlichen Erziehungs- und Bildungseinrichtungen dem Erziehungsministerium (vgl. Ministère de l'Éducation Nationale, 2002a). Der Lehrplan „Éducation Physique et Sportive" enthält zur Orientierung für die Lehrkräfte vorgegebene Inhaltsbereiche und ist zugleich standard- und kompetenzorientiert, wobei einerseits motorische Kompetenzen und andererseits übergeordnete Kompetenzen formuliert werden. Die Ziele der körperlichen und sportlichen Grundlagenausbildungen („apprentissages fondamentaux de l'enseignement de l'éducation physique et sportive") zielen auf den motorischen, kognitiven und affektiven Bereich. Und zwar auf (1) die Entwicklung der motorischen Fertigkeiten und Fähigkeiten, (2) den Zugang zum kulturellen Feld der verschiedenen körperlichen, sportlichen und künstlerischen Aktivitäten sowie der dazugehörigen sozialen Praktiken und (3) den Erwerb von Kompetenzen und Kenntnissen, die dazu beitragen, seinen eigenen Körper besser zu kennen, zu respektieren und ihn gesund zu erhalten (vgl. Ministère de l'Éducation Nationale, 2002a).

Mit Blick auf die inhaltliche Ebene sollen die Kinder grundlegende Fähigkeiten in folgenden Bereichen entwickeln: Lokomotion, Gleichgewicht, Dinge fangen und werfen. Zudem sollen sie in der Lage sein, eine Aktion auszuführen, die gemessen werden kann, sich in unterschiedlichen räumlichen Gegebenheiten bewegen zu können (z. B. im Wasser oder im Gelände), sich körperlich auszudrücken und sich individuell oder in einer Gruppe in einer spielerischen Auseinandersetzung zu behaupten (vgl. Ministère de l'Éducation Nationale, 2002a). Wie aus Tabelle 23.2 hervorgeht stehen für diesen Bereich drei Stunden pro Woche zur Verfügung, die nach Möglichkeit täglich in Sequenzen von etwa 30 bis 45 Minuten für den Bereich der „Éducation Physique" umgesetzt werden sollen.

Tab. 23.2. Wochenstundentafel im Bereich der Grundlagenausbildung der „Ècole Maternelle"
(Anmerkungen: (1) Sprechen und Französisch sprechen können; (2) Zusammenleben; (3) Rechnen; (4) die Welt entdecken; 5) Fremdsprache oder Regionalsprache; (6) Kunsterziehung; (7) Körper- und Bewegungserziehung; „Cycle des apprentissages fondamentaux"; vgl. Ministère de l'Éducation Nationale, 2002b)

Domaines	Horaire Minimum	Horaire Maxiumum
Maîtrise du langage et de la langue française (1)	9 h	10 h
Vivre ensemble (2)	0 h 30 (débat hebdomadaire)	
Mathématiques (3)	5 h	5 h 30
Découvrir le monde (4)	3 h	3 h 30
Langue étrangère ou régionale (5)	1 h	2 h
Éducation artistique (6)	3 h	
Éducation physique et sportive (7)	3 h	

Für die Vereinigten Staaten von Amerika kann bezüglich der Bewegungserziehung in den frühkindlichen Bildungseinrichtungen kaum ein einheitliches Bild gezeichnet werden. In jüngerer Zeit werden in verschiedenen Bereichen Koordinierungs- und

Steuerungsinstrumente eingeführt, um durch nationale Standards die Bildungsqualität zu steigern (vgl. NAEYC, 2008). Dies ist auch die Hauptstoßrichtung des 2001 verabschiedeten „No Child Left Behind Act" (vgl. Busemeyer, 2007) und gilt formal ebenfalls für den Bereich der Bewegungserziehung. In den aktuellen in Überarbeitung befindlichen Ausbildungsstandards für die Erzieherinnen und Erzieher werden „Physical Activity, Physical Education, Health and Safety" als wichtige Inhaltsbereiche benannt (vgl. NAEYC, 2008, S. 3). In der frühkindlichen Erziehung in den USA hat sich in den letzten zwei Jahrzehnten der entwicklungsgemäße Ansatz durchgesetzt (vgl. NAEYC, 1997; Textor, 2000). Im Rahmen dieses Ansatzes ist von zentraler Bedeutung, das Kind immer ganzheitlich zu sehen: „Persönlichkeits-, Sprach-, kognitive, ästhetische, emotionale, soziale und physische Entwicklungsbereiche sind eng miteinander verknüpft" (NAEYC, 1997, S. 10).

Ein Überblick über die verschiedenen lokalen Programme der Sport- und Bewegungserziehung im Vorschulalter macht deutlich, dass die Kinder zu einer täglichen Bewegungszeit angehalten werden sollen, wobei motorische, soziale und gesundheitliche Ziele im Fokus stehen.

23.4.3 Die Schule im Primarbereich

Der Schule im Primarbereich kommt in allen Ländern eine herausragende Bedeutung im Hinblick auf die Erziehung und Bildung der Kinder zu. Hier sollen die Grundlagen der frühkindlichen Erziehung aufgenommen und vertieft werden.

In Skandinavien, in Frankreich und Belgien und auch in den USA hat sich die Schule als zentrales Organ der Kindheit und Jugend durchgesetzt. Dies drückt sich in einem flächendeckenden System der Ganztagsschulen aus. Dies ist mit Blick auf die Förderung der Heranwachsenden besonders bedeutsam, da die Schule alle Kinder erreicht, die sozial privilegierten und sozial benachteiligten, genauso wie die motorisch begabten und die motorisch weniger begabten Kinder.

Nicht erst seit *PISA* arbeiten die Schulen in den skandinavischen Ländern nach Leitlinien der nationalen Ministerien und setzen auf Beratung vor Ort. Die regionalen und kommunalen Institutionen entscheiden über den Alltag in den Schulen. Die individuelle Förderung erfolgt in einer Einheitsschule, die eine allgemeinbildende Schule von der ersten bis zur zehnten Klasse ist und anschließend in eine dreijährige Grundbildung für Beruf bzw. Hochschule führt (vgl. Werler, 2004, 2008).

Ein Blick auf die Rahmenbedingungen im Primarbereich macht Unterschiede zwischen den einzelnen Ländern deutlich (vgl. Abb. 23.2). So liegen etwa die USA und die skandinavischen Länder mit ihren Ausgaben pro Schüler im Primarbereich über dem OECD-Durchschnitt, während Frankreich in etwa im Mittel der OECD-Länder rangiert (etwa 5.000 US-Dollar). Mit Blick auf die Schüler-Lehrer-Relation, die eine wichtige Rahmenbedingung für die Lehr-Lern-Situation darstellt, kommen im Vergleich in Deutschland rund 22 Kinder auf eine Betreuungsperson (OECD-Mittel etwa 21 Kinder), während die skandinavischen Länder (11 in Dänemark, 13 in Schweden, 15 in Finnland), Belgien (14), Frankreich (20) und die USA (14) im internationalen Vergleich deutlich besser abschneiden. Korea besitzt mit 36 Schülern pro Lehrer die ungünstigste Relation.

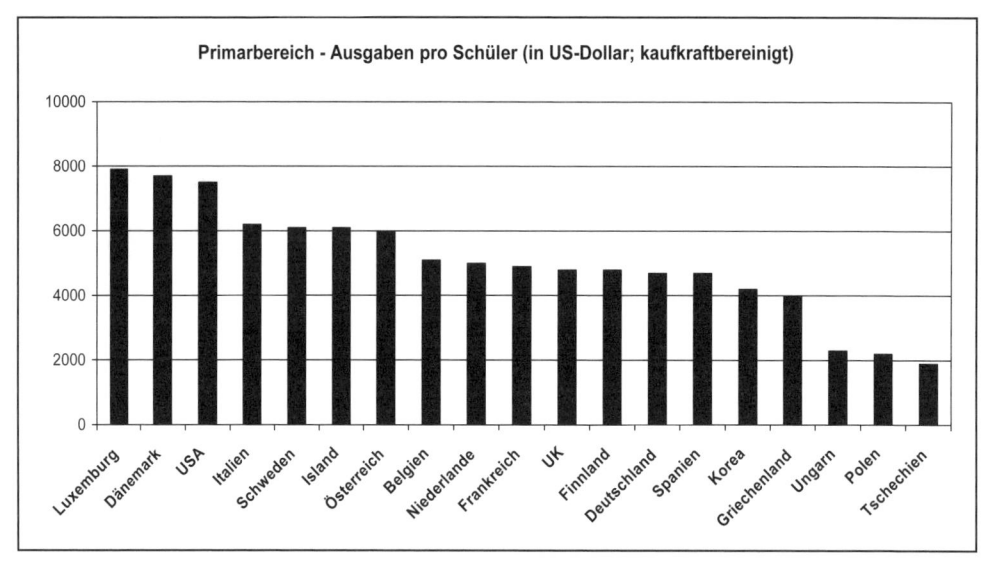

Abb. 23.2. Ausgaben pro Schüler im Primarbereich (vgl. Organisation für wirtschaftliche Zusammenarbeit und Entwicklung [OECD], 2005)

Sowohl in Frankreich und Belgien als auch in den USA ist der vorschulische Bereich mit dem Primarbereich der Schule im curricularen Aufbau (und meist auch räumlich und organisatorisch) verknüpft. So ist in den USA das Kindergartenjahr in die „Elementary School" integriert. Diese endet in der Regel nach der achten Klasse und geht dann in die „High School" über. In manchen Bundesstaaten endet die „Elementary School" nach der sechsten Klasse und führt über die „Middle School" oder „Junior High School" zur „High School". Die gesamte Bildungskarriere wird als das „K-12 Program" (sprich: Kindergarten through grade 12) bezeichnet. Die Vereinigten Staaten besitzen kein nationales Schulsystem, aber die Bundesregierung erlässt Richtlinien und gibt Zuschüsse für öffentliche und private Schulen. Jeder der 50 Bundesstaaten, von Hawaii bis Delaware, von Alaska bis Louisiana, hat eigene Bildungsgesetze.

23.4.4 Bewegung, Spiel und Sport der Kinder im Primarbereich

In allen in die Analyse einbezogenen Ländern ist Schulsport ein fester Bestandteil des Fächerkanons im Primarbereich. Unterschiede gibt es aber mit Blick auf die

Organisation, den zeitlichen Umfang und die Zielsetzung des Sport- bzw. Bewegungsunterrichtes. Auch die Qualifikation des Personals ist eine wichtige Variable, die sich unterschiedlich darstellt.

Der im Rahmen ministerieller Vorgaben definierte Gesamtumfang des Sportunterrichts in den skandinavischen Ländern variiert von Land zu Land und je nach Altersstufe. So sieht die Stundentafel in Dänemark insgesamt 600 Sportstunden verteilt auf die Klassen eins bis neun vor. Die Verteilung beginnt mit 30 Stunden/Jahr in der ersten Klasse, wächst in der zweiten und dritten Klasse über 60 Stunden/pro Jahr auf 90 Stunden/pro Jahr bei den 10- bis 13-Jährigen an, bevor der Umfang bei den Jugendlichen wieder auf 60 Stunden pro Schuljahr zurück geht (vgl. Danmarks Evalueringsinstitut, 2004). In Norwegen weist die Kontingentstundentafel für die ersten vier Schuljahre 228 Sportstunden/Jahr, für die Klassen fünf bis sieben 266 Stunden/Jahr und gar 304 Stunden/Jahr für die Klassenstufen acht bis zehn auf. Zusätzlich sind in der Kontingentstundentafel für die Klassen eins bis vier etwa 250 Stunden/Jahr für sogenannte „freie Aktivitäten" ausgewiesen, die zu einem Großteil mit Outdoor-Aktivitäten gefüllt werden (vgl. Bjørneboe & Aadland, 2003, S. 10 f.). In Schweden können die Schulen etwa 400 bis 600 Unterrichtsstunden in eigener Regie auf die ersten neun Schuljahre verteilen (vgl. Eriksson & Shråhlman, 2007, S. 5-8). Insgesamt beträgt der Durchschnitt etwa zwei Stunden pro Woche. Mit Blick auf die Quantität ist Sportunterricht in der Grundschule in Dänemark das drittgrößte, in Norwegen das fünftgrößte Unterrichtsfach (vgl. Danmarks Evaluierungsinstitut, 2004; Bjørneboe & Aadland, 2003).

Die Qualifikationssituation der Lehrkräfte im Primarbereich ist auch in den skandinavischen Ländern nicht voll zufriedenstellend. In Dänemark unterrichten etwa 25 % der Lehrkräfte Sport, ohne jegliche Ausbildung in diesem Bereich zu haben (vgl. Danmarks Evalueringsinstitut, 2004, S. 63). Für Norwegen steigt diese Zahl auf 40 % (vgl. Bjørneboe & Aadland, 2003, S. 15). In Schweden wiederum besitzen nur 21 % der Lehrer, die Sport unterrichten, die volle Fakultas. Es gibt hier allerdings eine Reihe von Abstufungen, was die Ausbildung anbetrifft. Ohne jegliche Ausbildung im Fach Sport unterrichten 17 % der Lehrkräfte (vgl. Eriksson & Shråhlman, 2007, S. 17). Schwimmunterricht ist in allen drei Ländern mit besonderen Problemen behaftet. Die nicht flächendeckende Infrastruktur ist dafür verantwortlich, dass beispielsweise in Dänemark in 13 % der Schulen kein Schwimmunterricht angeboten werden kann (vgl. ebd.).

Aus Sicht der Lehrerinnen und Lehrer sowie der Schulleiterinnen und Schulleiter in Dänemark soll der Schulsport vor allem folgende Ziele erreichen (zusammengefasst sind hier die Antworten „trifft voll zu" und „trifft eher zu"): Die Schülerinnen und Schüler sollen Spaß haben (99 %), ganzheitlich körperliche Erfahrungen machen (97 %), einen Ausgleich zu den akademischen Fächern haben (95 %), motorische

Fertigkeiten und Kompetenzen ausbilden (91 %) sowie Voraussetzungen für eine Bindung an den Sport entwickeln (vgl. Danmarks Evalueringsinstitut, 2004). Auch in Schweden und Norwegen steht eine breite Einführung in das Bewegungs- und Sportangebot an zentraler Stelle, mit dem Ziel, einen aktiven Lebensstil anzulegen (vgl. Eriksson & Shråhlman, 2007, S. 25; Bjørneboe & Aadland, 2003).

Um die Bedeutung von Bewegung, Spiel und Sport für Kinder in Frankreich und im wallonischen Teil Belgiens[3] richtig einordnen zu können, ist es notwendig, das französische Bildungssystem und die Einbettung des Sports in seinen Grundzügen knapp zu erläutern. Zum einen existiert an Frankreichs Schulen der klassische Sportunterricht „Éducation Physique", der einem generischen Konzept folgt, von ausgebildeten Sportlehrerinnen und Sportlehrer unterrichtet wird und in allen Schulstufen verpflichtenden Charakter besitzt. Darüber hinaus existieren an den Schulen – allerdings erst im „Enseignement Sécondaire" (ab etwa 11/12 Jahre) die „Associations Sportives Scolaires (AS)". Hierbei handelt es sich um Schulsportvereine, die – unter der Ägide des Erziehungsministeriums – ein sportliches Angebot für die Schülerinnen und Schüler machen und zugleich ein Wettkampfsystem zwischen den Schulen unterhalten (vgl. Benhaim-Grosse, 2002; Klein, Touchard & Debove, 2008).

Sportunterricht, als obligatorischer Bestandteil der körperlichen und motorischen Bildung über die ganze Bildungskarriere hinweg, beginnt bereits im Kindergarten im Alter von zwei oder drei Jahren. Bis zum Alter von zwölf Jahren haben die Kinder in allen Jahrgangsstufen drei Stunden Sportunterricht („Éducation Physique") pro Woche, mit Ausnahme der sechsten Klasse, in der die Kinder im „goldenen Lernalter" sogar vier Stunden Sportunterricht bekommen (vgl. Wallian & Gréhaigne, 2005; Klein et al., 2008). Nach dem Abschluss des „Collège", auf dem alle Schüler bis zum Alter von 15 Jahren verbleiben und dem Wechsel auf die weiterführende Schule, wird der Umfang auf zwei Stunden pro Woche reduziert.

Im Grundschulbereich wird der Sportunterricht in Frankreich auch häufig im Rahmen einer Kooperation zwischen Schulen und Vereinen durchgeführt, um auf diese Weise den fachfremd unterrichtenden Grundschullehrern die Unterstützung der Fachleute in spezifischen Sportarten zu sichern.

Vor dem Hintergrund der zurückgehenden motorischen Leistungsfähigkeit und der insgesamt nicht sehr hohen Beteiligung am außerschulischen Sport wird z. B. von Seiten der Regierung der französischen Gemeinschaft Belgiens der Auftrag des Sports wie folgt formuliert:

---

[3] Die Strukturen des Bildungs- und Sportsystems im französischsprachigen Teil Belgiens sind denen in Frankreich sehr ähnlich.

> L'objectif est de renforcer la pratique de l'activité physique des enfants et des adolescents en lien avec une politique d'alimentation saine.Une activité physique régulière est fondamentale pour les jeunes, sur le plan physique, mental et social. Chez l'enfant et l'adolescent, la pratique sportive favorise la croissance osseuse, musculaire et articulaire, la maîtrise du poids, et le développement des fonctions cardiaques et pulmonaires. Elle développe également les capacités de mobilité et de coordination et permet de maîtriser l'anxiété[4] (Gouvernement de la Communauté française, 2006, S. 24).

Eine frühe Bewegungserziehung besitzt auch in Belgien einen hohen Stellenwert. So werden zum Beispiel schon im Kindergarten und in der Grundschule je zwei Stunden pro Woche von speziell im Bereich der Bewegungserziehung ausgebildeten Personen unterrichtet (vgl. De Knop, Theeboom, Huts, De Martelaer & Cloes, 2005; Carlier, 2007). Während im Kindergarten der Schwerpunkt auf psychomotorischen Aspekten liegt, zielt die Bewegungserziehung in der Grundschule auf die Gesundheit (vgl. Piette, Parent, Coppieters, Favresse, Bazelmans, Kohn & de Smet, 2003), die Sicherheit, den Ausdruck und die Bewegungs- bzw. Sportkultur („les quatres finalités"). Hierzu sollen kognitive, sensomotorische, affektive und soziale Dimensionen der Bewegung und des Sports in der Praxis angesprochen werden. Die Lernfortschritte der Kinder sollen kompetenzorientiert in einem dreistufigen, in Alterssegmente unterteilten Programm (2,5-8 Jahre; 8-12 Jahre; 12-14 Jahre) zu einem „Kompetenzsockel" führen, auf den in den weiterführenden Schulen aufgebaut werden kann.

Die herausragende Bedeutung des Sports in der amerikanischen Gesellschaft wird auch durch seine Verankerung im Bildungs- und Erziehungssystem deutlich. Insbesondere die Annahme, dass Sport als Mittel der Erziehung eingesetzt werden kann und die Teilnahme am Sport zu einer positiven Charakterbildung einen wichtigen Beitrag leistet, ist die Grundlage für diese herausragende – wenngleich einseitige – Positionierung (vgl. Coakley, 2007). In der Realität amerikanischer Schulen weist Sport nämlich zwei deutlich unterscheidbare Facetten auf. Einerseits den Bereich „Physical Education" und andererseits „Interscholastic Sport". Im Gegensatz zum Sportunterricht („Physical Education"), dem im Alltag der amerikanischen Schulen eher eine marginale Rolle zukommt, bestimmt das Wettkampfsystem des „Interscholastic Sports" die Schulsportrealität. Schon in den 1980er-Jahren wurde vom US Kongress der Versuch unternommen, den Bereich „Physical Education" aufzu-

---

[4] „Das Ziel ist eine Stärkung der Praxis der körperlichen Aktivität der Kinder und Jugendlichen gemeinsam mit einer Politik der gesunden Ernährung. Eine regelmäßige körperliche Aktivität ist für die jungen Menschen von fundamentaler Bedeutung und zwar für die physische, geistige und soziale Entwicklung. Die körperliche Aktivität unterstützt bei den Heranwachsenden das Knochenwachstum, die Ausbildung der Muskeln und Gelenke. Sie trägt dazu bei, das Gewicht zu kontrollieren und die Herzkreislauffunktionen zu entwickeln. Gleichzeitig werden Beweglichkeit und Koordination entwickelt und Ängstlichkeit kann überwunden werden" (eigene Übersetzung des Verf.).

werten. Die „Resolution 97" zeitigte diesbezüglich jedoch keinerlei Wirkung (vgl. National Association for Sport and Physical Education [NASPE], 2002). Während der Bereich des Wettkampfsports weiterhin das sportliche Schulleben dominiert, stellt sich die Situation von „Physical Education" wie folgt dar:

> The percentage of schools that require physical education in each grade declines from around 50 % in grade 1 through 5, to 25 % in grade 8, to only 5 % in grade 12 [...] Unfortunately only 8 % of elementary schools [...] provide daily physical education or its equivalent for the entire school year (NASPE, 2002, S. 30).

Auch die Gruppengröße kann für den Unterricht in „Physical Education" angehoben werden. So sind z. B. im Bereich der Grundschule 27 Kinder pro Lehrer erlaubt. In manchen Bundesstaaten sind Gruppengrößen von 40 bis 60 Schülern keine Seltenheit (vgl. Hardman, 2005). Wenngleich die Qualifikationssituation der Lehrkräfte für alle 50 Staaten der USA (inkl. Hawaii und Alaska) schwer zu erfassen ist, so werden z. B. in nur 28 Staaten ausgebildete Sportlehrkräfte für den Sportunterricht im Elementarbereich gefordert. In der Praxis wird der Unterricht dann auch zu einem überwiegenden Anteil (bis zu 80 %) von den nicht speziell dafür ausgebildeten Klassenlehrerinnen und Klassenlehrern erteilt (vgl. NASPE, 2002, S. 4). Zudem können sich die Schülerinnen und Schüler von den „Physical Education Classes" befreien lassen, wenn sie eine andere (sportliche) Aktivität, wie etwa die Teilnahme am wettkampforientierten „Interscholastic Sport" oder die Mitgliedschaft in der „Marching Band" der Schule, nachweisen können (vgl. ebd.).

Erst in jüngster Zeit wird die sport- und bewegungsbezogene Ausbildung der Heranwachsenden mit Blick auf eine Teilnahme am außerschulischen Sport und dem Aufbau eines aktiven Lebensstils an nationalen Standards ausgerichtet, die sowohl motorische Fertigkeiten und Fähigkeiten, soziale Fähigkeiten als auch Aspekte eines aktiven Lebensstils und körperlicher Fitness beinhalten (vgl. NASPE, 2004). Gerade der letzte Aspekt, die Betonung der körperlichen Fitness und eines aktiven Lebensstils, erfährt in den USA vor dem Hintergrund des epidemischen Charakters von Übergewicht zunehmend Bedeutung und macht deutlich, dass die curriculare Ausrichtung des Sportunterrichts in den USA auf gesellschaftliche Erfordernisse zu reagieren versucht (vgl. Corbin & Lindsey, 2005; Pangrazi, 2007; Coakley, 2007). Auch Programme zur Bekämpfung des Übergewichts bei Kindern werden in Set-tingansätzen, in denen den Schulen und Gemeinden eine zentrale Rolle zukommt, zunehmend implementiert und erprobt (vgl. Dowda, Sallis, McKenzie, Rosengard & Kohl, 2005; McKenzie & Rosengard, 2000; McKenzie, Sallis, Prochaska, Conway, Marshall & Rosengard, 2004).

Zwar ist schon seit etwa Mitte der 1990er-Jahre in den USA die Sorge um ein gesundes Aufwachsen der jungen Generation stark angewachsen (vgl. U.S. Public

Health Service [USPHS], 2000; U.S. Department of Health and Human Services [USDHHS], 2002; National Center for Health Statistics [NCHS], 2004; Ogden, Carroll, Curtin, McDowell, Tabak & Flegal, 2006), doch nachdem zunächst „Physical Fitness" als zentrale Zielgröße in den Mittelpunkt gerückt wurde (vgl. USDHHS, 2000), wird jetzt mehr Wert gelegt auf „moderate and regular physical activity" (vgl. Pangrazi, 2007, S. 9; Kap. 4), die in einen aktiven Lebensstil integriert wird. „Qualitiy Physical Education Programs" schon in der „Elementary School" sollen hierzu einen Beitrag leisten. Die Ausrichtung des Schulsports hat vor diesem Hintergrund in den letzten zehn Jahren auch gerade in der „Elementary School" einen deutlichen Wandlungsprozess vollzogen (vgl. Feingold & Holland-Fiorentino, 2005). Das aktuelle Verständnis von „Physical Education" zielt auf eine ganzheitliche (Gesundheits)Erziehung der Heranwachsenden durch Bewegungserfahrungen und Bewegungslernen (vgl. Hellison, 2003; Siedentop, Hastie & van der Mars, 2004):

> Physical Education is definded as education through movement. It is an instructional program that gives attention to all learning domains: psychomotor, cognitive, and affective. No other area of the curriculum is designed to help children learn motor and lifetime activity skills. This makes physical education a necessary component of the total school curriculum (Pangrazi, 2007, S. 5).

Die Wirksamkeit dieser Maßnahmen in der Praxis des Schulsports der USA wird jedoch grundlegend infrage gestellt:

> In the United States […] there is an educational environment that stresses accountability and standardized testing primarily focused on the so- called 'academic subjects'. The result is that school administrators look to cut back on special subjects, such as health, physical education, art and music. There are almost daily reports about the obesity epidemic and health costs, yet the general public does not relate much of this to the need to increase physical education (Hardman, 2005).

Damit der Schulsport (hier: „Physical Education") seinen Beitrag zur Umsetzung dieser Ziele leisten kann, wäre zuerst auch an der Sportlehrerausbildung anzusetzen (vgl. McKenzie, 2007).

23.4.5 Bewegung, Spiel und Sport der Kinder außerhalb der Schule

Bewegung, Spiel und Sport haben nicht nur in den Erziehungs- und Bildungseinrichtungen einen mehr oder weniger festen Platz, auch in Vereinen und in der Freizeit sind viele Kinder körperlich und sportlich aktiv.

Schweden ist eine begeisterte Sportnation (vgl. Patriksson & Wagnsson, 2004). Rund die Hälfte der schwedischen Bürgerinnen und Bürger zwischen 7 und 70 Jahren, rund 3,5 Millionen Menschen, sind Mitglied in einem der etwa 22.000 Sportvereine unter dem Dach des „Riksidrottsförbundet" (Schwedischer Sportverband) und den rund 7.000 an Unternehmen angegliederten Sportklubs. Rund 650.000 betreiben Wettkampfsport, etwa 7.000 nehmen an internationalen Wettkämpfen teil (vgl. Riksidrottsförbundet, 2005). Im organisierten Sport sind die Zahlen für die Heranwachsenden wie folgt: Fast drei Viertel der Jungen (72 %), aber nur etwa jedes zweite Mädchen (52 %) dieser Altersgruppe gehören einem Sportverein an. Der schwedische Sport ist auf Jugendsport und auf Massensport ausgerichtet. Die beliebtesten Sportarten bei den 7- bis 14-Jährigen sind Fußball, Leichtathletik, Unihockey, Handball, Gymnastik, Eishockey, Kampfsportarten und Schwimmen (vgl. Riksidrottsförbundet, 2005).

Sport ist bei jungen Menschen auch außerhalb des Sportvereins beliebt. In der Altersgruppe der 7- bis 14-Jährigen betreiben nur 2 % überhaupt keinen Sport (vgl. Riksidrottsförbundet, 2005). Dies gilt in gleicher Weise für Jungen wie Mädchen. In einer aktuellen Studie (vgl. Dencker, Thorsson, Karlsson, Lindén, Svensson, Wollmer & Andersen, 2006, S. 254) werden diese Ergebnisse mit Blick auf ein Sample von 8- bis 11-Jährigen präzisiert:

> The study reveals two important findings. First, all children, regardless of school PE time, reach the current recommendations for physical activity. Second, gender differences in daily physical activity are confirmed. The mean physical activity was 22 % higher in boys; boys spent 31 % more time performing vigorous activity and 11 % more time performing at least moderate-intensity activity.

Auch in Dänemark ist Bewegung, Spiel und Sport ein wichtiger Bestandteil der Lebenswelt der Heranwachsenden (vgl. Larsen, 2003). So stellen Bille, Fridberg, Storgaard und Wulff (2005) in ihrer Zeitreihenuntersuchung (1964-2004) zu kulturellen Gewohnheiten in Dänemark fest, dass im Jahre 2004 insgesamt 88 % aller Kinder (im Alter von 7-15 Jahren) im Durchschnitt etwa drei Stunden pro Woche Sport treiben, wobei die jüngste Gruppe (7-9 Jahre) mit 91 % hinsichtlich regelmäßiger sportlicher Aktivität die höchsten Werte erzielt. Erst wenn die Kinder älter werden, treten Unterschiede zwischen den Geschlechtern bezüglich des Umfangs zutage, wobei die Jungen aktiver sind als die Mädchen. Im Zeitreihenvergleich ist die sportlich besonders aktive Gruppe (> 4 Stunden pro Woche) im Zeitraum von 1998 (44 %) bis 2004 (40 %) etwas kleiner geworden (vgl. ebd., S. 255). In Vereinen sind insgesamt 67 % der Kinder organisiert. Mit Blick auf die dort betriebenen Sportarten bleibt festzuhalten, dass die Jungen vorzugsweise Fußball spielen (48 %), Schwimmen (35 %), Badminton spielen (21 %), Handball spielen (13 %) und Gymnastik und Aerobic (12 %) betreiben. Bei den Mädchen ergibt sich eine andere Reihenfolge: Schwimmen (31 %), Gymnastik und Aerobic (24 %), Fußball (22 %), Handball (19 %) und Tanzen (18 %) (vgl. ebd., S. 256). Im informellen Bereich dominieren Fitness, Spinning, Kanu und Kajak fahren, Rudern, Inliner, Skateboard und Fahrrad fahren.

In Norwegen sind etwa 90 % der Kinder und Jugendlichen (bis 15 Jahre) wenigstens einmal in der Woche sportlich aktiv. Bei den 8- bis 12-Jährigen sind 67 % der Jungen und 55 % der Mädchen in einem Sportverein aktiv. Trotz dieser insgesamt hohen Beteiligung zeigen Zeitreihenuntersuchungen, dass die motorische Leistungsfähigkeit der Kinder im Laufe der letzten zwei Jahrzehnte abgenommen hat (vgl. Vaage, 2006; Mjaavatn & Gundersen, 2005). Fußball ist in allen Altersgruppen, sowohl bei Jungen als auch bei Mädchen, die populärste Vereinssportart. Während Fußball bei den Jungen die dominierende Sportart ist, die von 30 % aller männlichen Norweger im Alter von 8 bis 24 Jahren in Vereinen gespielt wird, üben die Mädchen ein breiteres Spektrum an Sportarten im Verein aus: 16 % spielen Fußball, 13 % Handball, 9 % tanzen und 8 % betreiben Gymnastik. Im Jahre 2000 hatten norwegische Kinder (im Alter von 9-15 Jahren) im Durchschnitt etwa acht Stunden Freizeit pro Tag. Sport und andere Aktivitäten im Freien wurden etwa 45 Minuten pro Tag ausgeübt. Dies entspricht der dreifachen Zeit, die für Lesen (17 Minuten) aufgewendet wurde, allerdings auch nur einem Drittel der Zeit, die für die Nutzung von elektronischen Medien investiert wurde (2 Stunden und 23 Minuten; vgl. Det Kongelige Kultur- og Kirkedepartement, 2007, S. 114 f.).

In einem Zeitreihenvergleich (1994-2004) werden in Frankreich und den französischsprachigen Landesteilen Belgiens für die Heranwachsenden deutliche Einbußen hinsichtlich der motorischen Leistungsfähigkeit festgestellt. Die Ergebnisse des Eurofit-Tests ergaben etwa in Belgien 15 % Leistungseinbuße bei den Mädchen und 9 % bei den Jungen (vgl. Marique & Heyters, 2005). Diese geschlechtsspezifischen Unterschiede finden sich auch, wenn man die Selbsteinschätzung der Heranwachsenden hinsichtlich ihres sportlichen Engagements betrachtet. Ohne weitere Spezifizierung nach Altersgruppen bezeichnen sich etwa 36 % der Jungen als Nicht-Sportler, 35 % als Durchschnittssportler und 29 % als sehr aktive Sportler („Grands Sportifs"). Bei den Mädchen sind es 58 %, die sich als Nicht-Sportlerin bezeichnen. Lediglich 30 % sehen sich als Durchschnittssportlerin und gar nur 12 % als sehr aktive Sportlerin (vgl. ebd.).

Tab. 23.3. Vergleich der sportlichen Aktivität wallonischer Heranwachsender. Vergleich Jungen und Mädchen zwischen 1991 (n = 2.355) und 2006 (n = 1.954) (vgl. Bodson & Zintz, 2007)

	Girls		Boys		All	
Active	62,7 %	+3,1 %	78,2 %	+4,1 %	69,8 %	+3,3 %
Drop-Out	20,2 %	0 %	13,8 %	0 %	16,9 %	-0,2 %
Inactive	17,1 %	-3,1 %	8,0 %	-4,1 %	12,7 %	-3,6 %

Eine weitere Zeitreihenuntersuchung (1991-2006) bringt ebenfalls interessante Befunde (vgl. Bodson & Zintz, 2007). Ein Vergleich des sportlichen Aktivitätsgrades nach Geschlecht (vgl. Tab. 23.3) zeigt, dass Sport im Wesentlichen etwas für die männlichen Heranwachsenden (6- bis 18-Jährige) ist. Etwa 78 % der wallonischen Jungen und nur 62 % der Mädchen sind im Jahre 2006 sportlich aktiv. In beiden Fällen bedeutet dies zwar eine Steigerung im Vergleich zu 1991, aber der Unterschied zwischen den Geschlechtern ist deutlich. Auch die Rate derjenigen, die noch niemals sportlich aktiv waren, bringt dieses Verhältnis zum Ausdruck (Mädchen: 17,1 %; Jungen: 8,0 %). Eine Differenzierung nach Altersgruppen zeigt, dass insbesondere die 10- bis 12-jährigen Kinder die sportlich aktivsten sind (vgl. Tab. 23.4).

Tab. 23.4. *Vergleich der sportlichen Aktivität wallonischer Heranwachsender. Vergleich verschiedener Altersgruppen zwischen 1991 (n = 2.355) und 2006 (n = 1.954) (vgl. Bodson & Zintz, 2007)*

	6-9 years		10-12 years		13-15 years		16-18 years	
Active	62,4 %	0 %	82,9 %	+14,1 %	74,2 %	+1,7 %	61,7 %	0 %
Drop-Out	11,8 %	+4,4 %	10,6 %	0 %	19,3 %	+0,5 %	26,6 %	+4,1 %
Inactive	25,8 %	0 %	6,4 %	0 %	6,5 %	0 %	11,7 %	0 %

Der Bevölkerungsanteil der 5- bis 17-Jährigen in den USA liegt bei etwa 53 Millionen (vgl. U.S. Census Bureau, 2008). Das Sportangebot für diese Altersgruppe ist sehr vielfältig. Zugleich aber auch unübersichtlich, da ein nationaler Sportverband nicht existiert. Das sportliche Angebot für Kinder deckt nahezu alle Aktivitäten ab und reicht von Familiensport über Gemeindesport bis hin zu wettkampforientierten „Little League"-Angeboten. Eine Vielzahl von privaten, kommunalen und öffentlichen Trägern wirbt um die Beteiligung der Kinder an ihren Angeboten. Die Schätzungen bezüglich der gesamten Sportpartizipation der Kinder reichen von 15 bis 45 Millionen. Die Varianz dieser Zahlen deutet die Ungenauigkeit der Schätzungen an.[5] Die wesentlichen Gründe für diese Ungenauigkeit sind zum einen die Definition von Sport und zum anderen die Frage, wer die Zählung vornimmt. So geben

---

[5] Jay Coakley in einer E-Mail (vom 12.03.2008) an den Verfasser, auf die Frage nach zuverlässigen Daten zur Sportpartizipation von Kindern in den USA: „The data on youth sport participation are confusing: First, most sport organizations are private and serve as advocavy centers for their sport; therefore they exaggerate participation numbers to recruit sponsors and convinvce parents. Second, participation figures often include kids who show up for the first day of tryouts and then stay at home after that. Third, they may add data from successive seasons in the same year [...], making it possible to count a child several times. Fourth, there are political and economic reasons for exaggerating. Fifth, there is no central body with vested interest in collecting valid data information on youth sport participation across the country. This means that most estimates actually say there are more participants than there are kids who can play!"

Sportanbieter (private und öffentliche) oft erhöhte Zahlen an, um für sich Werbung zu machen und um eine höhere finanzielle Unterstützung zu erhalten.

In einer Analyse der „National Sporting Goods Association" (NSGA) werden die Partizipationszahlen der Heranwachsenden in verschiedenen Sportarten im Vergleich zwischen 1997 und 2006 dargestellt. In der Altersgruppe der 7- bis 11-jährigen Kinder hat sich diesen Angaben zufolge in dem untersuchten Zeitraum die quantitative Beteiligung an sportlichen Aktivitäten insgesamt nicht verändert, allerdings ist es zu einer deutlichen Verschiebung zwischen den einzelnen Sportarten gekommen. Von den klassischen Sportarten und -aktivitäten mussten Base-/Softball (-22,1 %), Basketball (-20,6 %), Fahrrad fahren (-29,6 %), Fußball (-14,7 %), Tennis (-23,0 %) und Volleyball (-39,2 %) die deutlichsten Einbußen hinnehmen (vgl. NSGA, 2007). Auch für die Vereinigten Staaten von Amerika lassen sich deutliche Unterschiede hinsichtlich der Sportpartizipation von Jungen und Mädchen feststellen. Die meisten Mädchen erreichen nicht das empfohlene Niveau für körperliche Aktivität oder sind gänzlich inaktiv (vgl. The Trucker Center for Research on Girls & Women in Sport, 2007).

23.5 Bewegung, Spiel und Sport der Kinder und deren kognitive Entwicklung

In den letzten Jahren wird Bewegung, Spiel und Sport im Kindesalter zunehmend mit der kognitiven Entwicklung der Heranwachsenden in Verbindung gebracht. Einige Untersuchungen, die den Zusammenhang von körperlicher Aktivität und kognitiver Leistungsfähigkeit untersuchen, tun dies in einem schulischen Setting.

Im Bunkeflo-Projekt (vgl. Ericsson, 2003) wurden in einer längsschnittlich angelegten Untersuchung die motorischen Eigenschaften, die Konzentrationsfähigkeit und die schulischen Leistungen schwedischer Kinder untersucht. Die Untersuchungsgruppe hatte eine tägliche Sportstunde sowie eine zusätzliche bewegte Unterrichtsstunde, während in der Kontrollgruppe keine besonderen Maßnahmen durchgeführt wurden. Das Sample (n = 251) ist zwar nicht repräsentativ, gleichwohl entsprechen die gemessenen Eingangsdaten hinsichtlich zentraler Kriterien den Ergebnissen anderer repräsentativer Studien mit größeren Stichproben. Die Hauptergebnisse des Bunkeflo-Projektes lassen sich wie folgt zusammenfassen (vgl. Ericsson, 2003, 2006): (1) Es besteht ein Zusammenhang zwischen motorischen Defiziten und der Konzentrationsfähigkeit. Eine Verbesserung der Konzentrationsfähigkeit ist allerdings nicht linear mit der Verbesserung der Motorik verknüpft. (2) Gleichwohl sind es insbesondere die Kinder mit den stärksten motorischen Defiziten, die von der Förderung profitieren und ihre Konzentrationsleistung verbessern (vgl. Kap. 13 und 14). (3) Die längsschnittliche Analyse zeigte, dass sich die in der Interventionsgruppe befindlichen Kinder insbesondere im ersten und zweiten Schuljahr positiv hinsichtlich ihrer schulischen Leistungsfähigkeit (Mathematik und Muttersprache) entwickeln.

Auch in Dänemark wurde der Zusammenhang zwischen einem umfangreicheren Angebot des Sportunterrichts und der kognitiven Entwicklung von Grundschülern untersucht. Im Rahmen der *The Copenhagen School Child Intervention-Study (CoSCIS-Studie)* wurde die Anzahl der Sportunterrichtsstunden an den Versuchsschulen verdoppelt, so dass zweimal pro Woche 90 Minuten Sportunterricht erteilt wurde. Zudem wurde den Lehrkräften eine spezifische Fortbildung angeboten. Auch die materialen Rahmenbedingungen für den Sportunterricht wurden an den Interventionsschulen verbessert (vgl. CoSCIS, 2008). An den Kontrollschulen wurden keine Maßnahmen durchgeführt. Die Ergebnisse konnten keinen Zusammenhang zwischen den Maßnahmen und den unterschiedlichen Untersuchungsbereichen (motorische wie auch kognitive Entwicklung) nachweisen (vgl. Groenfeldt, 2007). Allerdings muss hier einschränkend erwähnt werden, dass alle Grundschulen in der Untersuchungsregion zum Zeitpunkt der Untersuchung ein spezielles Leseförderprogramm durchgeführt haben.

Die Norwegische Version des *Bunkeflo-* und *CoSCIS-Projektes* ist das *Barn-Bevegelse-Oovekst (BBO)*-Projekt, das auf Deutsch etwa mit „Kind-Bewegung-Aufwachsen"-Projekt übersetzt werden kann. In dieser längsschnittlich angelegten Studie wurden 100 Kinder über einen Zeitraum von mehreren Jahren (1.-4. Klasse) in jährlichem Rhythmus motorisch getestet und unter anderem auch durch nationale Standardtests in verschiedenen Schulfächern im Hinblick auf die kognitive Entwicklung beurteilt. In der Untersuchung wird die wichtige Unterscheidung zwischen dem Umfang der körperlichen Aktivität (gemessen durch Akzelerometer) und motorischen Leistungsfähigkeit (KTK und AST) als unabhängige Variable betrachtet. Diesbezüglich sind folgende Ergebnisse berichtenswert: (1) Es gab keinen Zusammenhang zwischen dem Umfang der körperlichen Aktivität der Kinder und den akademischen Leistungen. (2) Es konnte kein Zusammenhang zwischen körperlicher Leistungsfähigkeit (Ausdauer) und den kognitiven Leistungen festgestellt werden. (3) Die im Hinblick auf Koordination motorisch fitten Kinder schnitten in den Tests in Mathematik und Lesefähigkeit deutlich besser ab, als die Kinder mit motorischen Defiziten. (4) Gerade bei Kindern aus Elternhäusern mit niedrigem Bildungsniveau ist der Zusammenhang zwischen ausgeprägt positiven motorischen Fähigkeiten und kognitiver Leistungsfähigkeit besonders deutlich (vgl. Mjaavatn & Gundersen, 2005).

Aus dem französischsprachigen Raum beschäftigt sich eine Studie des „Centre d'Études et de Recherche en Kinanthropologie (CEReKi)" der Universität Liège mit dem Einfluss des Erwerbs motorischer Fähigkeiten und der Wahrnehmungsfähigkeit in der „École Maternelle" auf die ersten Lernerfolge in der Grundschule. Insgesamt wurden 159 Kinder in der ersten und zweiten Klasse sowohl motorisch getestet (Gleichgewicht, Beweglichkeit, Fangen von Bällen) als auch Testverfahren zur kognitiven Leistungsfähigkeit (Sprache, Rechnen, Lesen) und zur (akustischen, visuellen, räumlichen) Wahrnehmungsfähigkeit unterzogen. Eine echte Intervention fand nicht statt. Die gefundenen Zusammenhänge lassen sich wie folgt darstellen: (1) Mit Blick auf die Leistungen im Rechnen zeigt sich ein bedeutsamer Zusammenhang des Lernerfolgs mit den drei Dimensionen der Wahrnehmung über beide Messzeitpunkte. (2) Die akustische und visuelle Wahrnehmung korreliert ebenfalls positiv mit dem Lernerfolg in der Sprache. (3) Die Ergebnisse der motorischen Tests zeigen kaum Zusammenhänge mit den getesteten Dimensionen des Lernens; lediglich Beweglichkeit und Lernerfolg im Rechnen korrelieren statistisch signifikant zu beiden Messzeitpunkten. Aus den Ergebnissen leiten die Autoren ab, dass die Wahrnehmungsfähigkeit in ihrer Bedeutung für den Lernerfolg als Grundlage der psychomotorischen Ausbildung im frühen Kindesalter stärker in den Blick genommen werden muss (vgl. Mordant, Crielaard, Frédéric & Lejeune, 2003).

In schulischen Settings in den USA durchgeführte Studien untersuchen u. a. die Frage, ob der Sportunterricht, der besonderen Qualitätsmerkmalen folgt, einen positiven Einfluss auf verschiedene Bereiche der kindlichen Entwicklung hat (vgl. Trudeau, Laurencelle, Tremblay, Rajic & Shephard, 1998; Sallis, McKenzie, Kolody, Lewis, Marshall & Rosengard, 1999). Den Ergebnissen der Studien zufolge konnten die Kinder von „Quality Physical Education" im Hinblick auf ihre Gesundheit und Fitness profitieren und zugleich genauso gute schulische Leistungen erbringen, wie die Kinder, die weniger Sportunterricht hatten und mehr Unterricht in den Kernfächern. Zu ähnlichen Ergebnissen kommt die *Early Childhood Longitudinal Study*, die den Einfluss einer quantitativen Ausweitung des Sportunterrichts auf die schulischen Leistungen von 5.316 Schülerinnen und Schülern in Mathematik und Lesen untersuchte. Die Ergebnisse zeigen für die Mädchen positiv signifikante Zusammenhänge für beide Untersuchungsbereiche. Die Leistungen der Jungen waren allerdings unabhängig vom Umfang des Sportunterrichts (vgl. Carlson, Fulton, Lee, Maynard, Brown, Kohl & Dietz, 2008).

Die Untersuchung von Coe, Pivarnik, Womack, Reeves und Malina (2006) betrachtet die Intensität der körperlichen Aktivität als unabhängige Variable und untersucht deren Einfluss auf die akademische Leistung. Für niedrige und mittlere Intensität konnte in der Untersuchung kein Zusammenhang mit den Noten in anderen Fächern nachgewiesen werden, während eine hohe Intensität positiv mit besseren Schulnoten korreliert war.

In einer Meta-Analyse zum Zusammenhang von körperlicher Aktivität und kognitiver Leistungsfähigkeit kommen Sibley und Etnier (2003) insgesamt zu dem Ergebnis, dass vor allem in der „Elementary School" und „Middle School" ein signifikanter Zusammenhang von körperlicher und sportlicher Aktivität und kognitiver Leistung existiert. In einem weiteren Übersichtsbeitrag zeigen Burton und VanHeest (2007), dass auch in den USA insbesondere die Kinder aus ethnischen Minoritäten von einem stärkeren Engagement im Bereich der körperlichen und sportlichen Aktivitäten profitieren und fordern diesbezüglich auch Konsequenzen im Bildungssektor ein.

> Because minority children are caught in both a lower academic achievement gap and are disproportionately more overweight, educators, researchers, and policy makers must recognize the positive impacts physical activity behaviors have on academic achievement and provide those opportunities for these children (Burton & VanHeest, 2007, S. 216).

23.6 Fazit

Wie bereits im *Ersten Deutschen Kinder- und Jugendsportbericht* konstatiert wurde, ist die international und interkulturell vergleichende Forschung insbesondere im Bereich des Kindersports unterentwickelt (vgl. Naul, 2006c). Die Fokussierung auf die Situation in Deutschland hindert die nationale Forschung daran, ihre Ergebnisse und Diskussionen mit denen anderer Länder zu verbinden, um auf diese Weise eigene Befunde zu vergleichen und Argumente im bildungspolitischen Diskurs zu stärken. Im Zeichen wachsender Europäisierung und Globalisierung sind es nämlich gerade ähnliche Problemlagen (wie z. B. Veränderungen in der kindlichen Lebenswelt, motorische Defizite, Zunahme an übergewichtigen Kindern), die zu gemeinsamer Forschung auffordern und die Rolle von Bewegung, Spiel und Sport in einer transkulturellen Realität über nationale Grenzen hinweg zum Gegenstand von Forschungsbemühungen machen sollten (vgl. ähnlich Schmidt, Hartmann-Tews & Brettschneider, 2006b).

Der vorliegende Beitrag betrachtete das Feld von Bewegung, Spiel und Sport der Kinder im internationalen Vergleich in einigen ausgewählten Ländern. Um den Anforderungen international vergleichender Studien gerecht zu werden, wurden die spezifischen kulturellen Rahmenbedingungen für Bewegung, Spiel und Sport der Kinder skizziert, um auf dieser Folie Vergleiche der ausgewählten Länder untereinander, aber auch mit Deutschland möglich zu machen. Die wesentlichen Erkenntnisse lassen sich wie folgt zusammenfassen:

* Im europäischen und weltweiten Vergleich werden die Ressourcen im Bildungssektor ungleich verteilt. Die finanzielle Alimentierung des frühkindlichen Elementarbereiches und des Primarbereiches muss im Verhältnis zum Sekundar- und Tertiärbereich dringend verbessert werden.

* Damit einher geht auch die Forderung nach einer Verbesserung der Situation im Bereich der frühkindlichen Bewegungserziehung. Dies betrifft zumindest zwei Aspekte: Zum einen muss dieser Bereich organisatorisch stärker ausgebaut werden und zum anderen ist die Qualität des Fachpersonals gerade mit Blick auf die Bewegungserziehung zu verbessern.
* Dies ist umso bedeutsamer, als dass gesundheitsbezogene Themen in allen Ländern zunehmend an Bedeutung gewinnen und schon bei den Kleinsten durch eine aktive Gestaltung des Alltags den Problemlagen moderner Gesellschaften entgegengewirkt werden kann.
* Auch mit Blick auf die ganzheitliche Förderung der Heranwachsenden und die Verbesserung der Chancengleichheit ist es von enormer Bedeutung, dass insbesondere Kinder aus weniger privilegierten Milieus von einem größeren Engagement im bewegungs- und sportbezogenen Bereich in besonderer Weise profitieren. Eine Förderung im motorischen Bereich scheint insbesondere bei Kindern aus sozial schwachen Milieus positiv auf die Gesamtentwicklung einzuwirken (vgl. Kap. 13 und 14).
* Aus forschungsmethodischer Sicht bleibt zu konstatieren, dass auch im internationalen Raum Längsschnittstudien, die allein Aussagen über die Wirkungen von Bewegung, Spiel und Sport der Kinder zulassen würden, noch die Ausnahme darstellen. Auch methodisch akribisch angelegte Interventionsstudien könnten in Zukunft dazu beitragen, die Argumente der Befürworter von mehr Bewegung, Spiel und Sport im Kindesalter zu stärken.

Abschließend soll noch ein wichtiges Argument mit Blick auf den Schulsport genannt werden. Auch wenn die Ergebnisse der Studien zu den Wirkungen von Bewegung, Spiel und Sport auf die schulische Leistungsfähigkeit und die kognitive Entwicklung der Kinder weltweit nicht einheitlich sind, eines ist dennoch eindeutig:

> Regardless of the measure, [...] an increase in the amount of time dedicated towards physical health-based activities (such as physical education) is not accompanied by a decline in academic performance (Hillmann, Erickson & Kramer, 2008, S. 59).

Hans Peter Brandl-Bredenbeck[6]

---

[6] Dieser Beitrag entstand unter Mitarbeit von Marc Cloes (Université de Liège), Roger C. Rees (ADELPHI University, New York) und Reinhard Stelter (Universität Kopenhagen).

24 Soziale Initiativen und Projekte des organisierten Sports

24.1 Einleitung

Der organisierte Sport ist sich seiner Verantwortung für sozial benachteiligte Gesellschaftsgruppen seit Jahrzehnten bewusst. Schon die 1972 beim Bundestag des Deutschen Sportbundes veröffentlichte Stellungnahme „Sport für alle" bezeichnet es als zentrale Aufgabe des Sports, Angebote für sozial benachteiligte Bevölkerungsgruppen zu entwickeln. Insbesondere die Initiativen und Projekte, die von der Deutschen Sportjugend und ihren Mitgliedsorganisationen verantwortet werden, zeugen von den vielfältigen Anstrengungen unterschiedlicher Akteure, mittels sportbezogener Angebote sozial benachteiligte Gruppen zu fördern. Die Jugendorganisationen im Sport vertreten ihrem eigenen Selbstverständnis nach auch die Interessen derjenigen jungen Menschen, die aufgrund ihrer sozialen Benachteiligung den Weg zu einer Vereinsmitgliedschaft nicht finden, und initiieren Projekte für diese Zielgruppen. Im Rahmen der *Sozialen Offensive im Jugendsport* erfolgte beispielsweise schon 1977 die Gründung des Deutsch-Türkischen-Kindertreffs in Berlin-Kreuzberg durch den Verein für Sport und Jugendsozialarbeit (VSJ). Bis heute ist der auf Initiative der Berliner Sportjugend gegründete VSJ Träger zahlreicher Projekte einer sportorientierten sozialen Arbeit und Vorbild für andere Initiativen im ganzen Bundesgebiet, die gerade in der Arbeit mit Kindern und Jugendlichen Sport als Medium des „social engineering" einsetzen.

24.2 Problemaufriss: Kinder als Zielgruppe sozialer Projekte

Bis in die 1990er-Jahre wurden Kinder bei präventiven Projekten oder in der sozialen Brennpunktarbeit häufig nur nebenbei angesprochen, da Jugendliche ab 14 Jahren die zentrale Zielgruppe bildeten. Die Situation hat sich jedoch in den letzten Jahren verändert: Zunehmend richten sich Initiativen und Projekte explizit an Kinder. Die Gründe hierfür sind vielfältig:

1. Dank wissenschaftlicher Studien haben die Verantwortlichen im organisierten Sport erkannt, dass gerade die Angehörigen sozial benachteiligter Gruppen als Mitglieder im Sportverein unterrepräsentiert sind, was bei Kindern zumeist an den Platzierungsstrategien der Eltern liegt – die Unterschiede sind schon bei GrundschülerInnen sehr deutlich zu beobachten. Wenn der organisierte Sport seinem Selbstverständnis gerecht werden und allen Kindern die Möglichkeit

zum Sporttreiben eröffnen möchte, muss er durch besondere Angebote, Kooperationen und Projekte die Gelegenheit dazu auch außerhalb des Sportvereins bieten.
2. Viele Sportvereine haben sich während der zurückliegenden Jahre professionalisiert, was sich beispielsweise an der Einstellung hauptberuflichen Personals oder der Arbeit mit Langzeitfreiwilligen im Rahmen des Freiwilligen Sozialen Jahres im Sport ablesen lässt. Mit dem neuen Selbstverständnis der Akteure im organisierten Sport wächst die Bereitschaft, Sport als Dienstleistung zu betrachten beziehungsweise neue Wege zu beschreiten, um auf gesellschaftliche Probleme zu reagieren.
3. Der Geburtenrückgang in den hoch entwickelten Industriestaaten führt zu einem deutlichen Rückgang des Anteils der Kinder an der Gesamtbevölkerung und damit zur Aufwertung des einzelnen Kindes, das von vielen Seiten umworben wird. Die verfügbare Zeit eines Kindes nimmt zudem kontinuierlich ab, etwa durch die Einführung der Ganztagsgrundschule und/oder das 8-jährige Gymnasium. Die Sportvereine treten in Konkurrenz mit anderen Freizeitanbietern, um die schrumpfende Zielgruppe an sich zu binden. Auch wenn der Anteil der Kinder mit Sportvereinsmitgliedschaft(en) weiterhin ansteigt, sind besondere Anstrengungen der Vereine unumgänglich, da der steigenden Eintrittsquote eine wachsende Austrittsquote gegenübersteht und das Fluktuationsverhalten deutlich zunimmt. Während Eintritte in den Sportverein heutzutage früher und in größerer Zahl erfolgen, steigt der Anteil der Kinder, die den Verein auch früher wieder verlassen (vgl. Kap. 20). Besondere Projekte und Initiativen streben an, eine stärkere Bindung an den eigenen Sportverein zu fördern.
4. In der globalisierten Informationsgesellschaft steigen die sozialen, intellektuellen und motorischen Anforderungen, denen das Kind gerecht werden soll. Kindheit unterscheidet sich in den sozialen und psychischen Anforderungen teilweise nur noch wenig vom Jugendalter, wie das Schlagwort vom „Verschwinden der Kindheit" (vgl. Postman, 1987) verdeutlicht. Während die Kindheit als „Schonraum" immer häufiger entfällt, steigen im Freizeitbereich die bildenden, sinnorientierten Angebote, die von den Eltern meist sehr bewusst nachgefragt werden. Auch im Sportbereich wenden sich pädagogische Projekte gezielt an Kinder und bemühen sich um ihre vielfältige Förderung.
5. SportpädagogInnen, MedizinerInnen und PsychologInnen weisen bereits seit Jahren auf die veränderte Lebenswelt von Kindern hin und sprechen im Zusammenhang mit dem Wandel der kindlichen Lebensbedingungen nicht nur von Verhäuslichung, Verinselung sowie steigendem Medienkonsum, sondern auch offen von Bewegungsarmut, die durch die gleichzeitige „Versportung" nicht aufgefangen wird. Die Zahl der motorisch auffälligen Kinder steigt, Prob-

leme mit den Grundfertigkeiten nehmen aufgrund der fehlenden Alltagsmobilität weiter zu (vgl. Bös, 2003). Die mangelnde Alltagsbewegung (vgl. Kap. 8) wirkt sich sowohl auf die Motorik als auch auf den Energiehaushalt negativ aus, was schon bei Kindern oft zu Übergewicht führt. Da insbesondere Kinder aus sozial schwachen Familien sowie solche mit Migrationshintergrund von derartigen Defiziten betroffen sind, müssen sich soziale Initiativen im Bereich des Sports zunehmend auch dem Bereich Bewegungsarmut und Übergewicht (vgl. Kap. 5 und 6) widmen, um ihrer gesamtgesellschaftlichen Bedeutung gerecht zu werden. Sie nutzen hier die hohe Attraktivität des Sports für Kinder und Jugendliche, um auch sozial benachteiligte Zielgruppen zu erreichen.

6. Aufgrund von neuen Schwerpunktsetzungen der öffentlichen Hand werden Gelder aus der Förderung von Infrastruktur beziehungsweise von langfristigen Maßnahmen verstärkt in besondere Leuchtturmprojekte und Best-Practice-Beispiele umgeschichtet. Durch diese Prioritätenveränderung der Geldgeber wächst die Zahl der Projekte seit einigen Jahren in fast allen Bereichen exponentiell. Die langfristige Arbeit vieler freier Träger der Kinder- und Jugendhilfe wird durch den Zwang, immer wieder „frisches" Geld für Projekte einzutreiben, jedoch stark erschwert, und die Nachhaltigkeit der Projekte ist häufig nicht gesichert.

24.3 Statistische Erhebungen

Der organisierte Sport verfolgt in vielen Bereichen einen Bottom-Up-Ansatz. Projekte und Initiativen werden nur zum Teil von Verbänden oder bundeszentralen Organisationen initiiert; häufig entspringen sie dem Engagement einzelner ehrenamtlicher Vereinsaktiver, was deutliche Differenzen in Qualität und Professionalität zur Folge hat. Eine umfassende Sammlung dieser Projekte und Initiativen existiert nicht.

Soziale Projekte aus dem Sportbereich, die sich an Jugendliche richten, sind vor einigen Jahren erfasst und analysiert worden: Breuer (2002) hat im Auftrag der Deutschen Sportjugend die sogenannte *Soziale Offensive im Jugendsport* empirisch untersucht und schätzt die Zahl der vom organisierten Sport durchgeführten Programme, die sich an sozial benachteiligte Jugendliche richten, auf etwa 1.500.

Die häufigsten Interventionsfelder stellen Integrationsarbeit und Gewaltprävention dar. Weit verbreitet ist darüber hinaus, in 25 % aller Initiativen auch die stadtteilbezogene, soziale Brennpunktarbeit. Die am häufigsten genannten „Hauptzielgruppen" der Initiativen sind Jugendliche mit Migrationshintergrund sowie sozial benachteiligte und sozial auffällige Jugendliche. 43,7 % der Projekte bezeichnen Kinder als eine der Hauptzielgruppen. Bei Projekten aus dem gewaltpräventiven Bereich gehören Kinder zu 50,9 %, bei der sozialen Brennpunktarbeit zu 57,4 % zu den Hauptzielgruppen (vgl. Breuer, 2002, insb. S. 26, S. 61 u. S. 79). Aufgrund der vielfachen Mehrfachnennungen sowie der subjektiven Zuordnung verschiedener Altersgruppen zu den Kategorien *Kinder* oder *Jugendliche* lässt sich die Zahl der von den Projekten tatsächlich erreichten Kinder aber nur schwer ermitteln.

Bei der Betrachtung sozialer Initiativen, die ihren Ursprung im organisierten Sport haben und sich an Kinder wenden, sind andere Schwerpunkte zu setzen, als dies bei der Untersuchung der *Sozialen Offensive im Jugendsport* der Fall war. Kinder werden nur selten im Rahmen offener Projekte angesprochen und zumeist in Kindergärten und Schulen (das heißt im Rahmen von Kooperationsprojekten) erreicht. Soziale Initiativen und Projekte unterscheiden sich von regulären Sportangeboten insbesondere dadurch, dass sie von einem diagnostizierten „Problem" ausgehend mit bestimmten Gruppen ausgewählte Themen bearbeiten. Als „soziale" Projekte im Sport sind dabei all jene zu betrachten, die nicht Talentförderung oder reine Betreuung anstreben, sondern mit einem Potential- oder Präventionsansatz möglichen Defiziten begegnen und „Empowerment" unterstützen möchten.

Eine erste Übersicht der Bereiche, die von Projekten abgedeckt werden, bietet die Internetseite www.jugendprojekte-im-sport.de, welche die Deutsche Sportjugend gemeinsam mit dem Institut für Sportsoziologie der Deutschen Sporthochschule Köln als Informations- und Dokumentationsplattform der sozialen Initiativen im Kinder- und Jugendsport aufgebaut hat.[1] www.jugendprojekte-im-sport.de bietet eine systematisch geordnete Sammlung vorbildlicher Projekte der Kinder- und Jugendarbeit im Sport. Derzeit sind fast 250 Projekte online, so dass eine Auswertung der Datenbank einen Anhaltspunkt darüber gibt, in welchen Bereichen derzeit vornehmlich Projekte initiiert werden.

Für die folgende Abbildung wurden 145 Projekte ausgewertet, die sich an die Zielgruppe *Kinder* – zum Teil auch an *Kinder und Jugendliche* – richten und in den letzten Jahren (2002-2007) in die Datenbank eingestellt wurden. Die Auswertung nach Themenfeldern zeigt, dass ein Großteil der Projekte in den Bereichen Integration sowie interkulturelle Arbeit angesiedelt sind. Das Themenfeld (Gewalt-)Prävention sowie die Förderung des Ehrenamtes bilden weitere Schwerpunkte. Leider werden andere Kategorien durch die Datenbank nicht explizit erfasst, z. B. der Bereich Bewegungsmangel/Übergewicht.

---

[1] Auf dem Konzept dieser Datenbank baut auch www.soziale-projekte-im-jugendsport.de auf, deren Projekte mit Unterstützung des Bundesfamilienministeriums von Breuer (2002) ausführlich ausgewertet worden sind. Eine Zusammenfassung der Ergebnisse findet sich auch im *Ersten Deutschen Kinder- und Jugendsportbericht*.

Beliebteste Themenbereiche

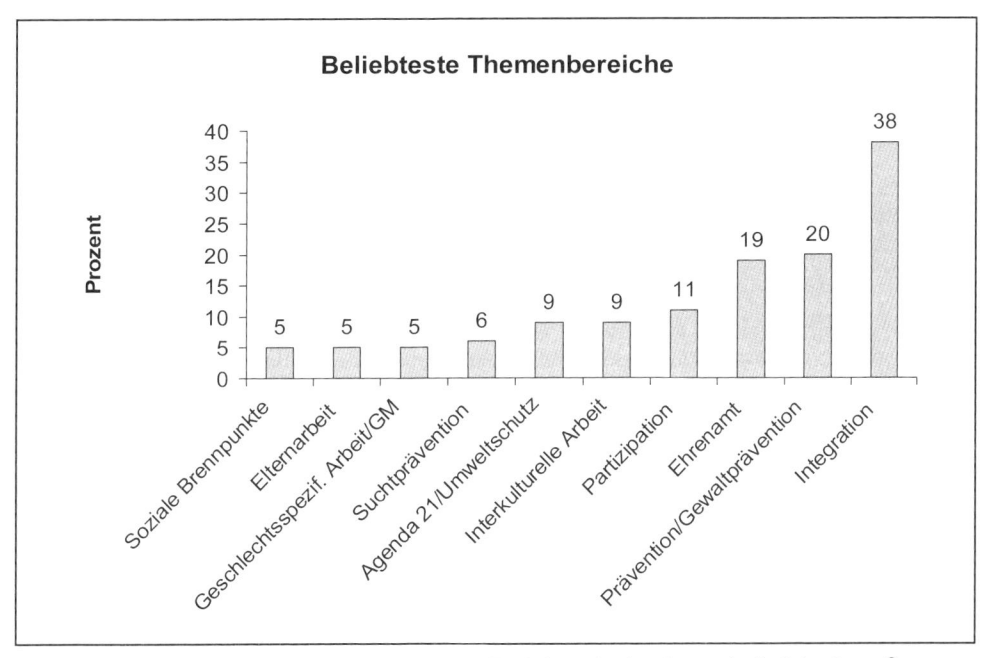

(Balkendiagramm, Prozent)
- Soziale Brennpunkte: 5
- Elternarbeit: 5
- Geschlechtsspezif. Arbeit/GM: 5
- Suchtprävention: 6
- Agenda 21/Umweltschutz: 9
- Interkulturelle Arbeit: 9
- Partizipation: 11
- Ehrenamt: 19
- Prävention/Gewaltprävention: 20
- Integration: 38

Abb. 24.1. *Beliebteste Themenbereiche von Projekten in der Jugendarbeit im Sport*[2]

Im Folgenden werden insbesondere Projekte aus den Themenbereichen Prävention, interkulturelle Arbeit, geschlechtsbewusste Pädagogik sowie Bewegungsmangel/Übergewicht betrachtet.

24.4 Soziale Projekte und Initiativen – ein Überblick

24.4.1 Präventionsarbeit

Die Präventionsarbeit, die sich an Kinder richtet, hat ihre Schwerpunkte traditionsgemäß in den Bereichen Sucht- und Gewaltprävention. Nach Caplan 1964 (Weiterentwicklung vgl. Martin & Martin, 1999) ist zu unterscheiden zwischen primärer Prävention, die der Vorbeugung abweichenden Verhaltens etwa im Freizeitbereich dient, sowie sekundärer Prävention, die verhindern soll, dass sich Störungen und aggressive Verhaltenstendenzen verfestigen. Die für Kinder konzipierten Projekte zur Suchtprävention sind auf der Ebene der primären Prävention angesiedelt, Initiativen zur Gewaltprävention teilweise auch auf der Ebene der sekundären Prävention. Sowohl personen- als auch strukturbezogene Präventionsstrategien kommen

---

[2] Mehrfachnennungen möglich, Angaben in Prozent. Aufgenommen wurden nur Kategorien mit mehr als fünf Nennungen sowie ausschließlich solche, die dem Feld der sozialen Projekte in ihrer weitesten Auslegung zuzuordnen sind. Nicht aufgenommen wurden beispielsweise Kategorien wie *Sportpraxis*, *Talentförderung* oder *Vereinsentwicklung* (Stand: 15.01.2008).

zum Einsatz. Ausgangspunkt ist die Einsicht, dass der dynamisierte gesellschaftliche Wandel häufig zu einer Überforderung von Kindern und Erziehungsbeauftragten führt, so dass die Belastungen zunehmen. Eine gelungene Sozialisation erfordert deswegen spezifische soziale Unterstützungsleistungen. Sport kann und soll

> auf vielfältige Weise die Rolle eines Moderators sowohl in der sozialisationstheoretischen Perspektive der Entwicklungs-Belastungs-Bewältigungs-Beziehung als auch in der stresstheoretischen Perspektive der Stress-Krankheits-Bewältigungs-Beziehung einnehmen (Brinkhoff & Gomolinsky, 2003, S. 11).

Ein erfolgreicher Schutz vor Verhalten, das mit Risiken verbunden ist, erfordert die Förderung von personalen und sozialen Kompetenzen. Settings wie der Sportverein, die von Freizeitgestaltung und gesundheitsfördernden Aktivitäten geprägt sind, bieten einen geeigneten Rahmen für soziale Maßnahmen, die sucht- oder gewaltpräventive Wirkungen entfalten. Geeignete institutionelle Rahmenbedingungen sowie Kompetenzen der ÜbungsleiterInnen und ausgesuchte sportpraktische Übungen bilden die Voraussetzung dafür, dass psychosoziale Kompetenzen gefördert werden. Unter optimalen Bedingungen können vom Sport Schutzfunktionen, etwa gegen gesundheitsgefährdende Alltagsbelastungen und Stressfaktoren, ausgehen.

Suchtprävention

Die wohl bekannteste und wirkungsmächtigste Kampagne im Bereich der Suchtprävention erreicht unter dem Slogan „Kinder stark machen" seit Mitte der 1990er-Jahre im Auftrag der Bundeszentrale für gesundheitliche Aufklärung (BzgA) insbesondere MultiplikatorInnen in Sportvereinen. Innerhalb der ÜbungsleiterInnenausbildung und -fortbildung der Verbände auf Landesebene wird ein Seminarmodul zur Kinder- und Jugendarbeit angeboten, an dem inzwischen über 8.000 TrainerInnen und ÜbungsleiterInnen teilgenommen haben. Über 80 % von ihnen arbeiten mit Kindern bis 14 Jahren (vgl. Brinkhoff & Gomolinsky, 2003, S. 84). Neben konkreten Problemen im Umgang mit Alltagsdrogen im Sportverein steht der Leitgedanke der Lebenskompetenzförderung im Mittelpunkt. Events, Aktionstage sowie Mitmach-Aktionen ergänzen das Kampagnenangebot. Eine 2002 veröffentlichte Evaluation der Qualifizierungsinitiative „Kinder stark machen" konzentriert sich zum einen auf die soziographischen Daten der ÜbungsleiterInnen, die am Seminarangebot teilnehmen, und zum anderen auf die Beurteilung der Seminare und des Kompetenzzuwachses durch die TeilnehmerInnen. Informationen darüber, ob die präventionsspezifischen Ziele erreicht werden und welchen Anteil die Kampagne bei der erhofften Suchtprävention der erreichten Kinder und Jugendlichen tatsächlich einnimmt, liefert die Studie leider nicht.

Gewaltprävention

Im Rahmen von Präventionsansätzen, die sich an gewaltbereite beziehungsweise von Delinquenz bedrohte Jugendliche richten, spielen sportzentrierte Angebote eine wichtige Rolle. Aufgrund seiner hohen Attraktivität gilt Sport zum einen als Medium, mit dem delinquenzgefährdete Kinder und Jugendliche angesprochen werden können. Zum anderen stellt der Sport ein Feld dar, in dem sozial erwünschte Verhaltensweisen wie Fairness und Respekt spielerisch eingeübt werden können. Gewaltpräventive Wirkungen des Sports lassen sich jedoch nicht per se nachweisen. Entscheidend ist neben angemessenen Rahmenbedingungen und dem Einhalten von Qualitätsstandards auch der Kontext, in den sportliche Angebote eingebunden werden. Neben qualifizierter sozialpädagogischer Begleitung scheint die Einbindung einzelner Projekte in lokale und regionale Netzwerke für den nachhaltigen Erfolg ausschlaggebend zu sein. Sinnvoll ist es, gerade im Bereich der primären Prävention, Partizipationsmöglichkeiten im Rahmen der Sportausübung zu schaffen.

Zu den Prinzipien gewaltpräventiver Arbeit im Sport gehört die Konkurrenz- und Leistungsorientierung, mit der die meisten Sportarten verknüpft sind, zu reduzieren und einen Schwerpunkt auf Gruppenprozesse und Gemeinschaftserfahrungen zu legen (vgl. Behn, 2006). Dabei ist es unumgänglich, sensibel mit unterschiedlichen Leistungsniveaus umzugehen, ohne die Leistungsorientierung vollständig aufzugeben: Gerade die Erfahrung des Lernens und der Leistungssteigerung bringt Erfolgserlebnisse, die das Selbstvertrauen stärken.

Sport ist ein Feld, in dem Emotionen und Aggressionen sozialverträglich ausgelebt werden können und dabei einem klaren Regelwerk unterworfen sind. Dies gilt es für gewaltpräventive Arbeit zu nutzen. Zu unterscheiden ist dabei zwischen Projekten, die Gewaltprävention durch gemeinsames Sporttreiben anstreben, und denjenigen, die Gewalttätigkeiten verhindern wollen, die im Kontext sportlicher Veranstaltungen entstehen. Letztere richten sich meist an ältere Jugendliche, etwa im Rahmen der Arbeit von Fan-Projekten im Fußball. Unterscheiden lassen sich zudem offene und geschlossene Angebote. Geschlossene Angebote richten sich häufig an bereits straffällig gewordene Jugendliche und nehmen die Zielgruppe der Kinder selten in den Blick. Offene, niedrigschwellige Angebote wenden sich häufig an marginalisierte Kinder und Jugendliche und sind meist der primären Prävention zuzuordnen. In erster Linie geht es darum, Bewegungsräume zu eröffnen und Erfolgserlebnisse zu ermöglichen, um so einen positiven Selbstbezug zu entwickeln. Mitternachtssport oder das Brandenburger Modell von *Straßenfußball für Toleranz*, die beide ihren Reiz unter anderem dem jeweiligen Eventcharakter verdanken, gehören hierzu. Eine Reihe von offenen Angeboten strebt durch die Bindung an feste Gruppen zudem eine besondere Nachhaltigkeit an. Dazu gehören Angebote wie jene der Interkulturellen Straßenfußball-Liga „buntkicktgut", die in der U12 schon 8-Jährige erreicht und eine nachhaltige Bindung der Kinder und Jugendlichen an ihre Teams und an den ganzjährigen Spielbetrieb voraussetzt. Dabei werden Partizipation, Selbstorganisation sowie die Übernahme von Verantwortung eingeübt. Häufig kombinieren Anbieter verschiedene Projektformen, wie etwa im Rahmen des vom Landessportverband Schleswig-Holstein initiierten, seit zehn Jahren erfolgreichen Projektes *Sport gegen Gewalt, Intoleranz und Fremdenfeindlichkeit*. Neben der Durchführung gezielter Maßnahmen und Events, etwa der „Fair&Fun-Tour", werden über 80 regelmäßige Sportangebote für Kinder und Jugendliche vorgehalten, die sich als offen verstehen, aber eine nachhaltige Bindung der TeilnehmerInnen anstreben.

Im Rahmen einer international vergleichenden Studie haben Schwenzer und Behn in Deutschland etwa 100 gewaltpräventive Projekte im Sportbereich identifiziert und 30 Projekte einer detaillierten Analyse unterzogen (vgl. Schwenzer, Behn, Cravo, Martinez, Moreno & Rico, 2007). Die meisten Projekte richten sich an Kinder ab zehn Jahren, viele Angebote beziehen aber jüngere Zielgruppen mit ein. Zu den beliebtesten Sportangeboten gehören Mannschaftssportarten (47 %), Kampfsportarten (19 %) sowie Risiko- und Erlebnissport (13 %). Die Kritik an Angeboten aus dem Bereich des Kampfsportes, der selber gewalttätige Elemente enthalten kann, ist durch den Erfolg methodisch überzeugender Projekte und die Betonung von „Kampfkunst" mittlerweile selten geworden (vgl. Kuhn, 1994; Neumann, 2002; Pilz, 2001).

Fast 90 % der befragten ProjektleiterInnen konstatieren selbst einen großen oder sehr großen Einfluss ihrer Projekte auf die Prävention von Gewalt und berichten, dass die erreichten Kinder und Jugendlichen nach der Teilnahme an den Programmen und Aktionen ein besseres Verständnis von Grenzen (21 %), mehr Selbstbewusstsein (16 %) sowie eine bessere Kontrolle über Aggressionen (16 %) aufweisen. Leider existieren hier kaum unabhängige Untersuchungen. Die KoordinatorInnen der befragten Projekte geben zwar an, regelmäßig evaluiert und dokumentiert zu werden. Die Unterschiede in der konkreten Gestaltung dieser Auswertungen sind aber sehr groß, und häufig fehlen die zeitlichen wie finanziellen Ressourcen für eine tiefer gehende Evaluation, die insbesondere Wirkungen bei den Kindern und Jugendlichen miterfasst.

24.4.2 Interkultureller Dialog und Integration

Der Sport besitzt ein besonderes Potential, Integration in einer Gesellschaft zu fördern, weil Verständigung über Sprach- und Kulturbarrieren hinweg relativ problemlos möglich ist: Der Sport besitzt seine eigenen Regeln, die überall gleich sind und es auch Personen mit Migrationshintergrund erlauben, gleich „mitzuspielen". Der vereinsorganisierte Sport gilt deswegen als eines der wenigen gesellschaftlichen Felder, in dem soziale Kontakte ohne größere Schwierigkeiten zustande kommen.

AusländerInnen können sich in einem sozialen Handlungsfeld beteiligen, das in der deutschen Gesellschaft sehr anerkannt ist. Als Freiwilligenvereinigungen, die von den Mitgliedern nach eigenem Interesse selbst organisiert werden, haben Sportvereine darüber hinaus ein integratives Potential. Sie veranlassen die Mitglieder – und eben auch Mitglieder mit Migrationshintergrund – zu aktiver Teilhabe am Vereinsleben. Zudem fördern sie freiwilliges Engagement. Über die Partizipation und Mitwirkung in Sportvereinen können die Mitglieder ihre unmittelbare Lebenswelt selbst mitgestalten.

Kinder und Jugendliche mit Migrationshintergrund stellen in Deutschland keine unbedeutende Minderheit dar (vgl. Kap. 2): Etwa 30 % der hierzulande lebenden Kinder haben einen Migrationshintergrund, d. h. mindestens ein aus dem Ausland zugewandertes Elternteil. Bei den unter 5-Jährigen liegt ihr Anteil in Städten wie Frankfurt am Main, Nürnberg, Düsseldorf oder Stuttgart bereits über 60 %. Während Jungen mit Migrationshintergrund in Sportvereinen (Schwerpunkt: Fußball, Basketball und Kampfsportarten) überrepräsentiert sind (vgl. Kap. 2), spielt Sport in der Freizeit von Mädchen mit Migrationshintergrund eine eher untergeordnete Rolle.

Wichtigste Aufgabe der Integration mit Mitteln der sportlichen Kinder- und Jugendarbeit ist es, die psychosozialen Ressourcen aller Kinder und Jugendlichen zu stärken und damit zu ihrem „Empowerment" beizutragen. Dies kann gelingen, wenn bei der Gestaltung von Angeboten die Wünsche und Bedürfnisse der jeweiligen Zielgruppe Berücksichtigung finden und die spezifischen Lebenslagen ihrer Mitglieder beachtet werden. Das bundesweite Programm *Integration durch Sport* (zunächst: *Sport für alle – Sport mit Aussiedlern*) unterstützt konkret die Integrationsarbeit der Sportorganisationen vor Ort. Das erklärte Ziel besteht darin, SpätaussiedlerInnen, Zuwanderer und sozial Benachteiligte durch und in den organisierten Sport zu integrieren. Das 1989 initiierte Programm wird vom Bundesministerium des Inneren finanziert und vom Deutschen Olympischen Sportbund (DOSB) sowie seinen Mitgliedsorganisationen durchgeführt. Es unterstützt fast 500 Sportvereine, die sich besonders für die Integrationsarbeit engagieren und als Stützpunktvereine fungieren. Mehr als 10.000 Integrationsmaßnahmen, etwa Sportfeste, Ferienfreizeiten und Großveranstaltungen, gehören zu den integralen Bestandteilen des Programms. Darüber hinaus sind bundesweit über 700 sogenannte StarthelferInnen im Einsatz, häufig Personen mit Migrationshintergrund. Diese übernehmen koordinative, organisatorische sowie sportpraktische Aufgaben. Schließlich stehen dem Programm auch Sportmobile für zielgruppenspezifische, wohnortnahe Angebote zur Verfügung, und ÜbungsleiterInnen können interkulturell ausgerichtete Weiterbildungen besuchen. Das Programm bindet durch diese Module MigrantInnen in den Trainings- und Wettkampfbetrieb ebenso ein wie in das Vereinsleben mit seinen vielfältigen freizeitorientierten Angeboten. Zugleich werden die Vereine und deren deutsche Mitglieder für die interkulturellen Hintergründe sensibilisiert. Leider liegen keine Daten zum Anteil der erreichten Kinder vor; auch genaue Wirkungsanalysen fehlen noch. Derzeit untersuchen Potsdamer SportwissenschaftlerInnen die Arbeitsweise des Programms *Integration durch Sport*. Ziel der Erhebung sind konkrete Empfehlungen, um die Arbeit des bislang wissenschaftlich nicht umfassend evaluierten Programms in Zukunft noch effektiver zu gestalten.

Neben dem Programm *Integration durch Sport* bemühen sich unzählige kleinere und größere Initiativen und Projekte um Kinder mit Migrationshintergrund.[3] Häufig verfolgen sie parallel gewaltpräventive Ziele und bemühen sich, Fremdenfeindlichkeit abzubauen (vgl. Straßenfußball für Toleranz, „buntkicktgut"). In den letzten Jahren haben sich zudem viele Projekte für Mädchen mit Migrationshintergrund etabliert. Sie richten sich insbesondere an muslimische Mädchen in der Phase zwischen Kindheit und Pubertät und arbeiten dazu eng mit Eltern sowie der ausländischen Community zusammen. Das Projekt *Sport mit muslimischen Mädchen und jungen Frauen*, im Jahr 2002 unter der Trägerschaft der Sportjugend Niedersachen angestoßen, bemühte sich beispielsweise um Übungsleiterinnen, die selbst einen Migrationshintergrund besaßen, sowie um nicht einsehbare Räumlichkeiten, zu denen Jungen und Männer keinen Zutritt hatten. Die Initiative *spin – sport interkulturell*, initiiert von der Sportjugend im LandesSportBund Nordrhein-Westfalen und der Stiftung Mercator, versucht derzeit, Mädchen und junge Frauen mit Zuwanderungsbiographien für den Vereinsport zu gewinnen und so auch die zukünftige Mitgliederbasis der Vereine zu sichern. Leider fehlt hier, wie bei vielen anderen Initiativen, eine umfassende wissenschaftliche Begleitung.

Wissenschaftliche Studien demonstrieren, dass eine Offenheit der Verantwortlichen und eine Bereitschaft zur Veränderung auf Seiten der Vereine *und* der MigrantInnen wesentliche Voraussetzungen für eine interkulturelle Öffnung der Vereine darstellen. Die „Öffnung" der Sportvereine im Sinne einer interaktionistischen Integration setzt Toleranz und gegenseitige Akzeptanz voraus. Auf der Ebene der Vereine umfasst die interkulturelle Öffnung Veränderungen im Organisationsrahmen, Konzept, Personal und in den Inhalten (vgl. Schmidt & Eichhorn, 2007).

24.4.3 Geschlechtsbewusste Pädagogik

Mädchen und Jungen erhalten bereits im Kleinkind- und Vorschulalter wesentliche Impulse für die Ausbildung ihrer Geschlechteridentität, wie die Geschlechterfor-

---

[3] Zum Oktober 2008 ist der Start einer wissenschaftlich begleiteten Online-Datenbank geplant, in der Initiativen zur Förderung der Integration von Menschen mit Migrationshintergrund über das Medium Sport aufbereitet und vorgestellt werden. Die Federführung liegt beim LSB Niedersachsen, zu den Kooperationspartnern gehören die Deutsche Sportjugend und die Leibniz Universität in Hannover.

schung zeigt (vgl. Kap. 3). Seitdem der *Sechste Kinder- und Jugendbericht* der Bundesregierung 1984 (vgl. BMJFG, 1984) auf die Benachteiligung von Mädchen und jungen Frauen hinwies, ist Mädchenarbeit zu einem wichtigen Teil der Jugendarbeit geworden. *Parteiliche Mädchenarbeit* soll – wie der Kinder- und Jugendplan des Bundes seit 1995 fordert – Mädchen in den Mittelpunkt ihrer Aufmerksamkeit stellen und sowohl individuell fördernd als auch gesellschaftsverändernd wirken. Neben der Mädchenarbeit existiert seit den späten 1980er-Jahren die sogenannte *reflektierte Jungenarbeit* (vgl. Sielert, 1989), die von einem neuen, gezielten Blick auf Jungen und ihre Geschlechterrolle ausgeht.

Unter Bezugnahme auf die sportunabhängige *parteiliche Mädchenarbeit* und *reflektierte Jungenarbeit* wurden in den 1990er-Jahren Konzepte einer Mädchenarbeit im Sport und später auch einer Jungenarbeit im Sport entwickelt. In den Sportverbänden und -vereinen hat sich die Einsicht durchgesetzt, dass die sportbezogene Sozialisation von Mädchen und Jungen in vielen Punkten unterschiedlich verläuft. Eine starke Wettkampforientierung der Sportvereine zieht etwa mehr Jungen an, während Mädchen meist alternative Sportangebote – auch außerhalb des Vereins – favorisieren oder sich vom Sport abwenden. Viele Projekte setzen hier an und schaffen beispielsweise sportliche Angebote, in denen das Miteinander im Vordergrund steht. Verstärkt wird auch dem Bedürfnis von Migrantinnen entsprochen, Sport in geschlechtshomogenen Gruppen zu treiben, etwa über Schwimmbad-Aktionstage. Angebote aus dem Bereich der Selbstverteidigung und den Kampfsportarten, die sich an Mädchen richten, finden zudem großen Zulauf. Eine erste Evaluation des Pilotprogramms „MädchenStärken" der Deutschen Kinder- und Jugendstiftung zeigt, dass Mädchensportförderung in qualifiziert begleiteten Projekten zu größerem Selbstbewusstsein, mehr Mut, öffentlicher Anerkennung sowie Gemeinschaftsgefühl führen kann (vgl. Kunert-Zier, 2004).[4]

Gleichzeitig gerät seit einigen Jahren verstärkt die Gruppe der Jungen in den Blick der geschlechtsbewusst arbeitenden SportpädagogInnen. Insbesondere die Sportjugend Nordrhein-Westfalen initiiert Projekte im Bereich der reflektierten Jungenarbeit, die – wie die „Sportliche Erlebniswoche" für Jungen zwischen neun und zwölf Jahren – ausführlich dokumentiert sind. Angestrebt wird, das traditionelle Männerbild in Frage zu stellen, mit Rollenklischees zu brechen und insbesondere am Beginn der Pubertät neue, männliche Vorbilder aufzuzeigen. Ein weiteres Beispiel hat die Sportjugend Niedersachsen zur „Go Sports Tour 99" entwickelt. In den Angeboten der „Jungen-Erlebniswelten" sind Jungen unter sich, und es werden Betreuer eingesetzt, die über ihre Persönlichkeit, Haltung und Kompetenz als Vorbild fungieren. Vielerorts treten mittlerweile auch Angebote für Väter und Söhne, die beiden

---

4 Zurzeit läuft eine weitere Evaluation des Projektes an der Deutschen Sporthochschule Köln.

Seiten neue Erfahrungen ermöglichen möchten, neben das traditionelle Mutter-Kind-Angebot der Sportvereine (vgl. Dahmen & Kringe, 2005).

24.4.4 Ernährung und Bewegung

Wie der *Kinder- und Jugendgesundheitssurvey* (*KiGGS*), für den die Robert-Koch-Stiftung zwischen 2003 und 2006 mehr als 17.600 Kinder untersuchte, eindeutig belegt, lässt sich schon bei Kindern ein enger Zusammenhang zwischen Übergewicht und sozialer Zugehörigkeit feststellen (vgl. Kap. 6 und 7). Die Ergebnisse deuten zudem darauf hin, dass auch zwischen Migrations- und Sozialstatus sowie der motorischen Leistungsfähigkeit ein Zusammenhang besteht. Zahlen aus nordrhein-westfälischen Schuleingangsuntersuchungen bestätigen, dass Kinder mit Migrationshintergrund im Vergleich zu Kindern ohne Migrationshintergrund doppelt so häufig zu Übergewicht beziehungsweise Adipositas neigen. Wie der *KiGGS* zeigt, stammen Kinder, die nicht regelmäßig Sport treiben, überproportional häufig aus Familien mit niedrigem Sozialstatus und mit Migrationshintergrund. Die deutlichsten Aktivitätsdefizite weisen dabei Mädchen mit niedrigem Sozialstatus und Migrationshintergrund auf.

Daten des Leipziger „CrescNets" zufolge treten Gewichtsprobleme häufig mit dem Erreichen des Kindergartenalters auf. Viele Programme und Initiativen, die dem Bewegungsmangel mit Sport begegnen möchten, arbeiten eng mit Kindergärten und Grundschulen zusammen, um Kinder mit unterschiedlichem sozialen Hintergrund zu erreichen. Bisher liegen jedoch keine breitflächig erhobenen, belastungsfähigen Daten zu Bewegungsprogrammen in Kindergärten vor, die untereinander vergleichbar wären. „Hüpfdötzchen" ist ein Beispiel für ein Programm zur Bewegungserziehung in Kindergärten im Raum Neuss, das in Kooperation mit der Deutschen Sporthochschule Köln entwickelt wurde und eine Verbesserung der koordinativen Leistung der Kinder erreichte.

Deutschlandweit finden sich zudem zahlreiche Programme zur Gesundheitsförderung in Grundschulen, schwerpunktmäßig mit ausgewogener Ernährung bzw. vermehrter körperlicher Aktivität/Reduktion von Inaktivität. Zu den wissenschaftlich mitinitiierten sowie begleiteten Projekten zählen *Children's Health Interventional Trial* (CHILT), durchgeführt von der Deutschen Sporthochschule Köln, und die vom Leipziger Institut für Sportpsychologie und Sportpädagogik ausgewertete *Bewegte Schule*. Die Ergebnisse sind allerdings inkonsistent, wie eine kürzlich veröffentlichte Cochrane-Übersicht von Summerbell, Waters, Edmunds, Kelly, Brown und Campbell (2005) dokumentiert. Sie bestätigen zwar die Bedeutung präventiver Maßnahmen, insbesondere über das Wissen um die Wirkung gesunder Ernährung und die Reduktion von Fernsehzeit, betonen aber den noch bestehenden Forschungsbedarf: Es gibt nicht genügend Studienergebnisse, um zu entscheiden, welche Vor-

beugemaßnahmen ein Übergewicht bei Kindern vermeiden können; mehr körperliche Bewegung scheint jedoch von Nutzen zu sein (vgl. Kap. 6).
Während die oben genannten Projekte häufig mit Sportvereinen kooperieren, aber von Kreisen und Kommunen beziehungsweise wissenschaftlichen Institutionen angestoßen worden sind, hat der organisierte Sport eine Reihe von Projekten selbst initiiert. Die Sportjugend Nordrhein-Westfalen unterstützt beispielsweise, in Kooperation mit Partnern aus Politik und Wirtschaft, Vereine dabei, ein Programm für übergewichtige Kinder anzubieten. Ziel des Projekts „schwer mobil" besteht darin, übergewichtigen Kindern nicht nur kurz-, sondern auch langfristig (wieder) Spaß an der Bewegung im Verein und im Alltag zu vermitteln und sie zu einem veränderten Ernährungsverhalten zu motivieren. Das Projekt wird von der Deutschen Sporthochschule Köln wissenschaftlich begleitet. Die Deutsche Sportjugend wiederum ist Gründungsmitglied der Plattform Ernährung und Bewegung e.V. (peb), die eine Vielzahl gesellschaftlicher Kräfte bündelt, welche sich aktiv für eine ausgewogene Ernährung und viel Bewegung als wesentliche Bestandteile eines gesundheitsförderlichen Lebensstils bei Kindern und Jugendlichen engagieren. Sportvereine, die beispielhafte Ideen und Projekte der Bewegungsförderung von Kindern realisieren, können sich seit 2006 zudem um den Zukunftspreis der Deutschen Sportjugend bewerben.
Die Vielzahl der Studien und Projekte belegt, dass das Problem von Übergewicht und Bewegungsmangel in Deutschland während der letzten Jahre ins öffentliche Bewusstsein gerückt ist. Insgesamt zeigt sich allerdings ein sehr heterogenes Bild mit zahlreichen Akteuren und vielen unterschiedlichen Programmen: Dutzende Initiativen von Krankenkassen und Nahrungsmittelherstellern, Sportverbänden und lokalen Vereinen bemühen sich um Ernährungsberatung und zusätzliche sportliche Angebote in Kindergärten, Grundschulen und Sportvereinen. Auch wenn zahlreiche wissenschaftliche Studien die Projekte begleiten, besteht noch ein großer Forschungsbedarf, um effektive, nachhaltige Maßnahmen auszuwählen.

24.5 Ausblick

Im Vergleich mit anderen Aktivitäten im Kinder- und Jugendsport besitzen soziale Initiativen und Projekte einen Sonderstatus und heben sich durch ihre Offenheit von anderen Maßnahmen ab. Häufig richten sie sich als Teil der offenen Kinder- und Jugendarbeit nicht nur an Vereinsmitglieder, sondern auch und gerade an andere, zum Teil täglich oder wöchentlich wechselnde Kinder(gruppen). Sie zeichnen sich durch ihre Bereitschaft zur gleichberechtigten Zusammenarbeit mit Partnern in Kindergärten, (Grund-)Schulen sowie in der kommunalen Kinder- und Jugendhilfe aus, demonstrieren hier eine hohe Anschlussfähigkeit und nehmen damit gleichzeitig

Abstand zum geschlossenen System des Wettkampf- und Vereinssports. Auch wenn systemtypische Ziele des Sports in den Projekten und Initiativen nur beschränkt verfolgt werden, genießen soziale Projekte in den Sportstrukturen ein sehr hohes Ansehen, weil sie der positiven Selbstdarstellung dienen. Voraussetzung hierfür ist ein erweiterter Sportbegriff, wie er sich in den letzten Jahrzehnten auf verschiedenen Ebenen durchgesetzt hat: Die Zusammenführung von sportbezogenen und gesellschaftspolitischen Zielen verhilft dem organisierten Sport zu einer breiteren Legitimation, nicht zufällig befasst sich der Deutsche Sportausschuss auch mit der Bedeutung des Sports für Gesundheit und Gesellschaft oder mit dem Ehrenamt im Sportverein.

Die für Kinder entwickelten Projekte des organisierten Sports zeichnen sich durch ihre Vielfalt aus. Es ist zu begrüßen, dass sich zahlreiche Sportvereine mit Unterstützung von Sportverbänden und anderen Geld- und Ideengebern sowie in Kooperation mit sehr unterschiedlichen Partnern an der Durchführung von Initiativen und Projekten beteiligen. Leider fehlt es in den meisten Fällen an begleitenden wissenschaftlichen Evaluationen, die die Wirksamkeit der einzelnen Projekte untersuchen und somit eine Vergleichbarkeit der Ansätze herstellen. Zudem ist es häufig schwierig, erfolgreiche Projekte in eine dauerhafte Regelförderung zu überführen und damit eine nachhaltige Wirkung zu erzielen. Hier zeigen sich die negativen Auswirkungen der derzeitigen Förderpolitik von Bund, Ländern, Kommunen und Stiftungen deutlich.

Es wäre sehr hilfreich, wenn eine groß angelegte Studie, etwa im Vergleich mehrerer Regionen, aufzeigen könnte, welche Leistungen in vielen der 90.000 Sportvereine neben der – aber auch durch die – tägliche(n) Wettkampf- und Trainingsarbeit im sozialen Bereich erbracht werden. So ließe sich die große Vielfalt der Kinder- und Jugendarbeit im Sport auf eine gesicherte empirische Basis stellen und die ehrenamtlichen Leistungen evaluieren. Gleichzeitig ist es unumgänglich, gerade Projekte in den Bereichen Bewegung und Ernährung, aber auch im Feld der Präventionsarbeit mit einer vergleichenden Wirkungsanalyse zu untersuchen, um die am besten geeigneten Ansätze zu identifizieren und für andere nutzbar zu machen. Notwendig sind zudem von den Sportverbänden angebotene, intensivierte Schulungen und Fortbildungen für ÜbungsleiterInnen und andere VereinsvertreterInnen, die eine Professionalisierung ihrer Arbeit anstreben.

Jaana Eichhorn

Zweiter Deutscher Kinder- und Jugendsportbericht
Schwerpunkt: Kindheit
Zusammenfassung, Forschungsdesiderate und Handlungsempfehlungen

An dieser Stelle sollen die empirischen Befunde und theoretischen Analysen im Hinblick auf herausragende Merkmale ebenso skizziert werden wie die Handlungsempfehlungen die politischen Entscheidungsträger erreichen sollen.

1   Zusammenfassung

1.1   Zur herausragenden Bedeutung des Sports aus Kindersicht

Im Mittelpunkt kindlicher Wandlungsprozesse stehen die institutionalisierten Nachmittagstermine. Sind diese Termine einmal festgelegt, werden sie zu einem Fixpunkt der individuellen Freizeitgestaltung und zur festen Größe in ihrem Lebenslauf.

* 63 % aller Nachmittagstermine entfallen auf den Sport.
* 80 % aller Kinder bezeichnen diese Termine als ihre Lieblingstermine (vgl. Kap. 2, 10 und 20).

Und auch in den Schulen, in denen inzwischen eine Umstellung auf den Ganztagsbetrieb erfolgt ist (vgl. Kap. 17), zeigt sich, dass über 90 % der Kinder Angebote zu „Sport und Bewegung" wahrnehmen. Zudem identifiziert Burrmann (vgl. Kap. 21) in verschiedenen Untersuchungen insgesamt nur zwei bis drei Prozent nicht sportlich-aktive Kinder. Nach unseren Befunden gibt es keine andere Altersgruppe, die mit dem System des Sports so eng verknüpft ist wie die 4- bis 12-Jährigen. Sozialwissenschaftliche Analysen gehen davon aus, dass Kinder in diesem sportiven Handlungsbereich körperbezogene und soziale Identität erfahren und interpretieren diesen Trend als „Schaffung kinderkulturellen Kapitals". Im zeithistorischen Trend (1954-2008) nimmt die Sportvereinsmitgliedschaft von Kindern (vgl. Kap. 20: Abb. 20.1) stark zu. Gleichzeitig werden die Mitglieder immer jünger.

* Die *MoMo*-Daten (vgl. Kap. 10) und die Sozialberichtsdaten (vgl. Kap. 2 und 20) ermitteln einen Mitgliederanteil im Sportverein von gut 55 % mit Spitzenwerten bei den Jungen (bereits mit 7 Jahren) von 76,5 %.
* Im Sinne einer Verfrühung treten von diesen bereits 40 % mit vier Jahren in den organisierten Sport ein und weitere 50 % mit fünf Jahren.

* Die Rekrutierungsquote (jetzige und ehemalige Mitglieder) erreicht somit 90 %.

Hinsichtlich der Vereinsbindung dominieren die Motivbündel „positive Stimmung" und „soziale Akzeptanz", unabhängig von Geschlecht, Ethnie und sozialer Herkunft (jedoch nur im Kindesalter). Die Befunde zur Attraktivität des Sportvereins aus Kindersicht offenbaren zwei zentrale Merkmale der Sportvereinskultur:

1. Erfahren von sozialer Anerkennung und sozialer Akzeptanz.
2. Entwicklung einer eigenen Kompetenz-, Könnens- und Erfolgseinschätzung.

Die im Sportverein aktiven Kinder bauen im Laufe ihres Engagements nicht nur eine innere Beziehung zum Sport auf, sondern können diese sogar stabilisieren und intensivieren (vgl. Kap. 20.5). Das Ergebnis ist ein hoher Identifikationsgrad mit der Sportart und ihrem Verein.

* Für die gelungene Vereinsintegration sprechen Zustimmungsraten von über 80 % für den Verein und 72 % für den Trainer.

Vergleichbares gilt für den Sportunterricht aus Schülerperspektive (vgl. Kap. 15 und 16). Viertklässler schätzen die Relevanz des Sportunterrichts sehr hoch ein (MW = 4,38; Skalierung 1-5) und geben ihm wesentlich bessere Noten als anderen Fächern (Note Sport: MW = 1,55; Note Deutsch: MW = 2,23; Note Mathematik: MW = 2,17).

* Das individuelle Wohlbefinden im Sportunterricht (MW = 3,72) schätzen sie gegenüber anderen Fächern (MW = 2,70; Skalierung 1-4) besonders positiv ein.

Primäre Elemente des Klassenklimas sind unterstützende Schüler-Beziehungen, fürsorgliche Schüler-Lehrer-Beziehungen und positiv besetzte Merkmale des Unterrichts (vgl. Kap. 15: Abb. 15.5).

Die Daten zu Schulsport und Sportverein dokumentieren, dass die Ausnahmestellung des Sports bezüglich der Teilnahme, Motivation und Befindlichkeit unumstritten ist (vgl. Zinnecker & Silbereisen, 1996). Gerade diese vielfachen sozialwissenschaftlichen Analysen seit Anfang der 1990er-Jahre, die den Sport „als soziokulturelles Erkennungszeichen der Präadoleszenz" bezeichnen und ihm eine positive „biographische Bildung" in den Nachmittagsstunden attestieren (vgl. Kap. 20.2 und 20.3), stehen im krassen Gegensatz zur weitgehenden Nicht-Berücksichtigung dieses Phänomens im *Zwölften Kinder- und Jugendbericht* (vgl. BMFSFJ, 2005b).

1.2 Wirkungszusammenhänge und positive Effekte

Alle Autorinnen und Autoren gehen aufgrund ihrer Befunde (vgl. schwerpunktmäßig Kap. 2-4, 8-18, 20, 21, 23 und 24) davon aus, dass die Phase der Kindheit die Zeit des größten institutionellen (Kindergarten, Schule, Verein) und informellen Sportengagements darstellt. Dieser hohe individuelle Motivationsgrad ist folglich mit einer Vielzahl von positiven Wirkungszusammenhängen und Effekten verbunden, obwohl Kinder im Vergleich zu anderen Altersgruppen generell eine relativ gesunde Altersgruppe darstellen.

Völker (vgl. Kap. 4), der aus medizinischer Sicht zwischen Alltagsbewegungen (Physical Activity) und Sportaktivitäten (Physical Fitness) differenziert, kommt anhand seiner Tracking-Befunde (also Vorhersagen von Kindheit zur Jugend bis ins Erwachsenenalter) zu der allgemeinen Aussage,

- dass Alltags- und Sportbewegungen als wesentliche risikomindernde Gesundheitsgrößen für die Zukunft gelten.

Landsberg et al. (vgl. Kap. 5) und Bünemann (vgl. Kap. 6) betonen mit gleichem Tenor, dass körperlich-sportliche Aktivität vor der Entstehung von Übergewicht und Adipositas schützt. Die Autoren betonen die hohe Wahrscheinlichkeit, dass aus unfitten Kindern auch unfitte Erwachsene werden. Die Vorhersagen aktiven Verhaltens über die Zeit sind moderater, gleichwohl gilt, dass Physical Activity auf niederem Niveau und Physical Fitness etwas stärker bis ins Erwachsenenalter „tracken".

Die ermittelten Wirkungszusammenhänge innerhalb der Phase der Kindheit sind geringer. Trotzdem gilt für diese relativ sehr gesunde Altersgruppe, dass durch sportliche Aktivitäten physische und psychosoziale Ressourcen (Schutzfaktoren) aufgebaut werden (vgl. Kap. 9).

Hinsichtlich der psychischen Entwicklung bestätigen Gerlach und Brettschneider (vgl. Kap. 11) die Tendenz einer Sozialisation im Sport, d. h. dass in diesem Lebensabschnitt bestimmte Kompetenzen besonders gut erworben werden (können). Im Einzelnen gilt, dass

- hinsichtlich des Zusammenhangs von Sport und Selbstwertgefühl vor allem jüngere Kinder, Mädchen und sozial benachteiligte Kinder besonders stark vom sportlichen Engagement profitieren,
- im Sport erworbene personale und soziale Ressourcen (Schutzfaktoren) belastende Lebensereignisse in anderen Bereichen abmildern können,
- alle Längsschnittstudien die Stärkung des physischen Selbstkonzepts bestätigen,
- sportlich engagierte Kinder über eine höhere soziale Akzeptanz innerhalb ihrer primären Bezugsgruppe verfügen.

Die grundsätzliche Frage, ob Sport im Kindesalter als Motor der Persönlichkeitsentwicklung betrachtet werden kann, beantworten die Autoren unter Berücksichtigung ihrer Differenzierungen mit einem „gesunden" Optimismus.
Für die Kindheit scheinen über den differenzierten Blick auf die sportlich Talentierten und Engagierten hinaus die Befunde zur *Bewegten Grundschule* (vgl. Kap. 18) von Bedeutung und allgemeinem Interesse zu sein.
Die empirischen Befunde zeigen übereinstimmend, dass

* sich primäre Effekte im Bereich der Verbesserung des sozialen Klimas, einer erhöhten Lernfreude, einer verbesserten Schulidentifikation und im Aggressionsabbau identifizieren lassen,
* Konzentrationsfähigkeit und Aufmerksamkeit sich generell durch Spielpausen und Entspannungsphasen über den Schulvormittag auf gleichem Niveau halten lassen,
* die Lehrer/innen motivierter sind, weil sie sich nicht nur körperbezogene Verbesserungen versprechen, sondern insgesamt eine generelle Optimierung von Lernprozessen.

Die folgenden Befunde zur frühkindlichen Bildung durch Bewegung (vgl. Kap. 12-14) sind von noch herausragenderer Bedeutung, da sie sich einer Altersspanne widmen, die als Stiefkind institutioneller Bemühungen (schlechte Betreuungsrelation, relativ geringe finanzielle Mittel; vgl. Kap. 23) bezeichnet werden kann.
Alle längsschnittlich angelegten Interventionsstudien (vgl. Kap. 13.2) mit zusätzlichen Bewegungsangeboten untermauern den eindeutigen Befund, dass *alle Kinder der Versuchsgruppe* gravierende motorische Entwicklungsfortschritte (10-20 Prozentpunkte im Motorik-Quotienten) verzeichnen, besonders aber Jüngere (ab 3 Jahre), Leistungsschwächere (Kinder mit sonderpädagogischem Förderbedarf) und Kinder aus Familien mit niedrigem Sozialstatus. Gesellschafts- und gesundheitspolitisch bedeutsam ist die Tatsache, dass Unfälle, die auf motorische Defizite zurückgeführt werden können, für die *Kinder der Versuchsgruppe* einen rapiden Rückgang erfahren (77 %!).
Hinsichtlich korrelativer Zusammenhänge zwischen Kognition und Motorik (vgl. Kap. 13.3) werden signifikante Zusammenhänge zwischen Leistungen in Motorik-Tests (KTK, MOT 4-6) und den verwendeten Intelligenztests (HAWIK und HAWIVA) registriert, besonders bei den Jüngeren (5,5 Jahre; vgl. Abb. 13.2). Gesellschaftspolitisch sind die Experimentalbefunde zur frühkindlichen Bildung, zum Zusammenhang von Bewegung und Sprach(entwicklung), besonders wichtig. Generell profitieren die Kinder im Hinblick auf ihre Sprachentwicklung besonders stark durch eine gezielte Bewegungsförderung mittels spielerischer Inhalte. Die Einzelergebnisse zeigen, dass

* in Interventionsstudien hoch signifikante Verbesserungen der Motorik- und Sprachtestwerte (vgl. Abb. 14.1 u. 14.2) erzielt werden, besonders bei denjenigen, die im kritischen Bereich der unteren 16 % der jeweiligen Bezugsnorm (die Leistungsschwächsten; vgl. Abb. 14.4) liegen,
* besonders nachhaltige Verbesserungen erzielt wurden, da 90 % (!) der Erzieher/innen von den positiven Wirkungen der bewegungsorientierten Interventionen überzeugt sind (vgl. Abb. 14.7 u. 14.8),
* signifikante Zusammenhänge zwischen der Motorikleistung (MOT 4-6) und den Untertests „Verstehen von Sätzen" und „Satzgedächtnis" (SETK 3-5) bestehen, sowie mit den Einschätzungen der Erzieher/innen korrelieren.

Die *bewegungsorientierte* Sprachförderung beinhaltet generell die große Chance, bei den Kompetenzen der Kinder anzusetzen und ihre Eigenaktivität und Motivation zu fördern. Bevorzugtes und erfolgreiches Mittel ist dabei das Spiel. Die sprachfördernde Wirkung entfaltet sich über eine verbesserte Wahrnehmungsfähigkeit, die Schaffung sozialer Situationen inklusive der Gelegenheit von Aktivitäten. Das Spiel eröffnet nicht nur vielfältige Sprachanlässe, sondern stellt gleichzeitig einen motivierenden, lustbetonten Übungskontext zur Verfügung.

Angesichts der Vielzahl positiver Wirkungszusammenhänge und Effekte im gesundheitlichen, kognitiven, psychischen, sprachlichen und motorischen Bereich, bleibt deren Nicht-Berücksichtigung im *Zwölften Kinder- und Jugendbericht* der Bundesregierung unverständlich.

1.3 Problemfelder

Alle Analysen und empirischen Untersuchungen (vgl. Kap. 2, 5-7, 10, 13, 14, 20, 21, 23 und 24) zeigen gleichlautend, dass Kinder aus sogenannten „Risikogruppen" (Alleinerziehende, kinderreiche Familien, Migrantenhaushalte und/oder Eltern mit niedrigem sozioökonomischen Status bzw. niedrigem Bildungsabschluss) über eingeschränkte finanzielle, gesundheitliche, bildungsgemäße, soziale und kulturelle Ressourcen verfügen. Aus diesen frühzeitig einsetzenden Entwicklungs- und Förderungsdefiziten ergeben sich mittel- und langfristig negative Folgen für die spätere Entwicklung, vor allem im Gesundheits- und Bildungsbereich. Im Gegensatz dazu gilt für den Bereich Bewegung, Spiel und Sport im Allgemeinen, dass

* in Schule und/oder Sportverein (bis 90 %) fast *alle* (unabhängig von Ethnie, Geschlecht und Einkommen) hoch motiviert teilnehmen,
* individuelles Wohlbefinden und soziale Anerkennung wesentliche Begleiterscheinungen des Sportengagements darstellen,

* sich bei motorischer Frühförderung (ab 3 Jahre) und Bewegter Sprachförderung positive und kompensatorische Effekte (für Leistungsschwächere) einstellen.

Für die einzelnen Altersstufen ergeben sich spezifische Problemfelder, in der die Rolle des Sports in den einzelnen Maßnahmen kompensierend zum Tragen kommt.

Frühkindliche Förderung
Während in den skandinavischen Staaten die frühkindliche Bildung (vgl. Kap. 23) ein wichtiges gesellschaftspolitisches Anliegen darstellt (und sich in einer über dem Durchschnitt liegenden Alimentierung ausdrückt), hat Deutschland einen gravierenden finanziellen und inhaltlichen Nachholbedarf, besonders bezüglich:

* der Plätze für Kinder unter drei Jahren in Einrichtungen der Kindertagesbetreuung (z. Zt. unter 6,2 % in den Alten Bundesländern),
* der Betreuungsrelation im Kindergarten (Skandinavien 1:7, Deutschland 1:24) und der Verweildauer (besonders der Kinder aus sozial schwachen Familien; vgl. Kap. 23),
* der Qualität der Ausbildung von Erzieher/innen und der fehlenden Pflichtimplementierung des Bereiches Körper und Bewegung in ihrem Curriculum (vgl. Kap. 12),
* einer *bewegungsorientierten* Sprachförderung (vgl. Kap. 14),
* einer Rückeroberung von Spiel- und Bewegungsflächen für Kleinstkinder (0-6 Jahre) im wohnnahen Raum (vgl. Kap. 21).

Grundschulalter
Diese unzureichende motorische Förderung findet ihre Fortschreibung im schulpflichtigen Alter. Hier kann es nicht überraschen:

* dass im Kohortenvergleich 1976 bis 2005, wie Bös et al. feststellen, die motorische Leistungsfähigkeit der 6- bis 11-Jährigen um 6,7 % abnahm (vgl. Kap. 8.3),
* dass die Ergebnisse der motorischen Leistungsfähigkeit bei *MoMo* für die 6- bis10-Jährigen *relativ* gesehen stagnieren, obwohl dieser Lebensabschnitt als optimale Lern- und Entwicklungsphase angesehen wird (vgl. Kap. 8.5).

Die *SPRINT*-Befunde (vgl. Kap. 15) zeigen, dass bis zu 80 % der Lehrkräfte fachfremd Sportunterricht erteilen. Darüber hinaus liegt die Betreuungsrelation in Deutschland bei 1:22, in Skandinavien dagegen nur bei 1:13 (vgl. Kap. 23). Woll et al. (vgl. Kap. 10) konstatieren, dass ab Klasse fünf, in der die Schere zwischen Aktiven und Inaktiven größer wird, der Sportunterricht auf zwei Stunden reduziert wird.

Zusammenfassung, Forschungsdesiderate und Handlungsempfehlungen 473

Kapitel 16 bestätigt die soziale Selektivität des außerunterrichtlichen Schulsports. Zudem gelingt es der Grundschule nur selten, die Kinder aus einem sportfernen Elternhaus zu einem institutionalisierten Sportengagement zu bewegen.

Angesichts dieser empirischen Befunde stellt sich die grundsätzliche Frage, ob die Erziehung zu einem gesunden und aktiven Lebensstil zukünftig in der Ganztagsschule erreicht werden kann (vgl. Kap. 17).

Qualitative Aspekte, wie sie sich im Konzept der *Bewegten Grundschule* nachweisen lassen (allgemeine Verbesserung der Lernbedingungen, positives Schul- und Sozialklima, Aggressionsabbau), haben die Schulbürokratie noch nicht flächendeckend erreicht.

Sportverein

Die früh einsetzenden Fluktuations- und Drop-Out-Bewegungen im Sportverein sowie die strukturellen Auflösungserscheinungen der klassischen Schulsportarten Leichtathletik, Turnen und Schwimmen mit Beginn der Jahrgangsmeisterschaften (mit Drop-Out-Quoten von 50-85 %; vgl. Kap. 2, 10, 20 und 22) sollten die Verantwortlichen zum Überdenken ihrer frühen sportartspezifischen Spezialisierung zwingen. Empirische Längsschnittbefunde zum Leistungssport im Kindesalter (bis 12 Jahre), die die Prognosefähigkeit des frühen Kader-Systems in Frage stellen (vgl. Kap. 22.5.1), fordern stattdessen eine qualitative Stärkung der Sportvereine. Dies beinhaltet ein Umdenken in Richtung „vielfältiger motorischer Entwicklungsreize" (vgl. Kap. 22.6).

2   Forschungsdesiderate

* Nur (bisher kaum finanzierte) *Untersuchungen im Längsschnitt* lassen differenziertere Aussagen über die Entwicklung gesundheitlicher, sprachlicher und motorischer Defizite zu. Weitergehende Informationen aus unterschiedlichen Perspektiven (z. B. Lehrer, Eltern, Mitschüler und/oder Kinderärzte) bedürfen der Einbeziehung qualitativer Fallanalysen.
* *International vergleichende Studien* der Kindheit allgemein und des Kindersports speziell eröffnen die Möglichkeit, die Vor- und Nachteile gesamtdeutscher Strukturbedingungen besser einschätzen zu können.
* Die *regional* sich sehr *unterschiedlich* entwickelnden *Infrastrukturbedingungen* (z. B. Ballungsräume, Flächenstaaten) und die Auswirkungen des Verlustes freier Bewegungs- und Spielflächen (vor allem für die Jüngsten unter 6 Jahre) bedürfen regionaler, örtlicher und stadtteilbezogener begrenzter Untersuchungsansätze.

* Eine verstärkte *Zielgruppenorientierung* (je nach Alter für Mädchen und Jungen, bei interkulturell offenen Angeboten, für sogenannte „Risikogruppen", bei schulischen Übergängen) kann zu überprüfen helfen, welche Angebote spezifische Adressatengruppen überhaupt erreichen und welche Effekte erzielt werden können.
* Letztlich sind differenziertere *Interventionsstudien* als bisher vonnöten, um
  o z. B. Einflüsse von Physical Activity und Physical Fitness im Hinblick auf eine langfristige Gesundheitsentwicklung mittels valider Methoden wie der Pedometrie und/oder Accelerometrie besser einschätzen zu können. Zusätzlich wäre die Entwicklung internationaler Standards anzustreben.
  o Subkategorien im motorischen und kognitiven Bereich besser unterscheiden, potentielle Effekte besser einschätzen und um letztlich gezielter intervenieren zu können.

3 Handlungsempfehlungen

Angesichts des zunehmenden Anteils der von sozialer Ungleichheit und relativer Armut betroffenen Kinder und der Folgen für ihre Schullaufbahn und die spätere Eingliederung in das Beschäftigungssystem hat der Ausbau einer *Gesundheits- und Bildungsinfrastruktur* von Geburt an absolute Priorität.
Zusätzlich zeigen alle Untersuchungen, dass in diesen Altersabschnitten

* die herausragende Bedeutung von Bewegung, Spiel und Sport,
* die positiven Effekte im und durch Bewegung, Spiel und Sport weder (an)erkannt noch in praktischen Maßnahmen eine Berücksichtigung gefunden haben.

3.1 Verbesserung der frühkindlichen Entwicklungsförderung und Bildung

Entsprechende Maßnahmen betreffen

* die Betreuung (und Überprüfung) familiärer Unterstützungsleistungen (von Geburt an),
* die pflichtmäßige Implementierung aller Vorsorgeuntersuchungen (U1-9),
* den massiven Ausbau der Plätze in Kindertageseinrichtungen und der Tagespflege (Alter: 0-3 Jahre),
* den verpflichtenden Beginn des Kindergartenbesuches für alle ab drei Jahren,
* die pflichtmäßige Implementierung des Bereiches „Körper und Bewegung" in das alltägliche Kindergartenangebot und eine entsprechende Ausbildung der Erzieher/innen,

* die flächendeckende Einrichtung von Bewegungskindergärten,
* die Bewegungsförderung als wesentliches Mittel der Sprachförderung anzuerkennen und umzusetzen.

Grundsätzliche Voraussetzung ist eine wesentlich verbesserte Betreuungsrelation nach skandinavischem Vorbild.

3.2 Primarbereich

Die Reduzierung des Fachkräftemangels im Sportunterricht der Grundschulen, die Verbesserung der Betreuungsrelation und die Verbesserung der sich prekär entwickelnden Erst-Schwimmausbildung, stellen eine Conditio sine qua non dar, bedürfen aber eines gesamtgesellschaftlichen Einvernehmens.

* Weitere inhaltliche Verbesserungen des (Sport-)Angebotes bedürfen der flächendeckenden (und kostenlosen) Implementierung einer *Bewegten Grundschule*, deren positive Effekte auf das Schulklima und den Aggressionsabbau sowie eine erhöhte Aufmerksamkeit/Konzentration längst nachgewiesen sind.
* Vergleichbare positive Einflüsse bieten Bewegungsmodule im Rahmen des *Projektes Ganztagsschule* an. Eltern und Schüler schätzen dabei die vermehrten sozialen Lernprozesse, diverse Spielmöglichkeiten sowie Ruhe- und Entspannungsphasen.

Der Schulsport ist ein konstituierendes Element der allgemeinen Schulentwicklung, dessen Wirksamkeit und Leistungsfähigkeit bedeutsam gestärkt werden kann, wenn es gelingt, die günstigen strukturellen Voraussetzungen (Hallenkapazität, Stundentafel) durch innerschulische Prozesse (sportaffine Schulleitung, Qualifikation der Sportlehrerinnen und -lehrer) und Kooperation mit Vereinen auszubauen.

* Unersetzbar ist der pflichtmäßige (und mindestens dreistündige) Sportunterricht (an 3 Schultagen) durch ausgebildete Fachkräfte. Er allein gewährleistet den Erwerb und die Verbesserung motorischer Basiskompetenzen.

3.3 Sportverein

Unsere Analysen zeigen, dass immer mehr Kinder schon im Vorschulalter sportartspezifisch angeleitet und trainiert werden sowie von klein auf in das Wettkampfwesen eingebunden sind. Eltern und Nicht-Fachleute glauben, nur wer früh beginne, kann später gut werden. Die empirischen Längsschnittdaten sowie Fluktuations- und Drop-Out-Befunde widerlegen jedoch diese Alltagsmeinung.

* Statt eines frühzeitigen Kampfes der Sportfachverbände um die Jüngsten ist aus pädagogisch-psychologischer sowie bewegungs- und trainingstheoretischer Sicht eine vielfältige motorische Entwicklung mit koordinativen, sport-

artübergreifenden und sportartspezifischen Anteilen für alle zu fordern. Gemeinsame „Hausaufgabe" für alle Fachverbände (unter dem Dach des DOSB/der dsj) wäre die Entwicklung eines *Basis-Curriculums* (für das Alter von 4-12 Jahren).

4 Schlussbemerkung

Wenn es gelingt, diese verbesserte Gesundheits-, Bildungs- und Sportangebotsstruktur für alle von klein auf umzusetzen, werden mehr Kinder als bisher das erfahren, was zur Zeit am Schulsport und Sportverein besonders geschätzt wird, d. h.

* Gefühle von sozialer Anerkennung und Akzeptanz,
* Stärkung der personalen Ressourcen, Entwicklung einer eigenen Könnenseinschätzung sowie die Stabilisierung ihres Selbstkonzeptes.

Mit anderen Worten: Kindersport für *alle* als Motor der Persönlichkeitsentwicklung.

Werner Schmidt unter Mitarbeit von Renate Zimmer und Klaus Völker

Literaturverzeichnis

Aarnio, M., Winter, T., Kujala, U.M. & Kaprio, J. (1997). Familial aggregation of leisure-time physical activity – a three generation study. *International Journal of Sports Medicine, 18* (7), 549-556.

Abu-Omar, K., Rütten, A. & Schröder, J. (2004). Gesunde Städte – Bewegungsräume zum Aufwachsen. In E. Balz & D. Kuhlmann (Hrsg.), *Sportengagements von Kindern und Jugendlichen* (S. 99-112). Aachen: Meyer & Meyer.

Ahnert, J. & Schneider, W. (2006). Selbstkonzept und motorische Leistungen im Grundschulalter – Ein dynamisches Wechselspiel? In I. Hosenfeld & F.-W. Schrader (Hrsg.), *Unterricht und schulische Leistung: Grundlagen, Konsequenzen, Perspektiven* (S. 145-168). Münster: Waxmann.

Ahnert, J. & Schneider, W. (2007). Entwicklung und Stabilität motorischer Fähigkeiten vom Vorschul- bis ins frühe Erwachsenenalter. *Zeitschrift für Entwicklungspsychologie und pädagogische Psychologie, 39* (1),12-24.

Ahnert, J., Bös, K. & Schneider, W. (2003). Motorische und kognitive Entwicklung im Vorschul- und Schulalter: Befunde der Münchner Längsschnittstudie LOGIK. *Zeitschrift für Entwicklungspsychologie und pädagogische Psychologie, 35* (4), 185-199.

Alfano, C.M., Klesges, R.C., Murray, D.M., Beech, B.M. & McClanahan, B.S. (2002). History of sport participation in relation to obesity and related health behaviors in women. *Preventive Medicine, 34* (1), 82-89.

Alfermann, D. (1992). Koedukation im Sportunterricht. *Sportwissenschaft, 22* (3), 323-343.

Alfermann, D. (1995). Geschlechtsunterschiede in Bewegung und Sport: Ergebnisse und Ursachen. *Psychologie und Sport, 2* (1), 2-14.

Alfermann, D. (1996). *Geschlechterrollen und geschlechtstypisches Verhalten.* Stuttgart: Kohlhammer.

Alkemeyer, T. (2001). *Körper, Bewegung und Gesellschaft. Aufführung und ästhetische Erfahrung der sozialen Praxis im Spiel. Symposion „Ästhetische Erfahrung und kulturelle Praxis" am FB 16 der Universität Dortmund.* Zugriff am 12.05.2008 unter http://www.uni-oldenburg.de/sport/download/thomasalkemeyer/alkemeyer_Koerper_und_Gesellschaft.pdf

Alkemeyer, T. (2003). Zwischen Verein und Straßenspiel. Über die Verkörperungen gesellschaftlichen Wandels in den Sportpraktiken der Jugendkultur. In H. Hengst & H. Kelle (Hrsg.), *Kinder – Körper – Identitäten. Theoretische und empirische Annäherung an kulturelle Praxis und sozialen Wandel* (S. 293-318). Weinheim: Juventa.

Altgeld, T. & Hofrichter, P. (2000). Aufwachsen in Armut – Ein blinder Fleck der Gesundheitsversorgung? In T. Altgeld & P. Hofrichter (Hrsg.), *Reiches Land – kranke Kinder* (S. 13-20). Frankfurt a. M.: Mabuse.

Altrichter, H. & Posch, P. (1999). *Wege zur Schulqualität. Studien über den Aufbau von qualitätssichernden und qualitätsentwickelnden Systemen in berufsbildenden Schulen.* Innsbruck: Studien Verlag.

Amberger, H. (Hrsg.). (2000). *Bewegte Schule: Schulkinder in Bewegung.* Schorndorf: Hofmann.

Andersen, L.B., Froberg, K., Kristensen, P.L. & Møller, N.C. (2007). Physical activity and physical fitness in relation to cardiovascular disease in children. In W.-D. Brettschneider & R. Naul (Eds.), *Obesity in Europe. Young people's physical activity and sedentary lifestyles* (pp. 57-100). Frankfurt a. M.: Lang.

Andersen, L.B., Hasselstrom, H., Gronfeldt, V., Hansen, S.E. & Karsten, F. (2004). The relationship between physical fitness and clustered risk, and tracking of clustered risk from adolescence to young adulthood: eight years follow-up in the Danish Youth and Sport Study. *International Journal of Behavioral Nutrition and Physical Activity, 1* (1), 6.

Andersen, L.B., Harro, M., Sardinha, L.B., Froberg, K., Ekelund, U., Brage, S. & Anderssen, S.A. (2006). Physical activity and clustered cardiovascular risk in children: a cross-sectional study (The European Youth Heart Study). *Lancet, 368* (9532), 299-304.

Anderssen, N., Wold, B. & Torsheim, T. (2005). Tracking of physical activity in adolescence. *Research Quarterly for Exercise and Sport, 76* (2), 119-129.

Anderssen, S.A., Cooper, A.R., Riddoch, C., Sardinha, L.B., Harro, M., Brage, S. & Andersen, L.B. (2007). Low cardiorespiratory fitness is a strong predictor for clustering of cardiovascular disease risk factors in children independent of country, age and sex. *European Journal of Cardiovascular Prevention and Rehabilitation, 14* (4), 526-531.

Anthes, E., Güllich, A. & Emrich, E. (2005). Talentförderung im Sportverein. Teil 1: Vereins- und Mitgliederstruktur. *Leistungssport, 35* (5), 37-42.
Antonovsky, A. (1987). *Unraveling the mystery of health.* San Francisco: Jossey-Bass.
Arbeitsgemeinschaft Adipositas im Kindes- und Jugendalter (AGA) (2006). *Leitlinie 2006.* Zugriff am 08.08.2007 unter www.a-g-a.de/Leitlinien.pdf
Arbeitsgruppe Vorschulerziehung (1974). *Zur pädagogischen Arbeit im Kindergarten.* München: Juventa.
Asendorpf, J.B. (2002). Die Persönlichkeit als Lawine: Wann und warum sich Persönlichkeitsunterschiede stabilisieren. In G. Jüttemann & H. Thomae (Hrsg.), *Persönlichkeit und Entwicklung* (S. 46-72). Weinheim: Beltz.
Asendorpf, J.B. (2005). Persönlichkeit: Stabilität und Veränderungen. In H. Weber & T. Rammsayer (Hrsg.), *Handbuch der Persönlichkeitspsychologie und Differentiellen Psychologie* (S. 15-26). Göttingen: Hogrefe.
Asendorpf, J.B. (2007). *Psychologie der Persönlichkeit* (4. Aufl.). Berlin: Springer.
Asendorpf, J.B. & van Aken, M.A.G. (1993). Deutsche Versionen der Selbstkonzeptskalen von Harter. *Zeitschrift für Entwicklungspsychologie und pädagogische Psychologie, 25* (1), 64-86.
Aurin, K. (Hrsg.). (1990). *Gute Schulen – Worauf beruht ihre Wirksamkeit?* Bad Heilbrunn: Klinkhardt.
Ayres, A.J. (1984). *Bausteine der kindlichen Entwicklung.* Berlin: Springer.
Bacher, J. & Traxler, A. (1994). Wie Kinder wohnen. In L. Wilk & J. Bacher (Hrsg.), *Kindliche Lebenswelten. Eine sozialwissenschaftliche Annäherung* (S. 161-196). Opladen: Leske + Budrich.
Bähr, I. (2008). Soziales Handeln und soziales Lernen im Sportunterricht. In H. Lange & S. Sinning (Hrsg.), *Handbuch Sportdidaktik* (S. 172-193). Balingen: Spitta.
Balster, K. & Beckmann, U. (2005). Anerkannter Bewegungskindergarten des LandesSportBundes Nordrhein-Westfalen. In H. Delp & LandesSportBund Hessen (Hrsg.), *Sport- und Bewegungskindergärten: Grundlagen – Konzepte – Beispiele* (S. 167-170). Neu-Isenburg: Das Studio Torsten Hegner GmbH.
Balz, E. (1997). Zur Entwicklung der sportwissenschaftlichen Unterrichtsforschung in Westdeutschland. *Sportwissenschaft, 27* (3), 249-267.
Balz, E. (2004). Zum informellen Sportengagement von Kindern und Jugendlichen: Einführung in die Thematik. In E. Balz & D. Kuhlmann (Hrsg.), *Sportengagements von Kindern und Jugendlichen* (S. 7-15). Aachen: Meyer & Meyer.
Balz, E. & Bindel, T. (2007). Bewegungsfreudige Schule – Ansprüche vs. Wirklichkeit. In R. Hildebrandt-Stramann (Hrsg.), *Bewegte Schule – Schule bewegt gestalten* (S. 328-357). Hohengehren: Schneider.
Bassuk, S.S. & Manson, J.E. (2005). Epidemiological evidence for the role of physical activity in reducing risk of type 2 diabetes and cardiovascular disease. *Journal of Applied Physiology, 99* (3), 1193-1204.
Baumeister, R.F. (1996). Should schools try to boost self-esteem? Beware the dark side. *American Educator, 20* (2), 14-19.
Baumert, J. & Schümer, G. (2001). Familiäre Lebensverhältnisse, Bildungsbeteiligung und Kompetenzerwerb. In Deutsches PISA-Konsortium (Hrsg.), *PISA 2000 – Basiskompetenzen von Schülerinnen und Schülern im internationalen Vergleich* (S. 323-407). Opladen: Leske + Budrich.
Baumert, J., Klieme, E., Neubrand, M., Prenzel, M., Schiefele, U., Schneider, W., Stanat, P., Tillmann, K.-J. & Weiß, M. (Hrsg.). (2001). *Basiskompetenzen von Schülerinnen und Schülern im internationalen Vergleich.* Opladen: Leske + Budrich.
Baur, J. (1985). Bedingungen familialer Bewegungssozialisation von Heranwachsenden. Zur Entwicklung eines konzeptuellen Rahmens. *Sportwissenschaft, 15* (4), 360-380.
Baur, J. (1989). *Körper- und Bewegungskarrieren. Dialektische Analysen zur Entwicklung von Körper und Bewegung im Kindes- und Jugendalter.* Schorndorf: Hofmann.
Baur, J. (1990). Die sportiven Praxen von Jungen und Mädchen: Angleichung der Geschlechter? In W.-D. Brettschneider & M. Bräutigam (Hrsg.), *Sport in der Alltagswelt von Jugendlichen* (S. 120-129). Frechen: Ritterbach.
Baur, J. (1998). Hochleistungssportliche Karrieren im Nachwuchsbereich. Zwischen gesellschaftlichen Erwartungen und individuellen Risiken. *Sportwissenschaft, 28* (1), 9-26.
Baur, J. & Braun, S. (2000). Über das Pädagogische einer Jugendarbeit im Sport. *deutsche jugend, 48* (9), 378-386.
Baur, J. & Burrmann, U. (2000). *Unerforschtes Land. Jugendsport in ländlichen Regionen.* Aachen: Meyer & Meyer.

Baur, J. & Burrmann, U. (2003a). Aufwachsen mit Sport in Ostdeutschland. In W. Schmidt, I. Hartmann-Tews & W.-D. Brettschneider (Hrsg.), *Erster Deutscher Kinder- und Jugendsportbericht* (S. 167-188). Schorndorf: Hofmann.
Baur, J. & Burrmann, U. (2003b). Der jugendliche Sporthopper als moderne Sozialfigur? In J. Baur & S. Braun (Hrsg.), *Integrationsleistungen von Sportvereinen als Freiwilligenorganisationen* (S. 584-633). Aachen: Meyer & Meyer.
Baur, J. & Burrmann, U. (2004). Informelle und vereinsgebundene Sportengagements von Jugendlichen: ein empirisch gestützter Vergleich. In E. Balz & D. Kuhlmann (Hrsg.), *Sportengagements von Kindern und Jugendlichen* (S. 17-30). Aachen: Meyer & Meyer.
Baur, J., Burrmann, U. & Krysmanski, K. (2002). *Sportpartizipation von Mädchen und jungen Frauen in ländlichen Regionen*. Köln: Sport & Buch Strauß.
Bayerisches Staatsministerium für Arbeit und Sozialordnung, Familie und Frauen & Staatsinstitut für Frühpädagogik (Hrsg.). (2006). *Der Bayerische Bildungs- und Erziehungsplan für Kinder in Tageseinrichtungen bis zur Einschulung*. Weinheim: Beltz.
Bayerisches Staatsministerium für Unterricht und Kultus (o. Jg.). *Bewegte Schule*. Zugriff am 09.06.2008 unter http://www.stmuk.bayern.de/km/aufgaben/sport/schulsport/bewegte_schule/index.shtml
Beck, J. & Bös, K. (1995). *Normwerte motorischer Leistungsfähigkeit*. Köln: Sport & Buch Strauß.
Becker, P. (2001). Modelle der Gesundheit – Ansätze der Gesundheitsförderung. In S. Höfling & O. Gieseke (Hrsg.), *Gesundheitsoffensive Prävention. Gesundheitsförderung und Prävention als unverzichtbare Bausteine effizienter Gesundheitspolitik* (S. 41-92). München: ATWERB.
Beher, K., Haenisch, H., Hermens, C., Nordt, G., Prein, G. & Schulz, U. (2007). *Die offene Ganztagsschule in der Entwicklung. Empirische Befunde in Nordrhein-Westfalen*. Weinheim: Juventa.
Behn, S. (2006). *Gewaltprävention durch Sport? Vortrag auf der Weltkonferenz SocialWork 2006 in München*. Zugriff am 24.06.2008 unter http://www.socialwork2006.de/uploads/media/1155_SabineBehn_deutsch_03.pdf
Behnken, I. & Zinnecker, J. (Hrsg.). (2001a). *Kinder – Kindheit – Lebensgeschichte*. Seelze-Velber: Kallmeyer.
Behnken, I. & Zinnecker, J. (2001b). Die Lebensgeschichte der Kinder und die Kindheit in der Lebensgeschichte. In I. Behnken & J. Zinnecker (Hrsg.), *Kinder – Kindheit – Lebensgeschichte* (S. 16-32). Seelze-Velber: Kallmeyer.
Behörde für Bildung und Sport, Hamburg (o. Jg.). *Prädikate – Schulen mit sportlichem Schwerpunkt*. Zugriff am 27.08.2008 unter http://www.schulsport-hamburg.de
Behringer, M., vom Heede, A. & Mester, J. (2008). Belastbarkeit und Training bei Kids. *Medicalsportsnetwork – Kids&sports spezial, 3* (1), 16-25.
Beigel, D. (2005). *Beweg dich, Schule*. Dortmund: Borgmann.
Bellenberg, G., Böttcher, W. & Klemm, K. (2001). Schule und Unterricht. In W. Böttcher, K. Klemm & T. Rauschenbach (Hrsg.), *Bildung und Soziales in Zahlen. Statistisches Handbuch zu Daten und Trends im Bildungsbereich* (S. 93-126). Weinheim: Juventa.
Benhaim-Grosse, J. (2002). *Les associations sportives et la pratique du sport. Note d'evaluation*. Paris: Ministère de l'Éducation Nationale.
Berndt, I. & Menze, A. (1996). Distanz und Nähe – Mädchen treiben ihren eigenen Sport. In D. Kurz, H.-G. Sack & K.-P. Brinkhoff (Hrsg.), *Kindheit, Jugend und Sport in Nordrhein-Westfalen. Der Sportverein und seine Leistungen. Eine repräsentative Befragung der nordrhein-westfälischen Jugend* (S. 361-430). Düsseldorf: Moll.
Bethell, C.D., Read, D., Stein, R., Blumberg, S., Wells, N. & Newacheck, P. (2002). Identifying children with special health care needs: development and evaluation of a short screening instrument. *Ambulatory Pediatrics, 2* (1), 38-48.
Bette, K.-H. (1990). Sport als Thema geselliger Konversation. Zur Choreographie mikrosozialer Situationen. In W. Kleine & W. Fritsch (Hrsg.), *Sport und Geselligkeit. Beiträge zu einer Theorie von Geselligkeit im Sport* (S. 61-80). Aachen: Meyer & Meyer.
Bette, K.-H. (2005). *Körperspuren: Zur Semantik und Paradoxie moderner Körperlichkeit* (2. Aufl.). Bielefeld: Transcript.
Bette, K.-H., Schimank, U., Wahlig, D. & Weber, U. (2002). *Biographische Dynamiken im Leistungssport: Möglichkeiten der Dopingprävention im Jugendalter*. Schorndorf: Hofmann.
Beudels, W. (1996). Die Wirksamkeit psychomotorischer Förderung – Ergebnisse einer vergleichenden empirischen Untersuchung. In C. Leyendecker & T. Horstmann (Hrsg.), *Frühförderung und Frühbehandlung. Wissenschaftliche Grundlagen, praxisorientierte Ansätze und Perspektiven interdisziplinärer Zusammenarbeit* (S. 129-135). Heidelberg: Universitätsverlag Winter.

Beunen, G.P., Lefevre, J., Philippaerts, R.M., Delvaux, K., Thomis, M., Claessens, A.L., Vanreusel, B., Lysens, R., Vanden Eynde, B. & Renson, R. (2004). Adolescent correlates of adult physical activity: a 26-year follow-up. *Medicine and Science in Sports and Exercise, 36* (11), 1930-1936.

Beunen, G.P., Philippaerts, R.M., Delvaux, K., Thomis, M., Claessens, A.L., Vanreusel, B., Vanden Eynde, B., Lysens, R., Renson, R. & Lefevre, J. (2001). Adolescent physical performance and adult physical activity in Flemish males. *American Journal of Human Biology, 13* (2), 173-179.

Biddle, S.J., Gorely, T. & Stensel, D.J. (2004). Health-enhancing physical activity and sedentary behaviour in children and adolescents. *Journal of Sports Sciences, 22* (8), 679-701.

Biddle, S.J., Gorely, T., Marshall, S.J., Murdey, I. & Cameron, N. (2003). Physical activity and sedentary behaviours in youth: issues and controversies. *The Journal of The Royal Society for the Promotion of Health, 124* (1), 29-33.

Biemann, A. (2005). *Selbstwirksamkeitserwartungen von Grundschülern im Sportunterricht* (unveröff. Dissertation). Bayreuth: Universität Bayreuth.

Bille, T., Fridberg, T., Storgaard, S. & Wulff, E. (2005). *Danskernes kultur- og fritidsaktiviteter 2004 – med udviklingslinjer tilbage til 1964.* København: Akf forlaget.

Bindel, T. (2006). *Soziale Regulierung in informellen Sportgruppen* (unveröff. Dissertation). Wuppertal: Universität Wuppertal.

Bissigkummer-Moos, S., Lutz, M. & Pasquale, J. (1996). Lebensräume von Mädchen und Jungen – Zwei Fallstudien. In A. Flade & B. Kustor (Hrsg.), *Raus aus dem Haus – Mädchen erobern die Stadt* (S. 66-86). Frankfurt a. M.: Campus.

Bjørneboe, G.-E. & Aadland, A.A. (2003). *Fysisk Aktivetet I Skolehverdagen. Rapport. Forebyggingsdivisjonen. Avdeling for fysisk aktivitet.* Oslo: Sosial- og helsedirektoratet.

Blair, S.N., Kohl, H.W., Barlow, C.E., Paffenbarger, R.S., Gibbons, L.W. & Macera, C.A. (1995). Changes in physical fitness and all-cause mortality. A prospective study of healthy and unhealthy men. *The Journal of the American Medical Association, 273* (14), 1093-1098.

Blair, S.N., Kohl, H.W., Paffenbarger, R.S., Clark, D.G., Cooper, K.H. & Gibbons, L.W. (1989). Physical fitness and all-cause mortality. A prospective study of healthy men and women. *The Journal of the American Medical Association, 262* (17), 2395-2401.

BMBF (Bundesministerium für Bildung und Forschung) (Hrsg.). (2003). *Zur Entwicklung nationaler Bildungsstandards – Expertise.* Bonn: BMBF.

BMBF (Bundesministerium für Bildung und Forschung) & Kultusministerkonferenz (KMK) (2004). *OECD-Veröffentlichung „Bildung auf einen Blick". Wesentliche Aussagen in der Ausgabe 2004.* Zugriff am 06.02.2008 unter http://www.kmk.org/aktuell/Langfassung_KMK_BMBF_10.pdf

BMFSFJ (Bundesministerium für Familie, Senioren, Frauen und Jugend) (1995). *Fünfter Familienbericht: Familien und Familienpolitik im geeinten Deutschland – Zukunft des Humanvermögens.* Bonn: BT-Drucks.

BMFSFJ (Bundesministerium für Familie Senioren, Frauen und Jugend) (Hrsg.). (1998). *Zehnter Kinder- und Jugendbericht: Bericht über die Lebenssituation von Kindern und die Leistungen der Kinderhilfen in Deutschland.* Bonn: BMFSFJ.

BMFSFJ (Bundesministerium für Familie, Senioren, Frauen und Jugend) (Hrsg.). (2005a). *Zwölfter Kinder- und Jugendbericht. Bildung, Betreuung und Erziehung vor und neben der Schule.* Zugriff am 09.05.2008 unter http://www.bmfsfj.de/doku/kjb/data/download/kjb_060228_ak3.pdf

BMFSFJ (Bundesministerium für Familie, Senioren, Frauen und Jugend) (Hrsg.). (2005b). *Zwölfter Kinder- und Jugendbericht. Bericht über die Lebenssituation junger Menschen und die Leistungen der Kinder- und Jugendhilfe in Deutschland.* Berlin: BMFSFJ.

BMGS (Bundesministerium für Gesundheit und soziale Sicherung) (2005). *Lebenslagen in Deutschland. Der zweite Armuts- und Reichtumsbericht der Bundesregierung.* Berlin: Graewis.

BMJFG (Bundesministerium für Jugend, Familie und Gesundheit) (1984). *Verbesserung der Chancengleichheit von Mädchen in der Bundesrepublik Deutschland – Sechster Jugendbericht.* Bonn: Bonner Universitäts-Buchdruckerei.

Bodson, D. & Zintz, T. (2007). *Rapport sur les pratiques sportives des jeunes de 6 à 18 ans en Communauté française (2006-2007). Convention de recherche commanditée par le Ministre des Sports.* Louvain-la-Neuve: Université Catholique de Louvain.

Böhler, T. (2005). Kriterien für Adipositas als Krankheit. In M. Wabitsch, J. Hebebrand, W. Kiess & K. Zwiauer (Hrsg.), *Adipositas bei Kindern und Jugendlichen. Grundlagen und Klinik* (S. 234-238). Berlin: Springer.

Böhnisch, L., Rudolph, M., Funk, H. & Marx, B. (1997). *Jugendliche in ländlichen Regionen. Ein ostwestdeutscher Vergleich.* Bonn: Köllen Druck & Verlag.

Bös, K. (1987). *Handbuch sportmotorischer Tests.* Göttingen: Hogrefe.

Bös, K. (Hrsg.). (2001). *Handbuch motorischer Tests* (2. Aufl.). Göttingen: Hogrefe.
Bös K. (2003, 2006). Motorische Leistungsfähigkeit von Kindern und Jugendlichen. In W. Schmidt, I. Hartmann-Tews & W.-D. Brettschneider (Hrsg.), *Erster Deutscher Kinder- und Jugendsportbericht* (2. Aufl.; S. 85-107). Schorndorf: Hofmann.
Bös, K. & Mechling, H. (1983). *Dimensionen sportmotorischer Leistungen*. Schorndorf: Hofmann.
Bös, K., Opper, E. & Woll, A. (2002a). Fitness in der Grundschule – ausgewählte Ergebnisse. *Haltung und Bewegung, 22* (4), 5-20.
Bös, K., Opper, E. & Woll, A. (2002b). *Fitness in der Grundschule. Förderung von körperlich-sportlicher Aktivität, Haltung und Fitness zum Zwecke der Gesundheitsförderung und Unfallverhütung: Endbericht*. Saulheim: Schreib & Druckservice C. Braunheim.
Bös, K., Opper, E. & Woll, A. (2002c). *Fitness in der Grundschule. Förderung von körperlich-sportlicher Aktivität, Haltung und Fitness zum Zwecke der Gesundheitsförderung und Unfallverhütung*. Wiesbaden: Bundesarbeitsgemeinschaft für Haltungs- und Bewegungsförderung.
Bös, K., Worth, A., Heel, J., Opper, E., Romahn, N., Tittlbach, S., Wank, V. & Woll, A. (2004a). *Testmanual des Motorik-Moduls im Rahmen des Kinder- und Jugendgesundheitssurveys des Robert Koch-Instituts*. Wiesbaden: Bundesarbeitsgemeinschaft für Haltungs- und Bewegungsförderung.
Bös, K., Worth, A., Heel, J., Opper, E., Romahn, N., Tittlbach, S., Wank, V. & Woll, A. (2004b). Testmanual des Motorik-Moduls im Rahmen des Kinder- und Jugendgesundheitssurveys des Robert Koch-Instituts (Sonderheft). *Haltung und Bewegung, 24*, 6-41.
Bös, K., Worth, A., Opper, E., Oberger, J., Romahn, N., Woll, A., Wagner, M. & Jekauc, D. (2008, i. Dr.). *Das Motorik-Modul: Motorische Leistungsfähigkeit und körperlich-sportliche Aktivität von Kindern und Jugendlichen in Deutschland*. Baden-Baden: Nomos-Verlag.
Bös, K., Brochmann, C., Eschette, H., Lämmle, L., Lanners, M., Oberger, J., Opper, E., Romahn, N., Schorn, A., Wagener, Y., Wagner, M. & Worth, A. (2006). *Gesundheit, motorische Leistungsfähigkeit und körperlich-sportliche Aktivität von Kindern und Jugendlichen in Luxemburg*. Luxembourg: MENFP.
Bona, I. (2001). *Sehnsucht nach Anerkennung? Zur sozialen Entwicklung jugendlicher Leistungssportlerinnen und -sportler*. Köln: Sport & Buch Strauß.
Boos-Nünning, U. & Karakaşoğlu, Y. (2003). Kinder und Jugendliche mit Migrationshintergrund und Sport. In W. Schmidt, I. Hartmann-Tews & W.-D. Brettschneider (Hrsg.), *Erster Deutscher Kinder- und Jugendsportbericht* (S. 319-338). Schorndorf: Hofmann.
Boos-Nünning, U. & Karakaşoğlu, Y. (2004). *Mädchen mit Migrationshintergrund und sportlichem Engagement* (Sonderauswertung). Berlin: BMFSFJ.
Boreham, C.A., Twisk, J.W., Neville, C., Savage, J.M., Murray, L.J. & Gallagher, A.M. (2002). Associations between physical fitness and activity patterns during adolescence and cardiovascular risk factors in young adulthood: the Northern Ireland Young Hearts Project. *International Journal of Sports Medicine, 23* (1), 22-26.
Boreham, C.A., Robson, P.J., Gallagher, A.M., Cran, G.W., Savage, J.M. & Murray, L.J. (2004a). Tracking of physical activity, fitness, body composition and diet from adolescence to young adulthood: The Young Hearts Project, Northern Ireland. *International Journal of Behavioral Nutrition and Physical Activity, 1* (1), 14.
Boreham, C.A., Ferreira, I., Twisk, J.W., Gallagher, A.M., Savage, J.M. & Murray, L.J. (2004b). Cardiorespiratory fitness, physical activity, and arterial stiffness: the Northern Ireland Young Hearts Project. *Hypertension, 44* (5), 721-726.
Bouchard, C., Shepard, R.J., Stephens, T., Sutton, J.R. & McPherson, B.D. (Eds.). (1990). *Exercise, Fitness and Health*. Champaign: Human Kinetics.
Brandl-Bredenbeck, H.P. (1999). *Sport und jugendliches Körperkapital. Eine kulturvergleichende Untersuchung am Beispiel Deutschlands und der USA*. Aachen: Meyer & Meyer.
Brandl-Bredenbeck, H.P., Keßler, C. & Stefani, M. (2008). Kinder heute – Bewegungsmuffel, Fast Food Junkies, Medienfreaks? Lebensstile und Gesundheitsverhalten im internationalen Vergleich. In V. Oesterhelt, J. Hofmann, M. Schimanski, M. Scholz & H. Altenberger (Hrsg.), *Sportpädagogik im Spannungsfeld gesellschaftlicher Erwartungen, wissenschaftlicher Ansprüche und empirischer Befunde* (S. 292-294). Hamburg: Czwalina.
Brandl-Bredenbeck, H.P., Stefani, M., Keßler, C., Brettschneider, W.-D., Kussin, U., Bortoli, L., Carraro, A., Laskiene, S., Seghers, J., Vanreusel, B., Shpakov, A., Sudeck, G., Szczepanowska, E. & Umiastowska, D. (in press). Children today – Couch potatoes, fast food-junkies, mediafreaks? Lifestyles and health behaviour – first results of an international comparison. *Journal for Comparative Physical Education*.

Braunschweiger Arbeitsgruppe (2007). Eine Grundschule macht sich auf den Weg zu einer bewegten Schulkultur. In R. Hildebrandt-Stramann (Hrsg.), *Bewegte Schule – Schule bewegt gestalten* (S. 304-315). Hohengehren: Schneider.
Bräutigam, M. (1993). *Vereinskarrieren von Jugendlichen*. Köln: Sport & Buch Strauß.
Bräutigam, M. (1999). „So schlecht ist er nun auch wieder nicht!" Erste Zugänge auf die Frage nach dem „schlechten" Sportlehrer aus Schülersicht. *sportunterricht, 48* (3), 100-111.
Bräutigam, M. (2008). Schulsportforschung – Skizze eines Forschungsprogramms. In Dortmunder Zentrum für Schulsportforschung (Hrsg.), *Schulsportforschung. Grundlagen, Perspektiven, Befunde und Anregungen* (S. 14-50). Aachen: Meyer & Meyer.
Breidenstein, G. & Kelle, H. (1998). *Geschlechteralltag in der Schulklasse: Ethnographische Studien zur Gleichaltrigenkultur*. München: Juventa.
Breithecker, D. (1996). Bewegtes Sitzen – ist das kein Widerspruch? *Grundschule, 28* (10), 21-23.
Brettschneider, W.-D. (1996). Von der Leistungs- zur Spaßorientierung? Sportliche Jugendkultur in den 90er Jahren. In LandesSportBund Rheinland-Pfalz (Hrsg.), *Jugend im Sportverein – zwischen Leistung und Freizeitspaß. Symposium am 16. und 17. Juni 1995 im Schloss Waldthausen in Mainz* (S. 23-41). Mainz: Sport und Medien.
Brettschneider, W.-D. (2003). Sportliche Aktivität und jugendliche Selbstkonzeptentwicklung. In W. Schmidt, I. Hartmann-Tews & W.-D. Brettschneider (Hrsg.), *Erster Deutscher Kinder- und Jugendsportbericht* (S. 211-233). Schorndorf: Hofmann.
Brettschneider, W.-D. & Bräutigam, M. (1990). *Sport in der Alltagswelt von Jugendlichen*. Frechen: Ritterbach.
Brettschneider, W.-D. & Gerlach, E. (2004). *Sportengagement und Entwicklung im Kindesalter. Eine Evaluation zum Paderborner Talentmodell*. Aachen: Meyer & Meyer.
Brettschneider, W.-D. & Kleine, T. (2002). *Jugendarbeit in Sportvereinen – Anspruch und Wirklichkeit. Eine Evaluationsstudie*. Schorndorf: Hofmann.
Brettschneider, W.-D. & Naul, R. (2004). *Study on young people's lifestyles and sedentariness and the role of sport in the context of education and as a means of restoring the balance – Final report*. Zugriff am 03.02.2005 unter http://europa.eu.int/comm/sport/ documents/lotpaderborn.pdf
Brettschneider, W.-D. & Naul, R. (2007). *Obesity in Europe*. Frankfurt a. M.: Lang.
Brettschneider, W.-D., Brandl-Bredenbeck, H.P. & Hofmann, J. (2005). *Sportpartizipation und Gewaltbereitschaft bei Jugendlichen. Ein deutsch-israelischer Vergleich*. Aachen: Meyer & Meyer.
Brettschneider, W.-D., Brandl-Bredenbeck, H.P. & Rees, R.C. (1996). Sportkultur Jugendlicher in der Bundesrepublik Deutschland und in den USA – eine interkulturell vergleichende Studie. *Sportwissenschaft, 26* (3), 249-271.
Brettschneider, W.-D., Naul, R., Bünemann, A. & Hoffmann, D. (2006). Übergewicht und Adipositas bei Kindern und Jugendlichen. Ernährungsverhalten, Medienkonsum und körperliche (In-)Aktivität im europäischen Vergleich. *Spectrum der Sportwissenschaft, 18* (2), 25-45.
Breuer, C. (2002). *Das System der Sozialen Arbeit im organisierten Sport*. Köln: Sport & Buch Strauß.
Breuer, C. & Wicker, P. (2007). Körperliche Aktivität über die Lebensspanne. In R. Fuchs, W. Göhner & H. Seelig (Hrsg.), *Aufbau eines körperlich-aktiven Lebensstils: Theorie, Empirie und Praxis* (S. 89-107). Göttingen: Hogrefe.
Breuer, C., Rumpeltin, C. & Schülert, T. (1998). Lebensweltbezogene Ansätze in der Bewegungsförderung von Kindern im Vorschulalter. *Praxis der Psychomotorik, 23* (1), 13-16.
Brinkhoff, K.-P. (1998). *Sport und Sozialisation im Jugendalter*. Weinheim: Juventa.
Brinkhoff, K.-P. & Gomolinsky, U. (2003). *Suchtprävention im Kinder- und Jugendsport. Theoretische Einordnung und Evaluation der Qualifizierungsinitiative „Kinder stark machen"*. Köln: Bundeszentrale für gesundheitliche Aufklärung.
Brinkhoff, K.-P. & Sack, H.-G. (1996). Überblick über das Sportengagement von Kindern und Jugendlichen in der Freizeit. In D. Kurz, H.-G. Sack & K.-P. Brinkhoff (Hrsg.), *Kindheit, Jugend und Sport in Nordrhein-Westfalen. Der Sportverein und seine Leistungen. Eine repräsentative Befragung der nordrhein-westfälischen Jugend* (S. 29-74). Düsseldorf: Moll.
Brinkhoff, K.-P. & Sack, H.-G. (1999). *Sport und Gesundheit im Kindesalter. Der Sportverein im Bewegungsleben der Kinder*. Weinheim: Juventa.
Bronfenbrenner, U. (1981). *Die Ökologie der menschlichen Entwicklung*. Stuttgart: Klett-Cotta.
Bründel, H. & Hurrelmann, K. (1996). *Einführung in die Kindheitsforschung*. Weinheim: Beltz.
Bruner, J. (2002). *Wie das Kind sprechen lernt*. Bern: Huber.
Büchner, P. (1990). Aufwachsen in den 80er Jahren – Zum Wandel kindlicher Normalbiographien in der Bundesrepublik Deutschland. In P. Büchner, H.-H. Krüger & L. Chrisholm (Hrsg.), *Kindheit und Jugend im interkulturellen Vergleich* (S. 79-94). Opladen: Leske + Budrich.

Büchner, P. (1994). Kindliche Lebenswelt und Sportzugang im Wandel. In R. Hildebrandt, G. Landau & W. Schmidt (Hrsg.), *Kindliche Lebens- und Bewegungswelt im Umbruch* (S. 44-54). Hamburg: Czwalina.
Büchner, P. (2001). Kindersportkultur und biographische Bildung am Nachmittag. In I. Behnken & J. Zinnecker (Hrsg.), *Kinder – Kindheit – Lebensgeschichte* (S. 894-908). Seelze-Velber: Kallmeyer.
Büchner, P. & Fuhs, B. (1993). Kindersport. In M. Markefka & B. Nauck (Hrsg.), *Handbuch der Kindheitsforschung* (S. 491-499). Neuwied: Luchterhand.
Büchner, P. & Fuhs, B. (1999). Zur Sozialisationswirkung und biographischen Bedeutung der Kindersportkultur. In W. Kleine & N. Schulz (Hrsg.), *Modernisierte Kindheit = Sportliche Kindheit?* (S. 58-86). St. Augustin: Academia.
Büchner, P., Fuhs, B. & Krüger, H.-H. (Hrsg.). (1996). *Vom Teddybär zum ersten Kuss. Wege aus der Kindheit in Ost- und Westdeutschland*. Opladen: Leske + Budrich.
Büchsenschütz, J. & Regel, G. (1992). *Mut machen zur gemeinsamen Erziehung*. Hamburg: Eb-Verlag.
Bünemann, A. (2005). Mediennutzung im Heranwachsendenalter – Ursache für steigende Übergewichtsprävalenzen? *sportunterricht, 54* (12), 362-367.
Bünemann, A. (2008). *Energiebilanzrelevante Lebensstile von Heranwachsenden – Ein multivariater Erklärungsansatz für Übergewicht und Adipositas im Kindes- und Jugendalter*. München: Grin.
Büro für Arbeit und sozialpolitische Studien (BASS) (2008). *Volkswirtschaftlicher Nutzen von frühkindlicher Bildung in Deutschland*. Gütersloh: Bertelsmann.
Bundesgesundheitsblatt – Gesundheitsforschung – Gesundheitsschutz (2007). *Ergebnisse des Kinder- und Jugendgesundheitssurveys, 50* (5/6), 529-908.
Burghardt, J. (2003). *Motorische Leistungsfähigkeit von Kindern – Ein Literaturreview* (Staatsexamensarbeit). Karlsruhe: Universität Karlsruhe.
Burrmann, U. (2004). Effekte des Sporttreibens auf die Entwicklung des Selbstkonzeptes Jugendlicher. *Zeitschrift für Sportpsychologie, 11* (2), 71-82.
Burrmann, U. (2005a). Informelle, vereinsgebundene und kommerzielle Sportengagements von Jugendlichen im Vergleich. In U. Burrmann (Hrsg.), *Sport im Kontext von Freizeitengagements Jugendlicher. Aus dem Brandenburgischen Längsschnitt 1998-2002* (S. 117-130). Köln: Sport & Buch Strauß.
Burrmann, U. (2005b). Zur Vermittlung und internationalen „Vererbung" von Sportengagements in der Herkunftsfamilie. In U. Burrmann (Hrsg.), *Sport im Kontext von Freizeitengagements Jugendlicher. Aus dem Brandenburgischen Längsschnitt 1998-2002* (S. 207-266). Köln: Sport & Buch Strauß.
Burrmann, U. (2005c). Personale und soziale Ressourcen zur Aufrechterhaltung sportlichen Engagements. In U. Burrmann (Hrsg.), *Sport im Kontext von Freizeitengagements Jugendlicher. Aus dem Brandenburgischen Längsschnitt 1998-2002* (S. 267-298). Köln: Sport & Buch Strauß.
Burrmann, U. (Hrsg.) (2005d). *Sport im Kontext von Freizeitengagements Jugendlicher: Aus dem Brandenburgischen Längsschnitt 1998-2002*. Köln: Sport & Buch Strauß.
Burrmann, U. (2005e). Betrachtungen zum „Stubenhockerphänomen". In U. Burrmann (Hrsg.), *Sport im Kontext von Freizeitengagements Jugendlicher. Aus dem Brandenburgischen Längsschnitt 1998-2002* (S. 57-74). Köln: Sport & Buch Strauß.
Burrmann, U. & Baur, J. (2004). Sportagierte, aber vereinsmüde Jugendliche? Einige Schlussfolgerungen aus Zeitreihenanalysen. In E. Balz & D. Kuhlmann (Hrsg.), *Sportengagements von Kindern und Jugendlichen* (S. 59-74). Aachen: Meyer & Meyer.
Burton, L.J. und VanHeest, J.L. (2007). The importance of physical activity in closing the achievement gap. *Quest, 59* (2), 212-218.
Busemeyer, M.R. (2007). Bildungspolitik in den USA. Eine historisch-institutionalistische Perspektive auf das Verhältnis von öffentlichen und privaten Bildungsinstitutionen. *Zeitschrift für Sozialreform, 53* (1), 57-78.
Butler, R. (2005). Competence assessment, competence, and motivation between early and middle childhood. In A.J. Elliot & C.S. Dweck (Eds.), *Handbook of competence and motivation* (pp. 202-221). New York: Guilford Press.
Butzkamm, W. & Butzkamm, J. (1999). *Wie Kinder sprechen lernen. Kindliche Entwicklung und die Sprachlichkeit des Menschen*. Tübingen: Francke.
Byrne, B.M. (1996). *Measuring self-concept across the life span. Issues and instrumentation*. Washington: APA.
California Task Force to Promote Self-esteem and Personal and Social Responsibility (1990). *Toward a state of esteem*. Sacramento, CA: California State Department of Education.

Campbell, P.T., Katzmarzyk, P.T., Malina, R.M., Rao, D.C., Perusse, L. & Bouchard, C. (2001). Prediction of physical activity and physical work capacity (PWC150) in young adulthood from childhood and adolescence with consideration of parental measures. *American Journal of Human Biology, 13* (2), 190-196.
Caplan, G. (1964). *Principles of Preventive Psychiatry*. London: Tavistock.
Carlier, G. (2007). Belgique. Chapitre 4. In G. Klein & K. Hardman (Eds.), *L'éducation physique et l'éducation sportive dans l'Union européenne. Tome 1* (pp. 65-80). Paris: Éditions Revue EPS.
Carlson, S.A., Fulton, J.E., Lee, S.M., Maynard, M.L., Brown, D.R., Kohl, H.W. & Dietz, W.H. (2008). Physical Education and Academic Achievement in Elementary School: Data From the Early Childhood Longitudinal Study. *American Journal of Public Health, 98* (4), 721-727.
Carnethon, M.R., Gulati, M. & Greenland, P. (2005). Prevalence and cardiovascular disease correlates of low cardiorespiratory fitness in adolescents and adults. *Journal of the American Medical Association, 294* (23), 2981-2988.
Carnethon, M.R., Gidding, S.S., Nehgme, R., Sidney, S., Jacobs, D.R. & Liu, K. (2003). Cardiorespiratory fitness in young adulthood and the development of cardiovascular disease risk factors. *Journal of the American Medical Association, 290* (23), 3092-3100.
Cleland, V., Dwyer, T., Blizzard, L. & Venn, A. (2008). The provision of compulsory school physical activity: associations with physical activity, fitness and overweight in childhood and twenty years later. *International Journal of Behavioral Nutrition and Physical Activity, 5* (1), 14.
Clement, M. & Seitz, U. (o. Jg.). *Grundschule mit sport- und bewegungserzieherischem Schwerpunkt*. Zugriff am 09.06.2008 unter http://www.sport.uni-karlsruhe.de/kongress/download/AA4.pdf
Coakley, J. (2007). *Sports and Society. Issues and Controversies*. New York: McGraw-Hill.
Coe, D.W., Pivarnik, J.M., Womack, C.J., Reeves, M.J. & Malina, R.M. (2006). Effect of Physical Education and Activity Levels on Academic Achievement in Children. *Medicine and Science in Sports and Exercise, 38* (8), 1515-1519.
Cole, T.J. (1990). The LMS method for constructing normalized growth standards. *European Journal of Clinical Nutrition, 44* (1), 45-60.
Cole, T.J., Bellizzi, M.C., Flegal, K.M. & Dietz, W.H. (2000). Establishing a standard definition for child overweight and obesity worldwide: international survey. *British Medical Journal, 320* (7244), 1240-1243.
Combrink, C. & Marienfeld, U. (2006). Parteiliche Mädchenarbeit und reflektierte Jungenarbeit im Sport. In I. Hartmann-Tews & B. Rulofs (Hrsg.), *Handbuch Sport und Geschlecht* (S. 275-286). Schorndorf: Hofmann.
Conzelmann, A. (2006). Persönlichkeit. In M. Tietjens & B. Strauß (Hrsg.), *Handbuch Sportpsychologie* (S. 104-117). Schorndorf: Hofmann.
Conzelmann, A. & Müller, M. (2005). Sport und Selbstkonzeptentwicklung: Ein Situationsbericht aus entwicklungstheoretischer Perspektive. *Zeitschrift für Sportpsychologie, 12* (4), 108-118.
Corbin, C.B. & Lindsey, R. (2005). *Fitness for life* (5th ed.). Champaign: Human Kinetics.
Corbin, C.B., Pangrazi, R.P. & Le Masurier, G.C. (2004). Physical activity for Children: Current Patterns & Guidelines. *President's Council of Physical Fitness and Sports – Research Digest, 5 (2)*, 1-8.
Copenhagen School Child Intervention-Study (CoSCIS) (2008). *Information on the Project*. Zugriff am 15.06.2008 unter http://www.sdu.dk/Om_SDU/Institutter_centre/Rich/Forskning/Forskningsprojekter/Igang.aspx
Cratty, B.J. (1975). *Motorisches Lernen und Bewegungsverhalten*. Frankfurt a. M.: Limpert.
Cratty, B.J. (1979). *Motorisches Lernen und Bewegungsverhalten* (2. Aufl.). Bad Homburg: Limpert.
Currie, C., Roberts, C., Morgan, A., Smith, R., Settertobulte, W., Samdal, O. & Barnekow Rasmussen, V. (Eds.). (2004). *Young people's health in context. Health Behaviour in School-aged Children (HBSC) study: international report from the 2001/2002 survey*. Copenhagen: World Health Organization Regional Office for Europe.
Dahmen, B. & Kringe, M. (2005). *Eine Frage der Qualität: Gender Mainstreaming in den Jugendorganisationen des Sports*. Frankfurt a. M.: Deutsche Sportjugend.
Danielzik, S., Pust, S., Landsberg, B. & Müller, M.J. (2005). First lessons from the Kiel Obesity Prevention Study (KOPS). *International Journal of Obesity, 29* (2), 78-83.
Danielzik, S., Czerwinski-Mast, M., Langnäse, K., Dilba, B. & Müller, M.J. (2004). Parental overweight, socioeconomic status and high birth weight are the major determinants of overweight and obesity in 5-7 y-old children: baseline data of the Kiel Obesity Prevention Study (KOPS). *International Journal of Obesity and Related Metabolic Disorders, 28* (11), 1494-1502.

Danmarks Evalueringsinstitut (2004). *Idræt i folkeskolen – et fag med bevægelse.* Zugriff am 06.02.2008 unter http://www.eva.dk/Admin/Public/DWSDownload.aspx?File=Files%2FFiler%2FRapporter+ 2003%2FIdrt+i+folkeskolen%2FIdraet_i_folkeskolen.pdf

Davidson, K.K. & Birch, L.L. (2001). Childhood overweight: a contextual model and recommendations for future research. *Obesity Reviews, 2* (3), 159-171.

De Bourdeaudhuij, I., Sallis, J. & Vandelanotte, C. (2002). Tracking and explanation of physical activity in young adults over a 7-year period. *Research Quarterly for Exercise and Sport, 73* (4), 376-385.

De Knop, P., Theeboom, M., Huts, K., De Martelaer, K. & Cloes, M. (2005). The situation of school physical education in Belgium. In U. Pühse & M. Gerber (Eds.), *International comparison of Physical Education* (pp. 104-131). Aachen: Meyer & Meyer.

Deegener, G. (2002). *Aggression und Gewalt von Kindern und Jugendlichen. Ein Ratgeber für Eltern, Lehrer und Erzieher.* Göttingen: Hogrefe.

Dencker, M., Thorsson, O., Karlsson, M.K., Lindén, C., Svensson, J., Wollmer, P. & Andersen, L.B. (2006). Daily physical activity in Swedish children aged 8-11 years. *Scandinavian Journal of Medicine and Science in Sports, 16* (4), 252-257.

Dennison, B.A., Straus, J.H., Mellits, E.D. & Charney, E. (1988). Childhood physical fitness tests: predictor of adult physical activity levels? *Pediatrics, 82* (3), 324-330.

Det Kongelige Kultur- og Kirkedepartement (2007). *St.meld. nr. 39 (2006-2007) – Frivillighet for alle.* Zugriff am 06.02.2008 unter http://www.regjeringen.no/pages/1998147/PDFS/STM200620070039000DDDPDFS.pdf

Detert, D., Selchow, U., Balster, K., Beckmann, U., Heller, J. & Hensler, N. (2007). Zertifizierter Bewegungskindergarten – Umsetzung in den Ländern Niedersachsen, Nordrhein-Westfalen und Rheinland-Pfalz. *Haltung und Bewegung, 27* (3), 19-27.

Deutsche Lebens-Rettungs-Gesellschaft (2008). *Pressemitteilung zur Ertrinkungsstatistik.* Zugriff am 20.04.2008 unter http://www.dlrg.de/fileadmin/user_upload/DLRG.de/News/News08/News08-03/PIErtrinken2007.pdf

Deutsche Olympische Gesellschaft (DOG) (Hrsg.). (2008). *Kinder bewegen – Bewegungserziehung im Zeichen Olympias.* Frankfurt a. M.: Deutsche Olympische Gesellschaft.

Deutscher Bildungsrat (1974). *Empfehlungen der Bildungskommission. Zur pädagogischen Förderung von behinderten und von Behinderung bedrohter Kinder und Jugendlicher.* Stuttgart: Klett.

Deutscher Fußball-Bund (DFB) (Hrsg.). (2008). *Spielen und Bewegen mit Ball. Handreichung für das Fußballspielen in der Grundschule.* Münster: Philippka.

Deutscher Handballbund (DHB) (Hrsg.). (2007). *DHB-Impulskampagne. Broschüre 1: Kooperation Schule-Handballverein.* Münster: Philippka.

Deutscher Olympischer Sportbund (DOSB) (Hrsg.). (2006). *Bestandserhebung 2006.* Zugriff am 01.04.2008 unter http://www.dosb.de/fileadmin/fm-dosb/downloads/bestandserhebung/DOSB_Bestandserhebung_2006.pdf

Deutscher Olympischer Sportbund (DOSB) (Hrsg.). (2007). *Bestandserhebung 2007 des Deutschen Olympischen Sportbundes.* Zugriff am 14.05.2008 unter www.dosb.de/fileadmin/fm-dosb/downloads/2007_DOSB_Bestandserhebung.pdf

Deutscher Olympischer Sportbund (DOSB) & Deutsche Sportjugend (dsj) (2008). *Chancen der Ganztagsförderung nutzen. Grundsatzpapier des Deutschen Olympischen Sportbundes und der Deutschen Sportjugend zur Ganztagsförderung.* Frankfurt a. M.: Deutsche Sportjugend.

Deutscher Sportbund (DSB) (1983). *Grundsatzerklärung: Kinder im Leistungssport.* Frankfurt a. M.: Deutscher Sportbund.

Deutscher Sportbund (DSB) (1997). *Nachwuchsleistungssport-Konzept.* Frankfurt a. M.: Deutscher Sportbund.

Deutscher Sportbund (DSB) (Hrsg.). (2006). *DSB-SPRINT-Studie. Eine Untersuchung zur Situation des Schulsports in Deutschland.* Aachen: Meyer & Meyer.

Deutsches Jugendinstitut (DJI) (Hrsg.). (1992). *Was tun Kinder am Nachmittag? Ergebnisse einer empirischen Studie zur mittleren Kindheit.* Weinheim: Deutsches Jugendinstitut.

Deutsches Jugendinstitut (DJI) (Hrsg.). (1998). *Lebenslagen und -perspektiven junger Menschen in ländlichen Regionen des Landes Brandenburg* (DJI Arbeitspapier). München: Eigenverlag.

Dicken, M. & Kupferer, C. (2008). *Bewegungserzieherische Angebote im Ganztag von Kölner Grundschulen.* Vortragsmanuskript beim DSLV-Bundeskongress vom 24.-25. Mai 2008 in Köln. Köln: DSHS.

Diem, C. & Matthias, E. (1923). *Die tägliche Turnstunde.* Berlin: Weidmannsche Verlagsbuchhandlung.

Dietz, W.H. (1998). Health consequences of obesity in youth: childhood predictors of adult disease. *Pediatrics, 101* (3), 518-525.

Diketmüller, R., Berghold, B., Förster, B., Frommhund, E., Witzeling, J. & Studer, H. (2007). Bewegung und Sport am Schulhof – ein Anstoß zur (Neu-)Aufnahme der Gender-Debatte an Schulen. In I. Hartmann-Tews & B. Dahmen (Hrsg.), *Sportwissenschaftliche Geschlechterforschung im Spannungsfeld von Theorie, Politik und Praxis* (S. 97-106). Hamburg: Czwalina.

Ditton, H. (2000). Qualitätskontrolle und Qualitätssicherung in Schule und Unterricht. Ein Überblick zum Stand der empirischen Forschung (Beiheft). *Zeitschrift für Pädagogik, 41,* 55-72.

Does, K.J. & Motz, J.J. (1979). Erwachsene bestimmen die Welt der Kinder: Freizeit im Käfig. *Bild der Wissenschaft, 13* (5), 111-122.

Dohmen, D. (2001). Das informelle Lernen – Die internationale Erschließung einer bisher vernachlässigten Grundform menschlichen Lernens für das lebenslange Lernen aller. Zugriff am 11.05.2008 unter http://www.bmbf.de/pub/das_informelle_lernen.pdf

Doll-Tepper, G. (2001). Ausgewählte Zielgruppenorientierung: Menschen mit Behinderungen. In H. Haag & A. Hummel (Hrsg.), *Handbuch Sportpädagogik* (S. 425-429). Schorndorf: Hofmann.

Doll-Tepper, G. (2003). Über den Tellerrand geschaut. *Sportpädagogik, 27* (4), 49.

Doll-Tepper, G. & Niewerth, T. (2003). Kinder und Jugendliche mit Behinderungen im Sport. In W. Schmidt, I. Hartmann-Tews & W.-D. Brettschneider (Hrsg.), *Erster Deutscher Kinder- und Jugendsportbericht* (S. 339-359). Schorndorf: Hofmann.

Doll-Tepper, G., Scoretz, D. & Dumon, D. (Hrsg.). (2001). *Weltgipfel zum Schulsport. Schulsport weltweit: Fakten – Analysen – Trends.* Schorndorf: Hofmann.

Dordel, S. (2000). Kindheit heute: Veränderte Lebensbedingungen = reduzierte motorische Leistungsfähigkeit? *sportunterricht, 49* (11), 341-349.

Dordel, S. & Welsch, M. (1999). Motorische Förderung im Vorschul- und Einschulungsalter. *Haltung und Bewegung, 19* (4), 5-21.

Dornes, M. (2001). *Der kompetente Säugling* (10. Aufl.). Frankfurt a. M.: Fischer.

Dortmunder Zentrum für Schulsportforschung (Hrsg.). (2008). *Schulsportforschung. Grundlagen, Perspektiven, Befunde und Anregungen.* Aachen: Meyer & Meyer.

Dowda, M.C., Sallis, J.F., McKenzie, T.L., Rosengard, P.R. & Kohl, H.W. (2005). Evaluating the sustainability of SPARK physical education: A case study of translating research into practice. *Research Quarterly for Exercise and Sport, 76* (1), 11-19.

Dreher, E. & Dreher, M. (1985). Entwicklungsaufgaben im Jugendalter: Bedeutsamkeit und Bewältigungskonzepte. In D. Liepmann & A. Stiksrud (Hrsg.), *Entwicklungsaufgaben und Bewältigungsprobleme in der Adoleszenz* (S. 56-70). Göttingen: Hogrefe.

Durlach, F., Kauth, T., Lang, H. & Steinki, J. (2007). *Das chronisch kranke Kind im Sport in Schule und Verein.* Zugriff am 09.06.2008 unter http://cdl.niedersachsen.de/blob/images/C38650755_L20.pdf

Eckl, S., Gieß-Stüber, P. & Wetterich, J. (2005). *Kommunale Sportentwicklungsplanung und Gender Mainstreaming. Konzepte, Methoden und Befunde aus Freiburg.* Münster: Lit.

Eder, F. (2001). Schul- und Klassenklima. In D.H. Rost (Hrsg.), *Handwörterbuch Pädagogische Psychologie* (2. Aufl.; S. 578-586). Weinheim: Beltz.

Egbers, G., Fugmann-Heesing, A., Pfeiffer, U., Thomas, U. & von der Groeben, G. (2005). *Bildung und Beschäftigung.* Bonn: Friedrich-Ebert-Stiftung.

Eggert, D. & Schuck, K.D. (1975). Untersuchungen zu Zusammenhängen zwischen Intelligenz, Motorik und Sozialstatus im Vorschulalter. In H.J. Müller, R. Decker & F. Schilling (Hrsg.), *Motorik im Vorschulalter* (S. 67-82). Schorndorf: Hofmann.

Ekelund, U., Brage, S., Franks, P.W., Hennings, S., Emms, S. & Wareham, N.J. (2005). Physical activity energy expenditure predicts progression toward the metabolic syndrome independently of aerobic fitness in middle-aged healthy Caucasians: the Medical Research Council Ely Study. *Diabetes Care, 28* (5), 1195-1200.

Ekelund, U., Anderssen, S.A., Froberg, K., Sardinha, L.B., Andersen, L.B., Brage, S. & European Youth Heart Study Group (2007). Independent associations of physical activity and cardiorespiratory fitness with metabolic risk factors in children: the European youth heart study. *Diabetologia, 50* (9), 1832-1840.

Ekelund, U., Brage, S., Froberg, K., Harro, M., Anderssen, S.A., Sardinha, L.B., Riddoch, C. & Andersen, L.B. (2006). TV viewing and physical activity are independently associated with metabolic risk in children (The European Youth Heart Study). *Medicine, 3* (12), e488.

Ekelund, U., Sardinha, L.B., Anderssen, S.A., Harro, M., Franks, P.W., Brage, S., Cooper, A.R., Andersen, L.B., Riddoch, C. & Froberg, K. (2004). Associations between objectively assessed physical activity and indicators of body fatness in 9- to 10-y-old European children: a population-based study from 4 distinct regions in Europe (The European Youth Heart Study). *American Journal of Clinical Nutrition, 80* (3), 584-590.

Ellert, U., Neuhauser, H. & Roth-Isigkeit, A. (2007). Schmerzen bei Kindern und Jugendlichen in Deutschland: Prävalenz und Inanspruchnahme medizinischer Leistungen. Ergebnisse des Kinder- und Jugendgesundheitssurveys (KiGGS). *Bundesgesundheitsblatt – Gesundheitsforschung – Gesundheitsschutz, 50* (5/6), 711-717.

Ellsäßer, G., Böhm, A., Kuhn, J., Lüdecke, K. & Rojas, G. (2002). Soziale Ungleichheit und Gesundheit bei Kindern. *Kinderärztliche Praxis, 73* (4), 248-257.

EMNID-Institut für Meinungsforschung Bielefeld (1954). *Jugend zwischen 15 und 24. Eine Untersuchung zur Situation der deutschen Jugend im Bundesgebiet*. Bielefeld: Stackelberg.

EMNID-Institut für Sozialforschung (1975). *Jugend zwischen 13 und 24. Vergleich über 20 Jahre*. Hamburg: Jugendwerk der Deutschen Shell.

Emrich, E. (1996). *Zur Soziologie der Olympiastützpunkte*. Niedernhausen: Schors.

Emrich, E. (1997). Aspekte der Hinführung von Kindern und Jugendlichen zum Leistungssport. In E. Emrich, V. Papathanassiou & W. Pitsch (Hrsg.), *Wie kommen Kinder zum Leistungssport? Aspekte der Kooperation zwischen Schule und Verein/Verband im leistungsorientierten Sport* (S. 14-21). Niedernhausen: Schors.

Emrich, E. (2006). Sportwissenschaft zwischen Autonomie und außerwissenschaftlichen Impulsen. *Sportwissenschaft, 36* (2), 151-170.

Emrich, E. & Güllich, A. (2005). *Zur „Produktion" sportlichen Erfolges. Organisationsstrukturen, Förderbedingungen und Planungsannahmen in kritischer Perspektive*. Köln: Sport & Buch Strauß.

Emrich, E. & Prohl, R. (2008). Agonalität: Wettkampfsport im Spannungsfeld zwischen Moral und Ästhetik. *Leipziger Sportwissenschaftliche Beiträge, 49* (1), 67-88.

Emrich, E., Fröhlich, M. & Pitsch, W. (2006). Medizinische Betreuungsleistung an den Olympiastützpunkten aus Athletenperspektive. *Deutsche Zeitschrift für Sportmedizin, 57* (1), 19-26.

Emrich, E., Güllich, A. & Pitsch, W. (2005). Zur Evaluation des Systems der Nachwuchsförderung im deutschen Leistungssport – ausgewählte Anmerkungen. In E. Emrich, A. Güllich & M.-P. Büch (Hrsg.), *Beiträge zum Nachwuchsleistungssport* (S. 73-136). Schorndorf: Hofmann.

Emrich, E., Prohl, R. & Brand, S. (2006). „Mündige Ästheten" in einer lernenden Organisation. *Sportwissenschaft, 36* (4), 417-432.

Emrich, E., Pitsch, W., Güllich, A., Klein, M., Fröhlich, M., Flatau, J., Sandig, D. & Anthes, E. (2008). Spitzensportförderung in Deutschland – Bestandsaufnahme und Perspektiven (Beilage). *Leistungssport, 38* (1), 1-20.

Engelbert, A. (1986). *Kinderalltag und Familienumwelt*. Frankfurt a. M.: Campus.

Engelbert, A. & Herlth, A. (1993). Sozialökologie der Kindheit: Wohnung, Spielplatz und Straße. In M. Markefka & B. Nauck (Hrsg.), *Handbuch der Kindheitsforschung* (S. 403-415). Neuwied: Luchterhand.

Erdmann, R. (1993). Leisten – Leistung – Sportunterricht. *Sportpädagogik, 17* (3), 11-17.

Erdmann, R. & Amesberger, G. (2008). Psychologische Aspekte im Schulsport. In J. Beckmann & M. Kellmann (Hrsg.), *Enzyklopädie der Psychologie. Sportpsychologie – Band 2: Anwendungsfelder der Sportpsychologie* (S. 661-734). Göttingen: Hogrefe.

Erhart, M., Hölling, H., Bettge, S., Ravens-Sieberer, U. & Schlack, R. (2007). Der Kinder- und Jugendgesundheitssurvey (KiGGS): Risiken und Ressourcen für die psychische Entwicklung von Kindern und Jugendlichen. *Bundesgesundheitsblatt – Gesundheitsforschung – Gesundheitsschutz, 50* (5/6), 800-809.

Ericsson, I. (2003). *Motorik, koncentrationsförmåga och skolprestationer* (Doktorsavhandling). Malmö: Lärarutbildningen, Malmö högskola.

Ericsson, I. (2006). *Barn, rörelse och uppväxt*. Zugriff am 05.03.2008 unter http://www.idrottsforum.org/reviews/items/eriing_mjaavatn_gundersen.html

Eriksson, S. & Shråhlman, O. (2007). *Idrott och rörelse i skolan – en studie av idrotten i skolan 2007*. Zugriff am 06.02.2008 unter http://www.rf.se/ImageVault/Images/id_366/scope_128/ImageVaultHandler.aspx

Etnier, J.L., Salazar, W., Landers, D.M., Petruzzello, S.J., Han, M. & Nowell, P. (1997). The Influence of Physical Fitness and Exercise Upon Cognitive Functioning: A Meta-Analysis. *Journal of Sport and Exercise Psychology, 19* (3), 249-277.

Europäische Kommission (2005). *Schlüsselzahlen zum Bildungswesen in Europa 2005*. Zugriff am 06.02.2008 unter http://www.eurydice.org/ressources/eurydice/pdf/0_integral/052DE.pdf
Evers-Meyer, K. (2008). *Pressemitteilung der Beauftragten der Bundesregierung für die Belange behinderter Menschen vom 22. Februar 2008*. Zugriff am 09.06.2008 unter http://www.behindertenbe auftragte.de/index.php5?nid=344&Action=home
Faulstich-Wieland, H. (1995). *Geschlecht und Erziehung. Grundlagen des pädagogischen Umgangs mit Mädchen und Jungen*. Darmstadt: Wissenschaftliche Buchgesellschaft.
Fediuk, F. (2008). *Sport in heterogenen Gruppen*. Aachen: Meyer & Meyer.
Feingold, R. & Holland-Fiorentino, L. (2005). United States of America. In U. Pühse & M. Gerber (Eds.), *International Comparison of Physical Education* (pp. 699-716). Aachen: Meyer & Meyer.
Fend, H. (1998). *Qualität im Bildungswesen*. Weinheim: Juventa.
Fend, H. (2000). Qualität und Qualitätssicherung im Bildungswesen: Wohlfahrtsstaatliche Modelle und Marktmodelle (Beiheft). *Zeitschrift für Pädagogik, 41*, 55-72.
Fetz, F. (1965). Motorische Grundeigenschaften. *Leibeserziehung, 14* (6), 200-207.
Filipp, S.-H. (2000). Selbstkonzept-Forschung in der Retrospektive und Prospektive. In W. Greve (Hrsg.), *Psychologie des Selbst* (S. 7-14). Weinheim: Beltz.
Fischer, K. (1996). *Entwicklungstheoretische Perspektiven der Motologie des Kindesalters*. Schorndorf: Hofmann.
Fitzgerald, H. (2006). Disability and physical education. In D. Kirk, D. Macdonald & M. O'Sullivan (Eds.), *Handbook of Physical Education* (pp. 752-766). London: SAGE Publications.
Flade, A. (1993). Spielen von Kindern im Wohnviertel: das home range-Konzept. In H.-J. Harloff (Hrsg.), *Psychologie des Wohnungs- und Siedlungsbaus. Psychologie im Dienste von Architektur und Stadtplanung* (S. 185-194). Göttingen: Verlag für Angewandte Psychologie.
Fleig, P. (2008). Der Zusammenhang zwischen körperlicher Aktivität und kognitiver Entwicklung – Theoretische Hintergründe und empirische Ergebnisse. *sportunterricht, 57* (1), 11-16.
Fleig, P. (i. V.). *Bewegte Kindheit – Eine empirische Studie zum Zusammenhang von Motorik und Kognitionen am Übergang von der Kindergarten- zur Schulzeit* (Dissertation). Bielefeld: Universität Bielefeld.
Fleishman, E.A. (1954). Dimensional analysis of the psychomotor abilities. *Journal of Experimental Psychology, 48* (6), 437-454.
Flick, U. (1995). *Qualitative Forschung – Theorie, Methoden, Anwendung in Psychologie und Sozialwissenschaften*. Reinbek: Rowohlt.
Flick, U., von Kardorff, E. & Steinke, I. (Hrsg.). (2000). *Qualitative Forschung – Ein Handbuch*. Reinbek: Rowohlt.
Ford, M.A., Bass, M.A., Turner, L.W., Mauromoustakos, A. & Graves, B.S. (2004). Past and recent physical activity and bone mineral density in college-aged women. *Journal of Strength and Conditioning Research, 18* (3), 405-409.
Forshee, R.A., Anderson, P. & Storey, M. (2004). The role of beverage consumption, physical activity, sedentary behavior, and demographics on body mass index of adolescent. *International Journal of Food Sciences and Nutrition, 55* (6), 463-478.
Fortier, M.D., Katzmarzyk, P.T., Malina, R.M. & Bouchard, C. (2001). Seven-year stability of physical activity and musculoskeletal fitness in the Canadian population. *Medicine and Science in Sports and Exercise, 33* (11), 1905-1911.
Fox, K.R. (2000). The effects of exercise on self-perceptions and self-esteem. In S.J. Biddle, K.R. Fox & S.H. Boutcher (Eds.), *Physical activity and psychological well-being* (pp. 88-117). London: Routledge.
Franke, E. (2007). Qualitätssicherung aus der Perspektive ästhetisch-expressiver Schulfächer. Am Beispiel des Schulsports. In D. Benner (Hrsg.), *Bildungsstandards. Kontroversen, Beispiele, Perspektiven* (S. 169-186). Paderborn: Schöningh.
Freedson, P.S., Melanson, E. & Sirard, J. (1998). Calibration of the Computer Science and Applications, Inc. accelerometer. *Medicine and Science in Sports and Exercise, 30* (5), 777-781.
French, S.A., Story, M. & Jeffery, R.W. (2001). Environmental influences on eating and physical activity. *Annual Review of Public Health, 22*, 309-335.
Fridtjof-Nansen-Schule (o. Jg.). *Schulprogramm der Fridtjof-Nansen-Grundschule. Bewegte Schule*. Zugriff am 21.08.2008 unter http://www.fns-online.de/schulpro/index.html
Friedrich, G. (2000). Schulsportforschung – Zur Konzeption eines ausbaubedürftigen Bereichs der Sportwissenschaft. *dvs-Informationen, 15* (1), 7-11.
Friedrich, G. (2004). Formen informellen Lernens am Beispiel der Lernkonzepte von Skateboardern. *Spektrum Freizeit, 26* (2), 87-97.

Friedrich, G. & Miethling, W.-D. (2004). Schulsportforschung. In E. Balz (Hrsg.), *Schulsport verstehen und gestalten. Beiträge zur fachdidaktischen Standortbestimmung* (S. 103-115). Aachen: Meyer & Meyer.

Fries, S. (2002). Kinder und ihre Freizeit. In LBS-Initiative Junge Familie (Hrsg.), *Kindheit 2001. Das LBS-Kinderbarometer* (S. 169-192). Opladen: Leske + Budrich.

Frohn, J. (2004). Reflexive Koedukation auch im Sportunterricht der Grundschule? *sportunterricht, 53* (6), 163-168.

Frohn, J. (2007). *Mädchen und Sport an der Hauptschule. Sportsozialisation und Schulsport von Mädchen mit niedrigem Bildungsniveau.* Baltmannsweiler: Schneider.

Fthenakis, W.E. (2002). Der Bildungsauftrag in Kindertageseinrichtungen: ein umstrittenes Terrain. *Bildung, Erziehung, Betreuung, 7* (1), 6-10.

Fthenakis, W.E. (2007). Bildung von Anfang an: Perspektiven zur weiteren Entwicklung des Systems der Tageseinrichtungen für Kinder unter sechs Jahren in Deutschland. In I. Hunger & R. Zimmer (Hrsg.), *Bewegung – Bildung – Gesundheit. Entwicklung fördern von Anfang an* (S. 42-58). Schorndorf: Hofmann.

Fuhs, B. (1996). Das außerschulische Kinderleben in Ost- und Westdeutschland. In P. Büchner, B. Fuhs & H.-H. Krüger (Hrsg.), *Vom Teddybär zum ersten Kuss. Wege aus der Kindheit in Ost- und Westdeutschland* (S. 129-158). Opladen: Leske + Budrich.

Fulton, J.E., McGuire, M.T., Caspersen, C.J. & Dietz, W.H. (2001). Interventions for weight loss and weight gain prevention among youth: current issues. *Sports Medicine, 31* (3), 153-156.

Funke, J. (1989). Bewegungskultur zwischen Sport, Kunst und individueller Erfahrung. In K. Dietrich & K. Heinemann (Hrsg.), *Der nichtsportliche Sport. Beiträge zum Wandel im Sport* (S. 72-83). Schorndorf: Hofmann.

Gebken, U. & Pott-Klindworth, M. (1997). Abenteuer-/Erlebnissport für Jungen. *Sportpädagogik, 21* (6), 12.

Geese, R. (1992). Geschlechtsspezifische Unterschiede in der Wurfmotorik. *Spectrum der Sportwissenschaft, 9* (2), 31-41.

Gentile, A.M., Higgins, J.R., Miller, E.A. & Rosen, B.M. (1975). Structure of motor tasks. *Mouvement, (7),* 11-28.

Georg, W., Hasenberg, R. & Zinnecker, J. (1996). Die Weitergabe der Sportkultur in der Familie. Söhne und Töchter im Vergleich. In J. Zinnecker & R.K. Silbereisen (Hrsg.), *Kindheit in Deutschland. Aktueller Survey über Kinder und ihre Eltern* (S. 137-143). Weinheim: Juventa.

Gerlach, E. (2005). Prima Klima? Einflussgrößen und Effekte. *sportunterricht, 54* (8), 243-247.

Gerlach, E. (2008). *Sportengagement und Persönlichkeitsentwicklung. Eine längsschnittliche Analyse der Bedeutung sozialer Faktoren für das Selbstkonzept von Heranwachsenden.* Aachen: Meyer & Meyer.

Gerlach, E. & Brettschneider, W.-D. (i. Dr.). Soziale Unterstützung und Sportvereine. In M. Tietjens (Hrsg.), *Wieso willst du meine Hilfe nicht? Facetten sozialer Unterstützung.* Göttingen: Hogrefe.

Gerlach, E., Trautwein, U. & Lüdtke, O. (2007). Referenzgruppeneffekte im Sportunterricht. Kurz- und langfristig negative Effekte von sportlichen Klassenkameraden auf das Selbstkonzept. *Zeitschrift für Sozialpsychologie, 38* (2), 73-83.

Gerlach, E., Kussin, U., Brandl-Bredenbeck, H.P. & Brettschneider, W.-D. (2006). Der Sportunterricht aus Schülerperspektive. In Deutscher Sportbund (Hrsg.), *DSB-SPRINT-Studie. Eine Untersuchung zur Situation des Schulsports in Deutschland* (S. 115-152). Aachen: Meyer & Meyer.

Gieß-Stüber, P. (1992). Wenn zwei das Gleiche tun, ist es noch lange nicht dasselbe. Möglichkeiten und Grenzen für die Persönlichkeitsentwicklung von Mädchen im Sportunterricht. In R. Erdmann (Hrsg.), *Alte Fragen neu gestellt. Anmerkungen zu einer zeitgemäßen Sportdidaktik* (S. 97-111). Schorndorf: Hofmann.

Gieß-Stüber, P. (1993). „Teilzeit-Trennung" als Mädchenparteiliche Maßnahme. Bericht über einen Unterrichtsversuch in einer Gesamtschule. *Brennpunkte der Sportwissenschaft, 7* (2), 166-187.

Gieß-Stüber, P. (1997). Freundschaft und Konkurrenz – zwei unversöhnliche Schwestern im Tennissport? In U. Henkel & G. Pfister (Hrsg.), *Für eine andere Bewegungskultur* (S. 231-244). Pfaffenweiler: Centaurus.

Gieß-Stüber, P. (1999a). Kinder als Subjekte in einer zweigeschlechtlich strukturierten Lebenswelt. In W. Kleine & N. Schulz (Hrsg.), *Modernisierte Kindheit – sportliche Kindheit?* (S. 167-182). St. Augustin: Academia.

Gieß-Stüber, P. (1999b). Sportlerinnen zwischen Anschluss- und Leistungsmotivation. Eine qualitative Studie zu Dropout und Bindung im Tennis. In D. Alfermann & O. Stoll (Hrsg.), *Motivation und Volition im Sport. Vom Planen zum Handeln* (S. 147-152). Köln: bps.

Gieß-Stüber, P. (2000). *Gleichberechtigte Partizipation im Sport? Ein Beitrag zur geschlechtsbezogenen Sportpädagogik.* Butzbach-Griedel: Afra.
Gieß-Stüber, P. & Henkel, U. (1997). „Typisch männlich – typisch weiblich" – Geschlecht in der Methodendiskussion. In U. Henkel & S. Kröner (Hrsg.), *Und sie bewegt sich doch! Sportwissenschaftliche Frauenforschung – Bilanz und Perspektiven* (S. 147-178). Pfaffenweiler: Centaurus.
Gieß-Stüber, P., Voss, A. & Petry, K. (2003). GenderKids – Geschlechteralltag in der frühkindlichen Bewegungsförderung. In I. Hartmann-Tews, P. Gieß-Stüber, M.L. Klein, C. Kleindienst-Cachay & K. Petry (Hrsg.), *Soziale Konstruktion von Geschlecht im Sport* (S. 69-108). Opladen: Leske + Budrich.
Gisbert, K. (2004). *Lernen lernen.* Berlin: Cornelsen.
Göhner, U. (1979). *Bewegungsanalyse im Sport. Ein Bezugssystem zur Analyse sportlicher Bewegungen unter pädagogischen Aspekten.* Schorndorf: Hofmann.
Gogolin, J. & Krüger-Potratz, M. (2006). *Einführung in die Interkulturelle Pädagogik.* Opladen: Utb.
Gogoll, A. (2001). *Die Bedeutung des Sports in der Gesundheitsentwicklung von Kindern und Jugendlichen* (unveröff. Dissertation). Bielefeld: Universität Bielefeld.
Gogoll, A. (2003). *Belasteter Geist – Gefährdeter Körper. Sport, Stress und Gesundheit im Kindes- und Jugendalter.* Schorndorf: Hofmann.
Gogoll, A., Kurz, D. & Menze-Sonneck, A. (2003). Sportengagements Jugendlicher in Westdeutschland. In W. Schmidt, I. Hartmann-Tews & W.-D. Brettschneider (Hrsg.), *Erster Deutscher Kinder- und Jugendsportbericht* (S. 145-165). Schorndorf: Hofmann.
Goodman, R. (1997). The Strengths and Difficulties Questionnaire: a research note. *Journal of Child Psychology and Psychiatry, 38* (5), 581-586.
Gopnik, A., Kuhl, P. & Meltzoff, A. (2003). *Forschergeist in Windeln.* München: Piper.
Goran, M.I. & Treuth, M.S. (2001). Energy expenditure, physical activity, and obesity in children. *Pediatric Clinics of North America, 48* (4), 931-953.
Gordon-Larsen, P., Adair, L.S. & Popkin, B.M. (2003). The relationship of ethnicity, socioeconomic factors, and overweight in US adolescents. *Obesity Research, 11* (1), 121-129.
Gordon-Larsen, P., Nelson, M.C. & Popkin, B.M. (2004). Longitudinal physical activity and sedentary behavior trends: adolescence to adulthood. *American Journal of Preventive Medicine, 27* (4), 277-283.
Gorely, T., Marshall, S.J. & Biddle, S.J. (2004). Couch kids: correlates of television viewing among youth. *International Journal of Behavioral Medicine, 11* (3), 152-163.
Gouvernement de la Communauté française (2006). *Politique de promotion des attitudes saines sur les plans alimentaire et physique pour les enfants et les adolescents.* Bruxelles: Gouvernement de la Communauté francaise.
Grabs, R., Kringe, M. & Neuber, N. (2005). *Nur die Leistung zählt!? – Leisten, Leistung und Erfolg in der sportlichen Jungenarbeit.* Duisburg: Sportjugend NRW.
Graf, C., Koch, B., Dordel, S., Coburger, S., Christ, H., Lehmacher, W., Platen, P., Bjarnason-Wehrens, B., Tokarski, W. & Predel, H.-G. (2003). Prävention von Adipositas durch körperliche Aktivität – eine familiäre Aufgabe. *Deutsches Ärzteblatt, 100* (47), A3110-A3114.
Graf, C., Kupfer, A., Kurth, A., Stützer, H., Koch, B., Jaeschke, S., Jouck, S., Lawrenz, A., Predel, H. & Bjarnason-Wehrens, B. (2005). Effekte einer interdisziplinären Intervention auf den BMI-SDS sowie die Ausdauerleistungsfähigkeit adipöser Kinder – das CHILT III-Projekt. *Deutsche Zeitschrift für Sportmedizin, 56* (10), 353-357.
Gramespacher, E. (2007). *Gender Mainstreaming in der Schul(sport)entwicklung. Eine Genderanalyse an Schulen.* Zugriff am 31.10.2007 unter www.freidok.uni-freiburg.de/volltexte/3335
Grimm, H. (2001). *SETK 3-5. Sprachentwicklungstest für drei- bis fünfjährige Kinder. Diagnose von Sprachverarbeitungsfähigkeiten und auditiven Gedächtnisleistungen – Manual.* Göttingen: Hogrefe.
Grimm, H. (2003). *SSV. Sprachscreening für das Vorschulalter. Kurzform des SETK 3-5 – Manual.* Göttingen: Hogrefe.
Grimm, H. & Weinert, S. (2002). Sprachentwicklung. In R. Oerter & L. Montada (Hrsg.), *Entwicklungspsychologie* (S. 517-550). Weinheim: Beltz.
Groenfeldt, V. (2007). *Children, Physical Activity and Learning* (unveröff. Dissertation). Denmark: University of Copenhagen, Departement of Exercise and Sport.
Grohnfeldt, M. (1983). *Störungen der Sprachentwicklung.* Berlin: Marhold.
Grund, A., Dilba, B., Forberger, K., Krause, H., Siewers, M., Rieckert, H. & Müller, M.J. (2000). Relationships between physical activity, physical fitness, muscle strength and nutritional state in 5- to 11-year-old children. *European Journal of Applied Physiology, 82* (5/6), 425-438.

Güllich, A. (2007). *Training – Förderung – Erfolg. Steuerungsannahmen und empirische Befunde* (Habilitationsschrift). Saarbrücken: Universität des Saarlandes, Philosophische Fakultät III.
Güllich, A., Anthes, E. & Emrich, E. (2005). Talentförderung im Sportverein. Teil 2: Interventionen zur Talentsuche und Talentförderung. *Leistungssport, 35* (6), 48-55.
Güllich, A., Emrich, E. & Prohl, R. (2004). „Zeit verlieren um (Zeit) zu gewinnen" – auch im Leistungssport? – Empirische Explorationen in der Nachwuchsförderung. In R. Prohl & H. Lange (Hrsg.), *Pädagogik des Leistungssports – Grundlagen und Facetten* (S. 157-179). Schorndorf: Hofmann.
Guilford, J.P. (1957). A system of the psychomotor abilities. *American Journal of Psychology, 71* (1), 164-174.
Gundlach, H. (1968). Systembeziehungen körperlicher Fähigkeiten und Fertigkeiten. *Theorie und Praxis der Körperkultur, 17* (2), 198-205.
Habermas, J. (1970). Soziologische Notizen zum Verhältnis von Arbeit und Freizeit. In H. Plessner, H.-E. Bock & O. Grupe (Hrsg.), *Sport und Leibeserziehung. Sozialwissenschaftliche, pädagogische und medizinische Beiträge* (S. 28-48). München: Piper.
Habermas, J. (1981). *Theorie des kommunikativen Handels*. Frankfurt a. M.: Suhrkamp.
Hackauf, H. & Winzen, G. (1999). Gesundheitstrends bei jungen Menschen im vereinten Europa. Auswirkungen veränderter sozialer Bedingungen. *Diskurs, 2,* 8-19.
Hagemann-White, C. (1984). *Sozialisation: Weiblich – männlich?* Opladen: Leske + Budrich.
Hallal, P.C., Victora, C.G., Azevedo, M.R. & Wells, J.C. (2006). Adolescent physical activity and health: a systematic review. *Sports Medicine, 36* (12), 1019-1030.
Hammer, R. (2007). Bewegung, Spiel und Sport als bewährte Maßnahme in der Kinder- und Jugendhilfe. *Motorik, 30* (2), 58-62.
Hancox, R.J., Milne, B.J. & Poulton, R. (2004). Association between child and adolescent television viewing and adult health: a longitudinal birth cohort study. *Lancet, 364* (9430), 257-262.
Hardman, K. (2005). *An up-date on the Status of Physical Education in Schools Worldwide: Technical Report for the World Health Organization*. Zugriff am 15.03.2008 unter http://www.icsspe.org/documente/PEworldwide.pdf
Hardman, K. (2007). *Current Situation and Prospects for Physical Education in the European Union*. Zugriff am 09.06.2008 unter http://www.europarl.europa.eu/EST/download.do?file=16041
Harter, S. (1998). The development of self-representations. In N. Eisenberg (Ed.), *Handbook of child psychology: Vol. 3 – Social, emotional and personality development* (5th ed.; pp. 553-617). New York: John Wiley & Sons.
Hartmann, C. (1999). Zur fördernden Beeinflussung der Motorik schulunreifer Kinder. *Körpererziehung, 49* (1), 30-34.
Hartmann-Tews, I. (2003). Soziale Konstruktion von Geschlecht im Sport: Neue Perspektiven der Geschlechterforschung in der Sportwissenschaft. In I. Hartmann-Tews, P. Gieß-Stüber, M.-L. Klein, C. Kleindienst-Cachay & K. Petry (Hrsg.), *Soziale Konstruktion von Geschlecht im Sport* (S. 13-28). Opladen: Leske + Budrich.
Hartmann-Tews, I. & Luetkens, S.A. (2006). Jugendliche Sportpartizipation und somatische Kulturen aus Geschlechterperspektive. In W. Schmidt, I. Hartmann-Tews & W.-D. Brettschneider (Hrsg.), *Erster Deutscher Kinder- und Jugendsportbericht* (2. Aufl.; S. 297-318). Schorndorf: Hofmann.
Hasemann, K. (2004). Ordnen, Zählen, Experimentieren. Mathematische Bildung im Kindergarten. In S. Weber (Hrsg.), *Die Bildungsbereiche im Kindergarten* (S. 181-205). Freiburg: Herder.
Hasenberg, R. & Zinnecker, J. (1996, 1998). Sportive Kindheiten. In J. Zinnecker & R.K. Silbereisen (Hrsg.), *Kindheit in Deutschland. Aktueller Survey über Kinder und ihre Eltern* (2. Aufl.; S. 105-136). Weinheim: Juventa.
Hasenberg, R. & Zinnecker, J. (1999). Sportive Kindheit in Familie, Schule, Verein im Übergang zur Jugend. Eine quer- und längsschnittliche Analyse des Deutschen Kindersurveys. In W. Kleine & N. Schulz (Hrsg.), *Modernisierte Kindheit – sportliche Kindheit?* (S. 87-104). St. Augustin: Academia.
Hasselhorn, M. & Schneider, W. (1998). Aufgaben und Methoden der differentiellen Entwicklungspsychologie. In H. Keller (Hrsg.), *Lehrbuch Entwicklungspsychologie* (S. 295-316). Bern: Huber.
Hasselstrom, H., Hansen, S.E., Froberg, K. & Andersen, L.B. (2002). Physical fitness and physical activity during adolescence as predictors of cardiovascular disease risk in young adulthood. Danish Youth and Sports Study. An eight-year follow-up study. *International Journal of Sports Medicine, 23* (1), 27-31.
Hassenstein, B. (2006). *Verhaltensbiologie des Kindes*. Münster: MV-Wissenschaft.

Haußer, K. & Kreuzer, M. (1994). Schülerbeurteilung und Entwicklung des Selbstkonzepts bei Grundschulkindern. Zur subjektiven Verarbeitung der ersten Ziffernzeugnisse. *Die Deutsche Schule, 86* (4), 469-481.
Havighurst, R.J. (1948). *Developmental tasks and education*. New York: Longman.
Havighurst, R.J. (1963). Dominant concerns in the life cycle. In L. Schenk-Danziger & H. Thomae (Hrsg.), *Gegenwartsprobleme der Entwicklungspsychologie* (S. 27-37). Göttingen: Hogrefe.
Health Council of the Netherlands. Committee on Trends in food consumption (2002). *Significant trends in food consumption in the Netherlands*. The Hague: Health Council of the Netherlands.
Hebebrand, J. & Bös, K. (2005). Umgebungsfaktoren – Körperliche Aktivität. In M. Wabitsch, J. Hebebrand, W. Kiess & K. Zwiauer (Hrsg.), *Adipositas bei Kindern und Jugendlichen. Grundlagen und Klinik* (S. 50-60). Berlin: Springer.
Hebebrand, J., Dabrock, P., Lingenfelder, M., Mand, E., Rief, W. & Voit, W. (2004). Ist Adipositas eine Krankheit? Interdisziplinäre Perspektiven. *Deutsches Ärzteblatt, 101* (37), A2468-A2474.
Heckhausen, H. (1964). Entwurf einer Psychologie des Spielens. *Psychologische Forschung, 27* (3), 226-243.
Heim, R. (2002a). Sportpädagogische Kindheitsforschung – Bilanz und Perspektiven. *Sportwissenschaft, 32* (3), 284-302.
Heim, R. (2002b). *Jugendliche Sozialisation und Selbstkonzeptentwicklung im Hochleistungssport*. Aachen: Meyer & Meyer.
Heim, R. & Stucke, C. (2003, 2006). Körperliche Aktivitäten und kindliche Entwicklung – Zusammenhänge und Effekte. In W. Schmidt, I. Hartmann-Tews & W.-D. Brettschneider (Hrsg.), *Erster Deutscher Kinder- und Jugendsportbericht* (2. Aufl.; S. 127-144). Schorndorf: Hofmann.
Heinzel, F. (Hrsg.). (2000). *Methoden der Kindheitsforschung. Ein Überblick zu Forschungszugängen zur kindlichen Perspektive*. Weinheim: Juventa.
Hellison, D. (2003). *Teaching Responsibility through Physical Activity*. Champaign: Human Kinetics.
Helmke, A. (1992). *Selbstvertrauen und schulische Leistungen*. Göttingen: Hogrefe.
Helmke, A. & Weinert, F.E. (1997). Bedingungsfaktoren schulischer Leistungen. In F.E. Weinert (Hrsg.), *Psychologie des Unterrichts und der Schule* (S. 71-176). Göttingen: Hogrefe.
Helsper, W. & Böhme, J. (Hrsg.). (2004). *Handbuch der Schulforschung*. Wiesbaden: VS.
Hensler, N. (2005). Modell Bewegungskindergarten Rheinland-Pfalz: Konzept – Zertifizierung – Voraussetzungen. In H. Delp & LandesSportBund Hessen (Hrsg.), *Sport- und Bewegungskindergärten: Grundlagen – Konzepte – Beispiele* (S. 179-186). Neu-Isenburg: Das Studio Torsten Hegner GmbH.
Hermes, G. (2006). *Von der Segregation über die Integration zur Inklusion*. Zugriff am 09.06.2008 unter http://www.zedis.uni-hamburg.de/wp-content/uploads/2007/01/segregation_integration_inklusion_gisela_hermes.pdf
Herzberg, I. (2001). *Kleine Singles – Lebenswelten von Schulkindern, die ihre Freizeit häufig allein verbringen*. Weinheim: Juventa.
Heseker, H. (2005). Ernährung und Adipositas im Kindes- und Jugendalter. *sportunterricht, 54* (12), 356-361.
Hessisches Kultusministerium (o. Jg.). *Bewegung & Wahrnehmung*. Zugriff am 09.06.2008 unter http://schuleundgesundheit.hessen.de/module/bewegung/
Hessisches Sozialministerium (Hrsg.). (1983). *Bewegung und Spiel im Kindergarten*. Wiesbaden: Eigenverlag.
Hetzer, H. (1927). *Das volkstümliche Kinderspiel*. Wien: Dt. Verlag für Jugend und Volk.
Higgins, J.R. (1977). *Human movement: an integrated approach*. St. Louis: Mosby.
Hildebrandt-Stramann, R. (1999). *Bewegte Schulkultur*. Butzbach-Griedel: Afra.
Hildebrandt-Stramann, R. (Hrsg.). (2007a). *Bewegte Schule – Schule bewegt gestalten*. Hohengehren: Schneider.
Hildebrandt-Stramann, R. (2007b). Die Gestaltung einer bewegten Schulkultur. Eine Prozessevaluation. In R. Hildebrandt-Stratmann (Hrsg.), *Bewegte Schule – Schule bewegt gestalten* (S. 358-373). Hohengehren: Schneider.
Hillman, C.H., Erickson, K.I. & Kramer, A.F. (2008). Be smart, exercise your heart: exercise effects on brain and cognition. *Nature Reviews Neuroscience, 9* (1), 58-65.
Hills, A.P., King, N.A. & Armstrong, T.P. (2007). The contribution of physical activity and sedentary behaviours to the growth and development of children and adolescents: implications for overweight and obesity. *Sports Medicine, 37* (6), 533-545.

Hinsching, J. (1997). Sport im Schulhort – Zu Möglichkeiten und Grenzen des Konzeptes ganztägiger Bildung und Erziehung. In A. Hummel (Hrsg.), *Schulsport und Schulsportforschung in Ostdeutschland 1945-1990* (S. 98-111). Aachen: Meyer & Meyer.

Hinz, A. (2002). Von der Integration zur Inklusion – terminologisches Spiel oder konzeptionelle Weiterentwicklung. *Zeitschrift für Heilpädagogik, 53* (9), 354-361.

Hirschauer, S. (1994). Die soziale Fortpflanzung der Zweigeschlechtlichkeit. *Kölner Zeitschrift für Soziologie und Sozialpsychologie, 46* (4), 668-692.

Hirvensalo, M., Lintunen, T. & Rantanen, T. (2000). The continuity of physical activity – a retrospective and prospective study among older people. *Scandinavian Journal of Medicine and Science in Sports, 10* (1), 37-41.

Hölling, H. & Schlack, R. (2007). Essstörungen im Kindes- und Jugendalter. Erste Ergebnisse aus dem Kinder- und Jugendgesundheitssurvey (KiGGS). *Bundesgesundheitsblatt – Gesundheitsforschung – Gesundheitsschutz, 50* (5/6), 794-799.

Hölling, H., Erhart, M., Ravens-Sieberer, U. & Schlack, R. (2007). Verhaltensauffälligkeiten bei Kindern und Jugendlichen. Erste Ergebnisse aus dem Kinder- und Jugendgesundheitssurvey (KiGGS). *Bundesgesundheitsblatt – Gesundheitsforschung – Gesundheitsschutz, 50* (5/6), 784-793.

Hoffmann, A., Brand, R. & Schlicht, W. (2006). Körperliche Bewegung. In A. Lohaus, M. Jerusalem & J. Klein-Heßling (Hrsg.), *Gesundheitsförderung im Kindes- und Jugendalter* (S. 201-220). Göttingen: Hogrefe.

Hoffmann, G. (1994). Dialektik. In E. Meinberg, K.-H. Bette, G. Hoffmann, C. Kruse & J. Thiele (Hrsg.), *Zwischen Verstehen und Beschreiben. Forschungsmethodologische Ansätze in der Sportwissenschaft* (2. Aufl.; S. 119-184). Köln: Sport & Buch Strauß.

Hollmann, W. & Hettinger, T. (1980). *Sportmedizin – Arbeits- und Trainingsgrundlagen* (2. Aufl.). Stuttgart: Schattauer.

Holstein, B., Parry-Langdon, N., Zambon, A., Currie, C. & Roberts, C. (2004). Socioeconomic inequality and health. In C. Currie, C. Roberts, A. Morgan, R. Smith, W. Settertobulte, O. Samdal & V. Barnekow Rasmussen (Eds.), *Young people's health in context. Health Behaviour in School-aged Children (HBSC) study: international report from the 2001/2002 survey* (pp. 165-172). Copenhagen: World Health Organization Regional Office for Europe. Zugriff am 18.07.2006 unter http://www.euro.who.int/eprise/main/who/informationsources/publications/catalogue/20040518_1

Holtappels, H.-G. (2007). Qualität von Schule. *Pädagogische Rundschau, 61* (5), 507-525.

Homann, K. & Steckelberg, C. (1998). Raumaneignung von Mädchen – Gesellschaftliche Bedingungen, Barrieren und Veränderungsmöglichkeiten. In P. Franke & B. Schanz (Hrsg.), *FrauenSportKultur* (S. 201-211). Butzbach-Griedel: Afra.

Honig, M.-S. (1999). *Entwurf einer Theorie der Kindheit*. Frankfurt a. M.: Suhrkamp.

Horstkemper, M. & Tillmann, K.-J. (2004). Schulformvergleiche und Studien zu Einzelschulen. In W. Helsper & J. Böhm (Hrsg.), *Handbuch der Schulforschung* (S. 287-324). Wiesbaden: VS.

Hottenträger, G. (2001). Die Gleichberechtigung von Jungen und Mädchen fördern – eine Aufgabe der Freiraumplanung. In Landeshauptstadt München (Hrsg.), *Spielräume für Mädchen. Lesebuch mit wissenschaftlichen Untersuchungen, Praxisprojekten und Beispielen* (S. 32-39). München: Sozialreferat Stadtjugendamt, Stadtkanzlei.

Howley, E.T. (2001). Type of activity: resistance, aerobic and leisure versus occupational physical activity. *Supplement to Medicine and Science in Sport and Exercise, 33* (6), 364-369.

Hradil, S. (2001). *Soziale Ungleichheit in Deutschland* (11. Aufl.). Opladen: Leske + Budrich.

Hu, F.B., Leitzmann, M.F., Stampfer, M.J., Colditz, G.A., Willett, W.C. & Rimm, E.B. (2001). Physical activity and television watching in relation to risk for type 2 diabetes mellitus in men. *Archives of Internal Medicine, 161* (12), 1542-1548.

Hübner, H., Pfitzner, M. & Wulf, O. (2004). Zur Nutzung informeller städtischer Bewegungsräume – Erkenntnisse aus aktuellen Sportverhaltensstudien. In E. Balz & D. Kuhlmann (Hrsg.), *Sportengagements von Kindern und Jugendlichen* (S. 125-138). Aachen: Meyer & Meyer.

Hummel, A. (2008). Einigung auf Motorischen Test bei Kindern und Jugendlichen erzielt – Brennpunkt. *sportunterricht, 57* (1), 1.

Hundeloh, H. (1995). Tägliche Bewegungszeiten als Schutz vor Unfällen. *Sportpädagogik, 19* (6), 8-9.

Hurrelmann, K. (1983). Das Modell des produktiv realitätsverarbeitenden Subjekts in der Sozialisationsforschung. *Zeitschrift für Sozialisationsforschung und Erziehungssoziologie, 3* (1), 91-103.

Hurrelmann, K. (1986). Das Modell des produktiv realitätsverarbeitenden Subjekts in der Sozialisationsforschung. In K. Hurrelmann (Hrsg.), *Lebenslage, Lebensalter, Lebenszeit. Ausgewählte Beiträge aus den ersten 5 Jahrgängen der Zeitschrift ‚Zeitschrift für Sozialisationsforschung und Erziehungssoziologie'* (S. 11-23). Weinheim: Beltz.

Hurrelmann, K. (1998, 2002a). *Einführung in die Sozialisationstheorie* (6. Aufl., 8. Aufl.). Weinheim: Beltz.
Hurrelmann, K. (2000). *Gesundheitssoziologie. Eine Einführung in die sozialwissenschaftliche Theorie von Krankheitsprävention und Gesundheitsförderung*. Weinheim: Juventa.
Hurrelmann, K. (2002b). Psycho- und soziosomatische Gesundheitsstörungen bei Kindern und Jugendlichen. *Bundesgesundheitsblatt – Gesundheitsforschung – Gesundheitsschutz, 45* (11), 866-872.
Hurrelmann, K. (2004). *Lebensphase Jugend. Eine Einführung in die sozialwissenschaftliche Jugendforschung* (7. Aufl.). Weinheim: Beltz.
Hurrelmann, K. & Bründel, H. (2003). *Einführung in die Kindheitsforschung* (2. Aufl.). Weinheim: Beltz.
Hurrelmann, K., Klocke, A., Melzer, W. & Ravens-Sieberer, U. (Hrsg.). (2003). *Jugendgesundheitssurvey. Internationale Vergleichsstudie im Auftrag der Weltgesundheitsorganisation WHO*. Weinheim: Juventa.
Hüther, G. (2007). Sich zu bewegen heißt fürs Leben lernen! Die erfahrungsabhängige Verankerung sensomotorischer Repräsentanzen und Metakompetenzen während der Hirnentwicklung. In I. Hunger & R. Zimmer (Hrsg.), *Bewegung – Bildung – Gesundheit. Entwicklung fördern von Anfang an* (S. 12-22). Schorndorf: Hofmann.
Illi, U. (1998). Vom Sitzen als Belastung zum Konzept der „Bewegten Schule". In U. Illi, D. Breithecker & S. Mundigler (Hrsg.), *Bewegte Schule – Gesunde Schule. Aufsätze zur Theorie* (S. 1-19). Zürich: Eigenverlag.
Jackson-Leach, R. & Lobstein, T. (2006). Estimated burden of paediatric obesity and co-morbidities in Europe. Part 1. The increase in the prevalence of child obesity in Europe is itself increasing. *International Journal of Pediatric Obesity, 1* (1), 26-32.
Jacobs, J.E., Vernon, M.K. & Eccles, J.S. (2005). Activity choices in middle childhood: The roles of gender, self-beliefs, and parents' influence. In J.L. Mahoney, R.W. Larson & J.S. Eccles (Eds.), *Organized activities as contexts of development. Extracurricular activities, after-school and community programs* (pp. 235-254). Mahwah, NJ: LEA.
Jacobs, J.E., Lanza, S., Osgood, D.W., Eccles, J.S. & Wigfield, A. (2002). Changes in children's self-competence and values: Gender and domain differences across grades one through twelve. *Child Development, 73* (2), 509-527.
Jaeschke, R. (2005). Evidenz und übergeordnete Wirkung von körperlichem Training bei Kindern mit Adipositas. In B. Bjarnason-Wehrens & S. Dordel (Hrsg.), *Übergewicht und Adipositas im Kindes- und Jugendalter* (S. 89-109). St. Augustin: Academia.
Jakobsson, B.T. (2005). *Hälsa – vad är det I ämnet idrott och hälsa? En studie av lärares tal om ämnet idrott och hälsa*. Zugriff am 06.02.2008 unter http://www.diva-portal.org/diva/getDocument?urn_nbn_se_gih_diva-21-1__fulltext.pdf
Jampert, K., Leuckefeld, K., Zehnbauer, A. & Best, P. (2006). *Sprachliche Förderung in der Kita*. Berlin: das netz.
Janssen, W. (1991). *Kultur und Spiel. Die dialogische Erweiterung des natürlichen Spielraums*. Frankfurt a. M.: Lang.
Janz, K.F. & Mahoney, L.T. (1997). Three-year follow-up of changes in aerobic fitness during puberty: the Muscatine Study. *Research Quarterly for Exercise and Sport, 68* (1), 1-9.
Janz, K.F., Dawson, J.D. & Mahoney, L.T. (2000). Tracking physical fitness and physical activity from childhood to adolescence: the muscatine study. *Medicine and Science in Sports and Exercise, 32* (7), 1250-1257.
Janz, K.F., Dawson, J.D. & Mahoney, L.T. (2002). Increases in physical fitness during childhood improve cardiovascular health during adolescence: the Muscatine Study. *International Journal of Sports Medicine, 2* (1), 15-21.
Janz, K.F., Burns, T.L., Levy, S.M. & Iowa Bone Development Study (2005). Tracking of activity and sedentary behaviors in childhood: the Iowa Bone Development Study. *American Journal of Preventive Medicine, 29* (3), 171-178.
Jösting, S. (2005). *Jungenfreundschaften. Zur Konstruktion von Männlichkeit in der Adoleszenz*. Wiesbaden: VS.
Jugendministerkonferenz (JMK) (2004). *Gemeinsamer Rahmen der Länder für die frühe Bildung in Kindertageseinrichtungen*. Zugriff am 18.08.2008 unter http://www.kmk.org/doc/beschl/RahmenBildungKita.pdf
Kahl, H., Dortschy, R. & Ellsäßer, G. (2007). Verletzungen bei Kindern und Jugendlichen (1-17 Jahre) und Umsetzung von persönlichen Schutzmaßnahmen. Ergebnisse des bundesweiten Kinder- und Jugendgesundheitssurveys (KiGGS). *Bundesgesundheitsblatt – Gesundheitsforschung – Gesundheitsschutz, 50* (5/6), 718-727.

Kalthoff, H. (1997). *Wohlerzogenheit. Eine Ethnographie deutscher Internatsschulen*. Frankfurt a. M.: Campus.
Kambas, A., Antoniou, P., Xanthi, G., Heikenfeld, R., Taxildaris, K. & Godolias, G. (2004). Unfallverhütung durch Schulung der Bewegungskoordination bei Kindergartenkindern. *Deutsche Zeitschrift für Sportmedizin, 55* (2), 44-47.
Kamtsiuris, P., Lange, M. & Schaffrath Rosario, A. (2007a). Der Kinder- und Jugendgesundheitssurvey (KiGGS): Stichprobendesign, Response und Nonresponse-Analyse. *Bundesgesundheitsblatt – Gesundheitsforschung – Gesundheitsschutz, 50* (5/6), 547-556.
Kamtsiuris, P., Atzpodien, K., Ellert, U., Schlack, R. & Schlaud, M. (2007b). Prävalenz von somatischen Erkrankungen bei Kindern und Jugendlichen in Deutschland. Ergebnisse des Kinder- und Jugendgesundheitssurveys (KiGGS). *Bundesgesundheitsblatt – Gesundheitsforschung – Gesundheitsschutz, 50* (5/6), 686-700.
Kann, I., Kinchen, S.A., Williams, B.I., Ross, J.G., Lowry, R., Hill, C.V., Grunbaum, J.A., Blumson, P.S., Collins, J.L. & Kolbe, L.J. (1998). Youth risk behavior surveillance – United States. *Journal of School Health, 68* (9), 355-369.
Kany, W. & Schöler, H. (2007). *Fokus: Sprachdiagnostik. Leitfaden zur Sprachstandsbestimmung im Kindergarten*. Berlin: Cornelsen.
Karlsson, M.K. (2004). Physical activity, skeletal health and fractures in a long term perspective. *Journal of Musculoskeletal and Neuronal Interactions, 4* (1), 12-21.
Karnatz, E. (2008). *Internationale Lösungsansätze in der frühkindlichen Bildung*. Berlin: Liberal.
Kelle, U. & Kluge, S. (1999). *Vom Einzelfall zum Typus. Fallvergleich und Fallkontrastierung in der qualitativen Sozialforschung*. Opladen: Leske + Budrich.
Keller, H. (Hrsg.). (1997). *Handbuch der Kleinkindforschung*. Bern: Huber.
Kemper, H.C., Snel, J., Verschuur, R. & Storm-van Essen, L. (1990). Tracking of health and risk indicators of cardiovascular diseases from teenager to adult: Amsterdam Growth and Health Study. *Preventive Medicine, 19* (6), 642-655.
Kemper, H.C., de Vente, W., van Mechelen, W. & Twisk, J.W. (2001a). Adolescent motor skill and performance: is physical activity in adolescence related to adult physical fitness? *American Journal of Human Biology, 13* (2), 180-189.
Kemper, H.C., Twisk, J.W., Koppes, L.L., van Mechelen, W. & Post, G.B. (2001b). A 15-year physical activity pattern is positively related to aerobic fitness in young males and females (13-27 years). *European Journal of Applied Physiology, 84* (5), 395-402.
Kersting, M. (2005). Umgebungsfaktoren – Ernährungsgewohnheiten. In M. Wabitsch, J. Hebebrand, W. Kiess & K. Zwiauer (Hrsg.), *Adipositas bei Kindern und Jugendlichen. Grundlagen und Klinik* (S. 61-69). Berlin: Springer.
Ketelhut, K., Mohasseb, I. & Ketelhut, R. (2007). Bewegungsförderung im Kindergarten – Fitness für Kids. *Haltung und Bewegung, 27* (1), 5-10.
Keupp, H. & Höfer, R. (1997). *Identitätsarbeit heute* (4. Aufl.). Frankfurt a. M.: Suhrkamp.
Keupp, H. & Höfer, R. (Hrsg.). (1998). *Identitätsarbeit heute: klassische und aktuelle Perspektiven der Identitätsforschung* (1. Aufl.; Nachdruck). Frankfurt a. M.: Suhrkamp.
Keupp, H., Ahbe, T., Gmür, W., Höfer, R., Kraus, W., Mitzscherlich, B. & Straus, F. (1999). *Identitätskonstruktionen: Das Patchwork der Identitäten in der Spätmoderne*. Reinbek: Rowohlt.
Khan, K., McKay, H.A., Haapasalo, H., Bennell, K.L., Forwood, M.R., Kannus, P. & Wark, J.D. (2000). Does childhood and adolescence provide a unique opportunity for exercise to strengthen the skeleton? *Journal of Science and Medicine in Sport, 3* (2), 150-164.
Kim, K.-W. (1995). *Wettkampfpädagogik – Pädagogik des sportlichen Leistungshandelns im Kinder-Wettkampfsport*. Berlin: Tischler.
Kiphard, E.J. & Huppertz, H. (1968). *Erziehung durch Bewegung*. Bonn: Dürrsche Buchhandlung.
Kirk, D. (2006). The ‚obesity crisis' and school physical education. *Sport, Education and Society, 11* (2), 121-133.
Klaes, L., Cosler, D., Rommel, A. & Zens, Y.C.K. (2003). *WIAD-AOK-DSB-Studie II. Bewegungsstatus von Kindern und Jugendlichen in Deutschland. Kurzfassung einer Untersuchung im Auftrag des Deutschen Sportbundes und des AOK-Bundesverbandes*. Frankfurt a. M.: Eigenverlag.
Klein, G. & Hardman, K. (Eds.). (2007). *L'Éducation physique et l'education sportive dans l'Union européenne. Tome 1*. Paris: Editions Revue EPS.
Klein, G., Touchard, Y. & Debove, C. (2008). Physical Education and Sport Education in France. In G. Klein & K. Hardman (Eds.), *Physical Education and Sport Education in European Union* (pp. 132-144). Paris: Edition Revue EPS.

Klein, M. (2006). *Sport und Gesundheit bei Kindern und Jugendlichen im Saarland. Eine empirische Studie aus medizinischer, sportmotorischer und soziologischer Sicht*. Mainz: Schors.
Klein, M. (2008). *Sport und Gesundheit bei Kindern und Jugendlichen im Saarland. Gesonderte Auswertungen zur Kinderstichprobe* (unveröff. Manuskript). Saarbrücken: Universität des Saarlandes.
Kleindienst-Cachay, C. (2005). *Bewegung, Spiel und Sport in der „Offenen Ganztagsschule". Ergebnisse und Erfahrungen aus ausgewählten Bielefelder Schulen*. Zugriff am 25.04.2008 unter http://www.uni-bielefeld.de/sport/arbeitsbereiche/ab_iv/personal/SportimGanztagTagdes%20 Schulsports.pdf
Kleine, W. (2003). *Tausend gelebte Kindertage. Sport und Bewegung im Alltag der Kinder*. Weinheim: Juventa.
Klesges, R.C., Shelton, M.L. & Klesges, L.M. (1993). Effects of television on metabolic rate: potential implications for childhood obesity. *Pediatrics, 91* (2), 281-286.
Klöckner, C.A., Stecher, L. & Zinnecker, J. (2002). Kinder und ihre Wohnumgebung. In LBS-Initiative Junge Familie (Hrsg.), *Kindheit 2001. Das LBS-Kinderbarometer* (S. 275-298). Opladen: Leske + Budrich.
Klupsch-Sahlmann, R. (2001). *Mehr Bewegung in der Grundschule*. Berlin: Cornelsen.
Klupsch-Sahlmann, R. (2007). Schulprogramm und Bewegte Schule. In R. Hildebrandt-Stramann (Hrsg.), *Bewegte Schule – Schule bewegt gestalten* (S. 86-96). Hohengehren: Schneider.
Knauf, T. (2005). Stärken- statt Defizitorientierung. In Bertelsmann Stiftung (Hrsg.), *Guck mal. Dokumentation des Fachkongresses 19./20. November 2004* (S. 95-115). Gütersloh: Bertelsmann.
Kössler, C. (1999). *Bewegte Schule – Anspruch und Wirklichkeit* (Dissertation). Regensburg: Universität Regensburg.
Kohl, M. (2005). Sport im Ganztag – ein neuer Baustein der Kooperation Schule-Sportverein. In A. Gogoll & A. Menze-Sonneck (Hrsg.), *Qualität im Schulsport* (S. 79-84). Hamburg: Czwalina.
Koletzko, B., Toschke, A.M. & von Kries, R. (2004). Herausforderungen bei der Charakterisierung und der Verbesserung der Ernährungssituation im Kindes- und Jugendalter. *Bundesgesundheitsblatt – Gesundheitsforschung – Gesundheitsschutz, 47* (3), 227-234.
Kolip, P., Nordlohne, E. & Hurrelmann, K. (1995). Der Jugendgesundheitssurvey 1993. In P. Kolip, K. Hurrelmann & P.-E. Schnabel (Hrsg.), *Jugend und Gesundheit. Interventionsfelder und Präventionsbereiche* (S. 25-48). Weinheim: Juventa.
Korsten-Reck, U., Kromeyer-Hauschild, K., Korsten, K., Rücker, G., Dickhut, H.-H. & Berg, A. (2006). Freiburg Intervention Trial für Obese Children (FITOC): Ergebnisse einer klinischen Beobachtungsstudie. *Deutsche Zeitschrift für Sportmedizin, 57* (2), 36-41.
Kosinski, T. & Schubert, M. (1989). Kommerzielle Sportanbieter. In K. Dietrich & K. Heinemann (Hrsg.), *Der nicht-sportliche Sport* (S. 139-149). Schorndorf: Hofmann.
Kottmann, L., Küpper, D. & Pack, R.P. (1997). *Bewegungsfreudige Schule*. München: BAGUV.
Kraft, J. (1986). *Koordination in Wahrnehmung, Bewegung und Sprache. Psychomotorische Grundlagen für die Förderung der Kommunikationsfähigkeit des gehörlosen Kindes im Kindergartenalter* (Dissertation). Hamburg: Universität Hamburg.
Krahenbuhl, G.S., Skinner, J.S. & Kohrt, W.M. (1985). Developmental aspects of maximal aerobic power in children. *Exercise and Sport Sciences Reviews, 13* (1), 503-538.
Krampen, G. (2002). Persönlichkeits- und Selbstkonzeptentwicklung. In R. Oerter & L. Montada (Hrsg.), *Entwicklungspsychologie* (5. Aufl.; S. 675-710). Weinheim: Beltz.
Krappmann, L. (1998). Sozialisation in der Gruppe der Gleichaltrigen. In K. Hurrelmann & D. Ulich (Hrsg.), *Handbuch der Sozialisationsforschung* (5. Aufl.; S. 355-376). Weinheim: Beltz.
Krappmann, L. & Oswald, H. (1995). *Alltag der Schulkinder*. Weinheim: Juventa.
Kraut, A., Melamed, S., Gofer, D., Froom, P. & CORDIS Study (2003). Effect of school age sports on leisure time physical activity in adults: The CORDIS Study. *Medicine and Science in Sports and Exercise, 35* (12), 2038-2042.
Kreckel, R. (1992). *Politische Soziologie der sozialen Ungleichheit*. Frankfurt a. M.: Campus.
Krenz, A. (1991). *Der „situationsorientierte Ansatz" im Kindergarten*. Freiburg: Herder.
Kreppner, K. (1998). Sozialisation in der Familie. In K. Hurrelmann & D. Ulich (Hrsg.), *Handbuch der Sozialisationsforschung* (5. Aufl.; S. 321-334). Weinheim: Beltz.
Kretschmer, J. (2004). Zum Einfluss der veränderten Kindheit auf die motorische Leistungsfähigkeit. *Sportwissenschaft, 34* (4), 414-437.
Kretschmer, J. & Giewald, C. (2001). Veränderte Kindheit – veränderter Schulsport? *sportunterricht, 50* (2), 36-42.
Kretschmer, J. & Wirszing, D. (2007). *Mole. Motorische Leistungsfähigkeit von Grundschulkindern in Hamburg. Abschlussbericht zum Forschungsprojekt*. Hamburg: moeve.

Kretschmer, J. & Wirszing, D. (2008). *Mole – Motorische Leistungsfähigkeit von Grundschulkindern in Hamburg.* Hamburg: moeve.
Kriemler, S., Zahner, L. & Puder, J.J. (2007). Sind unsere Kinder zu molligen Bewegungsmuffeln («couch potatoes») geworden? *Schweizerisches Medizin Forum, 7* (9), 220-224.
Kristensen, P.L., Moller, N.C., Korsholm, L., Wedderkopp, N., Andersen, L.B. & Froberg, K. (2008). Tracking of objectively measured physical activity from childhood to adolescence: the European youth heart study. *Scandinavian Journal of Medicine and Science in Sports, 18* (2), 171-178.
Kristensen, P.L., Wedderkopp, N., Moller, N.C., Andersen, L.B., Bai, C.N. & Froberg, K. (2006). Tracking and prevalence of cardiovascular disease risk factors across socio-economic classes: a longitudinal substudy of the European Youth Heart Study. *BMC Public Health, 6,* 20.
Krombholz, H. (1998). Theorien, Modelle und Befunde zur motorischen Entwicklung im Kindesalter. *Sportonomics, 4* (2), 55-76.
Krombholz, H. (2004a). Bewegungsförderung im Kindergarten – Ergebnisse eines Modellversuchs. Teil 1: Ziele, Inhalte und Umsetzung. *Motorik, 27* (3), 130-137.
Krombholz, H. (2004b). Bewegungsförderung im Kindergarten – Ergebnisse eines Modellversuchs. Teil 2: Ergebnisse. *Motorik, 27* (4), 166-182.
Kromeyer-Hauschild, K., Wabitsch, M., Kunze, D., Geller, F., Geiß, H.C., Hesse, V., von Hippel, A., Jaeger, U., Johnsen, D., Korte, W., Menner, K., Müller, G., Müller, M.J., Niemann-Pilatus, A., Remer, T., Schaefer, F., Wittchen, H.-U., Zabransky, S., Zellner, K., Ziegler, A. & Hebebrand, J. (2001). Perzentile für den Body-mass-Index für das Kindes- und Jugendalter unter Heranziehung verschiedener deutscher Stichproben. *Monatsschrift Kinderheilkunde, 149* (8), 807-818.
Kröner, S. (1976). *Sport und Geschlecht: eine soziologische Analyse sportlichen Verhaltens in der Freizeit.* Ahrensburg: Czwalina.
Krüger, H.-H. & Pfaff, N. (2004). Triangulation quantitativer und qualitativer Zugänge in der Schulforschung. In W. Helsper & J. Böhm (Hrsg.), *Handbuch der Schulforschung* (S. 287-324). Wiesbaden: VS.
Kugelmann, C. (1997). Koedukation im Sportunterricht – 20 Jahre Diskussion und kein Ende abzusehen. In U. Henkel & S. Kröner (Hrsg.), *Und sie bewegt sich doch! Sportwissenschaftliche Frauenforschung – Bilanz und Perspektiven* (S. 179-212). Pfaffenweiler: Centaurus.
Kugelmann, C. (2001). Koedukation im Sportunterricht oder: Mädchen und Jungen gemeinsam in Spiel, Sport und Bewegung unterrichten. In W. Günzel & R. Laging (Hrsg.), *Neues Taschenbuch des Sportunterrichts – Band 1: Grundlagen und pädagogische Orientierungen* (S. 297-322). Hohengehren: Schneider.
Kuhn, H. (1994). Kampfkunst in der Jugendarbeit. Modetrends, „Erlebnispädagogik" oder sinnvolle Möglichkeit zur Selbstverwirklichung und Gewaltprävention? *deutsche jugend, 42* (11), 488-497.
Kuhn, P. (2007a). Was Kinder bewegt oder: Welche Vorstellungen haben Kinder von einer Bewegten Schule? In R. Hildebrandt-Stramann (Hrsg.), *Bewegte Schule – Schule bewegt gestalten* (S. 383-400). Hohengehren: Schneider.
Kuhn, P. (2007b). *Was Kinder bewegt.* Münster: Lit.
Kuhn, P., Medick, B. & Dudek, W. (2000). Kinderwünsche für eine bewegte Schule. In E. Balz & P. Neumann (Hrsg.), *Anspruch und Wirklichkeit des Sports in Schule und Verein* (S. 67-73). Hamburg: Czwalina.
Kultusministerkonferenz (KMK) (1994). *Empfehlungen zur sonderpädagogischen Förderung in den Schulen in der Bundesrepublik Deutschland.* Zugriff am 09.06.2008 unter http://www.kmk.org/doc/beschl/sopae94.pdf
Kultusministerkonferenz (KMK) (2008). *Statistische Veröffentlichungen der Kultusministerkonferenz* (Dokumentation Nr. 185). Zugriff am 21.08.2008 unter http://www.kmk.org/statist/Dok185.pdf
Kultusministerkonferenz (KMK) & Deutscher Olympischer Sportbund (DOSB) (2007). *Gemeinsame Handlungsempfehlungen der Kultusministerkonferenz und des Deutschen Olympischen Sportbundes zur Weiterentwicklung des Schulsports.* Zugriff am 28.06.2008 unter http://www.dosb.de/uploads/media/Handlungsempfehlungen_der_KMK_und_des_DOSB_.pdf
Kunert-Zier, M. (2004). *MädchenStärken. Ein Pilotprojekt der Deutschen Kinder- und Jugendstiftung (DKJS) und Nike Deutschland 2004. Evaluationsbericht.* Frankfurt a. M.: FH Frankfurt.
Kurth, B.-M. (2007). Der Kinder- und Jugendgesundheitssurvey (KiGGS): Ein Überblick über Planung, Durchführung und Ergebnisse unter Berücksichtigung von Aspekten eines Qualitätsmanagements. *Bundesgesundheitsblatt – Gesundheitsforschung – Gesundheitsschutz, 50* (5/6), 533-546.

Kurth, B.-M. & Schaffrath Rosario, A. (2007). Die Verbreitung von Übergewicht und Adipositas bei Kindern und Jugendlichen in Deutschland. Ergebnisse des bundesweiten Kinder- und Jugendgesundheitssurveys (KiGGS). *Bundesgesundheitsblatt – Gesundheitsforschung – Gesundheitsschutz, 50* (5/6), 736-743.

Kurth, B.-M., Ziese, T. & Tiemann, F. (2005). Gesundheitsmonitoring auf Bundesebene. Ansätze und Perspektiven. *Bundesgesundheitsblatt – Gesundheitsforschung – Gesundheitsschutz, 48* (3), 261-272.

Kurz, D. (1977). *Elemente des Schulsports.* Schorndorf: Hofmann.

Kurz, D. (1993). *Leibeserziehung und Schulsport in der Bundesrepublik Deutschland. Epochen einer Fachdidaktik.* Bielefeld: Universität Bielfeld, Abteilung Sportwissenschaft.

Kurz, D. (2000). Die pädagogische Grundlegung des Schulsports in Nordrhein-Westfalen. In H. Aschebrock (Hrsg.), *Erziehender Schulsport. Pädagogische Grundlagen der Curriculumrevision in Nordrhein-Westfalen* (S. 9-55). Bönen: Kettler.

Kurz, D. (2002). Bewegen sich Kinder und Jugendliche heute weniger als früher? In The Club of Cologne (Hrsg.), *2. Konferenz des Club of Cologne 25.09.2001* (S. 31-44). Köln: Club of Cologne.

Kurz, D. (2008). Der Auftrag des Schulsports. *sportunterricht, 57* (7), 211-218.

Kurz, D. & Fritz, T. (2006). *Die Schwimmfähigkeit der Elfjährigen.* Zugriff am 09.07.2008 unter http://www.schulsport-nrw.de/info/01_schulsportentwicklung/schwimmtagung2006/pdf/kurz_fritz_schwimmfaehigkeit.pdf

Kurz, D. & Fritz, T. (2007). *Motorische Basisqualifikationen von Kindern. Ergebnisse einer repräsentativen Untersuchung in Nordrhein-Westfalen. Abschlussbericht über das Forschungsprojekt MOBAQ I und II* (unveröff. Manuskript). Bielefeld: Universität Bielefeld.

Kurz, D. & Sonneck, P. (1996). Die Vereinsmitglieder – Formen und Bedingungen der Bindung an den Sportverein. In D. Kurz, H.-G. Sack & K.-P. Brinkhoff (Hrsg.), *Kindheit, Jugend und Sport in Nordrhein-Westfalen. Der Sportverein und seine Leistungen. Eine repräsentative Befragung der nordrhein-westfälischen Jugend* (S. 75-160). Düsseldorf: Moll.

Kurz, D. & Tietjens, M. (2000). Das Sport- und Vereinsengagement der Jugendlichen. Ergebnisse einer repräsentativen Studie in Brandenburg und NRW. *Sportwissenschaft, 30* (4), 384-407.

Kurz, D., Sack, H.-G. & Brinkhoff, K.-P. (1996). *Kindheit, Jugend und Sport in Nordrhein-Westfalen. Der Sportverein und seine Leistungen. Eine repräsentative Befragung der nordrhein-westfälischen Jugend.* Düsseldorf: Moll.

Kustor, B. (1996). Das Verschwinden der Mädchen aus dem öffentlichen Raum. In A. Flade & B. Kustor (Hrsg.), *Raus aus dem Haus – Mädchen erobern die Stadt* (S. 28-43). Frankfurt a. M.: Campus.

Laaksonen, D.E., Lakka, H.M., Salonen, J.T., Niskanen, L.K., Rauramaa, R. & Lakka, T.A. (2002). Low levels of leisure-time physical activity and cardiorespiratory fitness predict development of the metabolic syndrome. *Diabetes Care, 25* (9), 1612-1618.

Lämmle, L., Tittlbach, S. & Bös, K. (2008, i. V.). *Dimensionsanalysen motorischer Fähigkeiten.*

Lämmle, L., Tittlbach, S., Oberger, J., Worth, A. & Bös, K. (in review). A two-level-model of motor performance ability. *Journal of Sport Science.*

Laewen, H.J. & Andres, B. (2002a). *Bildung und Erziehung in der frühen Kindheit. Bausteine zum Bildungsauftrag von Kindertageseinrichtungen.* Weinheim: Beltz.

Laewen, H.J. & Andres, B. (2002b). *Künstler, Forscher, Konstrukteure.* Weinheim: Beltz.

Laflamme, L. (1998). *Social inequality in injury risks. Sweden's Knowledge accumulated and plans for the future.* Stockholm: Folkhälsoinstitutet.

Laging, R. & Rabe, A. (2004). Spiel- und Bewegungsräume aus Kindersicht. In E. Balz & D. Kuhlmann (Hrsg.), *Sportengagements von Kindern und Jugendlichen* (S. 153-168). Aachen: Meyer & Meyer.

Laging, R. (2007a). Ganztagsschule bewegt mitgestalten – Möglichkeiten der Mitwirkung außerschulischer Partner. In B. Seibel (Hrsg.), *Bewegung, Spiel und Sport in der Ganztagsschule* (S. 47-65). Schorndorf: Hofmann.

Laging, R. (2007b). Schule als Bewegungsraum – Nachhaltigkeit als Selbstaktivierung. In R. Hildebrandt-Stramann (Hrsg.), *Bewegte Schule – Schule bewegt gestalten* (S. 62-85). Hohengehren: Schneider.

Laging, R. (2008, i. Dr.). Bewegung und Sport – Zur integrativen Bedeutung von Bewegungsaktivitäten im Ganztag. In H.-U. Otto & T. Coelen (Hrsg.), *Grundbegriffe der Ganztagsbildung.* Wiesbaden: VS.

Lakka, T.A., Venalainen, J.M., Rauramaa, R., Salonen, R., Tuomilehto, J. & Salonen, J.T. (1994). Relation of leisure-time physical activity and cardiorespiratory fitness to the risk of acute myocardial infarction. *New England Journal of Medicine, 330* (22), 1549-1554.

Lamerz, A., Kuepper-Nybelen, J., Wehle, C., Bruning, N., Trost-Brinkhues, G., Brenner, H., Hebebrand, J. & Herpertz-Dahlmann, B. (2005). Social class, parental education, and obesity prevalence in a study of six-year-old children in Germany. *International Journal of Obesity, 29* (4), 373-380.
Lamnek, S. (2005). *Qualitative Sozialforschung Lehrbuch* (4. Aufl.). Weinheim: Beltz.
LaMonte, M.J., Barlow, C.E., Jurca, R., Kampert, J.B., Church, T.S. & Blair, S.N. (2005). Cardiorespiratory fitness is inversely associated with the incidence of metabolic syndrome: a prospective study of men and women. *Circulation, 112* (4), 505-512.
Lampert, T., Sygusch, R. & Schlack, R. (2007). Nutzung elektronischer Medien im Jugendalter. Ergebnisse des Kinder- und Jugendgesundheitssurveys (KiGGS). *Bundesgesundheitsblatt – Gesundheitsforschung – Gesundheitsschutz, 50* (5/6), 643-652.
LandesSportBund Hessen (LSB Hessen) (Hrsg.). (2005). *Sport- und Bewegungskindergärten*. Frankfurt a. M.: Eigenverlag.
LandesSportBund NRW (LSB NRW) (Hrsg.). (2003). *Sport in der Ganztagsbetreuung. Sachstand und Handlungsschritte*. Duisburg: LandesSportBund NRW.
LandesSportBund NRW (LSB NRW) (Hrsg.). (2004). *Bewegung, Spiel und Sport im Ganztag – aber sicher!* Duisburg: LandesSportBund NRW.
LandesSportBund NRW (LSB NRW) (Hrsg.). (2005). *Sport im Ganztag 3. Schwerpunkte – Praxis – Perspektiven*. Duisburg: LandesSportBund NRW.
LandesSportBund NRW (LSB NRW) & Sportjugend NRW (SJ NRW) (2008). *Kinder- und Jugendbildung im gemeinnützigen Sport*. Duisburg: Sportjugend NRW.
LandesSportBund NRW (LSB NRW), Württembergischer Fußball- und Leichtathletikverband (WFLV) & Willibald Gebhardt Institut (WGI) (Hrsg.). (2003). *Bewegung, Spiel, Sport und Ganztagsbetreuung in Schulen. Dokumentation eines Expertengesprächs am 25. Juli 2003 in der Arena auf Schalke*. Duisburg: LandesSportBund NRW.
Landsberg, B. (2007). *Beziehung zwischen körperlicher Aktivität und kardiovaskulären Risikofaktoren bei Kindern und Jugendlichen. Ergebnisse der Kieler Adipositas-Präventionsstudie (KOPS)*. Tönning: Der Andere Verlag.
Lange, M., Kamtsiuris, P., Lange, C., Schaffrath Rosario, A., Stolzenberg, H. & Lampert, T. (2007). Messung soziodemographischer Merkmale im Kinder- und Jugendgesundheitssurvey (KiGGS) und ihre Bedeutung am Beispiel der Einschätzung des allgemeinen Gesundheitsstands. *Bundesgesundheitsblatt – Gesundheitsforschung – Gesundheitsschutz, 50* (5/6), 578-589.
Langnäse, K., Mast, M. & Müller, M.J. (2002). Social class differences in overweight of prepubertal children in northwest Germany. *International Journal of Obesity and Related Metabolic Disorders, 26* (4), 566-572.
Langnäse, K., Mast, M., Danielzik, S., Spethmann, C. & Müller, M.J. (2003). Socioeconomic gradients in body weight of German children reverse direction between the ages of 2 and 6 years. *Journal of Nutrition, 133* (3), 789-796.
Larsen, K. (Red.). (2003). *Børn og unge i bevægelse – Perspektiver og idéer*. Zugriff am 06.02.2008 unter http://www.boernekultur.dk/index.aspx?id=10CD3AE3-DBB1-43DD-8FB8-84EF13A70B49
Laukkanen, J.A., Lakka, T.A., Rauramaa, R., Kuhanen, R., Venalainen, J.M., Salonen, R. & Salonen, J.T. (2001). Cardiovascular fitness as a predictor of mortality in men. *Archives of Internal Medicine, 161* (6), 825-831.
Laux, L. (2008). *Persönlichkeitspsychologie* (2. Aufl.). Stuttgart: Kohlhammer.
Lazarus, R.S. & Folkman, S. (1984). *Stress, Appraisal, and Coping*. Berlin: Springer.
LBS-Initiative Junge Familie (1998, 1999, 2002, 2004, 2005). *LBS-Kinderbarometer NRW. Stimmungen, Meinungen, Trends von Kindern in Nordrhein-Westfalen*. Zugriff am 03.04.2008 unter http://www.kinderbarometer.de
LBS-Initiative Junge Familie (2006). *LBS-Kinderbarometer. Wohnen in NRW. Stimmungen, Meinungen und Trends von Kindern*. Zugriff am 03.04.2008 unter http://www.kinderbarometer.de
LBS-Initiative Junge Familie (2007). *LBS-Kinderbarometer. Deutschland 2007. Stimmungen, Meinungen, Trends von Kindern in sieben Bundesländern*. Zugriff am 03.04.2008 unter http://www.kinderbarometer.de
Ledig, M. (1992). Vielfalt oder Einfalt – Das Aktivitätsspektrum von Kindern. In Deutsches Jugendinstitut (Hrsg.), *Was tun Kinder am Nachmittag? Ergebnisse einer empirischen Studie zur mittleren Kindheit* (S. 31-74). Weinheim: Juventa.
Lefevre, J., Philippaerts, R., Delvaux, K., Thomis, M., Claessens, A.L., Lysens, R., Renson, R., Vanden Eynde, B., Vanreusel, B. & Beunen, G. (2002). Relation between cardiovascular risk factors at adult age, and physical activity during youth and adulthood: the Leuven Longitudinal Study on Lifestyle, Fitness and Health. *International Journal of Sports Medicine, 23* (1), 32-38.

Lefevre, J., Philippaerts, R.M., Delvaux, K., Thomis, M., Vanreusel, B., Vanden Eynde, B., Claessens, A.L., Lysens, R., Renson, R. & Beunen, G. (2000). Daily physical activity and physical fitness from adolescence to adulthood: A longitudinal study. *American Journal of Human Biology, 12* (4), 487-497.

Lehmann, B. (2003). In der Gosse verloren – auf der Straße gefunden. In C. Podlich & W. Kleine (Hrsg.), *Kinder auf der Straße* (S. 143-170). St. Augustin: Academia.

Lerner, R.M. & Busch-Rossnagel, N.A. (Eds.). (1981). *Individuals as producers of their development: A life-span perspective*. New York: Academic Press.

Leu, H.R. (1999). Prozesse der Selbst-Bildung bei Kindern – eine Herausforderung an Forschung und Pädagogik. In Deutsches Jugendinstitut (Hrsg.), *Das Forschungsjahr 1998* (S. 168-198). München: Inst.

Liedtke, G. & Lagerstroem, D. (Hrsg.). (2007). *Friluftsliv – Entwicklung, Bedeutung und Perspektive. Gesundheitsorientierte Bewegungsbildung durch naturbezogene Aktivitäts- und Lebensformen*. Aachen: Meyer & Meyer.

Liegle, L. (1991). Curriculumkonzepte für die Kindergartenarbeit. In H. Mörsberger, E. Moskal & E. Pflug (Hrsg.), *Der Kindergarten* (S. 19-46). Freiburg: Herder.

Lienert, C. (2007). A Cross-Cultural Perspective on Inclusive Physical Education. In H. Tiemann, S. Schulz & E. Schmidt-Gotz (Hrsg.), *International – Inklusiv – Interdisziplinär: Perspektiven einer zeitgemäßen Sportwissenschaft* (S. 123-160). Schorndorf: Hofmann.

Limbourg, M. & Reiter, K. (2003). Die Gefährdung von Kindern im Straßenverkehr. In C. Podlich & W. Kleine (Hrsg.), *Kinder auf der Straße* (S. 64-91). St. Augustin: Academia.

Lipski, J. & Kellermann, D. (2002). *Schule und soziale Netzwerke. Erste Ergebnisse der Befragung von Schulleitern zur Zusammenarbeit allgemeinbildender Schulen mit anderen Einrichtungen und Personen. Zwischenbericht 2002*. Zugriff am 10.06.2008 unter http://www.dji.de/bibs/147_1067_Zwischenbericht2.pdf

Lissau, I. & Sörensen, T.I.A. (1994). Parental neglect during childhood and increased risk of obesity in young adulthood. *Lancet, 343* (8893), 324-327.

Lobstein, T. & Jackson-Leach, R. (2006). Estimated burden of paediatric obesity and co-morbidities in Europe. Part 2. Numbers of children with indicators of obesity-related disease. *International Journal of Pediatric Obesity, 1* (1), 33-41.

Lobstein, T., Baur, L. & Uauy, R. (2004). Obesity in children and young people: a crisis in public health. *Obesity Review, 5* (1), 4-104.

Löw, M. (2003). *Einführung in die Soziologie der Bildung und Erziehung*. Opladen: Leske + Budrich.

Loewe, M. & Fall, K. (2003). Falsche Angst vor zu viel Bildung. *Erziehung und Wissenschaft, 55* (11), 6-11.

Lynch, J., Helmrich, S.P., Lakka, T.A., Kaplan, G.A., Cohen, R.D., Salonen, R. & Salonen, J.T. (1996). Moderately intense physical activities and high levels of cardiorespiratory fitness reduce the risk of non-insulin-dependent diabetes mellitus in middle-aged men. *Archives of Internal Medicine, 156* (12), 1307-1314.

Maccoby, E.E. (2000). *Psychologie der Geschlechter – Sexuelle Identität in den verschiedenen Lebensphasen*. Stuttgart: Klett-Cotta.

Maia, J.A., Lefevre, J. & Beunen, G. (1998). Stability of physical fitness: a study of Belgium males followed longitudinally from 12 to 30 years. *Medicine and Science in Sports and Exercise, 30* (5), 305.

Maia, J.A., Lefevre, J., Claessens, A., Renson, R., Vanreusel, B. & Beunen, G. (2001). Tracking of physical fitness during adolescence: a panel study in boys. *Medicine and Science in Sports and Exercise, 33* (5), 765-771.

Malina, R.M. (1996). Tracking of physical activity and physical fitness across the lifespan. *Research Quarterly for Exercise and Sport, 67* (3), 48-57.

Malina, R.M. (2001a). Tracking of physical activity across the lifespan. *Research Digest. Presidents Council on Physical Fitness and Sports, 3* (14), 1-8.

Malina, R.M. (2001b). Physical activity and fitness: pathways from childhood to adulthood. *American Journal of Human Biology, 13* (2), 162-172.

Mandler, J. & Zimmer, R. (2006). Sprach- und Bewegungsentwicklung bei Kindern. *Motorik, 29* (1), 33-40.

Marique, T. & Heyters, C. (2005). La condition physique des jeunes. *Faits et Gestes, 16*, 1-8.

Marsh, H.W. (2005). Gasteditorial: Big-Fish-Little-Pond Effect on academic self-concept. *Zeitschrift für pädagogische Psychologie, 19* (3), 119-127.

Marsh, H.W. & Craven, R.G. (2006). Reciprocal effects of self-concept and performance from a multi-dimensional perspective: Beyond seductive pleasure and unidimensional perspectives. *Perspectives on Psychological Science, 1* (2), 133-166.
Marsh, H.W., Gerlach, E., Trautwein, U., Lüdtke, O. & Brettschneider, W.-D. (2007). Longitudinal study of preadolescent sport self-concept and performance: Reciprocal effects and causal-ordering. *Child Development, 78* (6), 1640-1656.
Marsh, H.W., Trautwein, U., Lüdtke, O., Köller, O. & Baumert, J. (2006). Integration of multidimensional self-concept and core personality constructs: Construct validation and relations to well-being and achievement. *Journal of Personality, 74* (2), 403-456.
Marshall, S.J., Sarkin, J.A., Sallis, J.F. & McKenzie, T.L. (1998). Tracking of health-related fitness components in youth ages 9 to 12. *Medicine and Science in Sports and Exercise, 30* (6), 910-916.
Marshall, S.J., Biddle, S.J., Gorely, T., Cameron, C. & Murdey, I. (2004). Relationships between media use, body fatness and physical activity in children and youth: a meta-analysis. *International Journal of Obesity, 28* (10), 1238-1246.
Martin, D., Carl, K. & Lehnertz, K. (1991, 2001). *Handbuch Trainingslehre* (3. Aufl.). Schorndorf: Hofmann.
Martin, L.R. & Martin, P. (1999). *Gewalt in Schule und Erziehung. Ursachen – Grundformen der Prävention und Intervention*. Bad Heilbrunn: Klinkhardt.
Matton, L., Thomis, M., Wijndaele, K., Duvigneaud, N., Beunen, G., Claessens, A.L., Vanreusel, B., Philippaerts, R. & Lefevre, J. (2006). Tracking of physical fitness and physical activity from youth to adulthood in females. *Medicine and Science in Sports and Exercise, 38* (6), 1114-1120.
Mays, D. (2006). Sport im Ganztag – Eine Zukunftsaufgabe für den organisierten Sport. In LandesSportBund & Sportjugend NRW (Hrsg.), *Zukunftsdialog II der Fachverbände im LandesSportBund NRW. „Bewegung, Spiel und Sport im Ganztag"* (S. 8-15). Duisburg: LandesSportBund NRW & Sportjugend NRW.
McKenzie, T.L. (2007). The Preparation of Physical Education Educators: A Public Health Perspective. *Quest, 59* (4), 346-357.
McKenzie, T.L. & Rosengard, P. (2000). *SPARK Physical Education, Grades 3-6*. San Diego: SDSU Foundation.
McKenzie, T.L., Sallis, J.F., Prochaska, J.J., Conway, T.L., Marshall, S.J. & Rosengard, P. (2004). Evaluation of a 2-year middle school physical education intervention: M-SPAN. *Medicine and Science in Sports and Exercise, 36* (8), 1382-1388.
McMurray, R.G., Harrell, J.S., Bangdiwala, S.I. & Hu, J. (2003). Tracking of physical activity and aerobic power from childhood through adolescence. *Medicine and Science in Sports and Exercise, 35* (11), 1914-1922.
McMurray, R.G., Harrell, J.S., Bangdiwala, S.I., Bradley, C.B., Deng, S. & Levine, A. (2002). A school-based intervention can reduce body fat and blood pressure in young adolescents. *Journal of Adolescent Health, 31* (2), 125-132.
Medienpädagogischer Forschungsverbund Südwest (mpfs) (1999, 2000, 2002, 2003, 2005, 2006). *KIM-Studien. Basisuntersuchung zum Medienumgang 6- bis 13-Jähriger in Deutschland*. Zugriff am 21.04.2008 unter http://www.mpfs.de
Meinberg, E. (1984). *Kinderhochleistungssport. Fremdbestimmung oder Selbstentfaltung. Pädagogische, anthropologische und ethische Orientierungen*. Köln: Sport & Buch Strauß.
Meinberg, E. (1991). *Die Moral im Sport. Bausteine einer neuen Sportethik*. Aachen: Meyer & Meyer.
Menze-Sonneck, A. (2002). Zwischen Einfalt und Vielfalt. Die Sportvereinskarrieren weiblicher und männlicher Jugendlicher in Brandenburg und Nordrhein-Westfalen. *Sportwissenschaft, 32* (2), 147-169.
Merziger, A. & Baur, J. (2007). Die Sicht der Jugendlichen auf kommerzielle Sportangebote. In U. Burrmann (Hrsg.), *Zum Sportverständnis von Jugendlichen – Was erfassen schriftliche Jugendsporterhebungen?* (S. 317-347). Köln: Sport & Buch Strauß.
Messner, R. (2003). PISA und die Allgemeinbildung. *Zeitschrift für Pädagogik, 49* (3), 400-412.
Michaud, P.A., Narring, F., Cauderay, M. & Cavadini, C. (1999). Sport activity, physical activity and fitness of 9- to 19-year-old teenagers in the canton Vaud (Switzerland). *Schweizerische Medizinische Wochenschrift, 129* (18), 691-699.
Miedzinski, K. (1983). *Die Bewegungsbaustelle*. Dortmund: Verlag Modernes Lernen.
Ministère de l'Éducation Nationale (2002a). *Bulletin Officiel hors série n° 1 du 14 février 2002*. Zugriff am 12.07.2008 unter http://www.education.gouv.fr/bo/2002/hs1/cycle2.htm

Ministère de l'Éducation Nationale (2002b). *Bulletin officiell de l'éducation nationale hors. Horaires de l'école élémentaire. Cycle des apprentissages fondamentaux.* Zugriff am 06.02.2008 unter http://www.education.gouv.fr/bo/2002/hs1/default.htm

Ministeriet for Familie- og Forbrugeranliggender (2004). *Leg og lær. En guide om pædagogiske læreplaner til alle dagtilbud og forældre med børn i dagtilbud.* København: TrykBureauet.

Miracle, A.W. & Rees, C.R. (1994). *Lessons of the Locker Room. The myth of School Sport.* New York: Prometheus.

Mjaavatn, P.E. & Gundersen, K.A. (2005). *Barn – Bevegelse – Oppvekst: Betydningen av fysisk aktivitet for småskolebarns fysisk, motoriske, sosiale og kognitive utvikling.* Oslo: Akilles.

MKJS BW (Ministerium für Kultus, Jugend und Sport Baden-Württemberg) (2006). *Orientierungsplan für Bildung und Erziehung für die baden-württembergischen Kindergärten.* Weinheim: Beltz.

Montada, L. (2002). Fragen, Konzepte, Perspektiven. In R. Oerter & L. Montada (Hrsg.), *Entwicklungspsychologie* (5. Aufl.; S. 3-53). Weinheim: Beltz.

Mordant, B., Crielaard, J.-M., Frédéric, O. & Lejeune, N. (2003). Influence des acquisitions perceptivomotrices de maternelle sur les premiers apprentissages scolaires. In M. Cloes (Ed.), *L'intervention dans les Activités physiques et sportives : rétro/perspectives. Actes du colloque organisé en septembre 2002 au Sart Tilman* (CD-ROM). Liège : Université de Liège, Département des APS.

MSBFJ RLP (Ministerium für Bildung, Frauen und Jugend) & LandesSportBund Rheinland-Pfalz (LSB RLP) (2002). *Rahmenvereinbarung zwischen dem Land Rheinland-Pfalz und dem LandesSportBund Rheinland-Pfalz.* Zugriff am 25.04.2008 unter http://www.ganztagsschule.rlp.de/www/rpg/bibliothek/rahmenvereinbarung-zwischen-dem-land-rheinland-pfalz-und-dem-landessportbund-rheinland-pfalz

MSJK (Ministerium für Schule, Jugend und Kinder), MSWKS (Ministerium für Städtebau und Wohnen, Kultur und Sport des Landes NRW) & LSB NRW (LandesSportBund NRW) (2003). *Rahmenvereinbarung zwischen dem LandesSportBund, dem Ministerium für Schule, Jugend und Kinder und dem Ministerium für Städtebau und Wohnen, Kultur und Sport über die Zusammenarbeit an offenen Ganztagsschulen.* Düsseldorf: MSJK.

MSJK NRW (Ministerium für Schule, Jugend und Kinder des Landes Nordrhein-Westfalen) (Hrsg.). (2003). *Bildungsvereinbarung NRW. Fundament stärken und erfolgreich starten.* Düsseldorf: Eigenverlag.

MSW NRW (Ministerium für Schule und Weiterbildung des Landes Nordrhein-Westfalen) (o. Jg.). *Schulsportentwicklung.* Zugriff am 18.08.2008 unter http://www.schulsport-nrw.de/info/01_schulsportentwicklung/bewegungsfreudigeschule/bewegungsfreudige_schule_infos_08.html

MSWKS (Ministerium für Städtebau und Wohnen, Kultur und Sport des Landes NRW) (2004). *Positionspapier „Schulsport beim Ausbau und bei der Qualitätsentwicklung von Bewegungs-, Spiel- und Sportangeboten in der offenen Ganztagsschule in NRW".* Düsseldorf: MSWKS.

Muchow, M. & Muchow, H.H. (1935, 1998). *Der Lebensraum des Großstadtkindes.* Weinheim: Juventa.

Müller, C. (1999). *Bewegte Grundschule – Aspekte einer Didaktik der Bewegungserziehung als umfassende Aufgabe der Grundschule.* St. Augustin: Academia.

Müller, C. (2007). Bewegtes Lernen in einer bewegten Schule. In R. Hildebrandt-Stramann (Hrsg.), *Bewegte Schule – Schule bewegt gestalten* (S. 374-382). Hohengehren: Schneider.

Müller, C. & Petzold, R. (2002). *Längsschnittstudie bewegte Grundschule.* St. Augustin: Academia.

Müller, C. & Petzold, R. (2003) Was kann bewegte Grundschule wirklich bewegen? *sportunterricht, 52* (4), 101-107.

Müller, C. & Petzold, R. (2006). *Bewegte Schule.* St. Augustin: Academia.

Müller, M.J. (2000). *Neue Studie belegt: Naschen führt nicht zu Übergewicht bei Kindern. Ergebnisse der Kieler Adipositas Präventionsstudie.* Zugriff am 16.05.2004 unter http://www.suessefacts.de/download/wpd0200.pdf

Müller, M.J., Asbeck, I., Mast, M., Langnäse, K. & Grund, A. (2001). Prevention of obesity – more than an intention. Concept and first results of the Kiel Obesity Prevention Study (KOPS). *International Journal of Obesity and Related Metabolic Disorders, 25* (1), 66-74.

Müller-Weuthen, K. (Hrsg.). (2003). Schüler mit Behinderung [Themenheft]. *Sportpädagogik, 27* (4).

Must, A. & Tybor, D.J. (2005). Physical activity and sedentary behavior: a review of longitudinal studies of weight and adiposity in youth. *International Journal of Obesity, 29* (2), 84-96.

Must, A., Jacques, P.F., Dallal, G.E., Bajema, C.J. & Dietz, W.H. (1992). Long-term morbidity and mortality of overweight adolescents. A follow-up of the Harvard Growth Study of 1922 to 1935. *New England Journal of Medicine, 327* (19), 1350-1355.

Nacke, A., Diezi-Duplain, P. & Luder, R. (2006). Prävention in der Vorschule – Ein ergotherapeutisches Bewegungsförderprogramm auf dem Prüfstand. *Ergoscience, 1* (1), 14-25.

Nader, P.R., Bradley, R.H., Houts, R.M., McRitchie, S.L. & O'Brien, M. (2008). Moderate-to-Vigorous Physical Activity From Ages 9 to 15 Years. *Journal of the American Medical Association, 300* (3), 295-305.

National Association for Sport and Physical Education (NASPE) (2002). *2001 Shape of the Nation Report. Status of Physical Education in the USA*. Reston: NASPE Publications.

National Association for Sport and Physical Education (NASPE) (2004). *Moving into the future: National standards for physical education* (2nd ed.). Reston, VA: Author.

National Association for the Education of Young Children (NAEYC) (1997). NAEYC Position Statement: Developmentally Appropriate Practice in Early Childhood Programs Serving Children From Birth Through Age 8 – Adopted July 1996. In S. Bredekamp & C. Copple (Eds.), *Developmentally appropriate practice in early childhood programs* (pp. 3-30). Washington: National Association for the Education of Young Children.

National Association for the Education of Young Children (NAEYC) (2008). *Draft Core Standards for Early Childhood Professional Preparation: Initial Licensure Programs*. Zugriff am 14.08.2008 unter http://www.naeyc.org/about/positions/pdf/draftprepstds0808.pdf

National Center for Health Statistics (NCHS) (2004). *Health, United States, 2004 with chartbook on trends in the health of Americans*. Hyatsville, MD: CDC.

National Sporting Goods Association (NSGA) (2007). *2007 Youth Participation in Selected Sports with Comparisons to 1998*. Zugriff am 24.04.2008 unter http://www.nsga.org/files/public/2006YouthParticipationInSelectedSportsWithComparisons.pdf

Naul, R. (2005a). Bewegung, Spiel und Sport in offenen Ganztagsschulen. *sportunterricht, 54* (3), 68-72.

Naul, R. (2005b). *Sport und Bewegung im Ganztag. Vortragsmanuskript für den 5. Workshop des MSJK am 27.01.2005 in Bielefeld*. Zugriff am 25.04.2008 unter http://learn-line.nrw.de/angebote/schulsport/info/01_schulsportentwicklung/ganztag/pdf/naul_workshop_bielefeld05.pdf

Naul, R. (2006a). *Sozialpädagogische und sportpädagogische Professionen im Ganztag: Qualitätskriterien und Fortbildungsbausteine für Angebote mit Bewegung, Spiel und Sport. Expertise für das BLK-Verbundprojekt „Lernen für den GanzTag"*. Essen: Willibald Gebhardt Institut.

Naul, R. (2006b). Qualität auch im Kinder- und Jugendsport! In LandesSportBund NRW & Sportjugend NRW (Hrsg.), *Die Zukunft des Kinder- und Jugendsports* (S. 77-80). Duisburg: LandesSportBund NRW.

Naul, R. (2006c). Heranwachsende und ihr Sport in internationaler Perspektive. In W. Schmidt, I. Hartmann-Tews & W.-D. Brettschneider (Hrsg.), *Erster Deutscher Kinder- und Jugendsportbericht* (2. Aufl.; S. 361-379). Hofmann: Schorndorf.

Naul, R. & Hoffmann, D. (2007a). *Handbuch „Gesunde Kinder in gesunden Kommunen"*. Essen: Willibald Gebhardt Institut.

Naul, R. & Hoffmann, D. (2007b). Healthy children in sound communities. An Euregional community setting project. In P. Heikinaro-Johansson, R. Telama & E. McEvoy (Eds.), *The role of physical education and sport in promoting physical activity and health* (pp. 258-267). Jyväskylä: Department of Sport Science.

Nelson, M.C., Neumark-Stzainer, D., Hannan, P.J., Sirard, J.R. & Story, M. (2006). Longitudinal and secular trends in physical activity and sedentary behavior during adolescence. *Pediatrics, 118* (6), e1627-e1634.

Neuber, N. (2000). *Kreativität und Bewegung – Grundlagen kreativer Bewegungserziehung und empirische Befunde*. St. Augustin: Academia.

Neuber, N. (2003). Früh übt sich, was ein Meister werden will!? – Zum Umgang mit Leistung und Erfolg in der bewegungsorientierten Jungenarbeit. *Motorik, 26* (3), 106-116.

Neuber, N. (2006a). Jugendsport zwischen Entfaltung und Entwicklung. In S. Hirsch & N. Neuber (Red.), *Die Zukunft des Kinder- und Jugendsports – Dokumentation der Talkrunde vom 20.02.2006 in Köln* (S. 45-50). Duisburg: Sportjugend NRW.

Neuber, N. (2006b). Männliche Identitätsentwicklung im Sport. In I. Hartmann-Tews & B. Rulofs (Hrsg.), *Handbuch Sport und Geschlecht – Status Quo und Perspektiven für Forschung, Lehre und Sportpraxis* (S. 125-138). Schorndorf: Hofmann.

Neuber, N. (2007a). *Betreuung oder Bildung? – Möglichkeiten und Grenzen von Bewegung, Spiel und Sport in der Ganztagsschule*. Zugriff am 25.04.2008 unter http://www.uni-muenster.de/imperia/md/content/sportwissenschaft/sportdidaktik2/aktuelles-downloads/neuber_betreuung_und_bildung_im_ganztag_9-07.pdf

Neuber, N. (2007b). *Entwicklungsförderung im Jugendalter – Theoretische Grundlagen und empirische Befunde aus sportpädagogischer Perspektive*. Schorndorf: Hofmann.
Neuber, N. (2008). Zwischen Betreuung und Bildung – Bewegung, Spiel und Sport in der Offenen Ganztagsschule. *sportunterricht, 57* (6), 180-185.
Neumann, U. (2002). Der Weg des Kriegers. Kampfkunst und die Bedeutung für Gewaltprävention. In U. Neumann & P. Wendt (Hrsg.), *Gewaltprävention in Jugendarbeit und Schule* (S. 89-112). Marburg: Schüren.
Newacheck, P.W. & Halfon, N. (2000). Prevalence, impact and trends in childhood disability due to asthma. *Archives of Pediatrics and Adolescent Medicine, 154* (3), 287-293.
Newacheck, P.W., Budetti, P.P. & McManus, P. (1984). Trends in childhood disability. *American Journal of Public Health, 74* (3), 232-236.
Nickisch, A. (1988). Motorische Störungen bei Kindern mit verzögerter Sprachentwicklung. *Folia Phoniatrica (Basel), 40* (3), 147-152.
Niedersächsiches Institut für frühkindliche Bildung und Entwicklung (NIFBE) (2008). *Auf die ersten Jahre kommt es an!* Zugriff am 18.08.2008 unter http://nifbe.de/pages/das-institut/einfuehrung.php
Niedersächsisches Kultusministerium (o. Jg.a). *Bewegte Schule. Gesunde Schule Niedersachsen online*. Zugriff am 21.08.2008 unter http://www.bewegteschule.de/redaktion/projekt/projektziele.php
Niedersächsisches Kultusministerium (o. Jg.b). *Fitnesslandkarte*. Zugriff am 21.08.2008 unter http://www.fitnesslandkarte-niedersachsen.de/AKTUELL/content/informationenZumPProjekt/ziele_konzepte.php
Niehaus, M. (1995). *Aus Statistiken lernen: Ausgewählte Analysen der Schwerbehindertenstatistik, des Mikrozensus und der Statistiken der Bundesanstalt für Arbeit*. Zugriff am 09.06.2008 unter http://www.bis.uni-oldenburg.de/bisverlag/fleauf95/doc6.pdf
Nissen, U. (1992). Raum und Zeit in der Nachmittagsgestaltung von Kindern. In Deutsches Jugendinstitut (Hrsg.), *Was tun Kinder am Nachmittag? Ergebnisse einer empirischen Studie zur mittleren Kindheit* (S. 127-170). Weinheim: Deutsches Jugendinstitut.
Nitsch, J.R. & Singer, R. (1997). Schulsport. In F.E. Weinert (Hrsg.), *Psychologie des Unterrichts und der Schule* (S. 571-601). Göttingen: Hogrefe.
Nordic Council of Ministers (2007). *The Day-Care Environment and Children's Health*. Odense: Clausen Offset.
Norway Ministry of Education and Research (2006). *Framework Plan for the Content and Tasks of Kindergartens*. Oslo: Ministry of Education and Research.
O'Mara, A.J., Marsh, H.W., Craven, R.G. & Debus, R. (2006). Do self-concept interventions make a difference? A synergistic blend of construct validation and meta-analysis. *Educational Psychologist, 41* (3), 181-206.
Oerter, R. & Dreher, E. (2002). Jugendalter. In R. Oerter & L. Montada (Hrsg.), *Entwicklungspsychologie* (5. Aufl.; S. 258-318). Weinheim: Beltz.
Oerter, R. & Montada, L. (2008). *Entwicklungspsychologie* (6. Aufl.). Weinheim: Beltz.
Oesterreich, C. (2006). Berufsbezogenes Erleben von Sportlehrkräften. In W.-D. Miethling & C. Krieger (Hrsg.), *Zum Umgang mit Vielfalt als sportpädagogische Herausforderung* (S. 226-229). Hamburg: Czwalina.
Ogden, C.L., Carroll, M.D., Curtin, L.R., McDowell, M.A., Tabak, C.J. & Flegal, K.M. (2006). Prevalence of overweight and obesity in the United States, 1999-2004. *Journal of the American Medical Association, 295* (13),1549-1555.
Okasha, M., McCarron, P., Gunnell, D. & Smith, G.D. (2003). Exposures in childhood, adolescence and early adulthood and breast cancer risk: a systematic review of the literature. *Breast Cancer Research and Treatment, 78 (2), 223-276*.
Opper, E., Worth, A., Wagner, M. & Bös, K. (2007). Motorik-Modul (MoMo) im Rahmen des Kinder- und Jugendgesundheitssurveys (KiGGS). Motorische Leistungsfähigkeit und körperlich-sportliche Aktivität von Kindern und Jugendlichen in Deutschland. *Bundesgesundheitsblatt – Gesundheitsforschung – Gesundheitsschutz, 50* (5/6), 879-888.
Opper, E., Oberger, J., Worth, A., Woll, A. & Bös, K. (i. Dr.). Motorische Leistungsfähigkeit und körperlich-sportliche Aktivität von Kindern und Jugendlichen in Deutschland. *Motorik*.
Organisation für wirtschaftliche Zusammenarbeit und Entwicklung (OECD) (2001). *Starting Strong: Early Childhood Education and Care*. Paris: OECD.
Organisation für wirtschaftliche Zusammenarbeit und Entwicklung (OECD) (2005). *Bildung auf einen Blick. OECD-Indikatoren 2004*. Paris: OECD.
Ortega, F.B., Ruiz, J.R., Castillo, M.J. & Sjostrom, M. (2008). Physical fitness in childhood and adolescence: a powerful marker of health. *International Journal of Obesity, 32* (1), 1-11.

Ortega, F.B., Ruiz, J.R., Castillo, M.J., Moreno, L.A., Gonzalez-Gross, M., Warnberg, J., Gutierrez, A. & Grupo AVENA (2005). Low level of physical fitness in Spanish adolescents. Relevance for future cardiovascular health (AVENA study). *Revista Espanola De Cardiologia, 58* (8), 898-909.
Päffgen, S. (2008). *GO-Kids auf Schatzsuche – Zielgruppenorientierte Konzeption, Durchführung und Evaluation eines Gesundheitsförderungsprogramms zur Prävention von Übergewicht bei Kindern* (unveröff. Dissertation). Bayreuth: Universität Bayreuth.
Paffenbarger, R.S., Hyde, R.T., Wing, A.L. & Hsieh, C.C. (1986). Physical activity, all-cause mortality, and longevity of college alumni. *New England Journal of Medicine, 314* (10), 605-613.
Pangrazi, R. (2007). *Dynamical Physical Education for Elementary School Children.* San Francisco: Pearson.
Parker, J.G. & Asher, S.R. (1987). Peer relations and later personal adjustment. Are low-accepted children at risk? *Psychological Bulletin, 102* (3), 357-389.
Parsons, T.J., Power, C., Logan, S. & Summerbell, C.D. (1999). Childhood predictors of adult obesity: a systematic review. *International Journal of Obesity, 23* (8), 1-107.
Pate, R.R., Baranowski, T., Dowda, M. & Trost, S.G. (1996). Tracking of physical activity in young children. *Medicine and Science in Sports and Exercise, 28* (1), 92-96.
Patriksson, G. & Wagnsson, S. (2004). *Föräldraengagemang I barns idrottsföreningar.* Zugriff am 06.02.2008 unter http://www.rf.se/ImageVault/Images/id_142/scope_128/ImageVaultHandler. aspx
Pedersen, M., Granado Alcón, M.C. & Rodriguez, C.M. (2004). Family and health. In C. Currie, C. Roberts, A. Morgan, R. Smith, W. Settertobulte, O. Samdal & V. Barnekow Rasmussen (Eds.), *Young people's health in context. Health Behaviour in School-aged Children (HBSC) study: international report from the 2001/2002 survey* (pp. 173-177). Copenhagen: World Health Organization Regional Office for Europe. Zugriff am 18.07.2006 unter http://www.euro.who.int/eprise/ main/who/informationsources/publications/catalogue/20040518_1
Petermann, U., Döpfner, M., Lehmkuhl, G. & Scheithauer, H. (2000). Klassifikation und Epidemiologie psychischer Störungen. In F. Petermann (Hrsg.), *Lehrbuch der klinischen Kinderpsychologie und -psychotherapie* (S. 30-56). Berlin: Hogrefe.
Pfänder, B. (2005). Kooperation "Sportverein-Kindergarten" des Landessportverbandes Baden-Württemberg. In H. Delp & LandesSportBund Hessen (Hrsg.), *Sport- und Bewegungskindergärten: Grundlagen – Konzepte – Beispiele* (S. 171-173). Neu-Isenburg: Das Studio Torsten Hegner GmbH.
Pfister, G. (1983). *Geschlechtsspezifische Sozialisation und Koedukation im Sport.* Berlin: Bartels & Wernitz.
Pfister, G. (1991). Mädchenspiele – Zum Zusammenhang von Raumaneignung, Körperlichkeit und Bewegungskultur. *sportunterricht, 40* (5), 165-175.
Pfister, G. (1994). Körper-, Bewegungs- und Spielerfahrungen von Mädchen – Historische und aktuelle Entwicklungen. In R. Hildebrandt, G. Landau & W. Schmidt (Hrsg.), *Kindliche Lebens- und Bewegungswelt im Umbruch* (S. 72-88). Hamburg: Czwalina.
Pfützner, A. & Reiß, M. (2005). Internationale und nationale Entwicklungstendenzen auf der Grundlage der Ergebnisse der Olympischen Sommerspiele in Athen und der Olympiazyklusanalyse 2004 mit Folgerungen für den Olympiazyklus bis 2008. *Leistungssport, 35* (1), 21-27.
Phillips, S.M., Bandini, L.G., Naumova, E.N., Cyr, H., Colclough, S., Dietz, W.H. & Must, A. (2004). Energy-dense snack food intake in adolescence: longitudinal relationship to weight and fatness. *Obesity Research, 12* (3), 461-472.
Piaget, J. (1969). *Nachahmung, Spiel und Traum.* Stuttgart: Klett.
Piaget, J. & Inhelder, B. (1972). *Die Psychologie des Kindes.* Freiburg: Walter-Verlag.
Piette, D., Parent, F., Coppieters, Y., Favresse, D., Bazelmans, C., Kohn, L. & de Smet, P. (Red.) (2003). *La santé et le bien-être des jeunes d'âge scolaire – Quoi de neuf depuis 1994?* Bruxelles: ULB-PROMES.
Pilz, G.A. (2001). *„Judo – eine Chance in der Gewaltprävention?"* Vortrag anlässlich des bundesoffenen Workshops „Judo – eine Chance in der Gewaltprävention?" vom 04.-06. Mai 2001 in Bad Wildungen. Zugriff am 24.06.2008 unter http://gunter-a.pilz.phil.uni-hannover.de/imperia/md/con tent/de/uni-hannover/phil/gunter-a_pilz/pil_judo.pdf
Pilz, G.A. (o. Jg.). *Ein Beitrag zur Gewaltprävention der Schule.* Zugriff am 09.06.2008 unter http://www.sportwiss.uni-hannover.de/start/Forschung/Online-Publikationen
Plachta-Danielzik, S., Landsberg, B., Johannsen, M., Lange, D. & Müller, M.J. (2008). Association of different obesity indices with blood pressure and blood lipids in children and adolescents. *British Journal of Nutrition, 100* (1), 208-218.

Plachta-Danielzik, S., Pust, S., Asbeck, I., Czerwinski-Mast, M., Langnäse, K., Fischer, C., Bosy-Westphal, A., Kriwy, P. & Müller, M.J. (2007). Four-year Follow-up of School-based Intervention on Overweight Children: The KOPS Study. *Obesity, 15* (12), 3159-3169.

Platonov, V.N. (2004). Das langfristige Trainingssystem endet nicht mit dem Erreichen des Leistungshöhepunkts (Teil 1)! *Leistungssport, 34* (1), 18-22.

Podlich, C. & Kleine, W. (2003). Straßenkids. Straßen aus der Sicht der Kinder. In C. Podlich & W. Kleine (Hrsg.), *Kinder auf der Straße. Bewegung zwischen Begeisterung und Bedrohung* (S. 29-63). St. Augustin: Academia.

Posch, P. & Altrichter, H. (1997). *Möglichkeiten und Grenzen der Qualitätsevaluation und Qualitätsentwicklung im Schulwesen*. Innsbruck: Studien Verlag.

Postman, N. (1987). *Das Verschwinden der Kindheit*. Frankfurt a. M.: Fischer.

Prenner, K. (1989). Zum sozialen Wandel von Kindheit und Bewegungswelt. In T. Irmischer & K. Fischer (Red.), *Psychomotorik in der Entwicklung* (S. 39-53). Schorndorf: Hofmann.

Prohl, R. (2006). *Grundriss der Sportpädagogik* (2. Aufl.). Wiebelsheim: Limpert.

Puyau, M.R., Adolph, A.L., Vohra, F.A., Zakeri, I. & Butte, N.F. (2004). Prediction of activity energy expenditure using accelerometers in children. *Medicine and Science in Sports and Exercise, 36* (9), 1625-1631.

Raitakari, O.T., Porkka, K.V., Taimela, S., Telama, R., Rasanen, L. & Viikari, J.S. (1994). Effects of persistent physical activity and inactivity on coronary risk factors in children and young adults. The Cardiovascular Risk in Young Finns Study. *American Journal of Epidemiology, 140* (3), 195-205.

Rampersaud, G.C., Pereira, M.A., Girard, B.L., Adams, J. & Metzl, J.D. (2005). Breakfast habits, nutritional status, body weight and academic performance in children and adolescents. *Journal of the American Dietetic Association, 105* (5), 743-760.

Rauschenbach, T., Leu, H.R., Lingenauber, S., Mack, W., Schilling, W., Schneider, K. & Züchner, I. (2004). *Konzeptionelle Grundlagen für einen Nationalen Bildungsbericht – Non-formale und informelle Bildung im Kindes- und Jugendalter*. Zugriff am 11.05.2008 unter http://www.bmbf.de/pub/nonformale_und_informelle_bildung_kindes_u_jugendalter.pdf

Ravens-Sieberer, U. & Bullinger, M. (1998). Assessing the health related quality of life in chronically ill children with the German KINDL: First psychometric and content-analytical results. *Quality of life Research, 7* (5), 399-407.

Ravens-Sieberer, U., Kökönyei, G. & Thomas, C. (2004). School and health. In C. Currie, C. Roberts, A. Morgan, R. Smith, W. Settertobulte, O. Samdal & V. Barnekow Rasmussen (Eds.), *Young people's health in context. Health Behaviour in School-aged Children (HBSC) study: international report from the 2001/2002 survey* (pp. 184-195). Copenhagen: World Health Organization Regional Office for Europe. Zugriff am 18.07.2006 unter http://www.euro.who.int/eprise/main/who/informationsources/publications/catalogue/20040518_1

Ravens-Sieberer, U., Ellert, U. & Erhart, M. (2007a). Gesundheitsbezogene Lebensqualität von Kindern und Jugendlichen in Deutschland. Eine Normstichprobe für Deutschland aus dem Kinder- und Jugendgesundheitssurvey (KiGGS). *Bundesgesundheitsblatt – Gesundheitsforschung – Gesundheitsschutz, 50* (5/6), 810-818.

Ravens-Sieberer, U., Wille, N., Bettge, S. & Erhart, M. (2007b). Psychische Gesundheit von Kindern und Jugendlichen in Deutschland. Ergebnisse aus der BELLA-Studie im Kinder- und Jugendgesundheitssurvey (KiGGS). *Bundesgesundheitsblatt – Gesundheitsforschung – Gesundheitsschutz, 50* (5/6), 871-878.

Regensburger Projektgruppe (Hrsg.). (2001). *Bewegte Schule – Anspruch und Wirklichkeit. Grundlagen, Untersuchungen, Empfehlungen*. Schorndorf: Hofmann.

Reilly, J.J. (2005). Descriptive epidemiology and health consequences of childhood obesity. *Best Practice and Research Clinical Endocrinology and Metabolism, 19* (3), 327-341.

Reinehr, T., Kersting, M., Wollenhaupt, A., Alexy, U., Kling, B., Ströbele, K. & Andler, W. (2005). Evaluation of the training program „OBELDICKS" for obese children and adolescents. *Klinische Pädiatrie, 217* (1), 1-8.

Remplein, H. (1971). *Die seelische Entwicklung des Menschen im Kindes- und Jugendalter. Grundlagen, Erkenntnisse und pädagogische Folgerungen der Kinder- und Jugendpsychologie*. München: Reinhardt.

Rendtorff, B. (2003). *Kindheit, Jugend und Geschlecht. Einführung in die Psychologie der Geschlechter*. Weinheim: Beltz.

Rethorst, S. (2004). „Kinder in Bewegung" – Welche Chancen bieten bewegungsfreundliche Kindergärten für die motorische Entwicklung im Kindesalter? *sportunterricht, 53* (3), 72-78.

Richartz, A. (2000). Sport und die Suche nach Männlichkeit. *sportunterricht, 49* (10), 314-321.

Richter, M. (2005). Die Bedeutung sozialer Ungleichheit für die Gesundheit im Jugendalter. *Gesundheitswesen, 67* (10), 709-718.
Riecke-Baulecke, T. (2001). *Effizienz von Lehrerarbeit und Schulqualität*. Bad Heilbrunn: Klinkhardt.
Rigauer, B. (1969). *Sport und Arbeit. Soziologische Zusammenhänge und ideologische Implikationen*. Frankfurt a. M.: Suhrkamp.
Riksidrottsförbundet (2005). *Idrottens föreningar – En studie om idrottsföreningarnas situation*. Zugriff am 06.02.2008 unter http://www.rf.se/ImageVault/Images/id_145/scope_128/ImageVaultHandler.aspx
Rizzo, N.S., Ruiz, J.R., Hurtig-Wennlof, A., Ortega, F.B. & Sjostrom, M. (2007). Relationship of physical activity, fitness, and fatness with clustered metabolic risk in children and adolescents: the European youth heart study. *Journal of Pediatrics, 150* (4), 388-394.
Robert Koch-Institut (RKI) (Hrsg.). (2004). *Gesundheit von Kindern und Jugendlichen. Schwerpunktbericht der Gesundheitsberichterstattung des Bundes*. Berlin: Robert Koch-Institut.
Roberts, B.W. & DelVecchio, W.F. (2000). The rank-order consistency of personality traits from childhood to old age: A quantitative review of longitudinal studies. *Psychological Bulletin, 126* (1), 3-25.
Röhrs, H. (1995). *Gesammelte Schriften. Band 3: Die Vergleichende und Internationale Erziehungswissenschaft*. Weinheim: Deutscher-Studien-Verlag.
Rose, L. (1993). Mädchen in der Erlebnispädagogik – Theorie und Praxis des Modellprojekts „Mädchen in Bewegung" des BSJ Marburg. In P. Gieß-Stüber & I. Hartmann-Tews (Hrsg.), *Frauen und Sport in Europa* (S. 160-169). St. Augustin: Academia.
Rossbach, H.-G. & Weinert, S. (Hrsg.). (2008). *Kindliche Kompetenzen im Elementarbereich: Förderbarkeit, Bedeutung und Messung*. Bonn: BMBF.
Roth, K. (1982). *Strukturanalyse koordinativer Fähigkeiten*. Bad Homburg: Limpert.
Rousseau, J.-J. (1987). *Emil oder über die Erziehung. Vollständige Ausgabe in neuer deutscher Fassung* (8. Aufl.). Paderborn: Schöningh.
Rowland, T.W. (1996). *Developmental Exercise Physiology*. Champaign: Human Kinetics.
Rudolph, K., Wiedner, H., Jedamsky, A., Döttling, H.-W. & Spahl, O. (2006). *Nachwuchskonzeption im Schwimmen*. Kassel: Deutscher Schwimm-Verband.
Rudolph, M. (1998). Bleibenkönnen, Jugendliche in ländlichen Regionen. In L. Böhnisch, M. Rudolph & B. Wolf (Hrsg.), *Jugendarbeit als Lebensort* (S. 131-152). Weinheim: Juventa.
Rütten, A. & Ziemainz, H. (2001). Lebenswelt, Sportunterricht und Gesundheit. Empirische Befunde zur Bedeutung alltäglicher Bewegungsräume für Kinder und Jugendliche. *sportunterricht, 50* (3), 73-78.
Rusch, H. & Thiemann, F. (2003). Die Wiederbelebung der Straße. Eine ethnologische Studie über neue Formen kindlicher Selbstorganisation. In C. Podlich & W. Kleine (Hrsg.), *Kinder auf der Straße. Bewegung zwischen Begeisterung und Bedrohung* (S. 7-28). St. Augustin: Academia.
Sack, H.-G. (1980). *Die Fluktuation Jugendlicher im Sportverein*. Marburg: Philipps-Universität.
Sack, H.-G. (1996). Die Leistungen des Sportvereins: Gesundheit? In D. Kurz, H.-G. Sack & K.-P. Brinkhoff (Hrsg.), *Kindheit, Jugend und Sport in Nordrhein-Westfalen. Der Sportverein und seine Leistungen. Eine repräsentative Befragung der nordrhein-westfälischen Jugend* (S. 285-360). Düsseldorf: Moll.
Sallis, J.F., McKenzie, T.L., Kolody, B., Lewis, M., Marshall, S. & Rosengard, P. (1999). Effects of health-related physical education on academic achievement: Project SPARK. *Research Quarterly for Exercise and Sport, 70* (2), 127-134.
Sander, A. (2003). Von Integrationspädagogik zu Inklusionspädagogik. *Sonderpädagogische Förderung, 48* (3), 313-329.
Schaarschmidt, U. (2001). Lehrerbelastung. In D.H. Rost (Hrsg.), *Handwörterbuch Pädagogische Psychologie* (2. Aufl.; S. 373-380). Weinheim: Beltz.
Schaarschmidt, U. (Hrsg.). (2004). *Halbtagsjobber? Psychische Gesundheit im Lehrerberuf – Analyse eines veränderungsbedürftigen Zustandes*. Weinheim: Beltz.
Schaarschmidt, U. (2005). Psychische Belastung im Lehrerberuf. Und wie sieht es für Sportlehrkräfte aus? *sportunterricht, 54* (5), 132-140.
Schaarschmidt, U. & Fischer, A.W. (1997). AVEM – ein diagnostisches Instrument zur Differenzierung von Typen gesundheitsrelevanten Verhaltens und Erlebens. *Zeitschrift für Differentielle und Diagnostische Psychologie, 18* (3), 151-163.
Schack, T. (1997). *Ängstliche Schüler im Sport. Interventionsverfahren zur Entwicklung der Handlungskontrolle*. Schorndorf: Hofmann.

Schäfer, G.E. (1995). *Bildungsprozesse im Kindesalter. Selbstbildung, Erfahrung und Lernen in der frühen Kindheit*. Weinheim: Juventa.
Schäfer, G.E. (2003). *Bildung beginnt mit der Geburt*. Weinheim: Beltz.
Schäfer, G.E. (2004). Wahrnehmen, Gestalten, Denken – Ästhetische Erfahrung als Grundlage kindlicher Bildung. In S. Weber (Hrsg.), *Die Bildungsbereiche im Kindergarten* (S. 13-29). Freiburg: Herder.
Schäfer, G.E. (2005). Was ist frühkindliche Bildung? In G.E. Schäfer (Hrsg.), *Bildung beginnt mit der Geburt* (2. Aufl.; S. 15-74). Weinheim: Beltz.
Schäfer, G.E. (2007). Bewegung bildet. In I. Hunger & R. Zimmer (Hrsg.), *Bewegung – Bildung – Gesundheit. Entwicklung fördern von Anfang an* (S. 30-41). Schorndorf: Hofmann.
Schäfer, H. & Blohmke, M. (Hrsg.). (1978). *Handbuch der Sozialmedizin. Band 3: Sozialmedizin in der Praxis*. Stuttgart: Thieme.
Schaffner, K. (2004). *Der Bewegungskindergarten*. Schorndorf: Hofmann.
Schaffrath Rosario, A. & Kurth, B.-M. (2006). *Die Verbreitung von Übergewicht und Adipositas. Vortrag auf dem KiGGS-Symposium am 25.09.2006 in Berlin*. Berlin: Robert Koch-Institut.
Scheerens, J. & Bosker, R.J. (1997). *The Foundations of Educational Effectiveness*. Oxford: Pergamon.
Scheid, V. (1994). Motorische Entwicklung in der frühen Kindheit. In J. Baur, K. Bös & R. Singer (Hrsg.), *Motorische Entwicklung – Ein Handbuch* (S. 260- 275). Schorndorf: Hofmann.
Scheidt-Nave, C., Ellert, U., Thyen, U. & Schlaud, M. (2007). Prävalenz und Charakteristika von Kindern und Jugendlichen mit speziellem Versorgungsbedarf im Kinder- und Jugendgesundheitssurvey (KiGGS) in Deutschland. *Bundesgesundheitsblatt – Gesundheitsforschung – Gesundheitsschutz, 50* (5/6), 750-756.
Scheithauer, H. (2003). *Aggressives Verhalten von Jungen und Mädchen*. Göttingen: Hogrefe.
Schelsky, H. (1975). *Die Arbeit tun die anderen. Klassenkampf und Priesterherrschaft der Intellektuellen*. Opladen: Westdeutscher Verlag.
Schenk, L. & Neuhauser, H. (2005). Methodische Standards für eine migrantensensible Forschung in der Epidemiologie. *Bundesgesundheitsblatt – Gesundheitsforschung – Gesundheitsschutz, 48* (3), 279-286.
Schenk, L., Ellert, U. & Neuhauser, H. (2007). Kinder und Jugendliche mit Migrationshintergrund in Deutschland. Methodische Aspekte im Kinder- und Jugendgesundheitssurvey (KiGGS). *Bundesgesundheitsblatt – Gesundheitsforschung – Gesundheitsschutz, 50* (5/6), 590-599.
Scherler, K. (1975). *Sensomotorische Entwicklung und materiale Erfahrung. Begründung einer vorschulischen Bewegungs- und Spielerziehung durch Piagets Theorie kognitiver Entwicklung*. Schorndorf: Hofmann.
Scherler, K. (1995). Sport in der Schule. In J. Rode & H. Philipp (Hrsg.), *Sport in Schule, Verein und Betrieb* (S. 43-58). St. Augustin: Academia.
Scherler, K. (1997). Die Instrumentalisierungsdebatte in der Sportpädagogik. *Sportpädagogik, 21* (2), 5-11.
Scherrer, J. (1997). Offene Bewegungserziehung an Thüringer Kindergärten. In E. Loosch (Hrsg.), *Motorik – Struktur und Funktion* (S. 255-259). Hamburg: Czwalina.
Scherrer, J. (2000). *Bewegung als Entwicklungsförderung bei Kindern im Vorschulalter* (Dissertation). Frankfurt a. M.: Johann-Wolfgang Goethe-Universität.
Schierz, M. & Thiele, J. (2005). Schulsportentwicklung im Spannungsfeld von Ökonomisierung und Standardisierung – Anmerkungen zu einer (noch) nicht geführten Debatte. In A. Gogoll & A. Menze-Sonneck (Hrsg.), *Qualität im Schulsport* (S. 28-41). Hamburg. Czwalina.
Schilling, F. (1974). Neue Ansätze zur Untersuchung der Hand- und Fingergeschicklichkeit. *Sportwissenschaft, 4* (3), 276-298.
Schilling, F. & Kiphard, E.J. (1974). *Körperkoordinationstest für Kinder – Manual*. Weinheim: Beltz.
Schlack, R., Hölling, H., Kurth, B.-M. & Huss, M. (2007). Die Prävalenz der Aufmerksamkeitsdefizit-/Hyperaktivitätsstörung (ADHS) bei Kindern und Jugendlichen in Deutschland. Erste Ergebnisse aus dem Kinder- und Jugendgesundheitssurvey (KiGGS). *Bundesgesundheitsblatt – Gesundheitsforschung – Gesundheitsschutz, 50* (5/6), 827-835.
Schmerbitz, H. & Seidensticker, W. (1997). Sportunterricht und Jungenarbeit. *Sportpädagogik, 21* (6), 25-37.
Schmidt, M. (2007). *Das Modul „Physisches Selbstkonzept" in der Studie Persönlichkeitsentwicklung durch Sportunterricht* (unveröff. Manuskript). Bern: Universität Bern.
Schmidt, W. (1989). Abrüstung im Hochleistungssport für Kinder. *Olympisches Feuer, 34* (3), 10-11.
Schmidt, W. (1993). Kindheit und Sportzugang im Wandel: Konsequenzen für die Bewegungserziehung? *sportunterricht, 42* (1), 24-32.

Schmidt, W. (1994a). Kinder werden trainiert, bevor sie selbst spielen können. *Fußballtraining, 13* (6), 3-13.
Schmidt, W. (1994b). Kindheit, Jugend und Fußballzugang im Wandel. *Bund Deutscher Fußball Lehrer, 13* (8), 55-65.
Schmidt, W. (1995). Kindheit und Sportspielzugang im Wandel: Konsequenzen für die Sportspielausbildung. In Verein zur Förderung des Schulsports (Hrsg.), *Fußball in der Schule* (Kongressbericht; S. 8-18). Gerlingen: DRUCKtuell.
Schmidt, W. (Hrsg.). (1996a). *Kindheit und Sport – gestern und heute*. Hamburg: Czwalina.
Schmidt, W. (1996b). Kindheit und Sport: Neue soziale Ungleichheiten. In S. Größing, A. Sandmayr & R. Stadler (Hrsg.), *Bewegungswelten der Kinder und Jugendlichen* (S. 90-103). Salzburg: Institut für Sportwissenschaft der Universität Salzburg.
Schmidt, W. (1997). Veränderte Kindheit – Veränderte Bewegungswelt: Analysen und Befunde. *Sportwissenschaft, 27* (2), 143-160.
Schmidt, W. (1998, 2002). *Sportpädagogik des Kindesalters* (2. Aufl.). Hamburg: Czwalina.
Schmidt, W. (2003a, 2006a). Kindheiten, Kinder und Entwicklung: Modernisierungstrends, Chancen und Risiken. In W. Schmidt, I. Hartmann-Tews & W.-D. Brettschneider (Hrsg.), *Erster Deutscher Kinder- und Jugendsportbericht* (2. Aufl.; S. 19-42). Schorndorf: Hofmann.
Schmidt, W. (2003b, 2006b). Kindersport im Wandel der Zeit. In W. Schmidt, I. Hartmann-Tews & W.-D. Brettschneider (Hrsg.), *Erster Deutscher Kinder- und Jugendsportbericht* (2. Aufl.; S. 109-126). Schorndorf: Hofmann.
Schmidt, W. (2006c). *Kindersport-Sozialbericht des Ruhrgebiets*. Hamburg: Czwalina.
Schmidt, W. (2006d). *Kindersport-Sozialbericht des Ruhrgebiets. Sonderband: Sozialstrukturelle Daten* (unveröff. Manuskript). Essen: Universität Duisburg-Essen.
Schmidt, W. & Eichhorn, J. (2007). *Eine Frage der Qualität: Integration von Kindern und Jugendlichen mit Migrationshintergrund in den organisierten Sport*. Frankfurt a. M.: Deutsche Sportjugend.
Schmidt, W., Hartmann-Tews, I. & Brettschneider, W.-D. (Hrsg.). (2003a, 2006a). *Erster Deutscher Kinder- und Jugendsportbericht* (2. Aufl.). Schorndorf: Hofmann.
Schmidt, W., Hartmann-Tews, I. & Brettschneider, W.-D. (2003b, 2006b). Sportliche Aktivität von Kindern und Jugendlichen – Zusammenfassung, Ausblick und Empfehlungen. In W. Schmidt, I. Hartmann-Tews & W.-D. Brettschneider (Hrsg.), *Erster Deutscher Kinder- und Jugendsportbericht* (2. Aufl.; S. 401-410). Schorndorf: Hofmann.
Schneewind, K.A. (2005). Persönlichkeitsentwicklung: Einflüsse von Umweltfaktoren. In H. Weber & T. Rammsayer (Hrsg.), *Handbuch der Persönlichkeitspsychologie und Differentiellen Psychologie* (S. 39-49). Göttingen: Hogrefe.
Schneewind, K.A., Beckmann, M. & Hecht-Jackl, A. (1985). *Familienklima-Skalen. Bericht*. München: Universität München, Institut für Psychologie, Persönlichkeitspsychologie und Psychodiagnostik der Ludwig Maximilians Universität.
Schneider, W. (Hrsg.). (2008). *Entwicklung von der Kindheit bis zum Erwachsenenalter: Befunde der Münchner Längsschnittstudie LOGIK*. Weinheim: Beltz.
Schubert, M. (2000). Armut und gesundheitliche Lage in der Stadt – am Beispiel von Kindern in Hannover. In T. Altgeld & P. Hofrichter (Hrsg.), *Reiches Land – kranke Kinder* (S. 89-108). Frankfurt a. M.: Mabuse.
Schüttler-Janikulla, K. (1971). *Arbeitsmappen zum Sprachtraining und zur Intelligenzförderung*. Oberursel: Finken.
Schütz, A. (2000). *Psychologie des Selbstwertgefühls. Von Selbstakzeptanz bis Arroganz*. Stuttgart: Kohlhammer.
Schultheis, K. & Fuhr, T. (2006). Grundfragen und Grundprobleme der Jungenforschung. In K. Schultheis, G. Strobel-Eisele & T. Fuhr (Hrsg.), *Kinder: Geschlecht männlich* (S. 12-71). Stuttgart: Kohlhammer.
Schulz-Algie, S. (2005). Die Initiative "Mehr Bewegung in den Kindergarten" der Sportjugend Hessen. In H. Delp & LandesSportBund Hessen (Hrsg.), *Sport- und Bewegungskindergärten: Grundlage – Konzepte – Beispiele* (S. 175-178). Neu-Isenburg: Das Studio Torsten Hegner GmbH.
Schuster, K.M. (2006). Rahmenpläne für die Bildungsarbeit. In L. Fried & S. Roux (Hrsg.), *Pädagogik der frühen Kindheit* (S. 145-156). Weinheim: Beltz.
Schwenzer, V., Behn, S., Cravo, S., Martinez, R., Moreno, J. & Rico, R. (2007). *Sports Activities for the Prevention of Youth Violence and Crime*. Berlin: Camino.
Schwier, J. (1996). Skating und Streetball im freien Bewegungsleben von Kindern und Jugendlichen. In W. Schmidt (Hrsg.), *Kindheit und Sport – gestern und heute* (S. 71-83). Hamburg: Czwalina.

Schwier, J. (2004). Die Straße als Spielfeld jugendlicher Sportszenen. In E. Balz & D. Kuhlmann (Hrsg.), *Sportengagements von Kindern und Jugendlichen* (S. 113-124). Aachen: Meyer & Meyer.
Seewald, J. (2008). Entwicklungsförderung als neues Paradigma der Sportpädagogik? *Sportwissenschaft, 38* (2), 149-167.
Seidell, J.C. (1999). Obesity: a growing problem. *Acta Paediatrica Supplement, 88* (428), 46-50.
Seiffge-Krenke, I. (2002). Gesundheit als aktiver Gestaltungsprozess im menschlichen Lebenslauf. In R. Oerter & L. Montada (Hrsg.), *Entwicklungspsychologie* (5. Aufl.; S. 833-846). Weinheim: Beltz.
Seiffge-Krenke, I. & Seiffge, J.M. (2005). „Boys play sport...?" – Die Bedeutung von Freundschaftsbeziehungen für männliche Jugendliche. In V. King & K. Flaake (Hrsg.), *Männliche Adoleszenz – Sozialisation und Bildungsprozesse zwischen Kindheit und Erwachsensein* (S. 267-286). Frankfurt a. M.: Campus.
Seitz, H. (1997). *Aktuelle Entwicklungstrends am Arbeitsmarkt und Infrastrukturaufbau in Berlin-Brandenburg* (Diskussionspapier Nr. 86). Frankfurt Oder: Europa-Universität Viadrina.
Senatsverwaltung für Bildung, Jugend und Sport (Hrsg.). (2004). *Berliner Bildungsprogramm für die Bildung, Erziehung, und Betreuung von Kindern in Tageseinrichtungen bis zu ihrem Schuleintritt.* Berlin: das netz.
Serwe, E. (2008). Schulentwicklung und Schulsportentwicklung – Verbindungen zwischen schul- und sportpädagogischen Perspektiven. In Dortmunder Zentrum für Schulsportforschung (Hrsg.), *Schulsportforschung. Grundlagen, Perspektiven, Befunde und Anregungen* (S. 110-135). Aachen: Meyer & Meyer.
Settertobulte, W. & Gaspar de Matos, M. (2004). Peers and health. In C. Currie, C. Roberts, A. Morgan, R. Smith, W. Settertobulte, O. Samdal & V. Barnekow Rasmussen (Eds.), *Young people's health in context. Health Behaviour in School-aged Children (HBSC) study: international report from the 2001/2002 survey* (pp. 178-183). Copenhagen: World Health Organization Regional Office for Europe. Zugriff am 18.07.2006 unter http://www.euro.who.int/eprise/main/who/information sources/publications/catalogue/20040518_1
Shavelson, R.J., Hubner, J.J. & Stanton, G.C. (1976). Self-concept: Validation of construct interpretations. *Review of Educational Research, 46* (3), 407-441.
Shrewsbury, V. & Wardle, J. (2008). Socioeconomic status and adiposity in childhood: a systematic review of cross-sectional studies 1990-2005. *Obesity, 16* (2), 275-284.
Sibley, B.A. & Etnier, J.L. (2003). The relationship between physical activity and cognition in children: A meta-analysis. *Pediatric Exercise Science, 15* (3), 243-256.
Siedentop, D., Hastie, P. & van der Mars, H. (2004). *Complete Guide to Sport Education.* Champaign: Human Kinetics.
Siegler, R., DeLoache, J. & Eisenberg, N. (2005). *Entwicklungspsychologie im Kindes- und Jugendalter.* München: Elsevier.
Sielert, U. (1989). *Praxishandbuch Jugendarbeit. Band 2: Jungenarbeit.* Weinheim: Juventa.
Silberzahn, J. & Hoffmann, E. (o. Jg.). *Projekt „Schnecke" – Bildung braucht Gesundheit.* Zugriff am 09.06.2008 unter http://www.schnecke.inglub.de
Singer, R. (2000). Sport und Persönlichkeit. In H. Gabler, J.R. Nitsch & R. Singer (Hrsg.), *Einführung in die Sportpsychologie. Teil 1: Grundthemen* (3. Aufl.; S. 289-336). Schorndorf: Hofmann.
Singh, A.S., Mulder, C., Twisk, J.W., van Mechelen, W. & Chinapaw, M.J. (2008). Tracking of childhood overweight into adulthood: a systematic review of the literature. *Obesity Reviews, 9* (5), 474-488.
Slaughter, M.H., Lohmann, T.G., Boileau, R.A., Horswill, C.A., Stillman, R.J., Van Loan, M.D. & Bemben, D.A. (1988). Skinfold equations for estimation body fatness in children and youth. *Human Biology, 60* (5), 709-723.
Sobal, J. & Stunkard, A.J. (1989). Socioeconomic status and obesity: a review of the literature. *Psychological Bulletin, 105* (2), 260-275.
Sonstroem, R.J. (1997). The physical self-system: A mediator of exercise and self-esteem. In K.R. Fox (Ed.), *The physical self: From motivation to well-being* (pp. 3-26). Champaign: Human Kinetics.
Spence, J.C., McGannon, K.R. & Poon, P. (2005). The effect of exercise on global self-esteem: A quantitative review. *Journal of Sport and Exercise Psychology, 27* (3), 311-334.
Sportjugend NRW (SJ NRW) (Hrsg.). (2003). *Handlungsrahmen für einen bewegungsfreudigen Kindergarten.* Duisburg: Eigenverlag.
Stadt Essen (im Auftrag des Oberbürgermeisters) & Kinderbüro (Hrsg.). (2003a). *Kinderbericht 2003. Zur Lebenslage von Kindern in Essen. Kurzfassung* (unveröff. Manuskript). Essen: Eigenverlag.
Stadt Essen (im Auftrag des Oberbürgermeisters) & Kinderbüro (Hrsg.). (2003b). *Kinderbericht 2003. Zur Lebenslage von Kindern in Essen. Langfassung* (unveröff. Manuskript). Essen: Eigenverlag.

Städtler, H. & Abeling, I. (2008). Bewegte Schule – mehr Bewegung in die Köpfe. *Grundschule, 40* (6), 42-44.
Steinhübl, D. (2005). Sag mir, wo du wohnst ... In C. Alt (Hrsg.), *Kindererleben – Aufwachsen zwischen Familie, Freunden und Institutionen. Band 2: Aufwachsen zwischen Freunden und Institutionen* (S. 239-276). Wiesbaden: VS.
Stiller, J. & Alfermann, D. (2005). Selbstkonzept im Sport. *Zeitschrift für Sportpsychologie, 12* (4), 119-126.
Strobel-Eisele, G. & Noack, M. (2006). Jungen und Regeln – Anomie als jungenspezifische Thematik in der Geschlechterdiskussion. In K. Schultheis, G. Strobel-Eisele & T. Fuhr (Hrsg.), *Kinder: Geschlecht männlich – Pädagogische Jungenforschung* (S. 99-128). Stuttgart: Kohlhammer.
Strohmeier, K.P. (2000). *Kinderarmut im Ruhrgebiet – Fakten eines Armutszeugnisses der Region. Referat auf der GEW-Konferenz: Kinderarmut im Ruhrgebiet am 02.02.2000 in Gelsenkirchen.* Zugriff am 30.05.2005 unter http://www.sozialberichterstattung.de/download/gew_ruhr_ab 040200.zip
Strohmeier, K.P. (2003). *Bevölkerungsentwicklung und Sozialraum im Ruhrgebiet*. Zugriff am 30.05.2005 unter http://www.projektruhr.de/de/home/info/
Strong, W.B., Malina, R.M., Blimkie, C.J., Daniels, S.R., Dishman, R.K., Gutin, B., Hergenroeder, A.C., Must, A., Nixon, P.A., Pivarnik, J.M., Rowland, T., Trost, S. & Trudeau, F. (2005). Evidence based physical activity for school-age youth. *Journal of Pediatrics, 145* (6), 732-737.
Strzoda, C. & Zinnecker, J. (1996, 1998). Interessen, Hobbies und deren institutioneller Kontext. In J. Zinnecker & R.K. Silbereisen (Hrsg.), *Kindheit in Deutschland. Aktueller Survey über Kinder und ihre Eltern* (2. Aufl.; S. 41-79). Weinheim: Juventa.
Stull, G.A. (Hrsg.) (1986). *Effects of physical activity on children*. Champaign: Human Kinetics.
Süßenbach, J. (2004). *Mädchen im Sportspiel*. Hamburg: Czwalina.
Süßenbach, J. (2008, i. Dr.). Zur Situation des Grundschulsports – ein qualitativer Zugriff. In H.P. Brandl-Bredenbeck (Hrsg.), *Schulen in Bewegung – Schulsport in Bewegung*. Hamburg: Czwalina.
Süßenbach, J. & Schmidt, W. (2006). Der Sportunterricht – eine qualitative Analyse aus Sicht der beteiligten Akteure. In Deutscher Sportbund (Hrsg.), *DSB-Sprint-Studie. Eine Untersuchung zur Situation des Schulsports in Deutschland* (S. 228-251). Aachen: Meyer & Meyer.
Summerbell, C.D., Waters, E., Edmunds, L.D., Kelly, S., Brown, T. & Campbell, K.J. (2005). Interventions for preventing obesity in children. *Cochrane Database of Systematic Reviews, 1*, CD001871.
Swedish National Agency for Education (SKOLFS) (2006). *Curriculum for the Pre-School* (Lpfö 98). Ödeshög: AB Danagårds grafiska.
Sygusch, R. (2000). *Sportliche Aktivität und subjektive Gesundheitskonzepte. Eine Studie zum Erleben von Körper und Gesundheit bei jugendlichen Sportlern*. Schorndorf: Hofmann.
Sygusch, R. (2005). Jugendsport – Jugendgesundheit. Ein Überblick über den Forschungsstand zum Zusammenhang von Sport und Gesundheit im Jugendalter. *Bundesgesundheitsblatt – Gesundheitsforschung – Gesundheitsschutz, 48* (8), 863-872.
Sygusch, R. (2006). Körperlich-sportliche Aktivität von Kindern und Jugendlichen. Was bringt es für die Gesundheit? *Spectrum der Sportwissenschaft, 18* (1), 54-73.
Sygusch, R. (2008). Selbstkonzept im Jugendsport – Zufall oder zielgerichtet? In A. Conzelmann & F. Hänsel (Hrsg.), *Sport und Selbstkonzept: Struktur, Dynamik und Entwicklung* (S. 140-156). Schorndorf: Hofmann.
Sygusch, R., Brehm, W. & Ungerer-Röhrich, U. (2003). Gesundheit und körperliche Aktivität bei Kindern und Jugendlichen. In W. Schmidt, I. Hartmann-Tews & W.-D. Brettschneider (Hrsg.), *Erster Deutscher Kinder- und Jugendsportbericht* (S. 63-84). Schorndorf: Hofmann.
Szagun, G. (2006). *Sprachentwicklung beim Kind*. Weinheim: Beltz.
Tammelin, T., Nayha, S., Hills, A.P. & Jarvelin, M.R. (2003). Adolescent participation in sports and adult physical activity. *American Journal of Preventive Medicine, 24* (1), 22-28.
Taylor, W.C., Blair, S.N., Cummings, S.S., Wun, C.C. & Malina, R.M. (1999). Childhood and adolescent physical activity patterns and adult physical activity. *Medicine and Science in Sports and Exercise, 31* (1), 118-123.
Technische Universität Dortmund (o. Jg.). *Pilotprojekt „Tägliche Sportstunde an Grundschulen in NRW"*. Zugriff am 05.06.2008 unter http://www.taeglichesportstunde.de.vu/
Telama, R., Leskinen, E. & Yang, X. (1996). Stability of habitual physical activity and sport participation: a longitudinal tracking study. *Scandinavian Journal of Medicine and Science in Sports, 6* (6), 371-378.

Telama, R., Yang, X., Viikari, J., Valimaki, I., Wanne, O. & Raitakari, O. (2005). Physical activity from childhood to adulthood: a 21-year tracking study. *American Journal of Preventive Medicine, 28* (3), 267-273.
Telschow, S. (2000). *Informelle Sportengagements Jugendlicher.* Köln: Sport & Buch Strauß.
Tenorth, H.-E. (1994). *„Alle alles zu lehren." Möglichkeiten und Perspektiven allgemeiner Bildung.* Darmstadt: Wissenschaftliche Buchgesellschaft.
Tenorth, H.-E. (2008, i. Dr.). Sport im Kanon der Schule – Die Dimension des Ästhetisch-Expressiven. Über vernachlässigte Dimensionen der Bildungsdebatte und -theorie. In E. Franke (Hrsg.), *Erfahrungsbasierte Bildung im Spiegel der Standardisierungsdebatte.* Baltmannsweiler: Schneider.
Tervooren, A. (2006). *Im Spielraum von Geschlecht und Begehren. Ethnographie der ausgehenden Kindheit.* Weinheim: Juventa.
Textor, M.R. (2000). Der entwicklungsgemäße Ansatz. In W.E. Fthenakis & M.R. Textor (Hrsg.), *Pädagogische Ansätze im Kindergarten* (S. 238-248). Weinheim: Beltz.
The Trucker Center for Research on Girls & Women in Sport (2007). *Executive Summary. The 2007 Trucker Center Research Report, Developing physically active girls: An evidence-based multidisciplinary approach.* Minneapolis: Author.
Thiel, A. & Cachay, K. (2003). Soziale Ungleichheiten im Sport. In W. Schmidt, I. Hartmann-Tews & W.-D. Brettschneider (Hrsg.), *Erster Deutscher Kinder- und Jugendsportbericht* (S. 275-295). Schorndorf: Hofmann.
Thiel, A., Teubert, H. & Kleindienst-Cachay, C. (2002, 2006). *Die "Bewegte Schule" auf dem Weg in die Praxis. Theoretische und empirische Analysen einer pädagogischen Innovation* (3. Aufl.). Hohengehren: Schneider.
Thiel, A., Teubert, H. & Kleindienst-Cachay, C. (2007). Unter Druck durch Pisa und Co? – Was erwarten Grundschullehrerinnen und -lehrer von der Bewegten Schule? In R. Hildebrandt-Stramann (Hrsg.), *Bewegte Schule – Schule bewegt gestalten* (S. 316-327). Hohengehren: Schneider.
Thiele, J. (1999). „Un-Bewegte Kindheit?" Anmerkungen zur Defizithypothese in aktuellen Körperdiskursen. *sportunterricht, 48* (4), 141-149.
Thiersch, H. (2004). Bildung und soziale Arbeit. In H.-U. Otto & T. Rauschenbach (Hrsg.), *Die andere Seite der Bildung. Zum Verhältnis von formellen und informellen Lernprozessen* (S. 237-252). Wiesbaden: VS.
Thomas, J.P. & French, K.E. (1985). Gender differences across age in motor performance: A meta analysis. *Psychological Bulletin, 98* (2), 260-282.
Thüringer Institut für Lehrerfortbildung und Medien (o. Jg.). *Bewegungsfreundliche Schule in Thüringen.* Zugriff am 19.08.2008 unter http://www.thillm.de/thillm/abs/kumusfsp/sport/bfS/start_wirkmod.html
Tietze, W., Rossbach, H.G. & Grenner, K. (2005). *Kinder von vier bis acht Jahren. Zur Qualität der Erziehung und Bildung in Kindergarten, Grundschule und Familie.* Weinheim: Beltz.
Timperio, A., Salmon, J., Telford, A. & Crawford, D. (2005). Perceptions of local neighbourhood environments and their relationship to childhood overweight and obesity. *International Journal of Obesity, 29* (2), 170-175.
Tittlbach, S., Bös, K., Woll, A., Jekauc, D. & Dugandzic, D. (2005). Nutzen von sportlicher Aktivität im Erwachsenenalter. Eine Längsschnittstudie über 10 Jahre. *Bundesgesundheitsblatt – Gesundheitsforschung – Gesundheitsschutz, 48* (8), 891-898.
Tittlbach, S., Sygusch, R., Brehm, W., Woll, A., Lampert, T. & Bös, K. (in review). Relationships between physical activity and health in adolescents – Results of the module "Motorik" (MoMo) and the German Health Interview and Examination Survey for Children and Adolescents (KiGGS). *Scandinavian Journal of Medicine and Science in Sports.*
Tortolero, S.R., Taylor, W.C. & Murray, N.G. (2000). Physical activity, physical fitness, and social, psychological, and emotional health. In N. Armstrong & W. van Mechelen (Eds.), *Paediatric Exercise Science and Medicine* (pp. 273-294). Oxford: Oxford University Press.
Trautwein, U., Gerlach, E. & Lüdtke, O. (in press). Athletic classmates, physical self-concept, and freetime physical activity: A longitudinal study of frame of reference effects. *Journal of Educational Psychology.*
Troiano, R.P., Briefel, R.R., Carroll, M.D. & Bialostosky, K. (2000). Energy and fat intakes of children and adolescents in the United States: data from the National Health and Nutrition Examination Surveys. *American Journal of Clinical Nutrition, 72* (5), 1343-1353.
Trost, S.G., Ward, D.S., Moorehead, S.M., Watson, P.D., Riner, W. & Burke, J.R. (1998). Validity of the computer science and applications (CSA) activity monitor in children. *Medicine and Science in Sports and Exercise, 30* (4), 629-633.

Trudeau, F., Laurencelle, L. & Shephard, R.J. (2004). Tracking of physical activity from childhood to adulthood. *Medicine and Science in Sports and Exercise, 36* (11), 1937-1943.
Trudeau, F., Laurencelle, L., Tremblay, J., Rajic, M. & Shephard, R.J. (1998). A long-term follow-up of participants in the Trois-Rivières semi-longitudinal study of growth and development. *Pediatric Exercise Science, 10* (4), 366-377.
Twisk, J.W. (2001). Physical activity guidelines for children and adolescents: a critical review. *Sports Medicine, 31* (8), 617-627.
Twisk, J.W., Kemper, H.C. & van Mechelen, W. (2000). Tracking of activity and fitness and the relationship with cardiovascular disease risk factors. *Medicine and Science in Sports and Exercise, 32* (8), 1455-1461.
Twisk, J.W., Kemper, H.C. & van Mechelen, W. (2002a). The relationship between physical fitness and physical activity during adolescence and cardiovascular disease risk factors at adult age. The Amsterdam Growth and Health Longitudinal Study. *International Journal of Sports Medicine, 23* (1), 8-14.
Twisk, J.W., Kemper, H.C. & van Mechelen, W. (2002b). Prediction of cardiovascular disease risk factors later in life by physical activity and physical fitness in youth: general comments and conclusions. *International Journal of Sports Medicine, 23* (1), 44-49.
U.S. Census Bureau (2008). *Census Bureau Estimates Number of Adults, Older People and School-Age Children in States.* Zugriff am 10.06.2008 unter http://www.census.gov/Press-Release/www/ releases/archives/ population/001703.html
U.S. Department of Health and Human Services (USDHHS) (2000). *Healthy People 2010: National health promotion and disease objectives.* Washington, DC: U.S. Government Printing Office.
U.S. Department of Health and Human Services (USDHHS) (2002). *Prevalence of overweight among children and adolescents: United States 1999. Centers for Disease Control and Prevention, National Center for Health Statistics.* Washington, DC: U.S. Government Printing Office.
U.S. Public Health Service (USPHS) (2000). *Healthy People 2000: National health promotion and disease objectives.* Washington, DC: U.S. Government Printing Office.
Ulich, K. (1998). Schulische Sozialisation. In K. Hurrelmann & K. Ulich (Hrsg.), *Handbuch der Sozialisationsforschung* (5. Aufl.; S. 377-396). Weinheim: Beltz.
Ulich, K. (2001). *Einführung in die Sozialpsychologie der Schule.* Weinheim: Beltz.
Ulmer, J. (2002). *Gesunde Persönlichkeitsentwicklung und jugendliches Sportengagement. Eine kulturellvergleichende Studie am Beispiel El Salvadors und Deutschlands.* Karlsruhe: Universität Karlsruhe.
Ungerer-Röhrich, U. (2002). Was "bewegt" die " Bewegte Schule"? *sportunterricht, 51* (3), 67.
Ungerer-Röhrich, U. & Beckmann, G. (2002). Was „bewegt" die „Bewegte Schule" hinsichtlich der motorischen Leistungsfähigkeit und der sozialen Kompetenz der Schülerinnen und Schüler? *sportunterricht, 51* (3), 73-77.
Ungerer-Röhrich, U., Eisenbarth, I., Thieme, I., Quante, S., Popp, V. & Biemann, A. (2007). Schatzsuche im Kindergarten – ein ressourcenorientierter Ansatz zur Förderung von Gesundheit und Bewegung. *Motorik, 30* (1), 27-34.
Urhausen, A., Schwarz, M., Klein, M., Papathanassiou, V., Pitsch, W., Kindermann, W. & Emrich, E. (2004). Gesundheitsstatus von Kindern und Jugendlichen im Saarland – Ausgewählte Ergebnisse der IDEFIKS-Studie (Teil 1). *Deutsche Zeitschrift für Sportmedizin, 55* (9), 202-210.
Vaage, O.F. (2006). *Barns og unges idrettsdeltakelse og foreldres inntekt – Analyse med data fra Levekårsundersøkelsen 2004.* Zugriff am 06.02.2008 unter http://www.ssb.no/emner/07/02/notat_ 200637/notat_200637.pdf
Vagt, S. (2005). *„Sport in der offenen Ganztagsgrundschule in der Stadt Köln – Erste Ergebnisse einer schriftlichen Befragung".* Vortrag auf dem „4. Fitnesskongress – fitness & health cologne". Zugriff am 30.04.2005 unter http://www.dshs-koeln.de/soziol/html/pers/vagt/vortraege.html
Valkanover, S. (2003). *Aspekte der Körpererfahrung und der Motorik im Kontext von Mobbing im Kindergarten* (unveröff. Papier zur Dissertation). Bern: Universität Bern.
Van den Bulck, J. (2000). Is television bad for your health? Behavior and body image of the adolescent "couch potato". *Journal of Youth and Adolescence, 29* (3), 273-288.
Van Dyck, P.C., Kogan, M.D., McPherson, M.G., Weissman, G.R. & Newacheck, P.W. (2004). Prevalence and characteristics of children with special health care needs. *Archives of Pediatrics and Adolescent Medicine, 158* (9), 884-890.
van Herpen, M. (1994). Gegenwärtige begriffliche Modelle für Bildungsindikatoren. In W. Mitter & U. Schäfer (Hrsg.), *Die internationalen Bildungsindikatoren der OECD – ein Analyserahmen. Ein OECD/CERI-Bericht* (S. 29-61). Frankfurt a. M.: Lang.

Van Mechelen, W. & Kemper, H.C. (1995). Habitual physical activity in longitudinal perspective. In H.C. Kemper (Ed.), *The Amsterdam Growth Study: A Longitudinal Analysis of Health, Fitness and Lifestyle* (pp. 135-158). Champaign: Human Kinetics.
Vanreusel, B., Renson, R., Beunen, G., Claessens, A.L., Lefevre, J., Lysens, R. & Vanden Eynde, B. (1997). A longitudinal study of youth sport participation and adherence to sport in adulthood. *International Review for the Sociology of Sport, 32* (4), 373-387.
Voelcker-Rehage, C. (2005). Der Zusammenhang zwischen motorischer und kognitiver Entwicklung im frühen Kindesalter – Ein Teilergebnis der MODALIS-Studie. *Deutsche Zeitschrift für Sportmedizin, 56* (10), 358-363.
von Kries, R. (2005). Epidemiologie. In M. Wabitsch, J. Hebebrand, W. Kiess & K. Zwiauer (Hrsg.), *Adipositas bei Kindern und Jugendlichen. Grundlagen und Klinik* (S. 16-23). Berlin: Springer.
Wagner, P. & Alfermann, D. (2006). Allgemeines und physisches Selbstkonzept. In K. Bös & W. Brehm (Hrsg.), *Handbuch Gesundheitssport* (2. Aufl.; S. 334-345). Schorndorf: Hofmann.
Wallian, N. & Gréhaigne, J.-F. (2005). France. In U. Pühse & M. Gerber (Eds.). *International Comparison of Physical Education* (S. 272-291). Aachen: Meyer & Meyer.
Wamser, P. & Leyk, D. (2003). Einfluss von Sport und Bewegung auf Konzentration und Aufmerksamkeit: Effekte eines „Bewegten Unterrichts" im Schulalltag. *sportunterricht, 52* (4), 108-113.
Wang, Y. & Lobstein, T. (2006). Worldwide trends in childhood overweight and obesity. *International Journal of Pediatric Obesity, 1* (1), 11-25.
Warnke, F. & Hanser, H. (2004). Nachhilfe ade? *Gehirn & Geist, 1*, 64-67.
Warschburger, P. (2006). Psychologisch-psychiatrische Grund- und Folgeerkrankungen. In T. Reinehr & M. Wabitsch (Hrsg.), *Adipositas in Praxi. Multimodale Konzepte für das Kindes- und Jugendalter* (S. 73-84). München: Marseille.
Wassenberg, R., Kessels, A.G.H., Kalff, A.C., Hurks, P.P.M., Jolles, J., Feron, F.J.M., Hendriksen, J.G.M., Kroes, M., Beeren, M. & Vles, J.S.H. (2005). Relation Between Cognitive and Motor Performance in 5- to 6-Year-Old Children: Results From a Large-Scale Cross-Sectional Study. *Child Development, 76* (5), 1092-1103.
Weber, U. (2003). *Familie und Leistungssport.* Schorndorf: Hofmann.
Weichert, W. (2003). Mit den Unterschieden spielen. *Sportpädagogik, 27* (4), 26-30.
Weinert, F.E. & Schneider, W. (Hrsg.). (1999). *Individual development from 3 to 12: Findings from the Munich Longitudinal Study.* New York: Cambridge University Press.
Weiss, M.R. & Williams, L. (2004). The why of youth sport involvement: A developmental perspective on motivational processes. In M.R. Weiss (Ed.), *Developmental sport and exercise psychology. A lifespan perspective* (pp. 223-268). Morgantown, WV: Fitness Information Technology.
Weltgesundheitsorganisation (WHO) (2000). *Obesity: preventing and managing the global epidemic. Report of the WHO consultation.* Geneva: WHO.
Wendlandt, W. (2006). *Sprachstörungen im Kindesalter.* Stuttgart: Thieme.
Werler, T. (2004). *Nation, Gemeinschaft, Bildung. Die Evolution des modernen skandinavischen Wohlfahrtsstaates und das Schulsystem.* Hohengehren: Schneider.
Werler, T. (2008). *Aspekte skandinavischer Bildung. Analysen und Studien.* Münster: LIT.
WHO European Ministeries Conference on Counteracting Obesity (2006). *European Charter on counteracting obesity. Istanbul, Türkei.* Zugriff am 15.-17.11.2006 unter http://www.euro.who.int/Document/E89567.pdf
Wick, D., Ohlert, H., Höhnke, J., Wick, K., Bergmann, J. & Golle, K. (2008). Entwicklung sportmotorischer Leistungen und anthropometrischer Parameter von Grundschülern des Landes Brandenburg im Längsschnitt 2006 & 2007. In M. Knoll & A. Woll (Hrsg.), *Sport und Gesundheit in der Lebensspanne* (S. 146-150). Hamburg: Czwalina.
Wiedenmann, M. (Hrsg.). (1997). *Handbuch Sprachförderung mit allen Sinnen.* Weinheim: Beltz.
Wilk, L. & Bacher, J. (1994). (Hrsg.). *Kindliche Lebenswelten. Eine sozialwissenschaftliche Annäherung.* Opladen: Leske + Budrich.
Willimczik, K. (1975). Zur Vorhersagbarkeit des Schulerfolges eingeschulter Kinder aufgrund ausgewählter kognitiver, motorischer und sozialer Merkmale. In H.J. Müller, R. Decker & F. Schilling (Red.), *Motorik im Vorschulalter. Wissenschaftliche Grundlagen und Erfahrungsmethoden* (S. 82-89). Schorndorf: Hofmann.
Willimczik, K. (2008, i. Dr.). (Sport-)Motorische Entwicklung. In W. Schlicht & B. Strauß (Hrsg.), *Enzyklopädie der Psychologie. Serie Sportpsychologie – Band 1: Grundlagen der Sportpsychologie.* Stuttgart: Kohlhammer.

Willimczik, K., Meierarend, E.-M., Pollmann, D. & Reckeweg, R. (1999). Das beste motorische Lernalter – Forschungsergebnisse zu einem pädagogischen Postulat und zu kontroversen empirischen Befunden. *Sportwissenschaft, 29* (1), 42-61.
Windorfer, A. & Bruns-Philipps, E. (2002). Kinder ausländischer Herkunft benachteiligt. *Kinderärztliche Praxis, 73* (4), 258-264.
Wissenschaftlicher Kooperationsverbund (2005). *Die offene Ganztagsschule im Primarbereich in Nordrhein-Westfalen. Ausgewählte Befunde der Pilotphase*. Dortmund: Landesinstitut für Schule, Qualitätsagentur.
Woll, A., Jekauc, D., Romahn, N. & Bös, K. (2008, i. Dr.). Reliabilität und Validität des MoMo-Fragebogens zur Messung körperlich-sportlicher Aktivität bei Jugendlichen im Alter zwischen 11 und 17 Jahren (MoMo-AFB). *Diagnositica*.
Wolters, P. (2008). Stilles Leiden im Sportunterricht. *Sportpädagogik, 32* (2), 44-46.
Wopp, C. (1995). *Entwicklungen und Perspektiven des Freizeitsports*. Aachen: Meyer & Meyer.
Wössmann, L. (2007). *Letzte Chance für gute Schulen. Die 12 Irrtümer und was wir wirklich ändern müssen*. München: ZS.
Wrobel, J. (2008). *Die körperliche Leistungsfähigkeit von Kindern und Jugendlichen: Haben sich Kinder in den letzten Jahren verschlechtert oder verbessert? Eine Literaturanalyse 2003-2006* (Masterarbeit). Karlsruhe: Universität Karlsruhe.
Wuppertaler Arbeitsgruppe (2008). *Bewegung, Spiel und Sport im Schulprogramm im Schulleben*. Aachen: Meyer & Meyer.
Wydra, G. (2001). Beliebtheit und Akzeptanz des Sportunterrichts. *sportunterricht, 50* (3), 67-72.
Zeiher, H.J. & Zeiher, H. (1998). *Orte und Zeiten der Kinder*. München: Juventa.
Zimmer, J. (1998). *Das kleine Handbuch zum Situationsansatz*. Ravensburg: Ravensburger.
Zimmer, R. (1981). *Motorik und Persönlichkeitsentwicklung bei Kindern im Vorschulalter: eine experimentelle Untersuchung über den Zusammenhang motorischer, kognitiver, emotionaler und sozialer Variablen*. Schorndorf: Hofmann.
Zimmer, R. (1991). *Bewegungserziehung im Kindergarten. Rahmenkonzeption zur Integration von Spiel und Bewegung im Alltag von Kindertageseinrichtungen*. Düsseldorf: MFJFG NRW.
Zimmer, R. (1996a). Den Körper als Verbündeten gewinnen. *Grundschule, 26* (10), 9-11.
Zimmer, R. (1996b). Die Schule in Bewegung bringen. *Grundschule, 26* (10), 8.
Zimmer, R. (2004). *Handbuch der Bewegungserziehung. Grundlagen für Ausbildung und pädagogische Praxis* (4. Aufl.). Freiburg: Herder.
Zimmer, R. (2005). Bewegung – der Motor des Lernens. *Pluspunkt, 2*, 7-8.
Zimmer, R. (2006a). *Alles über den Bewegungskindergarten*. Freiburg: Herder.
Zimmer, R. (2006b). *Handbuch der Bewegungserziehung. Grundlagen für Ausbildung und pädagogische Praxis*. Freiburg: Herder.
Zimmer, R. (2007a). *Toben macht schlau. Bewegung statt Verkopfung*. Freiburg: Herder.
Zimmer, R. (2007b). *Handbuch der Sinneswahrnehmung. Grundlagen einer ganzheitlichen Bildung und Erziehung*. Freiburg: Herder.
Zimmer, R. (2007c). Bildung durch Bewegung – Bewegung in der Bildung. *Motorik, 30* (1), 3-11.
Zimmer, R. (2008a). *Handbuch der Psychomotorik*. Freiburg: Herder.
Zimmer, R. (2008b, i. Dr.). *MOT 4-8 Screen. Motoriktest für vier- bis achtjährige Kinder. Screening Version*. Göttingen: Hogrefe.
Zimmer, R. (2008c, i. Dr.). *Handbuch Sprachförderung durch Bewegung*. Freiburg: Herder.
Zimmer, R. (2008d). Lernen braucht Bewegung. *Die Grundschulzeitschrift, 22* (2), 41.
Zimmer, R. & Volkamer, M. (1987). *MOT4-6: Motoriktest für vier- bis sechsjährige Kinder – Manual*. Weinheim: Beltz.
Zimmer, R., Dzikowski, P. & Ruploh, B. (2007). *Bewegungs- und Gesundheitsförderung in Kindertagesstätten* (unveröff. Projektbericht). Osnabrück: Universität Osnabrück.
Zimmer, U. (2005). Gemeinschaftsgrundschule Brake – Beispiel einer offenen Ganztagsgrundschule. *sportunterricht, 54* (3), 78-82.
Zimmermann, I., Korte, W. & Freigang, M. (2000). Kinder, Gesundheit und Armut aus Sicht der Gesundheitsberichterstattung im Kinder- und Jugendbereich. In T. Altgeld & P. Hofrichter (Hrsg.), *Reiches Land – kranke Kinder* (S. 109-125). Frankfurt a. M.: Mabuse.
Zinnecker, J. (1979). Straßensozialisation. Versuch, einen unterschätzen Lernort zu schematisieren. *Zeitschrift für Pädagogik, 25* (5), 727-746.
Zinnecker, J. (1989). Die Versportung jugendlicher Körper. In W.-D. Brettschneider, J. Baur & M. Bräutigam (Hrsg.), *Sport im Alltag von Jugendlichen* (S. 133-159). Schorndorf: Hofmann.
Zinnecker, J. (1990a). Sportives Kind und jugendliches Körperkapital. *Neue Sammlung, 30* (4), 645-653.

Zinnecker, J. (1990b). Vom Straßenkind zum verhäuslichten Kind. Kindheitsgeschichte im Prozess der Zivilisation. In I. Behnken (Hrsg.), *Stadtgesellschaft und Kindheit im Prozess der Zivilisation* (S. 142-162). Opladen: Leske + Budrich.

Zinnecker, J. (2001a). Sportives Kind und jugendliches Körperkapital. In J. Zinnecker (Hrsg.), *Stadtkids. Kinderleben zwischen Straße und Schule* (S. 105-114). Weinheim: Juventa.

Zinnecker, J. (2001b). Sport und Bewegungsgeräte als Kinderkultur. In J. Zinnecker (Hrsg.), *Stadtkids. Kinderleben zwischen Straße und Schule* (S. 115-124). Weinheim: Juventa.

Zinnecker, J. (2001c). *Stadtkids. Kinderleben zwischen Straße und Schule*. Weinheim: Juventa.

Zinnecker, J. (2004). Schul- und Freizeitkultur der Schüler. In W. Helsper & J. Böhme (Hrsg.), *Handbuch der Schulforschung* (S. 287-324). Wiesbaden: VS.

Zinnecker, J. & Silbereisen, R.K. (1996, 1998). *Kindheit in Deutschland. Aktueller Survey über Kinder und ihre Eltern* (2. Aufl.). Weinheim: Juventa.

Zinnecker, J. & Strzoda, C. (1996, 1998). Freundschaft und Clique. Das informelle Netzwerk der Gleichaltrigen. In J. Zinnecker & R.K. Silbereisen (Hrsg.), *Kindheit in Deutschland. Aktueller Survey über Kinder und ihre Eltern* (2. Aufl.; S. 81-97). Weinheim: Juventa.

Zinnecker, J., Behnken, I., Maschke, S. & Stecher, L. (2002). *null zoff & voll busy*. Opladen: Leske + Budrich.

Ziroli, S. (2006). *Bewegung, Spiel und Sport an Grundschulen. Profilbildung – Theoretische Grundlagen und empirische Befunde*. Aachen: Meyer & Meyer.

Ziroli, S. (2008). Längsschnittstudie zur motorischen Leistungsfähigkeit und zum Gewichtsstatus von Schülerinnen und Schülern einer sportbetonten Grundschule mit täglicher Sportstunde in Berlin (unveröff. Vortrag auf der Jahrestagung der dvs-Kommission Sportpädagogik „Schulen in Bewegung – Schulsport in Bewegung (23.05.2008)). Köln: DSHS.

Stichwortverzeichnis

A
Adipositas   107ff, 115ff, 128ff
Aktivitätsverhalten   177ff
– Alltagsaktivität   186ff
– Gesamtbetrachtung   188ff
– Informeller Sport   182ff
– Schulsport   179f
– Sportverein   180ff

B
Behinderung   361ff
Bewegte Schule   337ff
– Begründungsdimensionen   338ff
– idealtypische Merkmale   341f
– Initiativen der Bundesländer   350ff
– Leitidee   337f
Bewegte Schule/Empirische Studien   342ff
– Effekte   343, 345ff
– kindliche Perspektive   344, 350
– Umsetzung der Konzeptidee   343f, 347ff
Bewegungsförderung Kindergarten/Effekte   237ff
– Bewegungsprogramme   250ff
– Kognition   245ff
– Motorik   238ff
– Sozialverhalten   245ff
Bewegungsorientierte Sprachförderung   266ff
Bild des Kindes   220
Bildung als Ko-Konstruktion   214, 219
Bildung im Lebenslauf   39ff
Bildungsmodalitäten   36ff
– formelle Bildungsprozesse   36f, 38, 39
– formale Bildungssettings   37f, 39
– informelle Bildungsprozesse   36f, 38, 39
– non-formale Bildungssettings   38f
Bildungsorte   33, 34, 37ff
Bildungspläne   222f, 224ff, 235
Bildungsverständnis   21ff
– erweitertes   22ff
– funktionales   21f, 26, 28,
Bildungswelt   33, 35

C
Cross-Tracking   100ff, 106

E
Eigenaktivität   218f, 220
Entwicklung   194f

Entwicklungsaufgaben   64f, 194f
Ernährungsverhalten   110, 116ff, 122, 123, 168, 464f

F
Frühkindliche Bildung   211ff

G
Ganztagsschule   319ff
– Gebundene   327f
– Offene   319ff
– Perspektiven   334f
– Teilgebundene   328
– Ziele   320
Ganztagsschule (BeSS)   320ff
– didaktisch-curriculare Konzepte   328ff
– Qualitätsmerkmale   332ff
Gesamtenergieaufnahme   116, 118
Geschlechtsbezogene Entwicklung im Sport   64ff, 81f
– motorische Entwicklung   65ff, 81
– psychische Entwicklung   67ff, 82
Geschlechtsbezogene Forschungsfelder   78ff, 83
– Aggression und Gewalt   79, 81, 83
– Ausdruck und Präsentation   80, 81, 83
– Kooperation und Freundschaft   79f, 81, 83
Geschlechtsbezogenes Raumverhalten   77f, 81, 82, 405f
Geschlechtsbezogenes Sportengagement   70ff, 82
– Eltern-Kind-Turnen   70ff, 82
– Informeller Sport   77f, 82
– Kommerzielle Angebote   76, 82
– Schulsport   72f, 82
– Sportverein   73ff, 82
Gesundheit und Aktivität   159ff
– allgemeiner Gesundheitsstatus   169, 171, 173, 174, 175
– physische Belastungs-Symptome   118ff, 167f, 170, 173, 174, 175
– physische Gesundheits-Ressourcen   164ff, 170, 172, 175
– psychosoziale Belastungs-Symptome   168f, 171, 173, 174, 175
– psychosoziale Gesundheits-Ressourcen   166f, 170, 173f, 175
– Wirkungsannahmen   160f

Gesundheitszustand 125ff
- allgemeiner 126f, 136
- chronische Erkrankungen 127f, 136
- psychosoziale Störungen 132f, 136
- soziale Ungleichheiten 51f, 133ff, 136
- spezieller Versorgungsbedarf 130f, 136
- Übergewicht/Adipositas 108f, 128ff, 136
- Verletzungen und Unfälle 131f, 136

I
Idealtypische Grundschule 311ff
Informeller Sport 55, 391ff, 396ff
- Abhängigkeit von Bewegungsräumen 401ff
- Beteiligung 182f, 396f
- Bewegungsräume 399ff
- Differenzbefunde 398f
- internationaler Vergleich 443ff
- Sportarten 55, 183f, 397
- zeitlicher Umfang 183, 397
Inklusion 363f
Inklusiver Schulsport 361ff, 364ff
- internationale Entwicklungen 367ff
- nationale Entwicklungen 365ff
Internationaler Vergleich (BeSS) 427ff
- Elementarbereich 431ff
- Informeller Sport 443ff
- Schule im Primarbereich 437ff
- Sportverein 443ff

J
Jungen im Sport 63ff

K
Kinder- und Jugendgesundheitssurvey 125ff, 163f, 169ff
Kinderkulturelle Praxen 54ff
- informelle Aktivitäten 55, 391ff
- institutionelle Aktivitäten 55f, 373ff
Kindertageseinrichtungen 212ff
- Bewegung als zentraler Bildungsbereich 221, 225ff
- Bewegungsorientierte Initiativen/Projekte 230ff, 250ff
- Bildungsbereiche 223f
- Bildungspläne 222f, 224ff, 235
- von der Betreuung zur Bildung 212ff
Körperstatus 116ff, 122ff
- Ernährungsverhalten 116ff
- körperlich-sportliche Aktivität 118ff, 167f
- körperliche Inaktivität 120f

Kompetenzen 28, 29f, 31f
- instrumentelle 29, 31, 32
- kulturelle 29, 31, 32
- personale 29, 31, 32
- soziale 29, 31, 32

L
Leistungssport 409ff
- Fördersystem 411f, 421ff
- Grundsätze 410ff
- Kritik 424f
Leistungssport/Empirische Befunde 415ff
- Alter und Entwicklungsstand 417f
- Einstieg und Ausstieg 419, 423
- Fördersystem 421ff
- Leistung und Erfolg 416, 423
- Persönlichkeitsmerkmale 418, 419
- Rahmentrainingspläne 420f
- soziales Umfeld 418, 419
- sportmotorische Leistung 416f
- Trainerkompetenz 418f
- Trainingsumfang 419f, 423
Lernwelten 33, 34f

M
Mädchen im Sport 63ff
Medienkonsum 120f, 122f, 124
Motorik-Modul (MoMo)/Methodik 145ff, 178f
Motorische Fähigkeiten/Differenzierung 138f
Motorische Leistungsfähigkeit 137ff
- geschlechtbezogene Unterschiede 65ff
- MoMo-Ergebnisse 152ff, 157
- Review 141ff, 156

P
Physical Activity (PA) 90, 92, 93, 105
Physical Fitness (PF) 90, 92f, 105

Q
Qualifizierung Sportlehrer 283, 303f, 312f, 315, 316, 317
Qualitätsmodell 300f, 302ff
- Ergebnis 301, 307ff, 316
- Prozess 301, 305ff
- Struktur 300f, 302ff

S
Schulsport 279ff, 297ff, 319ff, 337ff
- Elternperspektive 290f, 294
- inklusiver 361ff, 364ff
- internationaler Vergleich 437ff
- Mädchen und Jungen 72f, 82
- Prozesse 305ff

- Rahmenbedingungen 281ff, 293f, 302ff
- Schülerperspektive 285ff, 294, 305ff, 315
- Sportlehrer 283, 288ff, 293, 294, 303f, 312f, 315, 316, 317
- zeitlicher Umfang 179, 282, 303
- Ziele 292, 307ff, 316

Selbstkonzept 196ff
- Sport und emotionales Selbstkonzept 204
- Sport und physisches Selbstkonzept 201ff
- Sport und schulisches Selbstkonzept 204f
- Sport und Selbstwertgefühl 200f
- Sport und soziales Selbstkonzept 203f

Selbstkonzeptmodell 197f
Selektions-Schwellenkonzept 47ff
Sinnliche Erfahrungen 212, 218, 219f
Sonderpädagogischer Förderbedarf 361ff
Soziale Initiativen und Projekte 453ff
- Ernährung und Bewegung 464f
- geschlechterbewusste Pädagogik 462ff
- Gewaltprävention 457f, 459f
- interkultureller Dialog und Integration 460ff
- Kinder als Zielgruppe 453ff
- Suchtprävention 457f
- Themenfelder 455ff

Soziale Ungleichheiten 43ff
- Bildungsteilhabe 44, 47, 49, 51, 52ff
- Gesundheitsstatus 47, 48f, 49f, 51f, 109f, 124, 133ff
- Sportvereinsmitgliedschaft 56ff

Sportengagement 54ff, 177ff, 373ff, 396ff
Sportmotorik 177ff
Sportverein 373ff
- Attraktivität für Kinder 58ff, 380ff, 390
- biographische Bildung 377ff, 379, 390
- Drop-Out 375ff, 390
- Effekte 60f, 387ff, 390
- Fluktuation 375, 377
- Geschlechterrelevanz 73ff
- internationale Vergleiche 443ff
- Mitgliedschaft 56ff, 374f, 376f
- Sportartpräferenzen 376f, 383ff
- Verfrühung 56, 73, 390

Sportvereinskarrieren 385ff
Sprache und Bewegung 255ff
- Bewegungsentwicklung 8ff, 10ff
- Ebenen des Spracherwerbs 256ff
- Sprachentwicklung 264ff
- Spracherwerb 262ff

SPRINT-Studie 279ff, 301ff

T
Terminisierung 55f, 374f, 377f
Tracking 91, 105
- körperliche Aktivität (PA) 95ff, 106
- körperliche Fitness (PF) 94f, 106
- körperliche Inaktivität 98f, 106

Tracking-Modell 91f

U
Übergewicht/Adipositas 107ff, 115ff, 128ff
- adipogene Umweltbedingungen 51f, 109ff, 122ff
- Folgeerkrankungen 111f, 128
- Prävalenz 107, 108f, 128f
- Prävention 112f, 168, 464f

Prof. Dr. Klaus Bös
Universität Karlsruhe (TH)
Institut für Sport und Sportwissenschaft

Prof. Dr. Hans-Peter Brandl-Bredenbeck
Universität Paderborn
Sportwissenschaft – Sport und Erziehung

Dr. Andrea Bünemann (jetzt Steinzen)
andrea.buenemann@uni-paderborn.de

Prof. Dr. Wolf-Dietrich Brettschneider
Universität Paderborn
Sportwissenschaft – Sport und Erziehung

Prof. Dr. Ulrike Burrmann
Technische Universität Dortmund
Institut für Sport und Sportwissenschaft

Prof. Dr. Gudrun Doll-Tepper
Freie Universität Berlin
Arbeitsbereich Integrationspädagogik,
Bewegung und Sport

Dr. Jaana Eichhorn
Deutsche Sportjugend
Ressort Jugendarbeit im Sport

Prof. Dr. Eike Emrich
Universität des Saarlandes,
Campus Saarbrücken
Arbeitsbereich Sportsoziologie/Sportökonomie

Peter Fleig
Universität Paderborn
Sportwissenschaft – Sport und Erziehung

Dr. Erin Gerlach
Universität Bern
Institut für Sportwissenschaft

Prof. Dr. Petra Gieß-Stüber
Universität Freiburg
Institut für Sport und Sportwissenschaft

PD Dr. Arne Güllich
TU Kaiserslautern
Fachgebiet Sportwissenschaft

Prof. Dr. Rüdiger Heim
Ruprecht-Karls-Universität Heidelberg
Institut für Sport und Sportwissenschaft

Dr. Kerstin Horch
Robert Koch-Institut, Berlin

Dr. Beate Landsberg
Christian-Albrechts-Universität zu Kiel
Institut für Humanernährung und
Lebensmittelkunde

Fiona Martzy
Niedersächsisches Institut für frühkindliche
Bildung und Entwicklung
Universität Osnabrück

Prof. Dr. Roland Naul
Universität Duisburg-Essen, Campus Essen
Sport- und Bewegungswissenschaften

Prof. Dr. Nils Neuber
Westfälische Wilhelms-Universität Münster
Institut für Sportwissenschaft

PD Dr. Sabine Rethorst
Tentenbrook 12
24229 Dänischenhagen

Prof. Dr. Werner Schmidt
Universität Duisburg-Essen, Campus Essen
Sport- und Bewegungswissenschaften

Erika Schmidt-Gotz
Informationsstelle für den Sport behinderter
Menschen, Berlin

Dr. Jessica Süßenbach
Universität Duisburg-Essen, Campus Essen
Sport- und Bewegungswissenschaften

Prof. Dr. Ralf Sygusch
Universität Mainz
Institut für Sportwissenschaft

Prof. Dr. Klaus Völker
Westfälische Wilhelms-Universität Münster
Universitätsklinikum Münster
Institut für Sportmedizin

Prof. Dr. Dr. h.c. em. Klaus Willimczik
Niebergallweg 3
64367 Mühltal

Prof. Dr. Alexander Woll
Universität Konstanz
FG Sportwissenschaften

Prof. Dr. Renate Zimmer
Universität Osnabrück
Sport und Sportwissenschaft